POESÍA COMPLETA

Un único poema
en cientos de poesías

COLECCIÓN CLÁSICOS

CUBANOS # 24

EDICIONES UNIVERSAL, Miami, Florida, 2021

ARMANDO ÁLVAREZ BRAVO

POESÍA COMPLETA

Un único poema
en cientos de poesías

--EDICIONES UNIVERSAL

Copyright © 2021 by herederos de Armando Álvarez Bravo

———

Primera edición, 2021

EDICIONES UNIVERSAL
P.O. Box 450353 (Shenandoah Station)
Miami, FL 33245-0353. USA
(Desde 1965)

e-mail: ediciones@ediciones.com
http://www.ediciones.com

Library of Congress Catalog No.: 2021932131
ISBN: 978-1-59388-318-8

Edición al cuidado de Tania Rosa Álvarez Bravo
y Juan Manuel Salvat

Composición de textos: María Cristina Zarraluqui

Foto de la portada por L. M. Álvarez

El título de este libro se ha puesto en singular: *POESÍA COMPLETA*, siguiendo los deseos del autor quien siempre explicó que él había escrito cientos de poesías pero que todas eran esencialmente **un solo poema.**

ÍNDICE

13

Con toda la suerte
del mundo,
como en este instante
en que escribo,
agregar otro poema
a mi único poema.
     Armando Álvarez Bravo

PRÓLOGO

Armando Álvarez Bravo: La poesía como resistencia

> *El sentido de la belleza.*
> *El peso de la verdad.*
> *Los sacramentos de la memoria.*
> *El comercio con la otredad*
> *y las cosas, un día y otro.*
> «Meditación sobre la poesía»

> *La iluminación de la patria.*
> *El rostro que nos depara el amor.*
> *El sueño que concede certidumbre*
> *[de realidad a lo imposible.*
> *La incesante maravilla de la poesía.*
> *El éxtasis de la música.*
> *La derrota que purifica.*
> *La gratificación del mar y la alta noche.*
> *El espejismo interminable del mediodía,*
> *[y la dulzura del atardecer.*
> *El enigma del tiempo.*
> «Bienes»

La poesía de Armando Álvarez Bravo surge en el panorama literario cubano inserta en la que algunos han llamado la «segunda promoción» de la generación del Cincuenta y que él prefiere llamar «generación arrasada», definida como aquella «determinada por la increíble violencia que nos impuso el tumultuoso acarreo de la historia». Su poesía crece despojada de la retórica metafórica y de la vocación trascendentalista del origenismo, a la manera de Lezama y Cintio Vitier, pero sí cercana a búsqueda de una personal búsqueda de Dios, y a la voluntad reflexiva dotada de una serena mirada nostálgica y, por momentos, al cultivo de un discreto prosaísmo cercano a la manera de Eliseo Diego. Distinguen sus dos primeros libros[1] por el alejamiento de cualquier tentación de «compromiso» inmediato tan presente entre muchos de sus contemporáneos, y por la expansión de su horizonte temático, sean la historia, el amor, la naturaleza, Dios y la muerte, el exilio y el desarraigo, por la reflexión sobre la incertidumbre que le provoca la identidad en su lucha

---

[1] *El azoro*, Cuadernos de la UNEAC, La Habana, 1964 y *Relaciones*, Contemporáneos, UNEAC, La Habana, 1974.

con el paso del tiempo, lo que se abre a una ingeniosa ironía y a un moderado escepticismo. En sus propias palabras:

> Mis temas están indisolublemente entrelazados. Son la poesía, el lenguaje, la inocencia, el amor la belleza, la pérdida, el sueño, el paso del tiempo, la historia, la mitología, la patria, la evidencia y el misterio de lo cotidiano, el paisaje, los animales, la memoria, el deseo, la soledad, la culpa, el dolor, la ausencia, la acción, el desarraigo, la naturaleza, la fe, el peso de la sangre y el cariño, el afán de desentrañar la vida y la muerte y, sí, la dicha.[2]

Lo cierto es que la poesía de A.A.B. es un universo creciente, en permanente expansión. Un organismo vivo al que se entrega con intensidad. Desde aquellos primeros libros establece una obstinada singularidad expresiva negada a hacer concesiones a ideologías y poéticas predeterminadas, aferrada únicamente a una personal cosmovisión poética. Lector tan infatigable como selecto, discierne los dones que ha recibido de su universal familiaridad con la poesía. En la cubana (por el anticipado fervor a la patria de Heredia, Martí, Florit, Diego y Baquero... sobre Lezama volveremos más adelante), en la hispanoamericana (por las revelaciones de Borges, Vallejo, Paz), en la española (el Marqués de Santillana, J. Manrique, los místicos, la angustia de Unamuno, la doméstica serenidad de la filosofía de Machado, la limpidez de Miguel Hernández), en la expresión inglesa (la exaltación de la belleza y las cosas comunes, los gemidos por el constante dolor del hombre de Whitman; por el diagnóstico de la enfermedad espiritual de su tiempo y por su capacidad de ironizar sobre su propia persona de Eliot; por la violencia emocional de Dylan Thomas, por la delicadeza de Keats, por el fugaz mundo de sensaciones e imágenes de E. Dickinson, por la mirada inmediata de Sandburg sobre las cosas que atañen al hombre, por el estremecimiento de H. Crane ante el puente de Brooklyn, por el legado de absurdidad y desconcierto de Beckett, de ahí sus «beckettanias»), en la francesa (por la provocadora pasión estética de Baudelaire, por el vértigo y la resistencia de Verlaine, y, sobre todo, por la libertad adánica con que Saint-John Perse mira el mundo) en la alemana (por el universo mítico de Hölderlin y los extremos expresivos de Rilke, Trackl y W. Benn), Pessoa, Seferid, Nazim Hikmet, los Evangelios... Sé que me excedo en este inventario de resonancias literarias en la obra de A.A.B., pero me acojo a una observación de Gastón Baquero en la que señala la estrecha relación bioquímica entre lo que se ingiere y lo que se escribe, y que yo expando al humus, la simpatía, que permanece entre lo que se

---

[2] Armando Álvarez Bravo, *A ras de mundo*, Verbum, Madrid, 2007, p. 8.

lee y lo que se escribe, y a la confesión del propio Armando: «No soy otra cosa que lo que he leído».

A.A.B. da la impresión de haber nacido en plena madurez como se puede leer en algunos espléndidos poemas de *El Azoro*[3] como «*Boy on a Dolphin*», de resonancias elioteanas y «*On the Waterfront*» incluido en *Relaciones,* y que Lezama en el prólogo que escribiera para presentar este libro y que fueran suprimidas por las autoridades culturales, perfila: «En su hermoso poema *On the Waterfront,* se desea una nueva oscuridad, la claridad y la oscuridad tienen también la tristeza de su caducidad, otro posible desprendimiento verbal de su armadura amniótica, es decir, un cristal viviente que mantiene sin empañarse los corpúsculos que forman el cuerpo intocable de cada palabra cuando irradia para ser contemplada por el neuma universal»[4]. En otro fragmento del mismo prólogo, Lezama comenta:

> Paradójicamente ahora Álvarez Bravo, al renunciar a las ambiciones aparentes, —fatalidad de mucha poesía actual que nace ya despedazada— nos otorga un crescendo de realizaciones en un tiempo que se le va volviendo otro yo. Una polarización cualificada y lenta, una dichosa lentitud que avanza en extrañas y fascinantes progresiones pitagóricas. Este libro es una invitación a las secretas resonancias de las pausas[5].

Al espléndido texto de Lezama, siguió la embestida de la crítica oficialista contra *Relaciones,* que contribuyera a la marginación del autor y lo sentenciara a la categoría de «no persona» en su propia patria. Como Ajmátova, perseguida, censurada, marginada y calumniada —hasta el punto de que el gran poeta Maiakovski, poseído por una oscura intoxicación de realismo socialista escribiera: «¿Qué significa para nuestra edad de hierro, la intimidad de alcoba de Anna Ajmátova y los motivos helénicos de Viacheslav Ivánov? No se les puede considerar poetas en el sentido pleno de este término. Para nuestra época, estos simples hitos literarios, estos epígonos de un orden que se derrumba, no son más que inútiles, lamentables y ridículos anacronismos»[6], Álvarez Bravo fue marginado, severamente censurado y su poesía difamada: «Escombros,

---

[3] Manuel Díaz Martínez, «*El azoro*», en *La Gaceta de Cuba*, n° 31, marzo-abril, 1965, p. 31. // César López, «*El azoro*», en *Unión*, n° 3, jul.-sept., 1965, pp. 153-158.

[4] José Lezama Lima, en Armando Álvarez Bravo, *Cuaderno de campo*, Eds. Universal, Miami, 1999, p. 245.

[5] *Ibidem*, p. 246.

[6] Anna Ajmátova, *Réquiem. Poema sin héroe*, ed. de Jesús García Gabaldón, Cátedra, Madrid, 1994, p. 63.

nostalgias, almacenes de chatarra, mundos desaparecidos, dioses muertos y otras miserias innombrables [...] En el futuro nadie podrá creer que este libro fue escrito en la fecha en que los editores y los impresores decidieron darlo a conocer, porque es contradictorio (y asombroso) que un escritor que viva en la realidad actual cubana sea capaz de pasar por alto tanta hazaña diaria, tantos combates revolucionarios, tanto esfuerzo, tanto trabajo»[7]. Años más tarde, cuando el crítico y el poeta coincidieron en Miami, el segundo defendió públicamente la llegada al exilio del primero.

-.-

La relación de A.A.B. con Lezama, probablemente se debiera a la amistad que Armando iniciara en la Universidad de La Habana con Eloísa Lezama mientras ambos estudiaban Publicidad. El autor de *Dador* recibió con simpatía al joven admirador y poeta que demostraba una insólita familiaridad con su obra poética y ensayística. Y le abrió sus puertas. Pronto, en la sede de la Sociedad Económica de Amigos del País, Armando comienza a colaborar con Lezama en la edición de las obras de algunos autores cubanos del siglo XIX. Crece la cercanía entre ambos. En septiembre de 1964, Armando asiste a los funerales de la madre de Lezama y en diciembre del mismo año firma como testigo de la boda entre Lezama y María Luisa Bautista en circunstancia que relata Lezama:

> A mí me había llevado a la Iglesia del Espíritu Santo, Armando Álvarez Bravo, con su padre y con su madre, que han sido excelentes amigos conmigo, al igual que su graciosa y joven esposa, que van a tener un niño y ya me han designado a mí para el padrinaje[8].

Y, en efecto, en junio de 1965[9], en la misma iglesia y también bajo el oficio de Monseñor Ángel Gaztelu, Lezama apadrina la primera hija,

---

[7] Raúl Rivero, «Malas relaciones», *Revolución y cultura*, nº 15, enero, 1974. Dos décadas después el autor se separó del régimen, firmó en 1991 un documento de protesta, «Carta de los diez», en 1995 fundó *Cuba Press,* una agencia literaria independiente. Condenado a 20 años de prisión en 2003 fue liberado en 2005 por gestiones del gobierno de José Mª Aznar.
[8] José Lezama Lima, *Cartas a Eloísa y otra correspondencia*, Verbum, Madrid, 1998, p. 82.
[9] Fechado el 7 de marzo de 1995, Lezama escribió dos décimas «Para Armando Álvarez Bravo, al comenzar su prole, que deseo larga como la cauda de las estrellas», en *Imago. Archivo de José Lezama Lima. Cuaderno de apuntes (¿1956?-¿1970?)*, Iván González Cruz (editor), Generalitat Valenciana, Valencia, 2005, pp. 145-146.

Liana María, de quien dice «trabaja conmigo y me ha ido resultando un gran amigo»[10]. La familiaridad entre ambos se acrecienta cuando Lezama recibe la visita del matrimonio porque le aporta «un paraíso de mucho agrado y serenidad». Al respecto, escribe a Eloísa:

La [hija] de Álvarez Bravo acaba de cumplir un año. Sonríe siempre. Es extraordinariamente abierta al mundo, quiere hablar, es muy juguetona. Refleja el ambiente juvenil donde crece y se desarrolla. Tania, la esposa de Álvarez Bravo, es una criolla muy bonita. Hace con su esposo una magnífica pareja. Se llevan muy bien y hemos hecho una gran amistad. Te voy a mandar la revista, donde aparece el bello poema que me ha dedicado[11].

Mientras, A.A.B. trabaja en un proyecto que, en sus páginas iniciales, considera «una tarea imprescindible», cuyo propósito es dar voz al autor de *Paradiso* para elucidar las claves de su sistema poético y despejar las equívocas interpretaciones que en torno a su creación se han generalizado. Considera que —salvo la mediación de Cintio Vitier— apenas existían estudios orgánicos sobre su obra. Así, en *Órbita de Lezama Lima*[12], en el epígrafe «Suma de conversaciones» —un coloquio entre el editor y el poeta—, podrán apreciarse sus aportaciones: «una nueva forma de ver las cosas, un peculiar sentido del lenguaje, una profundización de la realidad, una inquietante y misteriosa trascendencia, un renunciamiento al facilismo y el descubrimiento de un secreto sentido de lo cubano»[13]. La tarea no sería fácil. Desde la década del 40 hasta fecha reciente, 1966, la obra de Lezama y de los origenistas había sido sometida a un continuo asedio. Primero desde las páginas de la *Gaceta del Caribe*, continuado en las polémicas suscitadas por las interpretaciones del grupo por J. A. Portuondo y J. Mañach, alentado en los 50 por *Ciclón* (V. Piñera: «borramos a Orígenes de un golpe») y proseguido en los primeros 60 por *Lunes de Revolución*. Su empeño, pues, estaba en los límites de lo temerario. Con todo, la *Órbita* se ha ido convirtiendo en consulta obligada de quienes han querido explorar el universo poético de Lezama Lima.

---

[10] Lezama Lima, ob. cit., p. 99.

[11] *Ibidem*, p. 116. El poema al que se refiere Lezama: «Lezama de una vez», en *Unión*, a. V, n. 1, ene-mar, 1966, pp. 98-100. Copia hológrafa en: José Lezama Lima, *Álbum de los amigos* (Iván González Cruz y Diana María Ivizate, editores), Universidad Politécnica de Valencia, Valencia, 1999, pp. 75, 77, 79 y 81.

[12] Armando Álvarez Bravo, (ensayo preliminar, selección y notas), *Órbita de Lezama Lima*, Colección Órbita, UNEAC, La Habana, 1966.

[13] *Ibidem*, p. 11.

En «Carta de Lezama Lima al autor», pórtico de la edición de *Órbita*, el poeta registra la precisión del estudio:

Del ceñido y cernido estudio que Ud. ha hecho de mi obra, se precisa el intento posible de alcanzar la imagen en lo histórico y en el destierro. En esa lucha que ofrece todo creador, entre la voluntad que se ejercita y el misterio que lo tienta, Ud. ha intervenido para señalar en mi obra la parte del fuego y la parte de la rebelde obstinación. Ya el hecho que Ud. logra, de señalar en la fascinación de la diversidad la unidad que lo impulsa hacia sus esencias centrales, revela la gravedad con que se ha acercado a lo que yo he podido hacer y reverenciar.[14]

Además, Lezama dedicará dos poemas a A.A.B. como constancia de la amistad entre ambos.[15] Por su parte, en sucesivos escritos, el autor de *Órbita* continuará testimoniando la admiración y el respeto del que consideraba su Maestro.[16]

-.-

---

[14] *Ibidem*, p. 9.

[15] «Una décima de fin de año para Armando Álvarez Bravo», en *Imago*, ob. cit., p. 74 y «Retrato de don Francisco de Quevedo» en José Lezama Lima, *Álbum de los amigos*, ob. cit., p. 64. Ambos recogidos en, J.L.L. *Poesía completa*, César López (ed.), Alianza Editorial, Madrid, 1999, el primero en p. 480 y el segundo en p. 493.

[16] Breve selección:

«El maestro antóloga», *La Gaceta de Cuba*, año IV, n. 45, ag. 1965, p. 26.

Prólogo y selección en *Lezama Lima. Antología*, Jorge Álvarez Ed., Buenos Aires, 1968.

Prólogo en *Lezama Lima: los grandes todos*, Arca Ed., Montevideo, 1968.

«Lezama, de una vez» (poema) en *Índice* (Madrid), año 23, n. 232, jun. 1968, pp. 33-34.

«Conversación con Lezama Lima», en «Homenaje a Lezama Lima», *Mundo Nuevo* (París), n. 24, jun. 1968, pp. 33-39.

«Lezama, una trayectoria de la inocencia», en *La Gaceta de Cuba*, sept.-oct., 1968, p. 3.

«Órbita de Lezama Lima» en *Recapitulación de textos sobre José Lezama Lima*, Serie Valoración Múltiple, Casa de las Américas, La Habana, 1970, pp. 42-66.

«El viejo poeta en su coche», en «Homenaje a José Lezama Lima», *La Gaceta de Cuba*, año VIII, n. 88, dic. 1970, p. 5.

«Órbita de Lezama Lima», en *Voces* (Madrid), n. 2, 1982, pp. 9-29.

«La novela de Lezama Lima», en *Coloquio Internacional sobre la obra de José Lezama Lima*, t. II, Ed. Fundamentos, Madrid, 1984, pp. 99-102.

«Para llegar a los cuentos de José Lezama Lima», prólogo a José Lezama Lima, *La Habana caleidoscópica. Cuentos*, Bartleby Editores, Madrid, 1998, pp. 11-13.

En esta *Poesía completa* aparecen los últimos poemas en los que preserva la memoria de Lezama: «Palabras a Lezama Lima en su centenario», «Unas líneas para poner al día a Lezama Lima», «Los ríos» y «Recordando a mi compadre Lezama».

A partir de 1974, como consecuencia del rechazo oficial que desató la publicación de su libro *Residencia*, A.A.B. sufre el lento proceso que lo convierte en un «no persona», sin posibilidad de trabajar, alejado de los amigos —unos, a los que protege de su estigma; otros que se protegen de su trato contaminador—, después de que su mujer y sus dos hijas pudieran salir de Cuba por el éxodo de Mariel en agosto de 1980, puede marchar al exilio, aunque pagará por ello con meses de trabajos forzados en la construcción. Lo acompaña la desesperación. En palabras de J. Brodsky; «¿La desesperación? Qué otra cosa se puede esperar de un hombre que no tendrá adonde regresar».

Desolado, en mayo de 1981, comienza su exilio en Madrid. Su madre y su padre permanecerán en la Isla hasta su fallecimiento. Despojado de todo aquello que ha alimentado el fervor de su existencia y que conseguirá preservar en la memoria, se dispone, fiel a sí mismo, a asumir los dones que la libertad recuperada le ofrece. Lo acompaña, no obstante, un profundo sentimiento de ausencias: los sufrimientos de tener que dejar su país, el desconsuelo de lo vivido, de lo que hubiera podido ser y no ha sido.

Su condición de desarraigado se consuela con la riqueza y variedad del escenario poético español en el que reconocía afinidades expresivas. Convivían entonces, con sus naturales simpatías y discrepancias, representantes de las sucesivas generaciones poéticas del siglo, sin que apreciase entre los discrepantes las amenazas y represalias que él había sufrido en su patria. Desde Vicente Aleixandre neorromántico y surrealista al Dámaso rehumanizador en *Hijos de la ira* —un título que A.A.B. habría querido para sí, según me comenta en carta desde Miami—, seguidos por el intimismo de Luis Rosales y José Hierro de expresión sencilla y coloquial, y, por fin, los poetas de la generación del cincuenta, sobre todo Claudio Rodríguez, José Ángel Valente, Jaime Gil de Biedma, Ángel González y Manuel Vázquez Montalbán, de los que fue atento lector.

Por otra parte, A.A.B. advierte el progresivo desgaste del entusiasmo que produjo la Revolución cubana en la década del 60, y esto es clave para comprender el alivio de su permanencia en España y su rápida inserción en la vida cultural madrileña. A las visitas guiadas a La Habana, a las vacaciones pagadas de los invitados a formar parte del jurado de diversos premios literarios, y por qué no, a la creencia de que Cuba, ante el fracaso de los modelos soviéticos y chino, representara la ilusionante posibilidad de un socialismo en democracia, fueron muchos los jóvenes escritores antifranquistas —de izquierda, liberales y de derecha— que asumieron la solidaridad con la Revolución como parte del repertorio simbólico de su rechazo al régimen franquista. Únase a ello lo que significó para los medios intelectuales españoles el descubrimiento de la literatura latinoamericana, eficazmente gestionada por la Casa de las Américas, y el consecuente éxito editorial del *boom*. Sin embargo, a partir de 1968 se suceden las grietas que amenazaban la credibilidad de aquel inicial imaginario político y cultural descubierto en los 60. Quizás el primero de esos síntomas fue el aplastamiento por los tanques soviéticos de la Primavera de Praga —«socialismo en libertad»— y el inmediato alineamiento de Castro con los invasores. En ese mismo año, las conclusiones del Congreso Cultural de La Habana dejaban un poso de inquietud entre algunos de los escritores extranjeros invitados: quedaba despejado que la fusión entre la vanguardia literaria y la vanguardia política, la última prevalecía en detrimento de la primera. También en ese año se fundaron los campos de concentración, conocidos como UMAP. Con el «caso Padilla», en 1971, llegará la ruptura total. La detención de Padilla primero y a continuación la representación pública de su autoinculpación, después de varios meses en la cárcel, generaron dos sucesivas cartas de protesta de numerosos escritores españoles o residentes en España, a la cabeza de los cuales se encontraban Mario Vargas Llosa y Juan Goytisolo. Todavía en 1973, las denuncias de Jorge Edwards en su *Persona non grata* insisten en la precariedad de la independencia del escritor cubano frente al Estado revolucionario y en el acoso que sufren los que desoyen los principios de la política cultural, entre ellos los homosexuales.

Ante este escenario, A.A.B. recupera el sentimiento de libertad creadora y, con el moderado optimismo de toda condición de exiliado, se dispone a integrarse en la vida cultural madrileña. Sus primeros contactos fueron con la amplia colonia de exiliados cubanos con los que estableció un permanente lazo de amistad, y entre los que se encontraban escritores (Gastón Baquero, Víctor Batista, Mario Parajón, Leopoldo Fornés, José Mario, Lilliam Moro, Felipe Lázaro, Edith Llerena, César Leante, Carlos M. Suárez Radillo, Eugenio Suárez-Galbán...), artistas (Ramón Alejandro, Waldo Balart, Lorenzo Mena...), editores (Carlos Alberto Montaner, Luis A. Baralt, José Mario y el mismo Felipe Lázaro) y el cineasta Roberto Fandiño, entre otros. Su primer trabajo, como redactor de textos de español, se lo ofreció C. A. Montaner en la editorial Playor, donde publicaría el poemario *Juicio de residencia* en 1982. Yo dirigía entonces en Playor la colección Nueva Poesía, y desde entonces nuestra amistad fue permanente.

Gastón Baquero, a quien visitaba en su casa de la calle Antonio Acuña, tuvo que ver con el inicio de su relación con el poeta chileno

Alberto Baeza Flores. Baquero nos había invitado a un almuerzo en un modesto restaurante cercano a su casa y allí conocimos a Baeza Flores, que venía precedido por su importante participación en las revistas literarias del origenismo y, en particular, por su apoyo a *Clavileño* y sus publicaciones, alentadas por Baquero. Desde entonces se multiplicaron sus encuentros y participaciones en diversas actividades literarias. Baeza Flores consideró *Juicio de residencia* como «uno de los libros importantes escritos por poetas antillanos de las últimas generaciones».

Durante su estancia en Madrid, A.A.B. siempre hizo visible su condición de exiliado y supo conciliar su vida literaria con su posición de rechazo al régimen cubano. Uno de los círculos en los que pudo analizar en profundidad la situación política cubana fue en las habituales tertulias en la casa de la doctora Martha Frayde, salida de la cárcel en 1976 y alentadora de estos encuentros entre los exiliados cubanos. Allí pudo, además, encontrarse con algunas de las más importantes figuras cubanas exiliadas residentes fuera de España y que en su paso por Madrid visitaban el salón de Martha Frayde. Así pudo encontrarse con Carlos Franqui, Cabrera Infante, Juan Arcocha, Néstor Almendros, Eduardo Manet, José Triana y Orlando Rodríguez Sardiñas, entre otros.

Con naturalidad A.A.B. expande sus relaciones literarias hacia otros poetas hispanoamericanos residentes en Madrid. Entrañable fue su amistad con el poeta boliviano Pedro Shimose (Premio Casa de las Américas, 1972) y su familia, así como lo fue con los mexicanos Hugo Gutiérrez Vega, poeta y diplomático, y el joven escritor Carlos Tirado. Con los argentinos Mario Trejo y Leopoldo Castilla, y la colombiana Consuelo Triviño compartió numerosas tertulias literarias, y con el poeta norteamericano Louis Bourne se divertía en sus encuentros para leer y comentar obras de poetas norteamericanos e ingleses. Fueron varias las tertulias literarias en las que Armando participaba y ganaba amistades. Entre ellas, las tertulias del veterano Café Lion, del Café de las Letras, del Taller Prometeo, de la revista *Ínsula* y la que se desarrollaba en el sótano del café Oliver.

Como correspondiente de la Real Academia Española, comienza a frecuentar la institución, donde establece amistad con Alonso Zamora Vicente y con Luis Rosales. Este último, director de *Cuadernos hispanoamericanos*, una de las revistas más influyentes en el ámbito de la lengua española, quien lo invita a colaborar en ella. En el Instituto de Cooperación Iberoamericana, donde se editaba la revista, conoce al poeta Félix Grande (Premio Casa de las Américas, 1967), un socialdemócrata desencantado ya de su experiencia cubana, con quien llegaría a intimar. A.A.B. merecerá una entrada en el *Diccionario de autores iberoameri-*

canos (1982), dirigido por Pedro Shimose y publicado por el mismo Instituto.

En diciembre de 1981, a los ocho meses de su llegada a Madrid, recibió el Primer Premio de Poesía José Luis Gallego[17] por *Para domar un animal*, un breve volumen compuesto por veinte poemas probablemente la mayoría escritos en La Habana, una suerte de inventario confesional donde prevalecen algunos de sus más queridos temas: la memoria, el amor, el desarraigo y la muerte. Su segundo libro publicado en España un año después, *Juicio de residencia*[18], se compone en su mayor parte por poemas escritos en Cuba a los que añadió otros escritos en España. El editor señala en la nota de contracubierta: «La historia, la común y la propia intransferible, se trenzan organizando un severo y lúcido testimonio sobre la exploración de la verdad, el cuidadoso cultivo de la memoria y la apasionada vocación por la palabra escrita». Y sobre el que el crítico Carlos Espinosa precisa: «Álvarez Bravo se abre más a un poderoso impulso vivencial, marcado por el tono autobiográfico y la impronta confidencial. Su escritura se vuelca en algunas ocasiones hacia una sencillez expresiva y se tiñe de realismo y de detalles de doméstica intimidad».[19] *Las lejanías*[20] es su tercer libro, editado por el ex diplomático cubano Luis A. Baralt en su recién fundada editorial Albar, en la que Armando colaborará en distintos proyectos editoriales. Este libro, escrito en Cuba en uno de los momentos más dramáticos de la existencia del autor, cuando ya, convertido en un «no persona», tiene que sobrevivir en la inquietante frontera del que aguarda el incierto permiso para viajar fuera de Cuba. El puñado de breves poemas testimonian la conciliación entre la serena certidumbre del amor que comparte con los suyos y la angustia que le acompaña. Escribe: «Cuando termina / la función, / el payaso / actúa para sí. / Nadie / le ha oído reír / sus propias payasadas. / Nunca lo hace. / En esos momentos / su eternidad / está en juego».

---

[17] El nombre del Premio rinde homenaje a José Luis Gallego, un poeta antifranquista que debió sufrir 30 años de cárcel. El Jurado estuvo compuesto por cinco notables poetas adscrito al socialismo democrático: Leopoldo de Luis, Carlos Álvarez, Julio Vélez, Eugenio Suárez-Galbán y Andrés García Madrid. El libro se publicaría en 1982 por la Editorial Orígenes.

[18] *Juicio de residencia*, Playor, Madrid, 1982.

[19] Carlos Espinosa Domínguez, *El peregrino en comarca ajena*, The Society of Spanish and Spanish-American Studies, University of Colorado at Boulder, 200, p. 116.

[20] *Las lejanías*, Albar Editorial, 3Madrid, 1984.

En mayo de 1982 viajé con A.A.B. a Francia, invitados por el Centro de Investigaciones Latinoamericanas de la Universidad de Poitiers, para asistir al Coloquio Internacional sobre la obra de José Lezama Lima que reunía a los lezamistas más reconocidos internacionalmente. Su ponencia llevaba por título «La novela de Lezama Lima»[21] y en ella acoge los padecimientos que sufría a quien llamaba su Maestro:

> Encerrado casi siempre en su casa-acuario de Trocadero, 162; sentado en su enorme y roto sillón; solitario, con su soledad central que fue su fiel y atroz compañera los últimos veinte años de su vida, soledad que únicamente mitigaban los precarios lujos de la conversación y el escaso *visiteo* de unos pocos amigos; flagelado por el asma y la incertidumbre, Lezama Lima siguió el proceso de la fantasmagórica edición cubana de Paradiso con el estoicismo que presidió su magisterio. La certidumbre en el valor comunicante de la palabra era quizá, su único consuelo. En torno suyo, la casa, la vida, se desmoronaban; la ciudad de sus sueños y su realidad, habanero esencial, eran infamadas por el progresivo desgaste y la erosión de una historia abominable [...]

Al tiempo que reivindica la grandeza de su escritura:

> Lezama Lima incorporó con su obra el reino de la imagen a la poesía cubana. Dilató la posibilidad asimilativa y transmutativa de nuestra literatura. Nos otorgó provincias desconocidas. Diseñó con lo que fue y pudo ser el cuerpo de una realidad que acosa lo cubano con sus ocultamientos y espejismos. Ese sentido paradisíaco que por gravedad se atribuye a las islas no fue para él un paraíso de cromos. Fue un espacio en que la plenitud de la experiencia encontró su expansión, tanto en lo terrible como en lo espléndido, con ese secreto pudor que es propio en lo esencial nuestro [...]

Y concluía con la suma de sus recuerdos:

> Recuerdo a un hombre solo, triste, enfermo, generoso, perseguido, hostigado. Todo llega demasiado tarde, decía. Y, como siempre, tuvo razón. Y hasta su muerte fue difícil. Y nada de esto puede ignorarse cuando se evoca e invoca su nombre. Que el deslumbramiento de su obra no sea menos principal que el deslumbramiento de su ignorado destino de atrida, como tanto gustaba llamarse, concite en nosotros. Ya sabemos que las palabras son insuficientes. Es por eso

---

[21] En *Coloquio Internacional sobre la obra de José Lezama Lima*, Centro de Investigaciones Latinoamericanas de la Universidad de Poitiers, Editorial Fundamentos, Madrid, 1984, pp. 87-97.

por lo que la más grande novela, la mayor obra de Lezama Lima, nunca se tradujo en la escritura. De ella, tan sólo unos pocos tenemos conocimiento. En sus *Cartas* hay, quizá, un proyecto incompleto de esta vida.

Fui testigo de la solidaria recepción que recibió la ponencia por parte de la mayoría de los asistentes. La nota triste, amarga, la pusieron sus viejos amigos, Fina García Marruz y Cinto Vitier, quienes, en su posterior intervención, se sintieron obligados a tratar de desmentir la denuncia de Armando en su ponencia.

-.-

Por fin, en diciembre de 1985, pudo lograr el propósito de su exilio: el reencuentro con su esposa y sus dos hijas. Casi cinco años después de abandonar Cuba, regresa al hogar, y con el renovado aliento creativo que le insufla la cercanía de los suyos, fervorosamente se dispone a continuar su escritura poética, esta vez complementada por su extensa labor de más de veinte años como crítico de arte y literatura en *El Nuevo Herald* de Miami. Una actividad que convierte la habitual reseña periodística en verdaderos breves ensayos de interpretación y análisis. Respecto a los creadores cubanos, escritores y artistas plásticos exiliados, A.A.B. consideraba que sus artículos y columnas tendrían que ser un vínculo entre la sociedad miamense y los creadores, dotándoles de una identidad y un reconocimiento que los protegiera de la indiferencia. Surgieron así dos proyectos: *Los poetas del PEN de escritores cubanos en el exilio*,[22] del que fuera prologuista y compilador, una amplia selección de la poesía cubana escrita en el exilio, y *Cuentistas del PEN*[23] en el que participa con su cuento «El chaleco interior», dedicado a Enrique Labrador Ruiz, considerado por el crítico Waldo González López[24] «uno de los momentos más altos del volumen» y añade: «En varios instantes, Álvarez Bravo da pistas del sentir del ya viejo intelectual durante sus últimos tiempos en un Miami que no lo conoce tanto, como en su querida Habana que negaba (y niega) a los que parten. Así, puntualiza el narrador, definiendo a su protagonista: 'Lo opacaba una tristeza que no lograban disimular ni su todavía deslumbrante conversación ni el flujo de su humor y su ironía'. Y más adelante, añade, desilusionado y sin esperanza: '[…] perdimos un país que imaginábamos y este sitio es una patética y

---

[22] *Los poetas del PEN*, Eds. Universal, Miami, 2007.
[23] *Cuentistas del PEN*, selección y prólogo de Luis de la Paz, Alexandría Library, Miami, 2011.
[24] Waldo González López, «Una mirada certera», en *Cubaencuentro*, 26/07/2013.

rastacuera parodia de aquel país'». Me arriesgo a pensar que esta última frase revela el propio sentir de Armando.

Desde su vinculación al PEN Club de Escritores Cubanos en el Exilio, del que fue Presidente, alienta y participa en numerosas actividades de la organización: conferencias, encuentros, tertulias, presentaciones de libros. Expande así su relación con los escritores cubanos residentes en Miami. En primer lugar, el encuentro con sus antiguos compañeros en el Instituto de Literatura y Lingüística, Lorenzo García Vega y Manuel Díaz Martínez reencontrado desde Canarias («Viejo amigo al otro lado del mar / que es tan generoso como cruel; / cuántas preguntas a las respuestas / que a estas alturas nos ha dado la vida».); así como otros amigos de Cuba, como Humberto Arenal y José Prats Sariol, y a los que había conocido en Madrid, como su entrañable Ramón Alejandro y Orlando Rossardi. Un caso singular fue su reencuentro con Reinaldo Arenas, de quien en La Habana había escondido manuscritos mientras sobrevivía en el Parque Lenin asediado por la policía política. A la muerte de Reinaldo, escribió un estremecedor relato, «Anochecer de Reinaldo Arenas», recogido en su libro *Singladuras*, en el que recorre su atribulada vida en Cuba hasta su fallecimiento.

A los anteriores, pronto se unió la amistad con los «veteranos» escritores cubanos residentes en Miami que, contra viento y marea, a la altura de 1985 ya habían consolidado una importante identidad cultural cubana. Entre ellos: Ángel Cuadra, Amelia del Castillo, Luis de la Paz, Carlos Victoria, Manuel C. Díaz, José Abreu, Reinaldo García Ramos, Armando de Armas, Joaquín Gálvez, y Amando Fernández («Era un poeta, el mejor de su generación»), con quien compartió una estrecha amistad y un respeto mutuo por sus creaciones poéticas («Pero Amando, que siempre me decía / que mi poesía había llegado a ese extremo / que no dejaba asidero al lector, se precipitaba / a esa desnudez, mucho más vertiginosamente que yo»). Junto al círculo de escritores, Armando extendió su amistad hacia los pintores y escritores con los que tuvo trato frecuente, como el que tuvo con Mijares, al que dedicó un deslumbrante poema, así como con Cundo Bermúdez, Rafael Soriano, Tomás Oliva y los jóvenes pintores Demi y Arturo Rodríguez, entre tantos otros, y a los que dedicó enjundiosos artículos ensayísticos en su libro *El arte cubano en el exilio*[25].

-.-

Al tiempo que concilia su recuperada vida familiar con sus actividades como columnista y la relación con los escritores cubanos del en-

---

[25] *El arte cubano en el exilio*, Ediciones Universal, Miami, 2015.

torno, se dispone a escribir y publicar sus primeros libros concebidos en Miami. Para ello pudo contar con la amistad y la acogida de quien habría de ser desde 1990 el editor del cuerpo mayor de sus sucesivas obras poéticas y ensayísticas: Juan Manuel Salvat, decano de los editores cubanos en el exilio, y de su sello Ediciones Universal, donde ahora se alberga esta *Poesía completa*. Publica entonces cuatro de sus más significativos títulos —*El prisma de la razón*[26], *Naufragios y comentarios*[27], *Trenos*[28] y *Cabos sueltos*[29]—, todos escritos en Miami a partir de 1985, en los que se cumple la observación sobre su poesía que hiciera Julio E. Miranda, quien fuera el primer crítico de su obra desde el exilio: «El tiempo y la identidad son los temas principales de Armando Álvarez Bravo […] Si bien el de Dios es un tema igualmente presente, entiendo que como otros muchos —el de la muerte, por ejemplo— no hace más que imbricarse con la pareja clave en un tejido de cuestiones que sirven al poeta de cuerdas para la melodía fundamental».[30] Obras sobre las cuales, más tarde, el investigador Carlos Espinosa, el más penetrante crítico de la poesía de A.A.B., precisaría:

> En *El prisma de la razón* y *Naufragios y comentarios* se advierte el desarrollo de un creador cada vez más maduro, seguro de sí mismo y de su lenguaje, que ahora adensa y resume sus mejores virtudes. Hay, por un lado, cierto ensanchamiento temático, y, por otro, la incorporación de nuevos registros e inflexiones para conformar un discurso de variada orquestación. Los textos están esmaltados de melancolía, aflicción y un profundo nivel existencial, sin que falten las reflexiones casi escépticas y esa fina ironía que suelen dar los años.[31]

Y sobre *Trenos* y *Cabos sueltos*, Espinosa abunda sobre nuevos registros del poeta:

> Álvarez Bravo establece un intenso diálogo con sus recuerdos, en un intento por reconstruir al que ha sido para entender al que es. Como quien realiza un «inventario parcial», invoca al río de la infancia «después fueron otros ríos, / … esos ríos de las sucesivas lejanías», los animales que faltan en su vida, los escritores que han ido muriendo vertiginosamente, las imágenes de «tiempos mejores / o, acaso, menos in-

---

[26] *El prisma de la razón*, Ediciones Universal, Miami, 1990.

[27] *Naufragios y comentarios*, Editorial La Torre de Papel, Coral Gables, 1993.

[28] *Trenos*, Editions Delatour, Anger, Francia, 1996.

[29] *Cabos sueltos*, Ediciones Universal.

[30] Julio E. Miranda, *Nueva literatura cubana*, Cuadernos Taurus, Madrid, p. 68.

[31] Carlos Espinosa Domínguez, *La pérdida y el sueño. Antología de poetas cubanos en la Florida*, Término Editorial, Cincinnati, 2001, p. 80.

gratos», preservadas con fervor y tristeza, los «encuentros prodigiosos y las desgarradoras separaciones», todas esas pérdidas, en resumen, que no vale la pena inventariar. En otras páginas, el autor se desplaza hacia el terreno de su propio quehacer, lo cual lo lleva a asediar una y otra vez el misterio de la poesía, su sentido último, su naturaleza y alcance. Los espacios de la biografía y de la escritura van tejiendo así un discurso que dibuja el retrato de un sujeto poético: «un Armando Álvarez Bravo con una experiencia personal e histórica a cuestas. *Cabos sueltos*, hasta la fecha el último poemario que ha dado a conocer, viene a prolongar un itinerario cuya hoja de ruta es espléndida poesía, y que treinta y siete años después de la salida de su primer título, se abre a nuevas perspectivas».[32]

Sobre ese último libro citado escribe, el crítico cubano Armando de Armas, quien desde Miami mostrase un sostenido interés por la poesía de A.A.B.:

> *Cabos sueltos* es un libro abarcador de los temas que han obsesionado al poeta durante su existencia, un recuento, legajo notarial de la relación del poeta con su conciencia, con la supraconciencia, con Dios. Un libro, donde, deudor de las crónicas de la Conquista, minuciosamente se detalla el adentramiento en la etapa del acabamiento: «*Es tiempo de tala. Van muriendo los amigos de siempre, cambia tenaz el paisaje y las gentes: hablamos otra lengua y quedamos más solos*»[33].

En su siguiente entrega, el volumen *Poesía en tres paisajes*[34], el autor recoge en sendos libros poemas escritos en tres territorios: *I. Rastros de un merodeador nocturno*, en Cuba; *II. Noticias de nadie*, en Europa y *III. Solo se puede confiar en la soledad*, en Miami, que corresponden también a tres disímiles experiencias vitales. En «Una suerte de explicación», el breve texto que abre el volumen, el autor precisa que se escribieron «en tres paisajes, tres circunstancias y tres estilos de vida bien distintos entre sí. También, tres experiencias últimas que con su intensidad fueron y desgarraron la vida del poeta, tocando como nunca quiso a los que quiso y quiere». El primero se compone de un puñado de poemas que, como fragmentos de un inventario, adelantan las presumibles pérdidas que habrá de sufrir, evidencian la inconsolable nostalgia que lo habita y extienden una sensación de desprendimiento sobre un

---

[32] Ibidem, pp. 80-81.
[33] Armando de Armas, «Armando Álvarez Bravo o la incorregible incorrección», en *Otro Lunes*, n° 12, 06-01-2010.
[34] *Poesía en tres paisajes*, Editor Andrés Blanco Díaz, Santo Domingo, República Dominicana, 1999.

paisaje natural y humano que ya no siente suyos. Visitan la inquietante noche («De noche, en la oscuridad, / me muevo como un felino / al acecho») y sus pesadillas. El autor advierte, todo se viste de «claridad como de oscuridad». El segundo libro «sabe de calma y torbellino». Como un cuaderno de bitácora, marca las obligadas estaciones del nuevo territorio adonde lo planta el exilio. Junto al encantamiento del ojo lo acompaña la herida del desamparo («Toda su geografía / son las paredes de una habitación») y de la soledad («Duele la soledad, duelen tantos recuerdos / tantas pérdidas y derrotas. / Duele también la espera / y el rostro que permite sobrevivir / ocultando las grietas del corazón»). En el tercero de estos libros asoma la celebración en la contenida ternura del poema «Parecido», retrato moral y físico que asume como modelo: «Dicen que me parezco cada vez más a Abuelo Bravo / No lo contradigo. ¡Qué más quisiera!». Pero también el torbellino de una conciencia creadora que se rebela ante el agobio de la «servidumbre de la realidad», del silencio y de la invisibilidad.

Como Martí, en su *Ismaelillo*, A.A.B. pudo escribir en su dedicatoria: «Espantado de todo, me refugio en ti. // Tengo fe en el mejoramiento humano, en la vida futura, en la utilidad de la virtud, y en ti». En su lugar, escribió: «No tengo mejor regalo para ti, / en este tu primer año, / que un insuficiente entrevisto / de la belleza del físico mundo / que heredas y debes hacer tuya». *La belleza del físico mundo*[35] es un apretado conjunto de poemas para un niño, su nieto Joseph Armando, y que por su belleza y delicada mirada abraza a todos los niños del mundo. Como toda poesía auténticamente para niños, estos poemas están cargados del armonioso respeto —claridad, ternura, sensibilidad— que deposita en estas inteligencias en ciernes. Además, este libro en su apretada brevedad, rico en luminosas metáforas, se alza como el más lírico y acertado bestiario, animalario, de la poesía en español: Jején: «Es el invisible / el diminuto… este puñal del aire»; Sinsonte: «Tu perfecta música / es anterior a la música / es toda la música. / Tuyo es el himno / más antiguo / tuyo / el más nuevo canto / tuyo el júbilo / incesante / todo el júbilo, / júbilo mismo / sinsonte»; Zunzún: «una vibración apenas / una alegría / un recuerdo / tanta esperanza»; Tiburón: «Rápido, terrible, / es un golpe / de plata congelada / en el azul»; Jicotea: «Es la lentitud misma, / el oscuro cofre / en que cabe toda la paciencia».

Diez años después, el poeta dedica a su nieta un libro de similar ternura y sensibilidad, *Poemas para la Princesa*[36], donde le advierte a la

---

[35] *La belleza del físico mundo*, Ediciones Universal, Miami, 2004.
[36] *Poemas para la Princesa*, Ediciones Universal, Miami, 2010.

pequeña Ana María: «Guarda y defiende y prodiga siempre / tu alegría, tu amor, tus sueños, / tu dulzura y tus deseos». El escritor y crítico, Luis de la Paz, también atento a la obra poética de A.A.B., precisa: «Son textos que irradian alegría de vida, satisfacción, el goce de tener una familia que, gracias a los niños, ha permitido que el silencio que lentamente deposita el paso de los años en los adultos, se convierte en vitalidad, en renovadas energías». En ambos libros, efectivamente, el poeta fatigado abre una zona de luz y esperanza que deposita en sus nietos.

Además de los libros citados, A.A.B. publicó dos volúmenes donde recogió, a manera de antología, una selección de viejos y nuevos poemas. El primero, *A ras de mundo*[37], acoge poemas escritos, los más publicados, entre los años 1964 y 2006. En unas palabras al lector escribe:

> Siempre he creído que escribo un único poema y los versos que recogen estas páginas son fragmentos de esa obra en proceso. Creo, de igual suerte, que un poeta es un hombre que quiere ser todos los hombres. Por ello, no ha sido fácil realizar esta selección. Así, este libro es una posible imagen de mi ser que puedo designar como una de las imágenes que nos regala el fascinante y maravilloso enigma de un calidoscopio.[38]

En el segundo, *Siempre habrá un poema*,[39] abarca 48 años de poesía (1964-2012). En su introducción, «Al curioso lector», confiesa: «A medida que me adentraba en la selección, me di cuenta de que mis versos de los últimos tiempos dan fe de cómo —sin renunciar a mis constantes temáticas, formales, y expresivas ni mis arriesgados principios, valores y certidumbres— he recorrido un arduo camino que desemboca en una final epifanía».

Alentado por su esposa y por sus hijas, publica en 2016 *Singladuras*[40], donde el poeta rescata dos breves poemarios escritos en la década del 60 —*Memorias, desmemorias* y *El dominio*—, que, al decir del autor, «Procuré al escribirlos que su discurso se caracterizara tanto por su delicadeza sin renunciar a la intensidad como por la fijación de la profundidad de la certidumbre que expresan». A los que añade un cuadernillo de varios cientos de relumbrones aforísticos escritos entre 2007 y 2014, algunos de ellos a la manera de la greguería de Gómez de la Ser-

---

[37] *A ras de mundo*, Editorial Verbum, Madrid, 2007.
[38] Ibidem, p. 7.
[39] *Siempre habrá un poema*, Visor Libros, Madrid, 2012.
[40] *Singladuras*, Ediciones Universal, Miami, 2016.

na, bajo el acertado título *Entrevistos, destellos y certidumbres*, e incorpora cuatro relatos —*Un puñado de cuentos*—, dos de ellos de carácter testimonial: «Anochecer de Reinaldo Arenas» y «El chaleco interior», dedicado a Enrique Labrador Ruiz; y dos de sustento autobiográfico: «La pérdida» y «Lo que parecía imposible».

De igual manera, con aquella resistencia a renunciar a sus «constantes temáticas, formales y expresivas» ni a sus «arriesgados principios, valores y certidumbres», durante varios años se entrega a la tarea de escribir y ordenar los tres volúmenes que permanecerán inéditos hasta ser rescatados en esta *Poesía completa*. Así lo había previsto: «Los viejos, y yo soy un viejo poeta, nos preocupamos más en ir dejando ordenada nuestra poesía y, si Dios y la bolsa lo permiten, reunirla en un volumen. Lo hacemos porque no queremos que se pierda esa obra a la que hemos dedicado con tantas renuncias, trabajos y sinsabores nuestra existencia. Una entrega por la que casi siempre, y lo digo por propia e ingrata experiencia, hemos tenido que pagar un altísimo precio».

Nunca se aprende a perder, escrito en 2014, fue concebido, adelanta el autor, en un tiempo muy arduo de su existencia, circunstancia que determinó la desnudez de su palabra («Un poema / puede ser un silencio / un papel en blanco»), la amarga resonancia de la incertidumbre («No viste bien ni vive en la casa que merece, / carece de tantas cosas, pero no se queja, / siempre al borde del desastre») y la marea de pesimismo que prevalecen en el libro. Aunque también se encuentran poemas adentrados en la nostalgia, sentimientos de pérdidas y ausencias, de anhelos imposibles, y extensos poemas dialógicos como recurso para volcar una intensa escritura confesional, como en «Larga distancia», «Y la necesidad de la música» y «El silencio», entre otros. Como colofón, el autor tuvo el acierto de incluir cuatro breves e intensos «English Poems», regidos, creo, por el interrumpido verso de Keats, «*a thing of beauty is a joy…*» [*A thing of beauty is a joy for ever: / It will never / Pass into nothingless…*]. ¿Ironía, desconsuelo? El autor asegura que estos poemas están «perfectamente escritos». Domina el inglés. Desde pequeño concilia en su hogar el uso del español y del inglés, junto a su madre que se había educado en Boston, y posteriormente lo perfeccionó en estudios superiores, en sus viajes tempranos a Estados Unidos y en la constante lectura que dedicó a la literatura inglesa y norteamericana.

El segundo de sus libros inéditos, *El corazón en la palma de la mano*, es el más extenso de los suyos, abarca tres centenares de poemas escritos en los últimos años, y puestos en orden en 2017, cuando ha cumplido 72 años. El volumen, pues, constituye un repertorio de los temas y obsesiones que lo han acompañado desde el belvedere de una tercera edad a la que opone la lucidez de su voluntad creadora y la reciedumbre de su resistencia negada a olvidar. Siempre leal a uno de los rasgos distintivos de su estilo, emergen la reiteración temática, un discurso en diálogo melancólico con su memoria, el inquietante registro autobiográfico y confesional, y la abrumadora indagación sobre la propia identidad. Así, hay que adentrarse en los poemas del tiempo, el que se recupera en el paladeo del recuerdo y el que transcurre agobiante en lo cotidiano; en los versos en los que dialogan la fe y el sentido último de la muerte; en las exploraciones sobre el misterio y la significación de la poesía, sobre la familia y el amor allegado a los suyos que lo reconcilia con la plenitud de la existencia; en el amigado trato con la naturaleza: la amable compañía de sus gatos, de sus memoriosas aves, de la necesaria cercanía con las flores, del mar y la lluvia siempre presentes y, en fin, del desasosiego de la noche.

Los días contados cierra el ciclo de sus libros inéditos. Escritos entre 2018 y 2019, reúne un manojo de poemas que, desde su avanzada edad, se niegan al desistimiento, y dice de sí mismo: «Sigue escribiendo y a sus ochenta años / quiere reunir en un libro todos sus poemas». No se rinde. Vuelve la vista atrás para recuperar la gracia de sus recuerdos: el gozo de los días de infancia, los esplendores frente a la bahía de La Habana, la plenitud vivida junto al abuelo, la entrañable presencia de su «compadre Lezama», la presencia de esa «magnífica señora», su esposa Tania. En su brevedad, la mayor parte este libro es una exaltación de la memoria: «En el acabamiento la memoria reaviva remotos recuerdos. / Es una suerte de acto sacramental, de pase de cuentas. / Me hace imaginar el reverso de lo recordado: / una vida y posibilidades distintas. Me pone sitio / en la elaboración de mis sueños y encarnación de mis deseos. / Hace que mi memoria me prodigue la vida que soñé / y la existencia en que escribo este poema. / Uno más de los que toda mi vida he escrito desde el recuerdo / y fijando en cada verso el ahora y siempre de mi memoria».

Se cumple así, en esta *Poesía completa*, la constatación de ese poema único, continuado, que concibió el poeta como expresión de una imagen totalizadora, donde se funden vida y escritura. Revelación de una auténtica personalidad irrepetible. Descubrimiento de un poeta que, desde la hondura trágica o gozosa de su experiencia, expresa sin concesiones el pálpito de sus aciertos y la amargura de sus pérdidas. Su obra es un raro ejemplo de valentía y lucidez, de expansiva capacidad expresiva, el urgente testimonio que se abraza a la poesía.

-.-

Para poner fin a estas páginas he querido traer la voz de dos de sus más cercanos contemporáneos: Manuel Díaz Martínez y Orlando Rossardi.

Díaz Martínez, compañero y amigo de sus días habaneros y desde su exilio en Canarias, del que extraigo dos párrafos de su prólogo a *Siempre habrá un poema*:

> En la primavera de 2011, me tocó presentar a Armando Álvarez Bravo en una lectura de poemas que ofreció en España, concretamente en la para mí entrañable ciudad de Logroño. Aquella presentación me dio la oportunidad de decir sobre mi viejo y admirado amigo algunas cosas que considero imprescindibles para conocer su personalidad, su entorno histórico, su ética y su poética. A modo de preámbulo, expresé entonces y repito ahora que, hasta cierto punto, hablar de él es también hablar de mí, entre otras razones porque figuramos en la misma plantilla generacional, lo que significa que hemos encarado los avatares de un mismo tramo de la historia del país que nos vio nacer –pequeño de territorio, pero desmesurado en conflictos y decepciones–, y porque él y yo compartimos, primero en Cuba y luego en el exilio, vicisitudes paralelas y, más que nada, idéntica devoción por la libertad y la poesía.
>
> Los conocedores de la literatura producida en Cuba en las últimas décadas sabemos que Armando Álvarez Bravo ocupa un puesto de cabecera en el nutrido grupo de poetas al que críticos e historiadores de nuestra cultura le han colgado el rótulo de Generación del 50 —justamente definida por él como «la generación arrasada»—, la cual, casi desde sus inicios, padeció la contradicción de escribir poesía, que es un ejercicio de libertad, en el ámbito de un régimen revolucionario que muy pronto se propuso expropiar la cultura como hizo con latifundios y empresas. «La andadura de esa generación», señala Álvarez Bravo en una conferencia autobiográfica pronunciada en Miami en julio de 1998, «en unos casos más que en otros —la libertad es la posibilidad de elegir—, fue inevitablemente determinada por la increíble violencia que nos impuso el tumultuoso acarreo de la historia. De nada valieron nuestras astucias y maniobras para evitarlo».

A Orlando Rossardi, de larga amistad en Miami, le he pedido una reflexión sobre la obra poética de Armando:

> Sin discusión, Armando Álvarez Bravo es uno de los poetas cubanos de más calibre, no solo de nuestro universo exiliado, sino de la Isla entera y, por añadidura, del mundo hispano. Le conocí hace ya muchos años, aunque me tocó hacerlo, cara a cara, fuera de Cuba, en España y luego el resto en Miami, hasta su muerte.

Es el poeta que encara las cosas de frente, dentro del poema, sin apartarse del decir «en poesía»; que pone —en su mejor sentido— a los conciertos y desconciertos del vivir cotidiano, a esa realidad que no es suficientemente reconocida hasta que el poeta «pintor» que es Armando trata con sus pinceles llenos de palabras acertadas, en el que al leer reconocemos la verdad que encierra. Así pone el artista punto final a la débil circunstancia que exhiben los sucesos del vivir y convivir de todos los días.

Todo este andamiaje verbal lo logra Armando con un *humor* especial, humor en sentido de «agudeza», fina y sutil, que corona la esencia del poema, una especie de magia que logra colarse por las palabras que concierta, dejando un espacio exacto para que el «curioso lector« asuma una interpretación exacta de lo que ocurre en las estrofas del poema.

En casi toda su obra poética se dan los buenos augurios del poema cumplido. Armando recupera lo vivido en el poema terminado que casi siempre trata aquellos temas tan preciados por éste y otros poetas: la vida y el complemento de la muerte, el ser y no ser de la existencia, Dios que encabeza la lista de las magias y claro, los recuerdos y los sueños que lo todo lo abarcan.

De esa «agudeza» quedan a cuenta los poemas de Armando, regados en casi todas sus publicaciones. Traigamos a colación poemas como «Muerte de un poeta menor en la Guerra de Independencia de 1895» (*Juicio de residencia*, 1982) y aquellos otros que aparecen en la edición *Siempre habrá un poema* (Visor, 2012) como «Con suerte, siempre puede ser la última vez», «Detalles» y «Algunas cosas a salvar». Aquí también podemos señalar esa agudeza en los títulos de muchos de sus poemas que pareciera que fueran a iniciar párrafos narrativos. Traigamos a cuenta, como ejemplo de lo que hemos apuntado, su libro *Cabos sueltos* (Universal, 1997) que pone en juego, como lo muestra el poema «La oreja de Van Gogh», esos aciertos, sin dejar esta vez de traer a la palestra esos elementos finales del poema y de la vida, de instantes terminales que constatan un vivir que se disuelve, poco a poco, y que a la vez trasciende y se encarama en el poema y lo posee, para mirar desde lo alto de la palabra conseguida, una nueva entidad: quedarse para siempre en el poema cumplido.

-.-

Esta obra no habría sido posible sin la constancia y el fervor con que, a lo largo de toda su vida, Armando se entregara, contra el viento y las adversidades, a vencer la resistencia al olvido. Imposible también habría sido poder recoger en un volumen este universo poético, sin el amor con que Tania, su esposa, y sus hijas, Liana María y Lourdes María, se entregaron a este proyecto durante meses. Su entusiasmo, la paciencia, la tenacidad en la ardua labor de acopiar y ordenar este enorme legado han sido extraordinarios. Y, por último, el volumen que el lector tiene en sus manos se debe a la veterana profesionalidad editorial de Juan Manuel Salvat, a la que se une la lealtad a una entrañable amistad.

Pío E. Serrano
En Madrid y 4 abril de 2021.
Al cumplirse el segundo aniversario del fallecimiento de A.A.B.

AL CURIOSO LECTOR

Como siempre lo hizo nuestro esposo y padre, dirigimos esta nota a usted, el curioso lector. El propósito de la edición de la Poesía Completa de Armando Álvarez Bravo es cumplir con su imperioso deseo de que su poesía quedara para engrosar el caudal de la literatura cubana. Así mismo, quedara como testimonio y constancia de lo que han pasado y sufrido los escritores cubanos y los cubanos en estos últimos sesenta años de represión totalitaria en nuestra Patria y en el exilio.

Armando comenzó a escribir poesía desde muy temprana edad, antes de sus veinte años y nunca, aun en sus peores momentos, lo dejó de hacer. Escribió en momentos tristes y alegres, en momentos de lucha y de paz. Su pasión era la poesía.

Siempre afirmó que había escrito un solo poema que lo comenzó con el primero y lo terminaría cuando el Señor le llamara. Así que pueden considerar este libro, su único poema. En el relata el transcurrir de su vida por este mundo.

A pesar de sus ochenta años, Armando siempre fue un niño soñador, sencillo y cordial. También fue un hombre de valores cristianos muy arraigados que nada ni nadie le hizo cambiar durante su vida. Fue un ejemplo de hijo, esposo, padre y abuelo. Y buen amigo para muchos.

No podemos terminar esta nota sin antes agradecer a sus dos grandes amigos, Juan Manuel Salvat en ofrecernos todo su apoyo, estímulo y cooperación en este proyecto y a Pío E. Serrano quien en su prólogo con gran maestría nos describe la personalidad, profesionalidad y sensibilidad de su escritura.

Esperamos que disfruten su lectura.

Tania Rosa, Liana María y Lourdes María

EL AZORO

A madre
A mi esposa

¿Dónde está mi voz
en este silencio?

EL AZORO de Armando Álvarez Bravo se
publicó en La Habana, Cuba, por Ediciones
Unión en 1964.

EL AZORO

DISCURSO URBANO

Ciudad
Siempre una
         Siempre igual
                  Siempre presente
Me aplastas
Me alzas
Me disgregas
Me reúnes
Toda tu fuerza se estrella regocijada
En el asombro de mis ojos
Receptores impotentes de la sordidez
De tus opacas profundidades
Donde oscila la oscuridad terebrante
Mis oídos aúnan todos tus sonidos
Mis palabras se confunden con tus ruidos
Camino con tus gentes atropelladas
Empujado yo mismo
                  Envuelto
Respiro tus olores confundidos
Te siento palpitante tras las fachadas
De tus hospitales repletos
De tus iglesias en penumbra
De tus caserones desgastados
De tus edificios relucientes
De tus prostíbulos entreabiertos
De tus covachas hundidas
De tus sórdidas prisiones
Cada una de tus gentes soy yo mismo
Tus piedras
         Mis huesos
Por eso te hablo
         Te grito Ciudad
Empotrado en el torbellino en que me sumiste
Ceñidas mis manos por las oquedades que les deparaste.

EL AZORO

Lo más terrible es este azoro
De sentirse uno mismo y no explicarse
De callar lo que no se debe
Lo que perdió su medida al paso de los días
Ser yo
      Inmutable
A pesar del esfuerzo por cambiar
De vida
De labios
De rostros y compromisos previamente establecidos
Saberse en perpetuo deterioro
Y no poder hacer nada para remediarlo
Porque las Dominaciones y Potestades
Están fuera de nuestro alcance
Y cada palabra nos aleja más de la verdad
Y nos pone en una nueva encrucijada.

LOS DÍAS NEGROS

Como aves de rapiña
Los días negros
Se abalanzaron sobre nosotros
Arrancándonos el sosiego
Desprevenidos como estábamos
Nada pudimos hacer
Ni exhalar un gemido
Porque habían mutilado nuestra lengua
Hasta trocarla en guiñapo inútil
Con su fétido pico
Los días negros
Nos desgarraron el pecho
Exponiendo el corazón
Al más atroz de los suplicios.

PRIMER DÍA

Madre
      Ahora bate el mar
Sobre el silencio de la noche

Que se le entrega mansamente
Con todos sus misterios y subterráneos
Y no tengo nada que hacer y todo por hacer
Como si éste fuese mi primer día
Tengo prisa
          Y estoy cansado
Como las desgastadas piedras
Que se esparcen por los senderos
Pateadas por los caminantes
Sudorosos y agotados
De tanto marchar a sol y sombra
Sin llegar a vislumbrar nunca
El lugar
        He andado demasiado
Y demasiado me queda por andar
Y tanta lluvia por caer para calarme
Y tanto sol para arrancarme inclemente esta piel
Y tanto frío para removerme
Hundiéndose en mis huesos
Y tanto polvo para cegarme dolorosamente
Y tanto viento para ahogarme
Y dispersar mis palabras
Sin sentido ni medida
Por cualquier sitio
Hasta que mueran con el invisible párpado distendido
Como el pez que sacó a tierra la marejada
He intuido
          Madre
Que esto es lo que me espera
Y extiendo mis manos
Como un niño temeroso de la oscuridad
Y tanteo en tu busca
Para hallar tu regazo
Y descansar la cabeza hastiada de tantas señales.

PEQUEÑEZ

  Extravagante
Evadido de una sucesión de equívocos
Avanzo en perpetuo asombro

Expuesto al masivo empuje
Que juega con mi pequeñez
Vulnerable
      Abierto a la curiosidad insatisfecha
Que busca saciarse en mi estatura
Sigo la inalterable trayectoria
De las piedras lanzadas en los albores
Rodeado perpetuamente
Por el cerco contradictorio
De mi extravagancia incontrastable.

DÍA TRAS DÍA

Día tras día
      Ajenos al tiempo reinante
Adquirimos unas horas
Entre los ávidos regateos de los mercaderes
De voces fraudulentas
      Muchos
Incapaces de pagar el precio fijado
Se conforman con llenar sus alforjas
Con unas horas insignificantes
Por las que deslizarán un vivir estéril
Otros
    Renunciando a un subalterno equilibrio
Vacían los odres que pueden demorar sus pasos
Y se separan de un opaco sobremorir
Enfrascándose en los rigores de un incierto bregar
        Así
Cada amanecer
Respondiendo al imperioso llamado de los gallos
Con miradas que iluminan la fiebre del deseo
Nuestras manos herméticamente cerradas
Aferran unas monedas que nos queman la piel.

ESTRUENDO PRISIONERO

Si las lluvias ungieran con su frialdad suma los labios
Rompiendo los
      sellos que guardan nuestro desaliento
¿Quién permanecería silencioso?

Porque rotas las tenaces ataduras
Entrelazadas compulsivamente al paso de los años
Ascendemos sobrepasando los rumores efímeros
Trasladándonos
        Jinetes de urgencias apocalípticas
Que desbocan los exaltados vientos
Sobre las alternativas de los hechos
            Mas
Oh sueño prolongado
        ¿Cómo escapar de tu sitio
Si el estruendo prisionero no puede despertarnos?

DECLARACIÓN

Sépase
      No voy en busca de los lugares profetizados
Donde el grano de mostaza es la medalla
Y las doncellas anuncian la aurora
Entonando rítmicas salutaciones
Las ciudades y los hechos vienen a mí
Recorriendo los días que se extinguen
Ante la mirada tediosa de los burócratas
Nada ignoro porque creo que todo es dable
Porque las manos fundan lo real
Porque el corazón intuye los deseos recónditos
Porque lo que me toca resta algo de mí
Todo llega a mis estancias y se clava
Se entierra profundamente en mi carne
Y me cuelga a la vista de los que pasan fatigados
Camino de sus casas.

LA BUSCA

Avanzo consciente de las cercas
Que bordean este sendero
Interceptando con sus férreas aristas
La mirada anhelante de trabajados jardines
Recorro este horizonte de divisiones
Rasgando con mis dedos las membranas del aire
En busca de los rincones a los que tengo derecho
La blancura de la cal no puede ahogar mis palabras

Por eso sigo mi camino
       Por eso sigo andando
Por el laberinto que se me ha deparado
Esperando sin temor
La presencia de un Minotauro desconocido
Pero no improbable.

BORDES

   Hoy trazo bordes
Ajeno a las lanzas del soldado
A los ladridos de los perros
A las voces de los vendedores
Una desazón de gritos desbocada por mi pecho
Un anhelo de silencios insondables en mi corazón
Hoy edifico
       Levanto una pared ilusoria
Que me separa de las verídicas
Me afano
      Pero voces vivas
          Penetrantes
Atraviesan mis muros
Taladrando irremediablemente mis sienes.

PIEL SOBRE PIEL

   Los días me envuelven
Como carne al hueso
      Firmemente
Por un tiempo
     Y me acosan
Atroces en su embate
Con su vehemencia inhumana
Con su hostilidad sin fingimientos
Que siento como una nueva piel
Que se implanta en mi piel cansada
Y me nutre para luego corromperme.

VALE CONOCER

Vale conocer la piedra que se pisa
Y la particularidad del cerrojo
Que resguarda nuestro lecho
Pensar que no podemos ser devorados
Porque fijamos plazos y nuevos plazos
Para seguir fielmente palpables
Y celebrar nuestra reservada fiesta
La escapada a lo cuidadosamente deseado
Desconociendo el no que se sucede intacto
Como una moneda perpetuamente recobrada
Que pasea vertiginosamente nuestros bolsillos
Mientras se agrietan los labios de negar
En la veloz lentitud nocturna.

EL PAN NUESTRO

Bajo el párpado
                La pupila reanuda los hechos
Las consecuencias de esta teoría sin tiempo
De estos desvelos sobre las mismas cosas
Que nos han acostumbrado a su tenacidad
Como si no existieran otras imágenes y objetos
Que los acumulados irremisiblemente
Sin orden ni concierto
                Sobre los muebles desiguales
Papeles de bordes desgastados
Libros polvorientos
Piedras desconocidas
Oscuras monedas
Que no transponen las puertas y nos atan
Vivencias inconclusas
Que crecen interminables en la sombra
Fragmentándose al proclamar su impotencia
Acopio de sonidos truncos
Que giran despojados de sus pesos
Golpeando las paredes
Con la obligatoriedad de las horas
Imágenes privadas de claves y adjetivos
Que no se reflejan en los espejos

Ni dejan huellas con que trazarlas
Palabras inconexas que rebotan en los muros y se pierden
Y se anulan sin tímpanos que las registren
Sabores amargos que nos descienden
Vías que recorremos
Con esa inutilidad de lo irremediable
Toda una perpetua farsa de horarios
                                Disculpas
Y discursos que sirven para disfrazarnos
Para eludir esta tristeza que nos surge
Al andar
Al ver
Al hablar lo de todos los días
Que a fuerza de inmutable ya nos es familiar
Circunstancias de un ámbito opresivo
Que de antemano nos precipitan en el vacío
Sin darnos símbolos que sirvan para vindicarnos.

VEGETAL

Semejante a un vegetal
Que segrega álgida savia por un corte violento
Se doblega ante las dispersas ilusiones
Mientras los ojos petrificados
Por flagrantes presiones
Dejan escapar las imágenes de los viejos parques
En cuyo descartado diseño
Se distribuyen las fuentes llenas de hojarasca
Las cercas desechas
Los quebrados árboles
Las estatuas solitarias
Sobre las que se desgrana el peso del letargo
Las voces despreocupadas de los niños sudorosos
Que bojean los mármoles ignorantes del sol parcelado
Me golpean el vulnerable costado
Con la elocuente vehemencia de su candidez
Y me detienen
Las palomas han escapado.

UN BUEN DÍA

Un buen día perderemos la memoria
Y no nos daremos cuenta
Seguiremos siendo el mismo cuerpo
Dentro de los vestidos
Amoldados a nuestras peculiaridades anatómicas
Ante los espejos
          Ante los utensilios
Que imperceptiblemente hemos desgastado
Sin comprender lo que nos pasa
Veremos al amigo como extraño
Los tratos familiares carecerán de sentido
Y no nos atreveremos a examinarlos
Temerosos del orden envolvente
Manos ajenas nos guiarán a los pormenores
De una fría e incomprensible función
Y no formularemos preguntas molestas
Porque ya nada nos importará lo que sucede
El tiempo del Olvido es tiempo de Muerte.

MUERTE

Digo por lo bajo Muerte
Pensando como cuando era un niño
Y asesinaba el pez de mi frente con un bostezo
Y deseaba cosas violentas
A pesar de aquel miedo a perderme
Digo y repito incansable
          Muerte
Para encontrar un significado en que sostenerme
En mi ignorancia
          Para cesar de divagar
Ponderando este círculo inacabable
Que integran mis contradicciones
Para preservarme en la sal de su sonido concluyente
De sus letras no mancilladas
Para no sucumbir en los poros del día
Digo y repito incansable
          Muerte.

RÉQUIEM

Los oídos
Traspasados por las espinas
De lo acumulado
Escuchan los sonidos
De la vigilia tormentosa
Fuera
        la asonada de los vientos
Estremece el vientre hueco
De las campanas
Los rayos enarbolan su luminosidad
En el ámbito de la borrasca disonante
La galerna entona un réquiem
Por los que no son
                Dentro
Las manos se alzan e imploran
Mientras los preceptos se resquebrajan
En las órbitas transidas.

INSOMNIO

El viento galopa intermitente
Moviendo las indecisas copas de los árboles
Los edificios van apagando
Pupila de cristal y esfínter de madera
La simetría de sus ventanas
Los párpados cubren los ojos
Cansados por el polvo
Y heridos por el hollín
Sobre el desgarrado asfalto
Se coagulan charcos de aguas negras
Formando espejos irregulares
Que reflejan la efusión rutilante del neón
Todos duermen menos nosotros
Que clavados en un silencio como una cruz
Oficiamos el atroz rito del insomnio.

EN LA NOCHE

La noche está preñada de sobresaltos
Inciertas preguntas se posan en las manos viscosas
Rumores lejanos e irresolubles nos asaltan malignos
Agigantando el escalofrío febril que nos abrasa
Rostros desfigurados desfilan hostiles
                                        Vertiginosos
Y se vuelven amenazantes
Fijándonos en el lecho
No dormimos para evitar los sueños terribles
Velamos estremecidos por la incertidumbre
Incapaces de ordenar los residuos dispersos.

HOY DOMINGO

Hoy domingo
Pienso lo que haría si no fuese yo
Me pienso otro
                        Distinto
Ignorante de mí antes y ahora
Entregado a un acontecer
No enturbiado por ríspidas motivaciones
Me imagino insensible
                        Sobrepuesto
A todo lo engorroso y aplastante
De la realidad que me circunda
Desarraigado de estos lugares
Habitante de ciudades ignoradas
Y locuaz en otras lenguas
Me deseo poseedor de raras habilidades
Fecundo en astucias
                        Deleite para mi sensibilidad
Asombro para gentes extrañas
Y renuncio a este oficio
                        A este vicio
De desmenuzar las migajas de lo portentoso.

ESQUIRLAS

¡A callarse!
El que fue engendrado por la Ciudad
Solamente puede evadirse de sus miembros
Encerrándose en la matriz
Que azares provisorios designan en la herrumbre
El asco a su cuerpo es sello y prenda
Orgullo es llevar lo que devasta y aniquila
Silencios socavantes en las vísceras
Labios sin lisonjas que se cuartean
Porque el consuelo de escupir ante los espejos
Denigra como un vicio secreto
Hay pues que abrir bien los ojos
Para que esquirlas chasqueen.

EL FUEGO DE LA BRISA

Das tu mejilla
Al fuego de la brisa
Sin preguntar
       Oh inocente
¿Por qué eres favorito
De los símbolos
Y por qué las sombras
Te codician?
Loado serás tú que desprecias
Cuando temer debes
Y olvidados aquellos
Que escarnecen tu rostro purificado
Recolector de visiones.

REPOSO

Yazgo inmóvil en mi lecho
Mientras un pájaro
Morador de ojos inyectados
Dibuja en mi rostro
Una parábola de sueño
Cuando las alas oníricas
Resuman su vuelo solemne

Hacia los aires enrarecidos
                    Me perderé
Llevado por mi fatiga
En su negra y extensa geometría
Me evadiré de mis lugares y distancias
Subyugado por la placidez
De su movimiento inapresable
Y entonces encontraré el reposo.

DEL QUE ESPERA

Que no se indague quién soy
No soy más que la terrible decisión
De ser yo mismo otra vez
Mi raza es la más vieja y obstinada
La que cada amanecer pretende
Renovar un rito que se olvida
La que gesta en silencio sus mitos
Y se entrega a ellos mínima y asustada
Yo soy de aquellos
Que inventan máquinas inoperantes
En desvencijadas estancias
Y salen a la calle con una carpeta
Cuyo contenido ignoran
Y esperan que un desconocido les entregue
Un talismán de propiedades incomparables
Que los haga más vulnerables a las lluvias
Y les revele el rostro de los muertos
Yo soy el que piensa
¿Cómo será cuando nada sea mi cuerpo
Y los que fueron conmigo
Empiecen a olvidarme
                    Y mis recuerdos
Y mis cosas ocupen un lugar necesario
Para nuevos objetos y experiencias?
Yo soy el que aguarda
                    El que pide al Tiempo
Devele en una salita poco frecuentada
Lo no practicado
                    Lo que aún es posible

Yo soy el que justifica un itinerario
Que no le fue dado diseñar
        El que vive en vilo
Y cifra su esperanza en la peligrosa bondad de lo desconocido.

EL DÍA DE LOS GRILLOS

Cuando llegue el día de los grillos
Dejádmelo saber
Desencadenad los sonidos postergados
Y dejadlos esparcirse por mi universo demudado
Permitid a las lavas solidificadas fusionarse
Ante el resurgir espléndido de la Hidra iracunda
Escapad de las miradas de las Cariátides
De ojos afiebrados
        Y corred
Corred a través de las lluvias a prevenirme
A anunciarme con voces trémulas
Que ha llegado el día incontrolable de los grillos
Que amanece.

OTROS POEMAS

BAHÍA

En la mañana el diálogo se inicia con el mar
Los ojos cansados tras la larga vigilia
Recorren lo abrupto y tropiezan con lo despejado
El arrecife irregular
Acrisola el embate de las aguas
Incididas por los ocres decisivos
De las quillas cortantes
Una niebla desgarrada engama el aire
Que renueva lo viciado de nuestros pulmones
Los rostros demudados por la noche
Se humedecen en la totalidad salobre
(La ola batiente sobre la frente nacarada)
Mientras una medusa imaginaria trae el día
Fuertemente sujeto en sus mil terminaciones
Amanece

Todas las gargantas laceradas
Aclaran sus voces al unísono
La mirada roza la inquieta superficie de las aguas.

FLORES DEL ALBA

Flores del alba
Eclosión de los aromas primarios
Afianzados en las neblinas pertinaces
Un motivo ecuestre se encierra
En vuestra ascensión invertebrada
Las corolas guardando perpetuamente
Una aglomeración de vivencias
Ajenas al rizo expansivo de las olas
El polen escapando de los cálices
En busca del ala efímera de la mariposa
Ajenas estáis al frío de las copas vacías
Al frío de los perros sedientos
Mientras circula por vuestros vasos
El instinto de savias místicas
Que os impele a alzaros
A crecer junto a los osarios irredentos.

TARDE

Rostros curiosos de miradas inciertas
¡Qué hombros se requieren
Para soportar el peso de la tarde
Con sus vientos y sus grises
Esparcidos por la Ciudad embotada
Cerrada a cal y canto!
Tarde de blandas encías y ojos macilentos
Que barre rigurosa la brisa crepuscular
Removiendo las endebles hojas
Arremolinando las tierras dispersas
Quebrando los vástagos promisorios
Aires ajenos al dolor de saberse ceñidos
¿Qué insecto de alas rojas
Se atreve a desafiar el redoblar de las campanas
Cuando abrazáis los nostálgicos badajos?

¿Qué descender de sombras propicias
Engendra vuestro sonido mientras la noche avanza
Ignorante de la solidez de su caída?
Vientos
      Ademán tembloroso de las horas incontenibles
Tarde
      Un arte de follajes anida en mis ojos.

ANÉMONA

A José Lezama Lima

    Anémona
          Táctil presencia de cabellos en desorden
Sobre pulido y reluciente anaquel petrificada pieza
Testimonio corroborador de la bondosidad del *weekend*
Has perdido la sazón de las arenas
Y el recuerdo de caricias regaladas
Por lúbricas y prodigiosas algas
Que se miran arrobadas en el ojo-luna del pez dama
Tu rugoso
        Verdinegro
          Definitivo
Simétrico rigor
Concita sutilmente la curiosidad del adolescente
Gemela acosada por logaritmos y conjugaciones
Que abomina y rechaza la secular ordenación
Reiterada por lustroso y deshilachado dómine
Y despierta ávida al leve crujir que produce el roce
De las almidonadas enaguas de la doncella
Sugerencias al deleite que vetan férreos catecismos
Solteronas aburridas instauradas en gastadas comadritas
Historian desgracias cuyo origen te atribuyen sentenciosas
Mientras que el estudioso que presume de su latín
Se pierde en conjeturas sobre tus desplazamientos
Y no recoge los rejuegos conversacionales que sostienes
Jugosos de palabras desconocidas y esenciales
Cuando te mecen las regulares cadencias de las mareas
El sabio discreto y humilde que intuye tus grandezas
Las reserva celosamente para transmitirlas a los elegidos
Que gustan de la delicada plenitud de la espera

Por cada una de tus extremidades indescriptibles
Silencio
      Silencio
           Silencio
                Silencio
                    Silencio
El verbo más simple se otorga al que penetre tus bocas.

MI ENEMIGO

Mi enemigo conoce mi sombra
La funda
La retuerce
La prolonga
La disminuye
          Lo veo
Lo sé
   Y es como si nada
Imposible hacer por evitarlo
Imposible arriesgar la sola voz
En una protesta
          En un alarido
Quedaría extenuada
Prisionera en una trama opaca
Como sus tejedoras
Que de verme se reirían de mí
Porque no poseo una pulida pieza de jade
Por la que pasar mis dedos desdeñosamente
Como un mandarín chino que se aburre
Viendo desfilar sus interminables ejércitos
¿De qué sirve entonces conocer lo ineludible?
¿De qué sirve disfrazarse si el Enemigo
Conoce la forma exacta de nuestro cuerpo
Si posee los dados que nos determinan?

FESTÍN

  Mesa
     Tus patas te asientan majestuosas
En el mosaico recién trapeado del comedor

Y las sillas te rodean armoniosas y sumisas
Impertérrita te alargas para el festín.
Engalanada con mantel y cubiertos de ocasión
Recamada por vajilla artificiosa
Todos te rodean voraces
                    Y las fuentes humeantes
Invaden copiosas tu señorial anchura
Para regocijo de bocas y ojos hambrientos
Hoy sirven mi corazón
                    Y los que me sonríen
Lo devoran gozosos
                    Mientras pienso sobrecogido
Que el más terrible oficio es el de simulador.

NUEVO TEMA PARA ORFEO

Canta Orfeo

Canta

Por el puro y silencioso afecto
Que habré de relegar al recuerdo
Por las cosas que no he de ver más
Por las que veré sin desearlo
Canta mientras visto este cuerpo
Con el opaco ropaje del que parte
En pos de miríficas bahías
Y que quizás solo encuentre
Un puerto hostil
En cuyas aguas sin vida
Se alza una estatua inexorable.

POEMA PARA TANIA

No uno sino muchos tu nombre
Mar nube pájaro viento estrella
Árbol espuma flor tierra
Fuente arroyo noche
Día gacela
Piedra tu nombre
Tantas veces dicho

Siempre presente
Con su frescura de azulejo
Camisa grata para este vivir
                    Tu nombre
Seno propicio
                    Manantial para la sed
Lecho para el cansancio
Fragua para las ilusiones
Bálsamo para las heridas
Sudario para el fracaso
Coraza para la lucha
Pan que apacienta esta debilidad
Tu nombre
            No uno sino muchos
Tu nombre
            Tantos pétalos.

PRIMER RETORNO

Retorno
Las palabras cambiadas
La sílaba articulada
Los ojos saciados de una sequía de dimensiones
Los oídos saturados de las cadencias espoleadas
Que marcan las distancias impalpables de la vuelta
Retorno y sé
Sé del vuelo gozoso y sensual de la mosca
Sobre la víctima inmolada
Sé de la diafanidad de los días
Que no se rigen por un tiempo de arenas
Sé de las marcas candentes sobre los sexos palpitantes
Sé de la rigidez de las manos aferradas a otras manos
Sé
    He recorrido una escala de vivencias
Y retorno dejándolo todo atrás
Mientras un Leviatán ensoberbecido
Engulle la aurora esbozada.

BOY ON A DOLPHIN

I

Como una ostra tornasolada que se cierra
bajo el influjo caricioso de la puesta de sol,
ocultando su pulposa delicadeza a la mirada del *gourmet,*
se puede borrar el molesto recuerdo de una ciudad.
Basta una interminable y tediosa travesía para escapar,
a través de refulgentes y verdosos bajos,
castigado el rostro por un sol tan ingrato
como la compañía amodorrada en los bancos de cubierta,
inmaculados, pero grasientos al tacto.

Cualquier tarde es apropiada para llegar
y cambiar nuestro traje por un ligero atuendo
y tocarnos, tímidamente, ante el espejo desconocido,
con un sombrero de alas descomunales
que pregone nuestra aceptación a los usos de las islas,
y sonreír, pensando que la hora de la cena se avecina
y que el sol ya se ha ocultado y no es necesario
nuestro panamá con su amplia cinta de Madrás.

En el principio es la sonrisa.
Después son los nombres. Y más tarde los oficios.
La cena fría es obsequio de Mr. Perkings.
Mr. Perkings es un hombretón con cara de niño,
pero puede cazar veinte codornices en una mañana
y beberse veinte cervezas en una noche.
Su mujer visita Europa todos los años,
pero él prefiere la isla. En Europa hay demasiadas ruinas
y todos tratan de robarle a uno.
Por eso, en el verano, cada cual toma su rumbo.
Mr. y Mrs. Mulligan, cuya hija estudia en Vassar,
adoran el Sur. Vienen al rancho desde que acabó la guerra.
Cada viaje ella estrena una caja de óleos;
y él, dos o tres varas de *spinning.*
Mr. Adams, contratista de Chicago, y Mr. Lewishon, abogado,
vienen, con sus respectivas esposas, por el pato.
Nothing like moonlight hunting in the swamp.

Tras la cena, solo se puede beber, hasta el sueño,
hasta recordar que hay que madrugar para disfrutar del amanecer,
porque las mañanas en la isla son gloriosas.
Los árboles surgen de la niebla definitivamente verdes
entre la atmósfera azul-índigo, y la frialdad estremece,
agradablemente, mientras se camina entre los pinares.
No hay nada comparable con este espectáculo en el mundo.
Wait until Inge comes, you'll love her.

A las once y media, Bruce habla de Hölderlin.
Mr. Perkings quiere conocer sus records,
pero queda descorazonado al saber que se trata de un poeta,
lo que no es óbice para que proponga un brindis en su honor,
y todos bebamos. Bruce quiere ser escritor,
pero es demasiado rico para pensar seriamente en eso.
Wait until Inge comes, you'll love her.

¿Pero cuál es nuestra lengua? ¿Cuál es nuestra lengua?
Sin darnos cuenta hemos perdido nuestro pasado.
Imperceptiblemente hemos cambiado.
Y nada podemos hacer contra el tiempo que nos arrastra parsimonioso.
No sabemos qué es el tiempo. No sabemos quiénes somos,
aunque nuestro rostro sea el mismo día a día.
No sabemos, y el sueño nos pesa en los párpados.
El pasado es la nada. Antes: nada, nada, nada.
Es inútil esforzarnos tratando de recordar,
de reconstruir una imagen con pequeñísimos fragmentos.
Busca, ahora, el suave rizo que delata a la doncella
escondida en el rincón oscuro... Buscar.
Wait until Inge comes, you'll love her.

El pequeño bar, como un altar, queda solitario
en la imponente mole catedralicia de la noche.
Los oficiantes se han retirado a sus aposentos,
y la que llega, con su cabellera color de miel,
nos dice en su acento inexplicable:

Close your eyes. I will guide you through
to the veranda. Careful with the steps.
One... Two... That's it. Now take a good
deep breath. You may open your eyes now.
Tell me, ain't this something?

II

Los ojos del *Boy on a Dolphin*
enclavado en el centro del jardín,
testimonian tibias fabulaciones.
Su pupila ha fijado las relaciones
del insecto con las aves
y el secreto del corazón de los cítricos.

Si supieras que aquí nada cambia
a pesar de los que pasan; que las horas
se suceden en virtud de los gestos
y que la vegetación que te asombra
y las aguas que te circundan
y aproximan tu piel al roce delicado del pez
solo son porque tú eres venido sin prisa.

Hunde tus pies en las arenas negras,
en la estrecha franja del alucinado
que se escurre costosamente al deleite
y no teme a las extrañas criaturas
que pululan en la noche
y reposan cuando el deslumbrado teoriza
y cumple su día en el cansancio de los brazos
y en el ardor de sus manos.

Aférrate a mi rostro sin pensar en el retorno,
y pasa tu dedo de la frente a la ceja,
de la ceja a la nariz, de la nariz al labio...

III

El sumerso, extasiado por la redentora grandilocuencia
de su soltura, experimenta el simple placer de los ángeles,
la indefinible y visceral placidez del nonato
en la compacta seguridad del vientre materno.
Su novedoso estado lo estremece, renovándolo;
erradicando la corrosiva desazón del previo estado.
La total practicidad de sus miembros,
que por vez primera sobrepasan sus limitaciones,
lo conforta en su asombro.
Nada sobresalta en la cariciosa envoltura.

Realización gozosa del deseo.
Tiempo que se otorga en usufructo al deslumbrado.
Escozor de lo desconocido dilatando la pupila,
mientras el regaloso relumbre
de las caprichosas e inverosímiles formas
implanta la sabiduría de lo portentoso
en las más oscuras cámaras cerebrales.
Y entonces, solo pensar
en desprenderse del estéril día tras día,
en aprovechar la suerte inesperadamente otorgada.
Lanzarse en fastuosas migraciones
y fundar escuelas de raros peregrinos
que gustarían alcanzar la beatitud de lo sumergido:
ser tocados por la Gracia,
y llamados por los invisibles, dudados dioses
que en algún punto del trayecto
susurran al oído las desconocidas palabras
de los imperturbables, que hacen todo posible
y desmenuzan las dudas con tronantes sílabas,
porque el sabedor tiene intactas sus energías y su inocencia.
Y mientras esto se avecina, súbito comprender
la razón del espumoso vagar,
el lento desplazarse hartándose de lo cambiante,
durante trescientos años,
del espíritu de las sirenas en pos del aéreo estado.
El secreto, en definitiva, es buscar y no buscar;
entrar y permanecer sin saber dónde o por qué.
Porque lo dado es lo buscado.
Porque lo buscado no es lo dado.
E importa únicamente el nebuloso convencimiento
de un posible acierto, la entrega.

IV

    El fugaz cese de la lluvia
penetra con suavidad el ojo reposado,
inundando con su frescura el conocimiento.
Una prodigiosa textura se multiplica vertiginosa
en las dunas, y la espuma pasa al plano
de las reminiscencias. Invisibles peines

alisaron el arenoso cabello
y, despaciosamente, despejaron el horizonte
para situar al peregrino
fuera de la dimensión temporal.
Un plomo novedoso, desconocido e imposible,
sugiere nuevas posibilidades a la piel.
Se conjetura sobre el contacto preciso,
inalcanzable, horizontal.
Vehementes sugerencias
a dejarse confundir, a helarse
en el metal que no es metal.
A buscar la transparencia
que conforma un aceite que tampoco es aceite.
Frescura.
   Frialdad.
     Aguas.
Una apetencia de formas inverosímiles
invade, golpea y estremece al taciturno.
La anémona la satisface.
     Anémonas:
constelaciones sumergidas, apagadas,
entre las que, ocasionalmente,
se materializa el cangrejo.
     Y se piensa:
¿Dónde encontrar tenazas descomunales?
Porque la proliferación de bocas es imponente
en medio del silencio, y el apetito no existe.
El polvillo arenoso inaugura una tradición
de colchas portentosas que no calientan.
Uno se siente Uno, y se desea permanecer
a pesar del recuerdo de arquetípicos peligros.
Casi se comprende que el júbilo es opaco
y la quietud desmesuradamente gris
y la prisa una mancha bochornosa.
Pero siempre aparece el límite,
sigiloso e inexcusable.
     Aferrarse.
Este momento no subsistirá.
Acaso en el recuerdo…
Pero no se retorna.

Los tactos iniciados nos han curado del espanto.
Pero no se retorna.
El indefinible roce
nos fijó en el movedizo instante.
Pero no se retorna.
Y lo mismo no será lo mismo luego, mañana,
otra vez.
    La repetición estará vedada.
Lo conocido comienza a reabsorbernos.
No podemos despedirnos.
Nunca decir adiós.
Ojalá invente bálsamos el silencioso recuerdo.
Solo queda decir: ¿Cómo fue?
Pero no se retorna.
Pero no se retorna.
Pero no se retorna.

V

Así vivimos, despidiéndonos sin cesar.

El tiempo para fijar lo preciso es breve;
de pronto, la certidumbre: no hay más tiempo.
¡Ay de los espléndidos ángeles que, fatigados,
se entregaron a su soberbia y se perdieron!
Como ellos, el que parte sin volver su mirada,
intenta posesionarse de la imagen,
sabedor de que los días
palidecen lo vivido.
Porque la realidad no se recobra
aunque se regrese,
    y las manos
pierden la forma de un rostro
aprehendido lentamente
hasta llegar a los rasgos más secretos.

El tiempo de las enumeraciones es indeseable.
Llega paulatinamente y se conoce
porque convierte al deseo
en una afectada sonrisa
ante perennes extraños, por conocidos,

y porque no se tiene prisa.

Un mundo de vedados nombres,
de perfectas relaciones
no es susceptible a las invocaciones.
Y los conocimientos que transmite
son valederos en cuanto los podemos experimentar.

Todo lo que dejamos perece.
Un nombre será nuestra nada, *lieber Inge.*

RELACIONES

Por otra parte, el breve tiempo mío
Garcilaso de la Vega

RELACIONES de Armando Álvarez Bravo
se publicó por Contemporáneos, UNEAC,
enCiudad de La Habana, Cuba, en 1973.

I. ANTIGÜEDADES

que pasados los siglos, horas fueron
Calderón de la Barca

JUEGOS

pero nosotros lo tomamos todo
nuestros caballos rugen como un aguacero.
Rainer María Rilke

UN JUEGO

Lo he visto esta tarde,
al niño idiota, rodeado de otros niños,
mientras golpeaba ferozmente una columna
con un burdo pedazo de hierro.

He observado la trayectoria
de los fragmentos arrancados a la piedra,
la cal dispersándose por los aires
y manchando las imprecisas facciones
de un rostro desencajado
por la violencia del esfuerzo,
las gastadas y sucias ropas,
el cuerpo dado a la intemperie.

He sido testigo de un silencio
que escarnecieron gritos brutales,
de la extraña forma
de una inocencia nuevamente burlada,
de una estéril fatiga.

Ahora sé de un juego que infamó la tarde.

LOS TRABAJADORES DEL MAR

Todos los días, al atardecer,
y los domingos por la mañana, frente
al Anfiteatro, donde ciertas noches
es posible escuchar a la Banda Municipal
y a una recitadora cuarentona, se les veía
nadando casi desnudos entre los desperdicios.

Por un centavo entraban en acción,
se sumergían elásticos como peces. La moneda

nunca llegaba al fondo. Los nadadores
eran demasiado veloces y en un abrir y cerrar de ojos
regresaban a la superficie con su trofeo, saludaban,
orgullosos e indiferentes, y guardaban la pieza
en el hueco de la oreja o bajo la lengua.

Alguna que otra vez, alguien tiraba una peseta
y, entonces, luchaban entre sí, se hundían mutuamente
tratando de arrebatarse la moneda
que siempre quedaba en poder del más fuerte.
Terminada la lucha, pedían que lanzaran otra peseta,
bien lejos, hacia las aguas más turbias y profundas.
Si nadie lo hacía, continuaban flotando,
mirando hacia la gente, esperando el próximo centavo.

Cuando el auditorio se marchaba,
salían del agua y se vestían apresuradamente,
sin tomarse el trabajo de secar sus cuerpos relucientes y ateridos.
Más de una vez los vi alejarse contando sus ganancias,
dando saltos para entrar en calor.

Al día siguiente todo se repetiría de nuevo.

ENTRE LAS ÚLTIMAS RUINAS DE LA COSTA

Las Playitas

Una vez más, al borde del agua,
ellos se reúnen a leer las inscripciones.
Son pocos y silenciosos y se mueven
con soltura sobre el suelo resbaladizo,
familiarizados con las profundas depresiones
que el agua rebosa incesante.

Poco queda en pie de la casa
y son cada vez menos los que la frecuentaron
en mañanas impregnadas de luz.
Sobre ella han pasado feroces años
desbaratándole las paredes, haciendo trizas
sus dependencias, tocándola de lenta muerte.

Pero en los muros, en los emplazamientos
condenados a pronta desaparición,
subsisten abigarrados signos imborrables.
Y sugerentes, letra a letra,

forma a forma, brutales y delicadas
las historias se hacen una sola historia
llena de múltiples significados.

Y en esto no hay misterio.

La ciudad creciendo sobre la ciudad.
Los cada vez más exiguos restos
siendo suplantados por empinadas edificaciones.
Y ellos, dichosos sin propósito,
intentando otra vez descifrar las inscripciones
entre las últimas ruinas de la costa.

LA NOCHE DE LAS ISLAS

> *palmeras, islas nadadoras, hojas del recuerdo...*
> José Lezama Lima

LOS HOMBRES DE LA ENSENADA

La soledad de aquellos hombres
pendientes del cielo
solo se rompía
a las seis de la tarde,
cuando nubes de mosquitos
aceleraban la noche,
obligando al encierro.

Cualquier otra historia
que se haga de ellos
pertenece a la ficción.

LOS OLVIDADOS DEL BAR 500

Algunos de los viajeros
se quedaron para siempre.
Hay en las afueras,
detrás del cementerio,
un lugar donde se reúnen
cuando sobreviene la noche.
Allí beben hasta caer inconscientes,
practican un simulacro del amor,

encuentran la muerte–
el mundo a sus espaldas, semejantes
a palabras que ruedan por un río difícil
y se transforman en desprecio.

LA DAMA

La dama llegaba al bar
poco antes del almuerzo.
Se acercaba al mostrador
y el cantinero le servía,
sin que mediara palabra,
un vaso de ginebra
con gotas amargas.
Esta operación
se repetía varias veces
y había en ella algo de esa gravedad
que imprimen a las cosas
el silencio y la deliberación.
Todo comenzó
cuando la dama
fue notificada de la muerte
de su único hijo
durante un vuelo de rutina
al otro lado del planeta.
Verano tras verano,
la dama era huésped
de aquel tranquilo hotel.

EL ERMITAÑO

A orillas del mar interior
vivía el ermitaño. Apenas recordaba
el aliento de las palabras,
el sabor de la cerveza,
el nombre de los meses,
el contacto de la mujer.

Andaba medio desnudo,
calado de una imperiosa inocencia,
alimentándose de las aguas,
abrigándose en la espesura.

Solo él era capaz de internarse
en el pantano, solo él conocía
los pasos y el lenguaje olvidado.
Solo él vivía en paz.

FRAGMENTO DE UN POEMA

La noche de las islas
ostenta magnífica
su terrible belleza.

LA PIEDRA Y EL FANGO

Los que ignoran el domingo
vinieron a través del mar
a cambiar la piedra por el fango,
la casa de papel por la casa de zinc,
la tierra que en ocasiones tiembla
por la tierra que perennemente traga.

Su calendario está redactado
de acuerdo con la fuerza de sus brazos,
el sudor que se reseca sobre el sudor,
la resistencia de sus piernas,
la impenetrabilidad de su piel.

No hablan mucho con los extraños,
apenas unas necesarias palabras,
y casi nunca abandonan sus tierras.
Allí, arraigados, son como mangles.
Cuando alguno de ellos se marcha
tratan de olvidarlo, de hacer
menos evidente la victoria del fango,
del que se purifican cada atardecer
sumergiéndose en bidones de petróleo
llenos de agua hirviente. Todos
los respetan porque resisten lo irresistible,
se alimentan con arroz
y sueñan con jardines perfectos.

DAGUERROTIPOS

*Yes, mouths bit
empty air.*
Charles Olson

CONFRONTACIÓN

En la incomunicable soledad de su habitación,
cuando ya todos duermen, este hombre
hace un detallado recuento de su día.

Con calma dispone las horas en el papel,
acompañándolas de unas palabras
cuyo verdadero y último sentido solo él comprende.
Después, traza una raya y a continuación relaciona
todo aquello que quedó en propósito.
Entonces, poniendo a un lado la pluma,
estudia sin prisa lo escrito y lo compulsa
con otras innumerables hojas manuscritas.

Al rato, tras apagar la pequeña lámpara,
se levanta y marcha hacia el lecho,
cuidando no perturbar el reposo de los suyos.
Y ya allí, antes que lo gane el sueño,
ensaya de nuevo las justificaciones
que una desgarrada fidelidad impuso a su vida,
cercenando la existencia
del otro hombre que habita ignorado en su cuerpo.

EL HOMBRE QUE HABLA SOLO

Hay un hombre parado en la esquina,
moviendo los labios, diciendo
algo que nadie escucha, entorpeciendo
el paso de los que corren a sus casas
o no quieren llegar a sus casas
o, apenas, tienen casa.

Este hombre, casi invisible,
lleva en la esquina una hora, una eternidad,
y sin embargo, nadie se ha detenido junto a él,
nadie le ha preguntado qué es lo que dice,
a quién se dirige que no le escucha,
que no viene y le pasa el brazo por los hombros

mientras le susurra algo amable y le acompaña
para que ya no esté solo.

Y mientras este hombre habla,
gesticula para nadie, la vida continúa,
resbala por su cuerpo tenso
y poco a poco lo va borrando,
hasta que no hay más hombre.

LOS PEREGRINOS

Para ellos terminó el éxodo.
No dejaron huellas luminosas en el camino,
hermosos recuerdos a su paso,
sino el terror de las enfermedades desconocidas;
tullidos de piel devorada por el cáncer;
rezagados de costumbres dudosas;
inservible impedimenta
a la entrada de las ciudades.
Diezmados, hambrientos, casi desnudos,
piensan ahora por vez primera en sus muertos;
ordenan las escasas pertenencias,
tratando de recordar lo que llevaban
la mañana que emprendieron la marcha;
e intercambian miradas taciturnas
preguntándose en silencio
si valió la pena tan largo viaje
y cuán sabio es disponerse al regreso.

II. LA MATERIA DE LOS DÍAS

Indeed, many such days I remember.
Robert Graves

ALGUNAS MUERTES

*Ed è morte
Uno spazio nel cuore.*
Salvatore Quasimodo

AQUELLOS DIOSES

Fueron estatuas doradas,
espléndidos dioses tumbados al sol

bebiendo oscuro vino.

Hicieron hermosas historias,
discursos a las principales estaciones,
inscripciones en la más dura roca.

Pero sus palabras, sus gestos sobre la arena,
repetidos como las canciones
que no se cansaban de escuchar, no hallaron eco.

Por esto, sucumbieron orgullosos,
como dioses desterrados que envejecen.

UNAS PALABRAS PARA MARILYS

Cuando mamá me dijo que habías muerto,
abrí una segunda botella de cerveza
y la bebí rápidamente, sin decir nada.
¿Qué podía hacer?

Has muerto, Marilys, hace cuatro días
y ya tu cuerpo se corrompe en un cementerio
con un nombre extraño y hermoso.

Todo es tan sencillo,
tan desoladamente sencillo,
que dan ganas de aullar.

Ahora me pregunto:
¿Qué clase de Dios es éste que te arrebata?

TAMBIÉN LOS DOMINGOS

Así que ha muerto la mujer del vecino.

Así que es ella la que cayó gritando
entre los flexibles almendros.

Así que es su sangre la que se ha sumado
a la suciedad del cemento
tiñéndola con su desolada belleza.

Así que también se muere los domingos.

CADA CUAL SU MUERTE

Resulta difícil
recibir a un amigo
que viene a hablarnos
de su posible muerte,
de la inmediatez
de esa posible muerte.

Y si llueve y es muy tarde
y ese amigo no puede
abandonar nuestra casa,
tomar un taxi, regresar
a su hotel, irse
a caminar por la ciudad
desierta, no decir nada
o, simplemente, hablar
de otra cosa, es mucho peor.

Resulta difícil, digo,
porque uno sabe
que ese amigo no miente,
que ese amigo nunca ha hablado
más en serio que esta noche,
que es probable que ese amigo
que se ha pasado la vida
hablando de la muerte,
arrastrando la muerte
de un lado para otro
como un pasaporte o una tara,
muera en verdad,
como dice, terriblemente solo.

Y aunque sabemos por Rilke
que cada cual muere su muerte,
no podemos dejar de preguntarnos:
¿Por qué esa muerte?

ES BUENO SABER

Es bueno saber
que alguien piensa en uno, que se acuerda

de esas pequeñas cosas que es uno;
saber que cuando algo suceda
y se deje de ser alguna de esas cosas
o todas las cosas de golpe,
se seguirá siendo algo para otro,
en la flexible memoria, por un tiempo.

OFICIO DE DIFUNTOS

    Estás en la mañana distinta
y como en los litorales de la memoria
la frialdad es una marea
que cede a la luz
                y se retira
sin dejar huellas ni derrelictos

    A lo lejos
el estruendo bulle
sobre un fondo de cal
en tanto el viento erige
monumentos de polvo

    Dentro del círculo de hierro
el reflujo del silencio
mece árboles resinosos
islas de espesa sombra
donde los visitantes se detienen
y rumian con deliberación
el sabor que la noche imprimió a sus labios

        (En el laberinto del sueño
        las cosas son innombrables
        En el tinglado del delirio
        verbos y palabras son Nada)

    Ahora no pasa
y todos estamos despiertos
en el instante congelado
interpretando fielmente
el libreto de la realidad

    Nada se mueve

    Las cicatrices del sol

resplandecen entre las nubes
e irisan los vitrales
Las paredes y los ornamentos
exhalan el olor agridulce
del incienso y las flores
perpetuamente renovadas
Las letras bailan en los salterios

Sucede un silencio

Con voz gangosa
con agua
y el signo del pez
el oficiante conjura la ceniza
y recita la nómina de la eternidad
al pie de la mesa de los sacrificios

(Niños
la Semana mayor
devorábamos confituras de hueso
tuétanos de huevo
muertos de azúcar y mantequilla
Después
supimos la pobreza
de una lengua muerta
para traducir la confianza
en la sobrevida
la solidaridad de la cera
la metafísica del negro y el morado
el ritual del pésame
los matices decrecientes del luto)

Crece la ciudad
Crece la muerte y su costumbre
Ciudad y muerte crecen
se funden en un espacio abolido
ya levadura de las catástrofes y el deseo
prodigando las ficciones
que embellecen la ausencia
las intrincadas tareas del recuerdo y el olvido
Ciudad y muerte crecen
y apenas nos damos cuenta

Crecen y nos descrecen

El ojeroso ejercicio de los aniversarios
el crujido de la resignación
el borboteo de la nostalgia
el mismísimo dolor
son figuras de sal
abandonadas a los elementos
en la tierra de nadie del treno

Zona sin asaltos
La distancia sella las elegías
La devoción o la inercia
se enmascaran tras los lentes oscuros de los deudos
(Es tan elegante la tristeza)
Y el arte del ceremonial
aplaza las urgencias de la lucidez

Paisaje sin pasión
La sucia hierba persiste
entre las fisuras de la grava
Los lagartos boquean amodorrados
entre los profusos mármoles
Las estatuas se escrutan
por encima de los obeliscos
La fidelidad se expresa
en los tautológicos epitafios

Todo se consuma

La mañana se hincha
pare colores
            letras
                    presencias
artefactos
intensas fábulas
            El día comunica
su flagrante exultación su violencia
El oficiante calla
y el hierático organista
comienza a golpear las teclas amarillentas
La música asciende por las ojivas

Se quiebran los témpanos
Los cuerpos se derriten
y más allá de la rejas
vertiginosa como el rojo de las trompetas finales
la vida se reinventa

Ahora traspasa un inmenso latido

El tiempo es un elemento de la memoria.

LA EFICACIA DE LA COMPAÑÍA

Y a través de lo oscuro, tú, criatura, clave.
Jorge Guillén

NI POEMA DE AMOR NI CANCIÓN DESESPERADA

Con su belleza, entre nórdica
y delicadamente subtropical, y su leve voz,
remota como una constelación que casi se adivina,
aquella muchacha nos trajo el misterio
que hizo amables las resistentes noches.

De ella gustábamos imaginar
intrincadas historias, relaciones
que rompían el secular silencio de las veladas
que horadaban el tedio y el insomnio.

Muchas fueron las versiones
que poblaron nuestros labios aquel tiempo.
Palabras lentas y solícitas
que tan solo intentaron ser veraces
y que nunca encontraron confirmación.

Porque un día que ya nos pesa,
aquella muchacha, tan bella a su modo,
como suelen serlo ciertas mujeres,
desapareció para siempre,
dejando tras de sí encontradas especulaciones
y la más sutil de las nostalgias.

El vacío que siempre sucede
a criaturas como ella.

RETRATO NOCTURNO

Hoy es un domingo de tantos
Todos llevan las mejores ropas
y la expresión prevista
mientras apartada
encarnas el signo detonante del calendario

Suspendida entre dos aguas
clandestina
sueltas tus cabellos
                    ríes
Nadie puede anunciarte la disolución
bajo las petrificadas constelaciones
del indiferente verano

Tu desnudez resiste las definiciones
Te cumples en el vértigo
de la desmesura
                Disponible
ligera
indiferente
en la práctica de los postulados de la acción

Ya tu cuerpo es una playa sin emblemas
abarcada por imágenes desconocidas
recuerdos no compartidos
objetos que no posees
La insuficiencia del diálogo

Inmune a los avisos que te apremian
del frío al frío
extiendes lo incomunicable

Mañana este instante
será una vivencia que se diluye.

CAMAFEO

Cuando pase el tiempo
y su cabeza se confunda con el recuerdo
de una primavera abolida,
cómo haremos para no sentir

una torpe tristeza por su ausencia.

Qué son estas palabras
contra el vacío que todos los días
nos hacemos con rechazos,
para esta memoria zarandeada
que nos construye el insomnio.

Porque nada reemplaza
lo que no tomamos, la conversación
y los vehementes silencios
semejantes a la alta noche en el mar,
la eficacia de la compañía.

Por cuánto esta trémula especulación,
estas líneas rotas y casi remotas
como un ángel degradado, sostienen
y atestiguan todo lo que será esta cabeza
como un camafeo rumbo al olvido.

EL ENCUENTRO

Esta mañana, al cabo de tantos años,
cuando no éramos ya nada más
que un compartido e indeclinable recuerdo,
nos volvemos a encontrar.
Te miro, me compruebo con asombro
y apenas doy crédito a mis sentidos.

Pero tú estás ahí, inconfundible,
absolutamente la misma de entonces,
salvada de toda erosión,
idéntica al día que nos conocimos
abandonados a una incipiente pericia,
al ángel que no nos perdía
ni pie ni pisada.

De lo que no es si bien pudo ser,
no merece la pena hablar.
No caben ahora desmañadas palabras
ni fabulosos proyectos
contra la restallante y súbita nostalgia.

Bástenos tan solo esta efímera dicha
de sabernos todavía, escribir
el nombre inmortal en las aguas.
Y vayas donde vayas, por si no hay otra vez,
sea contigo toda la suerte del mundo,
y adiós.

DICHO A UNA AMIGA

Ya no son posibles las historias,
los rumores.
Pasaron los tiempos de furia
y de sosiego, cuando
era tan espléndido tenderse sin prisa
bajo los árboles
y nombrar los contornos.
Y, sin embargo, ahora
es un poco como siempre, amiga.

SILUETAS EN REPOSO

La pródiga luz lunar
lame tenaz los cuerpos
desnudos y sudorosos

Somos esas siluetas inmóviles
acumuladas sobre el lecho
a imagen y semejanza
de la primera mujer
y el primer hombre
recién descubriéndose
                    atónitos
exhaustos

Ya ningún sonido
altera la uniformidad del silencio
que fragmentaron jadeos
sílabas entrecortadas
palabras compulsivas
El sucinto lenguaje de la cópula
es un golfo de oscuridad

El fuego de los cigarros
nos devuelve a una dimensión inaugural
y habla el idioma del abandono
trazando las iniciales
de una nueva identidad

Fuimos absolutamente modernos

Ya puro presente
devenimos el reverso
de nuestros argumentos

Criaturas devoradas por la ética

Crecen las sombras
de los muebles
las manchas de las paredes
las arrugas de las sábanas
las zonas cárdenas de la piel

La noche es la plataforma
de la destrucción
                    del amor
y baldío resulta escarbar
con las uñas un sendero
de la vigilia al sueño

Dormiremos asimilados
en el crecimiento de un árbol

De todo secreto despojados
uno en el otro nos cumplimos

Un reloj suena distante
ajeno al sopor que nos sume

A la revelación de la belleza
sucede la fatiga

Nuestros párpados se cierran.

ON THE WATERFRONT

Sobre nuestros pasos
avanza la noche
                    Es una mole

un puñado de mordidas
que tritura ese sol de catálogo
esa transparencia
donde las miradas
toman por asalto a los cuerpos
que polemizan con el aire

Hemos vuelto al punto de partida
intercambiado los documentos
de la extrañeza
el alto cifrado
de la geografía astronómica de la sangre
y los nervios
A golpes de palabra
nos hemos construido una memoria
una realidad más auténtica

Estamos solos
Nos acompañamos
Ya no somos tumultuosamente jóvenes
Hemos visto las cosas
las hemos nombrado
Creamos un universo verbal
Decir es desear
Verificamos una verdad
El tiempo nos vive
Somos siempre ahora
Figuras en el mundo
Un pensamiento inmóvil
Vivimos para vivirnos

Nadie viene
Las lámparas están apagadas
Las moscas manchan los espejos
El salitre recubre las mesas de mármol
La densidad del silencio
rebosa nuestros vasos metálicos
Las fisuras de la oscuridad
destilan historias atropelladas
El mundo vibra
Los hombres persisten

Lenta es la noche
Al otro lado del puerto
se definen pueblos de humo
El viento delira por los muelles
El polvo sitia palacios desmembrados
Los árboles manan sombras barrocas
Las aguas son custodias fosforescentes
El mar es un manuscrito indescifrable
Los criptogramas se multiplican en la espuma
La lógica y la historia se encuentran
y desencuentran en infinitas crestas
Las imágenes se entrecruzan
se superponen
                    ascienden
                         caen
se crean
          se destruyen unas a otras
No preguntes
                no busques respuestas
versiones fuera de tus pupilas
Redúcete a tus sentidos
siégate a la mixtificación
busca la Palabra
                    Aquí el tiempo es otro
                    Aquí el espacio es otro
otra la vida
otra la muerte
Las islas están más allá de los sistemas
de las leyes
              de los arquetipos
Son palabras trascendiendo las palabras
engendrando la realidad
                  destruyéndola
transformándola
Hecho y palabra son lo mismo
Principio y fin que se tocan
                  Acto
unidad que se expande
                magma
certidumbre

instante que no cesa
hábito del delirio
            eclosión
juego aleatorio
            Todo es posible
Nuestras vidas son nuestras ficciones
El sueño es acción

    Ya es tarde
A nuestra espalda
se ahondan galerías desiertas
Hay peligro en tus ojos
En tus labios
crece la palabra Siempre
Tus cabellos se inflaman
en el cráter de la noche

    Tierna es la oscuridad
Seamos nosotros mismos
Alguna vez
            ahora
                siempre
lo inventaremos todo de nuevo.

III. LAS HUELLAS DE TANTA VIDA

Cualquier instante de la vida humana
es nueva ejecución.
Francisco de Quevedo

PUERTOS DE ESCALA

Now, looking up, I find the world has grown.
John Wain

ACASO EXTRANJERO

    Acaso extranjero,
tu casa abre su doble puerta
arañada por el tiempo
y los niños.

    Hasta ti llega

un sonido de árboles
y trajines.

Y la pregunta:
Con tu prisa
o tu tardanza,
¿partes o regresas?

DE VUELTA, ENTRE ESTATUAS

De vuelta, entre estatuas,
me han creído un extranjero.

Vine a ver unos viejos
tomando el sol hasta la muerte;
aquella hilera de columnas
breves y rechonchas
como no hay otra en el mundo;
el barquillero que era un espejismo
en los fuegos del poniente;
el sitio donde una foto me guarda
con mucho silencio e insólita gravedad.

Aquí, no alcanzaré a olvidar,
se me ilustraron las primeras lejanías
y fueron importantísimas determinadas palabras
como lo serían más tarde el amor, la culpa y la inocencia
que miden los días y las noches
sin rebasar jamás el tácito límite de nuestros labios.

No obstante aquí, hoy, tantos años después,
nadie ha tenido la bondad de reconocerme.

APENAS ES NADA

Apenas es nada la cobija
contra la cortante noche de noviembre.

La impenetrable oscuridad
anega propicia
el desvencijado establecimiento
borrando los rasgos
y las reveladoras señales de los rostros.

La música se estanca
violenta y monótona sobre los vasos,
las botellas;
choca contra el vientre;
se traduce
en un acoplado deslizarse de pies,
en los furiosos abrazos,
en el tenaz tamborileo de los dedos;
conforma una pastosa resonancia.

El negro de labios callosos
recuerda nostálgico
un tiempo, un nombre,
unas canciones,
el timbre ya clásico de una voz,
con palabras que son arcilla de una leyenda.

Sobre el escenario, los músicos
reiteran su rutina
casi ocultando a la muchacha
que contra la pared,
difuminada por la pobre luz,
inmune al frío, al tedio,
mira con toda la vehemencia,
con toda la intransigente belleza de sus años,
al hombre
cuya improbable gloria adelantará en el lecho
desconociendo toda fatiga.

En breve, el agazapado amanecer
golpeará minucioso
las figuras del pabellón
dispersándolas como un río turbulento.

UN POCO DE METAFÍSICA

Estamos de nuevo allí,
en la casa, sentados en la sala
como si nada hubiera sucedido.

Afuera, los grandes árboles
clavándose en la noche,
el silencio casi perfecto.

De pronto, comienza a llover
como cuando uno de nosotros dijo
la primera mentira.

TRINIDAD

No es lo mismo
imaginar una ciudad
que recorrerla:
caminar por sus calles;
penetrar en sus casas
enormes de sombra;
descubrir la humedad
de sus jardines
donde el tedio
se mezcla con el recuerdo
de las familias y se rompe
con alguna que otra visita
que difícilmente se repite.

Pero con esta ciudad
de la que oigo hablar
desde que era niño,
no me equivoqué.

Casi no hay nadie
en el parque,
en las calles tortuosas,
en las mansiones
que han ido partiéndose,
desmoronándose a la par
que se ha marchado la gente,
que se han perdido
los muebles, los objetos
que acostumbramos buscar
en los cubiles
de los anticuarios
para después mostrarlos
a los amigos
y reafirmar nuestro gusto.

Aquí no queda casi nada,
salvo las piedras.
También las inscripciones,
las pinturas, los ornamentos
se han borrado.
La necesidad unas veces
y la falta de cuidado otras,
dieron cuenta de todo.
La ciudad tuvo que devorarse
a sí misma para seguir en pie.
Lo que hoy queda de ella,
imponente como toda ruina,
es una imagen calcinada
en la que descubro con tristeza,
en la que vislumbro con orgullo,
el sobrio rostro de los míos.

EN RECUERDO DEL CINE GRIS

Aquí, hoy un almacén
de chatarra, ayer una piquera,
estuvo el Cine Gris.
Quién iba a decirnos
un domingo por la tarde,
que ya ni se recuerda,
o un miércoles de verano
cuando todavía creíamos en Flash Gordon
y en Durango Kid
y en revólveres que nunca se vaciaban,
y el Vedado nos parecía toda la tierra
y la infancia interminable,
que esto podía acabarse.
Pero esto se acabó y ya no es igual
y no podemos hablar sin nostalgia
de aquellas matinés con pantalón corto
y pistola al cinto y medianoches de a real
y de quién le toca la muleta al cojo,
y sentarnos cómodamente en un cine moderno
con aire acondicionado,
ante la última película de Bergman,

sin recordar entrañablemente
aquellas duras butacas de palo,
a la buena Julia abriéndonos las puertas del paraíso
y al Vedado que ya no es Vedado
porque esto que fue el Gris
no es más que un almacén de chatarra
y ya no hay más domingos como los de entonces.

LA FUENTE

Me detengo ante un niño
que juega donde yo jugaba
cuando era como él y le digo:
Aquí había una fuente
y estaba llena de peces.
El niño me mira
algo desconcertado y sonríe.
Y yo también sonrío, pero no como él,
parado sobre estos escombros
donde una vez hubo una fuente.

PUERTO DE ESCALA

Aquí no es la pulcra belleza de los ángeles,
pero nadie parece afanarse por ello.

Como dados, los hombres ruedan incesantes hacia la noche,
franquean puertas y compuertas siempre entreabiertas,
se hunden en la oscuridad espesa como el petróleo
que ya es una sola cosa con las aguas y los detritos.

(En viejos cromos, paredes por todo manchadas,
incrustados en la piel, en los falibles labios
de los viejos silenciosos, ganando irrealidad vertiginosamente:
todavía velas y mástiles, aquellos tiempos.)

Son pocas las palabras de los oficios milenarios.
No cuesta trabajo entenderse: el antepasado
repetido en cada cuerpo y la fugaz memoria
sin la cual sería intolerable el rosario de singladuras.

Más de uno acaso recuerde a la muchacha de Curazao,
sus diestras manos obrando prodigios en la luz borrosa,

los ojos incalculablemente remotos y el mobiliario luisquince
tan fuera de lugar bajo el techo de hojas de palma.

(Más de uno acaso recuerde, pero no por mucho tiempo.)

Porque siempre las horas lo taladran todo
como un garfio oficioso. Porque horizonte y periferia
vienen a ser una misma realidad constantemente perdida
y recobrada sin alternativas de ninguna clase:
Costumbre intrascendente del bochorno y el hielo.

La otra cara de la moneda.

(Al amanecer, entre la niebla, llega un barco del Egeo.)

CAMPAMENTO

El frío repta por la sabana
y los hombres duermen
ovillados sobre sus deseos
sobre su memoria
        Es el viento
los puntuales astros
y el discurso de la intemperie
Mañana una voz amanecerá la noche
y la jornada se inflamará de evidencias
Preguntas y repuestas
en la órbita de la acción
Hombre y tierra confrontados
en las intermitencias de la historia
Pensamientos sin mesura
Sol metálico
        Pasa un tren
y se confirman las lejanías
Los fuegos se han extinguido
Las palabras cumplen una pausa
La razón practica sus cómputos

En la oscuridad madura el silencio
y los hombres encuentran otra patria
Dormir es velar
        La vigilia
es un desenlace interminable

Todo está en juego
en el centro de la realidad
Lúcido
     alucinado
          final
prosigue el ejercicio
de la presencia
        La vida
rebasa el lenguaje
Soñamos el sueño.

LA PARED

   Las últimas claridades del día
se aferran a la pared solitaria.

   Sobre la superficie lavada por la lluvia
y el salitre incesante quedaron estampadas
las siluetas de los muebles y utensilios,
cuadrados y rectángulos donde colgaron
retratos familiares y cuatricomías baratas,
la empinada sombra de una escalera
que no conduce a ninguna parte,
las franjas divisorias de las paredes,
las tercas manchas de la humedad.

   Estas son las huellas de tanta vida.

   Hay también una pequeña ventana
tras cuyos gruesos e inútiles barrotes
no es difícil imaginar el rostro pálido,
la ávida mirada de Ana Frank.

   Y al pie de la pared, desconcertante
entre tanta piedra calcinada,
un espléndido y armonioso césped
en medio del cual se alza
una caseta de desconocida utilidad.

   El conjunto es de una imprevista
y delicada belleza
que cobra toda su intensidad
en los últimos instantes de la tarde.

Cae la noche
y esta imagen persiste entera
en las miradas que se encuentran
sin que medien palabras.

EN EL UMBRAL DEL CREPÚSCULO

La inminente realidad de la lluvia
se cierne sobre la tarde
             Hoy viernes
la copiosa claridad no es un estigma
sancionado por la costumbre
y solamente los no iniciados
son ajenos a los anuncios de los oráculos
que consignan en la sombra
el furor de las aguas
            Son las cinco
Estrías de plomo roen el cielo
Simétricas escuelas de pájaros
sobrevuelan el orín de los tejados
El aire bulle de electricidad y yodo
Los tercos senos de una estatua
prosiguen desafiando al mar
Una inflorescencia de pancartas
prolifera en los jardines
surgidos de la brevedad de la noche
El azogue de los edificios
estratifica la cifra de la continuidad
Los neones son piezas arqueológicas
Los ómnibus digieren la prisa
Los aire-libres son escenografías insumergibles
El viento arranca aullidos
de los anfractuosos herrajes
El sonido de las botas claveteadas
es el rumor mismo del tiempo
Aquí se adunaron las rutas de la urbe
y los hombres confundieron sus hablas
en tanto la música se incrustaba en la piedra
patinada por la lepra de la humedad
que hostiga el quehacer de los embajadores

Aquí es más tenaz el polvo
cuando octubre discurre
hacia el simulacro del invierno
En los verdes bancos de hierro
los viejos y los cansados dialogan
o miran con fijeza
más allá de los árboles
Un degenerado exhibe sus genitales
Dos perros fornican
rodeados de un corro de niños
Los fotógrafos ambulantes bostezan
Las parejas se acarician con absorta ferocidad
Los colegiales fraguan el vértigo del sábado
La belleza de una muchacha
que corre entre los automóviles
es una metáfora
estallando en el umbral del crepúsculo
Un rostro y otro rostro
y el rostro de los rostros
es una incógnita y una oración
Cada cual tiene un recuerdo distinto
de este sitio y lo esgrime
como un abalorio tumultuoso
En las cavernas de una jornada
hay un paraíso latente
Es imposible no caminar esta plazoleta
Su diseño rubrica la unanimidad de la sangre
las espirales del deseo
el mediodía y la alta noche
el caudal de las palabras
el silencio
donde germina la eclosión de las imágenes
Oscurece con mansedumbre
La vieja que sobrevive las edades
desciende de la trama de las telarañas
Sus curvas uñas han emponzoñado
la arena de los relojes
y su hedor dispersa a los transeúntes
mientras con deliberada solemnidad
arrastra su pierna con la inscripción

SOY RAYO

Ella es la fiebre de las miasmas
El reverso despreciado
La boca sin dientes de la negación
Su mundo es una sentencia de azufre

SOY RAYO

Siete signos trazados por las moscas
Los vasos comunicantes del asco
El tatuaje de la infamia
Letras como garfios
que desgarran el sueño

SOY RAYO

Las miradas esquivan la escritura
Las máquinas rugen por las avenidas
El aguacero se desploma poderoso
y la plazoleta se vacía
                    Lenta
la lluvia cauteriza la desierta explanada
donde los hombres
Toda la noche oyeron (oirán) *pasar pájaros*

EL LUGAR Y LA FÓRMULA

> *...et nous errions, nourris du vin des*
> *cavernes et du biscuit de las route,*
> *moi pressé de trouver le lieu et la*
> *formule.*
> Arthur Rimbaud

EN CASA DEL POETA

> *A Julián del Casal*

El tiempo invalida
la privacidad de las cosas
y los investigadores
invaden meticulosos la casa.

Aquí vivió el poeta.
Cada noche subía febril al alto,
se encerraba en el cuarto de las máscaras,

122

repasaba imprecisos proyectos,
falaces itinerarios,
se entregaba exaltado a sus pasatiempos de muchacho,
circundaba el delirio con los tensos rasgos de su escritura
–existía en algún país remoto: exquisito.

El niño solitario.
Ahora un oficio de minucias
saquea su memoria. Se descubren
ínfimos detalles, se inventaría
con acuciosidad el polvo, se reconstruye
el desplazarse de los cuerpos,
el ir y venir tras la carcajada,
el impetuoso olor de la sangre
que el tiempo ha diezmado.

Toda una época.

Desde la terraza es posible contemplar
como la piedra ha ganado terreno a las aguas,
los niños enfrascados en sus juegos
tras la recia vegetación de la muralla,
el secular trasiego de los barcos
contagiando los ojos de distancia.

La hermosa resistencia del paisaje.

Contra el misterio,
en sus voluminosos cuadernos,
los eruditos
acumulan prolijas observaciones:
inútiles conjuros,
fórmulas que la magia desbarata.

Un siglo finaliza sobre el primer aullido del poeta.

JUD THE OSCURE

Con la resistencia de las palabras
y ese silencio que se desprende
del cuerpo que amas, te encuentras.

Tu voz pugna con tus dientes,
pero no salgas.

Por más que camines estas calles
la ciudad no dará cuenta de ti;
después de tanto tiempo
eres todavía un extraño. Duerme.

EL SOLITARIO

A Hart Crane

Acaso este mar y estas dunas
y este sonido de noche en tus
oídos hablan por los puros muertos
o es la voz inexplicable de un

cuerpo que roza el vacío antes
de perderse definitivamente.
Acaso has quedado para siempre
solitario, suspendido, tentando

la eternidad con esas manos y
esa vida que se nutre en sombra
con signos y rejuegos de palabras.

Acaso ya rendido te escuchas
a ti mismo, ya más allá de toda
muerte, ya sonoro como un eco.

LORD JIM

He was one of us.
Joseph Conrad

Allí estuvo, vestido de blanco,
inflexible, soberbio, ensimismado,
observando silencioso en torno,
sin darse tregua, extraño
al sosiego, en perpetua partida.

Violenta, la memoria lo laceró
con la tenacidad de un animal acorralado
que se asquea de su piel en el polvo.

Todo pudo ser muy distinto:
tal como lo imaginó en un tiempo
cuyo dominio le fue vedado

cuando aún no había descubierto
el austero curso de su corazón
ni la indeleble impronta de la caída
en que se conoce el horror de una certidumbre.

Pero todo aquello se precipitó en un parpadeo;
fue nada para siempre deparándole
la crueldad del bochornoso verano,
el rigor de la propia, inapelable mirada.

Pero todo fue nada mucho después
cuando arremetieron abrumadores
el desorden y la dispersión.

Se supone que hay palabras para decir estas cosas,
mas no bastan; son insuficientes para referir
lo tumultuoso de la marcha
y la cabal grandeza del final del grave,
el magnífico y solitario señor de las islas.

Aquel escogido:
Uno de los nuestros.

GEORG TRAKL, IMITACIÓN Y HOMENAJE

La noche penetra a través de la ventana,
lo inunda todo. El mar se escucha distante
estrellándose en las rocas. El jinete
se anuncia en el ladrido de los perros—
un instante, y su silueta lo llena todo,
un parpadeo y desaparece. El árbol centenario
se estremece de murciélagos como un dios taciturno.
Las alimañas manchan el jardín.
Las viejas maderas crujen contraídas por el viento.
Nadie duerme.
La noche del verano se cierne ilimitada.

ÚLTIMO RETRATO DE VAN GOGH

Este es el último,
escueto retrato.

La fiebre ha devorado
el rostro, y los ojos

se abrasaron
en la pureza homicida
de la luz.

Poco importan los años,
la brusquedad insoslayable
de la mutilación
que diferencia,
un instante de furia.

Ahora eres
unos violentos brochazos,
un espejo insaciable,
todas las miserias posibles
y la imposible soledad.

En breve,
saldrás de la casa
y atravesarás el pueblo
bajo la tenaz mirada
de un niño que envidia
tu caja de colores.

Al otro extremo de Auvers-sur-Oise
hay un campo soleado
en que el viento abate las espigas.
Y éste es el último cuadro.

LEZAMA DE UNA VEZ

De pronto,
suceden cosas tan extrañas en estos años de furia
que no merece la pena emplear el tiempo ensayando explicaciones,
usted ha traspasado las puertas de su casa acuario,
de su casa oscura y húmeda, que aterra los domingos por la tarde
cuando la ciudad se ilumina particularmente,
y con lentitud, esa jadeante lentitud que bien conocemos,
se ha detenido ante nosotros para probarnos
que es posible resistir el encierro, los treinta años de encierro
entre cuatro altas paredes, frente al ojo implacable de la cal.

De pronto,
jóvenes que descubren a Vallejo en flamantes ediciones de bolsillo,

como nosotros hace unos cuantos años, primero fue Buesa y después
   [Lorca,
y no comprenden, como nosotros no comprendíamos por aquel tiempo,
esa hambre singular y las palabras que dictó,
lo empiezan a citar a usted en voz baja, siempre se le ha citado así,
y recorren las librerías de viejo buscando sus libros
y sueltan en medio de la conversación, venga o no al caso,
como quien acaba de descubrir el Mediterráneo, el clásico:
Ah, que tú escapes...

   De pronto,
los que le volvieron la cara, recuerda, aquellos días
que hoy vemos como historia, los que dejaron sin respuesta un envío,
los que sabían de su hambre, distinta a la de Vallejo
(y esto no lo saben los jóvenes de que hablé), o los que simplemente
ignoraban que usted existía, que usted desde su buró de El Príncipe
señalaba a un poeta, que usted conocía los arañazos y las manchas
de todas las mesas de los cafés habaneros –¿queda alguno?–
y compraba sus trajes a plazos y tiraba sus libros a plazos,
esperando, claro está, que fueran muchas las cuartillas por si no se
podía tirar otro libro en mucho tiempo,
prefieren dar por olvidados aquellos años de su hambre estricta.

   De pronto,
usted ha quedado solo. No como cuando lo del coronel,
no como cuando Prado nueve u otros desastres previsibles,
sino como cuando es imposible prever nuevos desastres,
como cuando las horas han alcanzado toda su velocidad
y ya nada es capaz de impulsarlas o detenerlas. De acuerdo
con aquel proverbio que un día leí en una de sus viejas libretas:
«Cuando la familia está hecha, viene la dispersión;
cuando la casa está construida, llega la muerte».

   De pronto,
todo lo que usted escribió, lo que hizo día a día, obstinadamente,
porque así fue como usted trabajó, sentado
en la enorme butaca que mira al comedor repleto de cuadros,
nos extraña y nos golpea con su intrincada oscuridad,
con sus enlaces luminosos, que nada tienen que ver
con los grandes combates, con los rostros contra el viento,
con la acometida del toro, y sí con la vehemencia del buey,

con su majestuosa seguridad, con la resistencia
de ciertos animales antediluvianos en peligro de extinción.

De pronto,
usted se ha convertido en algo así como una moneda única,
en la pieza reluciente que una ciudad muestra al extranjero
para demostrarle que siempre fue orgullosa
y que resistió el fuego, las aguas, las plagas...

De pronto,
ha sucedido todo esto, tomándolo, es cierto, cansado.
Supongo que ya no lo esperaba, que le sorprende.
Pero de un modo u otro ha sucedido, de una vez por todas,
para demostrarle, para demostrarnos, que este casi desacreditado
oficio nuestro vale la pena, es necesario.

EL VIEJO POETA EN SU NOCHE

El polvo
            los polvos quemándose
el humo ascendiendo
la espiral del caracol nocturno
la oscuridad
                y la ceniza
Vida
conversación
No quedan imágenes del recuerdo
quedan palabras
Noche idéntica a otras noches

El mundo mar
útero
cuatro paredes
círculo
está lleno de objetos
                    cosas
retratos amarillentos
que promulgan la caligrafía
de la otredad

La ciudad placenta
cumple nuevos ciclos
de sangre e imagen

labra un vocabulario
con las sílabas
más densas del mediodía
consuma un rostro
perpetuo
    cambiante
hermético
sella el destino del sueño
el protocolo de la lucidez

    La verdad es semen
y cal viva
        Cada gesto
cada palabra
cada silencio
        es un cataclismo
y un ademán de fundación

    Este es el cuerpo de la ciudad
éste es mi cuerpo
Cuerpo que incorpora el cuerpo
que lo retiene
que lo irradia sobre sus límites
Este es mi cuerpo ciudad
mi ciudad cuerpo
el cuerpo cuerpo
Un único cuerpo
        presente
abierto
    viviendo la muerte
    muriendo la vida
palpitando
realizándose fiel a la costumbre
a las realidades simultáneas
al hueco de la ausencia
a la oblicuidad del mito
al culto funerario
al tiempo transcurrido
        transcurriendo
El tiempo inmóvil
Esta es la voz cuerpo

el paisaje cuerpo
Sobre voz y paisaje
        Cuerpo
otras voces y otros paisajes
Realidad imaginada
        Imaginación real
Fijeza del deseo
   Alguien llama
        abre la puerta
No es nadie
     no es el hijo
La llama se consume
el humo se deshace
      Acuéstame
      Duérmeme
Cuando llamen de nuevo
cuando venga el otro
      el hijo
despiértame
     iremos al jardín
     el invisible dominio
seguiremos jugándonos
la vida a las palabras.

IV. EL PASO DEL TIEMPO

La vida que se nos ha dado la hemos vivido.
Giorgos Seferis

EL MITO QUE QUEREMOS INVENTARNOS

Todo está presente: será presencia.
Octavio Paz

LA HOJA

Solo es real este árbol
creciendo en la noche.
En la cruel luz
y la abrumadora sombra
su savia acarrea

una dicción innumerable.

Todas sus hojas
están minuciosamente escritas
salvo una
            que permanece intacta
terriblemente inmaculada
ofreciéndose
            en blanco
a la populosa grafía
del corazón violento

Una simple
            breve hoja

Pero en sus caras
rebasando lo intrincado de los días
y las noches
se fomenta el legible silencio.

CONVERSACIÓN

Las cuatro edades del hombre
El aguijón de la muerte
Las miradas ajenas
Las metamorfosis ante el espejo
Las mixtificaciones del paisaje
El significado de las palabras
El gigantismo de las máquinas
Los vínculos de la tierra y la sangre
La metástasis de la soledad
Las especies de lo divino
La imantación de los cuerpos
Los visajes de los ídolos
La compulsión de los juegos
Las nupcias con los elementos
La evolución de la máscara
El choque de los contrarios
La interpretación de los símbolos
La intransferibilidad del éxtasis
El vértigo de la dialéctica
La sacralidad de las tradiciones

El sentido de la existencia
La aceptación de la identidad
La urgencia de la realización
Las violencias de la historia
La fatalidad de los valores
El ámbito del sueño
La refracción del lenguaje
El registro de la experiencia
Los grados de la comunicación
Las combinaciones de la imagen
Los límites de la criatura
La concatenación de los hechos
El imperativo de las circunstancias
El gravitar de las definiciones
Las consecuencias de la acción
La perpetuidad de los interrogantes
La apetencia de inmortalidad
La consumación de los siglos
La distancia
La noche
El mar
La conversación misma.

ON LIFE AND POETRY

Hablando
con mis amigos
cualquier tarde
que se prolonga
y que, ya noche,
nos obliga
a buscar un pretexto
para alargar el encuentro
y continuar hablando
de todo aquello
que amamos, tememos,
sufrimos y hacemos
a cada instante

(entiéndase por esto
lo que sucede y nos afecta

y afecta también
a ese oscuro desconocido
con que tropezamos
en la calle
o a quien nos espera
en la casa y nos dice
cuando nos recibe
que debíamos haberle avisado
que demorábamos
sin acabar de entender
cómo podemos pasarnos
muchas horas sin comer,
cansados; hablando
hasta quedarnos roncos)

    escucho muchas cosas
que resultan más importantes
y, por qué no, más hermosas
que las que después, ya solos,
usamos para hacer un poema
que solo agrega un grano de arena
al mito que queremos inventarnos.

EL EJERCICIO DE LA HISTORIA

...único y semejante a vosotros.
Soy esa torpe intensidad que es un alma.
Jorge Luis Borges

CERTEZA DE LAS COSAS

    Uno sabe con certeza
que hay cosas importantes.

    Ese árbol, ese libro
cuyas páginas repetimos de memoria,
ese lecho en que hacemos el amor
o descansamos, esos cabellos
para acariciar cada tarde
y esa taza enorme del desayuno
y el periódico y la camisa limpia.

Cosas, costumbres
que nos han sido otorgadas
por otros que nos miran
con cierta compasiva sorpresa
sin acabar de entendernos,
porque nos quisieron hacer
a su imagen y semejanza
y no contaron con el tiempo

y no contaron con nosotros
de un modo u otro marcados
por las continuidad de sus actos,
más allá de sus cosas,
pero de alguna manera en ellas,

porque sabemos con certeza
que son cosas importantes.

SOBRE UN RETRATO

De manera que soy yo
el del retrato
y es otra vez entonces
por esa manía que tenemos
de guardar, celosamente,
los rastros del tiempo.

No obstante, no recuerdo
con exactitud. He olvidado
aquel día, el sol
de aquella mañana, lo que se habló,
a los que hablaron,
el porqué de la foto.

Ha pasado el tiempo:
Millares de años
con sus días
encadenándose uno tras otro
como eslabones.

Ha pasado la época
de las referencias
y he aprendido de súbito

lo terrible, lo simple,
lo hermoso, lo importante
de los nombres, de las palabras
que sabía por los libros,
por el cine, por las cartas
de aquel amigo
que pasaba hambre
en una vieja ciudad del continente
y me invitaba
a compartir su orgulloso exilio.

Han pasado millares de años
y no soy ya ese doble
que me mira, tan real,
detenido para siempre
en un paisaje que algunos
recorren con la fuerza
de la costumbre, sin siquiera
reparar en los efectos
de la erosión.

Algo ha sucedido entre nosotros
que nos diferencia, que nos separa:
nuestros tiempos no coinciden.

CABALLEROS NOCTURNOS

> *Another encounter I had*
> *in the open day also...*
> Daniel Defoe

Me reúno con un amigo en el barrio chino.
Desde un balcón vemos una ciudad dentro de otra
y una botella azul perdida en la más próxima azotea.
Cerca de ella juegan unos niños al ping pong
sin una red por el medio ni una mesa,
solo el sol del mediodía y un viento
que de tiempo en tiempo barre la ciudad,
trastornando el lento caminar de las empleadas
rumbo a los comercios, vestidas ya de blanco,
frescas hasta la noche cuando regresan
a sus casas con un bulto en las manos.

Aquí la historia da una lección.
En breves horas edificamos un mundo con los recuerdos
y nos ocultamos mutuamente la sorpresa
de nuestros rostros profundamente cambiados.
No están con nosotros los que en un tiempo
firmaron las alianzas. Sabemos de ellos
por una serie de referencias que no permiten rescatarlos.
Acuden a los labios unos pocos nombres.
La memoria de una fuga vertiginosa en un auto.
Las bromas nocturnas y el desapego
con que acogíamos un suceso poco frecuente.

   Recuerda mi amigo las tardes
en que pescábamos pulpos que después comíamos
acompañados con cerveza. Aquel banquete
olvidado por todos los comensales un verano.
La caída de un caballo a la que siguió
una noche en que toda la belleza de las muchachas
nos descubrió la fatiga. Las misas dominicales.
Los trajes azules demasiado calurosos
para este clima y las camisas rotas
por una diminuta cuchilla en un café céntrico
al que fuimos con los dedos manchados de tiza.

   Un camarero toma la orden
y sus trazos parecen un poema de Tu Fu.
Hay quienes se dicen poetas y terribles
pero son incapaces de escribir estas sabias palabras
que se convierten en platos y colman la mesa.
Comemos en silencio. La puntualidad era la divisa
de nuestros padres, y la siesta. Pero entonces,
no acostumbrábamos a dormir ni a preocuparnos
por un par de espejuelos que nos disfrazan de profesores.
Las cosas han cambiado mucho.

   El orden de nuestra casa ahora nos parece
algo conveniente, necesario. ¿Cómo fue posible
que no nos diéramos cuenta de su utilidad mucho antes?
Ahora cada papel tiene un significado.
Adoptar una norma no es tan deleznable.
¿No nos permite, después de todo, vivir decorosamente?

Todo tenía que ser como es. No es equivocado
pensar en un deber aunque mezclemos nuestros recuerdos
en su minuciosa ejecución durante un horario.
Ahora todos somos dignos funcionarios.
Jamás volveremos a ser, por un instante,
inverosímiles caballeros nocturnos.

HISTORIA CIVIL

No puedo
en un poema
decir todo
lo que me concierne,
lo que he visto,
lo aprendido.

Porque siempre
lo que sucede
es superior a uno,
y siempre
hay que asimilarlo
sabiendo que la vida
se ordena
por los hechos,
no por otra cosa,
y que solo el tiempo
es capaz de justificarnos.

Lo demás
son simples intentos,
golpes
más o menos afortunados,
partidas
y regresos:
Historia civil.

Y siempre,
la flamante vida
que por nada rechazaremos.

NOTA

En algunos poemas de este libro he utilizado versos y fragmentos de textos de Roland Barthes, Jorge Luis Borges, Julián del Casal, Cristóbal Colón, Joseph Conrad, Carlos Drummond de Andrade, Sigmund Freud, Jean-Claude Hémery, John Keats, José Lezama Lima, André Malraux, José Martí, Octavio Paz, Arthur Rimbaud y Alain Robbe-Grillet. Estas interpolaciones no son textuales. El desarrollo de los poemas en que se insertan me obligó a practicar modificaciones en los originales. Lo que advierto en aras de la precisión y de su reverso.

A.A.B

PARA DOMAR UN ANIMAL

PRIMER PREMIO DE POESÍA JOSÉ LUIS
GALLEGO, 1981

¿Quién evadió jamás a su destino?
El mío fue explorar esta extraña comarca.

Luis Cernuda

A mi mujer y
Mis hijas

PARA DOMAR UN ANIMAL de Armando
Álvarez Bravo se publicó en Madrid, España,
por Editorial Orígenes en 1982.

FRÁGIL NIÑO, EL CAPITÁN FLAMANTE

Lo preciso solitario,
al frágil niño, el capitán flamante,
una mañana de verano
en medio de la luz
cernida por los árboles.

A su voz dilatándose
por el aire abrasador,
estrenando los antiguos llamados,
los reclamos que apenas esperan
una respuesta, un eco.

A su mirada copándolo todo
de manera que ya no sea posible
otro lugar, otra extensión
a ras de mundo.

Trémulo señor
que ya no eres sino memoria,
dónde sumergido te yergues,
aún frágil, capitán flamante,
convocando al verano
que cupo en la infinidad
de un momento,
como una pulcra e inicial victoria.

COMO LA VIDA EN COMBATE

Y una tarde
vi desmoronarse mi casa.

Me sentaron en mi escritorio
y me dijeron que permaneciese allí,
dibujando, como tanto me gustaba,
porque era necesario hablar
con aquel extraño
que llegó cargado de gravedad.

Y con él hablaron los mayores,
muy serios, en voz baja,
mirándome a cada instante
para cerciorarse de que no les entendía.

Días después, mi madre y yo
abandonamos aquella alta casa
en lo más antiguo de la ciudad,
tan cerca del puerto.

Desde entonces, todas las cosas
me parecieron distintas
y el silencio se hizo en mí una costumbre
y aprendí para siempre
que la alegría era muy fácil de perder,
brusca y dolorosamente,
como la vida en combate.

DEFINICIÓN

Vienes de distritos borrosos
Surges de una frontera de humo
Entras final en la noche
con pasos de viento
Formulas el signo
que el mar dicta al presente
Haces y deshaces el silencio
con tu pureza roída de cataclismos
Tu historia es la perfección
de unos labios herméticos
Tu mirada pulveriza las apariencias
Tu rostro deletrea la vida
Tu desnudez celebra la belleza
Tu presencia abole el sueño y la vigilia
El mundo cabe en el hueco de tu mano
A ras de tu cuerpo todo se confirma
Eres demasiado real
para igualarte a la realidad
En ti comienza
                    termina
no existe el tiempo

Rebasas la palabra que te nombra.

HISTORIA TUMULTUOSA

Y así, al cabo de los desplazamientos,
cuando tardes y noches sucesivas y disímiles
adunaron la torpeza de los cuerpos
tensos como arcos, de golpe,
palabras incesantes, lo nunca dicho.

Nombres arrastrados de año en año
por antiguas ciudades
inscritas en una historia ajena,
abrazos llenos de repudio,
caminatas sin destino, sangre que agolpó
una inesperada bondad; la vileza
que engendraron el rencor y la locura;
la debilidad que entrañó el desprecio;
silencio siempre en derredor;
reproches vastos como círculos,
puertas cerradas
implantando un peso intolerable en la frente;
la constancia atroz del agotamiento
que se suponía definitivo, y el orgullo
vapuleado por el miedo: la sola evasión.

Todo en tan poco tiempo
que a derechas no se cree. Y, por supuesto,
aquel juego de reglas desconocidas.
El juego, tras tantos juegos erosivos,
en que todo se arriesgó a un movimiento,
sin que fuera posible precisar la diferencia
entre la trampa y la jugada leal.
El arduo juego entre rocas,
sabiendo que no se soportaría la derrota,
mas ignorando qué era la derrota.

Y también, los deslaves: aquellos rostros
retráctiles tanto tiempo sobre el rostro,
saltando en medio de la arena,
oponiendo resistencia, retorciéndose
entre los espasmos de las verificaciones,
negándose a morir la muerte de sus muertes.

Historia tumultuosa.

Deponer lo vivido no es un simple ejercicio.
Cansa. Pero he aquí que de toda suerte de cosas,
ser lo que siempre se deseó
es lo que verdaderamente importa, lo que vale la pena.

POSTAL DE PARÍS

De este sitio y del parapeto de la mesa
se diría que pasa sin transición a nada,
que se diluye en un color parejo
de visillos, vestidos, zapatos enormes
que junto al lecho revuelto
prefiguran bestias lustrosas
inmovilizadas por la muerte en medio del combate.

Otra noche de lentos sorbos
y ni una palabra. Entre tanto, tras su sombra,
imprecisa como la mirada que dejó
de escudriñar en torno, de retener los datos
innumerables que ponderan los estupefactos ojos
del forastero, París repite una vez más
sus siglos de prestigio. He aquí el mundo.
Y sin embargo no hay para ella otra cosa
que la atmósfera turbia de un café
que no registran los arduos itinerarios
compuestos por sucesivas generaciones
de ávidos y anónimos viajeros.

Desconocidas, sus razones le pertenecen.

Todo esto, minuciosamente inventariado
en un cuadro (*L'Absinthe,* hoy en el Louvre)
por Edgar Degas, pintor de caballos,
arribó a su destino, tanto tiempo secreto,
bajo la especie de una reproducción
comprada poco después de llegar,
atravesando la única puerta
por la que nunca debe entrarse en París.

El viaje fue accidentado.
Hubo naufragios, catástrofes

y la incertidumbre que es mayor que el mar
y abate imperiosa como una pisada sobre el corazón.

Mucho aconteció, pero no estérilmente.

El resto de la historia
corresponde a lo que es imposible decir
con las palabras.

BAJO ESTE CIELO IRREPETIBLE

La limpia mañana
cala nuestros cuerpos.

¿Todo fluye,
                o simplemente
ya somos parte definitiva
de este instante
que insinúan árboles
más lujosos que el sueño?

Nuestros pasos hacia el mar cobalto
dibujan un jeroglífico,
trazan el mapa
que culmina en la humedad del abrazo.

Hondo silencio y respiración vertiginosa:
nuestros arduos límites se borran.
En el deseo y las reliquias del deseo,
una víspera y un encuentro incesantes.

El amor es la belleza
de un cuerpo y un rostro desconocidos,
la entrega de una piel
donde empiezan todos los recuerdos.

Celebración de la calma y el torbellino.
Basta una presencia
para que haya en el mundo vocación de dicha.

El tiempo es un espejismo
que se extingue en tu ser
bajo este cielo irrepetible.

EN TANTO QUE LA LLUVIA

En tanto que la lluvia se posesiona de la tarde
escucho viejos y gastados discos.

Tú llegas y participas de mi silencio,
de las perdurables letras que corroboraron a plenitud
tantas fechas entrañables y preciosas
que son ahora nuestro venturoso privilegio.

No hemos olvidado nada. Puestos a recordar
seríamos acuciosos como el ciego
que una vez gustó las glorias de la luz
y de las cosas, sus desmesuradas,
incontables y verídicas maravillas.

Dichas y desastres conformaron nuestros días,
y es nuestro orgullo este presente, aquel pasado;
saber que no requiere el abrumador confín de las palabras,
mientras la lluvia arrecia y la tarde se dilata
plagada de memorias y viejas canciones.

GIRABAS EN TORNO AL FUEGO Y LOS TROQUELES

Ante todas las grietas,
el mundo fracturado,
girabas en torno
al fuego y los troqueles,
acuñabas las monedas del mito.

Siempre fue de esta manera.
Esta es la más antigua forma de comercio:
la práctica de la entrega tras la entrega.
Así, el tráfico con la realidad,
con la especie palpable de los sueños,
las trampas contra el peligro de las trampas:
tu juego, hasta que un golpe
conmovió las cosas;
fijó un orden definitivo a los valores;
destruyó un vertiginoso espejismo de compañía;
proclamó una soledad sin alternativas,
la insuficiencia de las palabras,
y el silencio: esas verdades centrales.

El botín del solitario
es una imagen que mina el vacío.
Y esto, ni por asomo el fin,
abruma como el desenlace de la batalla
al derrotado: el momento
en que la mirada precisa
el tiempo que desciende terrible.

A partir de unas memorias,
de todo desprovisto,
la súbita solidez de los hechos
se te antoja una mala pasada.

Ciega el rojoblanco de la fragua.

Constante es el aprendizaje del dolor.

DEL VERBO VIVIR

Vivir era un verbo
en la tabla de conjugaciones.
Algo que teníamos que saber para el examen,
como los sistemas montañosos de la Isla,
los misterios del rosario,
el nombre y situación de los océanos,
siempre alucinantes,
y el comienzo de las estaciones,
casi desconocidas en estas latitudes.
Vivir era solo eso,
un juego de palabras arduamente memorizado
sin saber la importancia de un oficio,
de unos papeles en regla;
ignorando lo que es perder un amigo,
hacer antesala, aguardar inerme
una respuesta, una noticia, un acontecimiento;
ser golpeados por el amor y por la muerte;
ver desplomarse aquello en que creíamos
y comenzar de nuevo,
como si nada hubiese sucedido,
el duro aprendizaje que termina en morir.

ESPERA

Espero:
un día y otro día,
noches interminables.

Y soy una difícil compañía
para los árboles, un peso
en el pecho de la noche.

No sé mi tiempo venidero:
el instante en que mi vida
dará un vuelco, tan súbito y definitivo
como una muerte en la infancia.

Espero, tan solo espero,
sin siquiera saber
qué ángel lleva cuenta de mis horas,
que transcurren como una estación inmóvil
bajo la mirada del silencio.

LOS PAPELES

La vida de un hombre
y su medida son papeles:
documentos, inscripciones, cartas,
testimonios, declaraciones,
contratos, poderes:
toda suerte de escritos.

Las palabras que eternizan
el papel y la tinta, los cuños,
los asientos, los sellos,
las notas al margen
de los funcionarios,
determinan lo que es un hombre,
lo que puede o no puede hacer.

En todas partes
de este breve, maravilloso
y terrible mundo
lo son todo los papeles.

Para vivir, sobrevivir y morir
un hombre necesita de papeles.

El mal y la infamia
son pródigos en papeles.

Bien es verdad
que algunos papeles sirven
a la poesía, al amor,
a la voluntad de hacer felices a otros
o, simplemente, de hacer que la verdad
no se olvide ni se ignore.

Muchos, demasiados,
insuficientes son los papeles
que traducen mi vida.
Pero los únicos que valen la pena
–aunque nadie les haga caso–
son los que guardan unos poemas,
varias ficciones, la realidad
de un fragmento de historia,
las cartas a los que quiero.

Pienso que esas palabras
que confié al papel
tantas veces con miedo,
tantas con esperanza, siempre con lealtad,
resultarían más hermosas y auténticas
si las hubiese escrito
en la hoja recién caída de un árbol
o en la arena que barre la marea.

DEL PADRE AL HIJO PRÓDIGO

San Lucas, 2, 11-32.

No necesitas explicar nada;
tus razones te pertenecen.
Cada hombre sabe el porqué de sus actos
y debe vivir su propia vida. Nadie
lo hará por él, y nadie tiene derecho a juzgarlo.
Somos nuestro propio juez y verdugo,
y es de ti mismo de quien no puedes escapar.
No te haré reproches, porque mi vida
tampoco está libre del error,
y porque condenarte nos envilecería mutuamente.

En mí no encontrarás preguntas.
Sé muy bien que todo tiene su respuesta,
muchas respuestas, y los días me enseñaron
con su fuego que éstas carecen de valor.
A diferencia de los hijos –quizás lo sepas alguna vez–,
los padres no preguntan. Hacerlo empeora las cosas
y nada se saca de ello. Tal vez no puedo comprender
tu decisión –es probable que mi padre
tampoco lograra penetrar las mías–, mas un padre
solo tiene a sus hijos, buenos o malos,
pero simplemente sus hijos, y los necesita.
Irte o volver no es un acto de valor,
es un accidente. Si lo deseas, regresa.
No quiero que lo hagas por mí, sino por ti mismo.
Tal vez estés muy cansado.
Mas si crees que debes seguir tu camino,
ten el coraje de perseverar en él. Sé consecuente
contigo mismo. No somos más que hombres,
y ya esto es bastante difícil.
Quiero pedirte únicamente una cosa, si vuelves
nada me expliques. No es necesario.
También yo tomé una decisión, y tu presencia me basta.
Recuerda que nada nos diferencia,
ninguno es mejor o peor que el otro.
Yo solo soy más viejo, hijo mío.

LA VOZ EN LA NOCHE

Una vez, sin aviso,
dejó de dar nombres a la noche.
Cesaron en él todas las palabras
como si ya no fuese necesario
designar las constelaciones del verano.

Calló sin sobresalto,
de la misma forma que en algún momento
imagino comenzó a hablar
con aquella voz de hombre
sobrecogido por su memoria.

Y aquel mutismo definitivo,

aquel silencio que no era tal silencio
sino la más vehemente conversación,
el más intenso diálogo que sostuvo
a este lado de la eternidad,
me enseñó más que todas sus palabras.

En este momento le pienso,
mientras voy nombrando para alguien,
como él hizo para mí,
a la misma incesante, prodigiosa noche.

Ahora somos el mismo hombre.

EL CAZADOR, LA CAZA

El cazador sabe
lo que la caza ignora.

Uno pendiente del otro,
el tenso silencio del acecho
los iguala laborioso
en el corazón de la espesura.

Idénticos, su existencia
es el pretexto
de un final desmesurado.

Fijo y vertiginoso el tiempo,
la violencia última,
el limpio y central encuentro,
la mirada que se descifra a sí misma
apagándose en otros ojos, verifican
una consumación que justifica la vida.

Entonces una soledad se hace interminable,
final un amor.

PARA DOMAR UN ANIMAL

Para domar un animal
es preciso
que éste sea idéntico a ti.

Debes ser su cuerpo y su sombra,
su instinto,

la fuerza desatada
que ilumina su pupila terrible.

Cuando logres esto,
                    olvida
el paso de los días,
la demanda vehemente de las cosas.

A partir de ese momento
acorrala al animal,
                    grítale,
golpéale sin piedad,
                    agótalo,
dale alguna recompensa
cuando quiebres su resistencia,
derrama incesante su sangre
hasta que rabie de dolor,
acarícialo.

        Persevera así
jornada tras jornada,
sin tregua,
furia contra furia,
enigma contra enigma,
vida con vida
adunándose imperceptiblemente
en un único aliento.

Un buen día,
cuando no lo esperes,
al mismo tiempo que lo piensas,
el animal hará lo que quieres.

Entonces
estás domado.

SOLEMNE COMO EL BRONCE

Ese mar, solemne como el bronce,
y esas palabras,
                    tan lentas
que no sabes quién las pronuncia.

Ese mar

y esas palabras
y ese encuentro final
con las cosas.

Esa certeza
como un juego
que alguna vez fue tu gloria,
y que dichoso,
            interminable,
te reclama allí en la luz
–¿o es la noche?–,

al otro lado del umbral,

en el mar solemne como el bronce.

UN CABALLO

Un caballo puede ser un trofeo
abandonado a la suerte
como un juguete a la intemperie.

Su forma puede figurar la victoria
en el diáfano mediodía
y devenir derrota en la inocencia de la noche.

Y puede ser el júbilo salvaje.

Un caballo también puede ser
la palpitante especie de la belleza,
la proporción y la armonía impecables,
el movimiento más puro.

Pero un caballo
no es más que la luz tremenda
en los ojos de un ciego
absorto ante el mar clásico,

y su sueño pueril y magnífico
de dioses y hombres y batallas
y la gloria del cuerpo de la mujer
y el paisaje conmovedor:

la materia perdurable del prodigio:

un poema.

HOMENAJE A KEATS

El ruiseñor y su canto.
La muerte del ruiseñor.

El interminable canto
y la muerte interminable
de los ruiseñores.

La vasta persistencia
del ruiseñor,
del canto.

Nunca muere un pájaro.

VIDA DE UN POETA

Un poeta debe vivir
para que su muerte sea
un verso perfecto,
una imagen definitiva,
una incesante metáfora.

Un poeta debe vivir
para que uno solo de sus poemas
sea un espejo magnífico
del tiempo, de las cosas.

Un poeta debe vivir
para todos los que sabe
y para alguien que no sabe
y que vivirá como vivió un poeta,

y escribirá con otras palabras
e idéntica pasión, la misma vida,
la misma muerte, el mismo poema.

JINETE

Ese sonido en el viento
y la luz salvaje.

¿Hacia dónde la espiral
de esta exultación, el prodigio?

Desconocida raíz
de esta gloria

    –¿por qué buscar
explicaciones?

    Ahora: hombres y bestias, juntos.
Un golpe de sangre
retumbando en el horizonte
que retrocede, tan rápido.
La certeza y la gratificación
del movimiento, y algo más:
ni vigilia ni sueño,
                    encuentro.

    Esto es
lo que cuenta realmente.
Y nada, nada lo nombra.
Realidad que se define
por ausencia de la palabra.

    Oh jinete,
esta música, el espacio abierto,
ilimitado, el sentido
de ir, tan fijo y pleno
como el clímax del amor.

    Eso.

    Lo demás terminó.
Todo, que es nada. Sigue,

    sigue; nunca te detengas.
Nunca jinete nunca nunca.

JUICIO DE RESIDENCIA

JUICIO DE RESIDENCIA de Armando Álvarez Bravo
se publicó en Madrid, España, por Editorial Playor
en1982. Colección Nueva Poesía.

DEDICATORIA

Los españoles del siglo XVI gustaban iniciar sus libros con copiosas dedicatorias. El paso del tiempo; que todo lo erosiona, también fue implacable con esta hermosa costumbre. Cuando nada se tiene que ofrecer; como a mí me sucede, pienso que es deber mayor dar testimonio de final gratitud a quienes son ese algo tan difícil que es ser bueno. Basta un gesto mínimo para engendrar una gratitud perdurable. A lo largo de años atroces, mis días y mis noches fueron regidos por una sentencia de silencio, terror y violencia. Todo lo perdí: y conmigo, los míos padecieron, por ser míos, el rigor de unos horrores que van más allá de las palabras. Si resistimos fue porque nunca nos faltó la fe, porque nos queríamos y porque siempre tuvimos la gracia y el privilegio de encontrar, cuando todo estaba perdido, a alguien que nos quisiese. Saber que hay en el mundo bondad es conocer la esperanza. Por eso quiero inscribir al comienzo de estas relaciones, algunos nombres que son nuestro orgullo y son lo mejor que tenemos. No pude hacerlo, como deseaba, en el primer libro de poemas que, ya libre, publiqué. Y eso me dolió mucho. Vayan, pues, en este texto escrito en Cuba, adunado en Madrid, con todo el amor, el cariño, la gratitud y la vocación de dicha de este paria de las islas.

A Roberto del Quiaro; Ramón y Ana María Leyba Ibáñez; Armando y Matilde Casares Oliveros; Domingo y Olga Roldán; Juan Antonio y María Dolores Laullón; María Antonia Casares; Edith Llerena; Pío E. Serrano; Carlos Alberto y Linda Montaner; Lorenzo Mena; Pedro Calero; Pedro y Rosario Shimose; Caridad Sánchez-Penichet; Álvaro y Miriam Álvarez; Manolo Águila; Pedro Antonio García; José Antonio y Gina Escarpanter; Leopoldo y Regina Fornés; Francisco y Emy Salvador; José Romera; Félix y Francisca Grande; Pierre Abbés; Brett y Margarita Miller; Antonio y Ana Lorente; José Antonio y Mari Carmen Mayoral; Beatriz López; Pablo Orellana; Nils Bellido de Luna; el Hermano Blanco y todos los de la Residencia San José; el Padre Luis Morín; el Padre Antonio González; Gloria Freixas; J. M. y Audrey Cohen; Roberto Peláez; José Alberto Rodríguez; Emilio y Gloriana Rodríguez; Armando y Susana García; Germán y Marta Ulloa; Peter y Consuelo Blohm; Manolo y Mari Luz Doce; Daisy Delgado; René, María Aurelia y Débora García Fonseca; Evelio Vázquez; Rafael García Planas; César Pérez Villar;

Alfonso Grosso; Silvia Rabel; William y Sonia Chislett; Mario Villar; Víctor Batista; Leopoldo González Frosio; los doctores Madariaga y Rodríguez Columbié; Carlos Tirado; Carlos Miguel Suárez Radillo; Luis Rosales; Alonso Zamora Vicente; Margó Palacios; Alfredo y Shirley González Muñoz; Angelita Campa y todos los de la casa de la Calle Veintitrés; Arturo y Consuelo Molíns; Nicolás Farray; Luis Angel Casas; Gonzalo Prendes; Gastón Baquero; Eugenio y Carmen Ana Suárez; Begoña González; Magda y Rubén. Ceñal; Francisco López-Cerezo; Joaquín Vizcaíno; Belkis Cuza Malé; Heberto Padilla; María Soledad García Benítez; Reinaldo Arenas; Octavio Armand; a la gente de San Juan; a mis contertulios del Café de las Letras; a todos los del Taller Prometeo; a mis compañeros de PLAYOR; a mi familia española. A ellos y los suyos.

A mis magníficos compañeros de trabajos forzados: Jorge Vidal, Raymundo, Diego, Erasmo y Alfredo.

A esos amigos, espléndidos como la intemperie que compartimos.

A esas muchachas, hermosas como la más hermosa canción.

A la memoria de José Lezama Lima: mi maestro, mi compadre, mi amigo.

A Ana María, mi madre, y a Andrés, tan padre.

A José Armando, mi padre, y a Fela.

A Lopín.

A nuestra familia, que ya es muchas familias, y que es tan grande.

A los viejos y nuevos amigos, tantos y tan buenos.

A esos que no han tenido mi suerte, y padecen.

A quienes nos ayudaron en Cuba, y a quienes nunca nos olvidaron y nos acogieron en ambas orillas del mar. Ese mar tremendo cuya realidad nos enseñó hace más de un siglo un poeta, José María Heredia.

A quien nos quiere, y queremos.

Y a ustedes, mis amores –Tania, Liana y Lourdes–, sencillamente gloriosas, y que hubiesen hecho esta dedicatoria mucho mejor y más completa. Todos sabéis, y sobre todo ustedes, cuán ardua es la escritura durante un viaje que ya dura mucho, y que desde sus comienzos deseamos terminar.

ARMANDO ÁLVAREZ BRAVO
Madrid, 11 de mayo de 1982.

EL SENTIMIENTO DE LA DEPRESIÓN

EROS Y TANATOS

Dices:
ascendemos en círculos hacia la luz,
nos remontamos sin cesar, y tu voz
tiene una calidad de constelaciones
que quieren inventarnos
los recuerdos del porvenir.

Yo escucho en silencio
y miro el mar a través de tu cuerpo,
de tus ojos, al cabo de esas palabras
que deseo realidad única, final,
prodigio semejante a haberte conocido,
y observo las aguas
                    –si tiniebla,
                    si vacío,
                    si claustro–
que tantas veces me han tragado
para después devolverme
semejante a derrelicto,
ya un poco menos,
                    Jonás sin gloria
                    y sin escribas,
tan solo puras cicatrices.

Afirmas:
                    ascendemos como un árbol
perdurable cual el tiempo,
y tu voz es cada vez más distante
y de nuevo me hundo,
                    soy tragado,
ahora tal vez para siempre,
                    perdiéndote,
perdiéndome.

DISOLUCIÓN

Como el polvo,
el alba
nos sumerge
en la nostalgia
de la noche.

Todo quedó atrás.

Ahora las manos
están ávidas
de la certeza
del otro cuerpo,
de su idioma
vertiginoso.

Ya las cosas
se definen,
ocupan su sitio,
vuelven a ser,
son por primera vez.

Pero la luz
nos disuelve
lenta,
    inexorablemente,
en el espejo
      donde ya
no podemos reconocernos,
ni hay caminos
para el regreso.

CÍRCULO VICIOSO

Una y otra vez
piensas
en las mismas cosas,
cual si tu imaginación
fuese algo abandonado
en una playa desierta,
en un sitio
que nadie frecuenta.

De lunes a domingo
–sin reposo, no hay tiempo
para treguas–
te pierdes
en especulaciones, fijo
en un círculo vicioso.

Y todo va quedando atrás:
paisajes entrevistos,
cuerpos desconocidos,
imágenes desperdiciadas:
promesas en blanco.

       Todo.

Ni siquiera sabes
el nombre
de quien te da por perdido
sin comentario apenas.
Ni siquiera imaginas
tu pérdida.

PAISAJE CON PUENTE

Sobre el puente,
la luz de la luna
desfigura el rostro
de los muertos.

Un estertor asciende
de las sucias aguas del río,
mientras en sus márgenes
los amantes se destrozan confundidos
entre la mezquina maleza.

Una ráfaga de aire pestilente
agita fugaz las copas de los árboles,
y una voz quebrada
entona una canción sin sentido
en algún sitio de la oscuridad.

Noche sin término,
sin salida:
todos hablan del amanecer,
pero nadie lo espera.

HORAS MUERTAS

Los árboles apenas mitigan la luz,
inmóviles en el mediodía inmóvil.

Todo movimiento ha cesado
y las cosas tienen la solidez
de las inconmovibles rocas del alba.

Blanco, tan denso como el fluir de la sangre;
blanco crecimiento que todo lo abarca, lo desvanece.
Pensamientos que se extienden en su propia intensidad.
Nada sucede ahora, y es como si nada pudiese suceder jamás;
absolutamente nada.

Una vieja y familiar canción
resuena distante;
un recuerdo nos posee al borde del sueño.

Y los párpados se cierran a toda evidencia.

MIÉRCOLES DE CENIZA

Lluvia; el cielo cerrado.
El aire del invierno es una ausencia de pájaros
en la abatida vegetación.

A lo largo de la densa penumbra de la nave,
unas siluetas silenciosas avanzan con hierática lentitud
hacia el abismo del morado.

Las palabras son vocación de muerte
que rubrica el polvo de la frente, el glacial estigma
que nos adentra en el húmedo desvelo.

Desde unos labios desvanecidos
canta otra vez el alma a la muerte
y a la verde descomposición de la carne.

Tiempo vertiginoso; caducidad de las cosas.
Un pensamiento sobrecogido todo lo arrasa,
y la criatura se aferra a la promesa de una blancura
demasiado lejana.

En el dilatado espejo de la noche
sus ojos buscan la constancia de lo interminable

con la vidriosa mirada de un animal inerme.

Los solitarios pasos de Dios estremecen las tinieblas.

SITUACIÓN

Todo está dispuesto,
pero la voluntad de cambio
es tan enorme como el cansancio.

¿Acaso puede el pensamiento
precisar fechas, sucesos,
puede conceder anticipaciones?

¿Qué hacer con las preguntas?

Mejor di adiós,
                    saluda.
Aunque también queda el silencio.
Todo está dispuesto,
más inmóvil.

PASO TRAS PASO

Camino hacia el cuerpo de la noche,
tropiezo con los restos del día,
con las sombras que fluyen
hacia la definición de la mañana.

Aquí y allá,
                    por todas partes,
hasta ser un bosque numeroso,
hay fragmentos de mi persona.

No puedo ni sé recobrarlos.
Sin dejar de ser míos,
ya no me pertenecen.
Su dispersión es definitiva,
figura en un libro
cuyas páginas desconozco.

Cuando llegue a mi destino,
al sitio que no sé,
tal vez ya no los recuerde
o ellos sean otra cosa

que se ofrece para ser poseída
como nunca supe poseer.

Pienso que entonces
mucho será mi asombro
después de haber aguardado tanto tiempo.
Y estoy seguro
de que cuando esto suceda,
habrá de ser interminable
mi silenciosa gratitud.

POEMA CON PALABRAS DE ARTAUD

A Lorenzo Mena y Pedro Calero

Soy testigo,
soy el único testigo
de mí mismo.

Y de pronto ese hilo de agua
sobre un volcán,
la caída tenue y dilatada
del espíritu.

Lo difícil
es encontrar bien
su lugar y restablecer
la comunicación
consigo mismo.

Pensar sin ruptura
mínima, sin artificios
de pensamiento.

Solo tengo una ocupación:
rehacerme.

AL MARGEN DE UNA HISTORIA CLÍNICA

DIAGNÓSTICO

El miedo
es una raíz
que crece

donde mueren
todas las raíces.

Algo engendrado
contra el amor
que se inmensa
con su sombra,

mientras todo
alcanza una definición
instantánea,
cobra un valor
irrenunciable,

y no nos alcanzan
las palabras
que nos sobran.

NADA EVITA

Nada evita
que un grito rompa
la nitidez de la noche.

Un grito
desde el pabellón
donde la oscuridad
se prolonga hacia la muerte
con la ciega fuerza
de la rutina.

Un sonido anónimo
cuyo sentido
carece de sentido

—o significa algo
que todavía
no podemos comprender—

y nos precipita
en un silencio sin salida.

IN SITU

Mira su rostro helado en el cristal.
Llena la ausencia con presencias.
Adivina el paisaje
que la noche posee bajo la lluvia.

Los labios del agua,
los dientes de la limpidez,
besan, muerden,
son en el cuerpo de la Isla.
Un jadeo inmenso
llena el aire y la hora.

Noche y silencio,
la ciudad se recita a sí misma;
dice un discurso
donde su vida es otro elemento,
unas palabras,
acaso una letra
que nunca pudo formular un lenguaje
fraguado en aventura de evaporaciones.

Como una casa
habitada en un sueño,
como un barco
que hace la maravilla del horizonte,
está en la tierra de nadie de su persona.
Y solitario,
abierto a la redondez ilimitada,
a la inmensidad íntima,
ya un oscuro animal,
                    un silencio,
un instinto que persiste
en la frialdad de un reflejo,
se sabe por completo,
                    sabe.

Saber es una plenitud y un vacío.
Ahora la vida está pendiente en la vida.
Ahora él es tan solo una intensidad.

COMO UN HIMNO

Como un himno sin palabras,
sin música,
            torpes movimientos
hacia el hueco del alba.

Y el dolor
y la visión empañada
y el cansancio
y los pensamientos de siempre,
tan reales.

También algunos balbuceos.

De nuevo aquí
sin haber partido.

Eso es todo.
No hay sol ni revelaciones.

NOCHE DE SÁBADO, DOMINGO

Los árboles se debaten en el viento
como enormes algas castigadas por el oleaje;
pálidas luces estallan efímeras en los sombríos edificios
que se empinan hacia el cielo figurando miembros mutilados;
el tenebrante aullido de los perros
petrifica el inacabable transcurso de la noche.

Desterrada del sueño, clavada en el dolor,
la criatura se abisma en la fatiga,
y en medio del silencio,
con la fuerza del estático abrazo de los amantes
que se separan para siempre, cosas y palabras
se funden hasta perder sus límites.

Al fondo del pasillo, la enfermera, una blanca silueta
sin rostro, tan solo pendiente del alba o la muerte.
Una llovizna pertinaz golpea los cristales de las ventanas,
y la secreta letanía del agua en la oscuridad
desciende hacia la trabajosa respiración de los enfermos.

Noche de sábado, domingo.

Todo madura hacia un fin desconocido.
Solo sueño.

DESPUÉS DE UNA ENFERMEDAD

Tantos días y noches sin alternativa;
un delirio inerte, y el frío y el aliento de la fiebre
depredando el rostro con su boca odiosa;
la oscura pesadilla del dolor, una vez más.

Vieja historia, tan familiar.
E invisible pero abrasadora, una nueva cicatriz
en la trama del tiempo, en la piel,
en tanto dócil, extenuado animal, el cuerpo
reingresa torpemente al ámbito de las cosas,
pendientes de una hora demasiado remota.

Extraño despertar; intransferible vivencia; pleno acceder.
Superior a nuestra comprensión, con fuerza indeclinable,
todo retoma su medida, el signo anterior a uno mismo.
Y recordándonos a partir de una ausencia, de un vacío,
de las huellas que cubre una delicada película de polvo
y la conciencia de una absorbente actividad,
se verifica un encuentro no previsto.

Porque todo es la posibilidad constante
de una repentina definición; la exigencia y la ganancia
de su sucesiva especie; capítulo de un orden
que se cumple hacia nuestro asombro.

Y como un niño que despierta solitario al amanecer,
como una ávida y desapercibida criatura con los ojos muy abiertos
en la marea del sueño que todo lo abarca, inventariamos
con precisión nuestras pérdidas, nuestras posesiones.

En el día que irrumpe como un don inesperado,
el trémulo avivarse de la inocencia y la culpa
desde el seno efímero de otra muerte hacia la muerte,
la certidumbre de ser, es el rescate de un antiguo destino.

Oh delicada y tremenda plenitud, nuestros días y noches
son por siempre difícil sacramento de salvación.

CONTRIBUCIONES AL ESTUDIO DE LA HISTORIA

1492

El mucho mar,
la miseria de la boca pastosa,
la suciedad que pudre
como la lepra,
        el hedor
adentrado en los maderos, día y noche
arden los ojos
de tanto resplandor.

        Allí,
        todavía lejos
        lejos,
        Tierra.

Un grito y
otro.

Allí, lejos.
Todos sobre cubierta.

Deo Gratia, Laus Deo.

        (Desde el
            Libro de Profecías
        el horizonte irrepetible,
        ramas en el agua,
        pájaros centelleando al sol
        como un futuro de espadas
        desnudas.)

Allí, lejos.

        (Expulsión de los
        judíos,
            Victoria
        sobre los moros,
        Unidad política,

        El nacimiento de un
        imperio

        –no pueden saberlo.)

Todos más allá de la desesperación,
desesperados,
       ávidos,
desconociendo el mañana,
         ebrios,
creyéndose despiertos,
entrando
     en un sueño terrible

En El Año Del Señor De 1492.

EPITAFIO AMERICANO

Siglo XVII

Fue oscuro y pobre como un dios.

La íntima bondad de su silencio
apagó la soberbia de una estirpe violenta
como la desnudez de la espada.

La sangre
     y el dolor
y las tenaces miserias del cuerpo
fueron el desmesurado patrimonio de sus días.

No poseyó nada
      ni deseó otra cosa
que el generoso olvido de sí mismo.

Para él, la muerte fue el encuentro
con otra pobreza,
     con otra oscuridad:

magníficas, enormes.

CARTA DE UN PATRICIO

Desde Valladolid, José Güell y Renté escribe
a José Antonio Saco
el 11 de noviembre de 1853:

Tengo el corazón lleno de luto:
me escriben de Madrid que
Domingo (del Monte) ha muerto:
* cada día*

se pierde una esperanza.

Y comenta:

Envejeciendo los unos desterrados
de la patria:
            los otros sufriendo
el martirio del poder inmoral y estúpido
y todos acabando entre penas
legando a nuestros hijos
el dolor
        con que
                morimos.

Entonces y siempre:

Incomprensibles son los juicios de Dios!
El hace y deshace sus obras,
cúmplase su voluntad!...

(No se conserva la respuesta de J.A.S.)

MUERTE DE UN POETA MENOR
EN LA GUERRA DE INDEPENDENCIA DE 1895

(Carlos Pío Uhrbach)

A Pío E. Serrano

Nunca se halló su cuerpo

        (los tiempos no eran propicios:
        el culto funerario
        es un refinamiento de la paz)

y todos los suyos,
                tan muertos como él,
eran un vacío
más allá del mar
o presencias desvanecidas en profundas habitaciones
donde la conversación había cesado.

        La vida cambió
        ¿o fue la Historia?

    Podemos saber los mecanismos de la realidad
–es cuestión de paciencia
y también el hábito más saludable

para los hombres nacidos, según los románticos,
en las tierras amadas por el sol–,
esto ayuda,

    pero no es nada definitivo.
    (Tampoco es definitiva
    esta guerra necesaria,
    no lo es.
        El amor
    es especie de la belleza.)

  El cuerpo, decía,
nunca se halló el cuerpo.
Algunos creen que, herido, logró escapar al monte
y allí se desangró hasta morir:
fue alimento de moscas y ratas y alimañas.
También se piensa que, sediento de tanta hemorragia,
los labios inflamados,
murió al beber un poco de agua.

    (¿Quién le ofreció la jícara,
    el sorbo definitivo?
    ¿Qué hizo con sus restos?)

  En verdad, nada sabemos, nada sabremos,
salvo que su muerte fue difícil.
Siempre es así la muerte de un poeta
–la lógica consecuencia de su vida–.
Él, sin duda, lo sabría,
y también le serían familiares
todas las pequeñas y grandes cosas
que allegan su intimidad final: esa iluminación
en su escritura trunca, abierta.
¿Pero de qué sirve eso?

      Su muerte.

  Seguramente la lucidez de la fiebre, del desenlace,
le revelaría su paradoja.
No previó este fin salvaje, ni tampoco
lo rehuyó.
      Era tan solo un riesgo,

una etapa hacia ser tan otro, tan sí mismo.

¿Pero qué hubiera sido de él
muertos los suyos?

Tenía 25 años. Se afirma que sobre su cadáver
encontraron la «Última rima»
de Juana, ya muerta, y escrito al dorso,
de su puño y letra, ¿le tembló la mano?:

> *Para que compasiva la recoja*
> *queda mi rima en esta humilde hoja*
> *que ensueños melancólicos despierta.*
> *¡Oh ilusión que reavivas mis difuntos*
> *ensueños de pasión, guardando juntos*
> *mis versos y los versos de la muerta!*

Pormenores confusos.
                              Esos versos
(la palabra versos no aterraba entonces),
quién los encontró y supo guardarlos
y no supo qué hacer con el cuerpo roto
y no dio cuenta del fin.

              ¡Oh oscuridad,
              tu indescifrable ironía,
              tu humor!

Su muerte y tantas muertes.
La certidumbre de la muerte
y la urgencia de vivir
y ser al unísono del tiempo, y trascenderlo.
La otra vida en la vida, el deseo.
La fuerza de las cosas.
¡Todo es tan complicado!

        Y todos ellos, como él,
        muertos, a punto de morir,
        calados de una intraducible fidelidad
        a un enigma:
                    La Patria.

    Amante, delicado amante,
todo iba a ser distinto,

a morir, a ser otra cosa.
                    Amante,
delicado amante, joven poeta,
                         poeta,
¿siguen inalterables el delirio y la plenitud
de los interiores habaneros?
¿Fue demasiada la exultación de la batalla
o no bastó para presentir los días venideros,
los días distintos en que ya no estarías,
los días sin ella, sin ellos?
¿Cuál es la diferencia entre un soldado y un poeta?
¿Cómo es la dicha otra?

        ¿Pero qué hubiera sido de él
        muertos los suyos?

        ¿Podrías ser tú
        el que debías ser
        en la dicha otra?

    Eras distinto, eran distintos.
Necesitaba serlo,
y algo distinto se formulaba
en la sucesión de las costumbres invariables.
            ¡Todo es tan complicado!
            ¡Esa vida,
                    esta muerte!
            ¡Mañana, mañana!

    Y ahora muerto,
muertos
        −las cosas cambiantes,
        cambiadas−
¿qué? ¿qué?

    En los libros (historias, antologías),
fríos y escuetos datos, textos, unos pocos textos:
La cicatriz de tu urgencia y tu delirio,
paisajes fabulosos como espejismos en el alba,
tu ingenua delicadeza en un sueño interminable,
tu ser triste,
        tu amor,

transparente de silencio y espera y torbellino,
tu entrega definitiva (son tus palabras) al ideal.
Blanco y negro
y –¿lo sospecharías?– las sucesivas modas
devorándose,
            devorándote,
                        devorándolos
a ti, a todos: una inmensa boca.

            ¿Qué es un poeta menor?

            ¿Qué es un hombre
            que supo morir?

            ¿Quién escribe
            lo que no se escribió?

            ¿Quién vive lo por vivir?

            Lo que se escribe hoy
            ¿qué dirá mañana?

    Aquello, esto: ¡términos
imprecisos!
                –¿Es aquello esto?
                ¿Es esto aquello?–
¿Cuál es su sentido?

            Pero es así.
Cada día en su día, cada palabra
en su destello.
Cada día, cada palabra, leales a su soledad,
a su esperanza
                para ser Siempre.

    Oh, tu muerte no pudo saber
el vértigo de los cambios,
la sentencia del devenir,
la semántica del olvido y la indiferencia,
el sacramento póstumo
de la erudición y la exquisitez;
tampoco tu vida.
Ser fiel a la realidad
es dejar que la realidad nos sea,
sea,

177

solo eso.

Son otros
los interiores habaneros,
otros se evaporan a su abrigo.
Pero en un sentido nada cambia.
Tu vida aspiró a esa fijeza.
Tu cuerpo perdido es parte de ella
en versos que no son de nadie.
Ya eres tú, sin alternativas,
para siempre en otredad,
en armonía: perfecto poema
en la perfección del Poema.
Eso es todo.

El más
es la verdad que debemos a los muertos.

UN SOLDADO DE LA PATRIA, UN MAMBÍ

A Jorge Vidal, Raymundo, Diego, Erasmo y Alfredo,
mis compañeros de trabajos forzados.

Las pequeñas escaramuzas
y los grandes combates,
y el tiempo que corre, siempre
distinto, entre dos batallas.

Y saber que para que la vida sea
la arquitectura de un sueño,
el amor y la posibilidad del amor
y la realidad del amor,
es preciso el tributo de la sangre
y la soledad y la intemperie.

E ir a la batalla sin rencor,
abrasado de esperanza,
con la vehemente inocencia
con que se dejó la casa
donde no cesan de aguardar,
y adunarse con la muerte,
que es un anticipo de la luz
y es la misma luz,

con una sonrisa: con toda la vida.

PALABRAS EN LA NOCHE

A Edith Llerena

Dos y cuarto de la madrugada

Más allá de las persianas
la noche prolifera
y de las calles asciende
un vaho crapuloso.

La lenta respiración del insomnio
ha ganado las entrañas de la sombra,
se estanca en las abarrotadas islas lumínicas,
trasciende las casas del malecón
donde a ciertas horas la claridad
fragua un espejismo
que entrega el perfil de una ciudad helénica
embellecida y maldita por el oleaje.
Las luces de los pesqueros
rompen la negro terciopelada monotonía del horizonte.
Una muchedumbre de rostros ajados
y áridas gargantas, respira arduamente
junto al muro frente al mar,
en el caos sofocante
de las interminables formaciones.
Como actores bien entrenados
todos repiten los mismos parlamentos.
Nada se improvisa.
Nada queda al azar.
Nadie introduce variaciones.

Las ratas y otras alimañas
se disputan los desperdicios,
cada día más numerosas, mayores.
La gangrena del desgaste
progresa en las edificaciones,
en los objetos.
Las casas se desmoronan,
desaparecen.

Sumidos en la humedad,
los adultos evocan los arquetipos,
en tanto escasos y desvencijados vehículos

surcan las cariadas avenidas.
Los adolescentes de indecisa belleza
persisten en su furtivo comercio
con monedas de ira.
Los radios de transistores aúllan.
Toda afirmación degenera en la náusea,
en ácidas manchas sobre el asfalto.
Aun citar a los clásicos
adquiere categoría de blasfemia,
y también cubrir los papeles de palabras
con la obstinación de animales
predestinados a la dicha.

Dos y cuarto de la madrugada

Ha llegado el momento de decir:
«Es otra jornada»,
y saberse repitiendo la misma jornada.
De generación en generación
hemos padecido la ira y la indiferencia,
hemos sido pasto del dolor.
El orgasmo devino una forma del olvido.
Desordenados o melancólicos,
la tristeza bulle entre nuestras piernas.
Pobreza inmemorial,
el tiempo deteriora los poros.
La estación única es un cáncer enmascarado.
La luz es un don corrosivo.
La exuberancia es una metáfora del frío.
Pobreza inmemorial.
Los siglos fueron mezquinos con los mitos,
sanguinarios con los justos y los inocentes.
Su legado fue el estruendo.
El sonido y la furia.
La jerga del tambor.
El ruido que embota.
La mudez.
Aquel que conozca otra lengua está perdido.
Aquel que se atreva a ver está condenado.
Inexorables son las sanciones para el lúcido,
estériles los resguardos.

Dos y cuarto de la madrugada

Cada cual en su destino,
ya crueles o temerosos los ojos,
pero insoslayablemente suspicaz la mirada.
Cada cual sabiendo que aquí el sol envilece
y la tierra envenena la sangre.
Cada cual en su duro oficio de ciudadano
de esta urbe que no osaríamos llamar irreal.
Cada cual en su simulacro,
en su víspera de horror,
en su círculo de azufre,
en su muerte, viviendo.

Dos y cuarto de la madrugada

Los somníferos.
El cuerpo entregado a las sábanas,
al sudor.
El dogal de la Historia y la Geografía.
Lo conocido y lo desconocido.
Las evasiones.
El acto de recordar e imaginar.
La clandestina salvación.

Dos y cuarto de la madrugada

La boca es un sendero de hormigas.

Dos y cuarto de la madrugada
Dos y cuarto de la madrugada
Dos y cuarto de la madrugada

Tanto silencio no hace la lluvia.

MEDITACIÓN SOBRE LA POESÍA

MEDITACIÓN SOBRE LA POESÍA

La poesía,
        qué sabemos en verdad:
los poetas escriben demasiado sobre ella
y la olvidan.

De niño,
un deslumbramiento al leer a Heine.
Más tarde busqué aquel libro.
Se había perdido
y ahora es como algo que pertenece al sueño.

    (Igual suerte corrieron
    una serie de libros
    de poetas menores

    –tan altos poetas.)

    Mañana cumplo otro año.
En el año treinta y cinco de mi edad,
obsesión por el tiempo.
Todo lo que no cabe en lo que dice la palabra
tiempo.
    Uno mismo creyéndose
el centro de la creación.

    Las cuartillas se acumulan por doquier, páginas
y más páginas para...

    El sentido de la belleza.
    El peso de la verdad.
    Los sacramentos de la memoria.
    El comercio con la otredad
    y las cosas, un día y otro.

Escribo sobre la poesía.

POEMA PARA AGRADECER EL REGALO DE UN LIBRO DE HEINE

En la inmutable densidad de la noche del verano,
la amistad es el misterio de la conversación
sobre el Misterio.

    Sí, los recuerdos son bestias enormes
e impredecibles. Y la música,
las matemáticas y la poesía son una misma cosa:
el secreto nombre de Dios que copia un espejo sin fondo.

    Un poema fue la oscura especie
de una revelación definitiva

en medio de la pausa del juego,
el aliento vivificador de la torpeza del polvo,
el solitario don del solitario,
el enigma tremendo de la gracia sin límites.

Orden magnífico que no puede comprenderse.
Inútiles explicaciones sobre uno mismo.

Tú encuentras el viejo libro, las mágicas palabras,
la vibración interminable de la infancia alucinada.
Mis manos sostienen con gratitud el rostro
que me poseía antes de que fuese la realidad, el tiempo.

Medianoche.
Un mundo crece dentro del mundo.

TAL VEZ INVIERNO

5:25 a.m.
ráfagas de viento,
el stacatto de la lluvia
sobre las grandes hojas,
un silencio
donde palpitó su enigma
la presencia de la noche.

Acaso ha comenzado
una estación de puertas cerradas
y precisos círculos de luz
y en la oscuridad
se inicia un paisaje
desde el oleaje del espejo.

Pero qué sabemos
de lo que imaginamos.

El signo de las cosas
es hermético
como una lengua muerta,
como un alfabeto venidero,
y otro rostro puede mirarnos
desde el retrato
ahora invisible en la sombra.

Si todo lo que pensamos es,
quién podrá explicarnos
y explicarse
cuando todo esté en su centro.

El próximo instante
es siempre,
            es ahora,
acaba de pasar,

        nunca se alcanza.

EL MOMENTO DE LA VERDAD

    juego, verdad
la escritura de dos cuerpos, dos furias
en la incandescencia
                cuántas sangres
                qué sangre
en una pirueta
hasta el mismo centro de la calma
hasta el otro lado de la soledad
respondiéndose
            respondiendo
la pregunta esencial con la fijeza.

DISCURSO EN LA CIUDAD SUMERGIDA

    atravieso la ciudad sumergida
edifico su condición permanente
es la hora
del mejor texto: el que no se aviene
a escritura
        y enferma
de rabia, de impotencia
al cabo de todos los conjuros
y borradores

    pedazos de iluminaciones
susurros
        sílabas
corroen un idioma inútil

gastado hasta el desprecio:
el otro mar
que nos define y erosiona
cuando los relojes
pronuncian la medianoche

    ha pasado
otra página

    en la servidumbre
del cansancio
se hacen trizas silogismos
comentarios
el pan nuestro de cada jornada
la palabrería
pero prevalece una imagen:
un fragmento
de ese universo, de esa eterna verdad
que debemos descubrir solos
sin ayuda
        hielo
        fuego
no sabemos qué
enigma central
            que empieza
            y termina
            en nosotros
            y es antes
            y después
            de nosotros
mudos, tenaces escribas
de su innombrable dominio

    es preciso llegar pronto
al hueco
al espacio abierto
dormir con la prisa de un niño
que interrumpió un juego fabuloso
despertar muy temprano
y leer el amanecer
en el azafrán de esos cabellos

en ese cuerpo
que nos asalta con su obscena belleza
de animal inocente

   el tiempo
no permite el error
la infidelidad
con nosotros mismos

   soy testigo
de mi presencia
estoy viéndome
en el oleaje
de la noche
mi vida
      argumentos
memoria
        deseos
se confunden
con los sargazos
van y vienen
se hunden y emergen
intactos, distintos

   todo el papel del mundo
no alcanza para dar cuenta exacta
de este momento
y descifrar los jeroglíficos
inscritos en el aire
en los astros
en todas y cada una de las cosas
poseídas por un verano
que se define por alusiones:
una estación tan terrible y fija
como este diálogo ciego

   sueño, hago

   hablo desde otro
otro habla por mis labios
conversamos sin parar
callamos exhaustos

escucho el silencio del silencio
no me encuentro
por ninguna parte
y a cada paso veo mi sombra
escribo con patética aplicación
y desconozco el significado de lo escrito

no tengo nada que decir
y lo digo
y eso es poesía
tengo algo que decir
y no sé cómo
y eso es poesía

gano algo
pero ignoro su nombre

estoy vivo
en un puñado de palabras

EL ESCRIBA

¿Quién dicta
la palabras,
quién las borra?

¿El ángel? ¿El demonio?

No quieras saber,
no preguntes;
que te baste tu condición
si de ángel, si de demonio.

¡A las palabras!

ADVERTENCIA

Nunca trates de poner
en palabras
el sonido del agua.

COMO UN SUEÑO

Como un sueño
en que se acarician las aguas

para que cese la tormenta,
   como un sueño
en que se tala la selva
para que sean los jardines,

   como un sueño
en que se carga contra el enemigo
para que impere la libertad,

   como un sueño
en que se trabaja la tierra
para que todos vivan con decencia,

   como un sueño
en que se hace el amor
para que la dicha sea una costumbre,

   como un sueño
en que el día y la noche
se miden por la belleza,

   que real y necesaria tú,
            poesía,
como un sueño interminable
engrandeciendo magnífica la realidad.

HAIKAI

   En la hierba
el libro de poemas
patinado por la lluvia.

CANCIÓN

   Estás cantando.

   No hay nadie
a tu lado, nadie
puede escucharte.

   Demasiado lejos,
al otro lado
de la noche, alguien,
desconocido, despierta
tratando de recordar

tu canción.
  Tú cantas
porque crees
que nadie
te escucha.

REVISIÓN

A Gastón Baquero

  Las palabras,
que una vez que fue siempre
precisaron con urgencia final una cosa,
dicen
      algo que no sabíamos.

POESÍA Y BOTÁNICA

  Buscando inútilmente durante días
            las palabras
            precisas
para escribir un poema que me roba
el sueño,
        descubro
al caer la tarde
–tan húmeda y sofocante–
que el pequeño cacto recién sembrado
ha florecido de pronto.
              La flor
es una estrella enorme y delicada.
Algo infinitamente mejor que el poema
que iba a escribir, y que ahora
ya no es necesario.

A QUIEN DICE SOMBRA

A Carlos Alberto y Linda Montaner

  A quien dice sombra,
                un arco iris
abriendo su verso en el aire,
todo luz.

    Ese mucho,

y después
recordar dioses y conquistas
espejeantes en la bruma,
celebrar árboles y pájaros
naciendo un paisaje desde la costa,
ser y dejar de ser en las muchachas
con su numeroso olvido
del tiempo que mide su belleza.

Sean entonces bienvenidos los muertos,
sus voces que no saben retroceder,
y la alegría del escriba,
                    del deslumbrado.

Quedamos sin palabras pero no es silencio.

Ya es fiesta que no sabe su horizonte.

ARQUELOGÍA DEL ALBA

PAPELES AJENOS

Esta mañana, sábado
donde son
tu cuerpo
        y la humedad
de la arena
            y un cansancio
superior al de todas las batallas.

Esta mañana
como una cicatriz
que conserva el eco
de la sangre,
                palpita
en la luz
        y fluye
sorda, incontenible.

Mañana río
que todo lo arrastra
hasta la mirada

de un desconocido
en cuyos papeles
la memoria pone unas palabras
donde no estamos.

   Y es
       otro día,
otras imágenes.

IMÁGENES CONGELADAS

   escrito al mediodía
solo en la casa
       sin idea fija

   todo es blanco: la hora, la página

   de súbito, un recuerdo
una realidad
aquellas lentas tardes
en la casona de Trece
       y Sylvia
el pelo suelto, con su venado:
dos respiraciones idénticas

   (asma, la desmesura
de unos juegos, de unos pensamientos
secretos, vulnerables)

   las mujeres conversan
sobre sus tejidos
y los hombres beben en un extremo del portal
discutiendo la guerra
ni nunca
       y nos iremos
donde nadie pueda vernos
ella
    y su venado
y todo lo demás
son tan solo palabras

   ahora discuto otra guerra
y Sylvia teje con las mujeres.

XANADÚ Y DESPUÉS

la fiesta ha terminado
Xanadú es una tierra de nadie, una acumulación
de desperdicios
        los árboles
tragan el eco
de las conversaciones y las risas, los ruidos
vacíos
la gente se dispersa
todo vuelve a la oscuridad

   viento, calles desiertas, la noche
sin condiciones
el creciente silencio
la ausencia del sueño

       es temprano

  caminamos
       hasta el centro de un deseo
       atravesando un paisaje familiar
subimos
     la escalera más ardua del invierno
y
la penumbra
la música, los tragos, las palabras
los gestos que poco a poco dejan de sorprendernos
fracturan la imagen
        y el orden
que nos envolvían como una piel
insensiblemente dejamos de ser
el otro

  aquí, arriba
la ciudad cabe en una mirada
y los espejismos
tienen la solidez de nuestros cuerpos
imposible, imposible explicar
lo que sucede
la realidad se transforma incesante
el tiempo

y el espacio
devienen ficciones
        héroes pasados de moda
nos movemos en un sueño, capaces de todo sueño
y, sin embargo, todo es evidente
como el dolor

    falta mucho para el amanecer

CEREMONIAL DEL FULGOR

Al mediodía
historia y fiebre se confunden
en el fulgor.

La copiosa luz
todo lo vuelve distinto.

Las piedras reverberan
y en el aire inmóvil
se coagulan las palabras.

El hedor,
        la instantánea,
triste putrefacción
de los trópicos,
obliga a enterrar en la arena
los peces recién cobrados.

Las dentelladas del sopor
destierran el sueño en el sueño.

Una certeza ancestral
como la piel de una estirpe
pronuncia el dogma
de una experiencia cíclica,
la fatalidad de una imagen
nutrida en el ritual de la costumbre
contra la que claman
imprecaciones y profecías.

La ardua tarea
de sobrevivir la tarde
es la embelesadora voluptuosidad

de una escritura
de flamantes destrucciones.

En el centro de resplandor,
como un conjuro
entre ruinas sitiadas
por la constancia de las aguas
que lamen su leyenda,
las alusiones se congregan
para engendrar el enigma
de su definición.

Fluye la fijeza.
                    El devenir
es el estilo de lo estático.
Los sellos de las revelaciones
estampan Apocalipsis
en el asedio del poniente.
La novela de la salvación
es un código definitivo
que siempre se está escribiendo
con la tinta indeleble
de la desesperación y la confianza.

En el polvo del mundo se pierden,
se encuentran ya mis huellas.
Me alejo, me acerco sin cesar.
No me preguntes cómo pasa el tiempo.

Los deseos del corazón
están listos a toda hora.

De la raíz de la noche
debe nacer el mediodía distinto.

COMUNIÓN EN LAS CATEDRALES DEL AIRE

Pasan las horas,
sobrenadan la limpidez,
y el frío es nostalgia
de un recuerdo perdido
o memoria por vivir.

Con cuánta luz

allí donde un misterio define
la semántica de lo entrevisto
se hace la noche tan próxima.

    El paisaje navega
hacia su médula;
arde
    gloriosamente
más allá de la algarabía,
de la calidez,
        si entrañable,
si terrible
de los límites familiares
de las cosas.

    Todos los signos caducaron.
Lo conocido es otra especie.
El paisaje es el deseo del paisaje.
La historia es el ejercicio de su búsqueda.
Las intuiciones son certidumbre
de una naturaleza
salvaguardada por su hermetismo:
La presencia es adunarse de presencias.

    Ser,
      estar,
es un reto a la solidez
de lo aparente,
        un comercio
con lo blanco,
        con el vacío,
una apertura a las posibilidades
para fundamentar la realidad
desde el presentimiento de sus claves.

    La entrega al tiempo y al espacio
donde persigue su imagen
es el acto de fe de la sangre.
Pertenecer es asumir la fluidez
de una heredad impalpable
donde un sueño avanza
desde el olvido de sus orígenes

hacia el cuerpo de lo real,
y construye su dominio con metáforas
desprendidas de los espejismos
que erigió en su curso.

Vivir es vísperas y nupcias.
El sacramento del deseo,
de la identidad,
no tiene principio ni fin.
La muerte es sobrevida.
En el sucederse de las iluminaciones,
en el sueño del otro,
las treguas no existen.
La calma es solitaria,
solidaria fidelidad a la acción.
La luz es sombra.
La lentitud es el núcleo de la rapidez.
Los gestos son la frontera del pensamiento.
El espejo oculta el rostro.
Crear es un secreto hacia los otros.
La poesía es la voluntad de entregarse.

Canta un grillo.
Crece el sueño.
Desde el fondo del paisaje
avanza el paisaje
con la transparencia
de las palabras desconocidas.
Urgencia y memoria
comulgan en las catedrales del aire.

Pasan las horas,
pasan.

NICHT WAHR, CHULA?

Las cartas del Tarot
y la botella con
tequila, mucho muy especial
elaborado en una hacienda perdida,
y un fragor de palabras
que penetra todos los rincones

emplazando la vida
y la conversación
que dicta un cuerpo de brisas,
astros,
    signos
        y recuerdos,
conforman la ardua noche
que sentencia el verano.

    Mañana
        —otra vez
        tan en breve—,
cuando la verdad,
        la definición
que procuramos este instante
acaso sin saberlo,
rebase el patrimonio
del idioma del sueño
que se busca a sí mismo,
y tenga la plenitud del resplandor,
cuán llenas las vacías manos
de la materia de un misterio
que pugna por realizarse
hacia los núcleos de la sangre
y la tierra y el agua y el aire tremendos.

    Dispón las cartas.
Vacía la botella.
Despójate de ti misma para ser tan solo tú.
Interpreta los signos milenarios
que pueblan tu soledad.
Vive las evidencias.

    Todas las respuestas
engendran una nueva pregunta.
Todas las preguntas
son el nacimiento de un árbol,
la muerte de una mariposa
cuyas alas no caducan en el polvo.

    Sean, pues, contigo
los dones del delirio y la precisión.

La dicha es un alfabeto
que debemos aprender en cada latido
de los cuerpos,
        los elementos,
la eclosión de las cosas.

Ya aurora,
        ya poniente,
ya mediodía,
        ya alta noche,
el tiempo que vives,
el tiempo que dejas de vivir y te vive,
es algo magnífico y terrible
y también algo ignorado,
presentido e innombrable.

He aquí lo que llamamos destino:
vivir en una víspera
y en una confirmación incesantes.
Quien lo olvida
        y quien olvida,
será olvidado.

   Nicht Wahr, Chula?

LA ORQUESTA NO TOCARÁ ESTA NOCHE

A Roberto Peláez y José Alberto Rodríguez

la orquesta no tocará esta noche
pero habrá música
        dos vientos
encontrándose, acometiéndose furiosos
irreconciliables
        y el silencio
de la página en blanco

  si ahora, animal vulnerable
en sus costumbres
        por sus costumbres
intentarás el recuerdo ancestral
el inmaculado juego de los análogos
concebirías una imagen

que reproduce hasta el delirio
este instante
                    pero
                    cuídate
                    no caigas
                    en la trampa
ningún momento tiene pasado
aunque lugares, circunstancias, personas,
acontecimientos sean idénticos
no hay prodigio
                    en las repeticiones
                    en las tautologías
en los espejos enfrentados
sino en el espejo único
lo que importa es la memoria
olvidada en la acción
                    ese ámbito
con uñas y dientes defendido
donde son los secretos más domésticos
la intimidad
que espléndida o intolerable
recuperas en el reposo
y nunca trasciende tu soledad
todo lo demás es torbellino
                    vórtice
regido por las leyes de la intemperie
al que opones ese otro vórtice
que anuda el diseño incesante del logos

    sentado
dentro de tu boca
asistes
al paisaje

    incrustado
en el paisaje
vives
eres pensado

    el frío
las súbitas ráfagas, el denso crecimiento

de la neblina
el abominable latigazo de la humedad
se prodigan intolerables
    la ardua conversación
               el diálogo ciego
destilan palabras que trascienden
su propia insuficiencia, insinúan
un léxico
      una semántica
que sustenta el único milagro
de que eres capaz

      siempre
      es hoy
      y su reverso

    la vigencia de lo real
se abrasa en los calendarios
en un gesto casual
está contenida la eternidad
presencia
      es la destrucción
de un enigma

    ahora practica
el comercio imposible
con las palabras
recuerda al poeta
que baila al filo de la muerte
tras la críptica escritura
del último canto

      y
depón tu vanidad

    la orquesta no tocará esta noche
pero en los dos vientos
y el silencio de la página en blanco
habrá música

    habrá
música

LA HOGUERA

hay una hoguera
una señal incandescente en la noche
arde
por primera vez
en el tiempo
                    ilumina las miradas
de las muchachas que nos escuchan
hace siglos
                los rostros
                los cuerpos
en que la memoria vence
la fuerza de las edades

                    fatal
dichosamente circundamos el fuego
la realidad del prodigio
tras las abluciones
y el pan compartido
sus llamas crecen
                        crepitan
en todos los sitios
donde estamos todavía
donde siempre llegaremos
el viento y la lluvia
nada pueden contra ellas

    con vehemencia, con calma
olvidados de la cópula
del rayo y del árbol
intercambiamos historias
deseos
        proyectos
más vastos que el círculo
de luz y calor
más intensos que la noche

    vivimos/decimos

    la selva y la ciudad
se alternan

en nuestros pensamientos
y miradas
hasta que el asalto del sueño
nos reúne en los labios del silencio
y entonces
       todo
       pierde/encuentra
       su nombre

    todo
es
más.

INVERNAL

El sol de tus cabellos
irrumpe espléndido
en la fría mañana invernal.
Y yo tengo frío.

OTRA VEZ

Perdida
entre tus cabellos de agua,
el alba
     susurra la noche
por venir.

GÉNESIS, 2, 25

Es medianoche.
Estás desnuda
y no conoces el rubor.
Es mediodía.

LEYENDA

Siempre habrá
un bosque
en tu cuerpo
para recibirme.

ALGO PERSONAL

LOS JUEGOS ANTIGUOS

Vamos a jugar
al otro lado de la hoguera.

Traed las piedras,
los palos,
las cuerdas, los hierros,
las antorchas.

He aquí nuestro navío.

Abramos el libro
aunque sus páginas
no nos digan nada que ignoremos,
tan cerca de las llamas,
en la alta noche.

Ha comenzado
el prodigioso viaje
y de nuevo soy el capitán
vestido de blanco.

EN LA ESTACIÓN CENTRAL

Solo un niño glotón
devorando terrosas tortas
a la hora de la merienda,
las tortas oscuras y algo atrasadas,
junto a la muchacha
que jamás ha dejado
de preocuparse por su belleza.

La gente se arrebata los periódicos
para confirmar las noticias
y después los abandona en cualquier parte
o los conserva para forrar
los cubos de basura. Durante el almuerzo,
un comentario, un suspiro
o, simplemente, una interrogación
sobre el imprescindible orden doméstico.
Y la consabida queja sobre el calor.

Solo los perros rabiosos y los ingleses
salen bajo el sol del mediodía.

Ayer celebramos la fiesta.
Hubo fotografías y se conversó
hasta tarde. Los niños
devoraron cantidades innumerables
de bocaditos y pastas.
Hubo jarras de vistosas flores
y se ponderó, entre helados refrescos,
la eficacia del óleo inglés.
Hubo parientes de provincias
que, por supuesto, no habían visto
las últimas películas y espectáculos.
Por otra parte, hubo discursos.
Pero de los discursos se ocupan
los periódicos que se destrozan
en las calles y se cubren de polvo
en los recintos poco frecuentados.
Raramente nosotros. Somos una familia
que celebra sus fiestas en un tiempo irreducible.
Creo que hemos quedado solos.

Pero el amigo que me llamó
el domingo, también está solo.
Ya no habla como antes.
A las ocho de la noche se perderá
por varios meses. Ahora
es más esbelto y más triste.
Entre tanto, su mujer imprime fotografías,
se mancha los dedos con los ácidos
y reforma sus vestidos de una a otra temporada.
Él, que únicamente sabe de números,
cuenta los días, un día y otro día.
Otro día más, menos, en su conteo
que no vale para nada, en sus cartas
y conversaciones veloces y esporádicas.
Un día, dice, tenemos que salir.
Sé perfectamente lo que hablaremos entonces,
y todos nos pondremos tristes.
Pero no evitaremos esa salida.

Bailar es importante, y tomar cerveza.
Las grandes fiestas siempre han sido necesarias.
No se piensa. De una fiesta a otra,
la misma fiesta. Vamos a la fiesta.
Celebremos cualquier cosa. No seamos
singularmente melancólicos. ¿Nosotros?
Somos irreconciliables con los jubileos.
Somos demasiado viejos, como las rosas
y las palabras y las miradas
sobre los niños que acaso un día miren
a otros niños desde estos mismos sillones.
No tenemos remedio, no lo tenemos y
todos sabemos que una fiesta,
un palacio, una gran empresa,
un almuerzo de escritores o periodistas,
un ambiente cordial
de franca y espontánea camaradería,
son esencialmente horrorosos.

    ¿Será necesario que aclare
que soy tan anticuado
como para conducirme reservadamente?
Quizás hubiese hecho un papel decoroso
en la época de Valentino o Madame Sosostris.
Pero ambos han muerto. Ellos y su tiempo
murieron antes de mi nacimiento.
No soy más que una referencia inconfesable.
Con la buena fe me hago imposible.

    Basta. No hablemos ante los mayores
de cosas desagradables. El día
es precioso. Afortunadamente no llovió.
Es preciso tener todo listo para las vacaciones.
A los niños les hace falta tomar el sol,
y a todos nosotros no nos viene mal un descanso.
El párroco es un muchacho encantador e infatigable.
Los domingos no bajaremos al mar
para evitar el gentío.
Aquello es a la vez campo y playa.
La casa está muy bien situada
en un lugar muy tranquilo, en lo alto

de una loma.

Pensemos en los niños.
Pensemos en los viejos niños.

Por la noche colgaremos
de unas cuentas negras. Cuando
todos duerman empezaremos a fumar.
El cigarrillo es una luciérnaga
sobre el pecho. Otro día.
No hagamos ruido. Los dormidos
son muy felices y absolutamente buenos.
Quizás alguien grite nuestro nombre
en la madrugada. Quizás suene el teléfono.
¡Mañana hay tanto que hacer!

Solo un niño glotón
devorando terrosas tortas
a la hora de la merienda
me contempla desde el espejo.

UN DOMINGO

Un domingo es el recuerdo
de muchos domingos. La luz,
que ese día tiene una calidad especial,
dibuja un rostro en todas las paredes,
unos ojos extraordinarios, únicos.
Se hace el juego. Y la nostalgia.
Tantos domingos quedan en proyecto.

STRANGERS IN THE NIGHT

Sin noticias, sin señas
precisas para reconocerse
en medio de la noche,
buscándose de un lado a otro
cargados de silencio.

Es el sábado interminable.

Andan la misma ciudad,
ayer pequeña para ocultarse
en el nudo de las palabras,

hoy una boca abrumadora
que los traga
al final de cada bocacalle.

Ellos.

Sin encontrarse.

Extraños en la noche
por última vez.

SOLO EN MÍ

Solo en mí
la realidad
del invierno.

Su sueño
se alimenta
con mis sueños.

Amanezco helado,
pero mi corazón arde
como el sol de agosto.

UNA ROCA

Ignoro el nombre,
el valor de esta roca
que recogí de niño.

Nunca he querido
saber nada de ella.

Basta que sea solo eso:
            una roca,
y que siempre me acompañe,
alegrando silenciosa, deslumbrante,
hoy mi mesa de trabajo,
mañana un librero
o cualquier otro sitio de la casa
que de pronto la necesite.

No sé nada de esta roca:
ella conoce toda mi vida.

NOCHE DE DICIEMBRE

Como si la vida hubiese cesado de modo imperceptible
o fuese tal vez un patrimonio de la remota transparencia del día,
los árboles y las casas son formas perfectas
petrificadas en medio de la helada hondura de la noche.

Todo desierto, en el silencio
las cosas se sustentan en un sueño que sobreviene sin aviso
e impone una realidad desconocida que alentaba dispersa
en borrosas intuiciones.

En el cruel aire, vertiginosos,
los murciélagos se desgajan del follaje
y son otra vez el grito de terror de un niño solitario.

Los pasos deshacen torbellinos de hojas
y el cuerpo se prolonga en una sombra
que avanza interrogante en pos de sí misma.

Hace mucho que todos duermen,
que cesaron los cálidos murmullos que santifican el cansancio,
que las luces se extinguieron mansamente.

Luna llena; dominación del azul; olvido ya maduro;
ramas que se recortan contra el cielo negro aterciopelado;
paisaje que se adentra en su propio, profundo gravitar.
Misterio participable. Ahora las palabras son superfluas.
Las imágenes se suceden con el ritmo de los relámpagos.
Y muy lentamente, desde el ensimismado corazón,
un rostro eleva hacia nosotros su sumergida verdad.

CON LAS PIEDRAS

Paso la noche
con las piedras.

Los años me enseñaron
a comprender
su lenguaje silencioso.

Cuando aprenda
a cantar verdaderamente,
ellas harán coro a mi voz.

No sé cuánto tiempo
falta para que eso suceda,
pero no me apresuro.

La dicha
es un lento aprendizaje.

EL INFIERNO SE DESATÓ EN CABO HATERAS

El infierno se desató en Cabo Hateras
y hemos quedado solos en medio de la tormenta.

Cuerpos y recuerdos y deseos
se confunden con la lluvia y el viento. Brama el mar.
Silenciosos, en el seno de la oscuridad,
encarnamos esa remota imagen
que emerge del sueño para salvar nuestras lejanías.

Es el hundimiento de las cosas.
La soledad besa los labios de la muerte.
La realidad se consagra en la plenitud de la aventura.
El alma se penetra de lo inmenso, abierta, disponible.

En el paisaje que se borra,
la certeza de otra presencia que se olvidó de sí misma;
la limpia entrega que abrasa de intemperie
como la dignidad inconmovible de los árboles.

Noche súbita; figuración de la inocencia
en imágenes manadas de la infancia.
La críptica boca del tiempo
pronuncia con peligro nuestros nombres.
Pero ya ni vida ni muerte tienen significado.
Como un milagro vivimos finalmente
la prístina caligrafía de nuestro destino.
Y es la dicha.

BIENES

El cuerpo de la mujer, y el recuerdo del cuerpo de la mujer.
El múltiple prodigio de los libros, y su anticipación de eternidad.
Haber sido en otro.
La comunión con la plenitud de los elementos.

La inocencia que engendró un abrazo final.
La conversación en un círculo de luz.
La íntima soledad con las palabras.
La insuficiente confianza en Dios, y la infinita misericordia de Dios.
El deseo y la entrega y la memoria que ennoblecen como el alba.
La iluminación de la Patria.
El rostro que nos depara el amor.
El sueño que concede certidumbre de realidad a lo imposible.
La incesante maravilla de la poesía.
El éxtasis de la música.
La derrota que purifica.
La gratificación del mar y la alta noche.
El espejismo interminable del mediodía y la dulzura del atardecer.
El enigma del tiempo.
El deslumbramiento de ciertas imágenes.
El patrimonio de unos paisajes intraducibles.
La vasta serenidad de una habitación.
Las cosas en que persiste la vivencia de la dicha.
La fijeza y el olvido del dolor.
Una playa y unos árboles y unas flores que alguien cuida
con devoción y voluntad de belleza.
Los dones de la infancia y la amistad y la esperanza.
La víspera de un milagro.
La gracia de poder dar gracias.

POR EL AMOR

A Tania, siempre

De súbito, tu rostro
no es el del adolescente.

Se han operado unos cambios
definitivos en las facciones,

y tu sombra en la pared
es ahora más rotunda.

Sin embargo, ella ignora
lo que ya no puedes olvidar;

y sus brazos y la noche
se cierran para que no sea

el tiempo, y te hundes
gloriosamente hacia la virgen

inmensidad del alba
en que siempre, por el amor,

eres el joven y magnífico capitán
de un antiguo poema.

ELOGIO DE PLAYA HERMOSA

LLUVIA

La lluvia que cae sobre el limonero
forma un charco en la tierra anegada.

El viento agita el follaje,
y la abatida vegetación oscila torpemente.

El agua se infiltra por los batientes
de las puertas y las ventanas, cala las paredes.

La humedad hace denso el aire, lenta la respiración.

En la penumbra, unas siluetas
se mueven silenciosas de una habitación a otra.

Como en una novela, estamos pendientes
de nuestros menores gestos y movimientos,
en tanto que las palabras adquieren una resonancia indefinible.

La noche desciende sin sobresalto.
Cesa la lluvia, y un íntimo recogimiento,
una serena comprensión, crecen hacia la apretada plenitud
del cielo súbitamente estrellado.

MADRUGADA DE NOVIEMBRE

Madrugada.
Cantan los gallos.
Los perros ladran
a unas presencias invisibles.

En la casa:
la pausada respiración

de los dormidos;
la petrificada sombra
de los muebles
y de los objetos familiares,
su vigilia de ciegos centinelas.

En la intemperie:
la incesante actividad
de las criaturas nocturnas;
el viento cortante;
la naturaleza en vilo.

Hace frío.
El cielo está rojo.
Y el mar se retira.

DESPERTAR

La límpida luz
y la frialdad
colman la casa semicerrada.

Los ruidos y los movimientos
del exterior
son una constante anticipación
de un milagro inadvertido.

Música en el radio,
y un diálogo sobre las plantas:
no imaginamos su misterio
obstinados en su belleza.

Hoy el mar es un espejo.

En el marco de la ventana
del portal, inmóvil,
la negra mariposa
es una esquirla de la noche,
casi un monumento perdido.

La realidad verifica nuestros deseos.

POR AQUELLOS CIRCOS

En la noche,
sin que nadie lo imaginara,
llegaba el circo. Y al amanecer
ya estaban dispuestos al asombro,
a la dicha, la carpa rota,
los aparejos, las luces y los asientos,
las recias tablas polvorientas.

Luego era el privilegio de maravillarse
con unos pocos y pobres y soberbios artistas,
músicos y payasos, atracciones de toda suerte,
y muchachas, tan bellas muchachas,
que reían y bailaban muy pintadas
y casi desnudas, y, tal vez, un viejo león,
tal vez un nostálgico elefante.

Y después llegaba la vacía mañana
en que el circo era unas huellas
en la tierra apisonada,
y un deseo de irse tras la magia,
y no atreverse y quedarse hablando
hasta que todo era un sueño, y una gratitud
y una nostalgia. Los lentos días
que median entre la ausencia y el retorno:

otra vez la espera de un fabuloso despertar.

EL JAGÜEY

A José Armando, mi padre, y a Fela

Aquel árbol en lo alto de la loma
como un dios tremendo y benévolo frente al paisaje,
fue mutilado en la mañana
y ardió desde el mediodía hasta el alba.

Nada quedó de él.

Pero en ciertas noches de invierno,
cuando el mar dice belleza pronunciando furia,
pueden oírse los crujidos de sus ramas
y el discurso incesante de sus hojas
poseídas por el viento:

213

un canto.

Siempre habrá un árbol en lo alto de la loma.

LOS TIBURONES DEL RINCÓN

Los tiburones del Rincón
son dueños de la transparencia.

Veloces, implacables,
su nacimiento es un misterio,
y su muerte, la única ficción
de las infinitas rocas
y los jardines sumergidos.

Las rojas langostas, los pargos
suntuosos como el crepúsculo,
el pulpo de nevados tentáculos,
todas las increíbles criaturas
tan necesarias a nuestra imaginación,
les deben la azarosa seguridad
y el fin vertiginoso.

Pero es imposible atravesar
el cristal de las aguas, adentrarse
en el silencioso claustro
que multiplica incesante
la realidad de los sueños.

Día y noche, una helada frontera,
un violento horizonte
de dientes crueles e insaciables
lo impide con su cruenta pesadilla.

Los tiburones del Rincón
no conocen la piedad.

LAS CASAMATAS

Sepultadas en la arena,
las casamatas
se confunden con los pinares
a orillas del mar cobalto.

Ahora desiertas,
              ellas sirven
para el juego de los niños
en la plenitud abrasadora del verano,
para el solitario éxtasis de los amantes
en noches que borran el universo
y lo inventan de nuevo.

Algunos las cubren
con inscripciones y dibujos,
otros colocan ramas
y flores en sus aspilleras,
y otros tantos
las llenan de desperdicios.

Pero nada puede alterar
la fija misión
con que se impregnan en el paisaje.

Absolutamente nada.

Acero y concreto,
su materia es la historia
pronunciando siempre
una palabra maldita
hacia la entraña de la vida,
una sola palabra sola:

      acuérdate.

CONTACTO

La marea se retira dejando en el litoral
su botín de trofeos innombrables. El incesante combate
del oleaje fue también nuestra batalla.
Porque no somos otra cosa que aquello que el mar nos hace.

Las aguas y el cielo se adunan en el sacramento de la oscuridad,
y las rocas de la playa se recortan a la luz de las estrellas
como monumentos destinados a perpetuar el más
que olvidaron la memoria y la escritura de los hombres.

Furtivas y rápidas criaturas toman posesión de la húmeda arena,
se confunden con la sedosa frialdad de las algas,

invaden el resistente encaje con que la áspera vegetación
preserva la integridad de las dunas
del tenaz embate del viento y las aguas.

Aquí el silencio no es lo que se entiende como el silencio,
y nuestros sentidos se abren a la realidad
de una experiencia que se iguala con los sueños.

Aquí la soledad no es lo que se entiende como la soledad,
y nos iniciamos con torpeza en el arduo y definitivo idioma
de la desnudez y los elementos.

Sitio sin nombre que resume el universo.
Instante que equivale a todo el tiempo.
En la carnalidad de este súbito,
todas las cicatrices, todos los recuerdos,
la suma de las jornadas que se forjaron
en la vigencia laboriosa de la dicha,
adquieren un valor desconocido.

Y así, en plena intemperie, en absoluta intimidad,
        [inocentes y culpables,
solitarios como el primer ángel y el último capitán,
la gracia vertiginosa del misterio nos descubre sus claves,
        [nos abrasa,
y en nuestros labios la gratitud deviene canto y silencio.

Muerte; nacimiento. Presencia.

Hora en que nuestro corazón nos pertenece
como el juguete que un niño defiende sin tregua
de la fiebre, el sueño y la muerte,
ignorando que lo guarda para regalarlo alguna vez,
sin titubeos ni nostalgia,
y hacer así que la generosidad no prevalezca
como un espejismo de criaturas feroces.

Medianoche; sexto día.
Verdad en el mismo centro de la vida.
Vigencia de la persona. Urgencia del amor.
El verbo nos anima en una playa desierta.

EN LA PLAYA

Para Liana y Lourdes,
Por aquel día de verano

Alguna vez
esta playa fue todo el mar,
la arena,
      la claridad,
el universo entregándose sumido,
entero
      a la inocencia,
a la imaginación.

Otra vez,
al cabo de qué eternidades,
ella vuelve a ser
aquello que creíamos perdido
como nuestros pasos más remotos
a lo largo de su orilla,
bajo el sol,
los pies bañados por la espuma
y una intraducible alegría
calando nuestro ser hacia la luz,
hacia el misterio y la evidencia
de las cosas de pronto posibles,
súbitamente participables en su plenitud.

Ahora sabemos que nada se pierde,
que en las presencias,
          en el asombro,
en la risa que consagra la sangre
más pura de nuestras noches,
un pulpo que se vuelve estrella en la piel,
la sombra de unos árboles
desplegados al viento,
las aguas de un río que multiplica la lluvia,
las conchas y los caracoles
acumulados cual piezas preciosas por las manos,
los peces vertiginosos como espejismos,
los maderos escritos por el oleaje,
la arena movediza,
el abrazo del mar incesante

y el cansancio embriagador del mediodía
nos han salvado.

Ya lo que nos pertenece es poseído
por quienes son como debimos ser,
por aquellos en que seremos siempre
parte de esta playa interminable,
de este sitio magnífico
en el centro del verano.

También a ellos les ocurrirá lo mismo.

NATURALEZA MUERTA

Una botella de refresco
y un plato con galletas y un vaso
y unas hojas garabateadas
y una pluma de escolar
y libros y el paquete de cigarros
y los fósforos y el cenicero.

Cae la tarde.
Es hora de asearse,
vestirse de limpio
y dar un paseo.

Todos aguardan.
Todo aguarda.
La belleza es una evidencia inmediata.

Sobre la mesa,
las cosas se congelan hacia la noche,
devienen una antigua imagen
en el corazón de otra mañana.

Un poema se pierde.
Se encuentra un poema.

CAMINATA

Termina la calle.
La vegetación avanza sobre el asfalto;
comienzan las verdaderas lomas,
la certidumbre de un valle.

Cielo y mar se hacen una sola cosa.
Todo se vuelve noche.

Casas desiertas y núcleos de luz.
El firmamento estrellado.
Las manos llenas de flores silvestres.

Un alto, y una última mirada en torno.
La plenitud y el silencio de lo abierto.
Esta suave y elemental alegría.

Volvamos a casa.

EPITALAMIO

A Tania

Esta playa solitaria
es el principio y el fin del mundo
en la magnífica noche.

La brisa comienza en tus cabellos,
la vegetación figura tus movimientos,
el paisaje es el sueño de tus pupilas,
y la inmóvil transparencia de las aguas
fosforece para homenajear tu cuerpo.

Tú estás desnuda
y eres todas las respuestas.

Los dedos de la luna escriben tu nombre
en la humedad de la arena,
y las constelaciones leen las letras de la belleza.

NOTAS DE VIAJE

Ahora oscurece más tarde
y la noche semeja una promesa

lejana, algo tan remoto
como las obligaciones cotidianas.

Pero el paso de los pájaros
nos previene de que es tiempo

de recogerlo todo, cerrar
la casa y despedirnos

de los amigos para comenzar
el largo viaje que habrá

de conducirnos otra vez
a este sitio.

COSTUMBRE MAYOR

NO EL POEMA DEFINITIVO

No el poema definitivo sino uno fácil como la luz
de la mañana y la gracia de las muchachas
con las que se quisiera estar por siempre,
hermosas como la más hermosa canción.

Esa simple verdad y su mapa para navegar gloriosamente
las horas cual si fuesen un clásico del cine, los relatos
de Conrad y Stevenson, y el éxtasis de la música verbal de Whitman.

Tantas cosas a realizar,
que el tiempo resulta un espejismo vertiginoso
que prodiga la gratificación anticipada
de los proyectos para las vacaciones,
destellando el oro incorruptible de sus monedas de salvaje libertad.

Hoy poseo la certeza de un amigo, la promesa
de una conversación y unas páginas memorables
en la noche, la incesante maravilla
que guarda la inocencia de unas criaturas;
poseo una lenta hoja de cacto que adornará un estante
como un trofeo, y crecerá para que la casa
se ahonde con la novedad de un prodigio interminable.

Sí, Frank O'Hara tenía toda la razón: es maravilloso
saltar de la cama y beber demasiado café
y fumar demasiados cigarrillos y amar tanto
que todo, menos la escritura, es un poema definitivo.

RETRATO DE UNA SEÑORA

A Ana María, mi madre

Sabe el nombre exacto
de las plantas, su cuidado;

el lugar que ocupa cada cosa
en la ardiente hondura de la casa;
el arte de componer lo que está roto;

    y sabe aliviar la mordida de la fiebre;
decir la palabra justa
y guardar silencio y retirarse,
casi invisible, al recato de la sombra.

    Comprende que poseer y perder
son un trivial accidente de los días;
que toda la dicha es
unos cuantos recuerdos y una esperanza
que se vuelca hacia los otros.

    Guarda lo que parece inútil,
pero que alguna vez será necesario;
y sirve sin pedir nada a cambio,
con alegría, para que haya orden
y belleza y consuelo y dicha
a ras de su mirada.

    Es quien cose y lee y reza
entre la tarde y el alba:
la señora que casi no se ve
mientras pasa el tiempo
como una batalla, como un éxtasis.

    Mientras pasa el tiempo
que no sabemos cómo pasa.

ELOGIO DE MI PADRE, EL CARPINTERO

    Mi padre, Andrés
es un buen carpintero
                En sus manos
la madera es dócil, y las herramientas
no tienen secreto

              Mi padre, Andrés
es generoso y humilde como son los carpinteros
Por eso, nada quiere para sí. Le basta saber
que cuanto sale de su banco
ayuda a mejor estar

Mi padre, Andrés
solo desea fuerza para trabajar
y servir a quienes lo necesitan

Él me enseñó
que todo lo que se haga no sirve
si no se hace con amor y cuidado
sin esperar nada a cambio

Todos los que lo conocen
quieren y respetan a mi padre, Andrés
por buen carpintero, por mejor hombre
Ese es su mejor elogio.

AQUÍ MIS MUERTOS

Aquí mis muertos.
Aquí su diálogo final con la tierra.

Esto queda de la sangre primera
y las sucesivas sangres
que fueron presencia y plenitud en un laberinto
de historia y de siglos; del deslumbramiento
y el interminable resistir y la violencia
y la dicha y la bondad y el dolor pudorosos:
de tanta calma y tanto torbellino,
del sentido de un lenguaje de labios herméticos.

Ningún epitafio consigna sus oscuras verdades.
Supieron vivirlas, aceptarlas
desde la intemperie hasta la sombra más densa
de la casa a que siempre volvían.
Eso les bastó.

No vivieron en vano.
Fueron mujeres piadosas y abnegadas
y hombres silenciosos y honrados
cuya generosidad enmascaró la dureza.
Practicaron una incesante devoción a la familia.
Fundaron ciudades y creyeron en el honor
y en la Patria y en el deber y en la lealtad.
Soñaron con esperanza incontenible el mañana,

y comerciaron con la realidad hasta el fin,
sin pedir nada.

La muerte fue para ellos algo natural,
como el sueño y el deseo y el paisaje
y la memoria y el orden imperioso de las cosas,
y murieron con decencia, como cuadraba a sus vidas.

Suyos son el monumento del polvo
que a todos concede la piedad del olvido,
unas líneas perdidas en antiguos memoriales y libros,
algo de lo que son sin saberlo
quienes ignoran sus nombres.

Descansen en paz.

TARDE EN LA NOCHE

Abro la puerta
y de la oscuridad paso
a la oscuridad.

Es tarde
y ya todos duermen profundamente.
Mañana habrá que levantarse temprano.
Lejanos son los días
en que era posible dormir,
como dioses satisfechos, hasta tarde.

Como un gato o un ladrón
avanzo sin hacer ruido;
mentalmente reconozco los objetos,
los posibles obstáculos,
y los evito.

A esta hora
de calles desiertas y alucinantes,
de pensamientos que añaden su mordedura al frío,
la respiración de los que duermen
es idéntica a un mar tranquilo
que se ignora a sí mismo.

Subo las escaleras
y, siempre a oscuras, me desvisto.

De inmediato observo a los dormidos,
me aseguro de que las puertas estén bien cerradas,
y voy a mi cuarto.

Allí,
      inmóvil en mi cama,
en tregua y armonía con todo y con todos,
estoy durmiendo desde muy temprano.

DÍA FESTIVO

Levantarse un poco más tarde que de costumbre;

escuchar las noticias en el radio;

las pequeñas obligaciones domésticas:
      cambiar
      el cristal roto,
      componer
      el grifo de la ducha,
      pintar
      el sillón del portal,
      podar
      las plantas del jardín
      y regarlas,
      ir a comprar pan,
      lustrar los zapatos.

También es necesario ordenar de una vez
(no se puede esperar más)
      el librero,
      los papeles,
      hacer una selección
      de lo que te interesa,
      deshacerte de aquello
      que no sirve

      (qué no sirve)

y, por supuesto, llevar a las niñas al cine
y, cuando termine la función, a tomar unos helados.

No olvidar responder en algún momento las cartas pendientes,
pasan los días,

(ni tampoco dejar
de tomar las medicinas,
llamar a tus padres y a tu amigo,
preparar tus cosas para mañana).

Sería bueno decidirse a decorar la sala de otra manera;
es decir,
       decorarla de alguna forma,
tal como está parece un almacén abandonado.

Fumas con exceso.

No se puede vivir como gitanos.

Tenemos que hablar seriamente sobre una o dos cosas,
ya sabes cuáles.

Perdido el ritmo de lectura
los libros se acumulan en la cabecera de la cama.

Haznos un cuento.

       Qué piensas,
       qué crees.

Mañana será un día muy complicado.

Hay visita anunciada para esta noche.

¿Escribiste
       el poema
            que querías?

Que duermas bien.

UN DÍA DE SEMANA COMIENZA

Un día de semana comienza
con una taza de café,
un vaso de leche y unas galletas.

El gato juega
entre las húmedas malangas
del patio, y la voz
de un locutor se escucha lejana
informándonos de las últimas noticias.

En la casa, todos
se desplazan apresuradamente
de un lado a otro, preparándose
para ir a cumplir con sus obligaciones.

Sobre el escritorio quedó abierto,
como despedida de la noche,
un libro de poemas de Rilke.

El viejo reloj de pared
deja oír sus campanadas.
Se hace tarde.
Sería magnífico poder quedarse
en pijama, leyendo, escuchando música,
ocupándose en pequeños trabajos manuales,
tal vez escribiendo y, más tarde,
beber varias cervezas heladas,
pero desgraciadamente no es domingo.

VISITA EN LA TARDE HABANERA

A la memoria de José Lezama Lima

Es la tarde.
El sábado despliega sus espejismos
sacralizados por la humedad.
En las antiguas paredes, el polvo
repite nuestros secretos a la brisa naciente.
Los ruidos conforman unánimes la densidad del silencio.
Y las palabras ganan la vibración de un oleaje
que se abisma en el hermético encaje de la noche.

Invisibles, semejantes a los pastores
que justificaron la primera fábula,
los músicos duermen su eternidad
junto a los instrumentos de plata virreinal
que diseñarán el transcurrir de la fiesta.
Su despertar es una gracia inesperada
como la lluvia en los ardores de agosto.
Un milagro cuya certidumbre se traspasa
con exactitud de generación en generación.
El siempre necesario gravitar de los remotos.

En la última habitación de la casa,
los números del calendario japonés se evaporan,
y la reproducción del hialino arreglo floral
rivaliza en sosiego con la madre salamandra.
No hay aquí fuego para corroborar la sabiduría medieval,
para propiciar el elogio de la sobrevida:
la sucesiva derrota de las llamas.
Aquí la gran prueba es la prueba del agua.
Y el túmulo de Flebas es nuestro breviario.

En las terrazas del diálogo, será necesario
participarnos las espirales del caracol.
La conmovida dignidad del coronel neoclásico
meditando sobre el vasto fluir de las horas,
aún es válida para asegurar la salvación.
La delicadeza juguetona de sus versos
siempre procurará el sacramento de la inocencia,
garantizará la resistencia de la seda del discurso
y la plenitud estelar del convivio.

Conviene a nuestro estar la reunión de lo diverso.
Cada cual debe crear su museo para hacerse de una leyenda.
En su centro, con la pasión de un heresiarca solitario,
organizará la arqueología familiar, los signos de la sangre,
el júbilo que presidirá armonioso la mesa del domingo.
Mundo anudado en su círculo de epifanías.
Dones oceánicos de la memoria y la acción:
toca a la madre defender las provincias de cada criatura,
otorgar el precioso regalo de la siesta.
Corresponde a los hijos rendir el homenaje de la presencia:
el culto sin término a la voz sosegada
que espanta irrebatible fiebres y terrores.

Un pez diminuto flota en el centro de la sala.
Su fulgor ilumina las pupilas de las niñas.
Es el adelantado del verano, el vencedor del invierno.
Nada nos dice, y todo nos lo revela.
No importa si después olvidamos.
Su visita es la promesa de un alba entrevista
cuando la realidad necesitaba definiciones de espuma,
la confirmación de los deseos congelados en la escritura

que relaciona el acontecer de las vidas imaginarias.
No lejos, en el paseo arbolado, el payaso
salta como un torbellino entre los leones,
y los pájaros ascienden más allá de las cometas
lastradas con los mensajes de la estirpe del delfín.
Es la hora de mostrar las cartas,
de hacer la historia de los adornos.

　　Junto a las porcelanas y la cristalería,
los cuencos de anacagüita
multiplican el bullicio de la fiesta innombrable.
El hombrecillo de los gansos se prepara
con teutónica meticulosidad
para agotar las fabulosas vetas de la medianoche.
Las figuras se desperezan en los grabados.
Los duendes se asoman al terciopelo
de las hondas habitaciones desiertas.
Y las niñas abolen las dentelladas de la soledad
con la maravilla de un idioma más antiguo que los helechos.

　　Siempre, los que llegan tienen el rostro ungido
por la intemperie. Y los que reciben olvidan el cansancio
cuando ofrecen la mesa servida, el lecho dispuesto
y las cuentas en orden como invictos soldados de plomo.
Sabiduría del dar. Necesidad del darse.
Encuentro reiterado con lo que nunca se pierde.
El patio visto a través de la ventana enrejada
basta para llenar los atlas que estampará el delirio.
El libro acariciado en medio del desvelo
talla el diamante de las amistades indestructibles.
Las oraciones que olvidamos en el ajetreo
de las jornadas, nos resguardan de todo mal.
A cada paso hallamos un trofeo arrancado al misterio.
Arte del agregar. Ejercicio de la incorporación
que se prolonga en los horizontes del sueño nocturno.
No basta una vida para conocer los secretos
de una casa, para sentar cátedra sobre una ciudad.
Pero basta al existir la frecuentación de unas calles,
la cotidianidad de unos rostros, el gravitar de unos objetos,
la participación entrañable de los usos de la ciudad
para que la belleza alce las agujas de sus catedrales.

Firmamento de las horas participadas.
Terminó la tarde.
La noche se incrusta calada de frescura en los poros,
plagándolos de una dinastía de imprevistos.
Los cactos se constelan de estrellas marinas.
El agua mansa de nuestro río tutelar
retorna salomónica a la imantación de sus reflejos.
Los arcos de medio punto se recaman de cocuyos
sensibles al comunicante estilo del jolgorio.
Arde en las lámparas el rocío de las afirmaciones
y el polvillo de los anuncios proféticos.
La vecinería urde engalanada sus mitos especiosos.
El voluptuoso balanceo de los sillones
multiplica la carnalidad del éxtasis.
Las alianzas se ratifican sobre los ceniceros repletos
y el vacío de las diminutas tazas de café.
Los vínculos se sellan con el lacre de las bendiciones.
Y nuestros deseos prefiguran la almendra del mañana.
Decimos adiós.
Permanecemos.
Damos gracias.
El puntual cañonazo nos sume en los dominios de la poesía.
Y desde el maduro corazón de las evidencias
nos entregamos a la secular costumbre del milagro.
En breve, el sueño soplará nuestros párpados
y sabremos de la caricia del reverso.

TERMINA EL DÍA

Termina el día. Ha sido enorme
como una nebulosa, o breve como un sueño
que da razón de milagro.

Juego con mis hijas, Liana y Lourdes. El lecho
cubierto de juguetes y de libros es un país fabuloso,
y las paredes de la habitación
tienen la calidad de un horizonte inabarcable.

Hora en que todos los posibles y todos los imposibles
se hacen auténtica realidad
hacia la inocencia de unos pocos y vertiginosos años.

Intimo deslumbramiento.
Sacramento nocturno.
Ya desnudo de mis días, paulatinamente despojado
de experiencia, como arcilla en manos de Dios,
me afano torpemente, desde el caudal inagotable
de mi pobreza, en prodigar unos bienes
que jamás se agotarán.

Ahora sé que la proximidad, la entrega, el asombro,
el deseo, la certidumbre, la pureza, la risa
y la hermosura de unas frágiles criaturas
tan solo capaces de amor y de verdad y de sueños,
y un discurso de palabras elementales
son la dicha sin límites,
aquella que no se traduce en signos
inútiles como monedas.

Mis padres se retiran. Mi mujer pronuncia
las despedidas. Bendigo, como antaño fui bendecido
por mis mayores, con la antigua voz de los orígenes.
Apago las luces. Ya arden las estrellas,
reina la calma, todo lo posee benigno el silencio.

Ignoro cómo agradecer tantas gracias
en las estribaciones del sueño.

Doy gracias.

RETRATO A MEDIANOCHE

A Tania

Tú aguardas en la noche
palabras que traduzcan
el silencioso sentido de las cosas
que te abarcan con esa honda vastedad
que solo pueden contrastar las constelaciones.

Dócil al lento paso de las horas,
llevas a cabo sin prisa
tus puntuales deberes,
venciendo el cansancio
que escribió en tu rostro
la historia definitiva del día.

El mundo es lo que cabe
al abrigo tenaz de esas paredes
entre las que te mueves, y también
la realidad de ese fulgor
que se traduce en la luz de tus pupilas
cuando el deseo te cala imperioso
y sobrepasa a todo cuanto te rodea.

Tu vida es un jardín
que crece en la oscuridad y en la brisa,
y la nitidez y el orden de las cosas,
y una urgencia de belleza y de calma,
y el amor que se realiza
en el sueño y la vigilia de otros.

Pocas son las verdades
que alientan tu ser. Pero es suficiente
tu pasión. Por esto,
tan solo el alba te corresponde
al cabo de la ardua prolijidad de tus jornadas.

El alba que es el éxtasis del tiempo
y depara una promesa de certidumbre al deseo.

DUEÑA DE LA NOCHE

Por mis hijas, de ellas

Esta noche, antes del sueño,
tus ojos descubren por vez primera
y definitiva el firmamento.

Arden en tus deslumbradas pupilas
todas las estrellas
que el hombre es incapaz de nombrar,
las fieles y gloriosas constelaciones
que salvan sin cesar del desastre,
la mágica y necesaria luna.

Y sin saberlo, mientras tu mano
se cierra tan leve entre la mía,
y tus labios inocentes
procuran la maravilla de una palabra nueva,
posees, eres.

De súbito,
es tuya la belleza, la entrañable plenitud
del cielo sucesivo y espléndido,
para siempre la noche.
Sagrada, misteriosa, magnífica.

OBJETOS

Los días nos rodean
de cosas,
      objetos
de los que, sin saber
por qué,
      ya no podemos
prescindir.
      Su naturaleza
es muy variada,
        pero
de una oscura y armoniosa manera,
van completando nuestro ser,
llenando la historia
de nuestra edad
para hacerla única
y fijar su sentido.

Y la casa se hace pequeña,
se tupe como un bosque
cuya vegetación
multiplica sin cesar
la generosa evidencia
de incontables maravillas.

¡Oh posesiones
que sobrepasan todas las vanas riquezas
con su íntima riqueza,
y nos calan de humildad y gratitud!

Así los dones
      de unas plantas,
unos papeles que ennoblece la escritura,
los libros y los cuadros,
      las fotografías,

piedras y caracoles y semillas,
tanto pequeño objeto
                    amparando la dicha,
patinándonos con su gracia.

   ¡Oh trofeos de la pureza del tiempo!
¡Oh suerte mía,
                    tan inmerecida!

EL RINCÓN DE LA SALA

juegan en el rincón

   El rincón de la sala
es un palacio,
                    el mar,
las islas, un jardín
con una íntima casa,
una selva interminable.

   Hay allí fiestas;
tormentas y calmas y batallas;
cofres en que el oro
rivaliza con la luz; todas
las flores, las plantas del universo;
animales espléndidos
como la libertad, y compañeros
cuya mirada es una aventura.

   Tanto que uno no sabe nombrar,
agradecido, la ilimitada gracia
que anima los frágiles,
los brillantes y frecuentados juguetes,
la risa dichosa de sueño, de realidad.

   Porque en el rincón de la sala
siempre es todo el universo,
todo el tiempo,
                    la maravilla
incesante de las cosas:
                    un juego.

LECCIÓN A LIANA Y LOURDES

que me preguntaban si era verdad el cuento

Un cuento,
              hijas mías,
no es verdad ni es mentira.
    Un cuento es otra cosa.

    Un cuento se sirve de la mentira
para decir la verdad.
Y diciendo la verdad
nos guarda del horror de la mentira.

    Porque siempre,
                    siempre,
              hijas mías,
ustedes y yo y todos los hombres
somos los personajes
de un cuento tremendo y maravilloso
que se llama sencillamente Vida,
y que es tan espléndido
y está tan lleno de aventuras
que no alcanzan las palabras para narrarlo.

    Y así,
          nunca lo olviden,
aquello que parece mentira
es la verdad que día a día
y noche a noche, muchas veces
sin darnos cuenta
                (y es tan bueno
y necesario darse cuenta),
escribimos para que sea realidad
la belleza y para que la fantasía
no se quede solo en los sueños
y colme siempre nuestras horas
convertida en la única verdad.

MAÑANA ES LA FIESTA

Mañana es la fiesta
    el gran día

tan largamente esperado.

Pero ahora,
        hijas mías,
hay que poner fin al juego,
dejarlo todo preparado
y acostarse a dormir.

    La noche
–estén seguras de ello–
terminará muy pronto.

    Para que sea la mañana,
tan solo es necesario
que cierren los ojos
y sueñen de nuevo
las incontables maravillas
que os aguardan al despertar.

Duérmanse muy rápido.

Mañana, casi ya, es la fiesta.

LÁPIDA

Solo en tus ojos
están escritas
todas las palabras.

MANCHAS

Al escribir mis poemas,
me mancho los dedos de tinta
como un escolar.

Cuando trabajo en el jardín,
mis manos se cubren de tierra;
y cuando me dedico a la mecánica,
la grasa las impregna.

También el cemento, la pintura,
la cola, el polvo, los trabajos del día,
las patinan de continuo.

Solo cuando juego con mis hijas,

o hago el amor con mi mujer,
mis manos permanecen limpias:
no existe entonces nada en el mundo
capaz de mancharlas.

COSTUMBRE MAYOR

Esta costumbre mayor de alegrarse
porque cierta noche el cielo nos regalará un prodigio
del que hablaremos hasta la misma muerte
o, simplemente, por el fin de semana
que siempre es vertiginoso como una tormenta de verano,
o por un poema que se piensa descubierto por puro azar
pero que, sin lugar a dudas, nos aguardaba
con fijeza en un recodo del tiempo.

Y los pequeños malestares y las grandes enfermedades
–las miserias del cuerpo– haciéndonos darnos cuenta
de la fuerza de la edad. Y esa ferviente deliberación
de escolares aplicados ante la hoja en blanco,
y la risa de esos rostros, la flexibilidad
y la ligereza de esos cuerpos en que persiste nuestra sangre
insistiendo con agradecido asombro y avidez
en la maravilla de las cosas.

Y las noches en que no puede dejarse de ser autobiográfico,
y el amor y el cigarrillo después del amor.
Y los planes para el futuro
que de pronto nos parece sospechosamente inmediato.
Y la iluminación de la Patria
en una frase, una mirada, un silencio, un gesto definitivo
o entre las laboriosas líneas de las papeletas de notas
o las páginas de viejos volúmenes
donde el pasado es la traducción del porvenir.

Y las costumbres y las manías
como cosas ocupando su sitio entre las muchas, las demasiadas cosas
de la casa, de la memoria. Y el patrimonio del mar
y la música y los libros. Y la entrega y la amistad
y el éxtasis de la acción y el deseo y el sueño.
Y esa imagen a cuya medida pensamos vivir,
y la imagen cuya medida nos han fraguado los minuciosos días

y que es cada vez más una antigua y rotunda moneda.

Y la vida, que es el canto
y la metáfora unánime del canto.

Todo esto, hijas mías, y lo mucho que olvido de momento,
pero que es tan seguro y fiel y espléndido como la luz y la noche
que nos hacen partícipes de los dones del misterio.
Y esta costumbre mayor de alegrarse
ya como un viejo poeta, siempre como un joven animal.

CRUCE DE CAMINOS

LA FORMA DE LAS NUBES

Tirado en la hierba,
inmóvil, el niño
interpreta absorto
la copiosa forma de las nubes.

A su antojo puebla el cielo
de veloces barcos,
paisajes de fábula,
hermosísimos animales,
castillos inexpugnables.

Todo cabe
en sus ojos maravillosos,
maravillados.

En el rostro del niño
se descubren
las facciones del extranjero.

EN LA VENTANA

Ella mira al cielo
a través de la ventana.

Los relámpagos
desgarran la noche
con su palabra terrible.

Todo en la casa

es silencio.

Ella recuerda.
Ella no sabe olvidar.

Duerme la lluvia.

VIDA NOCTURNA

Sobre la tela metálica,
la inmóvil lagartija
acecha a los insectos

que revolotean,
opacos y vertiginosos,
en torno al farol,
a la luz.

Muy cerca, el gato
observa hierático
a la lagartija.

La noche fluye incesante
hacia la piel del alba.
Múltiple, la muerte
se prepara en silencio.

EN EL MÁS ALTO EDIFICIO

Llevo a un amigo
al edificio más alto de la ciudad.
Le muestro las calles, las casas,
la verde mancha de los parques,
las distantes y suaves colinas,
el mar para el que no existen palabras,
el sitio donde soy por nacimiento
y afición al mito
más que por costumbres.
De pronto, comienza el terral
y en el horizonte
el sol se fragmenta incendiándolo todo
hasta desaparecer en la noche.
Entonces, la ciudad se ilumina de golpe
y los dos hacemos silencio.

A UN AMIGO, SOBRE LA MÚSICA

Tu memoria es la gratitud
de interminables veranos
en una terraza, de un patio
en que los árboles y la vegetación
bastaban para medir el universo,
y de jornadas que fueron una plenitud
urdida por los libros.

La música era entonces
el reverso de las cosas: un misterio
de formas cerradas
que devenían imágenes, algo
que anudaba el sueño y la vigilia
y alentaba en su milagro
la incesante posibilidad del milagro.

En días y noches
que confundieron sus límites,
practicaste con deliberación y humildad
sus signos y sus oficios, la transparencia
de su especie precisa como el movimiento
y el diseño de los astros,
hasta que fue tuya su certeza
y el desencuentro de su misterio.

Y entonces, como una marea inexorable,
se hizo el silencio, sobrevino la nostalgia
que anticipa la blancura de las paredes,
se multiplicó la soledad que interroga.

Ahora lo sabes todo
y es como una disminución.
Tan solo has olvidado
que la música es final como el tiempo,
que solo es real su presencia
al cabo de una ausencia.

No recuerdas que el misterio comienza
cuando son tuyos sus signos,
y que en el vacío de la espera
se define la certidumbre del porvenir:
                la música.

MEDITACIÓN

La muerte
      es el dolor
            del vacío
que se deja
      en el corazón
            y la suerte
de los otros.

LA CITA

Alguien llama
a la puerta.
Abres. No es
nadie. Es quien
esperabas
desde siempre.

Ambos pasan a la sala,
hablan mucho
tiempo
de cosas que
nunca se hablaron.

Cuando todo ha sido
dicho, se despiden.
Van hacia la puerta,
sin decir ni una sola
palabra más.

Entonces, te marchas.

LA NOBLE FRONTERA DE SUS LABIOS

Aquel anciano pudo contarnos
cosas prodigiosas, iluminar
esos oscuros fragmentos de la historia
que participan de la caducidad de los días.
Porque sus ojos y sus oídos
conocieron el pasado, y su cuerpo fue una roca
en medio del incontenible torbellino de los hechos.
Pero he aquí que el anciano

fue presa del silencio y nos miró sin vernos
mientras nos lamentábamos
por todo lo perdido para siempre
en su fatal mutismo,
por el saber que jamás trascendería
la noble frontera de sus labios.

EL ACUARIO

Hombres y peces
se observan acuciosos
a través del grueso cristal.

Se diría que ese brillo,
que ese fulgor metálico
que hiela sus pupilas
es la impotente traducción
de la envidia y la tristeza
por no estar al otro lado,
en el otro elemento:
lo imposible.

Entretanto, los niños
que nada advierten,
se desplazan incansables,

llenos de alegría.

HASTA EL FIN

Hasta el fin,
estuvo diciendo que
todo iba bien.

Sabíamos
que mentía, y él
sabía que no
podía engañarnos.

Nosotros
también le mentíamos,
diciéndole que
todo iba bien,
pero sabiendo que él

se daba perfecta cuenta
de nuestro engaño.

Jugamos nuestro último
juego, el más
difícil. Tanto él
como nosotros
hicimos el mayor esfuerzo.

Pero no se puede
engañar a la muerte.

Ella sabe todas las respuestas.

NOCTURNO

La noche penetra
a través de la ventana,
lo inunda todo.
Distante se escucha el celebrado mar
rindiéndose en las rocas.

El jinete se anuncia
en el ladrido de los perros.
Un instante y su antigua silueta
lo llena todo, indescifrable,
un parpadeo, y desaparece.

El árbol centenario
se estremece de murciélagos
como un dios taciturno.
El polvo ha tornado ásperas
sus tercas hojas.

Heladas, las alimañas
manchan el jardín
con sus repugnantes oficios;
un rumor tanático
entre la maleza se levanta.

Las viejas maderas crujen,
como las remotas nueces navideñas,
contraídas por el alisio.
Bajo los techos se extiende

una tolerable inclemencia.

El manto del silencio
sella respetuoso
los entreabiertos labios.
Resistente, el sueño
roza los cansados ojos, se demora.

La noche del estío se cierne ilimitada.

UNA SOMBRA EN UN MURO

Una sombra en un muro
es una historia que ignoramos,
una dádiva de la luz
que aspira a prevalecer
cuando todo deviene el después
que es materia del recuerdo.

Una sombra en un muro
es el umbral de una aventura,
de una especulación, de una certidumbre.
Y es la forma súbita de una escritura
que trasciende la página
siempre escasa para nombrar la vida toda.

Una sombra en un muro es la impronta
de cuantas sombras fueron, son y serán,
revelándonos con su trazo oscuro la fidelidad
y la gloria de la luz que permanece
–alegre, constante, magnífica, nuestra–
cuando ya no hay sombra, cuando ya no hay muro.

La luz que solo sabe formular
la ingenua metáfora de una sombra.

INTERIOR

Esa mariposa
clavada
en un corcho,

sus espléndidos colores
fijos día y noche
entre los tantos libros

(toda ella la belleza,
la libertad,
la plenitud de la intemperie)

como un arco iris nocturno
creciendo incesante
en la hondura de la casa,

¿cuándo puso fin a la lluvia?

LA BABOSA

A Roberto del Quiaro

Los poetas y la hierba
saben bien
de tus desmesurados trabajos.

Pocas casas hay en la tierra
más bellas que la que sostiene
tan frágil tu frágil cuerpo.

La lluvia es tu alegría:
el tesoro
que disfrutas en la noche
más inmensa que las estrellas,

mientras avanzas indetenible
como el más poderoso
y delicado capitán
hacia el memorable misterio
que palpita en las sombras.

Toda tú
una fuerza terrible,
ignorante de sí misma, avasalladora,

tenaz cual la bandera de una victoria
desplegada para siempre a la intemperie.

¡SÉSAMO, ÁBRETE!

¡Al fin, mucho después
de infinitos trabajos
y prodigiosas aventuras:
el tesoro!

Ahora, basta pronunciar
dos breves palabras
(casi un pensamiento)
para que todo sea mío:

¡Sésamo, ábrete!

Y la enorme y pesada roca
que guarda la riqueza
que nunca acabará, se desplaza;
y los ojos son insuficientes
para contemplar, deslumbrados,
agradecidos, tanta maravilla.

Pero,
¿es que entro en la cueva,
o es que salgo de ella?

CRUCE DE CAMINOS

Pleno día: la familiaridad de las cosas, de los objetos,
es una caricia, un golpe, un descubrimiento constante,
y la criatura confronta su apariencia con su realidad final.

Cruce de caminos; peso de la edad; lento aprendizaje
del mañana –del siempre– en el cumplimiento del ahora;
acciones y palabras que son nuevo e interminable sacramento
de reconciliación al cabo de todas las caídas.

He aquí que tal vez fue necesario perderse para hallarse;
que la salvación no es un don súbito
colmado de plenitud, sino un persistente calarse
de inocencia, de amor, de entrega sin reservas.

Tiempo virgen: en su recién conquistada pobreza,
la criatura aprende a pronunciar el verdadero nombre de Dios.

LAS LEJANÍAS

...So badly

Estoy como una bandera, rodeado de lejanías
Rainer María Rilke

LAS LEJANÍAS de Armando Álvarez Bravo se
publicó en Madrid, España, por Albar
Editorial en 1984. Colección Poesía.

UNA PIEDRA

Una piedra. Tu
mano
se cierra
en torno a ella.

¿Qué es más fácil
de matar,
un pájaro o a tu hermano?

MÚSICA NOCTURNA

Música nocturna.

Las palabras
son superfluas

y todo hace silencio,
hasta el silencio.

Escucha lo inaudible.
Escucha.

TESTIMONIO DE LOS ÁRBOLES

Los árboles
se debaten día y noche
para decir
su verdad,

pero

hemos olvidado
el lenguaje
de las hojas.

Tan solo
podemos imaginar
lo que quieren
decir:

lo que necesitamos
saber.

REGRESO

La puerta
se abre
al paisaje.

Todo está inmóvil:
árboles y animales,
también las nubes.

Entonces, el viento
deposita una hoja
en el umbral.

Es nuestra sangre,
que regresa.

POEMA DE AMOR

Tu cuerpo
se funde
con la oscuridad.

Ahora eres la noche
y me abarcas interminable.

Cae una estrella.

DOMINACIÓN DEL VERDE

La vegetación
derribó las cercas,
invadió el jardín.

La casa
es ahora un verde
movimiento.

Los pájaros
hacen sus nidos
en nuestro cuerpo.

La lluvia
es nuestra fiesta.

RETRATO CON DUENDE

En el retrato amarillento,
la familia
desafía al tiempo, fija
en un instante remoto.

El duende inesperado
sonríe a sus pies.

El tiempo
no tiene significado
para él.

La familia se extinguió.
Él permanece.

HUELLAS EN EL SENDERO

Un sendero.

Hay huellas
en el polvo, en el barro
reseco, cuarteado.

Dios pasó por aquí.

No sabemos
dónde termina el sendero.

LECTURA

La vela se consume.

Las letras se desvanecen
en la página.

Una oración inacabada
queda pendiente en la noche.

La oscuridad
solo se lee a sí misma,
en silencio.

ABECEDARIO

Las letras
se reúnen, se separan,
se multiplican,
se dividen.

Siempre dicen algo
distinto.

Vivimos pendientes
de estas combinaciones.

Las letras, indiferentes,
no nos necesitan.

ESTRELLA

Tocamos el cielo,
nos precipitamos
a tierra.

Todo se desplaza
vertiginosamente
ante nuestra mirada.

En el vacío, el amor
es la presión
de tu mano en la mía.

Nuestros ángeles
se han perdido
en el gentío.

MITOLOGÍA CONTEMPORÁNEA

Al pie de la montaña,
Penélope teje
en espera de Ulises.

Ya nadie recuerda
cuando él desapareció
en la eternidad
de las altas nieves.

Solo ella lo espera.
Los demás se cansaron
de hacerlo.

Ulises es tal vez feliz
con su abrigo de nubes.

LA CABALLERÍA

En la noche,
los caballos pastan
en el campo desierto.

A veces,
sus muertos jinetes
vienen a buscarlos.

Entonces se oyen
sus relinchos,
y el viento es su galope
devorando insaciable
las lejanías.

Nunca sabremos nada
de sus nuevas batallas.

PERSISTENCIA DEL AMOR

La imagen
de un rostro, el recuerdo
de una piel se desvanecen
inexorablemente.

Tan solo persiste
la resonancia
de una respiración
desembocando en el éxtasis.

El amor perdura
en un sonido.

DOS DÍAS

Hoy realizó
todas las cosas
que una vez anotó
en una vieja agenda.

Las circunstancias
habían variado mucho
desde ese entonces,
y no le fue fácil el hacerlo.

Todos se sorprendieron
de su propósito.
Le dijeron que por qué
repetía algo pasado.

Solo, al terminar
el día, no pudo recordar
ese otro día
que le aseguraron
ya había vivido.

TODAVÍA TÁNTALO

La lluvia
baña su rostro.

El río
envuelve su cuerpo.

Su boca está seca,
partidos los labios.

Pero ha olvidado
qué es la sed.

EL PAYASO

Cuando termina
la función,
el payaso
actúa para sí.
Nadie

le ha oído reír
sus propias payasadas.

Nunca lo hace.
En esos momentos
su eternidad
está en juego.

CEMENTERIO RURAL

La perra amamanta
a sus cachorros
al abrigo de un nicho.

Unas palas y un pico
se oxidan olvidados
a la intemperie.

Las mariposas revolotean
sobre las flores silvestres.

La vegetación invade
las viejas tumbas.

Hay una cruz caída
sobre un sendero.

Hace mucho que nadie lee
los borrosos epitafios.

Densa soledad: los vacíos ojos
de los muertos son las raíces
de la noche.

El sol se eleva para nadie.

ÁNGELES CUSTODIOS

Todos duermen.

Un susurro
colma la casa
toda la noche.

Son los ángeles
hablando de Dios
hasta la resurrección

de los dormidos.

El despertar
es un milagro
que nadie
toma en cuenta.

OTRA VIDA

Cuando están solos
y nadie los observa,
los niños viven otra vida.

Todo tiene entonces
un significado diferente.

Tiempo y espacio,
sueño y vigilia devienen
un dominio único, fabuloso.

Hemos sido desterrados
de esa gracia,
y solo el amor mitiga
nuestra pérdida.

Ninguna moneda
puede comprar las llaves
de la inocencia.

LA ALIANZA

La leche
en la ventana.

El cereal
sobre la mesa.

Nuestra alianza
con los duendes

es un retorno
a la esperanza.

Solo la fantasía
nos guarda
a toda hora.

FIERAS ENJAULADAS

Tras los barrotes,
las fieras
nos ven como fieras:

grandes carniceros,
depredadores nocturnos,
crueles alimañas,

libres.

Es inútil disuadirlas.
Tanto les da la razón.

IDOLILLO

Todo se ignora
de aquellos
que adoraron
este idolillo.

Fueron, sin duda,
como nosotros.

¿Qué pensarán
de nuestras imágenes
los arqueólogos
del porvenir?

¿Serán criaturas
como nosotros?

CONSIDERACIÓN SOBRE EL TIEMPO

Las campanadas
del gran reloj
resuenan en la hondura
de la casa.

Nadie las oye.

Todos están
demasiado preocupados
por su tiempo.

MANDAMIENTOS APÓCRIFOS

Deja las flores
ser en el jardín.

Deja el amor
ser en la vida.

Todo lo demás pasa.

TEORÍA DE LAS PÉRDIDAS

Se pierden los pájaros,
los árboles, la tierra
y todas sus criaturas,
se pierden las aguas.

Se pierde el firmamento,
se pierden las cosas.

Se pierde uno mismo.

¿Se pierden las pérdidas?

CRISIS

La arena
ha bloqueado
la desembocadura
del río.

El coágulo
ha bloqueado
la vena.

¿A quién
lloraremos
primero?

OBRA EN PROCESO

Tú me formas
día a día.

Es un trabajo
muy difícil,

penosísimo.

Debes hacerme
a partir
del más indócil
material.

Nunca concluirás
tu escultura.

Pero tu esfuerzo
admirable
va creando
una obra perfecta:

el amor.

UNOS OJOS EN EL GENTÍO

Unos ojos nos miran
en medio del gentío.

No los conocemos.
Nunca
los hemos visto.

Nosotros
no tenemos secretos
para ellos.
Nos conocen perfectamente.

¿Seguimos de largo?

DESPUÉS DEL TEMPORAL

Las nubes,
turbias y fangosas,
forman remolinos,
arrastran ramas, maderos,
alguna embarcación
con las amarras partidas.

El río,
despejado, se ilumina
con un arco iris.

DESCANSO

El solo descansó
un día,
el séptimo.

Es hora
que lo haga
otra vez.

Pero no imaginamos
cuándo
podrá ser ese día.

Tiene
demasiado que hacer.

ESTUDIO SOBRE EL AMOR

El amor
no muere.

Nosotros, sí.

ESCENA FAMILIAR

Ella cose.
El lee.
Las niñas juegan.

Hay música
en la radio.

Ninguno
puede definir
la dicha.

SACRAMENTOS

Los sacramentos
son siete.

El más importante
es el octavo.

JUSTIFICACIÓN

Terminó su trabajo,
la obra de su vida.

Una mariposa
viene a posarse
sobre el cuaderno
laboriosamente escrito.

Ella basta
para justificar su labor.

Ahora, él puede descansar.

CALEIDOSCOPIO

Los colores,
las formas
se transforman
incesantes.

También las cosas,
las criaturas.

Todo es movimiento,
vertiginoso.

Pero el amor
permanece.

No sabemos cómo.

HOMENAJE A UN POETA DE OTRO TIEMPO

Sus días fueron arduos,
oscuros.

Su ideal fue la belleza,
y le fue fiel hasta el fin.

Le debemos tanta vida,
tanta belleza.

Nada sabemos de él.
Sus poemas se perdieron.

EN SU PUESTO

Esperan
en algún sitio

de la ciudad,
en el campo,
en una playa;

también en el mar
y en lugares desconocidos
y en nuestra propia casa.

Esperan donde
menos podemos imaginarlo.

Algunos son difíciles
de hallar; otros, no.

Son como árboles,
como soldados: siempre
(pase lo que pase)
en su puesto, aguardándonos,

los poemas.

PÉRDIDA DE LA VISIÓN

No vemos
crecer a los árboles,
a las plantas,
a las flores.

Su crecimiento
es un misterio
a plena luz.

Simplemente los vemos
un poco diferentes
cada día: mayores,
más perfectos.

Es triste haber perdido
la vista
en una edad olvidada.

SONIDO

El sonido
de la lluvia
borra
todos los sonidos.

Tú me abrazas,
susurras
a mi oído.

Tus palabras
mojan
mi cuerpo,
borran
todos los sonidos.

Lluvia, amor.
Escucho lo inaudible.

METAMORFOSIS

Al principio,
nuestros hijos
se parecen
a nosotros.

Más tarde,
son ellos mismos,
tan distintos.

Finalmente,
son casi
nosotros mismos,
solo que mejores.

Pero ellos ignoran
todo esto.

Y es mejor que así sea.

EL POETA A SUS HIJAS, LIANA Y LOURDES

No quieran
que les explique las cosas.

Mi versión de ellas
solo es buena para mí.

Cada cual debe nombrar, vivir
su vida por sí mismo, sin engañarse.

Solo les pido que sean generosas
a la hora de juzgarme.

Traté de ser un árbol.

LOS TRÓPICOS

Terminó
el verano,
pero no vino
el invierno.

El frío
solo existe
en los cuentos
de hadas.

La primera nevada
cae
en nuestros corazones.

Salgamos a verla.

BALANCE ECONÓMICO

Estoy en deuda
con la vida.

Lo bueno y lo malo
nunca
me han faltado.

Soy rico.

Mis bolsillos están vacíos.

SEÑAS DE IDENTIDAD

Soy parte
de esta arena,

de este mar.

Cómo explicarlo.

Recuerdo,
cuando nací, un barco
que navegaba
hacia el horizonte
en el vientre
de mi madre.

Qué más puedo decir
de mí mismo.

El cielo es mi sombra.

NOCHE

No hay estrellas.
La luna desapareció.
La casa está apagada.
La oscuridad es absoluta.

Los ojos del niño
se cierran.

El sueño
es un claro país,
enorme
en la noche
que comienza.

Solo Dios
sabe su geografía.

COLORES

La palma de mi mano
está llena de colores.

Todos los conocidos
y otros más.

Ignoro cómo la llenaron.
No sé qué hacer con ellos.

¿Dónde, cuándo
será necesario un arco iris?

TOCAR FONDO

Toco fondo.

Mi cuerpo está helado.
Nada veo, nada escucho.

Frío y oscuridad. Silencio.
Recuerdo el agua en el agua.

Espero.
Pasa el tiempo.

El sol asciende a mis pies.
Otro sol que nunca he visto.

Hay luz, calor, un sonido.
Toco fondo.

CEREMONIA

Unos sonríen, otros lloran,
algunos cuchichean entre sí.
Los más observan con fijeza.

El celebrante oficia
con voz grave y gestos pausados
en el centro del altar
lleno de luz y de flores.

Pero los novios
están demasiado pendientes
de sus secretos pensamientos,
y nada advierten.

En el patio del templo
cae una naranja,
y un rayo de luz
arranca destellos a su piel.

La ceremonia ha terminado.

LA MANO

Construye,
cultiva,
repara,
conduce,
alimenta,
cura,
entrega,
acaricia,
embellece.

También
puede
golpear.

Tal vez
envidia
a los pájaros.

NIÑOS EN LA PLAYA

Se deslizan por las dunas.

Juegan en la arena:
construyen castillos,
dibujan y escriben,
cavan hasta que el hueco
se llena de agua.

Recogen todo
lo que la marea
depositó en la orilla.

Nadan alegremente al sol.

Los niños saben con certeza
que no se perdió el paraíso.

ENIGMA DEL AMOR

Los trabajos y los días
dejaron su huella en ti.

Ahora eres
más hermosa, más plena.

Pero nunca
entenderás esto. Nunca.

Yo no necesito entenderlo:
me basta su realidad.

VIAJE

La embarcación se alejó.

Primero, muy despacio.
Después, más rápida.

Agitamos las manos
en señal de despedida
hasta que no pudimos
distinguir más
nuestros propios rostros.

Ahora esperamos ávidamente
noticias de nuestro viaje.

BOTELLA

Esta botella verde,
redonda, doméstica,
estuvo llena de vino.

Ahora adorna una mesa.

Tal vez, algún día,
sirva de candelabro,
o de jarrón para unas flores,
o de puerto para un barco
pequeñísimo, o sirva
para enviar un mensaje.

Pero preferimos
llenarla nuevamente
de vino, vaciarla
y volverla a colocar
en la mesa.

Una botella así
es inapreciable:

nos colma de seguridad,
de alegría.

Verde, redonda, doméstica.

LA SOMBRA

La sombra
se mueve a lo largo
de la pared

(densa sobre la piedra,
hialina sobre el follaje)

y al llegar a la puerta
se detiene;

espera a su cuerpo
para entrar en la casa.

Pero éste
tampoco ha venido hoy.

EL HORIZONTE

El horizonte
retrocede.

Siempre se aleja.

Pero un día
que no sabes
lo dejarás atrás.

¿Qué sucederá entonces?

CICLO

Recoge
unas flores silvestres.
Colócalas en tu casa.
Cuídalas.

Haz todo esto con amor.

Cuando se marchiten,
alguien

te recogerá a ti
y te llevará a tu casa.

También con amor.

CONSEJO

En el fondo
de la gruta,

ocultos
hace siglos,

confundidos
con la tierra:

restos humanos,
vasijas rotas,
utensilios,
las cuentas
de un collar.

Déjalos.
El último día
los necesitarás.

PÁJARO PERDIDO

El pájaro
perdido
cruza el cielo
al atardecer.

Nos es familiar.

Siempre
se ha hablado de él
entre nosotros.

Forma parte
de nuestros recuerdos
y del recuerdo.

El vuelo
de ese pájaro perdido

es anterior
a la primera mirada.

Cuando el cielo
no sea cielo, se posará.

LAS LEJANÍAS

El humo asciende
en la lejanía.

Más arriba del humo
asciende un pájaro.

También los árboles,
uno mismo, asciende.

¿Quién nos ve ascender
desde la lejanía?

EL PRISMA DE LA RAZÓN

He escogido el exilio
para poder decir la verdad.
Friedrich Nietzsche

EL PRISMA DE LA RAZÓN de Armando Álvarez Bravo
se publicó en Miami, Florida, USA, por Ediciones Universal
en 1990. Colección Espejo de Paciencia.

DEDICATORIA RAZONADA

A Claudio Alonso Luelmo, Kaíto, mi hermano y mi amigo, tan bueno y único. A los suyos.

Este es mi sexto libro de poesía publicado. Ha sido escrito en el exilio, en Miami. No así los anteriores: *El Azoro*; *Relaciones*; *Para domar un animal*; *Juicio de residencia* y *Las lejanías*. Permanecen inéditos: *El dominio*; *Memorias, desmemorias*; *Apuntes de un naturalista* y *Rastros de un merodeador nocturno* (que al igual que los anteriores se escribieron en Cuba); y *Noticias de Nadie*, que se hizo en los primeros años de mi desarraigo, fundamentalmente en España.

No sé si habrá otro libro de poesía, ni si se publicarán los volúmenes inéditos. Carece de importancia. Es por ello que deseo escribir aquí, con gratitud y cariño entrañables, los nombres de quienes iluminan encuentros y reencuentros a este lado del mar.

Son: Reinaldo Arenas; Orlando Cabañas; María Elena Cárdenas; Giovanni y Stella Castro; Rafael Consuegra; Bernardo y Beba Cueto; Paco Chavarri; Amando Fernández; Tomi y Cecilia Fernández-Travieso; Ramón Ferreira; Eugenio Florit; Miguelón Careta Armengol; Silvio y Loló Gayton; Eulogio y Josefina González; Pablo y Rose; Mary González; José Antonio y Didi González-Lanuza; Roberto Jiménez; Glyn y Mirta Jones; Enrique y Cheché Labrador Ruiz; Fray Miguel Ángel Loredo, O.F.M.; Nunzio y Miriam Mainieri; Armando Martínez; Eric y Mercy Maspons; Tomás Oliva; Alberto Pérez; Nicolás Pérez Diez-Argüelles; Pepe y América Puiggros; Hervin Romney; Juan Manuel y Marta Salvat; Jaime y Gloria Santa María; Santiago y Virginia de Solo; Jorge Valls; Raquel la Villa y Roberto y Miriam Weiss. De ellos y los suyos soy deudor.

Deploro que estas páginas no sean la escritura que todos hubiesen deseado de mí. Les recuerdo que en la poesía y en el silencio, las dos caras de una soberbia y terrible moneda, es donde único sé dar mis batallas. Quizás esos combates predestinados al desastre —y todo enfrentamiento es un ejercicio de **resistencia**— sean los únicos que valen la pena, porque nos exigen la veracidad.

He llegado a la certidumbre, aunque en diversas ocasiones he afirmado lo contrario, de que la literatura no es un exorcismo. Es una lástima. De poseer las palabras esa cualidad liberadora, el formularlas aliviaría la andadura que nos queda.

No puedo dejar de evocar con toda la tristeza y la nostalgia que experimento al pensarlos, a Mamá y Andrés, tan solos e inermes en Cuba; y a Lopín, Isaura y Papá, ya junto al Señor. Todos eran merecedores de un destino mejor. También lo es nuestra triste tierra.

A estas alturas ya son muchos los poemas que he escrito. En verdad, todos esos textos son fragmentos de un único discurso que, en la medida de lo posible, da cuenta de la vida de un hombre.

En esa vida, siempre fijas y centrales: Tania, Liana María y Lourdes María. Desde mi creciente e infinita torpeza sepan las tres de todo mi amor.

ARMANDO ÁLVAREZ BRAVO
Miami, 27 de octubre de 1989.

CIRCUNSTANCIA

*...and grant me my second
starless inscrutable hour.
Christ have mercy upon us*
Samuel Beckett

I/LA CULPA

En el principio
fue la culpa.

Será en el fin.

II/CIRCUNSTANCIA

1.
Abro la puerta.
La cierro.

No hay puerta.

No hay entrada.
No hay salida.

2.
Llego, y digo.
No se me entiende.

Parto, y callo.
No se me entiende.

¿Las palabras?
¿El silencio?

¿Hay otra alternativa?

3.
Una cosa
y otra y otra.

Todas las cosas.

Uno, perdido.

III/EL AMOR

Siempre buscando amor,
siempre hallándolo.

Siempre perdiéndolo.

IV/POESÍA

Fue ilusión,
inmadura urgencia
que prevalece.

Después
peligro
y silencio
y padecer,
no solo mío.

Ahora, si algo,
animal de costumbres,
es estertor
hacia la indiferencia.

Nada.

V/DE LA FE

Por ti, imprescindible,
conocí el horror
y la tristeza
que jamás me han abandonado.

Me faltas, pero creo.

Es el dolor de toda condenación.

VI/LA PATRIA

De ti solo me queda
la noche,
el recuerdo
de la casita de madera
donde crecí
a la sombra del jagüey
y tuve la gracia
de la alegría
de mis hijas
en tiempos terribles,
y del amor
que malgasté.

Eres, quizás como siempre,
la creación de un sueño
con las palabras.

El sitio donde está
el reposo imposible.

VII/LA MUERTE

Se te teme y necesita,
se te busca
y se te elude.

Demoras.

Llegaste
y no me di cuenta
y sigo
pendiente de ti.

VIII/EL EXILIO

No una palabra
ni un sitio.

Tan otra cosa.

Las inútiles palabras
dondequiera que se esté.

IX/SEÑAS DE IDENTIDAD

Un nombre casi impronunciable,
todas las precisiones burocráticas,
todos los miedos,
todas las humillaciones.

Un hombre solo
–finalmente triste–,
vapuleado.

Un ser destruido
y disponible
a todas las destrucciones.

Un culpable,
un inocente.

Alguien engorroso
que no sabe,
ni aprende
y ni quiere aprender
las reglas del juego,
y resulta molesto.

Un individuo
que carece
de sentido lógico:
un tonto,
un idealista
que no acaba
de precisar sus ideales.

Una persona
que nunca será grata.

Ese que no se acomoda,
que nada tiene,
que solo aspira
a lo imprescindible
y se afana
en ser útil
—¿pero a qué, a quién?—
y, decididamente,
puede complicarlo todo.

El desgraciado sin visión,
sin perspectivas,
sin ambiciones:
inutilizable.

El que solo quiere
vivir decentemente.

El miserable,
el indeseable.

Neutralícese.

X/LEGADO

Nada les puedo dejar que sirva,
solo complicaciones.

Podéis dar cuenta de mi amor,
que nunca supe comunicar.

Las hermosas cosas que dejamos atrás,
allí quedaron.
Ojalá –eso quiere decir:
quiera Dios–
se haya apreciado su belleza,
su excepcionalidad.
Las reunimos con amor
en un tiempo de odio,
e hicieron más tolerable
una existencia que no lo era.

Entonces, solo teníamos amor,
y eso nos sostenía.

Un día llegó
la noticia de redención,
el anuncio de la libertad,
y nos entregamos
a su maravilla,
cumpliendo todos los trámites
del horror
que se nos decretó una eternidad.

Yo quedé atrás,
y solo me salvó de lo intolerable
vuestro amor y la amistad.

El milagro de las aguas
no acabó el sufrimiento.
La gente sin importancia
y que cree en la decencia
no cuenta, y podemos condenarnos
en los umbrales del paraíso.

Ahí me perdí y os perdí.
Y, sin embargo,
desgarrado, fui yo mismo
sin dejar de ser vuestro.

Devasté a diestra y siniestra.

En el laberinto de la culpa

solo supe destrozar
creyéndome un dios rescatado.

Nada queda de lo bueno
que quise edificar
consumido por la soberbia.

Lo que sembré, lo destruí.

Mis jornadas
fueron en todo sentido
una estéril devastación.

Os dejo mis culpas,
el amor
que no supe dar hasta la cruz,
los papeles que son mi delirio.

Nada os dejo.

Ni Dios
—y no es soberbia—
puede perdonarme.

Pero no olvidéis
que la Patria es real,
y la Patria es
una casita de madera
donde fuimos felices.

No olvidéis
que soy mis pasiones, mis deseos,
mis errores, mis sueños,
mis fracasos, mis miedos,
mis infamias, mis tristezas,
mis esperanzas.

Os dejo, con ese amor
que no supe consumar, el amor
en todos los paisajes donde amé,
en todos los que amé,
en todo lo que amé,
siempre superior a mí.

Ahora, olvidadme.
Sin el más justificado rencor.

TRES DESCARGAS AL HABANERO MODO

¡Solo las flores del paterno prado
Tienen olor! ¡Solo las seibas patrias
Del sol amparan! Como en vaga nube
Por suelo extraño se anda; las miradas
Injurias nos parecen, y el Sol mismo,
Más que en grato calor, enciende en ira!
¡No de voces queridas puebla el eco
Los aires de otras tierras: y no vuelan
Del arbolar espeso entre las ramas
Los pálidos espíritus amados!
De carne viva y profanadas frutas
Viven los hombres,–¡ay! mas el proscrito
De sus entrañas propias se alimenta!

José Martí

PALABRAS A/DE MIJARES

Tanto calor aquí, uno se asfixia.
Un clima de negreros: uno se achicharra
por fuera y por dentro. Ni la cerveza alivia;
solo ayuda a pasar un día y una noche y otros dos,
y todo el tiempo, que es mucho.
Baja, baja más la temperatura.
Aquí no hay brisa.
La brisa, en el mejor de los casos, es un recuerdo,
y se va olvidando. Solo permanecen los colores.
Solo los colores son fieles, inmutables.
¿La obra?
¿La vida?
Un día tras otro, un dibujo tras otro, un cuadro tras otro.
Así hasta el fin.
¿El comienzo?
¡Vaya usted a saber! Un buen día; este mismo.
Mañana. Todos los recuerdos.
También toda la cerveza del mundo.
¿Está funcionando el aire acondicionado?
Yo nunca salgo. No quiero, y tengo mucho trabajo.
Donde dije dije, dije dije:

Mijares apenas abandona su casa. Se ha convertido en su
universo. No es La Habana de la bohemia; de la embriaguez

283

del constante andar y el lujo de la conversación, de los ami-
gos tremendos que ya son menos; de una intensidad que sim-
plemente se vivía y que no era necesario analizar. Es el pre-
cio que demanda la libertad y el tributo al paso del tiempo.
Quieras que no, la historia siempre te pasa la cuenta.
La tuya, que es la que menos se espera, ¿qué es uno?,
y la otra: esa marea de después, ese horizonte de antes.
Ya vamos quedando pocos, ¡cómo recuerdas cosas, Bravo!
Yo estoy bien, pero no es igual, ¡qué va a serlo!
Espérate, esos que tocan vienen a buscar un cuadro;
es un encargo que tengo que entregar esta tarde.
Es toda la vida en esto.
Donde dije dije, dije dije:
La trayectoria del pintor tiene una calidad caleidoscópica.
Más que en otros artistas de su generación se palpa en su
quehacer el entrecruzamiento de estéticas y movimientos pic-
tóricos claves. Sin embargo, es solo por fatalidades que debe
señalarse en el caudal de sus lienzos y dibujos el vendaval del
surrealismo, el constructivismo y el cubismo.
¿No tienes calor, Bravo? Si la lluvia refrescara.
Pero a veces es peor, el aguacero deja un vapor que te asfixia.
Por eso y por tantas cosas yo extraño mucho a Cuba.
Es la tierra de uno, tú entiendes.
Donde dije dije, dije dije:
Por eso, el recuerdo de décadas espléndidas, terribles y
tumultuosas de una bohemia tan ingenua como maldita don-
de se fraguó la plástica, la literatura y la música cubana con-
temporáneas, son para Mijares su mejor patrimonio y su pér-
dida fundamental.
Siempre he afirmado que Cuba es una invención de sus creadores.
Un sueño tan magnífico como terrible.
Su realidad y todas las explicaciones de su realidad
están más allá de su realidad, de sus realidades.
Por eso des-soñar ese sueño es una blasfemia.
Créate tu reino, que permanece.
Tu reino son todos los reinos del sueño.
¿Explicaciones?
Donde dije dije, dije dije:
Defendiendo sin necesidad la cubanía de sus inconfundibles
territorios figurativos, Mijares ha fraguado una estilizada ga-

lería de paisajes donde predominan los puertos y una zona de
retratos dominada por dos personajes: la mujer y el payaso.
Las dos patrias: Cuba y la noche.
Una sola en la muerte, en la otredad.
Porque en la Isla es la luz tremenda: la luz
de las evidencias, de los espejismos.
La luz de ver distinto.
La luz maravillosa y agobiadora.
La luz que debe ser reinventada desde sí misma.
Es una luz que precisa la doma para que sea más desde su más.
Todo según la luz, al pie de la letra.
Y el sueño que es noche es el ritual que se impone a la luz.
Y las cosas serán desde la luz que cada cual haga para sí mismo.
Donde dije dije, dije dije:
Es preciso resaltar que en estas figuraciones de gran
contención, aunque con frecuencia la paleta pueda ser muy
rica, Mijares logra apagar la agresividad del color, y en la
prolongación de las figuras y las formas inviste a lo represen-
tado de un aura de extraterritorialidad ideal. De ficción so-
bre las ficciones de la realidad.
¡Y cuán terribles son los postulados del estar!
Se está en el sitio desde el que se sueña el sitio en que debe estarse.
Y no es una huida.
Menos una renuncia.
Jamás una negación.
Es la tierra donde canta mejor el sinsonte
y brilla más el tocororo.
Espacio de coincidencias
donde la sensualidad se cumple
a partir de la palabra/gesto
que establece decidiendo.
¿No decía aquel otro amigo achicharrado, el Maestro,
que nacer aquí (duele tener que decir allá)
es una fiesta innombrable?
Porque siempre: lo más terrible es este azoro
de sentirse uno mismo y no explicarse.
¡Pero cuánto lujo en este maremagno!
¡Qué avidez de horizonte y de sitio!
¡Qué fiesta de los sentidos y qué gravedad del sentir!
Donde dije dije, dije dije:

Esta actitud bulle de sensualidad. Es testimonio de un eros
que solo reconoce el instante como eternidad. Que entiende
que hay un momento en que la lucidez y la desmesura se fun-
den. Que se rebela entre la quietud y la tensión en la gran
tradición surrealista en su voluntad de nuevo orden a partir
del caos.

Intuir es una gracia; decidir es una fatalidad.
Los tubos de óleo meticulosamente ordenados
sobre la mesa, junto al caballete, son solo eso:
colores, algo que espera.
¿Paisajes?
¿Payasos?
¿Mujeres?
¿La huesa?
¿Cómo cada cosa en cada momento y qué cosa en qué momento?
Depende de lo que bulle, en el calor aquí,
en aquella brisa para la nostalgia.

Donde dije dije, dije dije:

Lo que es válido para lo real –para su representación
figurativa– en la obra de Mijares, lo es también para sus
otros universos. No podía ser de otra manera. Porque en este
quehacer de medio siglo no es la riqueza de lo diverso lo im-
portante, sino la reiteración en la diversidad, represéntese
como se represente, de un ideal sistema de vasos comunican-
tes con un único fluido. En el conocimiento de esta obra tan
ofrecida a las preferencias, que no dejan de ser un legítimo
juicio crítico, es significativo que en las elaboraciones más
concretas del artista –donde la perfección de filo de la línea
como margen del color que define en plenitud de valor y en su
combinación jerarquizada– es patente la interiorización que
anima sus imágenes de una anatomía ideal.

¿Está bien la temperatura?
Es que aquí nunca se puede apagar el aire acondicionado.
Esto es otro mundo, Bravo.
Y aquí también lo único que he hecho, desde que llegué,
es pintar.
¿Pintar es un delirio?
Gracias a Dios he tenido suerte, pero extraño mucho aquello,
a la gente, a aquella manera de vivir: es lo de uno.

Lo que se tiene metido dentro.
Lo que es el puro dentro.
Y uno va sobreviviendo su imagen para que sea la imagen.
Pero uno está muy solo.
Si no fuera por la disciplina,
porque este oficio es disciplina,
y algunos amigos que lo vienen a ver a uno...
Es toda una vida, Bravo, toda una vida y tú lo sabes.
¿La disciplina?
El que no puede hacerse otra cosa.
La resistencia.
Hay que seguir, ¿si no qué se hace uno?
Donde dije dije, dije dije:

> *Es singular como en los Mijares recientes se descubre una*
> *atenuación en las líneas maestras de sus concepciones. Esto*
> *es extraordinario en un artista cuya delicadeza es proverbial*
> *y cuya intensidad nunca ha resultado agresiva, ni en la ver-*
> *tiente figurativa ni en la abstracta ni en el puro geometrismo.*
> *Esta variación se plantea en dos posibilidades: en unos casos,*
> *básicamente en la abstracción, simplifica; y en otros, de natu-*
> *raleza figurativa, adensa como celebrando una eterna posibi-*
> *lidad que se resuelve en el lujo sereno de una belleza que*
> *aguarda, cuyo acceso es posible.*

Pero están las cuatro paredes,
el ojo de la cal,
la ciudad sin centro,
las ausencias,
el silencio
y la muerte.
Y se conversa hacia adentro, con uno mismo.
El secreto y la evidencia.
Las paredes y el horizonte tan libre.

> *Hay que entender que el Mijares de siempre —aun en su*
> *diafanidad— retrató un mundo del que nos separaba una pa-*
> *red invisible. Disolvió la bruma en sus propias posibilidades.*
> *Planteó unas relaciones de color y de forma que eran la ex-*
> *presividad de un silencio en medio del estruendo. Hizo de lo*
> *ascensional una traducción de la nostalgia como forma de*
> *conocimiento. Por eso su pintura la asumimos sin reservas y*
> *siempre parece un poco más allá de nuestra capacidad de*

comunión incesante. Por eso sus lienzos nos buscan y nos
eluden. Es la fijeza de la raíz de la poesía.

Las
cuatro
paredes...

Pero Mijares sigue pintando. Con óleo, no hay otra cosa. Y el
mundo de ayer persiste en el cuadro de hoy. Se renueva. De
eso se trata. Siempre es preciso el nuevo lienzo, el dibujo.
Empezar constantemente al cabo de la vida entera pintando.
Toma tiempo, por mucho que ya uno sabe su oficio. Y vuelve
la mirada a coparlo todo y relacionarlo, exaltando la posibi-
lidad del color y la plenitud de las formas que son imágenes
tan antiguas como augurales. Son los tan precisos como deli-
cados Mijares: únicos, inconfundibles en su misterio y evi-
dencia. Mientras tanto, Veronés corretea por toda la casa, la-
dra, acompaña a Mijares. Es un torbellino, puro azogue. Di-
cen que los animales se parecen a sus amos. No cesan la in-
tensidad y la calma.

¿Tú no sientes calor, Bravo?
¿Nos tomamos una cervecita?

POEMA PARA NICOLÁS PÉREZ DIEZ-ARGÜELLES

Cansado y harto,
ya no imagino cómo más,
me pongo los cascos
—así se les llama en las Españas—
para escuchar a Serrat, ¡qué herejía!,
sin molestar a los que me rodean.
¡Qué soledad hasta la que viene de la propia sangre próxima!
Es de noche, bien temprano,
pero es tarde, siempre es tarde,
porque éste es un país muy serio
y bien temprano hay que acostarse
para bien temprano, pura máscara
que hasta uno mismo puede llegar a creerse,
ser alguien de provecho.
El catalán canta a Machado,
y gustarlo lo hace a uno un réprobo,
carne para la hoguera

de todas las furias culpables y estériles.
Es bien tarde.
Si lo nuestro es pasar, pasamos.
De nada nos servirán nuestros razonados argumentos:
ya, aunque no queramos,
nos cubre el polvo de un país vecino.
Pero no dejan de ser hermosas las maniobras
—no es la primera vez que escribo esto—
que puntualmente nos inventamos
para seguir al cabo de todos los cabos
quizás porque somos incapaces de otra costumbre.
¿Las voces?
¿Los ecos?
¿Y qué de los silencios?
¿Y qué del silencio?
Siempre harán falta payasos
que con su dinero pagan,
algún que otro delirante bufón de Dios,
que mucho demora en llamar
por aquello de los renglones torcidos.
Hermosa era la cotorrita que ya no se ve,
tan delicada y lustrosa,
apenas suspirito,
súbita sorpresa al cabo del nocturno horizonte del cocuyo.
Como no hay otra
aquella luminosidad tan de todos los días al atardecer.
Esa era la luz que se quería en las cuatro estaciones
de nuestra única estación
—la mejor, mágica hora, tan breve—,
para avanzar casi desnudos
y meterse en la calidez
de una agua única
donde no alcanzamos a afincar una estirpe,
felices mojitos y finales inocencias
que creíamos mortales pecados mortales.
Todo pasó y pasamos y todo queda.
¡Bien pasamos!
Y este más se reduce a un juego
que se sigue con patética obstinación
cuando ya hace mucho pasó su instante efímero.

¿Quién sabe?
Las respuestas no responden
y no hay que preguntar.
Punto en boca.
Pero es hermoso el museo
y es hermosa la patana
y es hermosa la imagen de nosotros mismos,
que creíamos interminable, nosotros
tremendos aprendices de señores.
Dios entiende todas las furias,
ese es su oficio. También sabe deparar la sangre
y hasta Él maldice la hora en que naciste
y la ausencia de respuestas
y la dentellada en una carne toda preguntas.
Bien simple es la cruz,
dos palos cruzados perpendicularmente.
Basta eso, y lo que se pega,
para aferrarse a una íntima leyenda.
En la patana, tan bellas, las muchachas.
La fresca piel y la fresca noche.
En el museo, cuán hermosas las monedas griegas
—¿quién puede comprar
el prodigio, la sensualidad, la inteligencia,
el paisaje para la dicha de una terraza egea?—;
cuán entrañables las microscópicas, inmóviles,
vestidísimas que no se sabe cómo pulgas danzarinas mexicanas,
qué solemne el parco esqueleto
del caballo casi último del Generalísimo
que se mordió, como buen chino viejo, las lágrimas
de la muerte del hijo soldadito ayudante muerto,
como se debe, junto al galante y cojonudo general,
el jefe impecable del impecable soneto
del más frágil poeta modernista,
apenas una sombra en la acera del *Louvre*,
que encarnó el mayor aullido de *Patria*,
el final insulto cubano a lo que somos,
a nuestros seremos, cubanos.
Toda la poesía, toda la violencia
ha venido a quedar en palabras.
Palabras que no se leen, que no se escuchan,

que se traspapelan y se pierden.
Bien tocado está el único corazón;
ya lloró sus lágrimas,
pero sigue el llanto de pura costumbre.
No puede menos que eso a estas alturas.
La flecha que asignó Cupido:
caminante no hay camino.
¿Dónde puede el jilguero cantar
cuando hacen falta tantos papeles al poeta
para legalmente ser un peregrino?
Torpe aliño indumentario
—el limpio y pobre y lustroso y único levitón negro de El Delegado—
que se disfraza los días de fiesta con trapos de diseñador,
¡qué servidumbre la del plástico
que hay casos que ni recordar se quiere!
Mañara, Bradomín, ¿en qué quedamos?
Igual da.
Que nos perdone Don Antonio,
también su hermano, el dulce, finísimo Manolo,
quizás el jacobino
aunque no se entienda.
Ya la vida son recuerdos,
¿dónde está el patio?
¿dónde los veinte años
en tierras tan reales
que hay que volverlas a soñar para otros?
No aprendimos nuestra doctrina,
hombres al uso; no la aprendimos, los mismos hombres.
Hubiera hecho falta desde un principio
perseguir la gloria,
y ya es tarde para eso.
¡Qué estelas en la mar!
Vamos a llamar al cura
como es entrañable costumbre.
Para nosotros
—y una golondrina, Nicolás, no hace verano—
ellas tienen cada vez menos de hospitalario.
Te tengo una sorpresa: un Calvados,
como en las novelas francesas.
No hay poema para ti.

Esto es el destiladísimo perfume de la manzana,
lo que resta del Árbol de la Ciencia.
Vamos a beberlo aunque todavía
nos quede algo de equipaje,
como si fuésemos
en el mejor sentido de la palabra, buenos.
No pidan razones a esta cepa nuestra.
Sí, te lo aseguro, don Antonio tan serio,
y el humildísimo Miguel campesino,
debieron haber leído a Martí.
No te pierdas, no nos perdamos ya perdidos.
Con suerte, y toda, peregrinos.
La realidad puede ser un secreto.

TRENO DE JULIO

Sin orden ni concierto.
De nada sirven las palabras,
y hasta las inútiles palabras
se agotan como la resistencia al dolor.
Escribir cansa, Pavese.
En verdad, mata.
Ciudad desierta, casa desierta.
Ni ciudad ni casa existen.
En mí se han hundido
muchas hermosas intenciones
que otros volcaron con amor y sacrificio.
Naufragio que arrastró a la bondad y la pureza.
Mi infantil terror a los payasos,
y acabar convertido en un payaso encubierto.
¿Desde cuándo no rezo?
¿Desde cuándo estoy condenado?
En el ya casi absoluto insomnio de mis noches,
mi demencial estribillo:
«El Señor es mi pastor, nada me falta».
Entresueño, y dale con lo mismo
a pesar de sentirme y saberme cercenado de Dios.
Si no me equivoco, esto es un pecado de soberbia.
Dios es amor.
La locura es tomarse en serio.

¿Pero cómo, a estas alturas,
recobrar la cordura
si esa jacobina seriedad
ha sido el código de mi vida?
Los peligros y las catástrofes
de querer vivir en la dimensión de las imágenes.
No sé vivir conforme y según las leyes de la manada.
Y no sé cambiar. La manada me despedaza.
Cada instante que se sucede
va quedando menos del menos de mí mismo.
Pero esas voraces dentelladas
desgarran a los que quiero,
para quienes soy el desamor.
Me empeño en cumplir con mis deberes.
Pago buena parte de las cuentas.
Me endeudo: es el estilo exigido.
No se trata de poseer,
sino de tener buen crédito
para seguir endeudándose
para no tener nada.
(Un día, lo normal, no hay con que pagar,
y todo se pierde).
Tengo una incalculable experiencia de pérdidas,
pero como desde el 59 se decía (y se dice) en Cuba
—¡cómo hemos perdido la Patria!—,
«siempre se puede más».
Solo el timbre del teléfono rompe el silencio,
pero no respondo si no reconozco
a través del contestador automático
una voz amable, un mensaje sin hostilidad.
Es mi silencio al silencio.
Es mi silenciosa respuesta
o, quizás, una silenciosa expresión de terror
a lo que pueden decirme.
Da igual. Todo lo que digas o calles,
lo que hagas o no hagas
puede ser utilizado en tu contra.
¿Qué me ha hecho una roca
que siente y padece, pero que no lo expresa?
¿Cómo, cuándo y por qué olvidé

el lenguaje y los gestos que comunican?
Entre las prioridades de lo peor
en un mundo de prioridades:
mi afán de salvar mi escritura.
Una patética urgencia.
Un hecho: lo escrito ocupa demasiado lugar.
Y eso es solo el comienzo.
No hablemos de poesía.
Lo mejor de mi quehacer son mis resumés.
Son ficciones que hasta el mismísimo Borges envidiaría.
¿Dónde está todo el mundo?
¿Hay un silencio mayor que el del Oasis?
¿Es esta soledad de un día de fiesta de julio
una figuración de la soledad eterna
en las tinieblas exteriores?
Mi impecable bigote y mi abominable gordura.
Mi bigote cano, condenándome.
Mi descomunal gordura, condenándome.
Mis actitudes, que todos califican, condenándome.
Decididamente, no estoy a la altura
de la gente y las circunstancias.
Mi definición: *A burnt out case.*
¿En qué tiempo dar una apariencia de orden al desorden?
Una idealización autobiográfica:
me anticipé y llegué demasiado tarde.
Artaud en su barranco: un discurso de alaridos
no apto para la radio audiencia.
¿Qué significaría para los nítidos censores
un discurso de silencios?
Lo mismo.
El Credo: no califico.
Me negaron la Beca Cintas.
De nada valieron las cartas de recomendación
de Lydia Cabrera e Hilda Perera.
Me la negaron a pesar de los pesares.
Un dato que agregar al resumé (que se ofrezca).
¡Como necesitaba esa ayuda!
Mi error: haber pedido algo por vez primera.
No califico.
Así de simple: no calificar para nada.

Estar de más y ser un engorro.
¡Oh, sí, Conrad, y todavía que me ilusione
imaginarme Lord Jim, El paria de las islas!
Mundo vacío de este día de julio,
idéntico a todos mis días.
No me consuela el pensar
que algo bueno debo haber hecho en mi vida,
y que siempre quise servir.
No tiene sentido el dolor
ante la certidumbre
de saber que me han utilizado.
Mi mano es incapaz de lanzar la primera piedra.
Hermosos fueron los sueños
de casa, patria y poesía.
Hubiese sido espléndido, un día como hoy,
haber estado en el jardín de la playa,
podando a machetazos la exuberante vegetación,
apagando la sed con cerveza helada
en el bidón de petróleo lleno de pedazos de hielo.
Después, dar saltos cuando el chorro de agua
de la verde manguera me limpiaba
de tierra y sudor. Haber bajado al mar;
el almuerzo; la siesta
y un conversado atardecer en el portal
con la familia. Quizás, como pidiendo permiso,
ya en la noche hubiese llegado Calvert Casey,
que hasta para morir fue pudoroso.
Esos días están abolidos.
Su término es el mío.
En buena medida, aunque no toda
–algo me queda de lucidez–,
yo también los extinguí.
Puedo escribir, solemnemente,
sin que esa sea mi intención:
asumo toda la responsabilidad.
Alguien tiene que hacerlo.
Es cierto, y son palabras.
¿Qué son las palabras?
¿Qué remedian las palabras?
Insisto: se me acaban vertiginosamente

las palabras.
Debo citar a Quasimodo:
«Soy un hombre solo,
un solo infierno».

PARTES DE GUERRA

...y, un día, le despedazaron unos perros.

Yorgos Seferis

ESPECIES AMENAZADAS

Es preciso deshacerse de una vez
de las especies amenazadas.
Siempre algún idiota plantea su caso
en el momento menos oportuno.
Si no se puede acabar de golpe
con los animales, la vegetación
y otras naderías superfluas,
hay que neutralizar
a sus engorrosos ángeles guardianes.
Solo a los condenados
se les puede ocurrir
la defensa de las causas perdidas.
Es un problema de ocupación:
no cabemos en el mismo espacio.
Empezar por los poetas.
Las focas, los elefantes y demás
son menos problemáticos.

DE UNA CARTA DEL VIEJO POETA

Quienes llevamos tiempos
«machacando en hierro frío»
sabemos que todo lo que podemos esperar
es indiferencia,
cuando no incomprensiones
y torpes interpretaciones.
Lo importante es seguir,
desdeñando lo desdeñable,
que es deleznable.

Nada me gusta más que seleccionar lectores.
Del mismo modo que tengo una lista de personas
a quienes autorizo a ir a mi entierro,
quiero tener una lista de lectores.
Los cubanos no paramos de parir libros de poesía,
y a continuación gestionar lector y elogios.
En esto fue santa patrona la Avellaneda.
Padezco de una leyenda de inaccesibilidad y altanería,
y se trata seca y simplemente
de la falta de tiempo que ahoga
a quien tiene que trabajar para sobrevivir.
Un viejo es un loco que se mira en un espejo.

SOBRE LAS COSTUMBRES

La más difícil costumbre
es acostumbrarse a las costumbres.
Las costumbres se han volatilizado
sin dejar grieta donde aferrarse.
Quedaron abolidas la fijeza y la inmovilidad.
Hasta cambiar ha dejado de ser costumbre.
La costumbre es la ausencia de costumbres.
Nos machacan que hay que acostumbrarse.
Es la costumbre.

RECONOCIMIENTO

No hay nadie
en las calles, en las casas,
en las playas, allí
en la periferia
donde se indica comienza el campo:
lo deshabitado.
El territorio está desierto.
Se define como un vacío absoluto.
Aquí lo único que se palpa es el silencio.
Alguien, ¿dónde?
trata de establecer comunicación.
Contactos infructuosos.

LAS MUCHACHAS

Eran entonces hermosas las muchachas,
y se veía, apenas sin imaginar su después,
esto que es el ahora.
En aquel tiempo no había tiempo,
sino la belleza y la gloria inmediatas, perennes:
un único y espléndido instante,
toda la eternidad.
Pasó demasiado, no necesariamente los días,
y las muchachas ya no son como eran entonces,
tan hermosas. Pero las muchachas
siguen siendo bellísimas de otra manera,
reconociéndose a sí mismas
u olvidando el paso del tiempo.
Las muchachas son tajantes
al imponer los términos de rendición.
No hay derrota. Sus hermosos ojos
—más cansados, siempre inexpugnables—
las miran magníficas en el íntimo espejo.
Solo en su mirada envejecemos.
Pero es preciso guardar silencio.
Las muchachas, tan hermosas.

DESPLAZAMIENTO

Hacia el alba, en pos del abismo.
El quemante vómito
cuando debo estar dormido
hace polvo el vapuleado corazón.
¡Qué a estas alturas el alma
esté en las entrañas!
Son otros los que tienen la verdad,
es un decir, que ahora se llama poder.
Los héroes ya han sido designados
y tienen copiosos honorarios y beneficios,
la impunidad para la infamia.
Cuentan también con obsequiosos séquitos.
Uno, muy simple, seguir muriéndose
a exigentes plazos,
en silencio y sin estorbar.

Sean dadas gracias a Dios
por una muerte de etiqueta negra.
Todas las posibilidades han sido ocupadas
por los carceleros.

CLASIFICACIÓN E INFORME DE/SOBRE BAJAS DE CAMPAÑA

Las bajas finales
por causas normales en toda campaña.
Los sobrevivientes irrecuperables
por los efectos de la campaña.
Los no aptos para la integridad de la campaña,
pero que pueden ser utilizados, con precaución,
para ciertas acciones limitadas.
Los sumidos en unas hostilidades que no comprenden,
y simplemente quieren salvarse.
Los que quieren olvidar la campaña.
Los que se niegan a cumplir
con los planes maestros de operaciones,
e intentan acciones personales.

El número de bajas es elevado
y se estima seguirá incrementándose
en los diversos frentes.

MITOS

A partir de la historia, la tradición y la cultura
será preciso crear mitos.
Los ya existentes, cuando no sean descartados,
deben modificarse conforme a los objetivos.
No debe hacerse un uso excesivo
de esas nuevas versiones.
Se corre el peligro de actualizar valores permanentes.
Es imprescindible la creación de nuevos mitos,
absolutamente maleables y de fácil destrucción.
La función del mito es servir de apoyo,
activar los resortes sentimentales
y actuar como elemento de diversión
que facilite acciones concretas.
Mientras sean funcionales, los mitos

se incorporarán a aquello que lo exija.
Nunca se emplearán de no ser imprescindibles.
Siempre se deben dejar puntos vulnerables en los mitos.
Ante la necesidad de neutralizarlos,
se procederá sumariamente,
invocando los mitos eternos previamente instaurados.
Los mitos son muy costosos.
Los mitos son tan hermosos.

PAISAJE DESPUÉS DE UNA BATALLA

Nunca se pudo imaginar tanta destrucción.
No solo todo quedó arrasado,
sino también se ha perdido mucha vida.
Y no se trata de los demasiados muertos,
trágicamente inevitables,
quizás más dichosos.
Digo de los supervivientes
con sus definitivas cicatrices,
con su impotencia,
con su voluntad de olvido,
con la memoria más puntual,
con un deber por sangre:
aquello que no dirán jamás los libros de historia.
Es el tiempo del horror, íntimo y colectivo.
Entre escombros, alaridos y silencios
(también en los espejismos
cuya realidad se defiende con gratitud),
¿qué hace única una absurda flor?

AMARGOS

En la auténtica noche oscura del alma
son siempre las tres de la madrugada
F. Scott Fitzgerald

CONTRA NOSOTROS MISMOS

Nos sonreímos,
pero seguimos de largo.
Lo de siempre.

SITUACIÓN

Pensamientos
que se escapan.
Tócame.

ANTAGONISMO

Tu modo de ser
me disminuye.

HISTORIA

Tantas cosas
que se reducen.
Y estar.

PAISAJE

El poema
para este paisaje
ya lo escribió otro.
Solo puedo intentar
una versión.

CONOCIMIENTO

Sé.
Sabes. Se hace
la distancia.

PRAGMATISMO

Más o menos,
¿qué?
A estas alturas,
la lluvia.
Guarecerse.

LA MEMORIA

Es una enfermedad crónica.
Duele, pero no te matará.

EL POETA

El poeta
no comercia
con imágenes.
Es una imagen.

PARA LA SALVACIÓN

Regresa
para que yo pueda
partir.
No queda
mucho tiempo.

METAFÍSICA

Las buganvillas
te sobrevivirán.
Contémplalas o arrásalas.
Da igual.

CONSEJO

La marea
todo lo vuelca
en la arena,
menos a ti.
Sigue buscándote.

SOLEDAD

Al final
no tiene sentido.
Y hasta Dios
puede faltar.

PAYASO

Hermosas palabras,
como alamar.
Un discurso de bofetadas.
La poesía encarna

en el silencio
de unos labios pintarrajeados.

ESPEJISMO

La realidad
del espejismo
añadió otro dolor
al espejismo
de la realidad.

EL POEMA

Una vez
que lo destilas
y lo reconoces,
dejas de ser.
Tampoco sabes
si la suerte
se repite.

EL ATENTADO

No falles.
Solo la muerte violenta
es eficaz.
Tú eres la próxima víctima.

EL TIEMPO

¿Quién
pagará
la cuenta?

HERMENÉUTICA

Se dijo otra cosa
que será otra cosa
y otra y otra más
y todas las cosas
y ninguna,
hasta que
no se haya dicho nada.

EL HÉROE

Su destino depende
de quien tenga
el uso de la palabra.
Cometió el error
de sobrevivir.

JARDÍN

No donde estamos,
ni el sitio donde estuvimos,
allí donde estaremos.
¿Un jardín?
Lo imaginario.
¿Cómo se puede pedir tanto?

MITOLOGÍA

Serán
todas las complacencias,
pero la ausencia
de mitos
nos condena.

LA MUERTE

Dios o no,
que sea rápida.
Una lenta agonía,
nada de sentimentalismos,
nos hace más intolerables.

EL PRISMA DE LA RAZÓN

Todo está decidido.
Nada que hacer.
Sin saber cómo
ya nos domina final
el prisma de la razón.

EL PROCÓNSUL

Eficaz, en nada
ni nadie cree.
Disfruta las complacencias
del poder. Detesta
el servilismo de sus súbditos.
Su hastío es infinito.
Su oscura salvación
es abandonar a su suerte
a Dios.

FRÍOS

Malamente remedian
las patéticas maniobras
contra el frío. Y nos mata
el frío del alma.

SINGLADURA

No importa
que no lleguemos
a ninguna parte.
Lo importante
es alejarnos de aquí
definitivamente.

IRONÍA DE LA DESNUDEZ

Me encuentro en tu piel.
Tus humedades y tus jadeos
son mi patrimonio.
Pero solo dispongo de un instante
para el delirio y la dicha.
Sigue la guerra. Tu belleza
y posibilidad dominarán mis sueños.

LECCIÓN DE POESÍA

La poesía
no se puede hacer
con los dados cargados.

AMARGO

Ser fiel a las raíces
es asumir la ingrata profesión
del extranjero.

ARTES DE FINGIMIENTO

El poeta es un fingidor.
Finge tan completamente
que hasta finge que es dolor
el dolor que en verdad siente.
Fernando Pessoa

UNO

No el señor terrible
de su propia risa,
el de la frente ardiente
al cabo del día cabalgando
–la frente para el pañuelo de seda
helado en la agua fría,
que allegan hermosas las hijas–.
No el señor que en la terraza
apaga la lenta sed en alcohol,
mientras la noche se traga las arboladuras
en el desnudo horizonte
que se devora a sí mismo.
Solo uno, menos que nada,
sin nadie, sin distancia para la mirada
ávida de mundo, de sitio propio:
casa eterna para fiebre hasta mañana,
no hasta la entrenada sonrisa imprescindible
para la precaria paga semanal.
Uno terrible en su miseria,
en su soledad, solo señor
de sus servidumbres, fraguando
cada día, al amanecer, una imagen imposible.
Maniobras contra un cansancio
que acabará por delatar y condenar.
Apuestas a la imbecilidad

y la mezquindad
y la indiferencia.
El hasta cuándo engaño,
el cuándo el tiro de gracia.
Que se encandilen, por Dios, los otros.
Que no se den cuenta.
Uno solísimo,
señor inrresignable de su muerte,
esperándola, deseándola, temiéndola.
Ya vencieron, no se den cuenta.
Un poco más, no por uno, harto.
¿Se puede seguir otro día?
No que uno lo quiera,
pero hace falta, es necesario para otros.
Uno pone el alma, perdida, claro.
A estas alturas no hay engaño.

A MIGUEL, POR SU «PEQUEÑA CRÓNICA DEL DESTIERRO»

De isla en isla,
Padre, hijo, Miguel, franciscano
—¿pero qué es eso a estas alturas?—,
¿qué nos vamos haciendo
en el nudo de la soledad?

Gracias por la cruz
en el extremo superior izquierdo
del papel. Cristo en el corazón
dando fe de todos nuestros garabatos.
En otras palabras: nuestra vida.

Miguel, ungido
para darme el perdón final
si llegas a tiempo, si aguanto,
¿qué es esta vida
cuya medida viene dada
por partidas y regresos?

¡Qué no estar el nuestro!
¡Qué difícil Jesús
en nuestras miserias!

No te dicté el poema
en el trunco sueño,
la realidad nos pone en los labios
las palabras,
y ya llevamos aquí el siempre,
inmóviles y lanzados.

Estamos ligados al sueño
hacia el rojo de las trompetas
del Juicio Final.

¿Explicaciones?
La resistencia demencial,
la práctica de lo incomprensible.

Quiera Dios que nos valga,
desterrados de naturaleza primigenia
y del paisaje de nuestra torpe, trágica,
pueril sangre, una crucecita
en el extremo superior izquierdo del papel.

Garabatos, nosotros.

QUE DUERMAS CON LOS ANGELITOS

No dormiré con los angelitos
como, sin duda, dormí en mi infancia
plagada de horrores e incógnitas,
de imposibles y fantásticos mundos,
de una tristeza sin precisión.
Será mi insomnio otra noche:
la ausencia del calor de un cuerpo abrasándome,
de un silencio que son todas las palabras.
Joven mi sangre en mis sangres jóvenes,
formulo el discurso de un delirio final,
de un imposible de calma.
He llegado del más largo,
del único viaje, y ya no me encuentro.
Mis trofeos, mi botín, son cenizas,
recuerdos y sueños que no puedo legar,
un inventario de deseos truncos,
de desastres mínimos que fraguan el gran desastre.

Mis singladuras prefiguran una urgencia sin nombre.
El cáliz mío y terrible lo quiero otro en los labios de mi sed.
Creí en la dicha y practiqué el espejismo.
Creo en el espejismo para que sea la dicha
en un latido que apaga mis latidos.
Despojado, rindo la hoja de mi orgullo,
el acero que puede resolverse en sonrisa.
Respeté las piedras y fui abatido.
Muerta piedra soy que cree en la piedra,
fresca en su sorpresa, en su vuelo
que no sé si conocí queriéndome piedra.
La ceniza sabe a nada: es la miel
del Calvario que no lo es porque no fue la locura,
porque la confusión y el cansancio
se hicieron un arco iris sin color.
Duele el dolor, que es un reconocimiento.
Lacera el tiempo que no hay.
¿Qué lamentable papel se representa contra uno mismo,
cuando todo papel nos borra?
¿Cómo puede serse artífice de una intensidad
cuando se ha sofocado la inocencia?
No hay lugar para el fin,
la recatada soledad, la distancia.
Somos los párpados muertos en la muerte,
los párpados duros que no pueden apagar
la debilidad de la violenta mirada.
Las pupilas inertes en el frío,
fijas en la luz, en el calor, en la humedad.
Una muerte donde no hay sueño de angelitos.
Otra noche que no cuenta.

DE LA PÉRDIDA

La certidumbre de la pérdida
no la disminuye.
Ni tampoco la culpa.
Evocables son los paisajes
que ya no existen,
la ciudades,
las mareas de hombres

precipitándose hacia una incógnita,
ciertas cosas mínimas o inmensas.
No así una persona.
Porque cuando poseemos
el latido de una criatura,
vivimos sin darnos cuenta
hacia el después.
Al perderla, todo se quiebra.
Se sigue siendo sin ser,
fraguando estériles maniobras,
frágiles e inútiles espejismos.
Es muy simple: no hay después.

ODISEO

Llueve; el calor me sume en su tradición agotadora,
y la humedad dificulta la respiración.
Nadie sabe de mi cansancio.
Una pesadilla prefiguró mi destino.
El monótono paisaje se multiplica infinito.
Mis hombres duermen el sueño de los versos.
Mi casa está cerca de cualquier autopista, vacía.
Mi historia a nadie interesa.
Es mi problema.
Pero la fatalidad me obliga
a cumplir el diseño y las leyes del poema.
¿Cuántos rostros tiene mi enemigo vociferante, silencioso?
¿Cuál es la batalla?
La vida es otra cosa que se me ha escamoteado.
Tan solo puedo aspirar a ser una frágil eternidad de palabras.
La pregunta del cíclope es el peaje a la objetividad:
se ha descartado el prodigio: no es hipotecable.
Las sirenas reivindican el derecho a la frivolidad y la nada;
abominan de la seducción, del canto.
Me consumen los trastornos hepáticos y la tensión arterial.
La aventura naufraga en las deudas.
Reducido a la soledad,
mi patética aspiración a la victoria
son los puntuales talones
que nunca acabarán de pagar los deseos y los sueños.

Solo persisto en un soberbio retrato imaginario
cuyos colores aún no han sido computarizados.

COMO EL ÁRBOL

A medida que envejece
el poeta necesita menos palabras.
Le sucede como al árbol.
Joven, nadie discute la gloria de sus ramas,
su intrincado follaje todo sombra,
la delicadeza de sus frutos.
Pero al cabo del tiempo
y sus puntuales castigos,
que nunca cesarán,
un árbol es una profunda raíz
que sobremuere
y debe alzar al cielo
un desnudo tronco
diciendo de soledad, silencio y olvido,
o perecer.

POESÍA AL PINTOR GIOVANNI CASTRO, EN AGRADECIMIENTO

Pedí un cerdo, para que me acompañase
en la escritura y la soledad.
Un cerdo es un terrible emperador chino,
un muñequito entrañable,
el símbolo de la calma, el retiro,
la simple posibilidad de la dicha.
Recibí un universo: el paisaje final
donde un hombre puede encontrar la felicidad,
la reconciliación con Dios.
Un pueblecito tan de todos y tan mío.
Con su vigilante alcaldía hermética,
con su despacho parroquial,
con su restaurante «El Lechón»
–la única puerta abierta–,
y a su lado, mi sitio con mi nombre,
al pie de las montañas y el cielo tremendos,
y la gente de espaldas a lo terrible,

sin duda felices de ser lo que son:
criaturas de Dios, con sus animales
y sus deberes y sus preocupaciones humanísimas
–pura carne viva en la realidad de un sueño–.
Y el cerdo, una puerca-sonrisa, la madraza,
con sus cuatro vulnerables puerquitos,
diciéndome, con su silencio todo paisaje,
final encuentro con uno mismo: ven,
te esperamos en el sitio sin nombre.
Aquí tienes tu casa.

RECAPITULACIÓN

Todos nuestros errores, nuestras culpas,
se volverán contra nosotros. No se trata
de esta viva carne viva que ahora es nuestra vida,
y duele. Son los silencios de los labios mordidos
y la memoria de aquel demasiado entonces
todo pura entrega para la desnudez
de las caricias y la esperanza
y hasta la misma muerte
de quién le cierra los párpados a quién.
Yo perdí mis libros, mis papeles.
Tú perdiste el jardín.
Si alguien ha de quedar solo que sea yo.
Con suerte haré un poema.
Tú sigues mereciendo tus sueños, el fruto
de tus trabajos, el mismo jardín
en cualquier sitio donde te encuentres.
Los dos fuimos presa de nuestra intensidad.
Así de sencillo y terrible, tan de estos tiempos.
Pero el pesar rebasa nuestros límites y toca a otros.
Imposible aplicar el espíritu de la tragedia
a estos hechos. Ha caído en desuso.

REFLEXIÓN AL CABO DE UN AUGURIO

La fidelidad (que ahora los sabios llaman dependencia)
a unos árboles, unas rocas y un lujoso tramo de costa
que alientan en la memoria toda la inmensidad,

es una costosa costumbre. La partida será
a través de las aguas, dijo la adivinadora,
mientras sostenía un fino y pequeñísimo pañuelo
en sus manos marcadas por una vida de humildes trabajos.
La adivinadora habló de una estrella desconocida
que haría espléndido un destino. Demandó fe y calma.
La adivinadora murió serenamente poco tiempo después
de que se cumplieran sus vaticinios.
Al cabo de la violencia fueron las aguas
que imponen distancias. Y con la lejanía
fueron el delirio, la exultación y la plenitud arrasadoras.
Todo desembocó en la pérdida y la soledad finales.
El rostro reniega asqueado del espejo del amanecer.
¿Permanecen los árboles, las rocas, el tramo de costa?
¿Es un hombre tan solo el reflejo de imágenes y símbolos?
¿De qué sirven todos los fabulosos paisajes a nuestro alcance,
la disponibilidad de un cuerpo y un pensamiento todo deseo,
todo sueño, si no allegan la calma y la dicha?
Hubiese sido necesario que la adivinadora
pronunciara sus augurios a partir del palpitante corazón
de un inmaculado pájaro recién sacrificado.
Duele la libertad que se celebra.

CELOSÍAS

    Se requieren celosías
como artículo de fe para la sensualidad.
Toda caricia es una dentellada
si no se cumple en la tamizada luz,
tras cuya sumisa geometría los blancos barcos
rubrican la soledad infranqueable del horizonte.
Somos cautivos del paisaje y de nosotros mismos.
Tu cuerpo es mi límite, mi eternidad caduca en tus poros.
En el jardín que se hunde en el clásico mar,
el exuberante follaje desmenuza mis silogismos.
No preciso pronunciar tu nombre,
mi abrasadora certidumbre son tus rostros cambiantes.
Descreído, paladeando con fruición la almendra del cinismo,
verifico mis precisiones en tus treguas,
pero me celebro triste y satisfecho en tus jadeos.

Eres la batalla al cabo de todas las batallas,
anterior tú misma a toda beligerancia, anónima.
Nuestra inteligencia es nuestro hermetismo.
Válgannos las celosías para estar, desterrados.

ICONOCLASTA

Corta el entorchado de lo establecido
con los colores de una nana retozona, hialina.
Reivindica su unanimidad con una descarga.
Dispone el tablero de ajedrez
para recrear una ejemplar partida de Capablanca,
virtuoso del *bridge*.
Quedan abolidas todas las comunicaciones.
¿Quién puede ambicionar otro tiempo
y otra suficiente imagen
que no sea la del delirante y armonioso barrio
donde todo lo inexplicado y lo inexplicable
era fiesta cuajándose de enigmas y travesías?
Tomás copiosísimo, y el pobre Joseíto
en el lenguaje malcriador de la madre.
Toda criatura es José, carpintero.
Salamandra, solomadre: entrevisto.
La sabiduría *ad usum* era no dar un timbalazo.
La corriente era precipitarse
en la puntual costumbre creadora.
¿Recuerdas cuando asesinabas al pez de tu frente con un bostezo?
Salir a flote, encaminarse, ser alguien de provecho.
Lamentables reconciliaciones con la nada,
desgarrando epiplónicas trancavidades.
Vox populi: él es especial, tiene sus cosas.
Y el *dictum* de los comentaristas: hay que tener
(una santa) paciencia. Dios los cría y (contradicción)
ellos no se juntan. A desperdigarse. La peste el último.
Nadie hubiera dicho que este muchacho iba a acabar así.
La parida del delirio como consumación de encuentro.
Morirse sin alternativa desde las iluminaciones
con póstuma o prepóstuma suerte. Suprema ironía.
Eternidad nuestra si algo, el a bolina papalote.

TENTE EN PIE

Un tente en pie
para la acidia.
¿Acuñamos una moneda
para lo definitivo volátil?
Precipitarse en el *happy hour*
para participar del jolgorio
de las apariencias
que se resisten a la caducidad
y a la trascendencia.
Cargar la parodia
a la tarjeta de crédito.
El adolescente firmaba autógrafos
con la displicencia
entre orillera y aristocrática
del que firma sentencias de muerte
en la hermética madrugada.
Un café y un cognac. Solo eso.
Nunca ponerse al día
en la correspondencia autodirigida.
La paralizante secuencia final
de *La dolce vita.* Pobre,
paupérrimo Marcelo.
Aquella avidez de una promesa entre mareas,
y uno tan cansado que no se moja los pies.
Así se desdeña la suntuosidad redentora.
Un tente en pie. Hay que seguir por gravedad.
Empezamos mal, *malgré nous,* y así seguimos,
pero con un estilo depurado.
A estas alturas, bien pasada la hora
de los mameyes suculentos,
tan solo un tente en pie.
Y hasta sobra.

EL ESCOGIDO DE LOS DIOSES

Se diluye entre bostezos
y vacías miradas.
Es la indiferencia y el desprecio.
¿Se ha degradado el destino

a patética payasada?
Mezquinos discursos por doquier,
que hasta el detonante e histérico papagayo
se avergüenza de su condición
de símil para mediocres.
Todo es copiosamente celebrable y celebrado.
Ni más ni menos que exaltar
la falta de imaginación,
la indescriptible gangrena del deseo.
La congoja de la inocencia
solo tiene lugar en un acuario:
azorado pez con sus esclerosados latines.
No existe la bala de plata
para el bonachón *werewolf*
prodigador de buenas intenciones.
Recaer en filosofías bufas:
perdonar el poco caso.

EL ADOLESCENTE

El adolescente es una piedra y una esponja.
Vive un paisaje designado que elaborará
con pudor o con violencia entre la nostalgia y el rechazo.
Suyo es un tiempo vertiginoso
que todo el resto de su tiempo tendrá que arrastrar
en la ebriedad y el inmóvil desvelo,
buscando una explicación que no existe
para el ineludible horizonte del después
cuya raíz es un paisaje
del que solo pueden dar razón los dioses.

SAMURAI

Lo que soy se ha acendrado en el frío,
que es patrimonio de los hijos de la frugalidad
y la disciplina. Puedo identificar con nitidez
todos los sonidos del agua que fluyen en el bosque.
Mi imperiosa danza es la inmovilidad.
No me debato entre recuerdos y lealtades,
tan solo procedo como de mí se espera.
Mi conversación es un silencio

entre gestos tan precisos como fatales.
La sangre es tan solo el rojo que mana
desde el estertor y el asombro oscurecedor.
Dos aceros implacables son mi escueto patrimonio,
pueden ser el honor de mi muerte necesaria.
Conozco a los poetas y he logrado la perfección
en el ceremonial. Nadie se avergonzará de mí.
Mi justificación es ser fiel a mi deber.
Pero sé escuchar con rostro impasible
el hermoso canto de un pájaro en la extraña luz.
No tengo derecho a la debilidad de los sentimientos.
Así cumplo con prudencia mi destino.

MEDITACIÓN DE JUDAS

Me hundo en las tinieblas.
Vendí el amor.
Mi patria no existe.
También dejé atrás
la tierra del milagro.
Todo lo traicioné,
y la vida se precipitó
en el vacío.
Mi pan es la degradación.
La paz de las entrañables costumbres
de cualquier sábado
es una realidad inasible.
Soy el verdugo de la verdad,
el sueño y la belleza.
Estoy perdido
en las explicaciones que no encuentro.
Mis palabras carecen de valor.
Me juzgo y me condeno;
solo eso me vincula a las criaturas.
Nadie cerrará los ojos de Judas.

ESTELAS CONTRA LOS ESPEJISMOS

Solo, ¿qué haré yo con mi boca?
¿Y con mi noche? ¿Y con mi día?
Rainer María Rilke

LEGADO PARA GRABAR EN UN VIEJO MECHERO ZIPPO

Una sola vida,
todas las muertes.
¡Demasiado!
With All My Love!

DESEO

Un alma
sin peros,
solo eso.

EXHORTACIÓN

Dadme la bienvenida
al vacío.
Es un descanso.

ORGÍA BACHIANA

Tan tarde,
tan temprano.
Demasiado *scotch*
y demasiados problemas,
no una definición.
El lunes
recomienza formalmente
el infierno.
Gracias por la música.

EVALUACIÓN

El poeta
es un gordo
fracasado, solitario
e inútil cincuentón.
Está de más.

FIN DE SEMANA EN MIAMI

Un amigo
o alguien que nos quiera
tan siquiera un poco,
a pesar de nosotros mismos,
es tan solo
una forma del delirio.
Mi error.

PRECISIÓN

Mis manos
ni acarician
ni golpean.
¿Olvido mi identidad
o la encuentro?

ANTE UN RETRATO AMARILLENTO DEL JOVEN POETA EN CUBIERTA

El hermoso,
terrible
e inescrutable rostro
¿qué se ha hecho?
¿Fue alguna vez?

EL DOLOR

Es muy sencillo.
El dolor
es una metáfora.
Muérdete
los labios.

CORONACIÓN

Y la Casa subsistía, bajo los árboles emplumados.
Saint-John Perse

CAMBRIDGE

Amanece en Cambridge.
Al otro lado del Río Charles,

más allá de los árboles,
los perdurables edificios de Boston.
Una joven pasa corriendo
por el lujosamente verde Memorial Drive.
En el río, los remeros
se preparan para una eterna regata.
Los dormitorios de ladrillo rojo de MIT
se alzan armoniosos del renacido césped
de un verano tardío.
Los pájaros picotean en la hierba
en la que brotan mínimas flores amarillas.
La vida ha decretado
una tregua en este sitio,
y en el amable silencio
donde son posibles todas las conversaciones,
se respira en paz.
Liana pasó cuatro años aquí
y un sueño imposible se hizo realidad.
El río Charles sigue deslizándose inmóvil.

NAUFRAGIOS Y COMENTARIOS

> *Es a los hombres a lo que se debe temer,*
> *siempre, a los hombres y nada más.*
>
> Louis-Ferdinand Céline

NAUFRAGIOS Y COMENTARIOS de Armando
Álvarez Bravo se publicó en Miami, Florida, USA,
por La Torre de Papel, Inc en 1993.

LOS ESPLÉNDIDOS ANIMALES

LOS CACHORROS

Son hermosos los cachorros, torpes, débiles,
patéticamente terribles cuando ensayan la fiereza.
Leve es su sueño plagado de sobresaltos y quejidos.
Idéntico al del hombre desterrado de la cerrada noche
del vientre de su madre a demasiadas noches
de incertidumbre, fracaso y derrota.

Ignoran los cachorros su elemental destino.
Sus jornadas son un juego, la avidez de saciar
breves y sucesivas hambres,
apenas el aprendizaje de la desesperación
de la sed que depara la locura,
y otra vez el frágil desplome
de los transparentes párpados,
tan vulnerables a la luz terrible.

Ignorantes de sí mismos, los cachorros
serán pasto vertiginoso del implacable paso del tiempo.
Se transformarán en guardianes feroces,
dóciles compañeros, parte de nuestra vida
sin juzgarnos ni pedirnos cuentas,
mansos y diáfanos y herméticos testigos
de nuestras partidas y regresos,
de la servidumbre de nuestra fijeza
y sus puntuales erupciones de íntima rebeldía,
abrumadora frustración, contenida cólera,
acaso la efímera tregua de una dicha inesperada,
cada jornada más distante, pura ficción.

La irrebatible lógica de la muerte
agregará su muerte a nuestra más lenta muerte
en la muerte de los cachorros. Envejecimos con ellos,
pero les sobrevivimos. Una pérdida desgarradora.

Habrá que buscar otros cachorros.
Vuelta a empezar con su misma maravilla cotidiana,
pero recordando el prodigio perdido
hasta confundirlo con los dones que nos acompañan.

Ojalá esta vez, de una vez por todas,
nos vayamos nosotros primero.
Los cachorros nos seguirán sin demora.

LA VIEJA GATA

La vieja gata es celosa de su importancia
y su territorio. Reclama silenciosa
toda la atención, ya tan lenta. Es como su amo,
hosca. Se encierra en sí misma. Al amanecer,
ambos se miran atentamente a través
de las densas humedades del cristal,
demorando la caricia primera. Ahí comienzan
las ceremonias. Ella sí conoce la liturgia final,
precisa como las mareas. El aún vacila, duda,
considera posibles, aunque tan tarde. Su error.
Un animal es un destello instantáneo. Pasa
sin alternativas de la furia a la calma.
Ni recuerda ni sueña. Pero su presencia es irrebatible,
tan inmediata como definitiva. Todos sus movimientos
tienen un sentido al que no reclama explicaciones.
Él la envidia con tristeza. Inútilmente
desea ser el animal al otro lado del cristal,
un latido interminable. Es incapaz.
Teme perder el sitio que se ha adjudicado
sin tener en cuenta que solo es posible ser
si se es al instante, como si fuera siempre.
La vieja gata lo sabe, tan naturalmente. Su suerte.

POEMAS A LAS TRES DE LA MADRUGADA

CONSEJO DE UN VIEJO POETA A UN POETA QUE ENVEJECE

Ánimo y desdén.

SOBRE EL ARTE DE ESCRIBIR UN POEMA

Mañana de sábado, vísperas de Navidad.
Escribir un poema.
                    ¿Para qué?

La poesía dejó de ser importante
hace mucho tiempo. A nadie le interesa.

Ahora, cuando escribo,
me doy cuenta de que mis versos
carecen de aquella *magia,*
aquel *misterio* y aquella *belleza*
de otras épocas de mi vida.

Digamos que mi poesía ha sufrido
un proceso erosivo,
                    el de mi inocencia
                    y mi esperanza.

Nada espero –esa es mi única seguridad–.
Si escribo (cada vez menos)
es por fatalidad o por costumbre
                              (mi
                              peligrosa
                              forma
                              de
                              locura).
Tan simple como suena.

Solo trabajo –cada vez más–,
veo impotente
como mi vida
es
un creciente
inventario de cosas
                    pendientes
                              (cada
                              vez
                              más
                              cosas),
pago difícilmente las cuentas
y observo como me consumo,
                              solo.

Traté de escribir un poema.
Salió esto.

3 A.M.

un hombre viejo
escribiendo
poemas
a las tres de la
madrugada,
algo muy corriente,
Bukowski

pero nunca se alcanza
el gran poema

tu cerveza alemana
y mi whisky,
solo alcohol

y el mismo problema
con mis calzoncillos
si no te han leído
no sabrán lo que digo

tres de la madrugada

siempre es la misma hora.

HOMENAJES

UN POEMA PARA EL MAESTRO ORLANDO CABAÑAS

Su frugal existencia es casi un secreto.
Carece de biografía en la ciudad sin historia,
cercenado de sus deseos, recuerdos y paisajes.
Pero suyo es el sueño último
que trasciende las bochornosas paredes que limitan,
el viaje prodigioso. Su mirada silenciosa conoce
el sitio que nos ha sido vedado
y que reinventa laboriosamente en la noche.
Allí es la belleza elemental y definitiva de la mujer,
la plenitud del paisaje íntimo en su inmensidad,
el abrigo de la desnudez que depara la dicha
porque no demanda explicaciones,
inocente más allá de la inocencia.

326

Solitario es su sueño de precisos detalles
y exuberantes colores destilando la calma,
las cosas como deben ser.
Inmóvil casi junto al mar inmóvil,
se diría invisible. Su suerte
es reivindicar desterrado la belleza de la eternidad.

COMO EL CORONEL NEOCLÁSICO

Para Gastón Baquero

Un sombrero para la invisibilidad.
Es deseable ser conocido pero no reconocido.
A estas alturas beber el whisky con zumo de manzana,
bajo el inmenso retrato oscuro de Jamaica,
su luz pendiente. Conversamos sobre Cuba, es nuestras
palabras. Otra vez los libros y los
papeles preciosos son la casa. ¿Volverán a perderse?
Hay que evitar a los visitantes indeseables, los tontos
y los coleccionistas de anécdotas. Solo son bienvenidos
los leopardos de Kenia. Sí, la muerte suena a Dios.
No queda otra cosa que el silencio y la lectura
y la defensa de la soledad para imaginar una Patria
que son siglos de exilio. Aquí murieron tantos buenos
del XIX. Nosotros no tendremos su XX,
ni tan siquiera eso. Aquí es cualquier parte.
Es la Nada. Invisibles, hagamos la ronda,
nuestros pasos resonando en las calles
donde está la frontera andaluza,
el sitio en que no estamos
y para el que no hay despedida. Nos cogió la confronta.
Entretengámonos con el juego de la Poesía en libertad.

SIMÓN BOLÍVAR RECOGE A JOSÉ MARTÍ EN DOS RÍOS

Qué gentes y paisajes los nuestros,
y morir para que sean otra cosa, un sueño.
Ahora tendrá la eternidad para saber
lo que es no ser comprendido.
No creo que lo supo cuando lo negaron y hostigaron.
Entonces no tenía tiempo. Vivía para la ebriedad
de la lucha, que es la forma suprema de la sensualidad.

La guerra, a la que usted dio adjetivo
que yo no necesité, es la forma que tenemos
algunos hombres para conjurar la soledad
a la que nos condenan los que queremos salvar.
Digamos que alguien tiene que hacerlo,
precipitarse en el vacío. De todas suertes
—usted habanero, yo mantuano, tan cortos de estatura—,
solo éramos capaces de vivir para la plenitud,
que en América se confunde con el delirio
y también con el poder. Nuestro gran enemigo
fueron los nuestros. Nunca nos comprendieron.
A usted lo abandonaron en un cayo de monte,
a mí en un oscuro pueblo de la costa.
Los pocos que quisieron seguirnos
más allá de la muerte, fieles alucinados,
ya están en la muerte, o van a su encuentro
y a las traiciones del olvido.
No hay diferencias entre nosotros.
Su frugalidad y mi opulencia desembocaron
en la desnudez, en sordo y ciego desamparo.
Nuestra razón es haber creído.
Nos justifica. Nuestro proyecto
lo convertirán en el descontrol de la historia.
Ahora seremos excusa para todos los desastres.
Bienvenido, Martí. Ahora sí está en la noche.

RELACIÓN IMPOSIBLE

Para Hervé Petit

Cuando las cosas sagradas del mundo
adquieren la precisión de objetos únicos
precipitándose en los teatros de la imaginación

Cuando las cosas sagradas del mundo
defienden inermes un sueño o se alzan como
túmulos para los cantos de despedida

Cuando las cosas sagradas del mundo
son una navegación inmóvil o el vertiginoso
curso de un viaje plagado de catástrofes
hacia los núcleos de una iluminación intraducible

Cuando las cosas sagradas del mundo
se estremecen precariamente entre cielos y mares
más densos que las tierras dadas a la intemperie

Cuando las cosas sagradas del mundo
son su propia memoria y concentran sus vestigios
en los torbellinos de la lucidez del delirio

Cuando las cosas sagradas del mundo
son las ruinas que guardan el secreto de la salvación

El libro es el sentido
y lo es la casa
y los frutos
y el proyecto de un jardín que fue jardín
y los mensajes acaso para nadie
y la profundidad de los sitios desiertos
y el mínimo detalle
y la invisibilidad del deseo que crece en combinaciones imposibles
La pura descripción de lo indescriptible

Mares y cielos y paisajes del reverso de un espejo desconocido
Todas las cosas sagradas del mundo
son otra vez los juguetes de una inocencia vulnerada
Nos miramos donde no estamos
Somos en la imagen que ha tragado nuestro ser

Asaltada zona sin asaltos
Las letras de una belleza terrible pronuncian nuestro nombre
Palabras
Imágenes definitivas
La espuma del tiempo es el rescoldo de la locura
La razón es la mudez del alarido
Silencio
Imposible hacer relación de este viaje

NAUFRAGIOS Y COMENTARIOS

DICTUM

El amor es una lenta muerte
en días sin término,
cada vez más idénticos, terribles.

Es ese diálogo imposible
hecho de silencios y rechazos,
de extrañas fórmulas y ceremonias,
una marea estéril
en la playa desierta de la memoria
que se colma de vacíos.
No salvan los recuerdos,
condenan por exceso o por defecto.
Separan del perdón que es un comienzo
desde la voluntad de olvido de las cicatrices.
Solo queda uno mismo como una erosión de ruinas,
condenado a perderse tan lejano en la cercanía,
ya después, viviendo en el delirio
los dones del tiempo que no será,
tan espléndido como el sueño
de la inocencia y el deseo.
Al final, a veces, el amor se reduce
a la conciencia de su pérdida inaceptable,
pero definitiva, y su necesidad,
ya no sabiendo lo que es, mudos, solos
como el latido de la noche que devora silenciosa.

ENTRE LUCES

Entre la luz final del atardecer
y la imperiosa luz de la noche,
la oscura intemperie en que todo es enigma
pero no caben los secretos, la tenaz invención
de un recuerdo. Se han olvidado los pormenores
de un instante remoto, y el lugar ya es el sueño
de un paisaje. Allí estuvimos, confiados
y rotos, de nuevo cargados de inocencia,
sospechando que nos precipitábamos en el abismo
de la culpa, deseando un milagro. La sencillez
del momento fue un minucioso laberinto,
aunque figurase un horizonte. Ahora las explicaciones
son inútiles, resta el silencio. Es el tiempo
del sueño perdido y las ficciones de la memoria.
Cuando volvamos a inventar este recuerdo será distinto.
También lo serán las luces del atardecer y de la noche.

EN LA OSCURIDAD

No es necesaria la luz. Basta la noche,
también inmensa aquí, aunque se haya postergado
su costumbre. Quizás sea preciso volver
a su encuentro, para poner las cosas en su sitio.
La oscuridad sellando los párpados. No la real,
sino aquella que desciende como un alejamiento,
una marea al cabo del cansancio que distancia más,
fuga sin salida. Abrir los ojos duele
desde un desierto corazón a un desierto universo.
El tiempo todo lo reduce. Y son difíciles
las explicaciones. La noche, inmensa.
Acaso no hay respuesta y hasta se olvidan
las preguntas. Al final solo prevalecen
las finales respuestas de la pura oscuridad.

UN PEQUEÑO ACONTECIMIENTO

Un pequeño acontecimiento para justificar el día.
Algo que naturalmente carece de importancia. Quizás
no hay más. Lo mayor es lo excepcional de un diseño
casi previsto, inculcado a través de los años.
Un nacimiento, un encuentro, una muerte, un secreto,
una partida, un golpe que aplasta o que alza.
En el fondo no hay diferencia. La vida,
si delirio o rutina, tiene la fatalidad
de las estaciones, la puede figurar
la historia de un árbol. Primero, semilla;
después, cuánto tiempo, un crecimiento
plagado de embates y de lujos hasta el fin.
Habría que aprender a reconocer la plenitud
que trasciende sin dar señales. Es lo más difícil.

SOBRE HOGUERAS

Eran hermosas las hogueras.
Aquellas salvajes llamas que se alzaban
en la densa noche o en la furiosa luz
del mediodía hablaban una lengua desconocida.
La libertad era entonces una desnudez,

quizás un gesto sin propósito en un paisaje elemental.
¿Consumió el suntuoso fuego la vida
o el paso de los días desterró la espontaneidad
de las llamas, estableciendo un orden
cuyo imperio abolió el milagro? Nunca se sabrá.

La falta de aquellos fuegos, siempre infantiles,
es otra forma de muerte. Ya evitamos el leve peligro
que puede ser un desastre. Nos traicionamos
celosos de lo que nos rodea, pendientes
de los que nos observan, también desterrados
de las llamas. Fuimos esos niños
que ahora, como ángeles furiosos, tan felices,
apilan ramas para el fuego abrasador,
ignorándonos porque oscuramente saben
que no supimos salvarnos en una hoguera.

ENTRE DOS AGUAS

Entre dos aguas. ¿Qué cuenta,
la luz o el silencio? Ya son otra cosa.
Un paisaje sin escritura devuelve un alma intacta.
Cielo y abismo pierden su sentido.
Ser una criatura entre las criaturas.
Solo saben mirar, pasar, devorar. No preguntan,
no exigen, no recuerdan. Las fijas rocas
y la oscilante vegetación. ¿Qué media
entre la absoluta calma y el golpe definitivo?
El movimiento es música. No es preciso escucharla.
Sobreviene el olvido. Así en el principio,
la eternidad. De súbito, la necesidad de ascender,
inevitable. ¿A dónde se llega, casi despojado?

DURACIÓN DE LAS COSAS

Duran las cosas
ese cuánto que no se sabe,
quizás más de lo que se desea
o menos de lo que se necesita,
porque el tiempo precisa una oquedad
para despojarse de todas sus huellas,

si glorias vertiginosas, si desastres constantes,
si la fijeza sin contrastes del vacío.
Sus maniobras son un secreto exorcismo,
como una marea. Poco a poco se van las cosas,
a veces difícilmente, otras de forma tan natural
que puede resultar dolorosa.
Y el cada vez menos de las cosas hacia la nada,
su olvido, es quizás la gracia incomprensible,
la final sensatez que funde luz y oscuridad.

TRAICIÓN DEL RECUERDO

Profunda es la traición del recuerdo.
Se alza como una pérdida
que sucesivamente inventa
lo que pudo suceder, el después,
no lo que fue con sus detalles minuciosos
que van disminuyendo,
cambiando, que se confunden,
haciendo que revivamos cada vez más otra cosa,
que nos aferremos a un sueño
que poco a poco pertenece a otro,
en quien queremos reconocernos
o deseamos olvidar
y que, tal vez, nunca existió.

MANERA DE AMAR

Si los que quiero supieran de mi amor,
quizás las cosas serían distintas.
Pero no sé demostrar el amor,
al menos como otros esperan que se haga.
No puedo evitarlo.
Es mi deficiencia fundamental
y mejora con el tiempo, como un buen vino.
De suerte que todo sigue empeorando.
No hay amor para mi amor.
Mi absurdo infierno.

OBLIGACIONES

Las obligaciones se acumulan en mi vida.
Es una vieja historia.
Hace muchos años eran trascendentes,
lógicas hasta cuando parecieran excesivas.
Ahora son peso muerto, aunque irrenunciables.
Simplemente, carecen de la materia del sueño.
La diferencia es esencial.
Hay que estar –no ser– y hacer lo imposible
para demorar la caída.
Pero al final, no engañarse, todo resulta inútil.

ESPEJO DEL AMANECER

Hay ese espejo terrible del amanecer,
su fija nieve ardiente
que maldice al cabo del insomnio,
su multiplicado umbral idéntico
precipitándonos en un paisaje de espejismos
destinados a borrarnos,
porque fuimos expulsados de un paraíso
que solo fue deseo que se apaga en el cansancio.

La rota máscara que refleja
se torna cada vez más inútil en la burla del azogue.
Dónde están los ojos, dos vacíos
que una vez se iluminaron en mares remotos y salvajes,
ante un árbol destinado a ser firmamento de la dicha,
en la embriaguez de una piel intacta
para inventar la pasión y la fatiga del éxtasis.

La boca es un rictus, el abismo
para la mueca agotadora, sombra definitiva
donde se hace más el silencio que aísla
desde que se desaprendió a puro golpe la eternidad,
porque se abolieron las palabras
que justifican un horizonte de ángeles
confirmando el incesante nacimiento de la luz
y la sacramental belleza de la alta noche.

Suprema verdad, última certidumbre:

la máscara en el espejo
es el propio espejo intolerable.

NATURALEZA DEL ADIÓS

Decir adiós se convierte con el tiempo
en un gesto mínimo, acaso intrascendente,
pequeñas monedas que nada pueden comprar
y que, sin embargo, son la especie,
el caudal arrasador, como una tormenta de verano,
que despoja en el espasmo de un parpadeo
de todo aquello que se creyó la vida.

Entre las ruinas, tan lentamente,
se recogen fragmentos. Se palpan con asombro,
imaginando su integridad en la costumbre
o en el instante excepcional que les otorgó
un sentido que se hizo parte de uno mismo,
lo único que era imprescindible salvar.

Nadie sabe el valor de una simple piedra,
de una hoja que el tiempo torna quebradiza,
de una cuenta anónima con números indescifrables,
de la exquisita e irrepetible porcelana
de un tiempo sepultado en el enigma de la historia.

Decir adiós es muy simple. Es como la sed
o la contracción cuando el golpe violento,
como la costumbre de cerrar las puertas
para iniciar la tregua del sueño en la noche.
Es la fatalidad de ejércitos inmolados a un plan maestro
o la inercia de la impecable geometría
de los astros tan remotos que se imaginan
más allá de las fronteras de la sombra.

Después, hasta el fin que solo puede concebirse
en el fin, el dolor de una repetición
de aisladas imágenes en que se ha perdido la vida,
sin que sean posibles las explicaciones,
tan siquiera como una leve y fugaz brisa.

LA HERIDA

Al cabo de todas las caricias,
cuando una caricia es un milagro imposible
porque todo murió en un incomprensible instante
de la rota infancia, la mano que limpia
el palpitar de la sucia herida de una sucia batalla,
es la caricia de un Dios al que no se sabe acceder
desde todo el desvelo y la furia que cercenó el alma.

Una herida es real, definitiva sangre incontenible,
borbotones de caída, estricto dolor
que define la persistencia de la soledad,
el desvarío del orgullo de todas las renuncias,
la suma de imposibles en que se ha depositado
la dudosa esperanza en la muerte,
cuyo encuentro demanda el fiel absurdo
de una resistencia al pie de la letra
del patrimonio de unos códigos
tan imposibles como detestables.

Por ese hueco, ese otro hueco más
en la carne hueca de torpes remendones urgentes,
porque hay que volver a la línea de fuego,
¿qué otra cosa puede hacerse?
¿qué otra cosa queda a nuestro alcance
cuando hemos sido nuestro más encarnizado enemigo?
Cuánta vida desperdiciada en la dureza,
cuánto alejamiento, cuánto ya no ser más humano.

Hermosa es la herida, insoportable.
Hay que morderse los duros e inexpresivos labios
hasta que brote otra sangre insignificante,
ahogar el natural grito en la confusión
del sudor y las lágrimas que bañan el contraído rostro.
Que nadie sepa que se sufre, que sea imposible
atribuirnos una debilidad que desmenuza
la soberbia fuerza concentrada
a fuerza de acallar maldiciendo todas las debilidades.

Un hombre debe ser tan solo una piel
que se interpreta como un mapa de cicatrices.

Burda es la aguja, burdo el hilo para cerrarnos.

Ojalá que no haya que aplicar el cauterio del fuego,
su otro y mordiente sufrimiento inútil
para prolongar el tenaz y estéril sufrimiento.

La única cicatriz decente será la de la muerte.
Quizás no hay otra caricia posible.

TRENOS

Muéstrate solo en palabras
de formas claramente dispuestas,
que calle su humanidad
aquel tan dotado de sufrimientos.

Gottfried Benn

TRENOS de Armando Álvarez Bravo se publicó
en Francia, por Éditions Deleatur en 1996.
Colección Baralanube.

REVERSO

La imposibilidad
de identificarme
con la realidad,
y la imposibilidad
de restablecer
las ficciones del recuerdo
puro, postergado deseo en vilo.

¿Cuál es la puerta fundamental
de mi ser? ¿Y quién es ese otro
que me mira, cada vez más ensimismado,
desde el borroso espejo del acabamiento?

Silencio y soledad.
Y la abrumadora noción
de esgrimir estériles razones
ante unas presiones absurdas.
Todo ya cumplido, o a punto de consumarse.

La gran ironía de Dios
fue otorgarnos el destino del sueño
y obligarnos a vivir su reverso.

ELEGÍA

A la entrañable memoria
de Andrés Jordana

Una leve mañana invernal,
tan excepcional en este sitio
cuyo fijo verano sigue siendo
el lugar óptimo para morir
al cabo de todos los abrumadores fríos,
me dijeron de tu muerte.

Durante demasiados años
de separación, negué su posibilidad
–me aferré al más íntimo delirio
del exiliado: el final retorno
al paisaje de la propia sangre–
el milagro de la presencia en las presencias.

Otra traición de la historia.

341

No será la última. Me aterra la muerte
de mi Madre inerme, también inaccesible.
¿Por qué todas nuestras muertes
son un holocausto de pura lejanía?

No hay alivio.

ANIVERSARIO

Otro 5 de diciembre. El viejo poeta
en su abismo, tan humano:
un día como cualquier otro.
Irse reduciendo
a las palabras que se reducen–
¿cuántas, si quedan, quedan?

Ya no hay tiempo,
no engañarse, para más allá.
Una antigua moneda es la moneda
de la certidumbre. Escarbar en lo dicho.
Siempre, el horizonte; cada vez más:
la tierra de nadie. El peso de la noche.

Hay, ahora se sabe, tan poco fundamental–
lo demasiado que todavía debe aprenderse
y aquello que es preciso olvidar.

Árbol y aguas tutelares. La sensualidad
de una semilla que inmensa el amor,
los libros y la música. Las glorias de la casa
y el museo imaginarios. Ciertos rostros
tan vertiginosos como memorables; las caricias
que son una piel y una respiración y una voz.
La voluntad de prodigio. El misterio
de los fabulosos animales que nos viven.
Viejas heridas siempre frescas, irrestañables.

Duelen los párpados que no se cierran.
Finalmente, no sabemos si supimos.
Prevalece, definitiva,
una inmensa pisada en el corazón.

MISERIAS DE LA FE

Vida oscura,
sus confusos signos–
¿quién puede desentrañar
los designios de Dios?

Acción y palabra–
puro vértigo e incertidumbre;
edificar en la arena
a pesar de uno mismo,
–se nos ha ido la existencia
en la tumultuosa fijeza
de saber e ignorar
lo venidero–
vivir partidos en dos.

¿Podemos salvarnos?

Pero, antes, tan poco,
por tanto que despreciamos
y lo desmesurado más que acongoja,
tan ya no humanos,
¿somos capaces de recuperar
nuestra perdida naturaleza?

¡Cuán tremendo
ser quien se es
y que la Fe sea una gracia!

MORAL DEL POETA

Limitarse
a una estricta escritura
al cabo de demasiada escritura.

Se es lo que se dijo
sin saber que se estableció
para una final confrontación.

Queda como circunstancia
que nos mantuvo
y nos consumió.

Al cabo se trata

de alcanzar la serenidad,
el distanciamiento,
la resignación;
de consolidar lo vivido
–pérdidas, encuentros
y las abrumadoras incógnitas
de lo pendiente y lo abortado–,
y aceptar la cruz
y la salvación
de la escritura.

Lo demás queda en manos de Dios.

ESTADO CRÍTICO

El alma en estado crítico,
¿qué será de su frágil templo
si se recupera contra toda lógica?

Nada excepcional: una reducción.
Algo –¿cuánto?– habrá quedado atrás
en la Sala de Cuidados Intensivos.

Sin lugar a dudas,
tras superar la agresividad
de precarios signos vitales,
debe instaurarse
una apreciación matizada de las cosas
un cambio, que se diría en música, de *tempo*.

No fatigarse. Ajustarlo todo
a un régimen estricto. Ser
el que nunca se imaginó que se podía
o se quiso ser. Tan difícil de encajar.

Rectificar, para sobrevivir,
el impetuoso y gratificador desorden del deseo
para que se cale arduamente
de la urgencia de más y más
de menos y menos; deponer lo postergado
a justificarse en unas ardientes postrimerías.

¿Qué clase de imposible tiempo
se compra –¿contra uno mismo?–

y a qué precio, debe adquirirse
sin regateos, para apostar
a unos frágiles años más?
¿Puede tan absoluto despojamiento
deparar la imprescindible salvación?

Vuelta al principio.

DISTANCIA, SUEÑO

Un colosal error de cálculo
y la ficción de un marino alucinado;
la temprana y lúcida desesperación
de un cura mestizo, maestro y músico;
tres siglos de oscuridad;
riquezas incalculables;
la patricia invención de un paraíso,
rubricada por el incesante desplome
de sucesivas sangres;
la inalterable constancia del destierro;
la pura pasión y sacrificio del Poeta
para consagrar la identidad final: la noche.

Ilusiones, pérdidas: siempre pendiente mañana.
El lugar común del fabuloso paisaje único.
El destino espléndido como milagro incontenible.
El gran estilo de replegarse sobre uno mismo:
ese insólito arte de sobrevivir en la intimidad.
La gloria increíble de una ciudad que fue el universo.
El imperio de la sordidez.
La obstinada poesía de la sangre
anegada en la barbarie.
La crueldad del mar y la distancia.
La intolerable experiencia
del dolor y la violencia que se imponen
a todos los absurdos
y la justicia de fijas e incalculables razones.

Siempre soñar un sueño.
Siempre la distancia.

PARAÍSO PENDIENTE

En la gloria del denso bosque norteño,
ni un alma a la vista, recuperar
el secreto de los sonidos, su gracia perdida.

El agua que fluye; el viento
que se hace latido
en las copas de los empinados árboles;
el leve crujido de las hojas;
una rama que se parte
—¿cruza la espesura, invisible
y casi palpable,
poderoso o levísimo, un animal?—;
el silencio de los ruidos indescifrables
que ahondan la honda noche.

A la orilla del bosque, magnífica,
la abrupta costa: sus oscuras rocas
en que brama, tan virgen e historiado, el mar,
deshaciéndose en un rocío de prístina blancura
que dialoga con el impenetrable firmamento,
cuando se extingue el horizonte.

Este es el espléndido y exacto paisaje
del orden natural de las cosas.
Su calma, armoniosa e incontaminada belleza
proclamando la única vida posible,
cuando tan poca vida nos resta.

Todo es aquí.

Partimos a pesar de nosotros mismos.
No sabemos, no podemos hacer otra cosa.
Nos acompaña en nuestro inexorable éxodo,
una oceánica piedra y una crujiente hoja.

La única, imprescindible justificación
de nuestra vida, es devolverlas a este sitio
y quedarnos para siempre.
Esa es la materia del milagro.

FINIS CUBA

Nos consumimos en los dones
de la embriaguez de los mitos.
Nuestra lógica y tanática entrega
–pura, dolorosa y magnífica locura–
al lógico y diáfano ideal patrio,
tan frágil y patéticamente vulnerable
a las miserias y servidumbres
de la naturaleza humana.

Todo lo inmolamos
a la pendiente imagen
de la historia como debe ser.
No hay vuelta atrás.
De nuevo, interminable recuento,
todo proclama que es tarde
–¿o no es tiempo todavía?– y, como siempre,
no llega el otro, necesario mañana.

La cambiante y fija realidad,
hostil e incontrolable,
nos acaba en las incomprensiones
y la marginación de la implacable soledad.

Nuestro destino
y nuestra fija perdición
es no ponernos de acuerdo.

Nuestra justificación:
una iluminación irrealizable.

La Patria es una tumba sin nombre.

MÁSCARAS

Tan prácticas las máscaras,
la única defensa en una violenta jungla
de máscaras que vociferan y condenan.

Lo que dicen los labios
de una máscara, lo que ven sus ojos,
¿cuánto tiene de verdad?

¿Qué son los deseos, los sueños

y la soledad de una máscara?
¿Qué valor tiene la historia
de sus sucesivas cicatrices?

¿Siente una máscara doblemente:
por sí misma y por el rostro que oculta?
¿Qué muere: el rostro o la máscara?

Quizás solo hay máscara
y el rostro es lo que enmascara.

RECAPITULACIÓN

Al final, tan poco sabemos.
De todo nos separó
—¿una especie suprema de soberbia?—
la inútil sabiduría
que con arrogancia acumulamos celosamente:
la materia de otra vida que no fue,
pero que nos redujo
a rafagazos de entrevistos.
Quedamos aislados.
Quizás, si algo, recuperar
el estado de gracia,
la efímera inocencia de la infancia,
sea, en la insalvable soledad
del acabamiento,
la locura de empeñarse
en ordenar el desastre
con los restos de las palabras
que declararon breves e íntimas victorias
y una demoledora derrota:
nuestras ficciones—
una página en blanco
para ser leída por quién, cuándo.
De nuevo y para acabar:
Un viejo es un loco que se mira en un espejo.

A MODO DE DESPEDIDA

Sea lo que sé, lo que no sé,
lo que incontenible vendrá,

lo imposible,
lo tanto que temo; y sean
mis inagotables deseos pendientes:
ese es el final de la historia.

Ignoro, y a estas alturas
carece de importancia,
si lo aprendido,
a pesar de mí mismo
y contra mí mismo,
me servirá
para hacer frente a lo que venga.

Desde la oscura noche
de mi alma
–cercenado de la trágica Patria,
de las raíces de la sangre,
de la poesía del paisaje y la presencia–,
declaro, como cumple, mi patrimonio
y la intensidad y extensión de mis acciones.

Están, por un lado,
las inmensas gracias
que me deparó el amor,
a las que pido con humildad
me juzguen desde el amor y el perdón;
por otro lado, están
las incalculables cosas
de las que me arrepiento
–e insuperable es el precio
que pago por mis errores–;
y por sobre todo
–ahí radica la clave de mi esencia–,
están mis fantasías:
esa es la verdadera materia
de mis oscuros días,
que, también, han paladeado
las glorias de la luz.

Acepto, sin vacilación,
desde uno de mis personajes esenciales,

la plena responsabilidad
por mis acciones.

Desde ese otro que también soy
–¿cuándo, para ser, perdí la cuenta de quién soy?–,
léase el delirio y la fijeza de mi vida
como un indescifrable acto de gratitud y entrega.

Desconozco a cuánto monta todo esto,
y qué es lo que debe en justicia deparar.
Pero ese otro más que soy, rinde bandera.
Que Dios decida, no puede equivocase.

Mi último trago a Su infinita misericordia.

CABOS SUELTOS

Las hojas pintadas por los címbalos del destierro
fabrican la arena y mueven la lluvia.

José Lezama Lima

CABOS SUELTOS de Armando Álvarez Bravo se publicó
en Miami, Florida, USA., por Ediciones Universal en
1997. Colección Espejo de Paciencia.

LA OREJA DE VAN GOGH

MÉTODO DE ESCRITURA POÉTICA

un poeta,
un viejo poeta,
que escribe para sí.

dos o tres veces
a la semana,
toda la noche
—la música,
el alcohol,
el tabaco—
escribe sin cesar,
cada vez más alucinado.

de eso se trata,
de escribir,
y al escribir,
cuántas noches
a la semana,
deponer los trucos
que los años
deparan inevitablemente.
solo cuenta
la realidad,
no hay otra referencia.

el resto es
la rutina
de toda la vida,
ahora un poco más
desahogada,
aunque no demasiado,
podría ser
mucho mejor.

dos o tres noches
a la semana,
nada de explicaciones.
¿para qué?

¿para quién?

    explicar es degradar.

    quién sabe cómo,
si se leen,
se comprenderán
esos poemas
de una larga noche,
solo otra larga noche más,
porque a estas alturas
ni se sabe ni se puede
hacer otra cosa,

    y eso es todo.

LA MUERTE DE LOS ESCRITORES

    los verdaderos escritores
de mi generación
y los más viejos
y los más jóvenes
están muriendo
vertiginosamente.

    algunos mueren
por su propia mano,
otros por enfermedad,
otros tantos
porque es imposible
no sucumbir
a las presiones
del silencio,
la indiferencia
y la mediocridad.

    son pocos los que quedan,
y eso nada interesa.

    los sobrevivientes
se cuentan entre sí,
cada vez más solos–

    ¿quién es la próxima baja?

DESAYUNO EN ALLEN'S

algunas mañanas,
Mary K.
me sirve el desayuno
en Allen's.

se desayuna bien allí,
una insólita reliquia
helada en los 50,
en que todavía
uno puede sentirse
como si los años
no hubieran pasado
y aquel perdido presente
nos protegiese
desde los recuerdos
que le inventamos.

Mary K. es alta
y muy delgada
y de grandes ojos
claros y tristes.
también es reservada
y comunica
una fatigada intensidad.

trabaja en Allen's
para pagarse
sus estudios de arte
en la universidad,
pero está frustrada
porque siente
que los profesores
y el programa
la esterilizan.

ese es el problema
con la academia,
hay que hacer méritos
desde la mediocridad
para la mediocridad

o de lo contrario
te destruyen,
una pelea de perros.

Mary K. y yo
no podemos hablar mucho
porque ella tiene que servir
demasiadas mesas,
pero sé que vive
en un pequeño apartamento,
creo que con gatos,
y que pinta
cuadros enormes
que un neurótico amigo pintor,
con quien a veces desayuno,
considera buenos,
y que le gusta Bukowski
—Mary K. no podía creer,
cuando se lo dijo mi amigo,
que también me gustaba el viejo—.

hace algún tiempo,
y sin saber
que lo había escrito ella,
leí un poema de Mary K.
en que lamentaba
desde sus 30 largos,
su tiempo perdido,
el no haber estado en París.

era un poema triste,
como los míos
que lo son cada vez más,
y lo que le faltaba
de oficio
le sobraba de autenticidad,
algo que a estas alturas
me resulta esencial,
porque el oficio se suda.

no sé lo que pasará
con Mary K.,

porque tampoco sé
lo que pasará conmigo,
y el tiempo pasa.

todo está en el juego,
que es implacable,
y todo indica que no tenemos
la mejores cartas.

pero le deseo
la mejor suerte,
que en definitiva
tampoco se sabe lo que es.

sí, tomaré más café, Mary K.

LA OREJA DE VAN GOGH

cuando los poetas
están en blanco,
lo que ocurre
la mayor parte del tiempo,
ahí, siempre,
está Van Gogh
cortándose la oreja
y ofreciéndosela
a una prostituta
que, asqueada, la tirará
bien lejos.

¿duele, Van Gogh,
cortarse una oreja?

quizás el dolor depende
del grado de delirio
y desesperación y soledad
que se padezca
antes de coger
la navaja barbera
que cercena precisa.

¿el dolor?

no se puede decir
a menos que uno se corte

una oreja y repita
tu rica historia a lo pobre.

    pero uno, Van Gogh,
no es Van Gogh,
y ya no hay
a quien ofrecerle
una oreja,
ni tan siquiera a una prostituta,
y para qué mutilarse
al cabo de todas
las puntuales mutilaciones,
si nadie va a hacer caso
a ¿una barbaridad?

    porque ahora, Van Gogh,
cortarse una oreja
es una costosa estupidez
y sobran los substitutos
de la violenta sangre.

    pero ya ves, Van Gogh
del autorretrato
con la oreja cortada,
más que toda tu espléndida pintura,
tu legendaria oreja
es una inacabable fuente
de inspiración
para los poetas,
que nunca,
por nada en el mundo,
se cortarán una oreja.

HOMENAJE A SAMUEL BECKETT

1

    la difícil intención y el método
del fragmento para fragmentarse en medio
de los fragmentos pegados con saliva
en que el fragmento

quiere acabar por desintegrarse
porque la falsa de solidez de los fragmentos
niega
    reniega
la naturaleza perdida del fragmento
y hace imposible la fragmentación
el sentido definitivo
            si alguno

2

tiempo perdido
            cuál
en la ausencia de tiempo
y malgastar el tiempo arrebatado
a la erosión del tiempo
supuestamente razón definitiva
una y otra vez
con una convicción que es pura locura
etcétera

quizás al final todo se reduce
a matar el tiempo que nunca fue o se fue
quién sabe y por qué y para qué
intentar comprenderlo

time is not

3

a medida que el alma se fosiliza
la compulsión de alcanzar un latido
en un espacio sin resonancias
silencio de las cosas
alaridos de mudos
            represivos
enfáticos

y en el vacío desmenuzador
cada vez más débil
un balbuceo
            ya ni inocencia ni locura

quizás una reacción motriz
involuntaria
qué

4

solo son su capacidad de golpear
oh sus sonrisas de manada aombligada
ya invadiendo la oscuridad
cómo lamer las heridas
la lengua arrancada como todo

RAZÓN DE ELOGIAR

AL MAESTRO MANUEL HUERTAS TORREJÓN, A SU REGIA Y PRINCIPAL PINTURA

No hay nadie.

En el diáfano silencio
del elaborado
y engañosamente parco lienzo,
la ausencia
está llena de presencias.

Las historiadas paredes,
las muy humildes cosas gastadas
por lo mínimo
y lo grande de la vida,
por la costumbre y la excepción,
por tanto
que no se puede nombrar,
contradicen finales a la muerte
con su resistencia
y su fijeza entrañables.

Hay gatos solemnes
y demorados y enigmáticos
que secreta y obstinadamente
encarnan la furia, la fuerza
y la plenitud innombrable
de una belleza perdida.

Hay flores íntimas,
perfectas y efímeras
como la honda noche
y el abrumador mediodía
en que se paladeó,
hacia la música del atardecer,
la dicha irrepetible
y vertiginosa
que da comienzo a los sueños.

Hay entrañables palomas:
el manso y delicado enigma
con que Dios nos insinúa
la magnitud de su amor
y lo tremendo de su grandeza.
No hay nadie.

Es la confirmación
y la sobreabundancia
del fijo, necesario
y natural bienestar
a ras de mundo;
la resistencia
y la permanencia
al cabo de la sombra fugaz:
lo que somos
apenas sin saberlo.

No hay nadie.

Encarnamos
en la figuración
de nuestra propia ausencia,
en su ficción
y certidumbre.

No hay nadie.

Todo es, todos somos
para el instante
y para el después
y para el siempre,
un cuadro tras otro,

siempre el mismo
magnífico cuadro,
siempre distinto.

No hay nadie.

Nuestro retrato,
la vida misma, entera.

HOMENAJE A RAMÓN

Tuve una colección
de sus papeles.
Páginas de vida
para vivir estrictamente al día,
tan cuajadas de prodigio.
Roja tinta y vertiginosos rasgos
que crecían
a la par de su noche inmensa.

No tuve su muñeca de cera.
Caminé alucinado
por su magno Rastro
que el tiempo desdibujó.
Respiré todos los humos
de sus chimeneas emblemáticas.
Bebí y escribí alucinado
en una de las mesas
que compartió con el taciturno Solana
a su vuelta de un matadero.
Conversé con la estirpe de sus putas.
Palpé algunos de los prodigiosos senos
en que describió el sueño de Dios
y la pasión de los que van a pie por la vida.

Acumulé y perdí
tantas cosas sublimes y descabaladas
y, a todas luces inútiles,
que él supo eran la definitiva
y entrañable clave
de los sueños tremendos:
la única y deseable verdad.

Sigo fumando sus pipas,
escribiendo con sus estilográficas;
usando contra la moda sus pajaritas;
añorando la mansa cabalgadura
de un elefante circense
para pronunciar unas verdades definitivas
que serían la delicia de Magritte;
haciendo imposibles y desesperadas cuentas,
y sabiendo, como si me pisaran el corazón,
que solo lo imposible cuenta.

No he pasado una temporada
en la Quinta de Palmira.
Tampoco compartí unas extraordinarias
y reveladoras horas con el coronel Lawrence,
que es parte esencial del relato de mi vida.
Soy custodio del secreto del Viaducto.
Me falta Madrid para morir como es debido.

Estos, y no otros, son
los suplicios de la historia
que es como la reunión
de todas las pensiones infernales
y la ensoñada casa para siempre
que hubo que dejar para siempre.
Atiborran y abruman.

«Un espectáculo suave, bondadoso
y sin incomodidades del mundo que se ve,
traería consigo el humorismo universal,
ideal mucho más supremo que los otros».

Purísima, efímera,
pendiente virguería.

Así fue y no fue;
así va y no va el alma inmortal.

EL GRAN COMA

LECTURA

Lectura en el ya es tarde. A retazos, entresacarse
de la escritura del otro. ¿Quién? Para el caso. Un
composite, que se diría ahora. Borroso redactor de
página arqueológica. Pero ¿no es el lector pura pieza
arqueológica? Quizás de no haberse perdido los libros
de aquel entonces también perdido, cancelado. Dejar
eso. Todo cual si se desarrollase en fijo, opaco
caleidoscopio. Con el libro, como en diorama de
polvoriento museo de cera. Vuelta al formol de la
página. El gran coma.

A PARTIR DE UNA ORACIÓN PERFECTA

Esa oración perfecta. Sujeto, verbo, predicado.
Como se aprendió en la estricta, religiosa, uniformada
primaria. Pero hay que apresurarse. Es preciso intentar
dormir. Aunque todo se reduce a insomnio. A una, sueño
y pesadilla. Entonces, inevitablemente, representar el
papel de –lo de nunca acabar–. Se puede empezar por lo
perdido, o por lo abortado, o por lo indeciso. ¿Es
correcta la utilización de las comas? O por, *you name
it,* se contamina la lengua regia, pero no habrá
cruzadas para remediarlo. Nada de somníferos. Al pelo.

PREVIO A CUALQUIER TEORÍA DEL COLOR

Ese color como ceguera, como evidencia. Su
todo. Ese color deslumbrante, o no. Pero ahí.
Describirlo. Ya devorándose a sí mismo. Su boca
insaciable. A un paso de la muerte. Sin acabar de
llegar. Quedando en sí mismo. Como enfermedad
terminal. Apagándose, mas sin embargo. Ese color
a reventar, reventando. Por todo lo cual, solemnísima
prosa, la muerte es lo difícil, a puro resabio. De ahí
el dolor, su de nunca acabar. Hasta que el color sea
en/de/desde/por/para otro. La misma descripción,
inútil. En Tus Manos, ese color, encomiendo mi
espíritu. Tan patético.

DESDE UN JARDÍN, PARA HISTORIA FAMILIAR

Filo de la diferencia. Se desglosa el jardín
abandonado. Más que por la sombra, por el silencio.
¿Alcanzada su lentitud –cuerpo– llega a desaparecer?
Una incógnita a despejar: su críptica heráldica. Nunca
espejismo de descuido. Dos qué. Su impenetrable
densidad. Uno por lo trágico; otro por lo absurdo.
Y lo que se invisibiliza en la distancia. Fijeza tirando
a menos. Su pérdida a novelar. Si acaso.

A CIERTAS HORAS

Contra una/la certidumbre, la sombría locura
taciturna. Siempre aislando un fragmento, u otro;
insistiendo en el súbito del desgarramiento.
Inescapable crispación. Lo igual, a pulso. Pero nada
sobresale en el teatro de ya se acabó. Paréntesis de
tocar alma, a ciertas horas, incrustado en la sombra,
ya todo. Su peso en abismo. Tan normal lo absurdo.
Bajo un árbol –¿cuál?– el disfraz de disfraz. Entre
milagro y juicio final. ¿Pero no es tarde? Se tritura
a sí mismo el escaldo.

OTRA VEZ CONFLICTO PARA IMPOSIBLE MUSEO SECRETO

¿Por qué insistir? *Tarequito* para una ficción.
Para el prodigioso *que haya alivio* de camarero
gaditano poco después del amanecer tras noche
en claro en tren –nadie entenderá esa referencia.
Sería muy complicado explicarlo. Aquellos breves,
tremendos, espléndidos días que fueron una voz.
Inesperada luz/magia habanera al despertar y
cuánto más–. Parece tanto (*el tarequito*). Se necesita
que lo sea. Como si fuera la vida en ello. ¿Dónde
colocarlo? Corre el peligro de perderse en el
reguero en que estamos perdidos. Lo que sucederá
para reducirnos más al vacío implacable del espejo
de casa vacía. *Ergo,* la muerte es la locura que
procura asidero en lo insignificante porque todo acabó.
Por lo que se buscará otro *tarequito,* hasta que no se sabe.

CUENTO DE CASA

Casa que acaso se recordará por haber estado
dentro, no por casa. Otra, digamos, casa. ¿Por
cuánto tiempo? ¿Dónde la casa? ¿Hubo casa?
¿Hay? ¿Qué es casa? Y como animal, volver
a marcar territorio. Bis. Una vez que se empieza
es lo de nunca acabar. Pero, si hay suerte, alguna
vez, techo de una noche, o unas pocas horas–
¿dónde precisamente? Esa casa casa. Lo que se
la tragó, que no se sabe. Cuento de casa, incesante,
que no hay. Llave que no sirve, que no, que no sirve.
Que no.

DESDE SE ACABÓ

Como culminación, exceso de *muñequito*.
Tan contundente. ¿Al cabo de tanta lectura? ¿O
precisamente por eso? Porque la propia ficción
empezó a fraguarse sin conciencia de ficción.
Allá en San Juan de Dios. Primer error, o intuición.
Y, después –¿verdaderamente hay tal después
cuando es de siempre se acabó?–, dar fe de vida
y/o lamentarse de su carencia. Nada por más
vueltas que se le dé. Apoteosis de *muñequito*. Tan
imposible. Y a empezar otra vez. Que no fragua.

ESCRITO A LÁPIZ EN LA PÁGINA DE RESPETO DE LA BIOGRAFÍA DE CUALQUIER POETA

Siempre a un paso de acertar, o acertando al
revés. Puro margen. Eso o Dios sabe qué. Agonía
cenizosa. Bien, se encaja. De acuerdo, una aberración.
¿Y qué? Se trata de aceptar finalmente la reducción
a nada mientras que. Demasiado tarde, siempre. Difícil
leerse muerto. ¿Cómo reconocerse? Nueva traición.
Acabar ¡tan triste! de trajinado conejo de matiné
académica. A la mayor gloria de.

NO SIEMPRE EL GRAN MEAULNES

NOCHE DE GRACIA

La noche es un encontrar
lo que no sabes, lo que no esperas,
lo que deseas sin saber, exactamente,
si es posible y es real y tiene sentido.
Es preguntas de difícil respuesta
que algo dicen en el azar
de unas rosas amarillas
que quieren ser un alivio
a demasiados cansancios,
y son una celebración.
Qué extraño lo inesperado
cuando tanto se ha sabido.
Quizás una caricia puede ser
esa inmensa quietud en que la pasión
es el encuentro de cada gesto
que pronuncia la sencillez del estar.
Somos demasiadas explicaciones pendientes,
incontables enigmas, historias tan idénticas
como separadas por una eternidad
que es un punto de encuentro
desde todas las lejanías,
porque vivir es la urgencia
de una reconciliación de dos mañanas
que precisan coincidir en un alba
como la fatalidad de esa oración definitiva
que aguarda en una remota iglesia
que será preciso visitar
en el invierno que nos falta
para saber que hay un Dios
que nos dio la gracia de estar.
No sabemos los días después,
que ya hace tanta falta sean siempre,
con sus pequeñas obligaciones
que funde la sangre.
Unas rosas amarillas son la realidad
de la inocencia que destierra

las tantas muertes de la vida
para que sea la vida,
lo que se quiere sean unos días,
que debían ser todos los días,
la pendiente eternidad
–menos, la mía; más, la tuya,
en un final, iguales–.
Defiende tus dudas, tus reservas,
la oscuridad de tus miedos,
el laberinto de tus sueños,
la iluminación de tus pudores,
como yo defiendo mis fatalidades.
Ya fue nuestra noche, sagrada,
con la honda simpleza del prodigio
que se recordará con gratitud hasta el fin.
Siempre, sin explicaciones,
en la caricia de la piel tan próxima,
en el deseo que se confunde con la memoria
y el enigma del mañana, solo tendrá sentido
regresar cada noche a esa noche
que no se sabe cómo decirla.
Siempre pendiente, está el juego,
la inocente delicadeza que colma,
la suprema entrega de la compañía,
que tan solo, apagándose, hizo decir a Rubén:
Acompáñame. Porque no hay otra palabra.

DISCURSO PARA TU DESPERTAR

En los abismos de la noche,
hacia el alba sin condiciones,
la naturalidad de tu ser
inventa todos los recuerdos.
Tu alma es un enigma
y la gracia de la entrega,
el puro corazón de la vida
que se desconoce a sí misma
para que todo sea más.
Cuando despiertas
comienzan todos los sueños.

Tu respiración es el latido
de los grandes y majestuosos árboles,
y las puntuales, poderosas mareas,
una roca entrañable, una brevísima flor,
la necesaria sencillez del pan
que no llega a la maravilla de tu piel.
Son insuficientes las palabras
que te nombran, remota e inmediata,
para que haya alivio
a tanta costumbre de cicatrices.
Despiertas hacia la luz
como un perfume, como un pájaro,
y eres final horizonte.
En la lejanía, tan entrañable,
tu nombre se escribe
para ya siempre decir siempre
desde la inescrutable y dulce mirada
del más delicado ciervo,
desde la fantasía
del más frágil, vulnerable niño.
Y es un inesperado despertar
que nunca sabremos agradecer lo suficiente,
para que sea el sueño,
el milagro para el milagro, siempre.

MARIANNE DE MA JEUNESSE

Una noche y un amanecer,
tocar la dicha
como un milagro.
La caricia de la calma,
de la pudorosa compañía olvidada
a lo largo de solitarias batallas,
es un silencio, una mirada,
una imposible respuesta
a una imposible pregunta,
el sueño que desciende
sobre las distancias
de memorias que se tocan
para que sea olvido y encuentro.

¿Qué milagro fue preciso
para que la inocencia,
la delicada seda de un sueño
en la copiosa penumbra
fuese la música del silencio?
Somos lo que nos preguntamos por qué.
La respuesta a la calma del delirio.
Todo tan natural como las historias,
como las canciones, como las pérdidas
y los encuentros y los deseos
que necesitaremos hasta el fin,
para ser, sin rostro,
sin paisaje, sin tiempo,
despojados, elementales,
un puro latido
en un primer día interminable
en que la fina lluvia es un himno.

PARA DECIR AL CORAZÓN DEL MILAGRO

No bendice la implacable luz
el abismo entre estaciones
que intenta igualar
el amarillo excepcional de la rosa.
Arduo reconocimiento,
la violenta historia
es parte de la belleza de tu piel,
de tu tan difícil respiración,
como la mía. Corazón del milagro,
siempre es frágil, vulnerable
la inocencia, su doble herida.
La lógica destruye el sueño
y precipita hacia la muerte peor
ya en senda de muerte.
Quien hace la distancia se condena.

PIEZAS DE MUSEO

MUSEO

Es un caos el museo familiar.
Demasiadas piezas.
Su número aumenta incesante
en el nada sucede de noche idénticas.
La noche es un efímero privilegio
de los años más jóvenes;
después, un vacío, tiempo que transcurre
cada vez más lenta y difícilmente.
¿Qué ha sucedido en el no hay más,
para que al filo del amanecer
haya un nuevo, oscuro objeto
entre tanto creciente desorden?
La muerte no da razones,
no identifica las piezas
de su secreta e inflexible andadura.

ANIMALES QUE FALTAN

Faltan animales
a mi vida.

Ya no me son suficientes,
aunque nunca
se puede decir,
los suficientes gatos
que agradezco
cada amanecer
y que me recuerdan
que la vida prosigue
incontenible,
siempre en juego.

Falta el hierático camaleón
que es la helada otredad
de cuántos alucinados
magníficos veranos,
que defiende la saqueada memoria.

Falta el fino,
imponente caballo,
que es la pura fuerza
y la belleza, el unánime
y perfecto latido
del vertiginoso corazón
que se desboca
en pos de sí mismo.

Falta el trabajoso ganado
cuyo *cuido* consume agotador
desde el helado temblor
de las horas de la sombra
hasta la seca garganta
del ardiente mediodía.

Faltan los bulliciosos,
torpes cerdos
—los solemnes
y enigmáticos payasos—
que recuerdan
desde un poema de juventud
la salvaje soberbia
de la historia.

Faltan los animales
que hemos llamado carniceros
y contra quienes
siempre hemos querido
jugarnos la vida
para justificar la locura.

Faltan todos
los increíbles,
remotos animales
de los detallados dibujos
de la zoología infantil,
tan superiores
a los personajes tremendos
de los libros
cuyo destino quisimos igualar,
y que precipitaron

la existencia
en ese desastre
que llamamos sueño.

Faltan
los fantásticos animales
que cancelaron
las fronteras de la realidad
para que creyéramos
en un más.

Hemos perdido,
último animal
de una especie,
al animal
que quisimos ser.

Se alejan,
han muerto,
no están
los animales todos.

Terminó la inocencia.

POR UN CUERPO

Celebro la forma
de tu cuerpo
en las arrugas
de las sábanas.

Están impregnadas
de tu olor
de animal magnífico
y súbito
para la gracia
de las caricias
y las furias
de la pasión.

Tu olor
de jadeos,
tu respiración

de mareas,
prevalece
como denso milagro
en el aire
que es sombra
de tu piel.

Te busco
en el espejo
que guarda
la caudal memoria
y el delirio
del deseo.

Eres ese prodigio
que se extingue
y eterniza
en el argentado azogue.

Ni siquiera sé
tu nombre.

RETRATOS

Guardo
unos viejos retratos
de quienes guardan
mis viejos retratos.

Ellos y yo preservamos
con devoción y tristeza
unas imágenes
de tiempos mejores
o, acaso, menos ingratos.

Amarillean los retratos.
Envejecemos nosotros.
Nos está vedado reunirnos
para ese nuevo,
tan necesario retrato
del ahora mismo:
la tan importante imagen
vísperas de la última muerte.

Carecemos
de las imágenes
de nuestro propio fin,

y es el fin.

LOS RÍOS

Era inmenso el mínimo río.
Su boca, tan cercana al mar
que enturbiaba las arenas,
era el principio de la inmensidad.

Ese río de la infancia.

Después fueron otros los ríos,
inabarcables como ilustres horizontes,
pura historia de soberana fuerza
para los que no alcanzan las palabras.

Esos ríos de las sucesivas lejanías.

Y siempre, las mismas aguas,
el oscuro e indeclinable espejo de la vida.

Pero solo hay un río para acabar.

PUNTO DE DESTINO

Se sabe tan naturalmente
que terminó el viaje. Fue un descontrol
que desembocó en el cansancio.
¿Para qué inventariar las copiosas pérdidas?
También se olvidarán,
como las fugaces iluminaciones de la dicha.
Quizás lo más terrible
es que se dejaron atrás las estaciones,
la gloria y posibilidad de su milagro.
Y solo queda la intemperie,
su soledad despojándose de sí misma,
acabando de consumirnos.

REGISTRO DE POSTRIMERÍAS

HAY QUE DECIRSE

¿Cuándo exactamente termina el día,
sus ceremonias inexplicables
como la palabra imposible de un niño
al borde del fin de la inocencia?

Para nombrar ese instante
sería preciso anticipar todos los desastres,
acumular iluminaciones con la suprema indiferencia
de un rey destronado que gobierna
en la sabiduría de una conversación
destinada al olvido en el breve espacio
donde alientan todos los retornos,
victorias idénticas a la armoniosa belleza
de un atardecer perfecto en el azul incalculable
de los mares del destierro donde nace otra eternidad.

Es innecesario hablar, pensar que se es escuchado
como si la voz fuese la absoluta pasión de la música
volcándose de la copa solitaria
en que se busca la calma
que intenta resolverse en un clásico encuentro
con los héroes de fantasías irrenunciables,
la alucinante serenidad de la infancia perdida.

Hay que decirse con palabras precisas la realidad,
y desmentir con vehemencia. Todos están equivocados,
más allá de la redención. Los sueños del despojamiento
tienen una calidad estelar. Canta el firmamento
un misterio propio, inmenso en su pequeñez.

Para ganar el reino fue preciso perder
la lucidez, abrazar la locura abrasadora.
Toda gracia se compra con el dolor.

SI

Si abre,
si cierra,
    negro

o blanco, es igual.

    Si sí, si no,
qué.

    Ese lapso de nada,
fijo,
    pendiente:
puro polvo
en un hilo de agua
desde y hasta cuándo.
    ¿Cuándo?

    Tarde para saber.

PRIMERA POSTRIMERÍA

    Ese día para alejarse
definitivamente
de uno mismo,
más fácil una muerte.
Porque hay ese siempre
en que uno se queda detenido
en lo que nos deja,
y desde el dolor
se persiste
en el delirio del milagro.
Reclaman los propios muertos
nuestra presencia a su muerte.
El como debe ser pase lo que pase.
Pero la realidad nos traiciona
y aterra con sus evidencias.
Los que despedimos hasta la muerte
lloran nuestra muerte.
Y tardamos en morir
contra nosotros mismos.

NOTA

    Un poema que no
                es.
Las hermosas imágenes

han sido abolidas,
también sueño y deseo.
Solo cuentan los hechos
que nos corroen vertiginosamente.
Silencio a gritos.
Uno se reconoce a sí mismo
cada vez menos.
          El mundo
es de los otros.

FIN DE LA MÁSCARA

No la muerte
a pedazos,
sino unos pedazos
acabando de morir.

UN CIERTO PAISAJE

La servidumbre de la memoria
allí donde se llegue, siempre dispuesto al asombro
o a la rutina de días que se hacen cada vez más largos.
Un ejercicio, un ritual donde comienzan todos los regresos.
¿Qué es un hombre solo en un sitio donde nadie le conoce?
En la plaza, los preparativos para la fiesta
son más puntuales que los recuerdos de los ausentes,
de los desastres y los sueños que se quedaron en sueños.
No mencionar la muerte, ni tan siquiera las pequeñas agonías.
Están fuera de lugar. La vida es lo suficientemente difícil
para complicarla con evocaciones. Nada resuelven.
Lo importante es confundirse con la gente;
participar de la ebriedad y del olvido
que se desplazan de la luz a la sombra;
creer, por muy arduo que resulte,
que se está en el sitio propio,
que no existe la necesidad de partir en unas horas.
Mucho después se fraguará un cierto paisaje sobre este paisaje,
del que se hablará con nostalgia en otro sitio
en el que también se es un desconocido.
Ese paisaje será más real en esas palabras
que éste en que se está ahora, perdido, de paso.

TRÁNSITO

Se remansa la escritura,
figura ya débil arañazo
contra la sombra del acabamiento.
Un hilo de voz que disminuye:
se oscurece el hasta aquí, y todo se hiela
en preguntas que para qué respuesta.
Extrañeza de mirarse sin salida.
Palabras que no hay
borrando las que sobran.
Se confundieron las tenaces historias
de ir viviendo, caducaron estériles,
y se quedó abandonado de tanto abandonar.
Claridad que confunde.
Naturalidad del ser a menos, a nada.
Todas las explicaciones
desembocan en el infierno.

EN VILO A MUERTE

No alcanza la luz
ni alivia el manto de la sombra.
Entre dos enigmas pendientes,
una pregunta hacia un Dios desconocido.
¿Fue real aquel árbol o un árbol
es tan solo precario espejismo
contra la marea que invade la soledad del alma?
El silencio desmenuza todas las palabras.
Hemos quedado atrás de nosotros mismos,
como falsos ídolos del descreimiento.
La música de la razón es la final blasfemia
contra la inocencia. Se desvanece el árbol.
¿Dónde la pureza de una voz elemental
convocando el alivio a nuestro ser?
Demasiado silencio. La Muerte
nos reconoce en la muerte.

ECO PARA NADA

Uno se borra de los otros,
es borrado
con suma naturalidad.
Las palabras,
cada vez más escasas, difíciles,
es lo único que se opone a la erosión,
prácticamente en secreto.
Pero es cada vez menos
la capacidad de esa fe irracional
para intentar prevalecer
en desfigurados signos:
la escritura del silencio
para oídos sordos. Borran las palabras
que duelen porque, si algo,
son delirio, ya máscara
de una ficción deshuesada:
mudo eco para nada,
para quienes desde cuándo se es nadie.
Estas mismas palabras,
incomprensibles, inútiles,
en el mismo centro de la noche.

SIEMPRE LA NOCHE

Como una furia,
dejar que la noche
nos devore sin testigos.
A pulso, la falsa cal
de las falsas paredes
de las que nunca seremos dueños.
Espacio que se reduce.
Imágenes de lo perdido,
desvaneciéndonos.
Falta la presencia rectora
de un árbol definitivo,
la certidumbre
de un mar a voluntad,
el súbito de un laberinto urbano
que se reinventa incesante.

Falta lo que se siente para ser.
Sobra el silencio de la algarabía.
Sobran las máscaras
que ocultan el rostro que no existe.
Sobran las sobras.
Y nada pasa, absolutamente nada.
Para nada.

DE LAS PALABRAS

Las palabras solo justifican a las palabras,
vacíos ruidos, golpes desmenuzadores.
Quizás la locura es la incapacidad
de volcarnos en el otro
o la imposibilidad del otro
de descifrar un mensaje que no podemos comunicar.
Toda realidad un estéril discurso de mudos.

HABER SOÑADO

ESCENA

Se extingue saciada la luz
sobre la misma música.
Vuelve a ocurrir lo que ya es memoria.
Todo el tiempo que ha arrasado el corazón
nos interroga desde las herméticas figuras
de unos naipes solitarios:
el juego que no termina, ni importa ganar.
No encuentra mucho la mirada
del que siempre pasa o llega tarde:
los anónimos arañazos sobre la madera de la mesa,
el vaso de licor mediado,
el cenicero repleto
y el paquete de tabaco casi vacío.
También esa carta que nunca se enviará.
No cesa la música.
Cuaja vertiginosa la noche.
Mañana, en otro sitio anónimo, todo se repetirá.
Quizás ya es hora de aceptar

que este acabamiento es la vida entera.
Estar cansa.

EL SOBREVIVIENTE

No tiene nombre
ni historia.
Quedaron en el camino
que despoja incesante.

Es el anciano
que todos los días
se sienta inescrutable
en el mismo banco,
sus ropas gastadas
y pasadas de moda,
como estandarte
de todas las derrotas.

Silencioso, mira
desfilar a la gente
pendiente de sí misma
y del lujo de los escaparates;
a los arrogantes jóvenes
entregados a la salvaje elocuencia
de su vertiginosa plenitud.

Nadie le ve
en este sitio
ahora de moda,
donde por décadas
miles como él
vinieron a morir.

A veces cabecea.

El resto de su vida
bien lo sabemos:
la pobre habitación
con los desgarrones
y los olores
de cuántas vidas anónimas;
la comida frugal;

y las miserias
de la falta de compañía.

La suerte
ha sido implacable con él:
es el último sobreviviente
del tiempo que ya caducó.

HABER SOÑADO

Haber soñado,
nada tiene
que ver
con la vida.

Haber vivido
es tan solo
ese incesante
dejar el corazón
que vertiginoso
va a menos,
en los sitios
de la memoria
y de la presencia,
como homenaje
indescifrable
a un desastre,
cuya materia
era sueño.

Soñamos
palabras
de salvación.

Aguardamos
el milagro
de su reverso,
los dones
de su otredad.

Vamos
dejando
de soñar,

ese es
el único
verdadero sueño.

LA SUPREMA INSUFICIENCIA

DEL SENCILLO VIVIR

Sería bien sencillo vivir
si la vida no fuese tan imposible.
Si el otro no fuera enemigo,
tantas veces sin saberlo.
Si no perdiésemos a los que queremos.
Si siempre se pudiera volver a la misma casa
y al cariño de los nuestros.
Si no nos engañásemos a nosotros mismos.
Si pudiésemos creer con invulnerable inocencia.
Si con el perdón viniese el olvido.
Si cada día tuviese su afán
y después llegase el sueño purificador.
Nada del otro mundo.
Pero hemos quedado irremediablemente atrapados
en nuestros propios laberintos,
en la infamia de nuestras pequeñeces,
en las servidumbres de nuestras vacilaciones,
en las irreparables traiciones al deseo.
Todo se ha reducido al obstinado silencio
de las palabras en las que creemos que vivimos.
Una muerte idéntica a la de nuestro semejante
que, sin saber de nosotros, no deja de repetir
lo que inútilmente decimos.
Más pérdida, más nada.

LA MATERIA DE LA POESÍA

No es
las espléndidas imágenes,
ni el vértigo
de las metáforas.
Ni tampoco es

las deslumbrantes palabras,
ni la alucinante iluminación
y certidumbre de los adjetivos.
Desconoce la autoridad
del intrincado patrimonio
de las referencias.
Está más allá de la final belleza
y el sobrecogedor
salto en el vacío
de la realidad y el delirio.
No es la cruda verdad,
ni los vastos dominios del sueño.
No puede ser la encarnación
del obsesivo deseo.
Es imposible que se ajuste
a las servidumbres de la historia.
Debe ser ajena a la lucidez
y encarnar la razón de la posibilidad.
Requiere la estricta frialdad
de las distancias insalvables
y el fuego del misterio.
Es dictamen definitivo.
Se niega a sí misma.
Acompaña y desgarra.
Es las letras que sobraron
del impronunciable nombre de Dios.

OTRA VERSIÓN DEL VIEJO POETA

Se ha acostumbrado
al vasto silencio,
a la impenetrable sombra.

Todo
(cree)
se ha consumado.

Su creciente soledad
es la acumulación
de una vida de palabras,
el peso de la distancia,

la disminución
y la pérdida.

No tiene sentido rebelarse.

Acepta la certidumbre
y el absurdo
del anónimo fin.

Sabe inútil
que todo es inútil,
y ya nada espera.

Escribe desafiante,
alucinado, preciso,
arrasador, su primer poema.

Quiere ser otro.

Su primer,
único día
—si gracia,
si horrible maldición—
no cesa.

Tan purísima locura.

LA SUPREMA INSUFICIENCIA

No pueden enmendarse
las precisas,
soberanas, entrañables,
arrasadoras
palabras pendientes:
la materia de un verso
suspendido en la hondura
de una iluminación
que no cede la noche.

No puede enmendarse
el peso definitivo
de las inocentes
y salvajes palabras
que se dijeron
en el fugaz vértigo

y la ebriedad
de la locura,
y que nos condenaron
para siempre.

No pueden enmendarse
las insuficientes palabras
que inexorables
nos convirtieron
en desconocido
de nuestra estirpe
y de nosotros mismos.

No pueden enmendarse
las elaboradas palabras
con que quisimos
decir nuestra historia,
y que cuentan otra historia
con la que no sabemos
reconciliarnos.

No pueden
enmendarse
las palabras.
En eso consiste
su gloria
y su infierno.

¿Nos salvan?
¿Nos pierden?

¿No qué?

Palabras
sobre las palabras,
solo palabras.

El silencio de Dios.

A FIN DE CUENTAS

Otros escribieron
los mejores,
soberbios,

imprescindibles poemas–
¿cuántos me quedarán
por leer?

Yo escribí
los míos
queriendo
que fuesen
como los suyos,
deseando ser
como ellos.

No hay términos
de comparación.

Pero finalmente
–puro azar,
más puro absurdo–
nada depende
del poeta,
del poema.

Solo es el lector,
si lo hay.

LAS SERVIDUMBRES DE LA HISTORIA

INVENTARIO PARCIAL

La majestad
de unos árboles definitivos,
perdidos
en cuántos paisajes
perdidos;

la mansa fidelidad
de unos animales
a los que se igualó
el inescrutable latido
de nuestra sangre;

la gravitación
de las hondas casas

que dieron horizonte
entrañable o atroz al estar;

    la diversidad
de las cosas
recogidas como trofeos
de una prodigiosa plenitud
en la ingobernable fatalidad
de la andadura;

    el suntuoso recuerdo
de las palabras de otros,
acompañándonos inmensas
en el sucederse
de las oscuras noches del alma;

    las supremas
y casi insoportables caricias
que tornan insaciables los sentidos,
y la desmenuzadora constancia
de los golpes inesperados;

    las interminables incertidumbres
que erosionan ominosas el corazón;
la belleza de un paisaje
que siempre será un rostro;

    el paladeo
de una inesperada paz
en las súbitas iglesias
que interrumpen
con su luminosa intimidad
y su silencio,
las miserias de las distancias;

    la mordiente desesperación
de la fiebre
y la enfermedad
que ratifican agotadoras
la soledad
y la necesidad de Dios;

    la violencia

que embota tumultuosa
los sentidos
y nos hace partícipes
de la efímera y salvaje
lujuria del poder
y de la fuerza incontrolable;

    el atroz desamparo
y la incalculable gracia
del ocasional encuentro
con los propios y remotos hijos,
tan distintos a uno,
tan infinitamente
mejores que uno
y, sin embargo,
aunque nunca lo sabrán
—y así debe ser—
tan idénticos
a nosotros mismos;

    el deslumbramiento
ante la belleza del arte
—que primero fue
una inalcanzable referencia
hacia el sueño—
cuya conmovedora cercanía
nos concedió
la implacable historia
como sutil compensación
al desarraigo,
y el despojo
de los centros de nuestro ser;

    el cansancio,
el deseo, la derrota,
la memoria y la ardua
e imposible resignación
que es la contradictoria almendra
de la posibilidad
y es, también,
nuestro acabamiento;

encuentros prodigiosos
y desgarradoras separaciones;
la impotencia
de no poder cerrar los ojos
de nuestros muertos:

la vida
que no se sabe
si nos vive
o si la desvivimos.

Cuesta vivir
tanto como morir.
El precio es alto.

HISTORIA DE TODOS

Esta historia
—es preciso aceptarlo—
la escribimos
entre todos.

Todos somos
sus protagonistas
y sus víctimas.

Están de más
las justificaciones.
Todo debe quedar
entre nosotros, y jamás
debemos olvidarlo, al cabo
de la imprescindible justicia
y la ardua compasión.

Hemos llegado
al punto crítico
en que es preciso
un inmenso desenlace.

Es hora
de poner las cosas
en su siempre pendiente,
justo y definitivo sitio.

Es imprescindible,
para que seamos
lo único que podemos ser
y que quizás no sabemos,
que los perdedores
sean los vencedores,
aunque la victoria
pase por más amargura;

Ya es tiempo
de resurrección
–que se escribe
con las violentas sílabas
de todas
nuestras incontables muertes
y la fija agonía
de las monstruosas separaciones
y las pérdidas irreparables
y el fin de tanto sueño
y la renuncia
a los más legítimos deseos
y el riesgo de la esperanza
y la caudal constancia
de la desnuda entrega–,
para que la propia sangre
jamás se levante contra sí misma.

Es a nosotros mismos,
como si dijéramos sobrecogidos
el último, magno nombre de Dios.

Lo impronunciable.

EPÍGRAFES

ÁRBOL SOLITARIO

Vida que deserta.
Un árbol solitario
es triste figuración
de fracaso, rastro inútil

del delirio de la resistencia,
anticipo de ruina.

Deletrea
la más inútil ficción.
Estamos de paso, sombríos,
ya definitivamente a menos.

E inmóviles, es la muerte
que nunca quedó atrás,
donde árbol, si acaso,
es deseable sueño imperfecto,
ya inalcanzable.

POR CIUDADES

Ciudades que he abandonado,
su escritura en la memoria
desfigurándose
como una sombra entre sombras.

Destruye voraz el tiempo,
batiendo mareas de pobreza
que despojan de sueño
y frágiles entrevistos,
siempre en pos de asidero.

Y ya nuevas inclemencias,
qué estériles estaciones,
traspasan finales en ninguna parte.

INSISTENTE MÚSICA

Esas dentelladas que reducen
en la noche, como un amargo sabor
en la amargura de la boca.
Es demasiado tarde
para que llegue alguien y escuche
algo que ya no tiene sentido decir.
La misma, vieja, triste, insistente música;
el cenicero otra vez a punto de desbordarse;
las marcas circulares del vaso
en la oscura madera.

Una vieja historia sin importancia.
Hay un espejo en que nadie se mira.
Otra noche la misma noche.
El silencio son unas rotas palabras.
Es tiempo de irse.
A nadie le importa este vacío.

ROMPE LA MUERTE

Si no acaba,
una raíz en la lengua
de los muertos.
La luz de lo que terminó
es el castigo de los árboles
en que late secreta la sangre.
Pero se han borrado
las caras de la moneda
para comprar un pobre milagro.
La piel de la vacía noche
devora los cachorros del sueño.
Rompe la muerte que no acude.

SÍLABA CONDENADA

Ni siquiera un árbol
para el treno.
Y estériles se parten los labios,
ya sin los espejismos,
en que fue asesinada la inocencia.
Abandonada razón de mi sangre,
se consume el sueño
en la pura memoria de lo perdido.
No hay estatuas para la piedad,
intrincados jardines
como un perdurable don
de benigna locura. Imposible milagro,
todo deseo es estertor de muerte.
Su sílaba condenada.

EPÍGRAFE A LOS MUERTOS DE MI PATRIA

Anónimos mis muertos,
oscuros. Demasiada vida
y distancias insalvables
entre nosotros, tan distintos,
sin posible coincidencia.
Cada cual en su sitio,
nombre que no sabemos
o que falta sin remedio.
Si violento el fin o inacabable
en la sucesión de los días,
ya somos tan iguales
en el idéntico paisaje perdido
en la proximidad o la distancia,
y los disímiles sueños.
La sangre de las constelaciones
ignora la noche de su martirio
y el milagro de su resurrección.
El hijo de Dios debe ser crucificado.

DOS RETRATOS

VIEJO ANIMAL MORIBUNDO

Es preciso respetar al viejo animal moribundo.
Su vulnerada majestad, tan inerme, es más terrible
que las viejas heridas que proclaman opacas
la fuerza deslumbrante de su plenitud,
como una orgullosa bandera desafiando a la intemperie.

El golpe fatal quizás es el menos doloroso,
acaso no rabia su carne, sino el instinto
de esa disminución que lo repliega final
a la hostilidad de las densas sombras,
los pasos más desiertos e impenetrables,
los despojos de la soledad
en que devora torpemente su orgullo la carroña.

Ahora le sobra el universo que cupo en sus ojos,
le rechazan los ofrecimientos de las distancias

en que mató en saltos vertiginosos y precisos,
y engendró para que toda su fuerza incontenible
fuera la provocación y la belleza
de una naturaleza intacta como el primer amanecer.

Ahora busca con acumulada astucia
su sitio secreto para morir solitario,
enorme silencio en el silencio mayor, impenetrable.
Todo lo rechaza. El abandono fue creciendo
contra él en sucesivas y subrepticias jornadas.
Solo persiste la crecida del hostil acabamiento.

Va al encuentro de su pudorosa muerte invisible,
si la suerte le acompaña.

RETRATO

Bebe, fuma y come con exceso.
No puede vivir sin amor.
Adora la violencia.
Persigue la calma, el olvido.

Busca la seguridad
y la rechaza. Anda solitario
y va final en pos de compañía.

Es silencioso, y cuando habla
con vehemencia, duda
que se entiendan sus palabras.

Sabe mentir, golpear,
ocultarse. Se entrega sin reserva,
y desaparece.

Ama los libros, los cuadros,
la música, la materia diversa
que traduce la belleza, el lujo
y sus complacencias: un orden perdido.

Es feliz en la intemperie,
en lucha perpetua con los elementos
y cualquier enemigo implacable.

Nada tiene y todo lo da.

Quiere ganar siempre
y cuando pierde
se alegra de tener que luchar
de nuevo por algo, sin esperanza,
como un deber magnífico.

Es soberbio, comprensivo, hermético,
generoso, frío, sincero, calculador,
sentimental, agresivo. Duda de su inocencia
y expía una culpa que no puede definir.

Ama el mar y desea ser un árbol.

Son muchas sus biografías
y ninguna coincide con otra,
mas todas son verdaderas.

De él queda un retrato, anónimo.

POESÍA EN TRES PAISAJES

POESÍA EN TRES PAISAJES de Armando Álvarez
Bravo se publicó en República Dominicana,
por Amigo del Hogar en 1999.

400

PRÓLOGO

Armando Álvarez Bravo es un poeta de la diáspora cubana. En nuestro tiempo esa poesía tiene su razón de ser en el exilio. En una democracia popular estos poemas serían impublicables. Estos poemas son contemplativos y confesionales a la vez. Se originan en una trayectoria marcada por el exilio y testimonios sobre la raíz de un holocausto. Una sociedad como la cubana, dominada por la censura, no aceptaría estos poemas como poéticos, puesto que la raíz misma de la sociedad totalitaria es atacar la actitud de locución de los ciudadanos.

En estas sociedades el poeta debe actuar con cautela ante la perspectiva de una palabra libre. La poesía de Armando Álvarez Bravo habla del exilio y la poética de este libro sería vista como el resultado de una herejía. Estos poemas serían puestos en el índice. Tratan sobre una revuelta radical al *horror vacui* de una sociedad aplastada.

Detrás del pórtico de la historia cubana la poesía deviene a ser un reflejo del totalitarismo centrado en el Estado que justifique el caos que predomina en la sociedad.

En el caso de Armando Álvarez Bravo estamos ante una poesía cargada de furor y misterio y también de dolor. Creo que es imposible considerar la labor poética cubana sin tener en cuenta el desarraigo del cuestionamiento del quehacer poético bajo la presión de un estado dictatorial. La puesta en duda del hablante lírico y la falta de una conciencia del lenguaje donde una especie de lengua de madera predomina a la comunicación bajo el Estado.

Estamos hablando de una poesía de la restitución, no solo en el sentido histórico, sino también en el sentido poético. Vuelta a una especie de revuelta poética hacia la paradoja de una historia siniestra donde el poeta debe sortear su camino ante los fantasmas de un poder totalizante. De ahí que en este proyecto se vuelva a una actitud de locución que no se relaciona con el vanguardismo común a mucha poesía latinoamericana. La necesidad de transgresión del poeta cubano contemporáneo se ramifica al llegar a un grado cero del pensamiento cautivo. Sordo al murmullo interior de la verdadera historia. A la boche de la cruel liturgia del Estado totalitario corresponde el dolor del poeta desterrado. La palabra instauradora del poeta se hace presencia solidaria de la verdad de su destierro.

La expatriación no se interviene como un epílogo reasegurando el estado ilegítimo, ella instituye más bien la palabra, un memorial de la presencia poética.

En fin, entendemos que la grandeza de la poesía de Armando Álvarez Bravo es un retorno a una tradición discursiva donde el poeta se proyecta como rodeado por una ética opuesta a un Estado totalitario, que incluso en su maquiavelismo es exportador de «poesía». En América Latina la poesía está rodeada de un horizonte de expectativa deficiente. Lo que es la poesía en el contexto universal sin localismo es lo que Armando Álvarez Bravo realiza con esplendor.

FERNANDO VARGAS
Candidato PHD
Universidad de New York

UNA SUERTE DE EXPLICACIÓN

No requiere finalmente explicación la poesía. Su participación, como sucede con la Fe, es una gracia. Pero cuando la vida del que la hace está llena de altibajos, conviene a su inteligencia la formulación de una carta de navegación que precise sus singladuras. Así, como aspira a ilustrar el título *Poesía en tres paisajes,* este libro lo conforman tres poemarios. Son: *Rastros de un merodeador nocturno, Noticias de Nadie* y *Solo se puede confiar en la soledad.* Se escribieron en Cuba, Europa y en los Estados Unidos, respectivamente. Es decir, en tres paisajes, tres circunstancias y tres estilos de vida bien distintos entre sí. También, tres experiencias últimas que con su intensidad fueron y desgarraron la vida del poeta, tocando como nunca quiso a los que quiso y quiere.

De esta suerte, estos poemas, que considero fragmentos de un único poema, son tanto testimonio de noche oscura del alma, como de iluminación. Certidumbre que raras veces se otorga no en los límites del espectro de vivencias, sino en la purísima evidencia de la sencillez, cuando la tensión de la poesía rescata para nosotros la naturaleza perdida que es almendra de toda la poesía: la inocencia. Más de una vez he afirmado que un poeta es un hombre que quiere ser todos los hombres. Un recorrido por estas páginas confirma mi aserto. Cada poema fue escrito por un hombre único e irrepetible. Pero al encarnar en renglones rotos y casi remotos, he aquí que siempre acababa por reconocerlo como mío. Tremendo Calderón: ¿Es la vida sueño? ¿Son sueños los sueños? Llegado a este punto, a ese enigma que, como la literatura que desde mi infancia me hizo y hace dueño de tantos mundos extraordinarios, rescatándome de otros mundos que abomino, descubro cuánto integra la esencia de mi escritura un milenario y prodigioso cuento chino que me alucina desde mi más temprana adolescencia. Dice: «Wang Lu soñaba que era un hombre que soñaba que era una mariposa, que soñaba que era un hombre. Y al despertar no supo si era un hombre que soñaba que era una mariposa o si era una mariposa que soñaba que era un hombre». Tal, en la dicha y el desastre, es el patrimonio del poeta. Al hacerlo participable al otro, al semejante, no hace más que dar cuenta de un instante del paso del tiempo. Otra de sus eternidades. No hay en los poemas de este libro formado por tres libros que plasman un pasado y un siempre, nada más que la vida de un hombre. Es nada y es demasiado. Tiene tanto de claridad como de oscuridad. Sabe de esperanza y desesperación. Está dominada por la calma y el torbellino. Acepta sus culpas y se cala del propósito de la enmienda. Lamenta y celebra. Da estricta fe de las cosas y aspira a la reconciliación.

Sueña. Pasó y está por pasar. Aguarda. Agradece hasta la cruz de la espada. Confía, aunque no con la intensidad que quisiera, en la misericordia de Aquel del Secreto Nombre Impronunciable. Todo lo demás, hasta estos poemas –que dedico a los que quiero, que deben saberlo a estas alturas– son, como diría Borges, unas tiernas imprecisiones.

ARMANDO ÁLVAREZ BRAVO

I. RASTROS DE UN MERODEADOR NOCTURNO

MARCAS EN EL CAMINO

SITIO DE UNA INFANCIA

Donde estuvo el árbol
ahora crece la hierba mala,
se amontonan los escombros.

De la casa
tan solo quedan unas ruinas
calcinadas por el fuego.

El camino de tierra
donde al anochecer
resonaban los pasos del miedo,
desapareció en la maleza.

El hueco
por el que tantos años
se miró a la vida
sin decir palabra,
ya no está.

Permanecen algunos
de los mismos nombres
de aquel entonces,
sus recuerdos,
            el polvo,

    el polvo tenaz.

EN PLAYA HERMOSA

Donde la inmensa sombra del árbol
guarda la huella precisa de la infancia
y socava la casa lentamente,
hallo la estricta verdad. Verano

soñoliento, en estas recias hojas
ha quedado ensartada la vida,
prolongándose en pesadas ramas

que penetran el familiar silencio.

Probable, improbable fijeza
de ciertas presencias, ciertas nostalgias,
el hasta dónde es posible y el

hasta cuándo, como el más severo
fruto ofreciéndose orgulloso
a toda estación, a todo viento.

EN EL PORTAL

El patio exuberante
de plantas

y los rápidos
insectos nocturnos

–casi se creería
que ellos son

los únicos testigos
de nuestra vida–

siempre los mismos,
siempre cambiantes,

igual que nosotros.

MARINA

en la playa
de noche

una luz
en el invisible horizonte

los cangrejos se escurren
entre las algas y las conchas
y los derelictos

palabras
en una hoja
de uva caleta

las fijas constelaciones
los pinos mecidos por la brisa
la arena

en blanco
somos el mar que nos hace

SEQUÍA

En el aire ardiente todo reverbera.
La vegetación del jardín
se abate sobre la tierra cuarteada.

Los insectos revolotean torpemente
entre las hojas que cubre el áspero polvo.

Ya la memoria de la lluvia
tan solo persiste en el silencio de los caracoles.

LA CARRETERA JUNTO AL MAR

Al amanecer, la carretera
que bordea el mar
está completamente desierta.

Sobre la arena
en la que dejaron sus huellas
la oscuridad y las aguas
y las criaturas
que solo son reales
cuando el sueño es denso cual la muerte,
sopla un viento helado.

Ahora ésta es una tierra de nadie.
Pero dentro de poco,
el día, abrasador,
simulará un orden perfecto
hasta la verdad tremenda
de la noche,

de lo impronunciable.

TARDE EN EL ZOOLÓGICO

En el zoológico,
a las seis menos cuarto
de la tarde,
los avisos de los guardianes

desatan la tristeza.

    Los visitantes buscan
con paso rápido la salida,
cansados de pronto, silenciosos,
incapaces de responder
a las preguntas de los niños
que miran hacia atrás
cual si todos los animales del mundo,
cual si todo fuese a desaparecer
para siempre.

    De súbito,
a las seis menos cuarto,
en el zoológico,
se ha hecho el silencio,
y la tarde ha fracasado.

TRAS LA LLUVIA

    Tras la lluvia,
las horas inmóviles
en que es más tenaz
el gravitar de la memoria,
la humedad se extiende
unánime, pareja
a la sombra, ganando
la trabajada superficie
de las cosas,
de los cuerpos,
estrechando ominosa
su dogal implacable.

    Las siluetas derribadas
en los crujientes sillones,
silenciosas en la penumbra
que crece, esbozan
gestos lentísimos, parsimoniosos,
que clausuran
la enervante jornada.

    Un caracol se desliza
a lo largo de un sendero

dejando tras de sí
un rastro de babas,
y de entre el follaje,
abatido y chorreante,
surgen las mariposas
que buscan la luz,
el fuego que acabará
por petrificar sus alas.

El espacio entre
cada palabra
se dilata,
y una noción de impotencia
irremediable
circunda el corazón
que se extenúa
en el incesante correr
de las horas.

SIN HÁBITOS HUMANOS

En Dourados, Mato Grosso do Sul,
un ser primitivo de origen desconocido,
baja estatura y facciones simiescas,
vive con una familia de hacendados.

Le llaman Tomaz,
y pertenece a una especie
muy diferente de la raza humana.

Tomaz aparenta tener más de cien años;
come pescado putrefacto
sin perjuicio de su salud,
y logra decir papá y mamá.

Pero Tomaz llora extrañamente
en las noche de luna, y duerme
en cuclillas entre los animales.

TRÍO

Los tres vivían en la margen del bosque,
junto al mar, en una blanca casa tan enorme

como acogedora, que siempre bañaba la brisa.

Eran dos mujeres muy hermosas
y un hombre de conversación y modales exquisitos.

Pasaban sus días nadando, pescaban y cazaban,
recorrían los senderos de la exuberante espesura
o, simplemente, se tumbaban al sol
sobre las cálidas e increíbles arenas negras
de la playa desierta, hasta que la noche
les deparaba la música y los libros
y el diálogo que aduna en un círculo de luz.

Para ellos no existía nada fuera de aquel lugar,
de aquella íntima plenitud, de aquella espléndida
e interminable estación y la gloria de las constelaciones.

Jamás hablaban del amor, y compartían el mismo lecho,
ya olvidados de lo que los reunió.
Sus bodegas estaban exquisitamente colmadas,
y varios sirvientes diestros y discretos
garantizaban, casi invisibles, su complacencia
en el perfecto orden doméstico.

El paso de las horas era la materia de su dicha inmensa.

LA VIEJA SEÑORA BARRE LA ACERA

Diariamente, muy temprano,
la vieja señora barre la acera
del frente de su casa.

Reúne en una nítida pila
los restos de la noche,
los fragmentos de un día irrepetible
y, sin embargo, idéntico a todos los días.

Durante años, ella ha hecho lo mismo,
deteniéndose de cuando en cuando
a conversar brevemente con los que van
apresurados al trabajo, a las compras
o llevan los niños al colegio:
los rostros familiares de todas las mañanas.

Si uniéramos todos los desperdicios

que la vieja señora ha reunido,
formaríamos una montaña;
y si de pronto desapareciera toda la vida,
la ciudad entera tragada por un desastre,
los arqueólogos del porvenir
podrían descifrar en ella la historia
de lo que fuimos y lo que quisimos ser.

Pero siempre, como sucede fatalmente
con las civilizaciones que estudiamos
en los libros y las ruinas, parte de esa realidad
reconstruida a partir del silencioso rompecabezas,
permanecería en el misterio.

SINGLADURAS DEL ÁRBOL

POEMA

Noche bien entrada:
la hoja que abrasó el mediodía
y el ceremonioso camaleón,
invisibles ahora en la oscuridad,
aguardan a que se consuma
el lento aceite de la lámpara
que sustenta benigna
la presencia del antepasado.

Llega el payaso dando tumbos.
Saluda circunspecto.
Su nariz abofeteada
y su risa son un misterio:
los entorchados de su gloria.
Transformado en los espejos,
el payaso dice: *Duérmete mi niño,*
y de un salto tremendo
ocupa el lecho con su inútil garrote.
Allí comienza a crecer y decrecer
su certidumbre multicolor,
mientras se hacen pedazos los párpados
y las caricias más lentas.

Languidece la conversación.
Los torpes insectos nocturnos
se obstinan en su antigua danza
en torno a las luces.
Pero alguien nos canta
para que seamos dichosos,
y el vaso de agua helada
nos da su bendición.

Poco a poco, como un secreto
fabuloso y participado
en deriva hacia su alba,
la brisa nos llena de cálidos
hasta mañana, y se inaugura
el capítulo mayor de la noche,
la quietud de sus aguas.

VERDE

No mira, navega la hora
con la fijeza de una rama
que se alegra en su verde.
A su canción se inventa un salterio.
Mucha lluvia ha borrado
las inscripciones de la arena,
los rápidos o minuciosos garabatos.
Y ya, como un dogma, el caracol
traza sus caminos romanos
a través de la humedad. Su deliberación
es más antigua que toda alabanza.
Crece como lo invisible en el espejo,
deviene horizonte. No sabe,
no puede saber el dictamen
de los calendarios. Llega a su destino
y comienza su destino. Voluntad
de árbol que persiste en el sucederse
de áureas estaciones; discurso cuyos blancos
aspiran a una íntima participación.
Tal es su encuentro, tal su esencia:
la imagen incesante como constelaciones.
Palabras de un niño que lanza sus dados

con certeza de lo inmenso. Navegar
confiado de oscuras savias
que solo son capaces del milagro de la luz,
mirando sin mirar, viendo,
en la alegría de su verde único.

BÁQUICA

La vendimia de la noche
inventa cosechas al deseo.
Alegría del caldo excepcional,
del vino reservado para las nupcias
escamoteadas a la fugacidad.
El bebedor convoca a su lujo
a los guardianes de la ocurrencia,
y en la humedad de la bodega
las anónimas telas de araña fijan hialinas
el fulgor que se dice a sí mismo
la metáfora de una fiesta clásica.
¿Bebemos la copa de la locura?

EL ENVIADO

El enviado trae la orden de su muerte,
el rosetón de la sangre en sus alforjas.
Caprichoso azar, quizás sabe con exactitud
de arenas que se deslizan hacia su cristal,
su destino antes de la cabalgata última;
pero la insaciable llanura y el diverso horizonte,
la gloria y el enigma del paisaje
que corta con sus naipes en el tablero de lo imprevisto,
son como el amor, y el fuego debe consumarse en el fuego.
Los saludos y el golpe final son necesarios a la leyenda.
La estelar disponibilidad, la entrega, a la vida.
Los que te ven pasar, vertiginoso jinete,
contarán tu historia de espejismo
multiplicada en un libro de labios infatigables.
Los que sobrecogidos en su hielo presenciarán
tu caída de árbol en la quietud central del día,
la perpetuarán en la memoria de la estirpe.
Morir así es entrar en la eternidad

con la sonrisa de un nadador
en cuya piel está escrito el secreto de las aguas.
Los dioses son prolijos en sus juegos,
que son nuestro destino. Ellos saben
que la muerte es una palabra mal pronunciada,
apenas comprendida. La herida mortal, nacimiento.
Los mismos dioses te envidian, enviado.

MEMORIAL DEL PEZ

Escapa el pez
hacia la sombra inalcanzable,
adquiere la respiración
de las plantas que se mecen
en un sueño de viento.

Siempre estuvo allí,
donde la profundidad se inventa
en un álgebra de movimientos
anteriores a la noche
que respira su reverso.

El pez ignora
lo que ya olvidamos,
aquello que siempre recordaremos;
le basta la quietud
que se perfecciona en la transparencia
donde se diluyen los rumores
de la caída inmemorial.

El pez se reconoce
en el destello que pasa
con la gravitación
de un lentísimo juego infantil
al margen de lo nombrado.

Su sangre es un latido
que se extiende
hacia la antigüedad
de las islas donde la luz
era un proverbio de la sombra.

Solo el pez puede dormir

en la vigilia de las aguas,
desnudo como en los orígenes,
ascendiendo a su imagen
desde su arquetipo.

El pez es una historia
sin historia, una leyenda
sin leyenda. Pero no hay historia
ni leyenda si falta
a la palabra y al silencio.

El pez ni posee ni desea,
le basta ser, estar,
más allá de las definiciones,
pura presencia, plenitud,
como en el principio, como en el fin.

El pez nada
en el espejo sin fondo
hacia la copa de los árboles,
multiplica su vida
en constelaciones desconocidas.

El pez se define a sí mismo
en el paisaje secreto
de un latente oleaje,
su plata como mármol
mecido por un signo irremplazable.

Solo él posee la noche
en su inocencia interminable,
tan ajeno al temblor de los metales,
al diseño de las costumbres
que se pierden en su espiral.

El pez navega las entrañas
de la fluidez,
gana siempre su batalla,
establece su dominio
sin necesidad de fronteras.

El pez es la lectura
que descifra todas las claves,

la iluminación que da sentido
al caos y al orden,
el invisible alfabeto
de los inmortales.

Comprender al pez
es participar del siempre,
mascar la almendra
de lo incomunicable,
ser el huésped.

El pez escapa,
nada en tus ojos.

EL QUE DUERME, EL QUE NADA

La rúbrica del coletazo rompe
la maternal quietud de las aguas del mosquitero,
y una ola lame los ojos del dormido
por la gracia del polvillo fabuloso.
Es el tiburón. Su relámpago de plata antediluviana
hace tintinear con las insaciables navajas de la furia,
las campanillas que desbocan el silabario de la pesadilla.
La historiada bahía de la costumbre juguetona
traspasa su prohibida hondura a la habitación amable.
No hay resguardo. Solo la visión familiar de un paisaje
donde las huellas del vivir se han incorporado a la piedra,
y donde se practican las complacencias del capricho.
En la negrura de las aguas que todo lo tragan,
ahora es mi cuerpo tembloroso el que implora una moneda,
atento al peligro de la aleta de la sopa prodigiosa
y del desgarrón fatal. En lo alto, cual impasibles
estatuas romanas, los que aprendieron la crueldad
en la abundancia de la sobremesa respetable lanzan *el kilo,*
y me hundo tras su círculo una y otra vez,
imaginando la golosina del riesgo y la frialdad.
¿Sueño? ¿Estoy despierto? ¿Quién me despojó
de mi recta suerte de niño triste y mimado? ¿Qué sucede?
Bajo sin guía a los infiernos cuajados de desperdicios
que flotan en un arco iris de petróleo.
Y no sé si estoy despierto o duermo soñando que no hay bahía,

ni aguas de súbita sangre, sino tan solo la golosina apetecida,
mientras se agitan llenos de presagios los tules
del mosquitero invisible en la habitación encantada.

MADRUGADA DE GRAFITO

El silencio corta la noche
con tijeretazos de sastre sonámbulo.
La mesa, los muebles, la sala toda
es un campo de batalla donde los libros
y los papeles regados hacen guiños
a la guardia de flores soñolientas
que aguardan el relevo matinal
ante la indiferencia de los adornos.
Duermen todos; duerme hasta el pequeño gato
salvado de la crueldad por el azar
de una demorada conversación.
Arriba, el lento roce de los cuerpos
en la nieve de las sábanas. Abajo,
párpados abiertos a demasiada vida.
Duermen todos; duerme hasta el sueño,
y falta el cigarrillo que nos sostiene
en el oleaje de la madrugada de grafito
que sobrevuelan puntuales y susurrantes
nuestros ángeles y nuestros demonios.
Los ceniceros repletos y las tazas vacías
toman aires doctorales, y nos recorre
el escalofrío de la hipocondría.
Pero siempre hay algo más poderoso
que el dolorcillo familiar que retoza
en nuestras entrañas con tesón de estudioso germano.
Apaga la luz; acuéstate sin hacer ruido.
Descansa tranquilo como todo y como todos
los demás en tanto llega el amanecer
con su cara de etcétera y la pregunta:
¿Dormiste bien?

NOCHE PERPETUA

Noche tras noche, en el hondo comedor
donde la oscuridad busca la bendición

de los utensilios de cobre, mis manos
acarician el rojo mantel de terciopelo
que reclama las cortesías de la brisa.

Voy a dormir, pero no sé si ya sueño,
porque magníficos, ángeles y duendes llegan
a dialogar serenamente entre los sólidos muebles,
cuya severidad atenúa la delicadeza lunar
de las antiguas porcelanas.

El puntual estampido de la pólvora
anima con su eternizada marcialidad
a las inmóviles criaturas de los libros
de cuentos, las congrega en un tropel
que supera a la mejor fiesta.

Dispersos, los juguetes esperan
la orden del último bostezo,
para entregarse a la invención
que repite infinitamente la gloria
y el misterio del nacimiento del juego.

La noche me adentra en su tibieza,
abre para mí todos sus cofres,
me otorga el don de palabras inmemoriales,
la gracia de vivir todas las vidas,
el secreto de realizarse en el deseo.

Atravieso el espejo. Todo me pertenece.
Pero lo que ahora es evidencia deslumbrante,
habré de olvidarlo hundiéndome en una suave nostalgia.

Mañana, siempre, será la reconquista de un recuerdo.

Noche perpetua.
Dicen que duermo.

MÚSICA PARA DOS

NOCHE EN FRAGMENTOS

Un aire frío asciende desde el mar realizando la nostalgia más
antigua. La neblina se inmoviliza como una medusa sobre las cosas,

traga las figuras que se incrustan en las oquedades de la sombra. Todos van muy aprisa y, de cuando en cuando, miran con sobrecogida cautela hacia atrás. Buscan con avidez lo que no está, encuentran lo que no debe estar. No ven nada. Un escalofrío me muerde la piel. Las calles quedan desiertas, devienen laberinto sin centro. La luz de los neones se malgasta en el vacío. Un ómnibus avanza vertiginosamente hacia ningún sitio con su carga de dormidos. El amor fácil, el amor difícil. Miradas que interrogan, que no son respuesta. Caricias furtivas, desesperadas. La precisión de las palabras imprecisas. El rostro desconocido por siempre. Nombres que no se pronuncian. El tiempo que no pasa, el tiempo que no alcanza. Las manos vacías. Muertes rápidas como un golpe interminable de viento, como una ola que avanza desde el horizonte.

Remolinos de papeles sucios, rotos, de áspero polvo. Ir hacia qué. Pasos en pos del sueño que alejan el sueño. Monedas perdidas. Árboles como templos abandonados a la intemperie. Erosión, escombros. Puertas, ventanas cerradas. Casas populosas y casas vacías. Presencias inaccesibles en un sitio desconocido. Ausencias irreparables en un sitio fijo. Pensamientos en que aúlla la vida. El cansancio que veda el reposo. Ojos, oídos, bocas que traspasan la noche con su deliberado desvelo. El canto secreto de los mendigos invisibles. Una música distante reiterando su promesa de constelaciones. La resonancia interminable de cada gesto. Uno mismo que no se borra. Todos vamos a morir. Aquí levantaremos la ciudad. Aquí haremos realidad el amor. Desmesurados.

TEXTO EN LA LLUVIA

Fuego o hiel, arco iris de palabras, reunión, el horizonte es un anillo de agua, una matriz transparente. Llueve, y el aguacero nos abandona a nosotros mismos. Ya no renunciaremos a nada. Simplemente poseemos. Todo lo que fue, vuelve a ser. Y aquello que será es palpable en su inminencia. Esta es la fiesta del primer libro sagrado, y la anticipación del último. Ni soledad, ni compañía, ni circunstancias, ni cosas importan cuando acontece el silencio que conforma el lenguaje del agua, su catarata de imágenes. Ahora vivimos todas las edades. El crepitar de la vida ingresa en el eco de la muerte. Ambos se adunan. Verdad con verdad. Círculo. Ya la eternidad es un sacramento vivido en un íntimo tumulto. Mi eternidad y la tuya y las otras que ni siquiera sospechamos: las innumerables eternidades de una única eternidad. Llueve como en los principios, como en el caos. Llueve hacia el fin, cual lloverá en la consumación de los siglos: la víspera de lo impronunciable. Y renacemos de muerte, de vida, para ganar un fragmento de otredad. El tiempo de la lluvia se cumple en el designio de sembrar una certidumbre y una nostalgia y un deseo. Es la iluminación de una plenitud. Cuando termine el aguacero quedarán los conjuros infantiles, los reclamos milenarios que brota la memoria desde el polvo. La lluvia venidera es una promesa de redención. Esperémosla. Esperemos. Pero que no se cierren ni abran los ojos. La lluvia ignora los párpados. Confiemos en ella al igual que en la sombra de un pájaro entrevisto al atardecer. Pronto volveremos a participar de lo inmenso.

MAÑANA

La mañana sorprende sin palabras. Late como un corazón en los ritos tumultuosos del amor. La claridad dice: es la hora. El viento apremia. Habrá que formular un follaje de signos. Es preciso trazar garabatos que devengan posibilidad, afirmación. Escribir luz, mareas, árboles, cuerpos: anverso y reverso de las cosas. Porque todo canta en la víspera de su plenitud y sus cataclismos. Porque los labios no pueden formular la blasfemia de un silencio que niega la materia estelar del silencio. Porque es preciso que sueño y vigilia sean la única certidumbre: ser y estar. Porque es imprescindible que se conjuguen deseo, acción y calma interminables. Mañana, la mañana. Todo palpita desde el devenir de su permanencia. Se cumple el misterio inmóvil de los núcleos de la fluidez. Tiempo de trenos, tiempo de salmos. Definición de lo indefinible. Desnudez. Peces que son hojas. Ramas que son arrecifes sumergidos. Pon las manos en lo que se te ofrece, en aquello que se anuncia. Palpa lo que no tienes. Sé quien sabes. Solo es lógica la inocencia. Tan solo ella es especie hacia la promesa de salvación. Practícala en el deslumbramiento de una nebulosa. Comienza el canto que quedó trunco la tarde que se precipitó en la noche con un sí. No aguardes, que todo aguarda en el centro de la mañana. Todo, uno mismo, la misma mañana. Es la hora.

MARINA

Llego a tu cuerpo como el oleaje del invierno. Lo cubro, y los árboles perdidos en el horizonte se incendian en el crepúsculo multiplicado por las algas. Tu piel es un arco iris. Tus cabellos tienen la numerosa oscuridad del nacimiento de los caracoles. Tu voz y tu respiración se igualan a la caída de las hojas. Tu mirada es intraducible, intransferible, final. Marina. Cuerpo. Costa. Unas nubes escriben oraciones asombrosas en el cielo para que una bandada de pájaros se inmovilice sobre una cresta. El viento vocifera imponente desde los relatos de la infancia, y el paisaje fluye en secreto hacia el corazón de una espléndida batalla. Ya el sol es un círculo de hielo que embellecen tus ojos mientras dos fuerzas ciegas e inexorables chocan, se confunden, se reúnen hasta ganar un silencio y una calma inmemoriales. El mar se retira. Desciende la noche. Te sueña y te dice. Milagro vertiginoso. Presencia y deseo. Víspera y plenitud. Siempre en el siempre. Primera y última palabra. Sola. Inmensa. Única. Perdimos la muerte en un éxtasis, y ya vivos, ya iguales, ya distintos, no buscaremos más nuestros cuerpos y armas y banderas sobre la arena de una playa desierta que no es sino un cuadro idéntico en dos sitios remotos y sin semejanza, donde es sueño el desvelo de los ejércitos de la noche.

CASI UN SUEÑO

Nace la sonrisa, muerden los labios. Es la hora de recordar los recuerdos. En la pared, la salamandra saluda al invierno con su misterio de fuego. Su simetría dice ya. Todo ha huido para permanecer. El deseo sobrevuela sus vísperas. El tiempo es un cuaderno en blanco, un libro cerrado. Entre líneas, el paisaje exige una presencia, una comunión. Luego, ya, siempre vamos a encontrarnos en el éxtasis de una piel. Para entonces, la noche será más tremenda que el mar. La respiración inventará la música. Hora poblada de árboles en los mapas del sueño. Transubstanciación de las cosas. Cómo olvidar que nacimos desnudos. Cómo no ser en el otro. Hay demasiadas catedrales en la punta de los dedos. Un horizonte de espuma que visitan los pájaros, exige el delirio y la quietud de los cuerpos. La íntima humedad sella los abrazos. Cada gesto queda escrito en el firmamento. Mira las constelaciones de tu día por venir. Nunca acabarás de nombrarlas, de cumplir su promesa interminable. Ya es ayer, ya es mañana. Nada ha pasado. Tus movimientos desembocan en tu verdad primera con instinto final. Tus acciones no necesitan la escritura. Vivir es la ignorancia del reverso. Hay un espejo en el abismo de los poros. Por cada sílaba trunca, una caricia precipita en la eternidad. La hierba es un sagrario que prodiga dones incalculables. La oscuridad está poblada de jardines hacia tu sombra sabia cual mediodía. A tu ser corresponde la diafanidad del cristal, el eco de la luz. Dos siempre será uno. Vengan sol y lluvia. Solo importa una canción escuchada en los flancos del silencio. Al universo le basta un cuerpo para ser. Una gota de agua es la huella y el milagro de toda la realidad.

VIVIR ES TANTAS COSAS

CUATRO

Un grito,
el fuego,
el agua,
el silencio.

Algo que no
se puede
pronunciar.

DIÁLOGO

El loco y el payaso
—sus manos sobre la mesa—
dialogan.

Su silencio
incesante
todo lo dice.

Todo.

Pero nadie los escucha.

EL ENCUENTRO

Llegas vertiginosa y final
desde el sueño de un paisaje.

Faltan las demasiadas palabras
que saben los duros labios silenciosos
para celebrar tu realidad.

La vida es tu presencia,
tu ser sin condiciones.

La luz de la luna

siempre será
en nuestros cuerpos desnudos.

RECUERDOS

Las piedras, las semillas,
las pequeñas cosas
en los libreros, en las mesas,
por todas partes.

Esto es un recuerdo de...
Aquella de...
Y eso de...

La memoria ocupa tanto espacio.

HISTORIAS DE NAZARETH

En este sitio, el Demonio
se hizo ciervo para infamar
la estirpe de los ciervos.

En la lenta duración de la noche
y la incertidumbre abrumadora
del día, sembró el terror
y la tristeza en la piel del paisaje.

Y en este sitio, Jorge,
magnífico jinete todo coraje,
galopó sin tregua contra el ciervo
hasta precipitarlo al mar.

Esa huella de un casco en la roca,
al borde del insondable abismo,
la imprimió su caballo vertiginoso,
salvándose así hombre y bestia
de la muerte atroz, de la caída
al mismo filo de la victoria.

Tiempo después, de aquí,
de Nazareth, donde la belleza
es una fácil costumbre,
partiría Vasco de Gama
a conquistar tanto mundo.

Nadie puede decir en verdad,
cuál de las dos historias
es más fabulosa, más memorable.

Nadie puede decirlo, ni tampoco
esto tiene la menor importancia.

PARTIDA

Las mano lanza
los dados.
Brilla el marfil
en el aire;
dice en la mesa la suerte.

Ases.

Suyo es el triunfo;
suya mi muerte,
tan pobre cosa.

Jamás la vida.

NOVELAS PARA EL OLVIDO

NOMBRAR, VOLVER LA MIRADA

Nombro todo lo que conocí una vez:
las fuentes, los jardines casi secretos,
el prolongado silencio, la penumbra
de las habitaciones donde me aislaba
rodeado de viejos libros y reliquias familiares.

En este tiempo tumultuoso,
las imágenes de aquel otro,
persistiendo día a día
en las suaves costumbres,
en el armonioso ascenso hacia la muerte,
qué significan.

Si ahora vuelvo la mirada,
no es para descubrir la medalla
en la que un atardecer

leí una divisa terrible,
sino para encontrar mi casa,
aquella que fue arrasada
a pesar del canto
y las astucias de mi madre.

NOCHE

Noche: crecen en ti
el misterio y la evidencia,
momentos alucinados por los símbolos
que son del hombre
los felices y atroces compañeros:
prósperas estrellas que interrogar
con sobrecogido silencio.
De tiempo, conozco
las múltiples denominaciones
con que los solitarios
intentaron abarcarte,
tu envolvente y central dominio,
y nuevamente a él me confío efímero,
casi más desnudo si es posible que siempre,
con solo el ávido orgullo de mi memoria,
donde también tú eres costumbre.

LAS COSTUMBRES

Las costumbres
pusieron fin
a nuestra historia.

Aunque pensemos lo contrario
han sido ellas
las que nos perdieron para siempre.

Hablemos ahora de la salvación.

SILENCIOS

Rara vez las palabras
llegan a decirse a tiempo.
Hay algo que lo impide,
que las detiene súbitamente,

cuando es preciso
que sean escuchadas
y alguien las acepte
tomándolas tal cual son.

Esto sucede muchas veces:
no saber, no poder
decir lo necesario;
quedar peor que antes:
sumidos en un silencio
que es la negación
del silencio.

COMO UN NAIPE SOMBRA A SOMBRA

Se apaga la luz
y la memoria
vuelve a sus oficios.

Secreta es su liturgia:
el lugar, el cuerpo,
el rostro que traza
con dolida exactitud,
con deseo
y entrañable urgencia,
interminable y fijo
como un naipe sombra a sombra.

Y nadie sabe lo que sucede,
nadie sospecha
qué mundo se formula
a espaldas de tanta realidad,
porque es otro el tiempo
que transcurre
al cortante borde de la tiniebla,
de la imagen recreada.

Al cabo, la claridad,
los ruidos,
las palabras, las letras,
los ojos
que se abren y miran,

que reconocen,
una llamada
y las facciones
asumen la máscara del reposo,
del sueño exento de signos:
conciliatorio.

Se ha hecho la luz,
y de nuevo se imponen
las mixtificaciones.

UNA HISTORIA

Repetida muchas veces
llega a ser cierta una historia.
No la de entregarse a los ángeles,
sino a las destrucciones,
ajenos a toda esperanza,
porque toda esperanza
puede ser terrible.

CARTA DESDE EL VERANO

Una carta desde la niebla agradece el verano.

Sobre las aguas
que son enormes como el tiempo,
persiste una lenta conversación nocturna
entre el follaje exuberante de la noche.

Toda la calma.

Siempre estamos allí
donde nuestros deseos encuentran su realidad,
y el silencio de lo abierto es la caricia de la música
que engendra todas las imágenes de los sueños.

Héroes fatigados y dichosos entre dos lejanías,
el recuerdo es un trofeo que nos inventan las palabras
donde volvemos a encontrarnos interminablemente.

La distancia es una ficción de la niebla.

Una carta desde el verano agradece el verano.

EL PASO DEL TIEMPO

Aquí, ya descrita
la mansedumbre de la carne,
me doy perfecta cuenta
de que todo fue destruido.

El paso del tiempo
me lanza a una nueva costumbre:
poseo mientras recuerdo.

MERODEADOR NOCTURNO

De noche, en la honda oscuridad,
me muevo como un felino
al acecho. El mundo
duerme semejante a una roca sin color
en un abismo oceánico,
y las cosas parecen fijas
por una mirada impenetrable.

Ando a mis anchas en la tiniebla,
lo reconozco todo
cual si lo que me circundara
estuviese recién creado, sin nombre,
disponible a la mano o a la garra,
ofreciéndose al deseo o al capricho.

Después me retiro,
me hago sombra en la sombra,
apenas una respiración
y unas pupilas que aguardan
el primer destello del alba.

FINAL DE NOVELA

Aquí termina tu novela.
Es decir, es el momento
en que el protagonista,
después de atravesar
vertiginosamente por una serie
de cruciales situaciones,
de críticos instantes,

enfrenta su realidad final,
verifica lo irreversible.

En la despedida,
cuando no hay nada que decir
y es inútil desear cualquier cosa,
compulsas la intensidad
de un parpadeo, aquella vez
y la otra y tantas más,
y las conversaciones
y las palabras
que de pronto se revelan
como un juego exquisito y doloroso.

Está lloviendo y rozas
las estribaciones del invierno.
Dispones ese manojo
de incertidumbre,
miedo, inocencia, culpa,
verdad que te anima,
que completa la versión
de tu ser, y te aprestas
a dejar este sitio,
al más alto precio,
para siempre.

Ante la trama
que proliferó sin aviso
y estableció constrictora
sus designios,
su férula inapelable,
solo esto es lo posible:
no hay otra salida.

Mañana, pasado
y todos
los demás días por venir
quedan fuera
del paso a paso,
del hasta hoy
escrupuloso inventario
de una compartida continuidad.

Sin estrépito,
te pierdes de vista
—ya casi es demasiado tarde—
y no sabemos
si habrá otro encuentro
e ignoramos
cómo será
tu nueva historia.

Todo permanece en suspenso.

Es el
     FIN

II. NOTICIAS DE NADIE

PLAZA MAYOR

En la vasta intimidad de la noche madrileña,
vuelvo a encontrar, espléndidas, las palabras y la vida,
como un niño que murió todas las muertes
aferrado a sus sueños y a la final certidumbre del amor.

El incesante oleaje de las jornadas
me deparó dicha, dolor, soledad, miedo,
amistad, y el recuerdo y el deseo
que en el silencio de todas las derrotas
—cuando solo las cicatrices hacen compañía—
susurran al pisoteado corazón
eso que no tiene nombre pero que llamamos esperanza.

En la Plaza Mayor, por siempre extranjero,
un hombre sin su mujer y sus hijas todavía,
solo sabe, solo puede dar gracias por el sabor de la cerveza,
por la eficacia de la compañía,
por la conversación y el silencio que ahondan las miradas
y son como el remoto y perdido juguete que fue una infancia,
como aquel glorioso vértigo de hermosas muchachas
y amigos magníficos cual la intemperie,
y las canciones y tantas cosas que ya casi nadie recuerda.

Es muy tarde. La ciudad duerme, y quizás también el universo.
Todo comienza. Soy de nuevo cada una de las vidas de mi vida:
el mismo y otro. Los pasos que resuenan
en la quietud de la noche que se adentra en la primavera
son una pobre, insuficiente traducción
de lo que jamás sabrán pronunciar los labios,
ni comunicar el calor de las manos
que deben aprender de nuevo a acariciar.

Mi torpeza es insalvable para dar gracias.
Solo pido que si se olvida esta plaza, esta noche,
esta ciudad, la conversación, mi propio rostro, tanta dicha,
siempre se recuerde mi inmensa gratitud:

ese árbol que nunca sucumbió, que siempre crecerá.

A JUAN RAMÓN JIMÉNEZ

En su centenario

El azorado jamás muestra
los recuerdos de sus viajes:
los trofeos,
    el botín
de singladuras y escalas
que en el reposo convocan
a nuevas partidas.

Toda su geografía
son las paredes de una habitación
en que la vida que se le da,
que se le quita,
no es otra cosa que un sueño interminable
de historias apenas compartibles,
fraguadas por el deseo y la inocencia.

Contra las horas,
    las cosas,
los acontecimientos, los desastres
que arrasan,
    que despojan violentos
hasta de la íntima risa de su sangre,
de su amor,
    el azorado,

inerme, solitario árbol,
solo puede aferrarse, para no ser destruido,
al caudal de las palabras
que a nadie puede repetir,
                    enseñar
como una dádiva de certidumbre,
de belleza, de verdad.

   Cuando ser y estar es silencio,
y el silencio es miedo y voluntad de vivir
y la esperanza de poder volver a sentarse
en torno a una mesa con la familia
y no temer que los pensamientos,
las palabras
            y las miradas
sean una sentencia terrible;

   cuando todo se reduce al dolor y a la espera
y cada instante está plagado de incertidumbre,
de horror,
        de violencia,
el azorado se aferra a los poemas
que oyó por vez primera de labios de su madre;
que tantas estaciones después
(en un sitio donde no existen las estaciones)
comenzó a leer casi en secreto
en las baratas colecciones populares
de la vulnerable y deslumbrada adolescencia;
que siempre compartió con su mujer
y, más tarde, repitió
tan lentamente, a sus hijas
en anocheceres que se precipitaban,
siempre espléndidos y vertiginosos,
hacia el amparo de un dormir
en que la copiosa vegetación
figuraba ángeles sin nombre.

   Al cabo de una eternidad
o de todas las eternidades,
                        con las manos vacías,
el azorado, todo cicatrices,

todo memoria,
          todo esperanza,
dichoso de poder caminar por las calles,
de sentarse en las plazas,
                    de ver
y palpar las tantas cosas que toda una vida
fueron sueño constante,
                    precaria torre,
deseo y horizonte desmesurados;

    descubriendo con gratitud la gloria de la conversación;
aprendiendo de nuevo a reír,
                    a moverse,
a ser un hombre y no un número maldito;
repitiendo sin que muchos lo entiendan
su insuficiente acción de gracias,

    solo puede frente al papel en blanco
–porque es justo y necesario–
celebrar con la puntual demanda de la cronología,
la tensa e incorruptible voluntad de ser uno mismo,
siempre fiel a su propio nombre,
a todo lo que se cree,
                    lo que se anhela,
lo que se siente como el definitivo oleaje.

    A eso que es la belleza,
la verdad que nada pide y todo entrega,
el corazón en la palma de la mano:

    la poesía.

BREVE ENCUENTRO

    El azar, que la embriaguez o la calma,
la suprema ironía, el tedio, la soledad y la esperanza
designan de infinitas, inútiles maneras,
depara generoso una noche cuya secreta realidad
quiso anticiparse en días de luz interminable.

    Con pueril minuciosidad, cuando no eras
otra cosa que un hermoso nombre en una lista,
casi desconocida por ti misma, real

en la maravilla de un mundo sepultado
porque ya la pasión no es el diáfano reverso de la inocencia.

Más allá de los años que separan inexorables como el mar,
tu desconfianza y tu curiosidad, tu delicadeza,
me hicieron perderte, porque hallándote, cuando ya no lo creía
[posible,
me encontré en ti, y no podía, no quería traicionarte, traicionarme.

Tú preguntas. Todo lo que puedo decirte, las definiciones,
las certidumbres que deseas para conocerte,
para ser tú misma, tú que no puedes ser otra,
son en mis duros labios la más antigua historia,
que vuelve a formularse para que la decencia sea
algo más que una palabra devorada por el olvido.

¿Qué puedo ofrecerte que no me hayas dado?
¿Qué puedo decirte que aún no sé?
Bástete ser como eres: una sonrisa, una voz
llena de silencios, un rostro dulce y altivo, un corazón
que jamás impondrá su soledad a otras soledades,
una urgencia, una voluntad de pureza.
Lo que sabes y lo que ignoras, lo que buscas y lo que defiendes
solo son posibles en la negación y la entrega.

Tú tienes la fijeza de las estaciones y las mareas.
El único elogio que puedo tributarte
es el que se reserva al enemigo que justifica
nuestra existencia: eres gloriosa.

Pido a la suerte que sea pródiga contigo, que jamás te falte.
Quiero también que vivas, no que existas.
Deseo que la intimidad de tu espejo más secreto
siempre refleje la paz de tu rostro.

Te debo tu presencia, tu incertidumbre, tu bondad,
la anticuada delicadeza de tu pudor,
tu lealtad y el peso de la despedida.

Tu recuerdo inventará todos los recuerdos.

SIERRA DE GUADARRAMA

Para saber lo que es una sierra,
un arroyo, el bosque, la vegetación

que no es una boca cruel que nos traga,
el prado ameno que tradujo tenaz la poesía,
la plenitud del color y el aire transparente,
ajenos a la luz terrible que ciega y aplasta,
he tenido que morir casi toda mi vida.

Mi patrimonio fue un mar espléndido
que aprisiona a muerte,
fue la Historia que solo se formula
con la roja tinta de la violencia.
Fue el miedo, la voluntad de sobrevivir
y los sueños: ese pan que se come en silencio,
muy despacio, porque se sabe con tristeza
que él también acaba, y cuando no hay más
es el oscuro, sórdido fin.

Todo lo perdí para ganar un día, un domingo
en que mis sentidos, mi cuerpo —ese despojo
de sucias, oscuras, anónimas batallas sin gloria—
conociesen el prodigio de unas límpidas, heladas aguas
que fueron nieve purísima, de unas flores
que yo, Nadie, a nadie podía ofrecer,
de un desplazarme por un paisaje
en que la paz y la belleza
eran la fija realidad, y mis movimientos
todavía eran la expresión brutal y cautelosa
de un soldado solitario y acosado
para quien solo es certidumbre la resistencia,
para quien no existe otra cosa que no caer.

Es difícil entender que nada acosa.
Es muy duro darse cuenta que un amigo
que nos devuelve el latir de unos efímeros y felices años
nos detenga y nos hable sin temor ni prisas,
y nos quiera convencer sin herirnos, dulcemente,
de que ya no es algo que se lleva incrustado en la sangre:
de que ya no somos un lobo que debe destruirse sin piedad.

En esta sierra, un domingo, dichoso,
mas sin comprender las raíces de la dicha,
incapaz de olvido, puro instinto de zarpazo y fuga,
desconcertada bestia, se escribió en mi corazón

la sencillez de la vida, la realidad de mis sueños.

Debo comenzar a aprender
que vivir no es ser una fiera, un silencio,
que el mundo no es un horizonte que desgarra.
No será, no es fácil el aprendizaje.
Pero mucha es mi suerte, aunque demorada.
Ya supe de un domingo, de una sierra, de un arroyo,
de un sitio en que flores y aguas y luz
y el abrazo de la vegetación y las presencias
no eran una trampa mortal.

La vida de un lobo es una pesadilla.
Sus sueños, increíble azar, pueden devenir realidad.
Basta una sierra, un domingo, tanta calma, para que así sea.

INVENTARIO

Hay una ciudad que es un laberinto encantado,
un sobrio paisaje que reconcilia con la aridez del corazón,
jardines y fuentes que inventan la fantasía.

Hay cuadros, templos, un río con unos caballos,
casas en que la piedra es tremenda como el oro,
rincones entrevistos, claustros plenos de sombra.

Hay murallas, gente que no se da cuenta de su dicha,
calles trazadas para la íntima conversación,
una mesa pequeñísima y vasos de lentos sorbos.

Hay libros, un pájaro, la delicadeza de ciertos juegos,
paseos y encuentros como una partida de ajedrez,
hay la memoria y el deseo y el sueño.

Hay un rostro perdido bajo innumerables máscaras,
hay el azar de una criatura cuyo nombre es Nadie,
y hay una palabra, ya dicha, que repito: acompáñame.

CAPITULACIONES DE MADRID

No pidas, ni quieras lo que no puedo dar:
explicaciones sobre mí mismo.
No sé quién soy, pero sí lo que quisiese ser.
Tengo la certeza de que los años y el azar

han determinado las fronteras de mi realidad.
Mi cuerpo lleno de cicatrices, mis ojos
amenazados de sombra, mi vulnerabilidad,
celosamente oculta, de niño que ya solo puede jugar
al peligro por unas estériles monedas
–desnudo, inerme, desarraigado,
perdida su vida y en pos de la vida–,
mi corazón que no sabe traducir en palabras
su afán de un instante de éxtasis,
de vértigo, de calma, no pueden definirme.
Soy un payaso que desea ser un príncipe desterrado,
soy todo lo que creen de mí sin razón
y soy todo lo contrario, inaugurando
el existir a cada instante,
pidiendo ser nombrado con dulzura:
no como lobo, no como el hombre
que hizo espléndido el destino
a partir de un caballo de madera, quizás
como un pobre comediante que se justifica
mientras las luces del escenario brillan.
Todo lo tengo que aprender de nuevo,
pero nada he podido, podré olvidar.
No sé cómo creerme, ni hacer que me crean.
Inocente y astuto, aspiro a la dicha,
al perdón, al olvido. Poco deseo,
porque desear es ofrecer, y nada tengo.
El mar y la libertad saben de la resistencia
de mi sangre tenaz. Pero conquistar
un paisaje no es un juego de verano.
Generosidad y vileza, las dos caras
de la inocencia, son mi patrimonio.
Mi justificación, otras vidas.
Cae lentísima la tarde. Me faltan
las palabras que debí hacer silencio.
No hay juicio final, hay juicio constante.
La realidad es aquello que soñé y es más.
Soy algo que no sé: una imagen
que se multiplica diversa en demasiadas miradas.
Ignoro si lograré ser yo mismo.
Creo que nada puede verificarse

si la soledad es centro y horizonte.
No puedo, incapacidad final, explicarme.
Tómame tal cual soy o recházame, olvídame.
Si algo aprendí fue a aceptar la derrota
sin renunciar jamás al sueño de la victoria.

TEORÍA DEL PAISAJE

Unas casas, ciertas posesiones,
unas calles que guardan un último secreto,
algunos árboles, una fuente destruida,
la llanura interminable y reverberante,
un horizonte de montañas violentas,
la sombra tremenda y la cruel luz,
un tramo salvaje de costa desierta
y el mar tan magnífico como implacable
pueden ser el paisaje de un hombre:
la medida de su destino.

Y en ese paisaje, unos rostros
de rasgos definitivos, y la ausencia
de unos rostros para siempre perdidos.

En un sitio así, días y noches
son una jornada atroz en que la dicha
son unos pocos, efímeros instantes
que la avara memoria atesora y reinventa
para fraguar, asediada, los sueños.

Pero he aquí que el paisaje que creímos poseer
solo nos perteneció por iluminaciones,
aunque nos hizo. Y ya remoto —sentencia de sal
de la que no sabemos cómo salvamos la carne—,
su fijeza vuelve a nosotros, allegándonos
tanta vida en ruina, el tiempo perdido,
mientras participamos a corazón abierto
de una tierra de recatada respuesta,
para construir un paisaje más allá de las aguas
que separan desde siempre: para salvarnos
apenas sin saber cómo, sin darnos cuenta.

NO UNA SIMPLE CORTESÍA

La ciudad de mis sueños
se hizo realidad al paso de la luz lentísima.

Como un ciego tuve que descubrir su geografía
en quienes se entregaban como limpio horizonte.

Ilustres piedras, sitios y cosas y acontecimientos
que pertenecen a ese espejismo
que llamamos Historia, devinieron realidad
porque la primavera que marcó mi rostro
con las letras de la esperanza
me deparó dos amigos.

Los años
que vedan implacables la comprensión
con el tajo y el abismo
de la insalvable experiencia,
pueden abolirse con un paseo, una taberna,
viejas y empinadas calles y plazas
en que solo puede serse elemental como la fiesta,
la gente, la música, la risa y la demora
en un café que está más allá
del laborioso ceremonial y las mixtificaciones.

El mañana, que quizás es el reverso
de las cenizas del ayer,
me otorgó una dádiva definitiva:
un atardecer y una noche, días por venir,
dos hermanos que no tuve y son mi orgullo,
ignorando, fabulosos, que bastándoles ser conmigo
me hacen partícipe de todo lo bueno,
de eso tan simple y olvidado que se llama dicha.

LA EDUCACIÓN SENTIMENTAL

Duele la soledad, duelen tantos recuerdos,
tantas pérdidas y derrotas.
Duele también la espera
y duele el rostro que permite sobrevivir
ocultando las grietas del corazón.
Porque quizás es mejor, si no se sabe,
si no se puede hacer otra cosa,

porque la costumbre es una maldición,
un sello indeleble en el alma,
que piensen que uno es una roca,
una bestia extraviada a la que la música
y unas pocas, amables, lentas palabras
reducen a la calma.

Cuando la vida ha sido el latir constante
de un instinto de sombra, de fuga, de salto implacable,
cómo se puede hacer comprender
que la imagen que historia nuestra existencia
no es otra que la más atroz de las muertes.

Piedra, bestia que no se es:
qué vuelco ha dado el destino tornándote inerme
de otro modo que debes aprender dolorosamente
para ser solo humano y olvidar las dentelladas del dolor.

No fue fácil ser lo que se fue.
Es tan difícil ser su reverso.
En la luz que mide el tiempo
y entrega la realidad de un paisaje
que no requiere el milagro secreto del sueño,
cuán tremendo resulta no golpear, huir, desaparecer.
Cuán arduo asimilar que el cariño no es una amenaza
y que deponer la violencia de unas costumbre selváticas,
no es necesariamente ser vulnerable.

Lo perdido se pierde para siempre
porque lo que se quiso no puede separarse
de lo que se odiaba.
Existe la esperanza, no el olvido.
De vuelta del infierno que nos hizo,
no es nuestra suerte la de un niño
que ignora lo que es la destrucción de la inocencia.
Es muy otro nuestro sino
y difícil aprender nuevas leyes.

No acaba la educación sentimental.

CONTRA EL OLVIDO

Un hombre es su memoria
y aquello que le depara el azar.

Decir lo contrario es elaborar una ficción.
El tiempo y la sangre no pueden soslayarse
aunque no exista nada más poderoso que la dicha.
Siempre es demasiado tarde
para dejar de ser uno mismo.
Pero tiempo y azar pueden concedernos
un fragmento de eternidad. Y entonces, toda la vida
no es más que una tregua, una tierra de nadie,
un instante: el siempre, donde olvidándonos
de nosotros mismos, nos encontramos.
La noche y la soledad y la esperanza
parten el corazón y lo exponen a la franqueza.
Todo perdido para ganar la realidad
de un deseo, el derecho a elegir, un hombre sabe
que no se pertenece a sí mismo, porque la realidad
de sus sueños ha sido fraguada como un privilegio.
Un hombre pertenece a quienes la vida
–que no es otra cosa que la Historia–
abruma de todo el horror del que solo algo,
que se designa como milagro, lo ha salvado.
Pero ese hombre, cuyas jornadas
se inscriben en la generosidad de otros pocos hombres
cuya decencia resistió la cobardía y la sumisión,
no tiene derecho al olvido.
El olvido es la más atroz especie de la infamia.
Un hombre sabe que una noche, una presencia,
alguien que escucha y trata de comprender
más allá de la razón, son una dádiva:
La súbita y desconocida flor que hizo vivir en la muerte,
porque sobrevivir es un instinto brutal
y un acto de fe más allá de la lógica.
La noche es efímera e interminable.
Caminar por un paseo desierto y encantado
después de confesar torpemente
que uno no puede dejar de ser un niño
que cree en el deber de salvar
a aquellos y aquello que han sido condenados al olvido,
es tan necesario como espléndido. Nada puede superar
a la certidumbre y a la calma que engendran
la pureza de una mano que soporta

el imposible pasado y el difícil porvenir,
al cabo de todas las palabras. La belleza
no es la perfección de un rostro, de un cuerpo:
la posibilidad de un placer vertiginoso.
Es la voluntad de ser y estar
cuando es más necesario, sin pensar en el después.
No hay mañana, hay siempre.
Pero siempre puede ser este instante
que se recuerda al cabo de la noche,
vísperas del incierto amanecer. No es sencilla la vida.
No podemos diseñarla, como dioses, a la medida de nuestros sueños.
Nunca sabemos del otro, pero siempre debemos buscarlo,
por una noche, por un instante, por toda la vida.
Por quien se es porque siempre hay alguien
capaz de olvidarse de sí mismo, como una flor.

LOS LIBROS

Desde que era un niño, los libros
me dieron todo lo que me negaba la vida.
No soy otra cosa que lo que he leído.
Por eso siempre he sido tan difícil.
Esto lo saben bien los pocos que me quieren
y los muchos que han hecho lo imposible por destruirme.
Gracias a los libros he conocido finalmente la dicha y el horror:
la plenitud de la vida, que es algo más
que la imprecisa definición
del tiempo y el espacio y las circunstancias.
Por muchos años, ciertos libros
fueron para mí ficciones atroces. Después, esas ficciones
devinieron lo imposible, lo increíble: mi pan cotidiano.
Mas si puedo escribir estas líneas
es porque entre las infinitas palabras
que grabaron las lecturas en mi memoria,
había palabras semejantes que daban fe de vida,
que eran testimonio de que todo puede resistirse,
y que solo es digna la voluntad de resistir
por lo que se cree. En la soledad y el miedo,
no me faltó la compañía de un libro o su recuerdo.
De todo lo que perdí, lo que más echo de menos

son mis libros. Pero ellos me enseñaron
que también el perderlos forma parte del vivir.
A veces, caminando por calles que conocí en los libros,
encuentro muchos volúmenes como los que una vez
fueron míos. En ellos hay más que lo que dicen
sus páginas memorables: está mi vida toda:
recuerdos entrañables, terribles o banales.
Para mí, el paraíso fue una biblioteca
que me acompañara hasta la muerte
y que después fuese para los míos mi mejor imagen.
Esa biblioteca no existe: fue destruida
como todo lo demás. Mas esto es demasiado insignificante
cuando se sabe que como los libros,
hay quienes están implacablemente condenados a la destrucción.
Ya nada tengo, salvo el recuerdo de mis libros,
y esa libertad cuyo imperio me enseñaron los libros.
Viajan conmigo unos pocos volúmenes
que quizás también deje atrás. No importa.
Sé que lejos, donde quiero estar, con quienes quiero estar,
hay un sitio para unos pocos libros, y esa es la biblioteca,
el paraíso, mi ayer y mi siempre, yo mismo.

CUANDO MUERE UN ANIMAL

Cuando muere un animal,
queda algo menos de uno mismo.
Un animal es el corazón, la inocencia
y la entrega que queremos sean la vida,
aquéllos que el azar nos depara
y los tantos que el tiempo implacable nos niega.
Un animal es tan poco como uno mismo,
pero eso basta para sabernos a nosotros mismos,
y ser capaces de resistir, porque es necesario,
las tantas dentelladas que nos deparan días y noches.
Un animal es una fiesta que parece una costumbre,
la sombra benévola de nuestro estar y nuestra esperanza
y ese otro misterio que es nuestro olvido.
Un animal es las tantas cosas que jamás sabremos,
y es la tristeza de un movimiento que nos falta.
Pero un animal, aunque ya no sea,

aunque ya no esté, es una alegría,
es lo mejor que somos, como un animal.

CAFÉ LYON

Toda la noche nevó.
Una muchacha con gafas
come un terrón de azúcar.
Siempre hay algo que decir
sobre la poesía.
         ¿Podemos
ser amigos?
        Esa es
la Esperanza.

POEMA PARA AGRADECER EL REGALO DE UNA NAVAJA

La honda e interminable noche.
La tenaz firmeza del acero.
La vulnerable delicadeza del ciervo.
La dolorosa eficacia
de las máscaras del niño.
El siempre del camino.
Perder y hallar,
        Seguir,
el corazón dividido,
los mandamientos de la memoria.
El discurso de los parias.
Las traiciones de la realidad.
La iluminación de lo desconocido.
El prodigio de un gesto.

    Una navaja.

CARTA

Un hombre tiene su oficio, sus cicatrices,
unas pocas certidumbres, quizás algunas explicaciones,
y una voluntad de dicha.

       Un hombre sabe
que el tiempo no es el tiempo, sino un tiempo

que se crea a sí mismo: breve e interminable.

Un hombre es un deseo y una memoria
y silencio y unas pocas palabras finales
que traducen la intensidad y son la calma.
Su vida cabe en unas horas, un instante
que navega con torpeza e inocencia, una entrega
distinta a todas las entregas.

Un hombre
es la imagen de unos jardines que no conoce,
de la música que no ha escuchado,
de las horas que no ha compartido,
de unos gestos que imagina laborioso,
de una casa que crece en su corazón,
de una presencia que lo colma y justifica
porque no tiene explicaciones que ofrecer de sí misma
y es todas las respuestas.

Un hombre
es solo una espera, una difícil historia,
alguien que sabe las reglas del juego
pero ignora el juego, y es dichoso
anticipando el roce de la mano que le entregará
unas conchas, unas piedras que serán su fortuna.

Un hombre es la voz que nombrará para él un paisaje
que no existía en sus mapas: lo inesperado y lo definitivo.
Y es, también, un cansancio y una urgencia
de olvido y encuentro.

Un hombre
es un secreto defendido con violencia para sobrevivir
y es lo que nadie cree que puede ser bajo sus máscaras
y es la gratitud de ser él mismo
y su fiebre de demasiadas batallas y tanta soledad
depredando su cuerpo y su frente abrasada,
cuando una caricia le devuelve la inocencia perdida.

CARTA SEGUNDA

Una carta, una llamada, una espera,
lo que se dice y lo que queda por decir,

tantas cosas, plagan el día
que va al encuentro de su noche siempre increíble,
con esas imágenes de un sueño
en que somos los dioses magníficos
que destronó la meticulosa realidad.

No fue el mundo a nuestra imagen y semejanza,
pero en sus lejanías hay rostros y paisajes
que justifican nuestros sueños y recuerdos.
Hay el ahora que vale por todas las jornadas incalificables
en las que nada sabemos de nosotros mismos
y somos una pregunta que jamás podremos formular.

Somos a pedazos. Y solo es cierta
nuestra realidad cuando dejamos la realidad,
si no dioses, extrañas criaturas
para las que de pronto todo pierde su sentido
y se abandona, tan siquiera durante un latido de la arena,
y encuentra un sentido, porque nada importa tanto
como decir donde se quiere la plata de un mar,
el velamen de un barco, el vuelo de un pájaro,
los árboles y la vegetación, el color de las piedras
que se hacen nuestra sangre sin pensar en el retorno,
las palabras que unos hombres violentos intercambiaron
en algún instante de la eternidad, y que ahora,
en circunstancias tan idénticas y disímiles,
son un arco iris que el mundo ignora.

Mañana, todavía, ayer, entonces, ahora: ¿qué importa?
Vivimos un siempre entre dos esperas,
y hay ciudades, jardines, puertos de escala,
cuya imagen e historia se hicieron para nosotros
cuando aún no conocíamos los extraños oficios
que se cumplirían para adunar el clímax y la calma
que redimen sin condiciones.

Vivimos a instantes. Más allá de la memoria y el olvido,
la anticipación del lujo de los sentidos y el corazón,
no son otra cosa que la fijeza interminable.

¿De qué vale preguntarnos lo que somos
cuando somos de una vez? Hemos conquistado
el paisaje y la plenitud que los labios de un ciego todo luz

no pueden ya cantar. Nuestro silencio es esa canción,
tan remota, tan de mañana,
en tanto las horas parecen olvidarse de su peso
para darnos ese tiempo y la caída de la tarde y las constelaciones
que nunca murieron en nuestro ser
de dioses magníficos y elementales
que se descubren abrasándose en el ahora, tan siempre.

POITIERS

Esta ciudad es una escala más
en una vida vertiginosa, otro campo de batalla,
demasiada distancia y una iglesia única
cuya contemplación al atardecer,
solo en una solitaria plaza, maravillado,
todo recuerdo de luz y tantas cosas que ignoro
pero que poseo porque alguien para mí las vive,
es ese sentido que ennoblece cuando es inútil
hacerse preguntas, y basta saber
que hay una respuesta en un punto de todos los mapas
y una fija certidumbre en el corazón.

Ausencias y extrañamientos, esperas y tardanzas,
lo que se hace porque se debe
y lo que se es porque se quiere, ahora interminable,
sabiendo que las palabras no alcanzan para decir,
mas dependiendo de ellas, rodeado de desconocidos,
no son mis ojos los que miran con devoción
los campos recién surgidos de la lluvia y la niebla
y la dura roca; ciudades ya inolvidables
como una bandera hermosa y soberbia
conquistada a la suerte; viejas fortalezas
en que pudo ser hermoso morir luchando;
una casa al doblar de una callejuela desierta;
quizás demasiado de la belleza
que nunca sabremos agradecer lo suficiente
porque nos fue dada antes de su encuentro.

La noche es lenta y honda, y la fatiga
se confunde con la esperanza del regreso,
con el tiempo que ansiamos conquistar

para ser dueños de un secreto
que es como el clamor de las aguas diversas y unánimes
que se adunan como silenciosos ejércitos
en el mismo centro de la noche.

Mi dicha y mi calma son también ahora una iglesia
que resistió los siglos y que, tan próxima a mí,
me aguarda al otro lado de una frontera distante.

LONDRES

Soñé el laberinto,
el paraíso.
            Llegué.
Estoy solo.

PLAZA DE SAN JORGE

Cáceres

Al atardecer o en la mañana
no existe el tiempo
en la Plaza de San Jorge.

Los incontables pájaros
que son un solo pájaro, el silencio
que hace más intensa una lenta guitarra,
la íntima majestad de los edificios
y unas callejuelas, todos los gestos
del mundo y el milagro de la vida
en la innumerable belleza de las cosas
de un lugar sin límites
que es un lecho de rocas, unas montañas,
un río, una fuente, el ala de una libélula,
caminos que nacen a cada paso
y en los que sería hermoso morir sonrientes de dicha,
allegan los recuerdos del porvenir
y son el mundo por el que se luchó
sin saber de su realidad.

Demasiados días nos acuñaron.
Pero en días y noches perdidos
y encontrados al margen de todas las jornadas,

la calma y la pasión dan sentido al torbellino.

Ya no es necesario pronunciar las palabras
que se callan o siempre se repiten.
Un hombre es dichoso
si le cantan como a un niño
y no tiene que jugar a muerte
a ser un oscuro guerrero
que no puede rendirse
ni puede conceder otra cosa
que ser una fuerza ciega, helada.

Hay un paisaje que no existe
en ningún mapa, que se buscó en un balcón
donde la luz era la intensidad del pensamiento.

Como un dios ignorante de sí mismo
que se reconoce, tan despacio,
en la dicha de ser un hombre
al que todo le ha sido dado
y solo se le pide que sea
el corazón abierto que condenó a la aridez,
para que fuese menos el vacío,

escribo un nombre en las estrellas.

FIN DE JULIO

Madrid es una ciudad
de un hombre solo.

PARA EL PINTOR LORENZO MENA

Nada.
Todo.
Ni nada ni todo:
ahora constante que nos consume,
que nos pare con una risotada
para la dicha y los desastres.
Remolino de contradicciones.
Garabatos que aúllan.
Colores que figuran las evidencias.
Paraísos e infiernos.

Neguemos, afirmemos.
Elogiemos, maldigamos.
Estar es un ejercicio, una costumbre,
una entrega a todas las erosiones.
Ser es compartir un secreto paisaje lunar.
Sentir es una provocación.
Amar la vida es escoger el vivir.
Vivimos a mareas. Somos la retaguardia
condenada de una batalla perdida,
los adelantados de una esperanza
que convoca el arco iris de los sueños.
Inventamos el tiempo con caricias y blasfemias.
Las horas verdaderas son una maniobra desesperada
contra nuestra falsa historia.
Ser es simplemente desobedecer.
Los horrores que fraguamos
buscan la belleza que perdimos,
la exultación de la plenitud.
Vivir es abrasarse de delirio y de calma.
El deseo es el salvoconducto de la dicha.
La negación final es nuestro génesis.
La afirmación primera es el apocalipsis.
Todo fluye, todo está inmóvil, todo está en juego.
Tanto duele. La soledad de nuestras acciones
de solitarios es una navegación contra el vacío.
Algo ya es para siempre y no sabemos cómo.
Nos rebelamos en colores, en palabras, como podemos.
Nuestras burlas son el dibujo del amor.

CASI UN *BLUES*

Todo se ha dicho de la noche
y nada sabemos de ella. Nuestra historia
son unas pocas noches devoradas por la Historia
y por tantos golpes que apenas podemos compartir con otros.
Somos la intensidad de nuestros recuerdos y deseos,
y en el tiempo, nuestro corazón no es otra cosa
que el sueño que no pudimos vivir y ahora es una breve tregua
en el centro de la costumbre.

Conversamos

como dos viejos amigos que nunca se conocieron,
mas que son dueños de los mismos recuerdos.
Ni las hermosas canciones ni el imposible ajedrez
de las circunstancias han podido aplastarnos.
Quizás ahora la conversación es otra, más lenta,
y la hondura de las *wee small hours of the morning*
es real de otro modo.
Pero somos los mismos: la gloriosa muchacha
que hace más bella la fatiga del olvido de sí misma,
y el muchacho que solo sabe soñar con la intensidad
y la plenitud de una muchacha que desborda
con su ser la inocencia de un sábado vertiginoso.

    Es tarde. Ahora nos sabemos definitivamente.
Nada nos cuesta hablar de nosotros mismos.
Cada cual en su destino, que es otro,
conociéndonos con sorpresa por vez primera
en tanto que la música que es nuestro secreto mejor
y la íntima y diáfana compañía y la confianza de un encuentro
tan distante y diferente al que pudo ser,
son la pequeña e inmensa dicha que podemos permitirnos
tras la breve fiesta, tanta risa, la ebriedad que no llegó,
el querer, sin saberlo, vernos en otros y no poder dejar de ser
lo que somos.

    Pero de todas suertes, vale la pena.
Nunca podremos dejar de ser los de entonces,
y nuestras viejas canciones siguen siendo una certidumbre
que no entendemos pero que nos colma.
Nadie nos dijo esto nunca. Nos entregamos a la vida
con los ojos cerrados, seguros de un prodigio.
Nuestra novela tiene otro fin, pero no la hay mejor.
La noche no puede, no pudo ser más bella, muchacha, amiga.

MIRÓ: UN HOMENAJE, TANTA GRATITUD

    Un hombre solo
defiende la inocencia
más allá de la ceguera
de sus ojos,
    de la Historia.

Sus dedos son un árbol
donde persiste el arco iris.
Su mano traza final la caligrafía
de la esperanza.

Un hombre solo,
viejo, ciego y bueno
es la voz y el juego y el horizonte
calados de prodigio
de un niño que inventa el mundo
sobre las ruinas del mundo.

Miró pinta.

Aún podemos desear.
Los colores siguen volando
en la espléndida o terrible intemperie,
son en nuestras sombras.

Canta Orfeo.

LA LUZ

Ciega,
    ilumina.

Dialogamos con ella
en silencio,
        cuando es,
cuando nos falta.

La vivimos y nos vive,
y apenas nos damos cuenta.

Si magnífica,
        si terrible,
suyos son el misterio
y la evidencia.

Las palabras,
la vida misma,
son incapaces de nombrarla.

Solo le basta con ser,
ignorante de sí misma,

como un sueño,
                    toda realidad,

unánime: la luz tremenda.

LA NOCHE MÁS SOLITARIA

Noche de sábado.
                    La ciudad
es una trampa sin salidas, sin sendas
para el encuentro, sin respuesta
a las razones de la ausencia.

De nada vale perderse en la sombra,
olvidar el corazón en cualquier sitio,
agregar otro cigarrillo al inmóvil otoño,
tachar los días de un calendario en blanco,
interrogar los espejos donde falta un rostro.

El mundo se cierra sobre uno.
La noche ahonda su vacío.
Todo en torno es una dentellada.
Nada ni nadie está en su lugar.

Cerramos los párpados para seguir mirando.
Nos faltamos a nosotros mismos.
No habrá luna si dos cuerpos no son uno.
Sin presencia no hay reposo.

Basta un instante para que cesen las lejanías.

TERESA, SANTA TERESA

Extraña mujer,
                    Teresa,
una mujer enferma
en una época difícil.

La vida, la Historia,
                    todo cambiaba.
(¿De qué manera los hombres?)

Pero ella estaba enferma
—quizás todos lo estaban—
y su miseria no tenía otro remedio

que la solidez de lo hecho,
la acción hacia *Aquella vida de arriba,*
que es la vida verdadera...

¿Qué es la locura?
...seamos todos locos,
                    por amor
de quien por nosotros se lo llamaron.

¿Qué es la locura?
toda mi vida se me ha ido
en deseos,
y las obras no las hago.

Las obras, el deseo.

Las inútiles explicaciones.

Quizás ella no buscó explicaciones.
...el aprovechamiento del alma
no estar en pensar mucho,
sino en amar mucho.

Quizás no las necesitó.
Acuérdate que no tiene más que un alma,
ni has de morir más de una vez,
ni tienes más de una vida breve
y una, que es particular,
ni hay más de una gloria, y ésta es eterna,
y darás de mano a muchas cosas.
Era una extraña mujer,
                    Teresa, Santa Teresa,
dura consigo misma, enferma.
Pero vivió y amó finalmente, su pensamiento
en cómo morir que no vivir.

...todo es una noche la mala posada.

AGENDA

Soy prusianamente metódico.
Anoto en mi agenda
citas, compromisos, aniversarios,
toda suerte de precisiones.
Cada día son más.

Es algo agotador.

Periódicamente,
encabezando una página,
un día cualquiera,
aparece esta entrada:
Morir hoy.

Pero sigo viviendo.
No me alcanza el tiempo
para terminar.
Otra cosa entre las muchas pendientes.

Estoy muerto.

BLACK VELVET

Terciopelo negro y negra cerveza,
la noche se ahonda
y todos los recuerdos son de súbito
un presente que inaugura sus rastros
a partir de un tiempo que parece sueño.

Casi no tenemos palabras
para explicarnos a nosotros mismos,
y apenas entendemos que ganar la vida
es una voluntad de encuentro.

Terciopelo negro y negra cerveza,
es espléndido descubrir un sitio
que será nuestro mejor secreto,
sabernos en la gloria de la música
que nos hizo, participar de la fija belleza
de las cosas que nos rodean, inesperadas,
para que seamos, tan despacio, esa realidad
que escamotean los días y la costumbre.

Somos todos nuestros recuerdos y olvidos
y la minuciosa plenitud de unas horas
y todo el tiempo que queremos conquistar.

Al cabo de tantas batallas
hemos quedado solos ante nosotros mismos,
y no cabe más que la confianza

a medida que la marea de las horas
arrastra los restos de nuestros naufragios.

Sabernos a nosotros mismos
es una eternidad y un instante
y una canción y esos pequeños detalles
que escriben con delicadeza la vida
con las letras en que leemos la dicha.

Terciopelo negro y negra cerveza,
solo nuestro difícilmente desnudo corazón
—como el prodigioso fruto de un otoño—
habrá de depararnos el amanecer,

terciopelo negro y negra cerveza.

RETRATO DE OTOÑO

Camina en la noche,
en el viento helado,
a través de la ciudad casi desierta
que desconoce como a su propia vida.

El paso del tiempo
la lleva al encuentro de su ser,
y no puede explicárselo,
desconcertada por el simple hecho de estar,
de que la caída de las hojas
invente todas las estaciones.

Sus secretas preguntas
son semejantes a la lluvia,
un silencio en blanco
que crece demorando el sueño
cuando el mundo solo es una habitación
en una tierra de nadie.

Teme el don de la ebriedad,
pero sorbo a sorbo, con pudor,
se entrega a la risa, juega
como no sabía hacerlo,
perdido el miedo a mirar:
el corazón en la palma de la mano.

Después, sus pasos en el frío
son el susurro de una canción,
un temblor latente,
la delicada torpeza del adiós.

Fija en el centro de la noche
–mientras falta una canción–
el rojo círculo del espejo
la sorprende con el suave cambio de su rostro.

Siempre el mundo comienza en el otoño.

DÍA DE REYES

Una fría habitación
de blancas y desnudas paredes,
impersonal e incómoda.
Papeles en desorden.
Tazas de café que se enfrían.
Cigarrillos en cadena.
Las mismas canciones, una y otra vez.
La necesidad de hablar de uno mismo,
de ser escuchado.
La urgencia de un poco de calor humano.
Silencio y soledad.
Horas que no pasan.
La larga espera.

FIN DE SEMANA

Este fin de semana no existe la ciudad,
el universo, más allá de la cerrada ventana
que apenas es nada contra el invierno.

A partir de cada palabra
se hace la soledad, la memoria y el deseo
que son como la plenitud de ese mar
que ya no sabemos si es un recuerdo o un sueño,
y en cuyas orillas, tan juntos,
se nos fue tanta vida sin reconocernos.

Las lentas horas trazan mapas de lejanías,
donde hay sitios y paisajes en que nuestra ausencia

es un vacío que hace nostalgia
la belleza y la calma de lo que nos aguarda.

La noche es la eternidad. Precisa como un horizonte
hacia el que navegamos con el corazón ardiendo
en la historia de arduos y gloriosos momentos
en que reconocemos el tiempo más definitivo de la realidad
que formulamos con torpeza a golpes de desnudez.

Las vacías manos están llenas de esperanza,
aunque en la desmesurada noche, la mirada
que nos busca con olvido y con entrega,
solo nos vea como un espejismo
en el espejo del invierno que asciende,
sin saberlo, hacia la primavera.

El caprichoso y pródigo azar, el juego de los dioses,
fragua demoras para que vivir sea una inesperada aventura,
una sorpresa, un deslumbrante golpe de viento
que desboca el aplastado corazón,
cuando la estéril hostilidad de la rutina de los días
ha hecho que el cansancio que desploma sea una bendición.

Estás donde falto. Eres la leyenda
que piensas que soy. El roto sello de tus labios
es la conversación de mi boca historiada de silencio.

No pienses en mañana. Piensa en la noche,
en las horas a cuerpo solo, y en la niebla del amanecer
que no veremos juntos a través de una íntima ventana
que la compañía hará las puertas del paraíso.

Descansa, sueña, piénsame. Como horas perdidas
en las nubes, sin saber de qué manera, nuestras vidas se adunan.
Tan lejos, tan cerca, ya aprendemos a sabernos.
Nos queda, todavía, vivir, con intensidad, con dulce demora.

No estás, pero te tengo.
Sean tus sueños los más dulces.

MUERE LA TARDE

Muere la tarde,
hermosa a pesar del cansancio

que han fraguado las horas,
y la ciudad empieza a iluminarse
para que la ausencia sea una promesa de dicha.

En la memoria perduran desde siempre,
el eco de lentos pasos, hondos silencios,
la fijeza de unas palabras
que no cesan para que sea la vida,
el susurro de una vieja canción.

El tiempo pasa, y no sabemos
cómo nos reúne a pesar de la distancia,
de esas costumbres que también somos,
al igual que ignoramos
qué hace que el corazón sepa definitivo
pensamientos que aún no se han formulado.

La noche necesita del milagro de una risa
para que las constelaciones del invierno
sean el espejo de una piel, la luz
de unos ojos que eternizan la tibieza del verano.

Crece la oscuridad. El recuerdo
allega la marea de la nostalgia,
donde la gratitud es tan inmensa como el sueño
en que hallamos el rostro perdido.

En la extensa soledad de la tarde
que ya es noche, la esperanza
son todas las tardes que abrasarán de compañía.

ESCRITO EN *EL ESLA*

La comida de un hombre solitario y maduro
en un restaurante barato
muy cerca de otro lugar de paso.
Soñar el fin de la tarde y la noche:
la negación de la soledad.
Saber que escribirá cartas llenas de amor
y verdad y torpeza, y las lanzará,
día tras día, a la marea,
con esperanza de salvación.
La certidumbre de que una noche

acarició un sueño que no merecía.
Las heridas y las bromas que le deparó la vida.
Una incalculable vocación de dicha.
La espera, el demasiado tabaco, el excesivo alcohol,
su nombre (que no reconoce) impreso en libros
y papeles después de tanto silencio.
Ser una memoria con las manos vacías.
Intentar otra vez –o quizás la primera– vivir.
La ilusión de lo que será tan pronto realidad.
Tener el número ya mayor de sus años
y sentir, como un muchacho, el gravitar de las jornadas
que se dibujan como un prodigio.
La alegría de soñar cada vez más.
El lujoso día que le depara el nacimiento de febrero.
Simplemente vivir, algo tan nuevo.

UN SUEÑO

Un sueño
es algo que crece
en uno
y lo colma,
y es algo
que nada puede destruir.
Por eso es toda la realidad.

LOVE POEM

Serás un mito.
Pero morirás,
moriré,
sabiendo de realidad.

ABRIL ES EL MES MÁS CRUEL

Amargo domingo.
La soledad son cuatro paredes
en una ciudad desierta.
Silencio, tanto silencio,
y el quehacer que es una costumbre,
y las decisiones que rompen, otra vez,

el fatigado corazón. Esperar
sin esperar. El tiempo
que todo lo debe establecer:
la ausencia y la esperanza.
Días que fueron, los días que serán:
cuán arduo el ejercicio de cada instante.
Pero uno sabe, a partir del dolor,
de la incertidumbre, de la soledad
que aspira a compañía,
del más difícil encuentro
vísperas de una batalla,
que la vida es. La vida que nos vive,
que morimos, calados de esperanza.
Cae la noche, y nuestros rostros
son ese mediodía que no vemos entre las lágrimas.

MONASTERIO DE PIEDRA

Pierden
y llevan al sitio
que se quiere
los caminos:

El paraíso
que no imaginábamos,
allí donde se quisiera
terminar la andadura,
permanecer hasta el fin.

Llegamos.
Tiempo detenido.
Belleza innombrable.
Caudal de la memoria.
Silencio de las aguas
que cantan en un espejo.
Esperanza.

Algún día,
el sonido de las aguas,
la filigrana de la piedra,
el encaje de la vegetación,
el tiempo detenido,

el tiempo vertiginoso,
serán la historia del amor.

Vivimos
el día
que es la eternidad,
tan fácilmente.

Partimos.
Volveremos.
Permaneceremos.

LLUVIA PARA SEPTIEMBRE

Anoche
la lluvia y la conversación
fueron la misma cosa
—súbitas,
intensas—
calando el corazón y el universo.

Noche que fue como para ser inacabable,
quizás el sonido del agua
fue el diálogo que quedó abierto
en la víspera de un solitario dormir
plagado de fijas imágenes.

Vuelve el otoño.
Labios que se muerden a sí mismos.
Monedas para jugar a la suerte.
Memoria que se vuelve
sobre una idéntica estación
que fue umbral
de la intensidad y la calma.

Nos aguardamos a nosotros mismos
al cabo de las palabras
y los vívidos silencios,
de lo arduo y de lo simple
como la dicha.

Y ya soñamos
con una ciudad encantada
que está ahí

y nos espera en todas partes,

como la misma lluvia.

NOVIEMBRE 8, VÍSPERAS

No llueve
La ciudad y el corazón
esperan
Estás
Ven
Vayamos

NOTA DE RUTA

No el jefe de la tribu,
ni tan siquiera el mejor guerrero,
tan solo uno más, anónimo.

¿Qué íbamos a conquistar este noveno día de noviembre?

Quizás basta que digamos: la dicha, sin precisiones.

Y lo hicimos, a pesar de nosotros mismos.
No querías ser el reposo del guerrero,
yo era el guerrero.
Las tierras que vimos eran para estar por siempre,
hasta el fin,
aunque sabíamos que a cierta hora
debíamos volver a la ciudad.
Pero esa intemperie nos caló definitiva,
otra vez.

Día espléndido, infantil.
Difícil regreso en la niebla y la lluvia,
poniendo freno al amor.

El amanecer nos sorprenderá
tan solos, tan distantes, tan juntos,
soñándonos, amándonos.

Solo podemos dar gracias y confiar.
Soy quien eres.
Eres quien quiero ser.
Pero necesitamos el reposo y la pasión,
porque es otoño y siempre,

porque somos tan arduos,
porque eso lo hace todo tan difícil,
porque nos estamos aguardando en cada encuentro.

Quizás tú, y no yo, el guerrero,
seas quien necesite el reposo,

pero mucha es mi fatiga,
semejante a mi pasión,

tanta alma.

EN EL CORAZÓN DE UN OTOÑO

Rubrica una negación en la tarde.
Inaugura el desvelo y las horas interminables.
Declara el silencio de las habitaciones y los objetos.
Ahonda el hueco de la mano vacía.
Contempla las pequeñas cosas
donde permanecen el paisaje y la intimidad.
Mírate allí donde faltas.
Repite las palabras que te niegas.
Siente la delicadeza de los gestos que te buscan.
Aguarda una rosa que está por nacer.

LOS HÉROES

Crecimos en su culto.
Supimos de ellos hasta las lágrimas.
Después, conocimos a muchos.
Apenas sabíamos qué decirles.
Velozmente, devinieron
empresarios del heroísmo.
No les va mal.
¿Dónde están los héroes?

CUESTIÓN DE TIEMPO

Es imposible
que sea lo que debió ser
a estas alturas.
Todo lo hicimos para que así fuese,
aunque quizás pudimos haberlo hecho mejor.

Mas no todo es nuestra culpa.
Sin embargo, no es eso lo que duele:
lo terrible es que no hay otra oportunidad.

REGRESO

Nadie regresó,
volvió a partir,
regresará, partirá.
Así siempre.

TESTAMENTO

Les dejo unos pocos papeles
y vuestras preguntas,
dudas,
reproches
y vertiginosos recuerdos de mí.
También, no lo dudéis, mi amor.
Por difícil que os parezca,
hubiese deseado recibir tal patrimonio.
Sabed reconocer la dicha.

VERDADES

Me deterioro velozmente:
cada día más, soy menos.
Mi vida no es otra cosa que un papel,
y debo interpretarlo bien,
tal y como se espera que lo haga.
Ya apenas dudo de esa función.
Fumo,
como
y bebo demasiado, según dije en un poema,
aunque cada vez más.
Debo agregar: apenas descanso.
El insomnio y la soledad
presiden mis noches.
En mis jornadas, el dolor físico
es una realidad intolerable.
Todos creen que mi vida es un triunfo,

pero me sobran los adjetivos que me otorgan,
y las explicaciones sobre mí mismo son inútiles,
como los poemas que no escribo,
la caricias que no prodigo y no recibo,
los libros que no leo,
los trabajos que no realizo,
el paisaje donde no estoy.
Mis ojos se apagan.
Ojalá sepan alguna vez,
los pocos a quienes quiero,
que les quise hasta el fin,
aunque no supe demostrarlo.
Solo así, mi vida
habrá tenido un poco de sentido.

III. SOLO SE PUEDE CONFIAR EN LA SOLEDAD

MADRE

Madre es distancia.
Insalvable.
Dolor que se inmensa
en el desarraigado corazón.
Cada sucesiva noche
va difícilmente a más
sin paisaje. ¿Cómo explicar
la inerme desnudez
del abandonado hijo de Dios?
Silencio y oscuridad, vacío.
También Madre.

FINAL DEL POETA

Siempre lo mismo,
inevitable y estéril.

Desde lo intolerable,
la lucha desesperada
por alcanzar
ese poco tiempo más

para concluir
lo que no tiene fin.
Agonía sobre la agonía.

Finalmente,
no se escribió
para siempre,
sino para ayer.
La patética, gran ilusión.

Un montón de palabras
se dispersa en la muerte.

LECCIÓN DE MEDICINA

Nada de ascos. La sangre,
la enfermedad y el dolor
son parte de la rutina diaria.
Hay que hacer lo imposible
por salvar al enfermo,
aunque no se sepa exactamente para qué.
Es preciso evitar el sufrimiento
al agonizante. La vida es sagrada.
Solo el tiempo nos diferencia de la carroña.

OTRA VEZ MIS GATOS

Me sobrevivirán mis gatos.
Su natural instinto.
Algo sagrado.
Esa sabiduría que perdimos
y nos disminuye.

Ellos hallaron en mí,
la seguridad; yo encontré
en ellos la compañía sin peros.
Todo lo que constituye
un detalle de algo insondable.

Imposible explicar
nuestra vida en común,
el territorio compartido:
la diafanidad y el enigma

de una perfecta relación.

Al principio, atavismo
de la costumbre y la presencia,
mis gatos me echarán de menos,
pero no tardarán en acostumbrarse
a mi ausencia. Es muy tan natural.

Los animales no saben mentir.

BLOQUEO DEL ESCRITOR

Me preguntan:
¿qué es el bloqueo del escritor?
Respondo: otra evasión identificada
y comercializada
hasta la saciedad
por los norteamericanos.

Para empezar, uno escribe
por pura gana, soberbia
o incontrolable paroxismo
–si se quiere, fatalidad–,
lo que en un tiempo se llamó vocación.
Le sobran motivaciones a la escritura.
Constituye una insólita adicción.
Cuando se practica en las sociedades totalitarias
tiene imprevisibles y desastrosas consecuencias.

De todas suertes, no engañarse,
es un empeño que siempre pasa la cuenta;
una benigna y devoradora especie de locura.
Finalmente, jugar a ser Dios.

No es recomendable
el ingrato y solitario oficio de escribir,
pero no cabe la menor duda
de que entre sus miserias
no figura el bloqueo del escritor.

Un único ejemplo
para descartar definitivamente
tan deleznable y subalterno disparate:
un cirujano no puede retirarse del quirófano

alegando que lo domina un bloqueo quirúrgico
ante el cuerpo en que acaba de practicar una incisión.

Para resumir:
agonizamos en la mesa de operaciones;
la vida del paciente está en nuestras manos.

PANTEÓN

Ciertas noches recorro
el desierto panteón de los grandes.
Lo he erigido minuciosamente para eternizar
a aquéllos que he querido ser: un poeta
es un hombre que quiere ser todos los hombres.

Cuántos, por puro azar y desconocimiento,
faltan en su marmóreo trazado:
un testimonio de mis pasiones y limitaciones.

En mi recorrido, más que en sus rasgos
–hasta cuánto ficción escultórica–
leo sus clásicamente cincelados nombres
y evoco sus hechos.

Magníficos, son una nómina de olvido,
trivialización, oportunista referencia y vacío.
Sus muertes son la muerte de la historia.

Es inmenso el silencio
en el panteón de los grandes.
El viento es la elegía de Dios
por el fin de Su imagen y semejanza.

CUALQUIER DÍA EN LAS NOTICIAS

El hombre entró en su centro de trabajo
y disparó sobre los que allí estaban.
Después se quitó la vida.

El conteo de los muertos es elevado;
hay varios heridos,
algunos en estado crítico.

Un hecho monstruoso
que se repite con frecuencia alarmante.

Se ensayan múltiples y complejas explicaciones
para tratar de comprender sus motivaciones.
Ninguna es suficiente.

¿Se trata de un acto supremo de locura?

Cabe la posibilidad
de que cualquiera de las víctimas de la masacre
hubiese podido ser el homicida.

ROSAS AMARILLAS

Conviene, en ocasiones, comprar
un ramo de rosas amarillas.
Al hacerlo, debe cuidarse
de que todavía no hayan abierto
y que sus pétalos y sus hojas
estén intactos y llenos de frescura.

Ya en la casa, hay que cortar,
diagonalmente, el extremo de cada tallo
antes de ponerlo en un jarrón,
lo que asegura mayor absorción
de agua. A ésta se agregará,
para demorar la marchitez,
un par de prosaicas aspirinas.
Terminado el arreglo,
el jarrón debe colocarse en un sitio
fácil a la mirada.

Entonces, uno debe servirse
una lenta copa y contemplar las rosas
sin pensar en nada. Por supuesto,
embellecen el ambiente;
también lo perfuman. Pero eso no es
lo que realmente importa.

Hay que dejarlas solas
y, al paso del tiempo, ver cómo abren
rotundos sus delicados pétalos,
y prestar atención
a su silencioso discurso.

Dice de todo lo que abandonamos
y de lo mucho que se nos arrebató.
Dibuja el rostro inerme de nuestros muertos
y todas las abrumadoras distancias del paisaje.
Da cuenta de la agonía del solitario acabamiento.
Alimenta las empecinadas ficciones del deseo.
Subraya la gracia de una vertiginosa dicha
que sostiene más allá de su latido.
Es pérdida y encuentro finales.

A cuánto faltaron en nuestra vida
unas amarillas rosas. ¿Qué nos queda
cuando se marchiten
estas espléndidas rosas amarillas?

Solo ellas saben en su gloria.

CAMBIOS

Estamos pendientes
de que cambien el tiempo
y las circunstancias;
los poderes establecidos;
nuestra familia,
amistades y supervisores;
nuestra salud y economía;
el insoportable vecino;
nuestras neuróticas mascotas;
nuestros miserables críticos
y todas y cada una
de las etcéteras
que nos amargan la vida.

No menos, estamos pendientes
de nuestro propio cambio.

Y en esto se nos va
lo poco que ya nos queda de vida.

ALGUNAS RECOMENDACIONES

A falta de un gran barco,
una pequeña embarcación.

471

En la ausencia de música,
estar pendiente
de los nocturnos latidos del silencio.
Si cae un árbol,
aceptar la incógnita
que impone un paisaje distinto.
Cuando la página se borra,
recurrir a la caligrafía de la memoria.
Ante la inesperada agresividad
de una máscara,
afectar una glacial indiferencia.
De perderse la casa,
encajar la intemperie.
Si Dios no responde, insistir.
¿Cuánto más?

Nunca falta el dolor.

CATECISMO DEL DESTERRADO

De nada nos sirvió
lo que heredamos y construimos,
tampoco lo que atesoramos.
De golpe, todo se perdió,
tanto insustituible.

Diligentes animales
de puntuales costumbres,
volvimos a construir;
nos empeñamos en atesorar.
A su vez, diseñamos
elaborados resguardos
para preservarnos de nuevos desastres.
Un esfuerzo inmenso, ejemplar,
no exento de complacencias.

Al paso del tiempo
–aunque por nada lo reconoceremos–,
comprendimos que nuestros bienes
no podían compararse
con lo que se nos quitó.

No se trata de una cuestión
de cantidad. Es mucho más complejo.
Es que no puede recuperarse
la vida tal como se quiso que fuere.

LA SOLEDAD DEL VIEJO POETA

Si pasan varios días
sin que nos hablemos,
y siempre en la noche,
llama el viejo poeta
y dice: todavía estoy vivo.

Su ronca y distante voz
me informa precisa que no anda bien
y que sus limitaciones
se traducen en un irreversible
y cruel aislamiento.
Su salud se resiente vertiginosa.

Siempre quiere saber
de otros poetas y de sus andanzas
no poéticas, de libros
y de esa precaria ficción
que es una turbia vida literaria
que en su soledad
necesita imaginar distinta.
Igualmente se interesa
por saber quién ha muerto.
Alguna que otra vez
celebra generoso algo que he escrito.
Le acongoja el destino de su obra.

Nos despedimos difícilmente.
Cuando cuelgo, debo evitar
caer en la tentación
de llamar a un joven poeta.

LOS CONVERSOS

Se entiende bien
los conversos de última hora

con los que fueron sus declarados enemigos.
Los celebran con infatigable entusiasmo.
Padecen más los males que causaron
que sus propias víctimas.
Exigen soluciones draconianas
para poner fin a su obra
o afectan una mansedumbre
que deja pequeño al mismísimo pobrecito de Asís.
Se declaran mártires del sistema
que impusieron implacables,
rotundos especialistas en sus vías de solución
y vital reserva e imprescindibles protagonistas
del futuro que enajenaron.
Son artífices en inventarse admirables biografías
que niegan las infamias de la historia
y nadie los supera en la remuneradora dosificación
de los más insólitos mea culpa.
Siempre beneficiarios de lo mejor de dos mundos,
saben elegir, congénitos oportunistas,
la bandería más generosa a sus intereses
—también denunciarla a la menor contrariedad—.
Manipulan la decencia, el cansancio y los ideales
con la eficacia de expertos corredores de bolsa.
Demandan el más incondicional aplauso
y un sostenido e irrestricto apoyo
mientras ocupan subrepticios y tenaces
el centro del escenario. No cesa nuestra perdición.

LOS JUGUETES

Hay un descuido y una pérdida
fundamentales en nuestras vertiginosas vidas:
hemos olvidado la esencia de los juegos.

En la actualidad, los juguetes
son una industria millonaria,
solo comparable
a las industrias informática y armamentista.

Ahora, tan elaborados,
los juguetes tienen

una caducidad vertiginosa,
comienzan a envejecer
cuando se adquieren. Imponen,
imperiosos, su inmediata renovación,
lo que constituye una pérdida
de su magia y función fundamentales.
Esto plantea otra encrucijada filosófica—

¿son los niños de ahora niños,
y son los juguetes, juguetes para niños?
De igual manera, ¿son los juguetes
que compramos a nuestros niños
unos objetos que les privan
de las magias de la imaginación?

Somos presa de nuestras propias trampas.
Los juguetes son tan complicados
que no sabemos utilizarlos.
Sin embargo, cualquier crío sabe descifrar
su funcionamiento.
¿Cómo justificar tan enorme torpeza?
¿Dónde ha ido a parar la inocencia?

Cuando duermen los niños
juego con un tosco caballo de madera,
unos soldaditos de plomo,
un trabajoso modelo para armar,
insólitas armas destinadas
a todas las guerras y aventuras,
un vacilante trompo.

A mi lado, como debe ser,
una niña juega con una sencilla muñeca,
una frágil cuna, una pulcra cocinita,
cuentas para hacer collares y pulseras,
una minúscula vajilla para la más grande ocasión.

Lo uno y lo otro, tan precisa,
tan poca e inmensa cosa.
Desde las márgenes del sueño,
fascinados con sus enigmáticos juguetes,
los niños nos observan sin comprendernos.

Vamos muriendo aferrados
a nuestros insólitos y rudimentarios juguetes.
¿Ha caducado realmente la inocencia?

PARECIDO

Alguien me dice que me parezco
cada vez más a mi abuelo materno.
No lo contradigo. Soy moreno como él,
casi de su breve estatura
y ya mi papada es semejante a la suya:
una papada de viejo y rotundo criollo,
no precisamente el ideal estético vigente.

Tengo su mismo nombre,
que también es el de mi padre,
pero jamás lo utilicé para hablarle.
Siempre le dije Abuelo Bravo.

Abuelo Bravo era un hombre recto, silencioso
y un trabajador infatigable. Desayunaba
un plato de aceite de oliva con dos dientes de ajo,
pan fresco y un oscuro café con leche
que endulzaba hasta que parecía almíbar.
Siempre vestía de traje, usaba sombrero
–de castor en invierno y un jipijapa en verano–
y nunca salía sin su paraguas y un maletín de cuero.

Su atuendo solo variaba cuando iba al campo.
Allí usaba almidonados pantalones y guayabera
de dril crudo, cuyo cuello cerraba con un botón de oro,
y cambiaba su fino jipijapa urbano por otro
de inmensas alas que la más leve brisa hacía temblar.
Calzaba botines acordonados, altas polainas
y unas breves y relucientes espuelas de buen jinete.
La guayabera ocultaba el imprescindible revólver.
Recuerdo su imagen a caballo bajo la lluvia torrencial:
una silueta indescifrable bajo la inmensa capa negra
que cubría la montura y los flancos del animal
que respondía obediente a las más leves presiones de sus piernas.

Tenía una oficina con oscuros e imponentes

muebles de antigua madera. Solo utilizaba para
escribir, con rasgos que eran un exquisito dibujo,
tintero y pluma, cuyos puntos cambiaba
sin mancharse los dedos. Encaraba los problemas
con la misma tranquilidad con que diariamente
daba cuerda a su reloj de bolsillo.
Sus negocios se cerraban a base de palabra.
Todo lo perdió cuando se perdió
la Patria en 1959. Poco tiempo después, enfermó.
En su delirio en el hospital insistía
sin cesar en que le trajeran su ropa
para la intemperie y preguntaba dos cosas:
qué hacían los rusos metidos en Cuba
si nuestra guerra era contra los españoles;
y qué pasaba que José Miguel
—vecino espirituano de toda la vida
y mayor general mambí— y su cuñado,
el coronel Filandro Salas, no venían a buscarlo
para irse a la manigua a combatirlos.

No tardó en morir, en mi habitación
en casa de mi madre. Me di cuenta
que había llegado su fin
y la entretuve hasta que lo vi apagarse en paz.
No tuvimos que cerrarle los ojos.

A estas alturas de esta evocación
de ese hombre de quien dicen me parezco cada vez más,
quiero consignar, con inevitable sentimentalismo,
varias cosas que constituyen para mí
su más entrañable legado:

Están los pesos de plata que me regalaba
y que se convertían en moneda de la fantasía
de un relato de Salgari; los panes de Caracas
que no había en La Habana y siempre me traía
a su regreso del campo; el haberme enseñado
a montar, conocer y trabajar el ganado,
lo que sé de la tierra y a utilizar el machete;
la casa de la playa que fue mi dicha y la de mi sangre
hasta en los tiempos más amargos;

la fiesta mayor de la Navidad,
que era ir a buscar con él
los mejores cerdos, guineos y viandas
a la terminal de trenes y todos los pormenores
de su minuciosa preparación para la cena familiar;
el saber que los hombres son de una sola palabra
y que siempre se debe servir con pudor, respeto
y generosidad, como si nada se hiciera.

Podría decirse que era como uno de esos árboles
de madera preciosa que nunca quiso talar
y que persisten al cabo de todos los desastres.

Dicen que me parezco cada vez más a Abuelo Bravo.
No lo contradigo. ¡Qué más quisiera!
Son, como él diría, los buenos ojos con que me ven.

PARÁBOLA

En ciertas ocasiones,
con gran solemnidad,
nos reunimos a intercambiar libretos.
Suspendemos por unas horas
el curso de la realidad
para propiciar su rectificación.
Por supuesto, que no podemos cambiar
ni alterar el escenario
–de poder hacerlo no practicaríamos
este insólito rito
que cada vez nos fatiga más–,
pero creemos a pie juntillas
que la situación dramática propuesta
corresponde exactamente
a nuestra mesiánica intención.

El gran problema
que plantea este evento
es que todos quieren encarnar
el papel protagónico.
Se inician entonces
interminables discusiones.
Invocamos razones más que suficientes

para reivindicar nuestros derecho
al final sacrificio del protagonismo.
Nos lanzamos mutuamente
insólitos reproches
que descalifican a nuestros rivales.
Nos convencemos, aunque somos incapaces
de manifestarlo, de que aquellos
a quienes queremos salvar
merecen su perdición.

El amanecer nos sorprende airados
y sin llegar a un acuerdo.
Estamos agotados. Nuestro propósito
ha desembocado en el fracaso.

Pero no seamos pesimistas.
Compromete nuestros proyectos
para el pendiente futuro. Quizás
la próxima vez que nos reunamos
con las mejores intenciones
podremos lograr la crítica unanimidad.

Aunque no conviene albergar
excesivas ilusiones. Los rigores
de una prolongada y estéril experiencia
patentizan que es prácticamente milagroso
sacar de su descomunal error
a nuestros soberbios y arrogantes
compañeros de representación
y convencerlos de que es a nosotros
a quien corresponde el papel estelar.

Se aleja el horizonte.
Todo vuelve a su sitio.
Somos la única víctima
de las posibles versiones de la historia.

MODUS OPERANDI

Escribo borracho.
Reviso sobrio.

LAS NECESIDADES INALCANZABLES

La necesidad de que lo dejen a uno en paz;
de no ser acosado incesantemente,
ni ser tratado con agresividad;
de que se sepa que las buenas intenciones
nada tienen que ver con la propia torpeza;
de que no se exijan milagros como un deber;
de no sentir un dolor físico constante;
de poder dormir toda una noche;
de que se comprendan los sueños
inmolados sin peros al amor,
las circunstancias, la decencia
y el sentido de la responsabilidad;
de tener la misma oportunidad
de perdón, apoyo y tolerancia que cualquier otro;
de ser acariciado, alguna vez,
como se acaricia cualquier animal;
de no sentirse al borde del desastre.

¿Es un exceso pedir eso por un solo día
en que todo sea tan natural como debe ser?
Solo los locos desahuciados –y, quizás,
los alcohólicos– son capaces de semejante delirio.
En un tiempo se le llamó milagro.

SÁBADOS POR LA NOCHE

Beber y
escribir poemas
y escuchar música
los sábados por la noche,
hasta que ya
uno no puede más
con el alcohol,
las palabras
y uno mismo,
quizás no es exactamente
lo mejor
que se puede hacer
en la vida.

De acuerdo.

Pero, al menos,
en esas noches de sábado,
uno no espera nada,
ni tiene
que rendir cuentas
a nadie,
ni se enmascara
inútilmente
para intentar recibir
menos golpes,
que duelen,
a pesar de que endurecen.

Uno es dueño
de esas largas,
silenciosas noches
de sábado,
en que quizás
escribe un poema o dos
o ninguno,
nunca se puede decir
y, en definitiva,
no importa demasiado.

Los poemas vienen
cuando tienen que venir,
y se reconocen
y nos reconocen
y son lo más cercano
que tenemos
a nuestro alcance
de una justificación,
aunque eso es algo
difícil de comprender
y explicar.

Es muy simple.
Esa dura,
delirante noche
del sábado

es lo más real
que se logra tener
cuando todo lo demás
terminó.

Sí,
las noches de sábado
nos hacemos pedazos
no saliendo a buscar
a otro ser humano,
a otro desconocido,
que sea esa compañía
cada vez más necesaria.
Pero qué seguridad
tenemos de encontrarlo
y no volver a acabar mal,
y vuelta de nuevo,
pero mucho peor,
a estar solos
la noche del sábado,
bebiendo,
escribiendo,
escuchando música,
hasta que no se pueda más.

Sábado, otra vez
la lenta, vacía
noche por delante.
Nada nuevo.
Nada bueno.
Tan solo una noche de menos.

SOLO SE PUEDE CONFIAR EN LA SOLEDAD

Solo se puede confiar
en la soledad,
pero no está de más
tomar algunas precauciones.

Finalmente, son inútiles,
pero es lo único
que, solitarios,

podemos hacer
en nuestra defensa
contra sus dentelladas.

Un síndrome
que todavía no registra
la siquiatría.

EL JUGADOR

No equivocarse,
no existe
lo que se llama suerte.

Las cosas suceden,
simple e inevitablemente.
Algunas veces
—es parte de la trampa—,
se sale relativamente bien,
aunque no gran cosa; otras, las más,
mal; y otras, ni lo uno no lo otro,
que puede ser mucho peor.

Lo que significa
que los dados están cargados,
los naipes marcados,
los eventos deportivos,
toda clase de juegos
y la vida misma están arreglados.
Pero ahí estás,
siempre en vilo entre dos juegos;
calculando minuciosamente
tus posibilidades
o dejándote llevar
por una corazonada.
Diciéndote: tiene que ser
esta vez o no puede fallar.

El enorme
y desastroso error.
La suerte es un eufemismo.

Tiempo de jugar otra vez.

APUNTES PARA UNA AUTOBIOGRAFÍA

En unas pocas horas
—ahora es de noche y estoy bebiendo,
escuchando música y escribiendo—
cometeré un error fatal.

No agregará nada a mi biografía.
Solo complicará más mi existencia.

En unos cuantos días, no muchos
—al cabo de una noche bebiendo,
escuchando música y escribiendo—
cometeré otro error fatal.

Tampoco agregará nada a mi biografía.
Solo complicará más mi existencia,
más precaria y vulnerable
por el error previo. No se puede,
mi incorregible costumbre,
desafiar impunemente al poder.

Y así, cada vez con más frecuencia
—al cabo de noches de tragos,
música y escritura—,
con toda la razón del mundo
seguiré cometiendo errores fatales.

La historia de mi vida.

Tan solo hay un problema:
mi crédito se agota vertiginosamente.
El afán de decencia es un lujo incosteable.

Cualquier día, al cabo de una noche
sin alcohol, tabaco, música y escritura,
me pasan de golpe la cuenta definitiva,
y ese es el fin.

LA MÁS SIMPLE VERDAD

Todo permanece,
menos la permanencia.

ESCENARIO

Siempre incorregiblemente dado a soñar,
imagino cada vez más el escenario para mi fin.

La vida se encargó inflexible de negarme
la fijeza de mis más constantes sueños:
los más naturales y legítimos,
y los prácticamente inalcanzables
desde la exigente ficción del deseo:
los sueños que desafían las evidencias
y servidumbres de la realidad,
aquéllos en que persiste la inocencia.

Mis actuales sueños expresan una reducción.
Son los de un hombre cansado y lleno de cicatrices,
que ha llegado a comprender, a puro golpe,
que lo único a lo que puede aspirar
es a participar de más y más de menos y menos—

lo que constituye un inmenso privilegio.

No siempre sin una tristeza que desploma
y una íntima agresividad que puede ser
una especie de la soberbia, acepto
que no se me depararon o que enajené, igual da,
las inconmovibles complacencias del amor,
la seguridad, la compañía y la comprensión.

Hay más, que es demasiado. Es el ingrato botín
de quien se empeñó, como si lo hiciese en mármol,
en escribir en las aguas.

Cuesta toda la vida aprender, y cuando se sabe
ya es tarde. Conviene para seguir tirando,
¿hasta qué punto?, creer que haber hecho
lo que se hizo justifica —un precario argumento—.

Mi última oportunidad es un persistente sueño.
Levantar una pequeña casa en ese salvaje
y aislado pedazo de tierra que tengo
en un bosque perdido y ser absoluto y solitario dueño
del tiempo hacia mi fin. Bien poco necesitaré:

uno o dos animales; unos cuantos libros

y la música; entrañables retratos, ciertas cosas
en que alienta el patrimonio del recuerdo
que colma y desgarra; algunas herramientas;
mis armas –imprescindibles en la intemperie–,
tabaco, alcohol y materiales para escribir y pintar.

Bien simple sueño. Sin lugar a dudas
y cuánto, no eximirá de la abrumadora pisada
en el corazón que depara echar de menos
la presencia y la caricia
de los dones de la sangre y la amistad.
Debe prodigar la pendiente paz
y la definitiva contrición.
Pasa por la redentora humildad de dar gracias.
Alienta la posibilidad del milagro:
la indescifrable dicha
cuya naturaleza jamás sabemos precisar.
Se me ha ido la vida soñando.
¿Tendré que aceptar la inmensa ironía
de que este frugal sueño
sea el absolutamente imposible?

Me aterra pensarlo.
Me empeño en seguir soñando.
Es lo único que sé hacer.

MEMORIAS DE UN PARQUE

La cometa desapareció en los aires,
el triciclo perdió una rueda,
un perro se metió en la fuente,
una pelota que fue a parar a una azotea
puso fin al juego,
los apasionados amantes no cesaron de acariciarse,
el mismo borracho de siempre
volvió a dormirse en el mismo banco de siempre,
los paseantes conversaron animadamente,
otro barco entró en la bahía,
se produjo el cambio de la guardia de palacio,
algunos turistas tomaron fotografías,
los vendedores ambulantes

se esforzaron en agotar su mercancía
a medida que descendía la oscuridad
y los vecinos iniciaron la unánime retirada,
se encendieron las luces de las farolas,
el parque quedó desierto.

Fue entonces cuando las estatuas de los próceres
respiraron con alivio.

PINOS NAVIDEÑOS

El domingo, bien temprano
en el supermercado,
el olor purísimo
de los recién cortados
pinos navideños en venta.

Los han traído de muy lejos
en descomunales camiones,
sus ramas atadas,
recogidas cuidadosamente para impedir
que se lastimen y se deprecien.

Son efímera mercancía
de una vez al año, de celebración
que es imposible ignorar
pase lo que pase.
La emblemática rúbrica de la fiesta
o la insuperable servidumbre
de la costumbre para los compradores
de primera y última hora.
Tan solo otra carga,
otro larguísimo viaje para el chofer.
¡Cuánto que no sabemos!

Respiro su olor
en el denso bosque norteño,
cuando todavía no es
un páramo de muñones
limpia y uniformemente
cortados a ras de tierra.

Es el olor de la belleza,

la soledad y la paz. Su final realidad,
la armonía que establece su enigma,
para trascender todos los peros y los más.
Y es tan solo una vertiginosa jugarreta
de la imaginación que alza y aplasta:
nada que tenga que ver con este sitio.

Debo comprar un pino
para que haya alivio,
como si estuviese en el bosque norteño,
tan cerca del mar tremendo.

No puede faltar invierno
al invierno del corazón.

BAJA

Mi locura, pura nada:
un detalle anecdótico
–el incesante, fatal blanco
de tu locura–.

No tengo salvación.

LA BELLEZA DEL FÍSICO MUNDO

¡Dulce Cuba! en tu seno se miran
en el grado más alto y profundo
la belleza del físico mundo,
los horrores del mundo moral.

José María Heredia, «Himno del desterrado»

LA BELLEZA DEL FÍSICO MUNDO de Armando Álvarez
Bravo se publicó en Miami, Florida, USA, por Ediciones
Universal en 2004. Colección Espejo de Paciencia.

DEDICATORIA

Para Joseph Armando,
mi nieto y mi dicha,
en su primer año
(el 9 de mayo del Año del Señor del 2003),
desde los entrañables recuerdos,
iluminaciones y la inocencia
de su madre, Liana María,
y de su tía, Lourdes María.
No había para ellas
dicha mayor que irse a la inmensa, breve,
secreta y fabulosa fiesta
de Playa Hermosa,
a la casita de madera de Abuelo Bravo,
del que tanto tengo que contarte.
Allí fueron muy felices
en tiempos de horror totalitario
que ¡ay! no cesa.
En esa íntima casita en la loma,
a la sombra del jagüey inmenso,
donde tan dichoso debías hoy estar
tan bien cuidado y tan mimado
por Abuela Tania y por Abuela Ana,
(que ahora vela por ti desde el cielo),
nos íbamos a divertir
como no podrás imaginarlo jamás
y yo te enseñaría tantas cosas
(por supuesto, para empezar,
a andar por el mundo, que es algo bien serio)
y tantas palabras, tantos juegos y tantas maravillas.
Y la maravilla, Joseph Armando
¡qué nunca se te olvide!
es la sencillez y es la fantasía
y es el sueño y es la desmesura
y es el deseo y es la entrega
y es la rectitud y es la bondad
y es, sí, todo lo que tú quieres que sea.
En esa andadura, Joseph Armando,
que ahora, por amor a la libertad,

491

se cumple en otro paisaje
(en tu tierra natal,
de la que siempre seremos deudores),
pido a Dios me conceda
ser tu dichoso guía y compañero y cómplice
en fabulosas aventuras,
como lo fui para Mami y para Tía
(y quede entre nosotros, las dos,
y no hablemos de tu Abuela Tania,
a estas alturas ¡Dios me ampare!
quieren controlarme tanto o más que a ti).
En estas suficientes poesías, Joseph Armando,
te adelanto algo de la insólita e incesante
belleza del físico mundo
de la Isla prodigiosa que a todos nos falta.
Ahora prevalecen
en esa tierra tiranizada y de señorío
los horrores del mundo moral.
No será siempre así.
En su seno brillarán otra vez la libertad
y la justicia y la decencia
y la compasión y la cordialidad y la dicha.
Verás entonces, Joseph Armando,
como en esa Patria
(con mayúscula, como lo escribían los Patricios)
de tus Abuelos maternos y de Mami y de Tía,
la belleza del físico mundo,
—que trágico y magnífico
celebró en versos de Adelantado
nuestro primer poeta mayor,
también un exiliado—
será el ámbito de la encarnación
de la pendiente posibilidad cubana,
que es también tu patrimonio.
Esa es la historia, bien simple
y compleja y terrible y magnífica
y exigente, Joseph Armando:
gracia y bendición e incesante sangre mejor de mi estirpe.
Lo demás, y juégate, como tu Abuelo Armando,
la vida a las palabras, es la Poesía.

No es otra cosa Dios, al que siempre pido Te bendiga
y Te dé la inteligencia y la fuerza y la voluntad,
mi todo, mi soberano, mi entrañable «príncipe enano»,
que dijo el Apóstol, para que seas
y hagas lo que quieras ser y hacer
y seas lo que debes ser,
como corresponde a un hombre de bien y de Fe.
No tengo mejor regalo para ti,
en este tu primer año,
que un insuficiente entrevisto
de la belleza del físico mundo
que heredas y debes hacer tuya.
Pido a Dios el estar contigo cuando eso suceda.
Felicidades en tu fiesta, que es la mía, Joseph Armando.

Gracias por tu gracia y todo el amor de tu

Abuelo Armando

Miami, 2003

DEL AIRE

JEJÉN

é pican mucho
Oviedo

Es el invisible,
el diminuto.

  Pero
hostiga cruelmente
al hombre y al animal
en las costas
y en la espesura.

 Negra y silenciosa nube
que lleva el viento
a ras de tierra,
no hay escapatoria
cuando envuelve al cuerpo.

Nadie,
   absolutamente nadie,
sabe de dónde viene,
ni dónde se multiplica
en furia interminable.

 Y sin embargo,
     este azote
de la intemperie,
este puñal del aire,

  el peor castigo de la piel,

  apenas es un grano del polvo
a la deriva, un nombre juguetón:
   jején.

COCUYO

En la otra patria,
en la noche,
   tú,
mínima y diáfana luz,

rápido movimiento,
estrella inmediata,
fuiste,
        eres y serás
la inmensa claridad
que colma
            el juego,
el amor, el sueño
y todas las batallas
que llenan de dicha
el corazón del mediodía,
tu tan hondo espejo.

BRUJA

    La mariposa
en cuyas alas hay
un rostro,
            un número,
una figura.
        La mariposa
que surge de la noche
y hiela la conversación
con el oscuro designio del polvo
de sus alas.

            La mariposa
que inmóvil en la clara,
apacible mañana,
mancha la pared de la casa
con su atroz incógnita
de moneda lanzada en una pesadilla

    para decidir
                entre la suerte
y la muerte.

    Si rostro, si número, si figura.

COTORRITA

    En el follaje,
en la piedra,

como un delicado memorial
de toda la sangre
que no cabe en la devoción
de los libros
             y las horas,
      la cotorrita,

                  torpe
como un niño y súbita
como un disparo,
siempre el más alegre rubí.

SINSONTE

   Tu perfecta música
es anterior a la música,
es toda la música.

   Tuyo es el himno
más antiguo,
                  tuyo
el más nuevo canto,
tuyo el júbilo,
                  incesante,
todo el júbilo,
                  júbilo mismo,
sinsonte.

ZUNZÚN

Tan tenue pajarillo
Rodríguez Herrera

   Un pájaro es un leve,
interminable movimiento
entre las hojas,

         un color
que es todos los colores,

   un golpe de luz
que es el centro de la mañana
regia de luz,

         y es

496

una vibración apenas,
una alegría,
        un recuerdo,
tanta esperanza.

DE LAS AGUAS

RAYA

Figura un pájaro
de prodigioso vuelo,

y figura una puerta
oculta en la arena.

Participa del prestigio
y la fascinación de la leyenda,

y participa del horror
de cuanto daña ciegamente.

Su saludo es un latigazo.

MANJUARÍ

Medio pez, medio reptil
Cosculluela

Las batallas de este soldado
son anteriores a los libros,
a la escritura.

        Sobrevivió
a todos sus enemigos,
a incontables cataclismos,
y olvidó el uso
de los dientes cortantes,
poderosamente lento
en su armadura
de durísimas escamas.

Sus interminables días
se cumplen, casi inmóviles,
entre el fango y las aguas
más quietas del río y del pantano.

497

Para él no cuenta el tiempo:
le basta esa calma
que no es ni sueño ni vigilia,
 Solo eso:
su marcial y solitaria indiferencia:

 Nada más.

MANATÍ

> *y en su gruesa mano está*
> *grueso manatí, adornado*
> *con un puño de metal.*
> Milanés

Donde río y mar se hacen uno,
y el agua dulce y el agua salobre
se reúnen para que solo sea
el agua poderosa,

 el manatí,

 mansísimo, indefenso,
creando una ilusión de sirenas
para que perduren los sueños
y la inocencia de los hombres.

 Tierno payaso, alimento
exquisito, preciosa piel
para el bastón lujoso
o el azote cruel,

 qué solo,
qué asustado, cuán bueno el manatí
en la inmensidad del agua poderosa,
en la espléndida noche de las islas.

ERIZO

Es negro como el negro
que envidia la noche.

Forma bélicas constelaciones,
infinitos ejércitos
que desconocen la piedad.

Depara crueles,
numerosas heridas:

horas de intensa agonía.

Inmóvil peligro,
amenaza tenaz,
no existe en el mundo
cristal más frágil,
más delicado que él.

El dolor es su sentido.

COBO

Una marea violenta
a veces nos lo depara
en una playa desierta.

Es el espejo increíble
de nuestra luz: nácar
fraguado en líneas perfectas
donde persisten gloriosos
los felices colores
del alba y del crepúsculo.

Conserva el eco del mar
y del nacimiento de la música
y de la urgente llamada
de quienes solo son reales
en la realidad de los libros.

Origen de la fiesta,
voz que ayuda al solitario
en sus trabajos a la intemperie,
adorno principal de la casa,

por ti siempre los hombres
desafiarán el peligro
y la dulce embriaguez
de las profundidades,

delicada concha, cobo fabuloso.

TIBURÓN

Rápido, terrible,
es un golpe
de plata congelada

en el azul.

Más antiguo
que el primer hombre,
disputará siempre al hombre
el mar y la belleza,
llenando de peligro y horror
su alegría y su trabajo.

Todo dientes,
                    todo furia,
nunca duerme: acecha,
destroza.

Y sin embargo,
no hay nada más hermoso
en las profundidades
que este enemigo atroz
en su perfección de pesadilla.

El súbito, mortal tiburón.

ESTRELLA DE MAR

En lo hondo,
                    confundiéndose
con las negras rocas
del negro abismo,

                    y en la orilla,
ocultándose en la blanca arena
que como un devoto artesano
acaricia y pule constante
todo cuanto existe,

exacta y lujosa moneda
de todas las mareas
y todas las calmas
y todas las tempestades,

la estrella de mar

                    es siempre
el primer astro que nombra la noche,
la alta noche de los viajes

y las aventuras:
>>> toda misterio,
toda belleza.

JICOTEA

> *que aquellas hicoteas de Masabo*
> *que no las tengo y siempre las alabo.*
>>>> Balboa

Es la lentitud misma,
el oscuro cofre
en que cabe toda la paciencia.

Pero sobre su carapacho
>>> (dicen)
se sostiene el universo.

Prudente y feliz
>>> entre el fango
y las hierbas y las raíces
de la orilla más tranquila del río,
nos ha acostumbrado a creer
que siempre permanece en un sitio,
pero por todas partes
se cuentan fabulosas historias
de sus andanzas: todo el paisaje
está lleno de sus mitos.

Día a noche y noche a día,
como si nada ocurriese en el mundo,
observándolo todo con la eléctrica viveza
de sus ojillos indescifrables,
cuán misteriosa la humilde jicotea:

tan tímida y tan quieta,
tan buen (y barato) regalo,
tan duradera compañía:

Nuestro precioso talismán
desde que somos niños.

DE LA TIERRA

SEIBA

un grande árbol
que se llama ceíba
Las Casas

Admirable, inmemorial,
domina el paisaje
y posee la imaginación.

El rayo la respeta
y también la lluvia que pudre
y el sol que abrasa
y el viento que destroza.

Siempre sagrada,
            puede ser nave,
lecho, escondite, confidente,
casi todo cuanto necesitamos
para vivir y morir.

Sabe en silencio los secretos
de la vertiginosa intimidad
del hombre,
         y de la mujer
las recatadas urgencias;
guarda el misterio
y la antigua leyenda del oro
oculto en la noche,
en el miedo, en la soledad.

Y con solo estar,
           enorme de sombra,
nos prodiga la belleza
             y nos cala
de amor a la tierra
que dialoga con sus raíces,

tan principal, tan nuestra.

CAYAJABO

Roja y negra
moneda de la fortuna,
contra tu brillo
–aseguran desde antaño–
se estrellan los maleficios.
Dicen que siempre traes, generosa,
toda la buena suerte del mundo.

¡Quién sabe!

Pero, eso sí que lo sabemos,
cómo adornas a quien te luce
ceñida por el grave oro,
breve y preciosa prenda criolla;

juguete que prodiga el monte,
mate inolvidable
de los juegos infantiles,

tesoro de la tierra, cayajabo.

POLIMITAS

Si toda la belleza
de los árboles,
toda su majestad
y toda su grandeza
no fuesen suficientes
para justificar
su presencia,

bastaría
el milagro sucesivo y único
de estos breves y precisos cofres,
de su arquitectura perfecta,
de su diseño frágil e impecable
y de sus colores
arrancados al sueño
para que la realidad
sea un sueño constante,

para que hubiera bosques.

JUBO

Hecho un círculo
en la maleza,
        confundiéndose
con las piedras y las raíces
cómplices,
        bien oculto,
huidizo,
     el jubo

es una parodia benigna
de los viciosos asesinos
que señorean casi invisibles
la enormidad de la selva:
las serpientes de pesadilla
que envenenan y trituran
a hombre y bestia.

        Su vida
es apenas la de un látigo
que devino juguete.
          Nada más.

    ¡No le teman!
Es una sombra furtiva
que solo a sombra aspira:
siempre tan cauto en el manigual.

GALÁN DE NOCHE

No importa cuán oscura
sea la densa noche,
cuán difícil el sueño.

Ni tampoco importa velar
tan solos y silenciosos.

De igual suerte,
tampoco cuenta que, dichosas,
la risa y la conversación
se midan en un olvido
y una entrega que se igualan
a la gloria de las constelaciones.

En la historia de la noche,
radiante como el sol
que ennoblece el mediodía,
alegre desde su esmeralda
que señorea el paisaje,

tú siempre nos acompañas,
flor que sostienes
tan altiva y delicada
el cuerpo de la sombra,
magnífico capitán, el mejor
y más fiel compañero,

todo perfume: galán de noche.

Y DEL FUEGO

EL FUEGO

De todo lo que hay en el mundo,
maravillas y horrores
y tanto que no se puede explicar,
es el mismo *más*.

Crea, destruye, fascina, aterra.
Es pura contradicción.
No podemos vivir si nos falta.
Todo lo podemos perder,
hasta la misma vida,
si se desboca tremendo
como el corcel de un cuento.
El propio Dios lo ha hecho
imagen de Su Espíritu.

Es la generosa llama
para que haya pan,
casa, abrigo, juego, libertad
y tanta divina cosa
sin las que no se puede vivir
como debe vivirse.

Es también el recuerdo

y, no menos, el deseo
de lo que se quiere y se sueña
a su luz, a su calor.

No puede tocarse
pero es el mejor juguete.
Algo así como el sol
a nuestro alcance y voluntad
bajo el mismo sol
que todos nos envidian.
Pura maravilla y su reverso.

¡Cuidado, quema!

A RAS DE MUNDO

(ANTOLOGÍA)

El volumen incluye poemas de los siguientes libros:

El Azoro: «El azoro». *Memorias, desmemorias*: «El silencio». *El dominio*: «Jardín abandonado». *Rastros de un merodeador nocturno*: «El enviado». *Relaciones*: «Un juego», «El hombre que habla solo», «De vuelta entre estatuas», «En recuerdo del Cine Gris», «La fuente». *Para domar un animal*: «Frágil niño, el capitán flamante», «Como la vida en combate», «En tanto que la lluvia», «Girabas en torno al fuego y los troqueles», «Los papeles», «Del padre al hijo pródigo», «Para domar un animal». *Juicio de residencia*: «Imágenes congeladas», «Invernal», «Otra vez», «Génesis, 2, 25», «Bienes», «El jagüey», «No el poema definitivo», «Retrato de una señora», «Elogio de mi padre, el carpintero», «La cita», «Hasta el fin». *Las lejanías*: «Teoría de las pérdidas», «El poeta a sus hijas, Liana y Lourdes», «Las lejanías». *Noticias de nadie*: «Plaza Mayor», «Cuando muere un animal». *El prisma de la razón*: «De 'Circunstancia'», «De una carta de un viejo poeta», «De 'Amargos'», «De la pérdida», «Odiseo», «Como el árbol», «Samurai». *Naufragios y comentarios*: «Los cachorros», «Simón Bolívar recoge a José Martí en Dos Ríos». *Solo se puede confiar en la soledad*: «Rosas amarillas», «Algunas recomendaciones», «Catecismo del desterrado», «Los conversos», «Memorias de un parque». *Nunca se aprende a perder*: «Un anillo». *Trenos*: «Moral del poeta», «Finis Cuba», «Máscaras», «Recapitulación». *Cabos sueltos*: «Por un cuerpo», «Retratos», «Del sencillo vivir», «La materia de la poesía», «Viejo animal moribundo», «Retrato». *La belleza del físico mundo*: «Zunzún», «Jicotea». *Cuaderno de campo*: «Como no murió Carlos Enríquez», «En la muerte de un contemporáneo», «Reflexión del viejo soldado», «Del paisaje y la presencia», «Pequeña oración», «La paloma», «La ventana», «La muñeca».

A RAS DE MUNDO de Armando Álvarez Bravo
se publicó en Madrid, España, por Editorial
Verbum S.L. en 2007.

UNAS PALABRAS AL LECTOR Y UNA DEDICATORIA

Este libro es una ceñida selección de viejos y nuevos poemas escritos entre los años 1964 y 2006. Siempre he creído que escribo un único poema y los versos que recogen estas páginas son fragmentos de esa obra en proceso. Creo, de igual suerte, que un poeta es un hombre que quiere ser todos los hombres. Alguien para quien el tiempo es un elemento de la memoria. Por ello, no ha sido fácil realizar esta selección. Así, este libro es una posible imagen de mi ser que puedo designar como una de las imágenes que nos regala el fascinante y maravilloso enigma de un calidoscopio. No obstante esa obligada precisión, estas palabras plasman a una única criatura tan a ras de mundo como dominada por la fuerza de los sueños, que son inseparables del deseo.

La poesía es jugarse la vida a las palabras y es una epifanía y una agonía que devienen plenitud. Mi obra poética se ha fraguado en las más arduas circunstancias. Parte de ella se escribió bajo el acoso y la represión del atroz régimen totalitario que impera en mi patria, Cuba, y que me convirtió en una no persona. La otra parte se ha escrito en el exilio, que un poeta definió cabalmente como «duro oficio». A título de curiosidad, apunto que el primer poema que escribí en el destierro fue «Plaza Mayor». Deseo precisar de igual manera que, por razones de espacio, me he limitado a incluir poemas breves en este volumen, excluyendo los numerosos poemas de gran extensión que he escrito a lo largo de ya muchos años y que se iniciaron en mi primer libro, *El azoro,* con «Boy on a Dolphin». Al entregar *A ras de mundo* al lector, aspiro a dar una muestra de mi quehacer siguiendo el orden en que se escribieron mis libros, tanto los publicados como los inéditos, lo que se precisa en el Índice.

En aras de una mayor precisión, deseo apuntar que las fechas que aparecen tras los títulos o la indicación de que son libros inéditos, no corresponden al orden de su creación, sino de su publicación. Así, *El azoro; Memorias, desmemorias; El dominio; Rastros de un merodeador nocturno; Relaciones; Para domar a un animal; Juicio de residencia* y *Las lejanías,* los escribí en Cuba y logré sacarlos milagrosamente al extranjero. *Noticias de Nadie* se escribió en España. Y *El prisma de la razón; Naufragios y comentarios; Solo se puede confiar en la soledad; Nunca se aprende a perder; Trenos; Cabos suel-*

tos y *La belleza del físico mundo* se escribieron en los Estados Unidos. *Cuaderno de campo* es una obra en proceso. Preciso, para terminar, que *Poesía en tres paisajes* reúne tres títulos escritos en los tres paisajes que Dios me ha deparado: Cuba, España y los Estados Unidos. Esos libros son: *Rastros de un merodeador nocturno; Noticias de Nadie* y *Solo se puede confiar en la soledad.*

Mis temas están indisolublemente entrelazados. Son la propia poesía, el lenguaje, la inocencia, el amor, la belleza, la pérdida, el sueño, el paso del tiempo, la historia, la mitología, la patria, la evidencia y el misterio de lo cotidiano, el paisaje, los animales, la memoria, el deseo, la soledad, la culpa, el dolor, la ausencia, la belleza, la acción, el desarraigo, la naturaleza, la fe, el peso de la sangre y el cariño, el afán de desentrañar la vida y la muerte y, sí, la dicha.

Mi poesía tiene tanto de relación como de juicio de residencia. No solo es expresión de mi vida, en sus aciertos y sus errores, sino también de las vidas que me tocaron. Soy deudor en todos los órdenes de esas existencias. A los que me quisieron y quieren, toda la suerte del mundo.

A estas alturas de mi edad, no puedo dejar de celebrar mi suerte y mi dicha en *A ras de mundo.* Ambas tienen nombre. Es el de mis nietos: Joseph Armando y Ana María. Su maravilla es para mí encarnación de la poesía y la preciosa inocencia. Son la bendición que corona mi existencia. A ellos dedico este libro.

Armando Álvarez Bravo
Miami, y 2006

CUADERNO DE CAMPO

A la entrañable memoria de mi madre, Ana María.

*Para Tania, Liana María, Lourdes María, Joseph Armando
y Ana María: las joyas de la Corona. Para mis muertos,
que tanto me faltan. Para los amigos que se me fueron
y los pocos amigos que me quedan. Con todo mi amor
y gratitud en este mi 70 cumpleaños y desde y para siempre.*

CUADERNO DE CAMPO de Armando Álvarez Bravo
se publicó en Miami, Florida, USA., por Ediciones
Universal en 2009.Colección Espejo de Paciencia.

PREFACIO

Los poemas y los textos en prosa, inseparables en su discurso y sentido, que conforman este *Cuaderno de campo,* se escribieron entre 1996 y el 2008. Un tiempo que define y precisa mi entrada en el acabamiento. Ese acabamiento que es signo de final identidad de los años más recientes de mi existencia, que no han sido nada fáciles, y de mi poesía. Pude haberlo cerrado antes –soy de los poetas que creen que lo que conforma, depura y define una obra reside en su caudal, del que prevalecerán con suerte y el favor de Dios algunos poemas a los que nos hemos jugado la vida– y pude haber continuado sin sentido de punto final. Esa decisión de dar por terminado un libro de poemas depende de muchos factores, no solo de índole poética, formal y estética sino, y lo creo fundamental, de latido, de intuición. Pienso que ella se produce naturalmente a partir de la comunión de vivencias y de circunstancias. En esta ocasión, el factor edad –y me permito recordar que siempre he afirmado que el tiempo es un elemento de la memoria– y el estilo de vida que éste inexorablemente depara en su curso con la fuerza combinatoria de sus sutiles e inflexibles presiones, golpes, cambios y exigencias me indicaron que era tiempo de dar por terminado *Cuaderno de campo.*

A partir de 1964, en que se editó *El azoro,* mi primer libro de poemas, que marcó el inicio declarado de mi oposición al régimen y de mis problemas con el totalitarismo castrista –que no pocos a los que ni quiero calificar han preferido olvidar e ignorar– he publicado catorce libros de poemas, otros tres permanecen inéditos. Creo desde siempre que todos los versos que los integran forman parte de un único poema que es historia de mi vida y mis sentimientos, de lo que pienso y lo que creo, de mis sueños y mis recuerdos y mis deseos, al que ahora se incorpora *Cuaderno de campo.* Abarca 12 años de mi andadura en riguroso orden cronológico. Los blancos que median entre las fechas de cada poema, y siempre he dado un valor absoluto al blanco, tanto en la página y la arquitectura del poema como en el aparente vacío que es latido entre las fechas de redacción, representan para mí una zona de evolución espiritual, de encuentro, de definición y de reconciliación, que puede no eludir en ciertos casos el rechazo, con el paso del tiempo y nuestro ser y estar, siempre inermes pero aferrados, menos de lo que quisiéramos, a nuestra Fe. No menos a los que queremos.

Cuaderno de campo tiene un diverso registro. En buena medida me atrevo a decir que este poemario –además de constituir un testimonio de mi entrada en el acabamiento– es una suerte de destilación de un discurso que por siempre ha definido mi escritura poética, que sumada a mi otra copiosa escritura, que considero su complemento, tanto ha costado y cuesta a mí y a los que quiero. Me explico. Para mí la poesía puede ser jubilar (y ojalá siempre lo fuese), y he celebrado lo celebrable, que es lo eterno, con júbilo hasta en mis tiempos más trágicos y sombríos. De igual suerte, la poesía no puede dejar de ser declaratoria de evidencias y condenatoria de lo maligno. En mi caso esto fue algo que enfureció a los policías culturales del castrismo, muchos actualmente reconvertidos en bien remunerados redentores de la Patria. También es algo que sigue enfureciendo a sus agentes y sus cómplices en el exilio, que tanto daño me han hecho y me hacen: la historia de nunca acabar. Eso se tradujo en que fui reducido a la condición de no persona y sometido a todo tipo de hostigamiento y represalias contra mi persona y mi familia, de la que por años se me separó. Un asedio que, aunque parezca imposible, no cesa, aunque está hábilmente enmascarado. Cada día que pasa, el totalitarismo castrista se afianza más y adquiere más fuerza en distintos estamentos en el exilio. Algo que me indigna por los míos y por mi triste tierra tiranizada.

Va de suyo que el dolor y la pérdida no faltan en mis versos, palabra que ahora aterra a los imbéciles, los mediocres y los oportunistas. Lo hace porque es consubstancial a su voluntad de malignidad. No menos relevante es el hecho de que mi poesía no ha dejado de volcarse sobre la naturaleza, la historia, la inmediatez, la inocencia que me alucina, lo escueto e irreversible de la verdad, la belleza, y de nuevo, desde el encuentro, esos opuestos en que muchas veces prevalecen el dolor y la pérdida en sus diversas manifestaciones. Ya, a estas alturas de mis 70 años, puedo permitirme decir que mis poemas, mi único poema, es para mí imprescindible encarnación de mi destino y su *más*. Lo demás, como diría mi admirado Jorge Luis Borges: «son unas tiernas imprecisiones».

La soledad, y tal como van el mundo y las cosas, me precipita cada vez más en un plano mayor de sombra, pero a su vez de luz. En ese ámbito, lo central para mí es mi familia: mi increíble esposa Tania, siempre volcada en nuestro «cuido», en ayudar a todo el mundo y en sus amadas plantas; mis insólitas y fabulosas hijas, Liana María y Lourdes María, tan idénticas como disímiles; y mis nietos, mi incesante delicia y caricia, Joseph Armando y Ana María, que siempre quisiese tener a mí lado; y, sí, esos pocos amigos que me quieren como yo a ellos.

Cuaderno de campo es un libro que el paso del tiempo ha determinado tenga una tangencia esencial con la soledad y su *más* –presencia insoslayable en mi poesía–, y sea de igual y singular suerte una expresión de una creciente presencia del Señor en mis jornadas. Así, debo consignar como introducción de estas páginas desde el prisma de mi circunstancia tan determinada por la tragedia y la maldición del totalitarismo castrista, que la soledad –y tengo la compañía esencial y, sí, el incesante milagro de la oración– es una suerte de iluminación del espíritu hacia su propio encuentro y en su trascendencia hacia la Resurrección. Lo que no es óbice para citar a mi admirado Louis-Ferdinand Céline: «Estar solo es acostumbrarse a la muerte».

A su vez, no puedo dejar de citar a mi venerado Léon Bloy –el milagro en las tangencias del espíritu es inexplicable–, que en las estribaciones de su muerte, escribe en su extraordinario *Diario,* el 10 de noviembre de 1915, en una carta dirigida a Philippe Raoux, ferviente discípulo que moriría en el guerra, en Verdún, en 1916: «...¿Ya le han escrito que he estado muy enfermo? Todavía lo estoy, si no de una manera inquietante, lo bastante seria para no pasar día sin sufrimiento. Todo esfuerzo serio me está vedado y tengo la sensación de haber llegado irremediablemente a la miseria de la vejez. Setenta años es la duración que a nuestra vida le asigna el Espíritu Santo. Los más fuertes alcanzan los ochenta, *et amplius labor et dolor* [y la mayor parte de fatiga y dolor (Salmo 89, 10)]. Estoy, pues, en el límite, harto persuadido por lo demás, de haber empleado mal mi vida. Me consuelo con el pensamiento de haber escrito libros que son útiles, pero en cuanto al resto, ¡qué indigencia!». Está bien claro: Los escritores que admiramos han escrito de alguna manera en sus páginas nuestra propia vida.

¿Pesimismo a estas alturas? El totalitarismo castrista siempre me acusó de ello, me censuró y me sometió a todo tipo de hostigamiento. Nunca, y quiero dejarlo bien claro, he sido un pesimista. Si alguien ama a la vida y su sensualidad es este cristiano. Mi respuesta al impacto de la realidad de mi existencia no ha sido el de un pesimista, sino tan solo el de una persona aferrada a la verdad, la justicia y la voluntad de bien y de servicio. También un ejercicio constante de deseo y de sueño y de dicha. Una criatura bien informada y con capacidad de análisis, a la que además no se le han escatimado golpes. ¿Queda claro?

¿Cómo debe leerse *Cuaderno de campo*? Si encuentra lector, en este tiempo el que alguien lea poesía es puro milagro —la poesía es esencialmente un milagro—, corresponde a ese lector interpretarlo y hacerlo suyo como se le antoje. Soy cotidiano y tenaz lector de poesía. Es uno de mis gustos y necesidades insoslayables. Sobrevivo no gracias a mis médicos, y cuánto les debo, sino a esa carga de vida que me dan poemas que descubro o que me han acompañado desde que tengo uso de razón. Y dicho esto debo precisar con infinita gratitud que fue mi madre, Ana María, la que siendo yo un niño, me adentró en el mundo de la poesía desde la lectura de poetas que conoció y trató en España, como los Machado, Antonio y Manuel (y confieso que Manuel siempre me encantó y cada día que pasa más me encanta), y Juan Ramón, entre otros.

Llegado a estas alturas debo precisar una de mis mayores pérdidas. El nunca haber podido leer los poemas que mi madre escribió toda su vida, con estricta letra de alumna del Sagrado Corazón, y que como tanto, como todo, quedó atrás y se perdió para siempre cuando salimos al exilio. A esto se suman mis lecturas en el fabuloso *Tesoro de la juventud,* ese libro que ahora falta a mis nietos, Joseph Armando y Ana María, y a todos los niños, y de manera muy especial de uno de sus «libros»: «El libro de la poesía». De ese tiempo y lecturas de mi temprana infancia viene mi devoción por la poesía alemana desde las páginas de Heine ilustradas por Doré. Daría lo que no tengo por tener —como tantos libros que perdí cuando perdí mi fabulosa biblioteca en el saqueo del totalitarismo castrista— ese *Tesoro de la juventud* de mi infancia.

Las páginas de *Cuaderno de campo* son, como parte del único poema que he escrito y sigo escribiendo en mi vida, que al paso del tiempo va a menos, algo bien natural, expresión de mi forma de hacer frente, encajar y trascender los embates de mi realidad. Su registro va desde la dicha hasta el desgarrón, sin desdeñar el desconcierto y, va de suyo, los infinitos matices de esa andadura, de esa navegación de enigmas y de certidumbres. Es algo que siempre me toca y estremece. De igual suerte, es algo que siempre me ha tentado y me tienta, y no dudo que, en lo que me queda a este lado de la eternidad, me tentará. Lo que, *ad usum,* se designa como un estilo de vida. ¿Puedo afirmar que nada fácil?

Pienso que debo ir dando por terminado este prefacio de *Cuaderno de campo.* ¿Qué su espectro es caleidoscópico? Es eso lo que precisamente determina su unidad. En este sentido quiero insistir en algo que siempre he creído: Un poeta es un hombre que quiere ser todos los hombres. Y ese hombre, al entregar este nuevo libro de poesía, solo quiere hacer constar, como latido de la verdadera historia de su existencia, su enormísima gratitud a Dios, a su familia y a sus amigos. No menos su dicha, que siempre está por encima de todo avatar. Porque la dicha es la materia de la esperanza. Y en la esperanza están la belleza y la poesía en la otredad de las palabras.

A.A.B.

UN PUÑADO DE POEMAS

COMO NO MURIÓ CARLOS ENRÍQUEZ

No murió, hombre de a caballo,
pintor de caballos, violento,
como un mítico bandolero
ni como un patriota en la manigua,
destrozado por las balas hostiles.

No murió, desbocado amante,
haciendo el amor a una mujer,
como si ésta fuese la primera y la última hembra
posible a su pasión y deseo incontrolables.

No murió, bebedor de nunca acabar,
sabiendo que le quedaba otra botella intacta
para alcanzar el don de la ebriedad.

No murió, conversador brillante,
imprevisible y rotundo, rodeado de amigos,
perdido el sentido del tiempo
porque la gloria de la amistad
se anuda en las palabras en compañía,
y, a partir de ahí, lo que sea.

No murió, conocedor refinadísimo
y gozador elemental, todo exceso y todo inocencia,
calándose de plenitud en la gloria de un cuerpo,
de una imagen o de un objeto, o entregado sin freno
a lo más elemental de lo que hay a ras de mundo.

No murió, maestro final, reinventando definitivo
la belleza de la mujer, del paisaje,
de los sueños y el delirio;
fijando rostros entrañables para el siempre;
estableciendo las inclemencias
de la intemperie: las maravillas que la exaltan
y las atrocidades que la infaman;
haciendo de la historia una ficción
y la única verdad posible para que haya en el mundo
posibilidad de estar sin peros
a fabulador dibujo en movimiento, transparencia,

estallido, evaporación, colores que son milagros,
espacio encantado o terrible,
pura fuerza y frágil, encantada delicadeza
–la vida como solo él sabía que era y debe ser–.

No murió, como creemos que sabemos,
solo, malo y mal, lleno de cicatrices
y con demasiadas pisadas en el corazón,
en la honda y silenciosa noche
que depara, puntual e implacable,
la memoria de lo hecho, lo roto y lo perdido,
el peso de lo inevitable
y la certidumbre de lo imposible,
sentado en un sillón en El Hurón Azul,
escuchando música y con un libro entreabierto,
en paz y en vilo el alma.

Con Carlos tampoco hay muerte que valga.

EL VIAJE

A Tania, Liana y Lourdes,
desde unos días del verano de 1998

No puede la codiciosa memoria
inventariar precisa
los pormenores de un viaje.
Un viaje puede ser un sueño,
una pesadilla
o un acto de rutina.
Siempre es un enigma.

Hay viajes que cambian
la vida para toda la vida.
Son cortantes como el filo definitivo
de la implacable historia. Pero hay viajes
que se hacen para recuperar,
tan siquiera por un fugaz latido de tiempo,
las maravillas del sueño de lo perdido:
aquello de que nos privó
la simple exigencia de andar inermes
por el mundo, viviendo el afán de cada día

y soñando puntualmente la vida que debió ser.

Mucho soñé este viaje en el verano.
Me deparó gloriosos paisajes
en que se adunaban la inmensidad y la intimidad;
la inmediatez de una naturaleza
todavía intacta; los magníficos animales;
la caricia y el silencio de la plenitud
en que la soledad acompaña, colma y reconcilia;
el calor entrañable de unas elementales presencias
que saben que vivir no es más
que la sencillez de ser una gratitud
al unísono de la respiración de la vida.

Fue vertiginoso el viaje.
Mucho, es tan natural, hemos cambiado.
Sabernos y aceptarnos como somos es un arduo desafío.
Solo puede hacerse desde el amor.
¿Cómo hubiera sido nuestra vida otra?
Nunca lo sabremos. Pero ahí estaba
la breve, encantada casa con su jardín
tan cerca del mar tremendo.
Guardaba entrañable nuestros recuerdos
más leves y los más profundos.
Daba estricta fe de nuestros finales cambios.
Era, por sí misma, otro viaje de uno de nosotros.

No pudo ser mejor el viaje.
Tanto tiempo después
estuvimos juntos bajo un mismo techo.
Ese fue el sueño que se nos arrebató.

CASUALIDAD DEL POEMA

Esas páginas en blanco de la poesía
en un tiempo sin blancos
en que las palabras son la blancura de una imposibilidad,
de una espera, de esa búsqueda ya demasiado larga,
ya demasiado fatigosa y, sin embargo, irrenunciable.

Tanto blanco desembocando en un domingo
en que nuestros sueños van adquiriendo inexorablemente

otra valencia hacia el día en que habrá de darse final cuenta
de nuestra administración de un soñar incesante
en medio de lo apremiante de la realidad insuperable.

Y, sin embargo, no puede ser este domingo
más simple y más pleno en su elocuencia y diseño
al cabo de la fatalidad del mal dormir
que ya es costumbre y gaje del acabamiento.

El copioso desayuno, el precioso regalo que sabíamos nos
        [harían,
dejar de practicar por un día las tenaces
e imprescindibles costumbres domésticas de todos los
        [domingos,
ir en busca de unos conejos de terracota que, súbitamente,
son imprescindibles al proyecto paradisíaco del brevísimo
        [jardín,
y una vuelta a ver libros y calarnos de un excepcional
y luminoso día que nos entrega la ilusión del imposible
        [invierno.

De regreso, vuelta a los preparativos para el lunes
        [inevitable,
sabiendo que la vida no es como debía ser pero que es tanto
        [mejor
de lo que pudo ser. Hay, en esa contradicción,
la materia de un poema. Más blancos. Golpes y caricias.
El pasado que es ficción y sello indeleble.
Y siempre el sueño y el deseo desmesurados.

El domingo es futuro que no sabemos
a la armoniosa caída de la tarde de este domingo más
en que la eficacia de la compañía es el siempre mejor,
el poema que prevalece en las palabras
que nos faltan para acceder a la casualidad del poema.

EN LA MUERTE DE UN CONTEMPORÁNEO

Van muriendo mis contemporáneos,
mis compañeros de andadura.
Pasamos juntos mucho tiempo
o tan solo unas horas fundamentales

que se hicieron siempre
en los dominios de la memoria.
Fuimos la ficción del otro
y creíamos que la existencia,
por ardua que fuese, no tenía fin.
El paso del tiempo nos convenció de lo contrario.
Se nos fue la vida en deseos, victorias, derrotas,
sueños y en finales choques con la realidad.
Coincidimos o discutimos;
fuimos aliados o antagonistas.
La realidad, que no es la ironía de Dios,
nos adunó o nos enfrentó. Compartimos
un camino o tomamos por sendas opuestas,
queriéndonos y doliéndonos mutuamente.
De alguna manera, juntos o separados,
encarnamos una intensidad. Ahora,
tan vertiginosamente, vamos muriendo
de golpe o a pedazos. Cada cual su muerte,
que es honda soledad, insalvable distancia,
enorme cansancio, un íntimo ajuste de cuentas
y un final alivio. Tanto quedó pendiente entre nosotros.
Los dioses nos jugaron una mala pasada.
No nos llevaron cuando éramos una intensidad.

LA FORCE DE L'AGE

Tras el grueso cristal, el glorioso día
se le ofrece inmenso de dádivas,
como plaza o mujer rendida.

Todo está aguardándolo,
tan solo pendiente de su disponibilidad,
en su iluminación de un siempre
en que encarnan todos los sueños,
todos los deseos, todas las ficciones,
sus incontables maravillas.

En el grueso cristal,
a pesar de sí mismo,
el rostro envejecido del desterrado,
ya tan fijo en los rituales del olvido,

se desvanece. Su eternidad
es un inerme silencio vacío de batallas.

EN LA ENFERMEDAD DE LIANA

Desgarra cruel la noche
a golpe de preguntas,
pensamientos como garras.
Distancia que se inmensa.

POEMA ESPERANDO A TANIA Y LOURDES

Ya es el tiempo en que todo se reduce
a la certidumbre de decidir para siempre.
No hay más margen para rectificar,
para empezar de nuevo con toda la vida por delante.
Lo hecho es historia, agua
que no volverá a pasar bajo los puentes.
Es tiempo de tala. Van muriendo los amigos
de siempre, cambia tenaz el paisaje y las gentes:
hablamos otra lengua y vamos quedando más solos.
Merman, aunque no quiera aceptarse,
las fuerzas que creíamos interminables
y todo se precisa con una luz ¿o es una sombra?
distinta a la del arraigo de la costumbre,
que ahora sabe demasiado a soberbia.
Nuestra sangre es un latido de plenitud,
el otro lado del espejo, una iluminación
semejante a fijo árbol mayor, tan tutelar
en el paisaje y la intemperie. Ahora,
empezamos a sabernos de veras, sin matices.
La paz no es lo que creíamos: un botín
de victorias casi siempre inútiles.
Su dádiva es esta espera tan solo para estar juntos,
las pequeñas cosas que, por inmensas,
no sabemos nombrar. Regresan Tania y Lourdes
con un inesperado regalo para Liana.
Nunca sabremos dar gracias a Dios.

CRÍMENES CONTRA LA HUMANIDAD

Los viejos criminales de guerra
son unos endebles ancianos.
Han olvidado sus atrocidades
de la misma manera
que desconocen a los que los rodean
y al sitio en que están.

Frágiles como hojas secas
en el banquillo de los acusados,
sin memoria, la mirada perdida en el vacío,
ahora son tan inocentes
como la más inocente de sus víctimas.
Su condena es algo más que no entienden
en su mismo interminable día hacia la muerte.
Carece de importancia.
Están más allá del bien y del mal.

PEQUEÑA ORACIÓN

Señor,
        déjame
seguir recorriendo puntualmente
las mismas calles
porque si tuviese que alterar
mis cotidianos pasos
me perdería.

Alegra ese camino
con la presencia más frecuente
de mis hijas, que has querido
para su bien hagan
su vida en otra parte
que es para mí todas las distancias.

Mitiga mi sufrimiento
por los que debían estar aquí
y no pueden hacerlo,
y por aquellos que se fueron para siempre.

Procura que los amigos
que quiero no pierdan la senda

hacia casa y cuando lleguen
y cuando se marchen
se sientan mejor por la andadura
y la compañía y ya piensen en volver.

Bendice en la luz y en la sombra,
en la alegría y el dolor,
en la costumbre y la incertidumbre,
mi techo y el paisaje de mis recorridos
para que mis pasos y mi presencia
sepan de entrañable abrigo.

No hace falta más para saber del paraíso.

FINAL DE PARTIDA

Ese que rompe el círculo.
Ese que no puede salir del círculo.
Ese que no tiene ni idea del círculo.
¡Qué no hay más que círculo!

SON LOS DÍAS DE MÁS CALOR

Estos son los días de más calor,
ya los días de siempre.

Este es otro de esos paisajes
de puerto de escala,
pero he quedado atrapado
para siempre en sus invisibles fronteras.

Estas son las horas
en que me imagino otro, distinto,
como dije en un poema de juventud
que ahora me pasa la cuenta,
asegurándome que sigo siendo el mismo
y que la única diferencia
con aquel entonces
es el peso tremendo de los años y la vida.

Esta es la declaración de mi suerte.
La hora en que lo pendiente me echa en cara
que es demasiado tarde. Y es también

la tan natural y extraña hora del recuento
y la ardua reconciliación conmigo mismo
y de dar gracias por lo mucho precioso que recibí.
No es otra cosa la criatura que este cúmulo de altibajos.

Estos versos los pude escribir en cualquier sitio.
A estas alturas eso es, finalmente, un detalle
que carece de importancia.

REFLEXIÓN DEL VIEJO SOLDADO

Ya los gajes del oficio
son puro cansancio al final del día,
que no pasa el tiempo en vano.

La memoria es otra cosa.
Cada vez más una moneda
fuera de circulación.
El secreto tesoro que aferran
las manos de un viejo
incapaz de renunciar a sus deseos y sus sueños.

Los paisajes de nuestra vida,
unas ruinas entre las que si volviéramos a estar
–qué no hay regreso,
no hacerse ilusiones–
seríamos unos desconocidos.
El extranjero que llegó
confiando en la exactitud de unas referencias
cuya fija eternidad se trocó en ruinas.

Se perdieron, tan día a día y tan de golpe,
la casa y el paisaje
–que no la luz–
que soñamos alguna vez nos acogerían
para terminar la vida como debía ser,
reconociéndonos y reconociendo en paz.

La casa y la ciudad y nosotros
perdimos la única batalla que debimos ganar.
Nuestra extraña victoria tiene otro paisaje
y somos los más extraños vencedores.

Falta a nuestro botín

todo lo que guarda tenaz nuestra memoria
hacia el olvido.

EL VIEJO MAESTRO ANTE UNA RETROSPECTIVA IDEAL DE SU OBRA

A Mario Carreño

Al final,
tanta vida por medio,
tanto que ya no es
y no será
y tantos que ya no están
para que la vida que queda
no sea pura extrañeza,
uno mismo
que ya casi se puede decir
que falta,
tan distintos,
todos los cuadros son iguales.

No importa el sitio
y el tiempo
en que se hicieron.

No importa la imagen
y su posibilidad
y su razón
y su encarnación
en el lienzo.

Tampoco importa,
finalmente,
el porqué se hicieron
de esa manera
¿podían hacerse de otra?

Había que pintar
la época y el siempre,
la poesía del cambio
y la fijeza,
la belleza
que se reinventa constante
para que siempre

527

sea preciso buscarla.
¡Había tanto que pintar!

Y así, al cabo
de ya tan larga vida
pintando,
todos los cuadros
son iguales, tan distintos,
porque no son
otra cosa que pintura,
pura pintura,
que no hay más. Nada más.

RAFAEL SORIANO A SOLAS CON LA LUZ

En la honda noche
el viejo maestro piensa en la luz
que atesora copiosa su memoria
para aliviar la pisada en el corazón
de las distancias insalvables del destierro.

Es la luz íntima, inmensa,
la luz entrañable
del único sitio en que quiere estar.
La luz que siempre ha pintado
más allá de las imágenes
del lienzo y del papel.

Es la luz como un milagro
desde su propio incesante milagro.
La luz deslumbrante
en cuyo latido
las formas
son lujosos colores
que traducen unánimes la belleza
en encuentro y posibilidad,
en diáfana calma
hasta en el espejismo
de sus torbellinos.

Piensa el viejo maestro
en la otredad de la luz,

en los núcleos de su reverso,
en su horizonte de espejo,
en sus transformaciones caleidoscópicas,
en los dones de su permanencia
y las mareas de su fugacidad.

Piensa en todo
lo que sucumbió a golpe de tiniebla
por las violencias de la historia.
Ya el vedado paisaje
de su arrebatado siempre
es casi pura luz,
cada vez más real en su desnudez,
en su despojamiento,
como final cicatriz, incesante deseo
y pendiente milagro.

Cada vez falta más
el viejo maestro en su luz original,
cada vez está más en ella
haciendo que sea la imagen
y la metáfora de lo inmenso,
ya que no puede ser
la gracia del paisaje encantado
que caló el corazón
como un sello sacramental.

Ya es bien tarde,
ha sucedido demasiado
y demasiada vida se ha volcado
noche tras noche en pos de la luz.

En la cerrada oscuridad,
el viejo maestro
pinta la luz misma del principio
y prevalece todo lo que falta
con su belleza,
con su poesía,
con su inocencia
y las aguas de una inmensa y distante bahía
sobre las que desciende el paraíso
reflejan el universo.

Otra vez la luz y el viejo maestro
fraguan el prodigio.

LA MORDIDA

La mordida de lo que se sabe que no se sabe.
Esa bestia que devora el poco sueño
y sigue ahondando su dentellada
en las horas vertiginosas del día hostil.
Siempre el deseo es una distancia que se inmensa
y nos vuelca en una tierra de nadie, inermes.
El tiempo que perdimos y nos hicieron perder,
el tiempo que ya no se tiene y todo lo que hay
en esos tiempos que se adunan
y son un nuevo enemigo. La inocencia
puede ser una culpa irredimible
y las culpas un delirio que se vuelve contra uno
a pesar de la contrición. Están las cartas
sobre la mesa, están marcadas para la pérdida
y siempre hay que jugar, aunque se abomine el juego.
El más terrible golpe es el de las horas contadas.

EPITAFIO DE UN POETA

La víctima es el victimario
El horror del absurdo
Final dispersión
Los muertos
no entierran a sus muertos
Solo hay abandono
soledad
el estéril delirio
Quizás rosas
e infinitas versiones

LA PALOMA

Una paloma ha hecho su nido
en la jardinera del balcón
que es un pequeño bosque
en que siempre

haces flamear una bandera distinta
para celebrar
la solemnidad de algunos días
y la inocencia y el júbilo
de otras jornadas
con esa resistencia y esos colores
que son como una plegaria
contra todas las pisadas
en el corazón.

Su presencia es un milagro
en medio del paisaje
que consume voraz,
plagado de incesantes hostilidades,
de no saber
y de poder cada vez menos
–cuando solo queremos
más y más de menos y menos–.

Su delicada y trémula compañía
es una gracia inesperada,
una silenciosa lección
de cómo debe ser la vida:
pura entrega, dádiva
en que encarnan
tan naturalmente
la belleza y el amor y el enigma
de la dicha que demasiadas
veces no reconocemos y olvidamos,
asediados por las furias.

Inmóvil, tan frágil,
la brevísima paloma
soporta todas las inclemencias
para dar vida a la vida.
Ya nos conoce y no nos teme
y nos parece que siempre
ha estado ahí,
acompañándonos
cobijada en la sombra,
como esa evidencia

de final despojamiento, de desnudez
y de confianza que exaltó
como símbolo de toda la bondad
de Aquel del nombre impronunciable,
el que murió en Judea
crucificado como un delincuente.

La paloma no cambiará lo que ha de ser.
Ni tampoco el inerme pichón que sobrevivió.
Ambos están al marcharse.
Todas las criaturas de Dios tienen alas.
Pero su vertiginoso prodigio,
aunque no podamos comprenderlo,
es la iluminación que aguardaba nuestro siempre.

CONFORME A LA SENTENCIA DE UN GRANDE Y VIEJO SOLDADO

Ni hablemos
¿para qué atormentarse?
de como pasa el tiempo,
minucioso e implacable,
y nos va desvaneciendo
(conforme a la sentencia
de despedida de un grande
y viejo soldado).

Palabras oponiéndose
al incesante embate del blanco
que puede ser lo negro
(sus idénticos abismos),
el destilado qué de qué,
o, quizás mejor, pueriles,
estériles comentarios
en torno a lo inevitable
¡absolutamente nada
contra el acabamiento!

Memoria, plenitud,
deseo y posibilidad
que, sí, ya bien se sabe
—es tan natural–,
decrecen vertiginosos,

que nos van reduciendo,
que nos disminuyen
con su puntual marea,
cuando ya solo se desea
más y más de menos y menos.

La eternidad
con su imprescindible,
preciosa y sagrada iluminación,
tan desesperada
y tan desesperadamente frágil,
desde todas las certidumbres
y la copiosa historia
de las nombrables
y las secretas glorias,
de los imposibles,
las derrotas, los sueños
y de las pisadas en el corazón
y el cuánto de lo que falta.

Palabras
—¿quién puede garantizar
lo contrario?
¿tiene sentido empeñarse
en aspirar a perpetuar
las efímeras ficciones
de haber vivido tanto
entre el delirio y la lucidez?—
que también se desvanecen.

Hablemos de otra cosa.
Es lo mejor.
Solo Dios sabe
la historia completa.

LA ÉTICA Y EL COLOR DEL SOMBRERO

Imposible renunciar
a la inflexible exigencia
de ciertos rezagos éticos
que el cine,
tan ingenuo entonces,

nos inculcó
en nuestra infancia,
cuando las películas
de vaqueros
eran el espejo de la vida
como debe ser.

    Los buenos
usaban sombreros blancos
y los malos usaban
sombreros negros.
Entonces –dichosa,
confusa, magnífica,
desgarrada y
terrible edad–,
era imposible equivocarse
sobre la naturaleza
del bien y del mal:
el color del sombrero
hacía imposible el error.

    Ahora que el cine
(y, sin duda,
con sus más y sus menos,
también nosotros)
es otra cosa,
no importa el color
del sombrero.

    Tengo
un sombrero blanco
y uno negro
y los alterno
a mi aire.
La selección no me hace
ni bueno ni malo,
aunque quiera,
dependiendo
de como vengan
las cosas,
ser lo uno o lo otro.

He sido bueno
llevando el sombrero negro
y, sin duda, malo
(quiera Dios que no demasiado)
con el sombrero blanco.

Pero a estas alturas,
cuando ya los sombreros
son de hecho una excentricidad,
cosa del pasado y de viejos
o, simplemente,
un efímero detalle de la moda
–salvo en la intemperie
de los hombres duros de trabajo–
ya el color del sombrero
no importa ni dice realmente
de la naturaleza de quien lo usa.

Andar por el mundo
–que desgraciadamente no es
el de las diáfanas
y elementales
películas de vaqueros
de la infancia–
y no saber por el color
del sombrero
qué clase de persona
uno tiene ante sí
es terrible y peligroso,
porque nos hace
más vulnerables e inermes.
Ya no sabemos quién es el otro.

De todas suertes,
aunque ya el color no es
una final seña de identidad,
quiero creer
que son más los buenos
los que usan sombrero,
blanco o negro,
como debe ser.

SUCEDIDO IRREFUTABLE

La puerta se cerró
cuando Nadie
la transpuso.

IMPERATIVO

Ya es hora
de detener el reloj.
No importa el tiempo.

SOBRE UN DIARIO

Los días en que nada
se escribe en un diario,
el dilatado salto
entre una entrada y otra,
ese vacío que es
como no haber vivido
–inmenso blanco–.

¿Qué sucedió esas jornadas
escamoteadas en nuestra vida
que no se consignó puntualmente
por falta de tiempo, por cansancio,
por legítimo pudor,
por salvaguardar el mito
que puerilmente queremos inventarnos
y por delicadeza o por puro horror
a los pormenores de los hechos
y sus consecuencias?

¿Se perdieron o se ganaron
esos días sin huella?
¿Cómo leer su ausencia
cuya sucesión nos determina
como un sello sacramental?

Todo diario es una ficción,
también la vida entera.

ENCARNACIÓN DE LA MEMORIA

No saber, no sentir
que llueve en la noche
junto al unánime latido del mar.
Amanecer calados por la lluvia,
acariciados por la oración constante
de la brisa. Figurar el paraíso
en la luz que se inmensa
en la exuberante vegetación.
La calma es un latido
de la desmesura, la elocuencia
de la iluminación del silencio.

LA VENTANA

Para mi nieto, Joseph Armando

Tan frágil, tan tierno y vulnerable,
tan reciente a la vida
que te llevará toda la vida
saber lo que es
—¿se alcanza a saberlo?—
te colocan frente a la ventana
de la sala llena de tus cosas
para que veas los árboles,
el cielo, los delicados
y maravillosos pájaros,
quizás, las vertiginosas ardillas
que son como juguetes
—que no sabes aún lo que son—.
¿Qué ves que no sabes lo que es?
¿Qué no puede nombrar tu inocencia?
Pendiente de ti, de tu calma,
te atribuimos deslumbramientos,
la gracia tan leve, tan diáfana,
de tu toma de posesión de la luz,
de las formas, de los sonidos,
del incesante movimiento
y de la súbita fijeza de las cosas.
¡Cuán poco hemos aprendido de la vida

que es la inmensa gracia de tu inocencia!
Son los árboles, el cielo, los pájaros
y las ardillas al otro lado
de la luminosa ventana
en la calma dichosa de la tarde
—su constante maravilla—
tu enigma y tu iluminación.
Late tu corazón en su siempre.
Posees porque nada sabes,
tan solo por ser. Sea todo a su tiempo.
Nunca te faltará una ventana.

AZUL

Para mi nieto Joseph Armando

El cielo es azul,
azul el mar,
la noche es azul.

El azul,
como Dios
—como la dicha
y la tristeza,
como la ausencia
y la compañía,
como la calma
y el torbellino,
como el juego
y la plenitud—
es infinito.

Nunca te abandonará
el azul,
su gracia:
nunca lo abandones.

Es una fiesta
y la otredad de la fiesta;
toda la realidad
y el más del sueño inmenso.

Azul es tu corazón.

POEMA

La luz
en el ojo.

El ojo
de la luz.

Ni luz
ni ojo.

Oscuridad final.

POEMA PARA TANIA EN UN DÍA LLUVIOSO

Domingo.
La lluvia incesante.
Tarde de primavera,
día de la Divina Misericordia
—con San Judas Tadeo
una de mis puntuales,
fundamentales devociones—:
una súbita pipa, tan solo una,
al cabo de tanto tiempo
y Dewar's, como siempre
(I pay for my own liquor),
y viejas, gloriosas canciones.
Lo que es y lo que será.
La partida de ajedrez
de una certidumbre y un enigma.
Me faltas pero es mi dicha
que estés con mi Príncipe,
con Joseph Armando,
al que nombro de tantas maneras
que son un juego
para lo que imagino y quiero
sea su delicia y es la mía,
Príncipe que tanto necesito a mi lado,
cada día que pasa más.
Te echo demasiado de menos.
En buen criollo: te extraño.
No quieras que te lo explique

porque no puedo explicármelo
a mí mismo al cabo de una vida
(quizás esa sea la explicación:
toda una vida). ¿La poesía?
¿Quién sabe a estas alturas?
¿Quién sabe al cabo de tanta poesía?
Quizás la posible respuesta
radique en estos torpes versos
que escribo en el acabamiento
como una caricia
al paso del tiempo que me devora.
Un sueño incesante
contra la fuerza de las cosas.
Nadie puede poner en claro,
en diáfanas palabras,
lo que es la dicha y su reverso.
Solo Dios sabe. Cuídate mucho,
cuídate lo indecible
para nuestro Príncipe y para mí,
para nuestra sangre.
¿Qué los años han desbocado
mi sentimentalismo? Era previsible.
Fue contigo con quien compartí
en el fabuloso, mágico El Vedado,
en aquella deslumbrada
y deslumbrante adolescencia nuestra,
cuando todos nuestros ídolos
eran cantantes y actores americanos,
las canciones del francés Eddie Constantine,
descubierto y protegido de la Edith Piaf
y, en el cine, fuera de serie a estas alturas,
el «duro» detective Lemmy Caution.
Su gran canción reivindicaba
que era un sentimental. Cuida al Príncipe
y cuídate para mí, que mucha falta nos haces.
Porque, como Eddie Constantine,
soy un sentimental. El Príncipe,
todo lo indica, sigue esa senda.
No es otra cosa el sueño de la poesía.
Eres imprescindible a ese sueño.

BUENAS INTENCIONES

Buenas intenciones:
El sueño
de la realidad
hacia su plenitud.

FATALIDAD

Cae
la noche,
la vida.

DEL ACABAMIENTO

(Vísperas de los 65)

La voz
que
se apaga.

DEFINICIÓN

No es preciso
que comprendan lo que escribo.
A estas alturas del acabamiento
tengo perfecta conciencia de ello.

El calor me consume
como una inexorable maldición
de la Historia.

Siempre regreso
en pos de un sueño
que me impulsa a partir
para reconocer
y reivindicar al sueño.

Me devora ¡ay! mi propia sangre
—mi propia mala sangre—.

Nada tengo que ver con esa sangre.

Puedo definir exactamente el dolor.

VARIANTES

Todo en mi vida
es variantes.
Es el más alto precio
que puede pagarse
por la fijeza.

LA SUERTE

Si hay suerte,
no rompen los años.

¿Sabemos qué es la suerte?

Esa eterna sonrisa
de lo que nos falta,
la mueca
de lo que nos sobra.

¿En qué rostro
de mis rostros
debo reconocerme?

Escribe
como un alucinado,
como siempre,
para responder.

A pesar de que escribiste
con la mejor tinta
y con la estilográfica
de tus sueños,
todas tus palabras
—tu vida entera—
se han reducido
a un papel en blanco.
Otro más.

¿Sabemos que es la suerte?

UN POEMA

A estas alturas,
tan simple

como suntuosamente,
puro *más,*
una simple
y final pregunta
que es muchas
y es todas las preguntas:
¿Cómo se escribe un poema?

Preguntarse:
¿Qué es un poema?

No hay respuesta.

Comienzo,
una vez más,
a adentrarme en la noche.
El calor es intolerable,
la humedad consume
y la lluvia persiste
como una definitiva declaración
de su propia ausencia
y de todas,
hasta las más secretas ausencias.

Saber es saber
que nada se sabe.

El recuerdo
de los poemas
recién leídos
y de los poemas
que son la memoria
que no queremos perder
mientras nos adentramos
en el acabamiento.

La respuesta,
la grande
y definitiva explicación,
en los poetas
que nos hicieron
y nos marcaron
para siempre

con la fatalidad
y el privilegio
de definir una voz.

El aullido
y la mesura
de la enunciación.

¿La gran poesía,
su constante sueño?

Ya está dicho.

Paciencia
—escritura—
y barajar.

Vuelta al principio.

Lo de siempre:
A más o a menos.
Otro, otros,
si alguien, dirán.

¿Sigo siendo
el poeta que fui?

DE LA JUSTICIA

Tengo toda la razón
para hacer justicia.

Se me ha condenado
tan solo por ser
quien soy
—sin exigir pago
ni reconocimiento
de ninguna suerte,
como cumple—,
alguien que quiere
el bien de sus semejantes
y vivir en paz
en el sitio donde nació,
en la tierra

que es la identidad
y el fundamento
de su sangre.

Esa condena
ha recaído implacable
sobre la inocencia
de los míos.

Nuestro paisaje
es una lejanía,
un desgarrón
en el alma inmortal
que es tan maravilla
como sueño,
tan pura gloria
como inmenso desgarrón
en el paisaje de la ausencia.

Siempre pagan
los inocentes
y los justos.

Vivo, vivimos y sobrevivimos
en el latido de un único latido:
la pendiente posibilidad cubana.

Nos aferramos
a ese sueño
tan comprometido,
tan desvirtuado,
tan traicionado,
tan vulnerable
y tan sueño:

el único sueño
que nos falta.

Es el sueño
de regreso
y de justicia,
y de compasión.

Es el sueño

en que la pendiente posibilidad
deviene realidad final.

Vale la pena
aunque no lo veamos.

Se ha hecho justicia.

POEMA/ANTIPOEMA 2005

Un poema que puede ser un antipoema.
Cita de H. P. Lovecraft (de «*Some Notes on a Nonentity*»):
«Para mí, la principal dificultad al escribir una autobiografía
es encontrar algo importante que contar.
Mi existencia ha sido reservada, poco agitada
y nada sobresaliente; y en el mejor de los casos
sonaría tristemente monótona y aburrida sobre el papel».
Así, todo se reduce, jugándose la vida a las palabras,
a escribir sin saber lo que se va a escribir.
Lo excesivo que ha quedado –sobrecogedora certidumbre
a estas alturas de mi edad, ya en irreversible picada– pendiente.
El tan natural, deseable y justo y razonable pendiente.
Más y deseo. Peso de la memoria: Decir es desear.
Una escritura que puede acabar en este instante y/o no tener fin.
¿Qué justifica esa escritura? Imposibles explicaciones.
Para uno mismo y para el otro. A estas alturas de demasiada
      [escritura:
¿Se sabe para quién se escribió y se escribe sin lógica
      [justificación
que no sea para alguien que no sea uno mismo? Tan suprema
      [razón
como tan suprema locura. El delirio puede ser la más insólita
      [caricia.
Pregunta cuya respuesta se evade de forma fulminante:
¿Por qué y para quién se escribe? Nadie sabe leer. Nadie
      [comprende.
A estas alturas de mi edad debo encajar que soy un alucinado,
alguien más allá de toda salvación desde una incesante
y totalmente ignorada acumulación verbal.
¿Me quieren lo que es tan natural que me quieran?
Debo creer que sí. Si hay algo incomprensible

es la palpable, evidente y fatal carnalidad del amor.
Pero cada cual quiere a su manera. Y querer puede ser un
[enigma.
¿Saben aquellos que queremos que los queremos a muerte?
Me odian mis enemigos. No hay instante de mi existencia
que no me lo hagan saber a pura furia desatada.
Su odio implacable ha sido el Catecismo de mi existencia.
Mi vida es la más extrema historia de supervivencia,
algo que me cuesta asimilar más allá de palparme y mirar en
[torno.
Me cuesta demasiado creer, aunque lo nieguen las apariencias,
que a estas altura de mi edad he logrado sobrevivir como debe
[ser.
Me cuesta más trabajo creer que esa certidumbre
no se haga trizas y me precipite en último e irreversible
[desastre
para mí y para los que quiero. Sí, soy un fatalista.

AL PAIRO

¿Qué puede hacerse
una tarde de domingo
cuando no se sabe
qué puede hacerse?
¿Quizás comenzar
un nuevo libro de poemas
al cabo de tanto tiempo,
tan demasiado tiempo,
sin escribir ni tan siquiera
un pequeño poema?
¿Hacer un examen de conciencia?
¿Reconocer el territorio
en que uno se encuentra?
¿Comprobar como todo
disminuye en torno
y como uno mismo
va vertiginosamente a menos?
¿Hacerse (tenaz costumbre) ilusiones?
¿Seguir cediendo aquello
que nos es verdaderamente esencial

y que, considerado desde la reflexión
a partir de tantas muertes,
está destinado
a la dispersión, a la pérdida?
Interminables preguntas.
Insuficientes respuestas.

Ojalá la dentellada
del demorado lunes
sea menos implacable.

UN PÁJARO

El pájaro perdido,
atolondrado
en la tormenta tropical,

como una hoja
desprendida en el viento
y la lluvia,

tan solo,
solo
como un hombre solo.

BITTER END

La maravilla
El desastre

La realidad
El deseo

Su celebración
Su lamentación

Vida que se acaba

Vacío
y pura nada

Nadie comprende

POEMA

Ya va el tiempo
presionándome mucho,

y la muerte más.
¿Queda tiempo?
¿Cuánto,
cuánto más?

DEL PAISAJE Y LA PRESENCIA

Ya no es la avidez de ver mundo,
sino de poseer como en un sueño
ciertos paisajes
entrevistos o pendientes,
tan especiales en su intimidad.

Pero es difícil arrancarse
del sitio en que se está
parece que desde siempre.
El sitio donde los recuerdos
van convirtiéndose en ficciones
y reinventan esa historia nuestra
que ya es la de nuestros nuevos recuerdos.

Cuando llegamos aquí
¿cuánto de nosotros quedó allá?
¿Quién es ese uno mismo
que distinto se recuerda a sí mismo?
¿Cuál es su rostro ya enfilando la eternidad?

Quedan algunos viajes por hacer.
Son regresos a lo entrañable.
Son un reencuentro y una despedida.
Son también ir en secreta busca
de algo desconocido que sabemos que nos falta.
Son quedarnos tranquilamente donde estamos.

Ya nuestras huellas
no necesitan el polvo del camino.

GRANDES PREGUNTAS

Y al cabo
de tanto escribir,
de perder

tanto escrito,
¿qué queda?

Y si algo
queda,
¿seguirá perdiéndose
cuando uno
ya no esté
escribiendo
puntualmente,
porque no se sabe
y no se puede
hacer
otra cosa?

No hay
respuesta escrita
a estas preguntas.

¿Tiene esto
alguna importancia?

UN POEMA MÁS

¿Por qué se bebe,
mientras se escribe
—¿qué otra cosa se sabe hacer?—
olvidando y demorando
el almuerzo,
un sábado por la tarde?

Porque no se puede
y no se sabe hacer
nada mejor, con los hijos
y los nietos, siempre tan lejos.

Porque uno está cansado
y dolido de recibir golpes
y negaciones y rechazos
e ingratitudes al cabo
de una absoluta entrega.

Por tanto desencanto.

Porque la vida,
por mucho que hemos intentado
negarlo o ignorarlo, es otra cosa.
Algo que no es
exactamente lo que soñamos
con empedernida constancia,
al precio de un desgarrón del alma.

Digamos que en este país,
en que todo está codificado
todo se reduce
a «*social drinking*»,
aunque ahora estoy tan solo
mientras escribo.
Nada nuevo.

Largo mediodía
en que el jardín,
a pesar de tantos cuidados,
se agosta.

El resto,
sea lo que sea el resto
mientras el paso del tiempo
nos disminuye,
es la final realidad.

BERLÍN

Berlín:
Toda la Historia,
la poesía,
la música
y, siempre,
una cervecería.

TODO ESTÁ EN JUEGO

Todo está
en juego,
menos el juego.

LAS ARTES

El arte de vivir
y el arte de morir.
Finalmente,
¿cuál y cómo
prevalece?

PRECISIÓN

No los poemas
que se salvan,
que prevalecen.
Con extraordinaria suerte,
uno o dos.

Y eso es,
más allá
de toda consideración,
la medida
de la vida del poeta,
tan finalmente breve
como interminable.

Un golpe de suerte:
esa suerte
que no acaba
de saberse lo que es,

si algo es.

DEL ANIMAL

Dócil, manso
animal,
¿qué te ha convertido
en fiera?

Los que lo hicieron
son los únicos
que pueden
contestar.

PÁGINAS EN BLANCO

Idénticas
a todas las páginas
en blanco.
Solo un desastre.

Quien las repudia,
cuando unas palabras
comienzan
a llenarlas,
las borra.

La cuenta
se pasa
al que las escribe.

MÁS SOBRE EL TIEMPO

El tiempo.
Que nos pierde.
Que perdimos.
En que perdemos.
Perdido.
Cada vez menos.

SENTENCIA FIRME

Lo peor
que puede pasar
a Cuba
es que sus verdugos
sean sus redentores.

EPITAPH

April 12, 2007.
Novelist Kurt Vonnegut
died in Manhattan
at age 84.

So it goes.

PREGUNTAS

¿Qué te mata
y qué no?

¿Qué te salva
y qué te condena?

¿Qué te sobra
y qué te falta?

¿Qué quieres
y qué detestas?

¿Qué buscas
y qué deseas perder?

¿Qué, qué?

LA PAVA REAL

En mi calle, hay
una bellísima pareja
de pavos reales.
Me recuerdan
los que vi tantas veces
en mi infancia habanera
en un modesto parque de diversiones:
el «Parque Colón»,
frente al mar.

Ambos recorren
diariamente todo el barrio,
lentos, majestuosos,
como mensajeros
de una belleza y una calma
que el progreso
extingue vertiginosamente,
haciéndonos más inermes
más pobres, más solitarios.

Nadie sabe quién es dueño
de la pareja, ni donde se recogen
en la noche y el calor que derrumba
y el mal tiempo. Un buen día,

desapareció la pareja.
Pensamos que se los habían robado.
Pertenecen a una especie
que se cotiza en tanto dinero
en un mercado que diezma implacable
a la naturaleza
y sus imprescindibles maravillas.

Pero he aquí que, súbitamente,
rompiendo el silencio,
comenzamos a escuchar su canto,
poderoso y rotundo aunque
no es hermoso como el del sinsonte.

Un buen día, apareció la pava
con cinco pavitos en el jardín.
Supimos entonces que ese canto
que escuchábamos era la celebración
de la pareja de su cría.

Todos los días, esos pavos reales
que nos alegran y nos hacen olvidar
lo mucho que gravita en nuestras vidas,
nos visitan varias veces.
Vienen a comer y a beber
en los recipientes con agua fresca
y tierno y suave maíz que les ponemos.
No tienen miedo de nosotros
cuando nos les acercamos,
cada día que pasa más maravillados
del crecimiento de los pavitos
–a los que la pava enseña
ese algo tan difícil
que es andar por el mundo–,
esa nueva compañía
de la que somos deudores.

Ojalá nunca nos dejen,
nadie nos los quite.
De igual suerte, que los veamos
crecer hasta que sean tan bellos
como la pareja que nos los regaló

y, al hacerlo, nos recordó
que Dios cuida de todas sus criaturas,
hasta las más indefensas.

En lo arduo y hostil
de nuestros días, vida salvada
del desastre en que no falta la dicha,
esos hermosos pájaros
y su cría son la gracia de una tregua.
Su paseo por el jardín
otorga a la casa del destierro,
la armoniosa calma de la existencia
como soñamos, como debió ser.

EXPLICACIÓN

> *Para Tania, Liana María, Lourdes María,*
> *Michael, Joseph Armando y Ana María*
> *con todo mi amor, con toda mi gratitud*
> *y mi dicha por ser tan míos, como una*
> *necesaria y ardua explicación, a estas*
> *alturas de mi vida, de ese arduo y*
> *misterioso juego que es vivir y que es*
> *la poesía.*

Sé exactamente
las alturas de mi acabamiento.

Mis referencias son bien precisas.
Establecen la insalvable fatalidad generacional,
esa ¡ay! mala palabra en la dimensión
de lo real y definitivo en el siempre.
Una sentencia firme determinada
por la gravitación del paso del tiempo
y la implacable Historia.

Entre ellas se cuentan:
libros y autores, la música y el arte;
la fijeza de los valores y de la recta conducta;
el sentido de la amistad y la gratitud;
el apego a la casa y la familia;
la dilatada e irrenunciable memoria;
el recuerdo de los que quise y murieron

sin que pudiera cerrarles los ojos;
la suma de lo perdido y lo poseído;
los paisajes que no pude conocer
y los que se perdieron para siempre;
los sueños que quedaron en sueños;
las cicatrices que me deparó la Historia;
la certidumbre de la ingratitud, las traiciones,
los golpes y el olvido de quienes ayudé
desinteresadamente, como debe ser;
la salud cada día más frágil y traicionera;
los proyectos contra los que conspira
el implacable paso del tiempo.

Me quedan, y pido a Dios
que sea por mucho tiempo, la dicha
de mi familia y la alegre inocencia
de mis nietos; la vista del jardín
a través de la ventana frente a la que escribo
cada día; unos pocos y fieles amigos;
los cuadros y los libros y las esculturas
con los que convivo y siempre me sorprenden
y maravillan con su renovada belleza;
las tantas pequeñas e insignificantes cosas
que me fascinan y acompañan fielmente
como juguetes que me devuelven la infancia;
la belleza de las rosas amarillas
y la confianza en la infinita misericordia de Dios.

Todo un extraño inventario
en que no faltan el dolor y la dicha,
el error y el acierto, la incertidumbre
y la soledad, la pérdida y el encuentro.
Un ámbito en que cada instante que pasa
comprendo y necesito más de la calma
que viene hacia mí y se retira como una marea
dejando tras de sí un rastro en que alienta
la trama celeste de todas las respuestas.

Hace demasiado, en todos los órdenes,
pasé el punto tras el cual no hay regreso.
Fue comenzar mi vida de nuevo.

He tenido que hacerlo varias veces.
Ha sido una desgarradura de mi alma inmortal
y ha sido una nueva oportunidad, una gracia.
Creo que debo creer firmemente
que ya no hay para mí más rupturas y comienzos.
Sé que no sería capaz de encajarlos.
Creo que estoy donde debo y puedo estar
aunque en ocasiones no lo comprenda y me rebele.
Pero a estas alturas de mi edad
siempre caigo en cuenta de mi extraña suerte
y destino. Comprendo que mis sueños
me deparan un justo paisaje y circunstancia,
el que tengo como si mirase en un calidoscopio
(que tanto me fascinan). Todo cambio
es un milagro inexplicable de la realidad mía
en que todo debo asumirlo en la evidencia
de los colores y las formas de mi estar
que dicen de mi ser. De eso, y no otra cosa,
se trata la vida que vivimos y nos vive.

No hay más a este lado de la eternidad.
Solo tengo un destino, una misión.
No es otra que asumir esta plenitud
con todos sus peros y todos sus dones.
Lo demás son, como nos enseñó Borges,
unas tiernas imprecisiones.

Sean, una vez más, dadas gracias
a ese Dios único y trino que abrumo
en las interminables noches de mi insomnio
con mis vehementes, detallados
e incesantes ruegos.

No tiene término
la constancia de mis deseos.
Muchas son mis faltas y caídas.
Nunca la ingratitud.

Pienso que no hay otra forma
para designar la dicha.

HACIA EL POEMA

Tarde de domingo:
abrasadora, húmeda,
luminosa hasta la ceguera.

Tarde llena de silencio
y de soledad.

¿Qué escribir,
por qué hacerlo,
para qué y para quién?

En la noche, otra vez,
no habrá respuestas
a estas incesantes preguntas
en que se va la vida toda.

Lo de siempre.
Y vuelta a empezar
hacia el próximo domingo.

Así de sencillo.

DE LA ETERNIDAD

Se vive,
y se sobrevive,
tan arduo quehacer,
que es ir muriendo
entre golpes y dicha
al paso del tiempo,
algo tan natural.

Solo nos sostiene
la esperanza
y la certidumbre
de la salvación.

No es otra cosa
la infinita misericordia
de Dios.

No hay más.

UN POEMA EN SEPTIEMBRE

¿Qué escribir,
qué decir, al comienzo
de este mes de septiembre
en que el húmedo
y agotador calor desploma
y solo se busca el alivio
de la benigna sombra,
en las estribaciones
de mis sesenta y nueve años?

Sin lugar a dudas,
que reordenar a estas alturas
del acabamiento, esa gracia
tan indescifrable, no es más
que una demanda y una urgencia
de poner en orden la vida
que hemos vivido y nos ha vivido
y sigue puntualmente viviéndonos,
de dejar todo en orden, como debe ser.

Esa certidumbre, que imperiosa
me domina, es la constante
de cada instante de mis días de más
–así son todos los días de la existencia–,
de mis horas hasta que Dios quiera.

Así, debo declarar mis deseos,
aquello que quiero y que debe ser.
Son bien sencillos, totalmente elementales.
No son otros que dejar huella definitiva
de mi amor a los míos. Dejar en orden
mis papeles, mis poemas. Esa escritura
en que doy cumplido testimonio de mis jornadas,
en las que preciso las caídas, los golpes
de la fatalidad y la certeza de plenitud
que nunca podré comunicar en su inmensidad.

A estas alturas, aunque aspiro
a que algunos de mis poemas trasciendan
–siempre he afirmado que un poeta

puede darse por dichoso
si de él queda uno de sus versos
para el siempre–, es más importante
para mí, la memoria de soy y lo que fui
para aquellos a los que quiero entrañablemente,
aquellos cuya sola presencia y, sobre la distancia,
es una inmensa caricia, una bendición,
la materia en que encarnan todos los sueños.

Quiero, de igual suerte,
desprenderme de obligaciones y compromisos
que cada jornada que pasa reconozco más
como una inútil y ardua carga.
Ese proceder que ha sido en mi existencia
la expresión de mi afán de ayudar a otros
y que me ha deparado la satisfacción
de un deber cumplido a cabalidad
y, también golpes, desengaños e ingratitudes.
Y quiero, sobre todas las cosas, todo el tiempo
para estar con los míos y disfrutarlos
a plenitud, sin tener que atenerme
a una exigente agenda de tanto
que carece de importancia y es agua en la arena.

No se puede pedir más.

DICTUM

Muchas veces
es mejor
un acto de ausencia
que un acto de presencia.

OTRO POEMA MÁS

Lo que sabemos
y lo que ignoramos.
Ese exceso y ese vacío.

¿Qué sabemos,
qué ignoramos?

Al otro lado

de la ventana,
la noche impenetrable,
magnífica, el prodigio
de las constelaciones.

Todo lo que somos
y todo lo que no.
Más que es menos
y que es una plenitud.

En verdad,
toda nuestra existencia.

Algo tan simple,
tan elemental,
tan incomprensible,
como ambas cosas.

Mejor irse a dormir.

A estas alturas
de la alta noche,
entreguémonos
al arduo dormir.

Los sueños,
que pueden ser
una pesadilla,
son la única realidad.

Todo culmina,
vísperas de la claridad
del amanecer,
en una pregunta
sin respuesta.

Es la final respuesta
a todas nuestras preguntas.

Prevalece el enigma.

HOMBRE DE A PIE

Eres uno más
entre los incontables,
los perdidos,

los condenados.
El tanto ser una no persona.
Una criatura lastrada
de pérdidas y encuentros,
de incesantes deseos
y del paladeo de la dicha.

Nada te diferencia
de los abrasados
por mucho que precises
ese rasgo indescriptible
que te define e identifica.

Muchos, demasiados
han sido los errores
de tu existencia.
No han faltado, es una gracia,
tus aciertos. Saber que no
te has traicionado.

Es tan simple
como complicado:
ir siempre, siempre
en contra de la corriente.
Asumir con plena responsabilidad
tus actos, lo que crees
como un dogma, para tantos
una excentricidad o una locura
en la bajeza de los tiempos
que corren. Su abismo.
¿Qué más se puede decir?

Quizás, que más allá
de todas las razones
y de todos los infinitos peros
que nunca faltan
a la inerme criatura,
siempre has reconocido
tus errores, tus fallos
y siempre te has entregado
a rectificarlos, a procurar
que todas las cosas

—esa inmensa palabra
con la que insistimos en definir
los golpes de la realidad–,
tengan el justo sitio que deben
tener en tu vida toda.

No ha sido, no es
otro tu destino. Nada tiene
de especial. De igual suerte,
en tu proceder
radica la posibilidad
de tu razón y redención,
esas verdades centrales
que cada día que pasa
prevalecen y no aceptas
que se precipiten en menos,
que trágicamente se apaguen.

No hay nada
tan imposible,
al cabo del aprendizaje
de los incesantes golpes,
ya tan cansado
a estas alturas de tu edad,
que resistir, que defender
hasta el fin, tu posición
y tus certidumbres.

Pase lo que pase,
y demasiado ha pasado
—¿cuánto queda por pasar?—
no puedes, a pesar
de todos los consejos,
advertencias, amenazas
y recomendaciones
que te prodigan, que encajar,
como siempre, la adversidad
siempre en pos de su reverso.

No es otra cosa
la vida de un hombre
que saber resistir

todos los embates
contra sus sueños,
contra sus razones.

No es otra cosa
su verdad
y el precio a pagar
por la salvación
de su alma inmortal.

Se muere
de manera incesante
para vivir,
para sobrevivir.

En ese afán vivimos
y se nos va la vida.

Solo Dios sabe.

PRECISIONES

Porque sabemos,
nada sabemos.

Porque ignoramos,
todo lo sabemos.

Poco sabemos
o nada aprendimos
como debe ser.

Así, hasta
que Dios quiera,
andamos por el mundo.

La criatura,
para su bien
o para su perdición,
solo encara
la final respuesta
a todas sus preguntas
al otro lado
de la eternidad.

Solo cabe confiar,

y no puede excluirse
la astucia a la par
de la infinita misericordia
y la esperanza,
en la infinita misericordia
de Dios, la final
respuesta salvadora.

Bien sencillo
y final: Solo somos
tan frágiles como vulnerables
e inermes criaturas.

Dios nos perdone
y acoja
el resto
de la eternidad.

EL PRECIO

Unos más que otros
—y en esto es difícil superarme—
siempre se hacen ilusiones.
Creen como dogma
que todo es ¡ay! como debe ser.
Se entregan plenamente
y sin el menor pero.
La realidad no tarda
en corregirlos con el golpe
de su implacable fuerza.

Quedan desbaratados.
Buscan explicaciones
para, no lo saben,
lo que carece de razón.
Los domina el desencanto,
la frustración, la tristeza.
Les han arrancado
otro trozo del alma,
les han desgarrado la inocencia
y tienen que seguir andando
—la procesión va por dentro—

porque esas son las reglas
del juego que ahora,
y de qué manera, es más el vivir.

Bien simple
–y no acabo de aprenderlo
a estas alturas de mi edad–,
podemos, y de hecho
lo hacemos, no poner precio
a nada, pero todo tiene su precio,
hasta para el que pierde,
que es el que acaba por pagar.

La bajeza de la ingratitud,
la agresividad en contra
del que se entrega sin peros
y regala el desagradecido,
son la única moneda
cuya circulación prevalece.

La realidad no es más
que una cuestión de precios
y de traiciones en que siempre
pierde el que nada pide
y siempre ha dado y quiere dar.

Podría escribir
la historia de mi existencia
enumerando la copiosa lista
de mis deudores
y de mis perseguidores,
los demasiados en que creí
y pensé eran mis amigos.
Esa legión que hizo y hace
lo imposible por destruirme.

Nunca aprendí
–no me lo enseñaron
en esa remota edad
en que uno aprende
las reglas a seguir
para ir tirando

e ir sobreviviendo
y hasta triunfar–
que uno siempre
debe ser tan pragmático
como implacable,
a la hora de cobrar.

Ya, solo me queda pasar
a mis incontables deudores
la cuenta como corresponde.
No me faltan las ganas.
¿Vale la pena?

No tengo ganas
de pagar el precio
por ese acto de justicia.
La razón es obvia:
Sería una víctima
de la injusticia.
No vale la pena
y me haría cómplice
de los demasiados
que no valen la pena.

Allá ellos
se entiendan
con Dios.
Yo prefiero,
con los que quiero
y con mis papeles,
mis libros
y mis cuadros,
reducirme
a un plano de sombra.

Diga la Eternidad.

DEL PERDÓN

Dios perdona.
Yo perdono
–aunque mucho

me cuesta—.

Pero la justicia,
nada tiene
que ver
con el perdón.

Hágase justicia.

Es la final
e imprescindible lección
a la que apostamos
al futuro y el siempre.

Si no lo hacemos,
acabaremos
de perdernos
definitivamente.

No existe,
no es posible,
más trágica historia.

Así de simple.

Hágase justicia.

UN POEMA EN UN MARTES LLUVIOSO

Llueve desde ayer.
No aminora el calor sofocante.
En la casa no cesan
de romperse las cosas.
Cada día amanezco
más cansado
y tengo más cosas que hacer.
El tiempo se me va
como agua en la arena
y nada puedo hacer
para remediarlo.

En otras palabras,
todos mis afanes
para hacer lo que quiero

y lo que debo disminuye.

Tengo en mi contra
el paso de las horas
y el que mis puntuales sueños
no se verifiquen
a la medida
de mis más remotos deseos.

Mis quejas y mis gracias
por mi cotidiano acontecer
y mis jornadas por venir
figuran el enigma
de una razón
que escapa a un remoto
y cancelado proyecto
de vida. Eso que designamos
como sueño arrebatado.

De esta suerte,
encajo los peros
de mi secreta rebeldía,
de mis incesantes furias.

Así, asumo,
como corresponde,
lo que Dios
me ha deparado.
De igual suerte,
le doy gracias
por lo que tengo.

A fin de cuentas,
aunque no siempre
lo comprenda
—y cuán arduo
es el hacerlo—,
ser lo que soy
y tener lo que tengo,
no es otra cosa
que la dicha.

No hay

mayor enigma
ni certidumbre
en la existencia.

Sigue lloviendo
en este martes
que se precipita
en la noche.

DICHO A MÍ MISMO

A estas alturas de mi edad,
ese tiempo que desde cuándo
califico como el de mi acabamiento,
no ceso de hacerme urgentes preguntas.

Todas son un enormísimo por qué.

Todas tienen y todas carecen
de una plausible respuesta.

Les sobran y les faltan las respuestas.

Quizás en eso consiste vivir
cuando la existencia se asume
desde la gravitación del deseo.

Así de final hacia el fin.

EL JUEGO

*Para Joseph Armando y
Ana María, de su Abuelo,
al que le encanta prestarles
sus juguetes.*

Todo lo que eres
y todo lo que serás
está en tus juegos.

Ellos son el universo
y la existencia
tal y como deben ser.

Cuando juegas,
y eso no lo comprendes
ahora, en la brevedad

de tus maravillosos añitos,
eres artífice de tus sueños,
de su final y suprema realidad.

Juega siempre,
aunque pase el tiempo
y crezcas. Nunca dejes
de jugar, aunque lo hagas
en secreto, porque el juego,
por encima y más allá
de lo que depara la existencia,
algo que nunca se sabe,
es tu dominio, el umbral
de esa eternidad que te guarda
la inocencia y su caricia
con la maravilla del milagro.

No es otra cosa
la suprema gracia
de Dios mismo.

CAE LA NOCHE

Cae la noche
y uno también.

CERTIDUMBRES

A estas alturas de mi edad,
como dijera Dylan Thomas
vísperas de su prematura muerte,
me doy cuenta de muchas cosas.
De igual suerte, de mi capacidad
y de mi incapacidad
para cambiarlas o asumirlas.

Elaborar puntualmente
un filosófico razonamiento
sobre ese hecho de nada sirve.
Los años que tengo
y los que acumula
mi descuidado corpachón
todo lo ponen en su justo sitio.

Siempre dando
gracias a Dios,
como corresponde,
a golpes de realidad
tanto he aprendido
–y buen trabajo
me ha costado el hacerlo–,
de lo que hay que aprender.
Mucho, contrario
a lo que creo, me falta.
No es otra cosa
mi suprema insuficiencia.

Como me enseñaron
en la escuela y en la casa,
en esa ahora remota edad
en que todo era una nebulosa
a la que tan naturalmente
tenía que someterme
sin peros ni sin pedir
explicaciones,
que no sabía pedir,
mi existencia
era lo que se me deparaba
cada sucesivo instante
de un día tras otro,
esa final exigencia.

Dudas, rebeldías,
preguntas, golpes
y sus consecuencias
–a todo se escapa menos
a nuestras decisiones
e imperativos–,
he llegado a estas alturas
en que no puedo
dejar de preguntarme
cómo he llegado.

No hay respuesta.

Nada es

como soñé,
como quise,
como debió ser.
¿Qué es lo que debe ser?

Es, no hay más,
la realidad que encajo
y debo encajar
–y, a estas alturas
del poema, no puedo
dejar de decir
que es la de un oficial
y un caballero–. Esa realidad,
tantas veces hostil
que, más que bien sé,
es tanto prueba
como espléndido regalo de Dios.
Carece de sentido
otra actitud, otra reacción,
tan natural a mi naturaleza.

Sí, Armando Gustavo
Álvarez Bravo, ¿cuándo
tú, tan ávido como incesante
lector de poesía, has hallado
un poeta que se nombra
a sí mismo con nombres
y apellidos en el poema
en que se vuelca?

A estas alturas del juego,
no puedo responder.
De igual suerte,
¿qué trascendencia
tiene el hacerlo?
Desde mi primer poema
estoy escribiendo
mi último poema. En toda una vida
solo he escrito un poema. No es otra
la historia de mi existencia.

Darse y no esperar nada

que no sea un golpe.
Esa fatalidad que llega
a no abrumar, sino a cansar.
El infinito cansancio
de un sueño que asumimos
como espléndida
y perfectible realidad. No es otra
la pendiente posibilidad cubana
que me obsesiona y que sé no veré.

    Sé lo que me pasa.
Sé lo quiero que pase.
No sé lo que va a pasar.
Me aterra lo que imagino pasará.

    Todo lo que constituye
mi forma y manera
de diluirme, en contra
de mi voluntad,
en la Historia de la Patria
–con mayúscula
como lo escribían
nuestros arrasados patricios,
que tanto nos faltan–.

    Así se escribe la Historia,
así va mi vida.
Su apagamiento.

    Soy protagonista,
soy testigo, soy víctima
de ese tránsito.

    Me domina
un creciente
e interminable cansancio.

    Duele mucho soñar.
Desgarra desear.

    Soy trágicamente incapaz
de renunciar a mis sueños
y mis deseos a estas alturas
de la lucidez de mis razones.

Un final golpe a la pura verdad.

Dios todo lo sabe
y no hay más.
¿Qué puedo decir
con todo
lo que no me canso
de decir y querer?

Inescrutables
son Sus designios.

No hay más.
Hágase Su voluntad.

Aquí estoy,
donde corresponde:
Un soldado de línea.

Nada, a estas alturas
del juego que es vivir,
hay que aclarar.

Quiero, necesito
creer, que he descrito
lo que constituye la dicha,
que es tanto batalla
como caricia
y final alivio y descanso
a este lado de la eternidad.

En verdad,
solo Dios sabe.

Dios me salve.

Estoy tan cansado.
Si alguien lo sabe,
somos Él y yo.

Así, le ruego,
ya no sé
con tantas precisiones
como lo abrumo
en mis oraciones,

que me conceda
todo lo que le pido:

Tan poco para mí
y tanto para los que quiero
y tanto para los que están pendientes
de Su infinita misericordia.

Es una petición
bien elemental. Él es Dios
y yo no.

Así de simple.

HUGO CONSUEGRA, RECUERDO Y HOMENAJE

A finales de la fabulosa década del cincuenta,
¿qué sabíamos? Éramos incapaces de imaginar,
el desastre y la tragedia que se cernía sobre nosotros.
Era, citando sin precisión al copioso Dickens,
el mejor y el peor de los tiempos. Era la época
de una Habana fabulosa en todos los órdenes.
Era, y estábamos tan seguro de ello, la víspera
de un tiempo distinto, en que cuajaría
la pendiente posibilidad cubana. Eran tiempos
de cambio, y los que escribíamos, los que pintábamos,
los que creábamos la fisonomía de una década,
de un futuro distinto, como debía ser, nos aferrábamos
a nuestra obra, al latido de su realidad y su posibilidad.
Era el lejano momento de exigente búsqueda, de cambio
y de ruptura de nuestro siempre hacia su identidad,
que nos arrebató implacable la malignidad de la Historia
que no podíamos imaginar y dio un vuelco irreversible
a nuestras vidas y a nuestro paisaje y a nuestra historia.
Era, si lo hubiésemos sabido, nuestra sentencia
de muerte. Algunos sobrevivimos al cabo del horror,
de la separación, de la distancia que nos impuso el exilio.
Ese duro oficio en que tratamos de perseverar
contra la adversidad, aferrándonos a nuestra obra,
para sobrevivir y mantener un sueño, al que no podemos
renunciar, en la hostil adversidad. Ese tenaz delirio cubano.

Elaboramos recuerdos a partir de esa época de inocencia.
Cuántos han muerto sin verlos encarnados. Cuántos
quedamos por morir. Disminuye vertiginosamente
la nómina de mis contemporáneos. Es algo bien natural.
El paso del tiempo es implacable. Nos borramos, tan solos,
en las distancias que nos han tocado, en las infamias
de la política que siempre apuesta al poder. Cuesta mucho
encajar esa implacable condición de no persona, hacer una obra
porque no se tiene otro destino. El paladeo de la negación
y la indiferencia. Todo está en el juego que se elige.

A estas alturas de mi edad, gravitan en mí cada vez más
los recuerdos de aquellos fabulosos años cincuenta.
De un tiempo en que se gestó una generación arrasada.
Nunca puedo olvidar una tarde de sábado en el apartamento
del pintor Raúl Martínez, mi compañero de trabajo,
en que conocí al pintor Hugo Consuegra, uno de los míticos
integrantes de Los Once. Ese grupo seminal que planteaba
un arte abstracto sin mensaje. Aquella tarde, Hugo Consuegra
y yo éramos los únicos de saco, cuello y corbata, al criollo decir.
Recuerdo la pasión con la que discutimos una nueva obra
de Raúl –que ¡ay! sin razón y sé que sin convicción–,
jugó sin ganancia de ninguna suerte su destino y dio
un vuelco a su espléndida obra en el acarreo totalitario.
Recuerdo, de igual suerte, que le compré aquel cuadro,
que dejé a mi madre y que solo Dios sabe a dónde ha ido a
          [parar.
Recuerdo, con la misma intensidad, la certeza de los juicios
de Hugo y aquel talante suyo en que la decencia, la lucidez
y el señorío de buen criollo, de hombre de bien,
me regalaron un amigo tan final como su obra.

Puesto a recordar, recuerdo, tantos años después,
su última exposición, ya vísperas de su muerte, mis páginas
sobre su quehacer; nuestra conversación en esos días terminales
y su inmenso pudor ante lo inevitable y su pasión por su obra
          [reciente,
una pasión idéntica de la que fui partícipe en nuestro primer
          [encuentro.
Sabía también, más allá de su legado mayor al arte cubano,
que tristemente, aunque no quisimos reconocerlo, esa sería

[nuestra despedida.
No menos que con su fin perdía a otro contemporáneo,
que casi culminaba una época fabulosa. Que quedaba más solo.

No hay más. Permanece, más allá de mi dolorosa memoria,
[su obra.
Pienso que fue lo que deseó desde la fabulosa década del
[cincuenta.
Ella es su mejor homenaje.

APUNTES EN LA NOCHE DE HALLOWEEN

Treinta y uno de octubre. Solo en la casa,
en su enorme silencio. Tania está en Virginia,
otra vez más, cuidando a los nietos. Hoy he ido
a consultarme con dos médicos. Ya esas visitas definen
la cotidianidad de mi existencia. Tengo una agenda
para verme con todos los especialistas
que se ocupan de mantenerme vivo.

El cardiólogo me reitera que hay que cambiar
las baterías de mi marcapaso en seis meses
–no puede hacerse antes, como debía ser,
porque el seguro, y a Dios gracias que lo tengo,
así lo determina–. Es decir, más allá
de mis otras irreversibles dolencias, estoy vivo
porque mi marcapaso funciona constantemente.
Esas visitas definen la cotidianidad de mi existencia.

Llueve sin cesar y hay mucho viento.
Hay una perturbación ciclónica que me ha obligado
a poner a buen resguardo las plantas en macetas
y todos los adornos, no tengo otra forma de designarlo,
del jardín en que Tania se mira y a poner
los *shutters* que protegen las ventanas de la casa.

Arrecian la lluvia y el viento en esta noche
de Halloween. Allá en Virginia, Joseph Armando,
vestido de ninja, y Ana María, vestida de sirenita,
han ido por el barrio a *trick or treat*. Espero las fotos
de esta noche tan mágica como fabulosa para ellos,
que las inexorables distancias de exilio me niegan.

Aquí, solo vino un niñito, que ni tenía idea
de la fecha, a buscar caramelos a pesar
de las inclemencias del tiempo que empeora.

Mañana, en que habrá más lluvia y más viento,
tengo que ir a trabajar. Ya estoy tan cansado
de mi vida de trabajo y, sin embargo, no puedo
dejar de dar gracias a Dios porque a mis años
y con mis puntos de vista no me falta, no sé
hasta cuándo, un que otro mal pagado trabajito,
en buen diminutivo cubano. Me explico.
A estas alturas cómo voy a renunciar a mis principios,
que son mi fin y razón y justificación, cuyo precio
han pagado más los que quiero que yo mismo.

De esta suerte, en esta noche de perros,
vísperas de un día que será mucho peor,
digo, por vez primera, lo que siempre quise
y lo que tanto quiero: un libro con toda mi poesía.
No es otra cosa que mi vida entera. Es lo que deseo legar
a Joseph Armando, vestido de feroz ninja,
y a Ana María, vestida de preciosa sirenita,
y a Tania y a mis hijas, Liana y Lourdes,
y a mis muertos, a los más centrales para mí,
a los que no pude cerrarles los ojos, como debe ser
por la gravitación de una historia implacable.
A lo que debo agregar, que ese legado,
en estos tiempos de infamia y horror y miseria humana,
es el que siempre quise, y en cuántos poemas
lo he dicho, al caudal de la poesía cubana.

Trick or treat.

EL SILENCIO

En Jasper, en las montañas de Georgia,
bien temprano en la mañana otoñal,
el dominante silencio solo se rompe
cuando un golpe de viento
hace caer tan levemente las hojas.

Es imposible definir la musicalidad
de ese sonido que brota del contacto

de las hojas con las ramas,
que pronto quedarán desnudas,
y con la alfombra de hojas secas del denso bosque.

Breve es la duración de ese delicado sonido
que cuando cesa hace más inmenso el silencio.
Quizás tanto el uno como el otro
nos están diciendo algo que debimos escuchar
hace tanto tiempo perdido.
¿Tuvimos la oportunidad de hacerlo?
A estas alturas, como tantas otras cosas,
es innecesaria esa respuesta.

Basta, aunque breve, la plenitud
de este silencio que solo rompe
la caída de las hojas y el paso de un ciervo
o de cualquier otro animal
dueño del bosque en la montaña
donde somos unos intrusos.

Ya llegamos a ese punto
en que la fugacidad de una vivencia
tan simple y tan honda, acaso indescifrable,
es una gracia, una tan necesaria caricia
en la soledad y la calma
que solo rompe la caída de las hojas.

MALAVENTURANZA

Dichosos
los oportunistas
porque ellos
se seguirán
quedando
con todo.

LA SOMBRA

Hay una sombra
en la sombra.
Es indescifrable.
¿Qué sabemos de un enigma?
Termina el día,

descienden las sombras
pero en ellas persiste esa sombra.
¿Qué quiere decirnos,
qué nos dice hacia la noche?
Cada instante que transcurre
sabemos menos. Desciende
la oscuridad, su misterio
y su evidencia. No hay más.
Solo se impone una sombra
en el denso cuerpo de la sombra.
Quizás solo somos pura,
final sombra. Nada que decir.
Todo es sombra.

PARÍS

Sus glorias,
su esplendor.
Todo lo que siempre
hemos soñado
y seguiremos soñando.
Siempre seremos
un extranjero.

POEMA CONTRA SÍ MISMO

Tarde, cuando la noche
comienza a adentrase
en su siempre distinta duración,
¿puede escribirse un poema?

¿No se ha escrito siempre?
En el cansancio,
en el hartazgo,
en la plenitud,
en la ebriedad
que todo lo define.

En esa nada
que se siente
más allá de sí misma,

como un blanco,
como una ausencia,
como un vacío,
como un qué.

Sigue adentrándose
la noche en sus enigmas
y en sus evidencias;
en sus respuestas
que solo son preguntas;
en su más y en su menos
que nos desgarran
y acaban por borrarnos.

¿El poema?
Toda una vida
que se precipita
cada vez más
hacia su término.
A su no hay más
palabras a pesar
de las palabras.
A esa implacable
página en blanco
a pesar de lo oceánico
de la negrura infinita
de la interminable tinta.

Al que se acabó.

Y se acabó
desde el primer día
—¿o fue una noche?
siempre es la noche—.

¿Hay que seguir?
Volvemos al principio.
Es lo de nunca acabar.

Pero, a estas alturas,
cuán enormísimo,
el cansancio.

De no dar más de sí.

LA LLUVIA

Tan lejos de mi patria,
de mi paisaje, que nunca es inmenso
porque el paisaje es una intimidad,
veo sentado en esa terraza cerrada
que aquí se llama Florida Room,
como llueve torrencialmente.

Siempre me ha fascinado
ver a buen resguardo,
aunque nunca he desdeñado
la lluvia en la intemperie,
ver como llueve. Oír llover.

Esa experiencia es una suerte
de alivio a nuestro ser y nuestro estar.
Mayor si uno escucha buena música
y disfruta de una buena bebida,
en mi caso un añejo escocés.
Así las cosas, todo marcha bien
en nuestra existencia,
lo que siempre es un milagro,
y uno decide olvidarse del mundo
y de la ortegiana circunstancia.

Recuerdo las lluvias de Guanabo
–tan solo en el mundo llovía tan torrencialmente
como en Guanabo–, la modesta casita
de madera de Abuelo Bravo, en días
de calor abrasador y lluvias bíblicas,
en la que fui tan feliz y fueron tan felices
mis hijas, Liana María y Lourdes María,
y no pueden ser tan felices mis nietos,
Joseph Armando y Ana María,
por la trágica circunstancia patria.
Y no hay día en que no dé gracias a Dios
por haber sacado a los míos de ese infierno.
Ni de igual manera, tan simbólica
como física, de preguntarme
si sigue en pie esa modesta
y entrañable casita de madera

a la sombra del más que centenario jagüey,
cuyas raíces levantaban la casa.
Algo que asumíamos sin peros.
Creo que en esos tiempos
comprendíamos como debe ser la vida,
algo que resulta tan difícil ahora.

Los aguaceros de esta tarde
me entregan el recuerdo de años
tan reales como de años arrebatados
a nuestra vida como debió haber sido.

Soy yo ese señor mayor
y tan inexorablemente tocado
por dolencias que no tardarán
en dar cuenta de su persona,
el que escuchando al glorioso Mozart
ve como llueve y piensa como vería llover
en la casa familiar que hubiera alzado
en una pequeña finca de Campo Florido,
tan cerca de Guanabo, a fuerza
de trabajo y de sueños, sin pretensiones
pero con amplitud y con comodidades
para albergar a los suyos
y para recibir a los buenos amigos
que bien se quieren y para bien estar.

Todo eso no es pedir demasiado a la vida.
Todo eso fue la vida que se nos arrebató.
Sigue lloviendo y parece que no va a cesar de llover.
Pero no estoy donde hubiese querido estar
para ver como llueve. De todas suertes,
debo dar gracias a Dios, aunque no acabe
de comprender Sus designios, por esa gracia.

LLUEVE ESTA TARDE DE DOMINGO

Llueve esta tarde de domingo,
aunque no cese el calor abrumador,
y sea absoluto el silencio en la casa.

Un hombre solo no hace ruido,

585

y menos en su tercera edad,
vísperas de sus setenta años,
y con todos sus tenaces
y crecientes males
precipitándolo hacia el fin.

¿Quién falta para romper
su soledad, el silencio
que lo sitia y envuelve?
Sus entrañables muertos
a los que no pudo
cerrarle los ojos. Esos que quiere,
tanto y más que su vida,
que están tan lejos. Esos
que son su vida y sus sueños
y para los que sueña
en sus desvelos,
toda la dicha del mundo.
Esos, cuestión del abismo
de los años, que tantas veces
no lo comprenden
aunque tanto lo quieren.

Las distancias y la inteligencia
que imponen la Historia
y la cotidianidad y el destierro
y el desgarrón de las pérdidas
y la certidumbre del ser y el estar,
que hay que agradecer infinita
y constantemente al Señor,
no son fáciles de encajar
y duelen cada vez más en el acabamiento.
Ese tiempo que decreta abismos
sin menoscabo del amor y el cariño.

¿Qué hacer para no desesperar
en una lluviosa y asfixiante tarde domingo
en que solo son reales la soledad
y el silencio que se inmensan?

A estas alturas, con la memoria
de tanta vida y de tantas distancias

y de tantas acumuladas pérdidas y,
a su vez, de finales ganancias,
podría dar incontables respuestas.
Sé que todas son insuficientes.
Nada altera la gravitación
y las evidencias de la realidad.

Solo me queda hacer lo de siempre,
al cabo de ya demasiado siempre
y no menos de menos siempre,
escribir un poema.

Sigue lloviendo esta tarde de domingo.

ES UN HECHO

Es un hecho
que no leeré los libros
que quiero leer
y que me faltan por leer
y los libros que quiero releer.
Un universo de libros.
Esos libros que se acumulan
por toda la casa.

Nada puede ser
más terrible
para un lector tan
obsesivo-compulsivo
desde su infancia,
desde que aprendió
tan prematuramente a leer
como el que escribe
las líneas rotas
y remotas de este poema.

Es un hecho
que lo mismo me sucederá
con los sitios que quiero visitar,
las obras de arte que quiero admirar,
las armas que quiero disparar,
los vinos y las bebidas

que quiero paladear y, por supuesto,
las comidas que quiero saborear.

No menos,
digamos vanidad de vanidades,
el dejar organizada
y publicada mi obra.

A todo lo anterior
debo agregar tanto,
no menos fundamental.
No pueden faltar
en esa sucinta nómina:

Las fabulosas mujeres
a las que quise e hice
el amor y a las que,
a estas alturas de mi edad,
quisiera hacérselo;
las casas en las que
sé hubiese sido tan feliz
viviendo; los coches
que me hubiesen regalado
la maravilla de su exquisita
maravilla, perfección
e insuperable velocidad;
los muebles y adornos
que hubiesen hecho de mi casa
un verdadero paraíso
con su suprema y excepcional
belleza y refinamiento;
mi dilatada biblioteca
y sus manuscritos
y sus colecciones
de obras completas
y de publicaciones fundamentales:
tanto perdido.
En pocas palabras:
Las consecuencias
de mi destino
de intransigente exiliado.

¿Puede desearse más?

En mi caso, la respuesta
es afirmativa. A estas alturas,
vísperas de mis setenta años,
la picada final en mi acabamiento
(más vertiginosa que la de un Stuka),
solo quisiera el don de la permanencia.
En unas pocas palabras: El vivir
unos cuantos años más
para encaminar, como debe ser,
a mis nietos, Joseph Armando
y Ana María. Y va de suyo,
garantizar el bienestar y la seguridad
de mi familia, de Tania y de mis hijas,
Liana y Lourdes, de su mañana,
que sé tan arduo. No albergo
la menor duda de que este mundo
colapsa como una castigada vena
y está en manos de Dios,
de Sus inescrutables designios.

¿Qué más considero un hecho?

Sin matices ni justificaciones
de ninguna suerte,
que mi existencia
no fue como debió ser.

Pero esa existencia,
con toda la intensidad
de mi propósito de la enmienda,
va llegando a su fin. Mi salvación
depende exclusivamente
de la infinita misericordia de Dios.
No hay más que esa infinita misericordia
cuando uno no cesa de caer
en todo lo que la contradice
y, al hacerlo, la niega:
La imperfecta naturaleza y esencia
de la criatura que soy.
Esa criatura que no acaba de asumir,

a pesar de lo arrasador de su deseo
y de su urgencia, que la única tristeza
es la tristeza de no ser santo.

¿Más?

Es un hecho que mi historia,
a estas finales alturas,
tiene demasiado de pendiente.

A Dios pido,
en mis tan extensas
como minuciosas oraciones,
que mi fin sea súbito.

No quiero ser
una carga para los míos.

Así de simple.
Un hecho más.
El último.

Al cabo de tantos golpes
y de tantos desgarrones,
pérdidas y vivas cicatrices
y, sí, de tantas gracias:
¿Es mucho pedir?

EL CANSANCIO

No el cansancio
de un y de otro sofocante,
agotador día.
Ya eso, como tanto
en mi existencia,
con apenas una breve tregua
en estos infernales trópicos
que son el pan mío de cada día,
sino el cansancio
de estar finalmente cansado,
en el mismo umbral de la muerte.

Algo tan simple
como definitivo:

¿Es tan difícil de encajar?
La historia de mi vida.

Datos, para empezar
y poner punto final
a una tan difícil y dolorosa existencia
que no sé cómo he sido capaz
de sobrellevar –quizás por vivir
mi roto sueño de militar de carrera–;
para la documentación oficial
que se ofrezca, siempre
tan copiosa como inexacta;
para la familia que adoro
y que, no es su culpa,
no se entera de esta realidad;
y para los amigos, tan poquísimos;
y para la dudosa y culpable prensa
(que deliberadamente insiste
en ignorarme o desfigurarme:
una vieja historia
de la escritura de la infamia
a ambos lados del mar).

¿Más?

Va de suyo. Pero es tanto
que, a estas alturas
de mi acabamiento,
es tan criollamente cansón
y superfluo enumerarlo.
No vale la pena.

Si alguien lee este poema
–cuántos he escrito en mi vida,
porque vivir fue y es y será para mí,
cada vez más escribir poesía,
un único y dilatado poema–
ojalá comprenda esta
elaborada anticipación
de mi encontronazo con el fin.
Ese fin que siempre he pedido
a Dios y cada instante

que pasa se lo pido más
sea rápido y sin dolor.
Tengo en mi haber
una copiosa memoria
del embate de dolor
desde que tengo uso de razón.

Y con esa certidumbre
se me van los días
y sus interminables noches
y mi amanecer, que no despertar,
es adentrarme en un cansancio mayor.

No dejo de preguntarme
cómo lo aguanto y cómo me las ingenio
para que nadie repare en él.

Escribo este poema
bien cansado. Mis fuerzas,
que siempre he considerado
son verdaderamente excepcionales,
me abandonan. Hago lo imposible
para que nadie, y mucho menos
los que quiero, se den cuenta.
Sin duda, hasta el día de hoy,
logro engañarlos, pero no puedo
engañarme a mí mismo.

¿No es mi proceder
bien natural, como debe ser?

Mi admirado León Bloy,
¿quién lo lee a estas alturas?
fijaba su edad y su término,
invocando al Espíritu Santo,
a los setenta años.
Estoy vísperas de cumplirlos
y la salud no me acompaña.
Solo Dios sabe. Y no hay más.
Hágase Su voluntad.

En estos versos
me limito a dar cuenta

de un cansancio
que me devora.

Solo puedo agregar
que lo que más me pesa
a estas alturas
de mi creciente cansancio,
es lo que pude hacer bien
y no hice, lo demasiado
que me queda por hacer
y lo que sé
ya no puedo hacer. Tanto.

¿Qué más puedo agregar
para terminar
estas, como diría Borges,
líneas rotas y remotas?

Solo que aumenta
mi final cansancio.

APUNTES, REFLEXIONES, COMENTARIOS

No puedo recordar
el tiempo que hace
desde que escribí:
«Un viejo es un loco
que se mira en un espejo».

Sigo envejeciendo,
que es ir muriendo a pedazos
hasta el golpe final
(no estaría mal designarlo
como el tiro de gracia)
ante ese implacable espejo
que se nos entrega
desde que vemos la luz,
respiramos por vez primera
y rompemos en puro llanto.

Me contaron que nací
con un ojo cerrado
que fue necesario abrirme

con la afilada hoja de un bisturí.
¿Un poético comentario?
Quizás no quería ver
por completo lo demasiado
que me esperaba,
que no ha sido poco.

Fui lo que se designa
como un niño precoz.
Fui, a pesar de los esfuerzos
y sacrificios de mi madre,
un niño triste, que nunca
quiso admitir su tristeza,
algo que resultó bien difícil.
Fui, no menos importante,
un niño enfermizo
que nunca se quejó de nada
–ahora soy un viejo
que sigue sin quejarse–.
Fui, a pesar de mi suerte,
esa contradictoria criatura
que todo se lo jugó
a sus sueños y sus deseos
y a la que la Historia
todo se lo hizo polvo.

Soy la criatura
cuya victoria,
si alguna,
es haber sido fiel
y seguir siéndolo
a sus destrozados sueños.
Una amarga,
la más amarga victoria.

¿Algo más que agregar?

Que me precipito
sin retorno
en el espejo
en que se mira
un viejo loco.

EL COLECCIONISTA

No uno, sino varios
son los destinos que Dios
nos asigna. Todos
se complementan
de una forma que está más allá
de la armonía y la contradicción.

Hay, por supuesto,
el destino predominante.
Tiene mucho de sentencia firme
y de aguja de marear.
Marca y determina
nuestra andadura
de forma ineludible.
Es fuente de dicha, de dolor
y de esa incesante búsqueda
de explicaciones y razones
a nuestro acontecer.
No menos de trascendencia.

Mi destino central
es ser un poeta. Es el más singular
oficio que puede realizar
una criatura. Su ejercicio,
que quién comprende,
la convierte, aunque se niegue,
en una suerte de paria,
de loco, de ente invisible.
¿Cómo puede alguien
obstinarse en escribir
en busca de palabra e imágenes
que todo lo expresan,
algo que a bien pocos interesa,
que puede causarle infinitos problemas,
que si encuentra lector es un milagro
y que no le genera una ganancia?

Junto a mi destino central
tengo el del hombre de familia.
No es nada fácil compaginarlos.

Ambos nos exigen una entrega absoluta.
Eso es algo que tan tocado por la vida
y por la historia y por la pérdida
y no menos por las distancias del exilio
constituye una de mis más diáfanas
y crecientes certidumbres.

    ¿Mis otros, varios destinos?
Mucho podría extenderme en ellos
pero quiero centrarme en uno
que considero inseparable
de la poesía y, sí, de mi naturaleza
de hombre doméstico
al que le hubiera encantado
ser el padre de «Para festejar una infancia»,
del poema de Saint-John Perse.
Es mi destino de coleccionista.

    Desde niño me fascinó
coleccionar todo tipo de cosas:
postalitas, soldaditos, piedras,
caracoles, conchas, monedas, sellos
y sobres de primer día, cuchillas
y cuchillos, gorras y sombreros,
postales, plumas y lapiceros,
insignias, máscaras y disfraces,
libros de muñequitos, juegos mecánicos,
modelos de aviones y barcos militares...
La enumeración de mis intereses
de coleccionista en esos primeros años
de mi vida y andadura, que no deja
de tener sus enigmas y sus planos de sombra,
dio paso a mi pasión por coleccionar
obras de arte y arte decorativo,
muebles antiguos, grabados
y manuscritos y armas.
A todo lo que debo agregar
mi pasión por los libros.

    Cierto que todo se me arrebató
¡y qué fabulosas colecciones logré reunir!

cuando se me arrebató mi patria.
Eso fue arrebatarme mis sueños.
Más claro: el sueño de mis sueños.
Va de suyo que nunca recobraré
mis colecciones, menos a esta edad.

La historia y las circunstancias,
que siempre son implacables,
añadieron una nueva faceta
a mi destino de coleccionista.
Esa nueva colección no es
ni visible ni palpable ni voluntaria
y es la única en que nunca pensé.

Al paso de los años
tengo un copiosa colección
de ingratitudes, traiciones,
olvido, negación,
bajezas y golpes recibidos.
No deja de ser irónico
que esa nueva colección,
la inicié bien joven, en 1959,
y no ha cesado ni cesa
de enriquecerse
en mis años de exilio,
ya de irreversible acabamiento.

Resulta igualmente irónico
que muchos, demasiados
que han contribuido
al crecimiento de mi colección
son personas a las que sin el menor interés,
ayudé, respaldé, di mi amistad
y por las que tantas veces
hasta comprometí mi seguridad.
Personas por las que también,
por mucho tiempo, postergué
y puse en segundo plano mi quehacer.

Pienso que solo me queda citar
el clásico estándar americano:
«But it's all in the game

and the way you play it
and you've got to play
the game you know...»

Creo que soy un tenaz coleccionista.
Doy gracias a Dios por ese privilegio,
aunque mis contadas piezas de colección
tienen la reverberación de los símbolos.
Mayor, infinita es la gratitud que le debo
por la gracia de la libertad, por mi familia,
por unos pocos amigos, por singulares recuerdos
y por la incesante capacidad de desear,
por las páginas que escribí y escribiré
y por haber sido fiel a mis destinos.

LA BALANZA

Colocar en un platillo
todo lo bueno.

Colocar en el otro platillo
todo lo malo.

¿Es el pesaje correcto?

¿Puede creerse
la sentencia del fiel?

Una sola pregunta:
¿Qué pasa con lo que no es
ni bueno ni es malo
y que todo lo decide?

Seguimos sin saber.

EL PASAR

Todo lo que pasa,
incesante,
y todo lo que pasó,
abrumador,
y todo lo que va a pasar,
imposible precisarlo.
Dios nos guarde.

Todo pasó,
todo pasa
y todo va a pasar.

Nada de explicaciones.

De nuevo,
pero más,
Dios nos guarde.

No hay más.

POEMA DE LOS 70 AÑOS

Aquí, en el invierno
de mi edad, en este sitio
donde no existen las estaciones
que tanto añoro, pienso en el tiempo
que se me ha ido vertiginosamente
y en el tiempo que parecía inmóvil.

Pienso, de igual suerte,
en todo lo que me despojaron
y en todo lo que me despojan
a ambos lados del mar.
¿Debo precisar, la larga historia
de mi vida, que todo se reduce
a ser blanco de la envidia,
la mediocridad y el poder:
la materia que, no importa donde se esté,
aunque uno crea que se ha salvado
y ha salvado a los suyos a golpes de dolor,
define el horror y la infamia
y la suprema expresión de la malignidad?

No puedo arrancar de mis pensamientos
las cosas que quise y que debí hacer
y que no pude hacer. Todo un inventario
de pérdidas, no pocas de las cuales
ya ni recuerdo con precisión.
De igual suerte, no puedo dejar de imaginar,
a estas alturas de mi acabamiento,

mi existencia tal como la imaginé y soñé
en mis años más jóvenes y vulnerables.

En verdad, la vida es tanto sueño
como pesadilla. No la vivimos, nos vive.
Pasa sin transición de la calma y la caricia
a la dentellada. De la compañía a la soledad.
De la plenitud a la implacable intemperie.
Del deseo a su reverso. Toda luz, toda sombra.
Y cada jornada que pasa somos más vulnerables;
estamos más inermes y porque sabemos más,
somos presa de la necesidad de inocencia
y de calma y, sí, de dicha, a la par que la lucidez
de saber mirar el mundo hace que nos digan
que somos pesimistas. Eso para empezar.
No se llega en vano a esta edad que no es otra cosa
que querer más y más de menos y menos:
la plenitud de vernos en los que queremos
y aunque no estén tan cerca como quisiéramos
poder sentirlos con solo pensarlos e imaginarlos.

A estas alturas hemos acumulado
tantas cosas como recuerdos y deseos,
pero nuestra mayor riqueza es sabernos
en esa tierra de nadie de lo que se posee
y nada ni nadie puede arrebatarnos
y lograr que la lucidez de los años sea espejo
de la fantasía de la infancia, su maravilla:
algo solo semejante a una ideal rosa amarilla.

El tiempo, su paso, fue una de mis obsesiones.
Ese latido domina cada palabra de mi poesía.
Ahora que tengo menos tiempo sé que
siempre fue así. Solo que a estas alturas
me doy final cuenta que me adentro
en la gracia de la eternidad y quiero disfrutar
cada instante y presencia y maravilla,
que hay que saber ver y sentir de este lado
que va a menos, eso sí dejándolo todo en orden.

Dios ha sido pródigo conmigo,
como solo es con los que mucho ama.

Mucho me probó y me prueba.
Mucho me dio y mucho me arrebató.
Demasiado, que tantas veces no supe ver,
lo que me concedió. Inescrutables son Sus designios.

Él estará conmigo este 5 de diciembre,
aunque no estén todos los que quiero,
pero que en su final ausencia son una presencia.
Estoy seguro que celebraré mis 70 años
como es debido con esos que quiero
y desearía siempre tener tan cerca
en Navidad, que es el cumpleaños de Su hijo.
Solo que tendré la torta de cumpleaños
que Él no tuvo. Sería de ingrato quejarse
y hay demasiada ingratitud en el mundo.

He vivido, he resistido.
Ha sido tan duro como difícil.
Mi historia son poemas y cicatrices.
Lo que no pudo ser es el pasado.
El futuro será pasado.
Ni la dicha ni la eternidad
pueden explicarse.

¿Alguien propone un brindis por mis 70 años?

POEMAS PARA LA PRINCESA

¡Qué bonita es la princesa!
¡qué traviesa!
¡qué bonita
la princesa pequeñita
de los cuadros de Watteau!

Manuel Machado

A thing of beauty is a joy for ever...

John Keats

POEMAS PARA LA PRINCESA de Armando Álvarez
Bravo se publicó en Miami, Florida, USA., por Ediciones
Universal en 2010. Colección Espejo de Paciencia.

DEDICATORIA

Para Ana María,
mi princesa.
Hace años, dediqué un libro,
La belleza del físico mundo,
a tu hermano, Joseph Armando.
En él le decía
de las maravillas de nuestra Cuba
desde la perspectiva
de la naturaleza
en los cuatro elementos.
Cuando terminé ese poemario
me prometí a mí mismo
hacer, regalar un libro muy suyo,
muy para él
a mi próximo nieto,
que todavía era un sueño
pendiente de encarnación.
Tú, sean dadas gracias a Dios,
eres esa bendición.
Trajiste a mi existencia
tu gracia, belleza, picardía,
precoz fineza, refinamiento
y ese ángel andaluz
que te hace tan especial y maravillosa.
Tuyos son el desbordante júbilo,
las insólitas ocurrencias,
la viva forma que tienes de querer
y la inmensidad de tu inocencia
que es don de constante alegría.
Poemas para la Princesa
es un regalo que necesitaba hacerte Abuelo.
Son poemas que dan cuenta
de todas las cosas que eres
y de todas las cosas que haces.
De igual suerte de la manera
en que te veo y de lo mucho
que trato de penetrar tus pensamientos
y tus sueños y tus deseos.

Son cosas, detalles, hechos que no olvido
y que quiero que, cuando seas grande,
sepas, recuerdes y nunca olvides.
Al regalarte *Poemas para la Princesa,*
mi princesa, quiero decirte
que mi mayor deseo es que no cambies.
Guarda y defiende y prodiga siempre
tu alegría, tu amor, tus sueños,
tu dulzura y tus deseos.
Quiere siempre mucho
a tu hermano, a tus padres, a Abu y a Tía.
Te quieren mucho y les haces demasiada falta.
Y ya que se trata de hacerte recomendaciones,
te hago unas cuantas en estos poemas,
acuérdate siempre de tu gran payaso,
de tu malcriador.

Gracias de nuevo por tu gracia,
que Dios te bendiga
y todo el amor de tu

Abuelo Armando
Miami, 2009

LA MUÑECA

Para Ana María, mi primera nieta,
con el nombre de su bisabuela,
que la cuida desde el cielo.

Una muñeca
–y todas las niñas deben jugar
a las muñecas
como si ellas fueran la niña que eres,
esa que Mami cuida con amor
y desvelo enormísimo día y noche,
recordando la más preciosa muñeca
de su infancia– son dos muñecas.

Una es la que ve todo el mundo,
la de las apariencias.
La otra es la que ven tus ojos,
la que sabe tu corazón,
la que acarician y miman tus manos:
la más real de las dos.
Esa que haces otra niña más pequeñita
que tú, tan pequeñita, que ahora,
al cuidarla, eres como tu madre cuidándote.

Juega feliz con tus muñecas. Háblales,
atiéndelas, acarícialas. Ríe con ellas.
Será difícil encontrar en la vida
presencia y compañía semejante
hasta que lleguen los hijos, los nietos,
que siempre son pura maravilla,
y los sobrinos que no lo son menos,
como tú. Cuando crezcas, no olvides
a las muñecas, a tu muñeca preferida.
Tantos en este mundo que es
ni se sabe qué, necesitarán que los trates
como trataste a esa, tu muñeca.

Todo esto es bien importante.
Cosa bien seria es. Pero hay algo
que lo es más. Es que sepas
que la muñeca eres tú.

LA COCINITA

Para Ana María, mi princesa,
que siempre me hace reír.

En esta cocinita,
tan linda y con tantos
cacharros y utensilios
de preciosos colores,
que te compró Mami,
puedes preparar
todos los platos
del mundo, que es
algo tan enormísimo
como complicado.

No necesitas
recetas en tu inocencia,
en tus dos años,
mejor añitos,
recién cumplidos.
Todo lo sabes.
Es lo mucho
que ¡ay! hemos olvidado
los mayores.

No tienes
la menor duda
de lo que quieren
tus comensales.
Es lo mismo
que te apetece.

Tu cocinadito
es preparar
lo más sabroso
para todos
los que quieres
y para todos
los que conoces
y los demasiados
que no.

Tus platos,

aunque no lo sepas,
no puedes saberlo,
sacian lo inmenso
de todas las hambres
del mundo.

Tengo hambre,
muchísima hambre,
mi bella, mi dulce,
mi juguetona
y maravillosa cocinerita.

Todo lo que cocinas
es para chuparse
los dedos.

¿Con qué delicia
me sorprenderás
a la hora del postre?

RECOMENDACIONES A ANA MARÍA

*A mi princesa, que ya sabrá
que todo lo que le digo es por
lo mucho que la quiere Abuelo.*

Cuando seas grande,
que nadie sabe lo que es,
harás muchas recomendaciones.
Para empezar, a Mami y a Papi.
No menos a tu hermano.
Va de suyo a tu Tía.
Quizás, si Dios así lo quiere,
a nosotros, tus abuelos. De igual suerte,
a tus hijos, que serán tan maravillosos
como lo eres tú y, por supuesto,
a tus amigos. No te harán falta muchos.
Bastan unos pocos, pero tan buenos
como constantes y entrañables.

Cuando llegue ese tiempo
que es ser grande, y no se cesa
de serlo más cada instante que pasa,

ten bien presente esta recomendación:
No pidas más de lo que sabes,
y lo sabrás, ellos y la vida pueden dar.

Así, no demandes por encima
de lo que tú eres capaz de hacer y de dar,
pero eso sí, siempre trata de dar
y de hacerlo todo como debe ser.
Insiste con vehemencia, y aplícate
esta recomendación más de Abuelo,
en que procures la dicha en el transcurso
de tus días, que no es la gloriola
(busca esa palabra en el diccionario)
del éxito, ese enigma que tantas veces
exige se pierda lo mejor de la existencia.
Esto consiste en disfrutar de los tuyos,
del sitio en que estás, de tu quehacer que,
aunque no te guste del todo, debes
llevar a cabo a plenitud. Esa entrega
será el camino que te llevará,
con el favor de Dios, a lo que en verdad deseas,
a realizar lo que finalmente quieres.

De igual suerte, ten bien presente
cada instante de tu vida, que debes preservar
tu inocencia. No hay mayor tesoro.
Maravíllate con los juguetes,
con todo lo que parece no tener importancia,
con el milagro de la naturaleza
–que en ocasiones puede ser terrible–,
con el espléndido regalo de lo inesperado,
con el súbito de lo insólito,
con la gloria, al cabo de todos tus empeños,
del tiempo de que dispones a plenitud
para no hacer nada y, no menos,
para hacer lo que se te antoje.

Ten siempre presente, de igual manera,
que puede haber momentos difíciles
en tu existencia. Si llegan, y nunca faltan,
ten la certidumbre que pasarán

y el después será mejor.

Procura que tu memoria guarde
los mejores recuerdos de tu vida,
reinvéntalos para hacerlos más inmensos,
para que te cale su intensidad.
Haz todo lo que quieres hacer,
que, aunque no lo comprendas,
siempre es lo que debes hacer.

No busques la dicha, encuéntrala.
La hallarás tan natural como inexplicablemente.

Solo debes seguir una vocación:
ser feliz, que es la suprema expresión del amor,
y empieza por querer a los que te quieren.

Y siempre procura cuidarte y dormir bien
y mucho y en paz. Ten la capacidad
de perdonar y olvidar. Siempre sueña
y nunca dejes de desear. En eso consiste,
pase lo que pase, la clave de la existencia.

Hay un ángel que te guarda y protege.
Pon en él toda tu confianza.

EL JUEGO

> *Para Ana María, pero también*
> *Joseph Armando, de su Abuelo,*
> *a quien le encanta prestarles*
> *sus juguetes.*

Todo lo que eres
y todo lo que serás
está en tus juegos.

Ellos son el universo
y la existencia
tal y como deben ser.

Cuando juegas,
y eso no lo comprendes
ahora, en la brevedad
de tus maravillosos añitos,

eres artífice de tus sueños,
de su final y suprema realidad.

Juega siempre,
aunque pase el tiempo
y crezcas. Nunca dejes
de jugar, aunque lo hagas
en secreto, porque el juego,
por encima y más allá
de lo que depara la existencia,
algo que nunca se sabe,
es tu dominio, el umbral
de esa eternidad que te guarda
la inocencia y su caricia
con la maravilla del milagro.

No es otra cosa
la suprema gracia
de Dios mismo.

UNAS LÍNEAS PARA LA PRINCESA

*Para Ana María, princesa de princesas,
mi princesa.*

¡Qué enorme y qué insoportable
el silencio que hay en la casa
desde que te fuiste con tu ángel!
Yo, que sé desde siempre de silencio
y de soledad y que hasta los he deseado
tantas veces, me siento perdido,
despojado de la maravilla y la gracia
de tu presencia, de tus juegos,
de lo que a tus tres años debes imaginar
hasta convertirlo en final y dichosa realidad.

En tu preciosa andadura
todo lo que existe
es un paraíso de princesas.
Estás pendiente de sus imágenes
en los libros, en los filmes,
en los juguetes. Sabes sus historias,
cantas sus canciones, te fascina verlas

y encarnarlas en el milagro de tu inocencia.
Tienes su dulzura interminable,
su tenacidad, su belleza
que todo lo transforma en prodigio
y en infinita caricia.

Y tienes, no faltaba más,
por algo eres princesa
de princesas, mi princesa,
a este viejo payaso,
que tanto te echa de menos,
haciendo milagros y toda suerte
de gracias para que rías
y para que con tu risa prevalezca,
más allá de mi dicha,
la dicha que tanta falta hace
en este mundo al revés.

Gracias por la inmensa gracia
de ser. Gracias porque me nombras
Abuelo, mi verdadero nombre
que descubro a estas alturas
de mi andadura tan borrado
y tan negado y tan invisible
por todo lo feo que debes ignorar
desde tu vocación de absoluta dicha.

Canta, princesa,
como tanto te gusta
hacerlo, porque Abuelo
y el mundo al revés
que nos ha tocado
tienen demasiada falta
de la dulzura y del alivio
y de la maravilla
de la más preciosa canción
que solo tus labios
saben regalar.

No es otra
que la de tu belleza
y la de tu inocencia.

La de la plena entrega,
la de la plenitud.

EL COLIBRÍ

Para Ana María, que es también mi colibrí,
y que en la clase de baile respondió a la maestra
que preguntó a las diminutas bailarinas a dónde
irían si pudiesen volar, y ella respondió que a
«The Great Wall of China».

Casi siempre son los gatos
los que vienen a beber
a la piscina, un diáfano estanque
en el jardín que es un bosque
que circunda la pequeña casa
y la hace como invisible
en medio de la ciudad.

Son los pájaros, tan hermosos,
tan frágiles e indescriptibles
los que vienen a beber y bañarse
en el blanco bebedero: una maravilla
de colores en movimiento.

Solo el mínimo colibrí,
pura gracia verlo,
nunca viene al agua fresca.

En los días afortunados
en que aparece fugaz,
se posa en lo alto de las ramas,
sale en pos de algo invisible
en el aire, permanece suspendido
en la luz, como un juguete de Dios,
por la increíble vibración de sus alas,
y vuelve por unos instantes
a descansar en una rama.
Después desaparece vertiginoso.

Ínfimo, frágil, delicado,
es la inmensidad, la belleza,
el sueño que nos falta

y la dicha que no llega.

Verlo es anticipo de plenitud
y certidumbre de milagro.
Purísima iluminación.
La más dulce caricia.
Todo es posible.

LA MARIPOSA

No busques a la mariposa,
déjala que te encuentre,
siempre lo hará:
la más leve, delicada fiesta
de color y belleza;
puro, súbito milagro
de la intemperie
que todas las flores envidian.

Busca a la mariposa
en el jardín, toda luz en la luz,
tan tenue vuelo, una maravilla
de color que es tan dulce caricia.
Y corre tras su vuelo,
como otra mariposa,
tan alegre, tan inocente.
Siempre recordarás
a las mariposas de tu infancia
y las de tu vida toda.

Si te regalan una mariposa,
ponla en lugar privilegiado
dondequiera que estés.
Alegrará invariablemente
cada instante de tus jornadas.
Quizás, mientras duermes,
escapará para acercarse a ti
y velar tu sueño, sabiéndote
tan delicada e idéntica a ella.

Sea siempre tu vida
la maravilla que te deslumbra

en los colores, el vuelo
y la gracia de la mariposa.

LA BAILARINA

*Para Ana María, por su «performance»
de «Flower Dance», con música de
Leon Minkus, en el «Spring Festival»
del Día de las Madres, el 9 de mayo
del 2009, en el escenario de Falls Church
School of Ballet.*

Cuando crezcas
oirás decir
que el mundo
es un escenario,
pero te falta mucho
para escuchar
y para saber eso.

Ahora el mundo
es para ti todo lo que
abarcan tus cuatro años,
que es tan breve
como inmenso
y maravilloso.

Tu alegría esa tarde
era incontenible,
te asomabas sonriente
tras el telón para ver
cuando acababan
los otras bailarinas
y tenías que salir.

Estabas preciosa
con tu lindo traje
y cuando saliste
con las otras niñitas,
todo el público
fue feliz viéndolas
bailar con la más
deliciosa torpeza

y entusiasmo.

Tú te robaste
sus corazones
con tu risa contagiosa
y al acabar la música,
como corresponde
a una primera bailarina,
te adelantaste a saludar
y tirar besos de gratitud
por los aplausos.

Que toda la vida
que tienes por delante
sea como ese momento.
Conserva tu alegría,
defiéndela, regálala
porque en este mundo
hace demasiada falta.

Como Abuelo
y como crítico,
alguna vez sabrás
cuán extraño es ese oficio,
solo puedo decirte
que te robaste el espectáculo
y los corazones.

El tuyo fue
un «performance»
irrepetible, sensacional.

Esa tarde
te ganaste
todas las flores,
tan dulce y bella flor.

LA FIESTA

A la entrada de la casa,
en la pequeña mesita
llena de fotos familiares,
hay un retrato tuyo

de la celebración
de tu segundo cumpleaños.

Estás preciosa
con tu linda bata nueva
ante la torta con dos velitas.
Tus enormes ojos
brillan de dicha,
tu rostro iluminado
mientras ríes
con las manitos entrelazadas.

Acababan de cantarte
el «Happy Birthday»
una vez más, y esperabas
que lo hicieran de nuevo.
Te encanta cantarlo
y que te lo canten.
Lo cantas aunque no sea
día de fiesta. Sabes
en tu inocencia que la fiesta
es algo que llevas en ti.

Siempre estás cantando:
las canciones que vas aprendiendo
y las canciones que se te ocurren,
no importa que no se entiendan
todas las palabras que dices.
Cantas hasta cuando estás solita.
Siempre tienes razón para celebrar,
hasta aquello que los mayores
pasan por alto o dan por hecho.

Canta, nunca dejes de cantar.
Tu canción es la música
que tanta falta hace
para que haya dicha en casa,
en cualquier lugar que estés
y, sí, de una secreta forma
en el paso del tiempo y las cosas.

Toda la fiesta,

aunque el mundo
no está para fiestas,
depende de tu canto.

Hay fiesta
mientras cantes.

NUEVAS RECOMENDACIONES A ANA MARÍA

Empieza cada día como si fuese una fiesta, un regalo.
Siempre recuerda que tus sueños y tus deseos
no son otra cosa que lo que Dios quiere que hagas.
Prodiga tu sonrisa porque alguien que no sabes la necesita.
Nunca olvides que dar es mejor que recibir,
y siempre eres tú la que ganas cuando lo haces.
Canta, como tanto te gusta, porque hay mucho silencio
en este mundo y en la gente y eso no es nada bueno.
Ama las cosas bellas, utilízalas, disfrútalas y celébralas.
Pon toda tu alma y pasión en lo que haces y nunca dejes
que nada ni nadie te aparte de tu camino ni de lo que crees.
Ten bien presente que los amigos son una gracia
para toda la vida y pon todo tu empeño en ser la mejor amiga.
Viaja y recuerda que donde menos lo esperes
hallarás una maravilla que quizás muchos pasen por alto.
Lee mucho, porque la lectura te regalará no solo lo que es
sino el inimaginable prodigio que generosamente
prodigan las palabras, algo que nadie puede arrebatarte.
Cumple siempre con tu deber y obligaciones, que quizás
no sean lo que te apetezca, pero tienen toda la razón de ser.
Ten presente que debes ser tan justa y veraz como compasiva.
Si algo no es como quieres o no te sale bien, no desesperes,
siempre sucederá algo inesperado que es lo que te conviene.
Confía en ti misma, pero no vaciles en pedir consejo ni ayuda.
Quiere y cuida mucho a tu familia, a tu «big family»,
como proclamaste con alegría en tus encantados cuatro años.
Estudia mucho, pórtate bien y haz lo que te dicen
en casa, en la escuela y en cualquier sitio los que bien te
quieren.
No permitas que nada tuerza tu destino, en eso consiste la
dicha.
Que no se te olvide que ser feliz es una obligación.

Nunca te acuestes sin dar gracias a Dios por el día que acaba,
rogar por los tuyos y por los muchos que lo necesitan,
pedirle perdón por tus errores, todos los tenemos,
y rogarle que siga prodigándote Su bendición.
Ni Dios ni tu ángel de la guarda te pierden pie ni pisada.
Y de nuevo, sé muy feliz, que tu felicidad a todos hace bien.
Mañana tu día volverá a ser una fiesta, un regalo.

LA SORTIJA

Eres muy femenina.
Siempre te han gustado
los más hermosos vestidos,
zapatos y complementos.
Te fascinan las prendas.

Es algo que heredaste
de tus abuelas y tu tía.
Solo hay que ver
como les pides que te den
sus pulsos, sus sortijas,
y como te encanta acariciarlas
y ponértelas, aunque no te sirvan.

Sueñas con insistencia
en tener un collar de perlas,
como el de Abuela,
que te ha prometido
regalarte uno por tu cumpleaños.
Todavía no sabes
del paso del tiempo
y por eso no cesas
de preguntarle cuándo será eso.

Eres muy presumida,
como buena criolla
y como corresponde
a tu herencia andaluza.
Lo que se hereda no se hurta.

Sabes, tan pequeñita,
el nombre y color

de las piedras preciosas.
No te resignas a que no te sirva
mi anillo con un hermoso rubí
que heredé de tu bisabuelo.
Te baila cuando te lo pones
en dos de tus deditos.

Nunca podrá olvidarse
tu expresión maravillada
cuando Abuela te dio
una sortijita con un brillante
que usaron Mami y Tía.

¡Qué linda tu manito
con esa prenda que guarda
tan preciosos recuerdos!

Con esa sortijita
es más bella tu manito.
Estás muy feliz y eres
más princesa de cuento
de hadas que eres.

Sí, te prometo
regalarte el zafiro,
ya sé que es azul,
que quieres.

Solo quiero decirte
que, aunque mereces
todas las prendas
del mundo
que son tu ilusión,
no las necesitas.

Mírate en el espejo
y verás que eres
más preciosa que el oro
y las piedras preciosas
que adornan y resaltan
tu encantadora belleza,
la alegría de tu encanto,
la maravilla de tus grandes

y expresivos ojos,
y tu sonrisa.

No hay prenda como tú.

LOS ABUELOS

Abuela, a quien le dices Abu,
es la ballena loca que te carga
en el agua y que cuántas veces
te vuelve a tirar al agua
para que regreses
riendo a sus brazos.

Abuela es la malcriadora,
la que siempre te complace
y tiene esas prendas que tanto
te gusta ver y tocar y probarte
y que no te sirven todavía.
La que siempre tiene para ti
los más hermosos regalos
y te echa demasiado de menos
y se preocupa y reza mucho más
por ti cuando no está, como quisiera,
cuidándote como nadie lo hará.
Y es la que dice con razón
que hablas en camelo.

Abuelo, a quien le dices
para su delicia –y esto
no hay quien pueda escribirlo–
algo que suena como Ab-buelo,
es tu fantástico: El Ratón
que hace «quik, quik».
También, y no menos importante,
es tu constante payaso
que adora tu risa, tus bailes,
tus cantos y que te da bombones
que muchas veces, sobre todo
cuando son «los besitos»,
(rojos, tus preferidos, claro está)
tiene que abrirlos para ti,

que sabes donde están
todas las cosas de esta casa
que te encanta y donde te escribo.
Y aunque parezca increíble,
Abu dice que me he puesto
muy majadero con los años,
le importa un comino
que lo interrumpas en su trabajo.

    Abu está ahora contigo.
Se maravilla con tus ocurrencias,
que no corresponden a tu breve edad
y resultan verdaderamente insólitas.
Cuando regrese, ya estará pensando
con Abuelo en todas las cosas
que haremos para que tú y tu hermano,
al que no pierdes pie ni pisada,
la pasen requetebién. Y claro,
nos la hagan pasar mejor a nosotros.

    Te espero con tu júbilo,
con tu tan andaluz ángel,
que lo que se hereda no se hurta.

    Ven pronto.
Nos haces mucha falta.

VIAJE A GRECIA

    En unas pocas semanas,
vas con Papi, Mami
y tu hermano a Grecia.
Mami quería, no se cansó
de embullarnos,
que fuésemos con ustedes,
pero ya no estamos
para esos trotes, mi amor,
por algo somos abuelos,
que es algo maravilloso.

    Quizás, juntos
y a nuestro aire,

vayamos alguna vez.
Me ilusiona ver
el azul increíble del Egeo
–que fascinaría a Abuela,
que tanto ama al mar–,
las ruinas que me marcaron
desde la infancia: esa historia,
belleza y poesía que es parte
de la poesía y la imaginación
y los sueños de Abuelo.

Pero mejor van
ustedes cuatro: disfruten
juntos de la belleza y la luz
que son regalo de Dios.
Papi y Mami viajan y trabajan
demasiado, aunque quieren tenerlos
siempre a su lado y disfrutarlos,
para que los dos tengan
tantas cosas, crezcan felices
y sean gente de bien y provecho.
Eso, sabes, es el precio a pagar
por la dicha hacia el siempre.

Ahora bien, Abuelo sabe como nadie
que tú y tu hermano preferirían,
en lugar de ir a la fabulosa Grecia,
venir a Miami, a casa y a casa de Tía.
Pasarse el día jugando en la piscina,
aunque, ni se atrevan a olvidarlo,
Abuela les pondría todos los días
un ratico a hacer tareas escolares.
En fin, estar aquí donde les escribo,
bien malcriados pero con orden.
Y puedes estar segura que lo haremos.
En eso te pareces, se parecen
a Mami y a Tía que, cuando eran
como ustedes, soñaban ir
a la casita de madera en la loma
de Playa Hermosa, donde fueron
tan felices y se divirtieron

para nuestra dicha en tiempos terribles.

Que de alguna manera
tu memoria, que parece ser
tan esteparia como la de Abuelo,
guarde, mi precoz y adorada viajera,
el recuerdo del Partenón
–que verás desde el balcón
de vuestra habitación en el hotel–,
de las memorables ruinas
y, en la diafanidad de la luz,
el azul cobalto del mar
que surcaron las incontables naves
que fueron a una guerra memorable
en pos de la belleza de una mujer,
que nunca fue tan bella como tú eres,
mi encantada y encantadora princesa.

Y ya sabes, tus abuelos
tienen más ganas de que estés
con nosotros y con Tía,
que tus ganas y las de tu hermano.
Te esperamos, los esperamos,
con increíbles preparativos
para que lo pasen como quieren
y como son incapaces de imaginar
a nuestro lado. Se sorprenderán.

Buen viaje y ven,
vengan muy pronto.

TODAS LAS COSAS QUE ERES

Nunca podrás saber
ni tan siquiera imaginar
todas las cosas
que eres para mí.

Yo, por mi parte,
soy incapaz de inventariarlas.

Eres mi pequeña ratoncita;
mi maravillosa pingüinito.

Eres mi preciosa ballerina que sigues
la música que solo tú escuchas;
la princesa a la que fascinan
las historias de princesas;
la tan andaluza criolla
a la que fascinan los vestidos,
los zapatos, las prendas
y toda clase de adornos,
toda dicha y belleza y caricia.

Eres la gran conversadora
que inicias con suprema cortesía
y curiosidad una conversación
con quien tengas cerca,
aunque no lo conozcas,
y presentas orgullosa
a tu Abuela, a Abu
–que tanto te quiere–, cuida
y te extraña cuando no está
a tu lado, y a tu hermano,
al que adoras, no pierdes
ni pie ni pisada y es tu ídolo.

Eres la mejor espadachín
del mundo con tu pequeña espadita
que acorrala y vence a tu hermano
y sus amigos, más grandes que tú;
la que canta para sí misma
y celebra, como un gran poeta,
la gloria y compañía de tenerlos;
la que se preocupa como nadie
por los que tanto quiere:
el centro y pilar de la familia
en el siempre que intuyes.

Eres un ejemplo de orden
–¿cómo puedes serlo tan chiquitica?–
y guardas en tu maletica roja
de Minnie Mouse todo lo que te gusta;
hablas, como dice Abu, en camelo;
eres muy golosa, muy coqueta;

muy curiosa y muy resabidicha
–¿a quién habrás salido?–.

Eres dos enormes, encantados
y encantadores ojos en los que me miro.
Y eres todo lo que soy incapaz
de decir que eres, mi dicha, mi princesa.

LLAMADA TELEFÓNICA

«I want to talk to Abuelo»,
dijo Ana María.

A falta de tenerte
a mi lado, como debía ser,
siempre estoy aguardando
tus llamadas telefónicas.
Esas llamadas en que Mami
o Abuela comunican,
eres muy pequeña para hacerlo.

Ahora comienzo
a entenderte algo.
Siempre ríes cuando hablas
tan vertiginosamente
y me haces cuentos fabulosos
de lo que estás haciendo
y tanto de lo que imaginas.

Siempre ríes, inventas la risa
con tu preciosa inocencia,
cuando te hago gracias
y repites los sonidos
de las payasadas de Abuelo:
un lenguaje del que solo
tú y yo tenemos la clave.

No puedes imaginar
mi dicha cuando dices
que quieres hablar conmigo,
ni tampoco como espero
esas llamadas tuyas.

Anoche me llamaste

y me hiciste una broma
que tantas veces te hago:
contarlo todo el revés.

Estabas feliz explicándome
que, para mi sorpresa, tu hermano y tú
habían invertido el orden de la comida.
Habían comenzado por el postre
—helado, naturalmente—
y terminado con la cena,
en la que había pollo.
¡Qué cosa es esa, mi princesa!
Solo a ti se te ocurre.

También me repetiste
que me querías tanto,
tanto, tanto. Las palabras
que más me gusta escuchar.

Tengo que decirte dos cosas.
Cuando tu hermano y tú vengan,
y no imaginas como cuento los días
que faltan para ese regalo,
vamos a comer al revés.

La otra cosa que quiero decirte
es que, digan lo que digan los mayores,
nunca olvides que a veces lo mejor
es virar las cosas al revés
en esta existencia que anda de cabeza.

Hasta esa visita y siempre,
sigue llamándome, mi amor.

EL ROSARIO

Hoy, lunes 3 de agosto
del Año del Señor de 2009,
cumples cuatro años.
No te podremos besar
ni abrazar, ni hacer una fiesta
—te gustan tanto las tortas
de cumpleaños y que te canten

varias veces el «Happy Birthday»
y apagar las velitas– porque estás
más lejos que de costumbre,
en estos momentos en Grecia.

   ¿Qué recuerdo guardarán
tus bellos y enormes ojos
en que cabe toda la inocencia
y el firmamento de la dicha,
de esos fabulosos paisajes
tan inmensos de historia
y del increíble azul del mar
que te rodea, ese mar
como no hay otro en el mundo?

   Tú, princesa que adoras
a las princesas, eres ahora
una princesa helénica.
¿Quién me lo iba a decir?

   En cuatro años,
será uno de los días
más preciosos de tu vida,
aunque, por tu edad, es natural
no lo comprendas en su hondura
y gracia en ese momento.
Es el día de tu Primera Comunión.
No falta mucho a tu hermano
para esa fecha memorable.

   He encontrado el regalo
para ustedes dos. Un regalo
digno de esa fecha. Es un precioso
y delicado rosario de plata
que viene en una breve cajita,
también de plata, y tiene
la bendición de Su Santidad.
¡Qué privilegio!
Ahora aguardo a Tía
–eres tan especial, exquisita
hasta el derroche, apasionada,
autoritaria, familiera

y tan tremenda como ella–
para que lo encargue,
pues ya sabrás a su tiempo
qué torpe soy en todo
lo que toca al ordenador.

Quiero que lo guardes
siempre muy cerca de ti
y quiero, muy importante,
que todos los días, cuando crezcas,
lo reces con devoción y entrega.
Es el milagro de hablar
y acariciar a tu otra madre,
la dulce madre del Redentor.
Ella siempre escucha, cuida,
consuela, intercede ante Su Hijo
y nos concede lo que necesitamos.

En casa rezamos diariamente
el rosario y Abuelo no puede andar
por este mundo sin llevarlo encima,
ni dormirse sin desgranar sus cuentas.

Ya te imagino vestida de blanco,
la más deslumbrante blanca rosa,
el día en que recibas al Niño Jesús,
que siempre será tu compañero de juego,
de pillerías y de sueños
y que nunca dejará de estar a tu lado.

Busca ya el lugar para tu rosario
de Primera Comunión. Y recuerda
que cuando algún desconocido lo reza
en cualquier parte y hora, está orando por ti.
Antes de pedir lo que necesitas, siempre comienza
por dar gracias por lo que tienes. Reza
por tus abuelos, por tus padres, por tu hermano,
por tu tía, por toda la familia, por tus amigos,
por los que sufren, por los que quieres,
por la Iglesia y por todos lo que lo necesitan.
Hay tanta necesidad e injusticia en el mundo.
Y no te olvides, aunque lo pidas, que la Virgen

sabe perfectamente lo que te hace falta y conviene.

En cuanto llegue tu rosario,
te lo voy a dar. Es el regalo
de tus abuelos malcriadores
que no hay instante
en que no piensen en ti:
Nos haces mucha falta bien cerca.

Abu, Mami, Tía y hasta Abuelo,
te enseñarán a rezarlo.
Verás que es precioso y que acaricia.

LAS MALETAS

Cada vez que ves hacer
las maletas, preguntas
si vienes a Miami.
Tan chiquitica has viajado
mucho y visto
a Mami y Papi
viajar constantemente.
¡Cuánto los extrañas
cuando no están en casa!
Pero para ti y tu hermano
no hay viaje mejor
que venir a casa
de los Abuelos
y a casa de Tía,
que ustedes creen
es un hotel.

Ahora Tía tiene
una nueva y breve casa
tan preciosa como acogedora
a la que llama «El Bohío».
Tiene un patio enorme
en el que se puede correr
hasta cansarse.

Como vienen
en un par de semanas

–¡cómo contamos los días
que faltan para vuestra llegada!–,
Tía está terminando
de hacer, bajo la puntual
y exigente meticulosidad
de Abuela, una enorme
y preciosa piscina
para que jueguen y naden
y se diviertan a vuestro gusto.
Y sí, les esperan todas las cosas
que compraron para esa fiesta
y algunas más que compró Abuela.

Así que cuando hagas
tu maleta de Minnie Mouse,
que es el cofre del tesoro
donde guardas ordenadamente
todo lo que te gusta,
esta vez sí la haces para venir.
No imaginas que deseamos
más que tú que lleguen
tu hermano y tú.
De manera que no llenes
demasiado tu maletica roja.
Hay demasiadas cosas
que querrás llevarte,
y te llevarás, a tu regreso.
Nada puede alegrarnos más.

Abu, Tía y Abuelo
tenemos un fabuloso plan
para vuestras vacaciones.
Para empezar, Tía se compró
un automóvil nuevo
cuyo techo es de cristal,
algo que les encanta.
¡Qué paseos se van a dar!

¿El resto del plan?
Dormir hasta tarde,
ni una levantada más

al amanecer para ir a la escuela.
Ver, hasta tarde, todos los videos
que os encantan: Looney Tunes,
historias de princesas, superhéroes,
muñequitos siempre maravillosos
y algunos videos bien cómicos
que hacían reír de chiquitico
a Abuelo, ese payaso que Joseph
dice tan serio «is crazy».

¿Más? Inacabables bombones
(«besitos» que ya debes saber abrir);
chambelonas; y, gran sorpresa para ti,
una sortijita con un zafiro
—«*Abbuelo, sapphires are blue*»—
que te prometí. A lo que se agregan
los platos que les encantan.
Y de todo esto y de tantísimo más,
ni una palabra a Mami y Papi,
que están empeñados en decir
que los malcriamos y los «cebamos».
Tan esbeltos, ya tendrán tiempo
de adelgazar. ¿Más todavía?
No puedes imaginarlo.

Cuando llegues de Grecia,
tú, bellísima princesa —que eres capaz,
como hace milenios fue otra princesa,
de lanzar al maravilloso azul de un mar único,
que celebró un inmenso poeta para siempre,
mil barcos y miles de hombres para conquistarla—
no pierdas tiempo, prepara tu maletica
de Minnie Mouse, que Abu te está esperando
para traerte con tu hermano a Miami.

Aquí empieza la maravilla con la que sueñas.

RETRATO CON ABUELO

Hay retratos
que se denominan oficiales.
Son los de las personas importantes

–casi siempre por la posición que ocupan,
esa posición que siempre es transitoria,
pero para la que posan
muy solemnes para la eternidad–;
y hay retratos familiares,
que son oficiales de forma entrañable.
Muchas veces, las menos,
se toman en estudios, y las más
en una reunión doméstica,
y en ellos siempre hay alguien
que no sale como debía.

Si algo hay en casa,
repartidos por todas partes,
son retratos: algunos de amigos,
otros de miembros de nuestras familias
y la mayoría de nuestra ceñida familia,
especialmente los nietos.

¿La razón? Abuela
y, en buena medida, Mami,
tienen obsesión por la fotografía.
Ellas tienen esa mirada especial
que siempre se posa en la belleza,
sean flores, paisajes, obras de arte,
cosas insólitas y memorables
y, por supuesto, la familia.
Lo más grande de todo esto
es que a Abuelo no le gusta retratarse.

En casa, los retratos tuyos
y los de tu hermano, que nos endulzan
la vida, son como esos conejos
que los magos sacan de su chistera,
¿cómo es que lo hacen?

Claro que hay retratos
de ustedes tomados a lo largo
de los años. De alguna suerte,
son vuestros incesantes retratos oficiales.
Esos son definitivamente intocables.
Otros se renuevan, muchas veces

dejando el anterior debajo del nuevo.
Los demás infinitos retratos
están en ordenados álbumes
que ya no hay donde guardar,
pero siempre al alcance de la mano.

    Esos retratos vuestros
en que el paso del tiempo
fija un momento y una expresión
que dicen de maravilla,
siempre estarán en su lugar.
Son como esos cuadros, esculturas
y adornos con los que convivo
y son parte esencial de mi vida.
Porque quiero mucho a Mami y a Tía
les he dado para sus casas muchas piezas.
Es donde mejor pueden estar.
Y a propósito, en el sótano de tu casa,
allá en Falls Church, tras la mesa de comer,
hay un cuadro precioso que te encanta.
Es el de la espléndida cotorra
en un paisaje encantado
que pintó el Maestro Cabañas.

    Y ahora, mi princesa,
entro en materia. Ya tengo
un nuevo retrato oficial con mis nietos.
Lo tomó Mami e ilustrará la contraportada
de mi próximo libro. La portada lleva
una extraordinaria foto de la Torre Eiffel,
que sacó Abuela cuando fuimos,
el día del aniversario de nuestra boda,
a la iglesia del Sagrado Corazón, en París.
Tan entrañablemente familiera que eres,
no tengo que decirte de que todo
debe siempre quedar en la familia.

    En ese retrato, Abuelo, elegantísimo
y pasando sus brazos en torno vuestro,
es la expresión de la dicha. ¿Debo decirte
que ustedes son la dicha para mí?

Tú, con tus bellos e inmensos ojos
y la pícara sonrisa, la imagen de la vida
como debe ser, eres una iluminación jubilar.
Tu hermano, siempre un señor
y un modelo ideal para un clásico
retratista inglés, encarna con perfecto estilo
todo lo que siempre quise ser.

    ¡Qué retrato ese mi bella princesa!
Como dijo un gran poeta que he leído
y admirado desde mi adolescencia
por su sentido de la grandeza,
el corazón del hombre y el prodigio
de su discurso que es horizonte
y firmamento, Saint John-Perse:

    «Tengo razón para celebrar».

LA VISITA

Para Ana María

    Agosto, con sus calores
y la humedad que devora,
me parece más benigno, mi princesa,
desde que llegaste de Grecia,
donde celebraste tus cuatro años
con un pastel de cumpleaños a la griega
y nadando en el Egeo, ese mar fabuloso.
¡Qué tan esperado regalo tu visita
y la de tu hermano!

    Verte y tenerte conmigo
es una inmensa y constante fiesta.
¡Hasta la primera perturbación ciclónica
llevaba tu nombre! ¡Cómo has crecido
desde que te vi en Navidad!
Todas tus gracias han aumentado
y también tu belleza y tu picardía
de criolla y jubilar ángel andaluz.

    Me maravilla lo cariñosa que eres
y como estás pendiente de todos;
tu pasión por las cosas bellas

–y tanto las prendas que te fascinan–;
tu incesante manera de cantar
unas canciones que nacen de tu corazón;
tus bailes que te encanta aplaudan;
tu risa como de cascada de aguas purísimas
que se hace más con mis payasadas;
todos los personajes de cuento
que no cesas de encarnar;
la intensidad y alegría de tus juegos;
la pureza y real devoción con que rezas
como se reza a tu breve edad,
en la iglesia y antes de dormir,
la más bella oración que siempre
aguardan el Niñito Jesús y la Virgen;
la paz de tu expresión cuando duermes.

Contigo la casa, la vida toda
se torna distinta, fabulosa como un sueño
que hace que el paso del tiempo
transcurra como debe ser
y que el mundo al revés pase
a un segundo plano. Puro, deseado,
final milagro que tanto necesitamos.

Me acuesto y me levanto
tratando de anticipar tus deseos.
Son muy simples, diáfanos y fabulosos.
Eres como un cofre abierto
de donde brota incesante el prodigio
que dice final de tu inocencia.

Bellísima princesa,
no puedes imaginar
la necesidad de tu presencia,
su arrullo de mediodía
y de noche estrellada.

Te diré un secreto:
lo más que deseo
es que tu visita
no tenga fin, mi princesa.

UNAS EXPLICACIONES DE ABUELO

En tus breves cuatro añitos
no puedes dar explicaciones.
Por tus gestos, por tus expresiones,
por tu manera de moverte
o de estar muy quietecita,
por tus palabras en camelo
y por las cosas que haces
trato de hacerme idea de lo que piensas.

A veces creo que acierto.
Tienes la gracia suprema
de la inocencia en que todo es posible.
Vives en mi mundo y habitas
un dominio en que solo existe
la maravilla, lo que a todas luces
es imposible e inalcanzable
pero que, para ti, es real: la encarnación
de la pureza de tus sueños y tus deseos.

¿Sabes, tu dominio es la alegría
de Dios? Ese Dios que es tu otro abuelo
y que vela por ti, riéndose en la eternidad
con tus cosas y que desea, sí, Él también
desea, que todos en el mundo sean como tú
y que todo lo que pasa un día tras otro
tenga la medida de lo que imaginas
y su suprema realidad. Esa realidad
que es producto de Su amor a la criatura,
que hizo a Su imagen y semejanza
y a la que regaló la posibilidad de elegir
que tan desastrosamente ha utilizado.

Sé, al escribir este poema, que comprenderás
cuando seas grande –¡y cuán bella, dulce
y buena, como ahora eres, serás entonces
y siempre!– esto que te dice
tu abuelo malcriador, que no cesa de pensarte
y es el hombre más feliz de la tierra
cuando te tiene y disfruta a su lado.

Aunque ¡ay! ya estás lejos, con Abu cuidándote
y tú haciendo las delicias de los que estás visitando,
quiero explicarte que lo que eres es lo que debes
preservar siempre, por ti y por todos: tu inocencia
de jacarandosa andaluza que hace mejor
todo lo que te rodea y a todos los que te rodean.
No trates nunca de explicar la inocencia,
que es inexplicable, dedícate, entrégate
a vivirla siempre por tu bien y el de todos.

Eso, no hay otra cosa,
es lo que quieren
por y para ti, tus dos abuelos:
Dios y tu abuelo malcriador.

MI CUMPLEAÑOS

El sábado 5 de diciembre del 2009,
Abuelo cumple 71 años,
tantísimos más que tus cuatro añitos.
Abu, sin lugar a dudas, me lo celebrará,
a pesar de que no sé cuántas veces
le he dicho que ni se le ocurra hacerlo.
Pero en esa fiesta faltan tu hermano y tú,
que harías toda tuya la fiesta. ¡Cómo te gustan
las fiestas de cumpleaños, sobre todo
cantar el «Happy Birthday» y apagar las velitas
varias veces! Será bien difícil poner tantas
en mi pastel: las primeras que se enciendan
estarán prácticamente consumidas
cuando se llegue a las últimas.

Cuando estás aquí en casa,
siempre que ves una llamita
en unas de esas velas que encendemos
para perfumar el ambiente,
hay que cantar, cantarte el «Happy Birthday»
antes de que apagues la velita
y pidas que la vuelvan a encender
cuando la apagas de un soplo.
¡Quisiera saber qué piensas

en tu inocencia sobre algo tan sencillo
como apagar las velitas y cantar
el «Happy Birthday» y los aplausos que siguen!

Espero, como siempre, las llamadas
de tu hermano y la tuya
para felicitarme por mis 71 años.
Ya eso es para mí el más grande regalo
que se me puede hacer. En vuestras palabras
la dicha es un inmenso latido
que sobrepasa los latidos de mi corazón.

Fiesta o no ese 5 de diciembre, aguardo
el regalo de vuestra presencia estas navidades,
que pasaré a vuestro lado. Los días
del nacimiento del Niñito Jesús.
Y como son dos natalicios tan importantes,
los celebraremos con pastel, velitas
y «Happy Birthday». La fiesta de mi cumpleaños
queda pendiente para Nochebuena.

Prepárate a cantarle a Abuelo
el «Happy Birthday» varias veces
y a apagar las velitas otras tantas.

Cuento, mi princesa, los días
que faltan para esa maravillosa fiesta.

Todo es una fiesta contigo.

UN LIBRO QUE NO ACABA

Te gustan mucho los libros,
los cuentos siempre maravillosos,
y antes de dormirte
siempre quieres que te lean.
También inventas historias
y aclaras que son tuyas
y no de uno de tus libros.

Tu maravilloso estar
participa tanto de las cosas
de todos los días
como del mundo fabuloso

de los cuentos,
sobre todo de princesas.

Juguete juguetón que eres,
juegas con tu hermano
a las batallas, eres temible
con tu pequeña espadita,
y al rato de jugar le dices
que pare, que no puedes
seguir jugando porque no eres
un guerrero sino una princesa.

Este libro de poemas
es para ti y tú eres
su razón y protagonista.
A tus cuatro añitos
no lo comprenderás.
Eso vendrá más adelante,
cuando sepas leer.
Ya sabes escribir tu nombre
y eso es un buen principio.

Solo quiero decirte
que éste mi regalo,
Poemas para la Princesa,
no acaba. ¿Sabes por qué?
Porque con tu gracia
y tu cariño y tu ángel
eres parte esencial
de mi poesía y alegras
como no puedes imaginar
mi andadura y mi sueño.

Aprende a leer pronto,
mi princesa.

SIEMPRE HABRÁ UN POEMA

(ANTOLOGÍA)

A la memoria de mi madre, Ana María.
A mi esposa Tania,
mis hijas Liana María y Lourdes María
y mis nietos, Joseph Armando y Ana María.
A los que soy deudor por su cariño.

El volumen incluye poemas de los siguientes libros:

El Azoro: «El azoro», «Hoy domingo», «Festín». *Memorias, desmemorias*: «Aquellos jardines», «Ausencia del ángel», «La dádiva». *El dominio*: «Contra el mediodía», «Significados», «Jardín abandonado». *Rastros de un merodeador nocturno*: «La vieja señora barre la acera», «El enviado», «Como un naipe sombra a sombra». *Relaciones*: «Un juego», «De vuelta, entre estatuas», «En recuerdo del Cine Gris», «La fuente», «Lezama de una vez», «Caballeros nocturnos». *Para domar un animal*: «Como la vida en combate», «Del verbo vivir», «Los papeles», «Del padre al hijo pródigo», «Para domar un animal». *Juicio de residencia*: «Imágenes congeladas», «Muerte de un poeta menor en la Guerra de Independencia de 1895», «Una roca», «El jagüey», «Retrato de una señora», «Una sombra en un muro». *Las lejanías*: «Una piedra», «Teoría de las pérdidas», «El poeta a sus hijas, Liana y Lourdes», «La mano», «Las lejanías». *Noticias de nadie*: «Plaza Mayor», «La educación sentimental», «Carta». *Solo se puede confiar en la soledad*: «Rosas amarillas», «Algunas recomendaciones», «Memorias de un parque». *El prisma de la razón*: «De una carta de un viejo poeta», «Odiseo», «Como el árbol», «Samurái», «Cambridge». *Nunca se aprende a perder*: «Última explicación», «Un anillo», «Nunca se aprende a perder». *Naufragios y comentarios*: «Los cachorros», «Simón Bolívar recoge a José Martí en Dos Ríos», «Sobre hogueras», «La herida». *Trenos*: «Distancia, sueño», «Paraíso pendiente», «Máscaras», «Recapitulación». *Cabos sueltos*: «Retratos», «Los ríos», «Viejo animal moribundo», «Retrato». *La belleza del físico mundo*: «Zunzún», «Jicotea», «Polimitas». *Cuaderno de campo*: «Como no murió Carlos Enríquez», «Pequeña oración», «Reflexión del viejo soldado», «La ética y el color del sombrero», «La sombra». *Poemas para la Princesa*: «La muñeca», «La mariposa», «Nuevas recomendaciones a Ana María». *El corazón en la palma de la mano*: «Soy un hombre de trillos», «Blanco y negro», «Con suerte, siempre puede ser la última vez», «Detalles», «Algunas cosas a salvar», «Nunca», «Las máscaras», «Hay que cuidarse», «Algunas preguntas», «Decisiones finales», «Algunas preguntas desde siempre», «Apuntes para una autobiografía del poeta», «Descargos», «Algunas precisiones», «Epitafio».

SIEMPRE HABRÁ UN POEMA de Armando Álvarez
Bravo se publicó en Madrid, España, por Visor
Libros en 2012. Colección Visor de Poesía.

644

SIEMPRE HABRÁ UN POETA

En la primavera de 2011, me tocó presentar a Armando Álvarez Bravo en una lectura de poemas que ofreció en España, concretamente en la para mí entrañable ciudad de Logroño. Aquella presentación me dio la oportunidad de decir sobre mi viejo y admirado amigo algunas cosas que considero imprescindibles para conocer su personalidad, su entorno histórico, su ética y su poética. A modo de preámbulo, expresé entonces y repito ahora que, hasta cierto punto, hablar de él es también hablar de mí, entre otras razones porque figuramos en la misma plantilla generacional, lo que significa que hemos encarado los avatares de un mismo tramo de la historia del país que nos vio nacer –pequeño de territorio, pero desmesurado en conflictos y decepciones–, y porque él y yo compartimos, primero en Cuba y luego en el exilio, vicisitudes paralelas y, más que nada, idéntica devoción por la libertad y la poesía.

Los conocedores de la literatura producida en Cuba en las últimas décadas sabemos que Armando Álvarez Bravo ocupa un puesto de cabecera en el nutrido grupo de poetas al que críticos e historiadores de nuestra cultura le han colgado el rótulo de Generación del 50 –justamente definida por él como la «generación arrasada»–, la cual, casi desde sus inicios, padeció la contradicción de escribir poesía, que es un ejercicio de libertad, en el ámbito de un régimen revolucionario que muy pronto se propuso expropiar la cultura como hizo con latifundios y empresas. «La andadura de esa generación», señala Álvarez Bravo en una conferencia autobiográfica pronunciada en Miami en julio de 1998, «en unos casos más que en otros –la libertad es la posibilidad de elegir–, fue inevitablemente determinada por la increíble violencia que nos impuso el tumultuoso acarreo de la historia. De nada valieron nuestras astucias y maniobras para evitarlo».

La intensa y también extensa obra en verso de Álvarez Bravo se inicia con un libro iluminador, *El azoro*, que hoy se muestra como el anuncio del tono y del modo de mirar la vida –«a ras de mundo»– que singularizan y cohesionan toda la labor de este poeta. Publicado en La Habana en 1964 bajo el auspicio de José Lezama Lima –a quien el autor y yo debemos la suerte de habernos conocido–, *El azoro* fue inmediatamente víctima de un debate político inquisitorial, nada extraño entonces allí, en la Unión de Escritores y Artistas de

Cuba al ser catalogado como elitista y contrarrevolucionario. Así comenzó el vía crucis que debía recorrer el poeta hasta su salida de Cuba, en 1981.

Ese vía crucis tuvo su segunda estación cuando, dos años más tarde, se publica, también en La Habana, la *Órbita de Lezama Lima*, insoslayable antología de la obra lezamiana, seleccionada y prologada por Álvarez Bravo. El Maestro, como muchos le decíamos y le seguimos diciendo al autor de *Paradiso*, ya era un convicto de carcunda y desafección en los círculos oficiales –donde los menos extremistas lo calificaban de «tonto político»–, y en aquellas lobregueces burocráticas cayó mal la publicación de su antología, y peor aún el prólogo de nuestro amigo, brillante y honesto como obra suya que es.

En 1973, Álvarez Bravo pone en manos de los lectores uno de sus mejores poemarios, *Relaciones*, al cual se debe la tercera estación de su vía crucis. Nuestro entonces joven poeta, que posee dos convicciones aborrecidas por los comisarios del régimen –es liberal y católico–, fue estigmatizado por su nuevo libro en una de las principales revistas culturales cubanas del momento, supongo que a causa de poemas como el titulado «La fuente», paradigma de la concisa expresión del autor y de lo dramática que puede llegar a ser una ironía, o de lo irónico que puede llegar a ser un drama. *Relaciones* iba a tener un prefacio de Lezama Lima, pero, sin siquiera avisar a su autor, el libro se editó sin el prefacio. Para colmo, el Gobierno secuestró la edición poco después de que saliera de la imprenta.

Los frutos de la labor creadora de Armando Álvarez Bravo, sostenida a trancas y barrancas a lo largo de casi cinco décadas pródigas en desasosiegos –los desasosiegos que hicieron a Nazim Hikmet llamar «duro oficio» al exilio–, están acopiados en casi una veintena de libros. Uno de ellos, una rigurosa antología de sus versos editada en Madrid por Verbum en 2007, tiene un título, *A ras de mundo*, que cifra la gravitación humanista que el poeta ha dado a su escritura, esa escritura suya tan austera de lenguaje cuanto espléndida en sutilezas, en la que me parece sentir los pasos, lejanos pero reconocibles, de San Juan de la Cruz y Antonio Machado, dos maestros españoles de mi amigo y míos.

En la introducción a esa antología, Álvarez Bravo –quien para José Agustín Goytisolo era un «cronista de momentos fugaces y de años sepultados, extrañamente mágico y refinado»– muestra algunas claves básicas de su manera de concebir la poesía que nos ayudan a entender la suya propia. Ante todo, contradiciendo a quienes alguna vez lo acusaron de elitista, define al poeta como «un hombre que quiere ser todos los hombres», y se define a sí mismo como «criatura tan a ras de mundo como dominada por la fuerza de los sueños, que son inseparables del deseo». Los lectores de la presente antología comprobarán cómo los poemas que la integran responden plenamente a tales postulados.

Por otra parte, en la estela del riguroso concepto borgeano de que un autor se pasa la vida escribiendo un solo libro –con lo que no puedo estar más de acuerdo–, afirma el poeta: «Siempre he creído que escribo un único poema y los versos que recogen estas páginas son fragmentos de esa obra en proceso». Y es así: la obra de un genuino e hipersensible creador como Álvarez Bravo es un mosaico que crece sin pausa tramo a tramo, incorporando las porciones de mundo que el incesante azar le va añadiendo.

Manuel Díaz Martínez
Las Palmas de Gran Canaria, 2012.

AL CURIOSO LECTOR

Siempre he afirmado que escribo un único poema. Ahora lo hago en el tercer y creo que último paisaje que me han deparado los inescrutables designios de Dios. Mi vida, determinada por la fatalidad de la historia de mi patria, está cuajada de pisadas en el corazón. De igual suerte, por la inmensa gracia de la dicha. Ambos factores siguen prevaleciendo en mi andadura. En consecuencia, mi poesía está cada vez más a ras de mundo, aunque no dejo de andar por las nubes. Esto puede parecer irreconciliable, pero no lo es. Constituye una definición de mi esencia e identidad. Más allá de mis acciones y decisiones y lo que han significado y significan en mi existencia –esa certidumbre y ese enigma que designamos como realidad–, siempre mi poesía ha expresado mi cotidianidad hasta en lo que parece ínfimo. No menos y tanto, mis sueños y deseos, mis pasiones, mis recuerdos, mi imperfecta pero tenaz fe, mis singulares gustos y hábitos, mis principios y valores, mi fascinación con la belleza y mi fija y creciente necesidad de amor. Así, es posible conocerme y saberme por completo a partir de los versos de mi único poema.

El paso del tiempo, que una vez definí en un remoto poema como un elemento de la memoria, gravita cada vez más sobre mí. Esta antología reúne lo que considero esencial de mi copioso quehacer en ese pasar. Adunarla a partir de los versos de un único y caudal poema ha sido un empeño tan gratificante como difícil. Ha implicado formular un ceñido cuerpo poético que es absoluta expresión de su fuente. Debo añadir, a título de información, que se ha escrito que soy un poeta coloquial, culto, aristocrático, católico, tan diáfano como oscuro, reaccionario, pesimista, jubilar y mágico. También se ha dicho laudatoriamente que soy «el incorrecto incorregible». No está nada, pero nada mal.

Mi mayor deseo es que el curioso y desconocido lector haga suyos e incorpore a sus vivencias mis poemas. Sírvale de guía saber lo esencial de mi temática. Es la vida entera, tan fija como cambiante. Mis temas son copiosos y están indisolublemente relacionados. Responden a mi visión del mundo, mi cultura y mis vivencias. Son la propia poesía, el lenguaje, la inocencia, la infancia, el amor, la pérdida, el sueño, el paso del tiempo, la historia, la patria, el exilio, la evidencia y el misterio de lo cotidiano, la memoria, el deseo, la sole-

648

dad, la culpa, el dolor, la belleza, la condición humana, la experiencia del otro, la acción, el desarraigo, la familia, la naturaleza y la urgencia de desentrañar la vida y la muerte. Debo agregar que la poesía es jugarse la vida a las palabras. Y, de igual relevancia, que un poeta es un hombre que quiere ser todos los hombres.

La preparación de esta antología, que abarca 48 años de mi poesía (1964-2012), ha sido un verdadero repaso de mi vida con todas sus altas y sus bajas, sus aciertos y sus errores, sus victorias y sus derrotas, sus ganancias y sus pérdidas, sus oscuridades y sus iluminaciones. Todo ello figura con total franqueza en estos poemas. La poesía tiene que ser verídica para ser poesía. A medida que me adentraba en la selección, me di cuenta de que mis versos de los últimos tiempos dan fe de como –sin renuncia de mis constantes temáticas, formales y expresivas ni mis arraigados principios, valores y certidumbres– he recorrido un arduo camino que desemboca en una final epifanía. Ese hecho jubilar tiene como raíz y dominio a los míos, que tanto quiero y necesito. De igual suerte a los que quiero. De todos soy deudor. Desde ese latido puedo dar fe con otra perspectiva de la realidad, que me resulta imprescindible en el poema. Ahora soy más en mi siempre.

Tiene el curioso lector mi vida y mi poesía, que son indivisibles, en sus manos.

ARMANDO ÁLVAREZ BRAVO
Miami, en el Año del Señor del 2012

SINGLADURAS

Este libro, como siempre, está dedicado
a la memoria de mi madre, Ana María;
a mi esposa Tania,
mis hijas Liana María y Lourdes María
y mis nietos Joseph Armando y Ana María.

Va igualmente dedicado a cinco amigos entrañables:
Claudio Alonso, José Bardales, Pablo González,
Armando Martínez y Juan Manuel Salvat.

SINGLADURAS de Armando Álvarez Bravo se publicó
en Miami, Florida, USA., por Ediciones Universal
en 2016. Colección Espejo de Paciencia.

OTRA VEZ AL CURIOSO LECTOR

A mis 77 años bien vividos en lo bueno y en lo malo, se ha convertido en mí una urgencia y una necesidad el dejar ordenada –lo que idealmente sería publicada– mi poesía y mis textos en prosa, que siempre he considerado son su complemento. Tras décadas de no poder editar nada en mi patria tiranizada por la condición de no persona que me impuso el totalitarismo castrista, comencé, separado de mi familia primero por el castrismo y después por la burocracia de este país, Estados Unidos, al que tanto agradezco, a publicar en España. Ya finalmente instalado al cabo de varios años aquí con mi familia, seguí publicando y, va de suyo, escribiendo como siempre. Hacerlo es para mí tan imprescindible como respirar. Como tuve la suerte de poder ganarme la vida escribiendo para la prensa y otros medios he acumulado miles de páginas de diversos géneros. Eso sin contar la poesía, que es lo fundamental de mi existencia y creación. Ya con los años que sé tengo, y me parece imposible así sea, y la salud tocada de ala como un caza en combate, esa ordenada reunión de mi escritura es para mí esencial. Da fe de mi existencia y, desde las palabras cuyo significado y resonancia siempre me han fascinado, creo sin un ápice de soberbia, que no me va, esas páginas son una contribución a la lírica cubana y a nuestra cultura. Lo tremendo es que he tenido que escribirlas en las más adversas y antagónicas circunstancias. No menos es el precio que he tenido que pagar por hacerlo. Precio que, igualmente por mi causa, tuvieron que pagar los míos, mi familia, mi sangre a ambos lados del mar que separa.

Los míos, los que tanto quiero y necesito, tienen plena conciencia de mi edad, mi estado de salud y mi estado anímico, aunque en esto soy un supremo simulador. A pesar de mis esfuerzos por «tranquilizarlos», no solo están bien preocupados por mi salud y bienestar, sino también por mi obra. Quieren verla editada porque saben cuán importante es para mí, que me he jugado la vida a las palabras. Así, Tania, mi esposa, estuvo empeñada en la publicación de un volumen con mis críticas de arte, cuyo manuscrito de trabajo revisó y ya se publicó gracias a mi entrañable amigo Juan Manuel Salvat. En verdad cubre estrictamente un periodo de casi tres décadas de arte cubano en el exilio e hicieron a muchos creadores y galerías, además de recobrar, reconocer y valorar a nuestros creadores eminentes del siglo XX. No existe otra documentación de esa época y artistas. Lourdes María, Perdi, que tanto me ayuda en mis investigaciones y el ordenador, se ha convertido en algo que siempre le decía jugando cuando era chiquita y que la endemoniaba: tú serás el báculo de mi vejez. Acerté, pero ella nunca lo aceptará a pesar de lo tanto que hace por cuidarnos a su madre y a mí. ¡Que con hijas como Zapi y Perdi no me puedo quejar de mi familia, que ahora cuenta con una fabulosa perrita salchicha, Loló, que tanto nos acompaña, entretiene y alegra a Tania y a mí!

Cuando Liana María, Zapi, me dijo lo de la edición de este libro pensé mucho en su contenido y posibilidad. Sabía que me lo pedía para preservar mi obra porque sabe lo importante que eso es para mí y quiere que sea feliz. Va de suyo que tengo varios poemarios inéditos, que son parte de mi único poema. Entre ellos se cuenta *El corazón en la palma de la mano,* obra en proceso que ya supera las quinientas páginas. Si tuviese a mi país, como era y debe ser, no tendría este problema con las ediciones y tanto más. Muy otra hubiese sido mi vida y suerte. Pero mi patria se fue a bolina, como uno de los papalotes que empiné en mi niñez frente al Palacio Presidencial en la Avenida de las Misiones. Tras darle muchas vueltas a las posibilidades, siempre confiando en el Paráclito y no cesando de rogarle me iluminara, decidí que este libro debía integrarse con dos de mis poemarios: *Memorias, desmemorias* y *El dominio*, que serían seguidos por *Entrevistos, destellos y certidumbres*. Las dos primeras partes están compuestas por poemas breves escritos en Cuba a finales de la década del 60 y la tercera escrita en Miami entre el 2007 y el 2014, por un cuerpo de brevísimos textos, casi siempre oraciones. Remata el volumen «Un puñado de cuentos» con cuatro ficciones para mí importantes y que son, como siempre he sostenido, complemento de mi poesía.

Memorias, desmemorias y *El dominio*, como toda mi poesía, son eminentemente biográficos, dan cuenta de mi persona y el *más* de mi realidad. Procuré al escribirlos que su discurso se caracterizara tanto por su delicadeza sin renuncia a la intensidad como por la fijación de la profundidad de la certidumbre que expresan. Estos tempranos poemarios ya dan fe del tono y resonancia del discurso poético que domina a mi obra y que se afianza en la claridad y diafanidad verbal que comunican todos los registros de mis vivencias, su posibilidad, su reverso y su plenitud. Ese mismo espíritu prevalece en los textos de *Entrevistos, destellos y certidumbres* en que bien arraigado en mis vivencias y reflexiones, las concreto en un tono tan aforístico como latente del eco de la greguería de mi admirado Ramón Gómez de la Serna. Así, esas páginas son una suerte de memorias de mi vida en que todos los elementos de la cotidianidad son fijados en un momento de iluminación en que no pocas veces late el impulso lúdico, tan esencial para mí. La cuarta y final parte de este libro, «Un puñado de cuentos», recoge cuatro narraciones que son para mí bien importantes tanto en lo formal como en lo espiritual. Tienen, como todo lo que escribo, una sustentación autobiográfica. Esos factores que acabo de enumerar laten en esas historias tan diáfanas como mis versos y tratan de plasmar en su más profunda intensidad y claridad el arduo oficio de vivir.

Mis 77 años no hacen de este volumen un libro de la vejez. La razón es palmaria. Su contenido tiene para mí una resonancia en que las décadas que median entre las dos primeras partes y las dos finales se constituyen en un *siempre* tan cuajado de *más* de irreversible fijeza. Y al hacerlo eso que es la vida de un hombre con sus alzas y sus caídas se enriquece con nuevas precisiones. Entre los valores esenciales de mi obra poética destaca que fija detalladamente mi existencia en el instante y en el siempre. Cada verso de mi único y extenso poema me dice por completo. Esto es de nuevo evidente en *Singladuras.* El punto final de la historia llegará en toda su precisión y detalle cuando, con el favor de Dios, pueda editar mi oceánica *Poesía completa.* No dudo que podré hacerlo por una muy sencilla razón arraigada en mi fe. Perdí, me arrebataron mis primeros cuarenta años en la Cuba del totalitarismo castrista, pero supe resistir la censura y tantísimo más que me depararon los implacables represores que también se ensañaron cruelmente con mi familia y, ya exiliado, todo lo que hicieron y siguen haciendo sus servidores. Así, y no resisto la necesidad de decirlo, mi vida no ha sido miel sobre hojuelas por más que las apariencias lo nieguen. Cada libro que publico, como estas *Singladuras,* es para mí una victoria. Me quedan no pocas por alcanzar, como cuadra a un soldado de línea.

Dicho todo esto, debo añadir que este libro es también obra familiar. Mis 77 años y mi salud han incrementado mis cuidados por parte de los míos. Y todos quieren, además de cuidarme como gallo fino, alegrarme. De esta suerte, *Singladuras* es un libro más de Tania, Liana María –que lo lanzó–, Lourdes María y su maravillosa perrita Loló, y, va de suyo, de mis fabulosos nietos, Joseph Armando y la princesa, Ana María, que tanto «extraño» en buen cubano. Las distancias y la separación de aquellos que se quieren es uno de los precios a pagar por el exilio que debemos al totalitarismo castrista. A pesar de todos los pesares, escribir contra viento y marea, vale la pena. En estas páginas se da cuenta de lo ocurrido en muchas singladuras de mi navegación.

Toda verdadera historia se escribe y se cuenta a sí misma.

Armando Álvarez Bravo
En el Año del Señor del 2015

MEMORIAS, DESMEMORIAS

EL SILENCIO

Recomienza el silencio.
Escucha tenaz.

Vientos contrarios
agitan el follaje
y crece en ti
una mansa nostalgia,
como tierra devorada.

Ahora es tu grave corazón
el que murmura,
y vuelve el tiempo
de las preguntas irrevocables
y los árboles,

catedrales de tu infancia.

PATRIMONIO

Solo, inerme, en vilo,
aprendes de una pérdida
que palpas casi intacto
de ella misma.

Heredas algo intransferible:
la primogenitura de una sangre,
unas ruinas, la orgullosa memoria
y el temor de dispersar
lo que persiste en las palabras
de los mayores.

Qué tiempos para ti en usufructo.

AQUELLOS JARDINES

Malezas, escombros
y esos dos árboles
misteriosamente indemnes
a tanta dentellada
señalan el fin de tu infancia.

Ya no existen aquellos jardines
donde jugábamos hasta la noche
al borde del luto familiar,
ni las palabras retoman
un cauce que insinúa el miedo
de ser tragados por la oscuridad
de una casa que todo lo invadía.

Los muertos son en nuestra memoria.

EL VISITANTE

Llega, aviva
un recuerdo sepultado,
un vínculo.

Cuenta de la familia,
de cambios minúsculos,
de los que han muerto
desde la anterior visita.

Después, escucha.
Lo mira todo,
casi pidiendo permiso.
Y por fin, se despide,
se marcha gravemente,
como si no hubiese otra vez.

BREVE Y PRODIGIOSA CALLE

Descubres esta tarde, al caminar
por la calle que recorriste
toda tu infancia,
cómo pueden cambiar las cosas
aunque permanezcan.

Desconocidas o familiares,
las innumerables calles
por las que hoy te mueves
no pueden compararse a ésta,
breve y prodigiosa
en la singular luminosidad
del domingo.

Pero quien te acompaña
ignora tu nostalgia de aquel tiempo,
y se apresura.

ROSTRO

En rostro rescatado
recuerdo la frescura
de la hierba
de un país de muchachos.

Prevalece en mí un tiempo
de descuidos memorables
bajo tu signo.

Por lo que aún inscribo
mis días en ese tu rostro,
como un halago.

ALGUIEN

Soberbio indagas
de un tiempo la aspereza,
ingrato hacia otros tiempos.

Das nombres a las sombras
y pareces árbol espinoso,
inconmovible en tu sitio,
apartado.

El contorno que te haces
te socava. Tu muerte
te habita segura.

CERTEZA

Sobre cada uno de tus actos
no es el vacío lo que queda,
ni la ira de Dios.

Quedas tú, el recuerdo
de tu gesto, de tu palabra:
el inexorable aprendizaje

de lo definitivo.

Así siempre.

EPITAFIO

Es posible que un nombre
descubra todas las complacencias,
mas la belleza de los nombres perdidos
no dejó de ser propósito.

Nunca fuiste más allá de tus deseos,
replegado como un animal doméstico
al abrigo de una secreta tibieza:
extraño de ti mismo a sabiendas.

AUSENCIA DEL ÁNGEL

Busco al ángel.
Su rigurosa ausencia
gravita sobre mí
sumiéndome en el vacío.

Me falta. Casi
como el corazón de un amigo
olvidadizo o una luciérnaga.

Y soy ya muerto a toda inocencia.

TARDE DE VERANO

Es al atardecer, en el verano,
mientras bebemos sin prisa
sentados calladamente
en los viejos muebles de mimbre
de la terraza,
cuando tenemos la certeza
de que alguien, ya perdido,
irrecobrable, nos es necesario.

Cede el bochorno, y un pensamiento
varado en otro agosto,
pisa los talones de la noche,
entristeciéndonos.

LA DÁDIVA

Recibe la dádiva:
hojas ya resecas,
quebradizas, sonoras a la mano,
como máximas.

Sus voces escucha:
oscuro Atlántico
solo descifrable
cuando igualado a ellas
te entreguen con descuido,
para luego negarlo:

mudables tiempos.

PRESENCIA

No se fuga, permanece,
voz entrañable que conserva
plácidas reminiscencias:
islote lleno de colmenas.

Palabras, sillones,
en domingo ciertas mañanas
le ofrezco. No otra cosa.

Y en esto me abarca
una obstinada presencia
que, colmándome,
casi me conforta, invisible.

ACONTECE TU SUEÑO

Con atroz detenimiento
acontece tu sueño esta noche.
Han cesado la lúcida piedad
del día y las estratagemas.
Ahora tu corazón conoce
la inmensa realidad de la sangre.
Ya no madura tu signo, enemigo.

SABIDO POR EL INVIERNO

Demorada estación:
nos revelas rostros
que alientan la furiosa,
insólita belleza
que aún puede rescatarnos
aunque nos entreguemos con recelo.

Entre tanto manejo increíble,
solo en ti se presiente lo cierto,
se sabe.

EL DOMINIO

DIÁLOGOS

A través de la mesa,
cargados de razones subterráneas,
testimonios inauditos,
frases de súbito desconcertantes.

Pero como siempre,
todo en torno
fluye con indiferencia,
y las horas se malgastan
en estériles manipulaciones.

Después, en la noche,
el recuerdo de lo dicho
estremece de terror, de esperanza;
arraiga el desvelo.

EN UN SENTIDO DE AGONÍA

Al margen de la hora,
de los acontecimientos,
la música colma
el angosto recinto.

Cerrados los ojos,
una cabeza se pierde
en el abismo interminable
de las manos.

Mas, de pronto,
el rostro se alza,
y sobre la estatuilla
dos miradas se encuentran
en un sentido de agonía.

En tanto, la música,
definitiva, continúa edificando
catedrales en el aire.

REGRESOS

El arduo silencio del regreso
en la magnífica noche
pone fin a los cuidados.

Los signos de la prisa
se sortean
con prolija deliberación.

Pero el último gesto
no se aviene a despedida,
pendiente de sucesivas noches,
de aún ignorada lealtad,

leal él mismo.

CONTRA EL MEDIODÍA

El mediodía
destierra las presencias,
condena al bochorno,
a reiterada muerte.

Pero hoy, una urgencia
de nieve subleva
contra la torpeza del adiós
y la humillación de la siesta.

Y un gesto contrario
a un capitular de siglos
redime fugazmente de soledad.

HISTORIA

Nueva a los labios
que la relatan
en extensas veladas,
la historia de una vida
se formula tumultuosa.

Un viento inconcebible
abre en sucesión
puertas condenadas,
purifica aires enrarecidos.

Y del propio encierro
el corazón se recobra,
ya no intransitable, expectante.

OSCURIDAD CONTRA OSCURIDAD

Oscuridad contra oscuridad,
se historian cicatrices,
vivencias semejantes.

Con la precisión del instinto,
con su urgencia,
la finalidad de los testimonios
aduna las voces
que desbaratan los círculos.

Y ya colmado el vacío
de honda, perdurable certidumbre,
los usos familiares
pierden su valor:

ayer rebasado.

SIGNIFICADOS

Espera en la espera,
el atardecer es un silencio
que progresa difícilmente
hacia el vacío de la noche.

En el cruel paisaje,
extenuados, los taciturnos pugnan

con glacial vehemencia
por la aridez de sus dogmas.

Llega el fin,
y las palabras escamoteadas
declaran la muerte,
dan fe de vida.

Derrota y victoria
tenían otro significado.

EL ARQUERO

Aguarda desde siempre,
con quietud de forastero,
sin blanco preciso:
sitio vulnerable.

Enorme resulta la tierra
a su espalda tenaz
de silencioso, el recorrido.

Pero ahora solo es cierta
su imagen prevaleciendo
en la mutua posesión,
en pensamientos unánimes,
el arco tenso.

Hace tiempo que reposa,
oculto.

EL PRINCIPIO

Mar, playa desierta,
vacío de las horas,
soledad de la persona
—olvidos de un verano—,
no pueden colmarles
las palabras. Sin embargo,
a partir de vuestra fijeza,
como otra especie del silencio,
tan solo ellas —ya maldición,
ya dicha— serán posibles.

665

NACIMIENTO

Tarde y estación
caducan vertiginosamente.

Nadie llega,
y de la poderosa,
interminable desgarradura
de las distancias
pasamos por primera vez
a la precisión de la realidad.

Y ya nuevo, arduo nacimiento,
no es posible volverse atrás:
los retornos.

JARDÍN ABANDONADO

La densa vegetación
y la alfombra
de hojas y ramas,
propicia a la lentitud
de los pasos,
rezuman humedad.

Mudo crecimiento:
todo se dispone en la penumbra
con hermética belleza.

Una tenue luz se filtra
a través de las copas
de los árboles
y se difunde minuciosa,

espléndida.

ILUMINACIÓN

La claridad
invade el laberinto
de callejuelas
y descubre ignotos prodigios
en los ruinosos edificios
patinados por el polvo

y el salitre.

Única anfitriona,
la luz desemboca sin cesar
en la plazoleta.

Ya todo poseído.

ANTIGUO RECINTO

El antiguo recinto
impone los susurros,
el gesto estricto.

Entre objetos
acarreados de sangre a sangre,
persisten los ecos
de voces desconocidas.

Y otra vez las palabras
descubren claros países
a partir de estas piedras,
ponen coto al desastre.

JAMÁS UN USO DE ENCRUCIJADAS

Con la solidez de lo débil,
ignorada, la casa resiste
todos los golpes, los cataclismos,
oculta por edificios
cada vez más altos.

Al otro lado del mar,
un uso de encrucijadas
poblaría la fresca brevedad
de sus estancias.

Aquí es secreto,
exclusivo patrimonio
del que ahora
toma deslumbrada posesión
un limpio mirar.

Y ya cuenta poco el crepúsculo.

COSTA

En la tarde, desde lo alto,
las aguas son un espejo
bruñido por la lluvia,
ya transparente de algas.

Sobre los arrecifes
se confunden los oficios
de los pescadores
con el juego de los muchachos.

Y la aplazada conversación
a orillas de la ciudad
reminiscente de la espuma,
sella felices descubrimientos.

Persiste la calma, crece.

LA CASA

Distante, secreta,
un agreste sonido
circunda tu soledad.

Con benevolencia de puerto,
a toda hora tu abrigo
se ofrece oportuno, unánime.

A fondo habitada,
por tus muros
los días resbalan saciados,
insaciables.

MAREA

El salvaje olor de la marea
se desprende intenso:
cestas llenas de peces,
cabrilleos,
ruda voz del insomnio.

Aquí nueva, la mirada
que heredó una andanza extranjera
–la casa fugaz–

se adueña de la intraducible imagen
de las callejuelas y los antiguos edificios.

Entre mareas, el aire salitroso
dicta gestos seminales,
semejante a torrente, absoluto.

VÍSPERAS DE LA NOCHE

Ya la tarde
no es un enemigo,
y el sol y la lluvia
allegan voces de la infancia,
antiguas ceremonias.

Un vivo silencio
forja la noche próxima.

Invicta, la dicha
se entreteje
ávida de lentas horas.

MAR DE MITOS

La noche acoge
todas las fatigas,
los deslizamientos,
afila sus dientes
entre cataclismos
de palabras.

Dócil a la entrega,
inmediato,
un mar de mitos
cifra nuevas estaciones.

El día inaugural
irrumpe desconcertante.

PASEOS

Urdidos perseverantemente
contra la sediciosa soledad,
paseos sin término,

caminatas persuadidas
de aproximación.

Un silencio lunar
despuebla las calles
que se transfiguran a cada paso,
convoca resuelto
a indecible compañía.

Entonces, sobre toda presencia,
una intimidad de lluvia
agolpa repentina
extremos pensamientos,
se instaura poderosa.

EL DOMINIO

Siempre remoto,
sus aguas sin estigma,
un dominio aguarda,
notorio de aéreas provincias.

Cesan los discursos,
y rostros ávidos de fábula
emergen de vetas
alimentadas por el escarnio.

Tiempo de partidas,
de desnudez sin oprobio,
ya suave respiración,
un ciclo de sangres se eclipsa
y todo se apresura
de vuelta al sosiego.

ENCUENTRO

Del corazón, la noche
borra miedos seculares,
responde intrincada
al reclamo más urgente.

Sin sueño, en el sueño,
el cálido murmullo
del amanecer

sorprende diáfano
los cuerpos reunidos.

Y la benigna penumbra
da testimonio
de encuentro irrevocable,
delicado.

CELEBRACIÓN

Celebro el día.

La mañana surge
de unos ojos
donde una mirada
como de ciervo
se ilumina armoniosa,
resplandece.

Y toda la sombra
se inventa
entre jadeos de inocencia.

FRONTERA

Respetada frontera,
el brazo que desciende
en medio de la tarde
alienta entrañables nuevas.

Con ardiente confianza,
trémulos bienes
se otorgan definitivos.

Pródigo, el reposo
arriba hospitalario,
cubre de inocencia,

cala de dicha.

NUNCA SE APRENDE A PERDER

Poetry is what happens when nothing else can.
Charles Bukowski

A la memoria de tres grandes poetas
y entrañables amigos:
Gastón Baquero, Eugenio Florit
y José Lezama Lima

NUNCA SE APRENDE A PERDER (2014), poemario
inédito de Armando Álvarez Bravo.

674

AL DESCONOCIDO Y CURIOSO LECTOR

Los jóvenes siempre se afanan en publicar sus colecciones de versos con la constante puntualidad de un ataque de artillería. Los viejos, y yo soy un viejo poeta, nos preocupamos más en ir dejando ordenada nuestra poesía y, si Dios y la bolsa lo permiten, reunirla en un volumen. Lo hacemos porque no queremos que se pierda esa obra a la que hemos dedicado con tantas renuncias, trabajos y sinsabores nuestra existencia. Una entrega por la que casi siempre, y lo digo por propia e ingrata experiencia, hemos tenido que pagar un altísimo precio.

Ya a mis 75 años y con todos mis males dándome cada día que pasa más guerra, estoy enfrascado en ese ordenamiento de mi obra, en que lo fundamental es la poesía y la prosa es su complemento. Va de suyo que tengo en mi contra mi condición de exiliado, como en mi patria, la trágica Cuba en que impera el represivo totalitarismo castrista que debí padecer y padecieron los míos, tuve la de conflictivo opositor. Es algo que lo soy cada vez más.

Pero cuando uno hace poesía, su mayor afán es salvarla para el siempre. Por eso me obsesiona, para empezar, la edición de mi *Poesía completa* y, mientras tanto encarne, de los poemarios que integran el único poema que considero he escrito y escribo en mi vida. Uno de los textos que lo forman es el que da título a este volumen, *Nunca se aprende a perder,* del que son parte mis *English Poems. Notations.* Yo también, como mi cada día que pasa mi más admirado Jorge Luis Borges, escribí algunos poemas en esa áspera lengua de los sajones. Siempre me ha fascinado, pero como nos enseñó ese maestro de tantas cosas que fue George Santayana, uno solo puede escribir en otra lengua si sus nanas infantiles las escuchó en esa lengua. No es mi caso, aunque mis *English Poems* estén perfectamente escritos. Debo decir a título informativo que, por disciplina familiar, me crié hablando tanto el español como el inglés, que tan perfecta y exquisitamente hablaba mi madre, Ana María, que se educó en Boston.

Todo poemario, aunque sea parte constitutiva de una totalidad, tiene un latido y una resonancia propios. Corresponde a la circunstancia del poeta cuando lo escribió. Hay épocas en que se escriben poemas diáfanos y calados de plenitud. Otras en que la desnudez de la palabra informa de un tiempo cuajado de incertidumbre y, tantas veces, pisadas en el corazón. Los poemas de este libro se inscriben más en la segunda posibilidad. Eso nos les merma un ápice de valor como poesía. Propone, simple y sencillamente, un reto al lector que tiene que hacer frente a unos versos tan angustiosos como dolorosos y, no pocas veces, terribles. Y dicho lo anterior, debo enfatizar que todo cabe en la poesía.

No, los días y las noches en que se fraguaron y se escribieron estos poemas no fueron tiempos de deslumbramiento y maravilla. Lo que sí comprendí cuando plasmaba mi visión de esos tiempos era que plasmaba en palabras mi visión de la gravitación de lo tanto que me tocaba como pisada en el corazón. Que contaba una historia en su más intensa destilación. Que era fiel a la realidad y, al serlo, era fiel a la poesía.

Los años, el implacable paso del tiempo, me han enseñado muy bien como poeta que no caben mentiras en este oficio. Desde esa certidumbre hay que leer y comprender mi poesía. No como la interpretaron los comisarios castro-comunistas que hicieron infernal mi vida y la de los míos y que negaron y siguen negando mi existencia como poeta. Así, fui una no persona que hacía poesía en secreto. Es una condición que no deseo a nadie.

Los poemas de *Nunca se aprende a perder* los escribí mediados mis cincuenta años. Responden, como toda mi obra, a mi experiencia, visión e interpretación de la realidad. Su tiempo fue uno muy arduo en mi existencia. Eso es lo que determina su tono y resonancia. Logré superarlo con el transcurso de los días y con la ayuda de Dios. Pero su gravitación la volqué en estos versos y queda como otro testimonio más de mi vivir.

A estas alturas, y ya bien establecido el lenguaje y tono de mi poesía –que se caracteriza por su diafanidad, precisión verbal y fluidez–, me doy cuenta que es en *Nunca se aprende a perder* donde esos factores que definen mi escritura poética cristalizan, aunque lo hagan en el reverso de mi predominante visión del mundo, las gentes y las cosas, todo lo que está tocado en estas páginas por una destilada y tenaz amargura y por la marea del pesimismo. Ese pesimismo que aunque pueda superar siempre ha estado y está latente en mí. Un pesimismo que mis implacables perseguidores «ilustrados» castro-totalitarios calificaron como un delito de rebelión contra el régimen de La Habana. Eso fue algo que esos miserables utilizaron para hostigarme y castigarme, llegando hasta a separarme de mi familia, a la que igualmente hicieron la vida imposible, y ponerme a hacer trabajos forzados. Sí, como puede verse, hacer poesía muchas veces hay que pagarlo bien caro. Y se paga sin peros, como lo pagué, aunque no pueda explicarse la razón.

Yo escribo poesía desde que comencé a escribir. Fue producto de mis primeras lecturas en el maravilloso «Libro de la poesía» del no menos maravilloso *Tesoro de la juventud.* De igual suerte, de las lecturas de buena y gran poesía de mi madre, Ana María, que conoció y trató en su juventud a grandes poetas españoles. En esto fui muy afortunado. Esas lecturas hicieron que la poesía fuese para mí una maravilla, la más fabulosa de las historias y los sueños. En consecuencia, que escribirla era lo mejor que podía hacerse en el mundo. En esto también contribuyó mi madre, Ana María, que con su inconfundible letra de antigua alumna del Sagrado Corazón, tenía una libreta para las cuentas domésticas que llevaba con rigor cotidiano y otra para escribir sus poemas. Nunca, y cada día me pesa más, pude leer sus poemas. Hasta lo peor de la historia cubana conspiró contra ello.

Dios quiso salvarme con los míos y sacarnos del infierno del totalitarismo castrista. Mi familia salió primero al exilio y yo lo hice, aunque estuve separado de ella cuatro años, un año después por obra y gracia del Espíritu Santo y las incesantes gestiones de mi esposa, Tania. En todo ese tiempo, en verdad nunca, he dejado de hacer poesía. Y la he escrito, como siempre, sin permitirme ninguna suerte de complacencia a nada ni a nadie. Lo que más me ha colmado en el curso de ejecución de mi obra es lograr plasmar la conjugación de la realidad y la belleza. De ahí que he escrito dos poemarios para mis adorados nietos: *La belleza del físico mundo,* para Joseph Armando, y *Poemas para la princesa,* para Ana María. Ambos, tan diferentes, son libros jubilares de poesía.

Todos mis demás poemarios, que insisto son parte de un único poema, han sido inevitablemente editados de modo saltante por fuerza del imperio de las circunstancias. Es por ello que anhelo publicar mi *Poesía completa.* Para que se me lea de principio a fin. En esa totalidad, este libro, *Nunca se aprende a perder,* tan verídico y duro como auténtico, debe figurar como exponente de una ardua época de mi existencia. No fue la mejor, aunque las he tenido peores. Ya las pasé y las vencí, solo me quedan algunas cicatrices.

Que uno hace poesía en los mejores y los peores tiempos y *Nunca se aprende a perder.*

ARMANDO ÁLVAREZ BRAVO
Miami y 2014.

NUNCA SE APRENDE A PERDER

ÚLTIMA EXPLICACIÓN

Un poeta va quedando reducido
a sus sueños (también los sueños
se reducen) a medida que envejece.

No hay salida para él.
Hace mucho es demasiado tarde.

Todo el día demasiados días
y, cuántas veces, toda la noche,
demasiadas noches, haciendo algo
que detesta, traicionándose a sí mismo.

Después, agotado, cada día más
—el cuerpo no deja de pasar la cuenta—,
trata de perderse para intentar ser
lo que cree que es, lo que no siempre
es posible ni fácil —todo es cruda
o enmascarada represión, no engañarse
sobre eso—.

La lucidez del delirio es el último dolor.
Locura de cualquier manera que se interprete.
Pérdida de contacto con qué realidad.

Y entonces —la persistencia del ego,
la subconsciente justificación tan imposible,
la razón perdida en la pérdida de razón—,
el poeta es protagonista de un filme sobre sí mismo.
Es ese actor que repite toda su vida inútil
para que ésta sea otra cosa.

Solo un sueño de viejo roto. No más.
No existe la posibilidad de tal filme
de ínfimo presupuesto. ¿A quién puede interesarle?

Lo que lo explica todo.

PALABRAS A LEZAMA LIMA EN SU CENTENARIO

Escapaste en el instante
en que ya habías alcanzado tu definición mejor

y quedamos más solos, más inermes.
Ya estás allí donde aún es posible la fiesta innombrable.
A ambos lados del mar, la fiesta es otra cosa,
tan distinta a la que nos revelaste como un prodigio,
todo lo deseable.

La casa de Trocadero
ya es pura oscuridad, un inmenso vacío.
Lo posible ha devenido su reverso.
No hay cafés habaneros en cuyas mesas
la conversación regalaba la encarnación
de los sueños y los deseos, la caricia de la plenitud.

Medimos el tiempo a partir de la distancia,
de la pérdida, de la soledad, a puras pisadas
en el corazón. Ya no encontramos tan súbito
al áureo patinador del Prado. Solo somos arquitectos
de la memoria. Tus versos son la carta de marear
en la oscura noche del alma, tan inmensa luz.

En el fin de los fines ¿qué es esto?

UNA MUERTE NO DESEABLE

Desconfío de los desamparados
que quieren limpiar mi parabrisas
cuando voy a tomar la autopista.

Son hombres sin rostro, puros ojos de locura,
desesperación o violencia.

Pueden matarme si los rechazo
o no les doy lo suficiente o si en ese momento
necesitan exorcizar sus furias con sangre.

No sería el primero.

Quizás mi muerte pondría fin a mis problemas.
Pero el precio de esa solución cada vez más necesaria
es demasiado alto.

Mi muerte sería degradada por la infamia
de 30 segundos o quizás 1 minuto,
en los noticieros sensacionalistas.
Un deplorable final para mi absurdo.

A la hora de morir,
hay que morir en serio.

GATOS

Céline amaba a los gatos.

Acaricié a los gatos de Hemingway
en La Vigía y en Key West.

Mis hijas, más Lourdes que Liana,
aman a los gatos.

He vivido en frías y miserables pensiones
en que los gatos eran más importantes
que los inquilinos.

He tratado incesantemente de conocer
la naturaleza de los gatos en los libros,
en los museos, observándolos por horas
en silencio.

En todas partes, desde los bares
hasta las cárceles, pasando por ilustres
o pobres casas, siempre he encontrado
a un gato, su absoluta presencia.

Los gatos son como las mujeres
–tantas veces mejores–, un enigma
(Pound escribió algo sobre eso).

El tigre de Blake es un gato.

Entrañable, Silvestre es el patético personaje
que todos somos.

Dios es un gato.

PASATIEMPOS

Me haría bien, pienso algunas veces,
tener un pasatiempo.

Coleccionar sellos o monedas o insignias militares
o modelos de automóviles o aviones o barcos,
cortaplumas, cajas de fósforos o de tabaco,
tarjetas postales, fosforeras, revolvedores,

botellas, soldados de plomo, ceniceros,
toallas de hoteles, menús.

No olvidar, por supuesto, primeras ediciones,
libros antiguos, exquisitas antigüedades y arte.
Pero, seamos realistas, debo desestimar
estas cuatro últimas colecciones
por elementales consideraciones económicas.

Todo es coleccionable, desde las pérdidas
hasta los deseos, pasando por las derrotas
y la solidez de la soledad.

(También podría dedicarme a la carpintería,
a la observación de los pájaros, quizás a la práctica
moderada de un deporte.)

Las posibilidades son infinitas.

Si lograse apasionarme finalmente por algo
–y hay prospectos tentadores–, sería como
si me hubiesen practicado una lobotomía.

Magnífico. ¿Pero qué sentido tiene suplantar
todas mis obsesiones por una sola?

Mejor seguir coleccionando mis pedazos.
Ahorraré dinero y, también, eliminaré
la inevitable y angustiosa competencia
que consume a los coleccionistas.

Un problema menos en mi vida.

ETCÉTERA

Escuchar de nuevo viejas canciones
en la misma vieja noche.
Tratar de escribir un poema en el ordenador.
(¿Una nueva especie de sacrilegio?)

Intentar encontrar una excusa para tantas cosas.

Recordar a un amigo (un poeta)
muerto prematuramente sobre el que acabo
de escribir algo que los editores destrozarán

(tantos enemigos y tantos malos poetas

que no desaparecen, siempre lo hacen los buenos).

Echar de menos a mi gato extraordinario,
muerto hace unas semanas entre una noche
de domingo a lunes.

Hacer planes que nunca se llevarán a cabo
–tanto en contra, yo mismo, para empezar–.

Contar mis pérdidas y reprocharme, más tarde,
no agradecer lo suficiente algunas cosas fundamentales
recibidas sin condiciones.

Tiempo de cambiar –se hace tarde–
para seguir en lo mismo, pero de otra manera.

¿Quién sabe?

Es la hora ideal para salir, cerrar una puerta
para siempre, ir a buscar algo que se sabrá
que es cuando se encuentre, si se encuentra

Pero estoy enfermo, el mundo está enfermo,
el tiempo está enfermo, los sueños están enfermos,
todos y cada uno están enfermos aunque no quieran
reconocerlo, la enfermedad está enferma

(una enfermedad que no puede precisarse
–y, por lo tanto, no tiene tratamiento–
porque los que deben curarla están enfermos).

Etcétera.

RECUERDO DE INFANCIA

Miami Beach

Una gorra verde y la palangana llena
de jicoteas en la acera
todas con el carapacho pintado,
un souvenir de Miami Beach por una peseta.

Ir a comprar dos pares de caquis para el colegio
en el Army & Navy Store
y no dejar de visitar el hipódromo
que está en el fin del mundo
con sus rosados flamencos cubanos.

No hay mucho que hacer aquí para un niño
lo mejor y más entretenido es el golfito
todo está lleno de viejos retirados y vacacionistas.

Es un sitio de moda pero muy extraño
cuando lo visité varias veces hace siglos
no imaginé que acabaría aquí como cualquier otro viejo.

UN VIEJO ESCRITOR

Lo extraordinario son sus hábitos.

No puede dejar de recordar
y, cuando lo hace, sus tiempos terribles
son los mejores.

No viste bien ni vive en la casa que merece,
carece de tantas cosas, pero no se queja,
siempre al borde del desastre.

Donde quiera que está
establece el centro del mundo.

Sus mejores testigos son sus muertos
(que no siempre los jóvenes y los viejos oportunistas
que se acercan a él buscando sacarle algo,
saben quiénes son).

Sus mayores enemigos son los que quisieran
ser como él, casi siempre mediocres profesores
bien remunerados, laureados pero irrelevantes poetas
de ocasionales domingos.

Bebe y fuma y come demasiado.
Procura vehemente la oscuridad
para evitar los rigores del vacío y la infamia.

Solo conversa con unos pocos,
y entonces inevitablemente destruye con una frase
a alguien, a algo deleznable– su secreta manera
de hacer justicia y buscar la muerte–.

Nunca deseó la soledad, y al paso del tiempo
la soledad lo consume, porque las palabras
y la compañía son irreconciliables.

Es soberbio como un tirano, intolerante,
porque oscuramente sabe que tiene la razón
que se le escatima o se le niega.

Se acaba en la sombra, solo una extenuada sombra,
el paria de un Dios que es puro silencio.

MALAS RELACIONES PÚBLICAS

Trato de perderme, de desaparecer
cuando termino de trabajar.

No tiene sentido en el poco tiempo
que es casi realmente mío, seguir viendo,
escuchando, tratando a la misma gente
que tengo que ver, escuchar y tratar
por un sueldo que no me alcanza.

Sin duda, pésimas,
las peores Relaciones Públicas.

«Tienes que hacerte bien visible,
estar en todo, eso es poder», me ha dicho
muchas veces, con las mejores intenciones,
un amigo entrañable.

Sin duda, tiene razón. Pero a estas alturas,
si antes no lo hice, ya bien clasificado
por los que dan y los que quitan inflexibles,
qué sentido tiene que me prostituya fuera de mi horario
de trabajo entre tanta gente que me vacía.

No, mi ocultamiento no es un gran acto de rebeldía.
Es simplemente la última defensa a mi alcance
para no acabar de renunciar a la poesía
—¿Tendría el valor para hacerlo?
Es una pregunta que nunca he podido responder—.

De manera que no hallo la razón suficiente
para hacer de mi presencia una payasada interminable
entre payasos que detesto.

Cuando decidan eliminarme de una vez,
aunque me haya portado como una prostituta complaciente,
lo harán implacables y, no me engaño, a mi edad

y empecinamiento es el fin.

No seré el primero.

Pero ahora, perdido, bebiendo mientras escribo
este poema, a pesar de los demasiados problemas
que no puedo solucionar, tan solo, capaz aún
de desear contra toda razón, deprimido
por tantas certidumbres, sacando fuerzas del delirio,
creyendo cada vez más en las palabras y diciéndome
que se justifican por sí mismas y me justifican,
me entrego a la ilusión terrible y magnífica
de mi propia libertad.

Quizás no es gran cosa o es algo impensable
en la escala de valores de la manada
que no perdona a los perdedores.

¿Y qué?

En estos precisos y escasos momentos
sé quien soy y no tengo que engañarme
(aunque uno inevitablemente se idealiza)
ni engañar a nadie. No tengo nada que ganar
y me mantengo al margen del patético y feroz libreto
de mi mundo, tan siquiera por unas horas.
No se puede pedir más.

Demasiado tarde
para unas buenas Relaciones Públicas.

UN ANILLO

Tania me regaló un anillo de plata y ónix.
Dice que hace juego con mi manilla de plata
que es una réplica de los antiguos pulsos
de pelo de elefante que ahora no se hacen
porque está prohibido matar a los elefantes

(Uno de los mayores deseos de mi juventud
fue poder matar a un gran macho de enormes colmillos
mientras cargaba contra mí. Ahora, si tuviera
la oportunidad que entonces no tuve, no lo haría
porque sería acabar un poco más con la poca belleza

y plenitud y fuerza que desaparecen vertiginosamente
de nuestras vidas).

Tania no sabía si el anillo me iba a servir
cuando me lo dio, porque encargó la medida mayor.
Me queda perfecto. No como el anillo
de oro y con un rubí que usó mi padre
hasta la muerte y que ya no me sirve;
También mis dedos se han hecho enormes
en unos pocos años. Ahora tengo
un hermoso y enorme anillo
en una mano de tan gruesos dedos.

Es la mano con que escribe miles de palabras
a la semana para tratar de vivir decentemente;
y es la mano con que escribe mis poemas
día tras día porque a medida que pasan los años
sé y puedo hacer menos que no sea
intentar la poesía; y es la mano
con la que desgrano el rosario
–lo que nadie puede imaginar–;

y es la mano con que arreglo torpemente
las cosas; y es la mano con que me sirvo
la bebida que hacía decir a Lezama,
recordando a los griegos, que siempre
calificaba de «armoniosos»: La primera copa
para la sed, la segunda para la alegría,
y la tercera para la locura;

y es la mano con la que tan poco acaricio;
y es la mano que nunca sujetará el rifle
para matar a un elefante.

La mano con un hermoso
y enorme anillo de plata y ónix
–ha cambiado tanto en 55 años–.

UNA OPINIÓN CRÍTICA

No creo equivocarme
cuando después de pasar varias horas
en una librería revisando

minuciosamente los estantes,
demorándome en las «novedades»,
me digo a mí mismo que ya no
se escriben buenos libros como antes.

¿Una señal
de que envejezco?

Quizás, y no.

Hace cuántos años salías a ver
lo que acaba de publicarse, un ritual
que te hacía sentir como un Dios,
y encontrabas un título que te atrapaba
literalmente tras una simple hojeada.

Te lo llevabas a la casa
y entonces sucedía el milagro:
lo olvidabas todo queriendo llegar
al final y deseando que el libro no se acabase.

Los libros te sacaban de tu vida
para darte una vida espléndida y terrible.
Eran la posibilidad.

Los libros, sin que te dieras de cuenta
hacían del lector que eras otra persona.
Te entregaban un universo desconocido
y te dejaban a tu suerte. El resto
era tu imaginación, una aventura.

No más.

La literatura es ahora como una maquinaría
de relojería suiza: hecha a la medida
de un lector, tan especializado como el mundo
al revés en que cree que vive, inmovilizándolo
en sí mismo.

Claro que, a veces, hay ese libro distinto,
ese libro libro, pero es una lujosa excepción.

¿Qué ha cambiado?

¿Qué desastre ha ocurrido para que la magia
de las palabras haya sido sustituida por algo

destinado a satisfacer las necesidades
de un mercado que ahora se empeña
en la imbecilidad de ser políticamente correcto?

El horror.

En una solitaria habitación, un hombre solitario
escribe un libro distinto, real y magnífico
como solo pueden ser los libros.

No será fácil que llegue
a los estantes de las librerías.

No solo casi hemos matado a Dios,
sino también a las palabras.

Nuestra pérdida.

NO MÁS TARDE EN LA NOCHE

Las conversaciones telefónicas con Amando
bien tarde en la noche, tantas noches de la semana.

Era un poeta, el mejor de su generación
y el más decente. Realmente (como siempre
le insistí) escribía mucha poesía para que,
–al final, quedara algo de poesía
el único secreto de este oficio–.

Esas noches rotas y perdidas,
como él comprendía y toleraba, sin necesidad
de explicaciones, mi soledad, que tiene
tanto de locura, y que iba siendo la suya
–el precio de este oficio de locos–.

A veces, cuando le leía algún poema,
cosa que casi nunca hago –solo confiaba
en su juicio porque era bueno y decente
y sabía cada vez más de este enigma
que es la poesía–, invariablemente favorecía
mis textos más poéticos (¿qué es poético?),
e insistía con infinita delicadeza
en que me mantuviese en ese lenguaje,
que escribiese más poemas con esa resonancia.

Las grandes palabras.

Pero Amando, que siempre me decía
que mi poesía había llegado a ese extremo
que no dejaba asidero al lector, se precipitaba
a esa desnudez, mucho más vertiginosamente que yo.

Sabía que iba a morir y quería sobrevivir
en un manojo de poemas –la locura
magnífica y terrible–.

Lo que a mí todavía me toma tiempo
(cuánto no sé, nunca se sabe, y puedo acabar
mientras escribo este poema), Amando
lo tuvo que apurar de golpe.

Llegó fatalmente a ese punto en que las palabras
no dejan asidero, el riesgo calculado
que los poetas no calculan.

Y se acabó.

No más conversaciones en la alta noche
–ese verso te gustaría–; no más consejos
de mi parte y de la tuya, que elaborabas
los que querías darme como si se tratara
de un plan de partida de ajedrez con Capablanca,
porque no querías herirme ni desatar mis razones.

No más la pasión de la poesía
en la aridez de este sitio; no más
bromas sobre mi soberanía en El Parnaso Cubano
a la muerte de Gastón y de Eugenio, y tus aspiraciones
al trono al que todavía no he accedido.

Es otra vez la noche, es otra vez tarde
en la noche, pero ya no podemos conversar.

La poesía es un silencio sin asidero.

PRIMAVERA

Coconut Grove

Amanece.
Llego hasta la marina.

Todos duermen bajo un velo de suave neblina.
Los mástiles se elevan al cielo en rezo matutino.
Solo unos graznidos de gaviota rompen el silencio.
Sopla un aire frío.
El anaranjado mar refleja un inmenso sol que se levanta.
Es una bella mañana.
Es primavera.

CONSEJOS

No es bueno dar consejos,
por mucha razón que se tenga.
La gente puede seguirlos o ignorarlos,
pero siempre le achacarán a uno lo que suceda.

Nunca se queda bien.

Lo mejor es callarse la boca y dejar que cada cual
haga lo que estime conveniente. También
es aconsejable no escuchar consejos.

He dado suficientes consejos en mi vida
y esa es una de las razones por la que he acabado solo.
He seguido o ignorado demasiado consejos
y esa es otra de las razones por la que he acabado solo.

Por otra parte, cuando alguien pide un consejo,
o cuando uno busca que lo aconsejen, únicamente,
aunque no se reconozca, lo que quiere es buscar
la aprobación de aquello que ya se ha decidido.

Éste es un consejo inútil. Y es un síntoma
de que cuando se envejece uno se hace más insistente,
más autoritario, más intolerante y más contradictorio.

Y eso es el vertiginoso y lamentable fin:
una/dos preguntas sin respuesta:
¿Si hubieran escuchado, si escucharan
los buenos consejos?
¿Si yo hubiera escuchado?

No se puede decir. Es demasiado tarde.
Siempre es demasiado tarde.

POEMA SOBRE MI VIEJA GATA

Ahora se niega a comer comida dura.
Pero también se niega a comer cualquier tipo
de comida blanda. Estoy en el proceso de confeccionar
su menú ideal a partir de sus rechazos.

También ha limitado el radio de sus paseos.
Pasa la mayor parte del día dormitando
entre la enredadera y una butaca del patio.
Ya apenas defiende su territorio,
ni caza pájaros y lagartijas.

Cada amanecer me espera maullando
desconsoladamente, como si fuera a morir.
De alguna manera, los dos, extraña y difícil compañía,
hemos ido envejeciendo juntos, dos soledades que coinciden.
Nos necesitamos mutuamente.

Sin duda, también mis hábitos han cambiado.
Ella debe saberlo. Solo los viejos se entienden,
difícil, desesperadamente.

LARGA DISTANCIA

Llamo –¿cuánto hace que no hablamos?–
a un viejo amigo escritor, perdido
en una pequeña universidad en un estado
que desde aquí es el otro mundo.

Hablamos de política, de los conocidos
que se han convertido en solemnes y obstinadas parodias
de grandes políticos esperando su turno en un incierto futuro.

Pasamos a otros conocidos que, igualmente,
ávidos inversionistas en ese futuro, se han convertido
en solemnes y pontificias personalidades de la cultura,
también pendientes de su oportunidad –su tremendo error,
su incalculable arrogancia, su desmedida ambición,
su insondable estupidez–.

Ellos sueñan, aunque nunca lo dirán ni lo aceptarán,
con ser protagonistas de un futuro que es puro pasado irrepetible.
Un pasado tan humano, espléndido y terrible que no supieron

691

ni se atrevieron a vivir día a día, como simples, sensuales,
vulnerables mortales con problemas, deseos, locura, placer, pasión,
errores, excesos, pérdidas, dolor, devociones y fijas certidumbres:
la ardiente materia de la vida.

Un pasado cuyo paisaje ha sido metódicamente arrasado.
Un pasado cuyo presente hacia la incógnita del futuro
es gente totalmente distinta. Pongamos que llega ese futuro,
¿quién será capaz de soportar tan solo una semana de sus
    [convulsiones?

No los solemnes. Sin duda, tampoco mi amigo y yo.
Porque también el tiempo y la distancia y otras tantas miserias
y, seamos francos, complacencias, pasan la cuenta,
aunque uno se empeñe en negarlo.

Sin embargo, mi distante amigo y yo tenemos una ventaja
sobre los solemnes: No reclamamos un espacio en ese futuro.
Nos basta que sea de una vez el futuro, siempre pendiente,
aunque quedemos al margen.

Nos basta decir, sin agenda ni aspiración a recompensas
–a la orden del día entre recién llegados conversos
que dejan chico al propio San Pablo en el camino de Damasco,
y otros muchos oportunistas de estas latitudes que juegan
sus cartas a un oscuro vínculo redimible en un cambio
de la maldita situación– lo que nos place y creemos
como y cuando lo estimemos conveniente.

Nos basta el delirio de repetir, como es razón
de nuestra historia, nuestra idea de un sueño de posibilidad.
Un sueño intolerantemente perfecto, sabiendo
que no hay lógica que nos inserte en su espacio.

Y, por supuesto, a estas alturas nos queda,
por cuánto tiempo todavía, la tenaz necesidad
de escribir como antes y como siempre, desesperadamente,
para ese gran lector que somos de nosotros mismos
–¿qué más se puede pedir a la literatura?

Mi amigo me anuncia que viene en unas semanas.
Me reprocha mi silencio. Le explico sin muchos detalles
que se debe a las presiones a las que me somete el trabajo.

Me dice que esta vez debemos reunirnos todas las tardes,
hasta bien tarde en la noche, a comer y a beber,
como en aquella Habana que ha pasado a la ficción
y que no será cuando llegue el futuro que aguardan
con avidez los solemnes.

De acuerdo. Espero tu llegada para que el presente
sea el pasado y sea el futuro y sea pura memoria y puro deseo
y el máximo delirio; y comer y beber y hablar y reírnos y celebrar
la belleza y la gloria de las mujeres, ahora que comprendemos
mucho mejor los matices de la edad y la experiencia
y hacer polvo a los solemnes, que el sabio Tallet
llamaría comemierdas, pero que, no equivocarse,
son tan peligrosos como implacables.

Necesitamos cada vez más esas horas perdidas.
No podemos darnos el lujo de malgastar el tiempo.
Esas horas son el pasado, el presente y el futuro.
Lo único que nos queda.

JUICIO CRÍTICO DE UN POETA

Los poemas que escribo ahora,
cada vez más difícilmente, nada tienen que ver
–al menos formalmente– con los que he escrito
a lo largo de mi vida

Mis pocos lectores –pocos es una exageración–,
a no dudarlo, se sentirán sorprendidos al leerlos.

No son los lujosos y complejos poemas de un poeta
intelectual, anticuado, nostálgico, lírico,
alejado de la realidad, sumido en un mundo ideal
e imposible, decididamente reaccionario y otras tantas etcéteras.

La poesía no son los poemas. Es el poeta.
Su crecimiento y su definición, su dolorosa entrada en materia.
Esa es la ardua verdad.

Un poeta es alguien que, a golpes de vida,
va desaprendiendo lo que tanto trabajo
le costó aprender de un oficio y
un misterio y un prodigio.

Un poeta es alguien que, contra sí mismo,
se adentra desde la suntuosidad en la sobriedad
que lo precipita inexorablemente en la cruda desnudez,
en el despojamiento, de unas pocas palabras que no dejan asidero.

Su música para sordos, sus imágenes para ciegos.
Palabras como anticipo de mudez.

Lo que se niega y se elimina a golpes de gravedad
–¿o es lo que se pierde?– afirma desde una nebulosa.
Lo que se abandona de golpe o sucesivamente,
precisa el último e inexorable reconocimiento de uno mismo.
¿Para qué engañarse? ¿Para qué engañar?

Un poeta va muriendo cotidianamente
con la muerte de las palabras que van muriendo,
Esa es la resurrección: un silencio, todo el silencio,
su elocuencia.

CASI LO PEOR DE ENVEJECER

Casi lo peor de envejecer es que todo el mundo
se empeña en darme consejos que no he pedido.

Me exigen inexorables que baje de peso,
deje de fumar, olvide el alcohol, haga ejercicio
y observe una rigurosa dieta, tan insípida como sana.

También demandan que tome vitaminas
y pastillas para todo lo imaginable; visite regularmente
al médico y siga al pie de la letra su plan
para mis enfermedades crónicas y para las que me amenazan.

Por supuesto, es de rigor, me dicen,
que duerma el tiempo necesario para reponer energías;
que mis hábitos sean saludablemente metódicos
y que no deje que me afecten los problemas,
lo que ya es exigir un milagro.

Mis consejeros nunca leyeron a Rilke,
que exigía que cada cual muriese su propia muerte.
También ignoran que si pueden abrumarme
con su sabiduría es porque sobreviví y sobrevivo
lo que ellos nunca soportarían.

Mis consejeros están llenos de buenas intenciones,
pero cada vez que intentan salvarme me ponen mal.
Vivir no es nada fácil y ahora es tan complicado morir.

PATÉTICOS PROBLEMAS DE CREACIÓN Y SUPERVIVENCIA

«General, he decidido ocuparme más de mi trabajo
y menos del arte», me dice mi amigo, un joven pintor.

«No puedo seguir perdiendo tiempo metido en la galería,
resolviéndole problemas a todo el mundo y, al final,
ni pintar en firme ni vender pintura, y cubriendo los gastos
ni sé cómo», agrega.

«Basta ya. Todo esto me tiene enfermo, más neurótico
que de costumbre. Estoy deprimido, apenas duermo,
tengo unas digestiones horribles», sigue explicándome.

«Ahora que viene la niña y los gastos aumentan,
voy a dedicar todas las horas necesarias a la plomería
y a pintar cuando termine, por la noche y los fines de semana»,
prosigue diciéndome, para que lo crea, mi joven amigo pintor,
pero, en realidad, necesitando escucharse a sí mismo,
convencerse de sus propias palabras.

«Lo que tú y yo tenemos que hacer es poner un negocio,
cualquier negocio, y tratar de asegurar la vejez.
Ya llegamos a ese punto en que el tiempo no alcanza,
y no tenemos el dinero que se supone hay que tener
para una vejez tranquila, sin problemas», me dice
mi otro amigo pintor, mi contemporáneo.

«No puedo seguir dependiendo de lo que vendo,
hace un año que no vendo nada, y tú no puedes seguir
dependiendo de un trabajo del que te quieren sacar
y te sacan en cualquier momento», precisa.

Mi joven amigo pintor tiene razón,
también la tiene mi contemporáneo, mi amigo pintor.
Quizás mi joven amigo, si se pone a ello,
logre la seguridad que necesita. Para mi contemporáneo
y para mí es de hecho un imposible, otro sueño pendiente.
Tenemos mucho en contra, para empezar la edad.

Hacemos silencio. El tiempo dirá.
Lo mejor es tomarnos ahora unas heladas cervezas.

SOBRE LA NATURALEZA DEL POEMA

Un poema es lo que queda
de las palabras que no pudieron escribirse
o de las que se eliminaron.
Es algo perfecto en su imperfección
y es, a la vez, su reverso, que siempre
es un *más*. Un poema es un enigma
por diáfanas y evidentes que sean
sus palabras a ras de mundo.
Un poema es lo que nos dice
para quien no sabemos,
para quien ya no está y tanto nos falta.
Un poema es un secreto
que arrastramos hasta el fin
y que será, con suerte,
lo que se pregunta el curioso lector.
Un poema es lo mejor que somos
y es todo lo que queremos ser.
y es un juguete, un sueño, una maravilla,
un milagro que nos sostiene hasta ese otro poema
que nunca se sabe si se hará
aunque se viva para escribirlo.
Es lo que no se sabe por bien sabido
porque no tenemos otra vida que sus versos.

LLUVIA

Llueve. No vuelan
ni pájaros ni mariposas.
Todo es inmensa quietud.

LO QUE ES

Todo viene y todo va.
Nos dominan la fijeza
y el cambio. No hay más.

ENTONCES

Entonces, ¿qué?
¿ y qué de qué?
Interminable entonces.

UNAS POCAS PALABRAS A UN VIEJO AMIGO

A Manuel Diaz Martínez

Viejo amigo al otro lado del mar
que es tan generoso como cruel:
cuántas preguntas a las respuestas
que a estas alturas nos ha dado la vida.

Pienso mientras escribo
–¿qué otra cosa sabemos hacer?–
que cada vez somos más estas palabras
tan rotas y remotas a las que nos jugamos la vida.

Cae la tarde y se apaga vertiginosa la luz
y crece el silencio en la casa
y se inmensa la memoria hacia la noche.
Poseemos mientras recordamos.
La existencia nos deparó pródiga dichas y desastres.
La historia, que es implacable, trazó nuestro destino.
Sobrevivimos por el enigma y la evidencia de la poesía.
Es una gracia, un don que nunca podremos explicar
ni agradecer lo suficiente a ras de mundo.

Viejo amigo desde tiempos terribles,
no hay olvido. Siempre nos encontraremos
en la poesía y más cuando lo hagamos
en una patria libre. Cuídate mucho
y sigue escribiendo para la vida.

Vivir es eso.

UNA LISTA CASI INTERMINABLE

Son muchas las cosas que quiero.
A saber, sin orden –el orden
de los factores no altera el producto–:
Una Luger; una Mauser; una Sig Saguer,

una Walther, un revólver 45 de vaquero,
una carabina MI, una Schmiser,
un sable de Shogun (eso para empezar);
un Borsalino; dos sombreros Montecristo,
uno para la ciudad y otro alón,
para la intemperie; una pipa bullgodog
marca Dunhill; un maletín grande
de finísimo cuero; un piso en Sevilla,
bien cercano a la calle de las Sierpes;
pagar mi casa y las casas de mis hijas;
sacarme la lotería para poder satisfacer
mis deseos y deudas y asegurar
el futuro de los que quiero, mi familia;
ver crecer a mis maravillosos nietos:
Joseph Armando y Ana María;
publicar mi obra completa; viajar
a las ciudades y los fabulosos
lugares que me faltan por ver
y volver a las ciudades que conozco
para ver de otra manera lo visto;
tener una casa frente al mar
y tener una finca llena de árboles frutales;
poder quedarme tranquilo en casa
y solo tener que salir para lo que quiero
y para lo imprescindible; tener
un Patek Philippe de platino
como el de Abuelo Bravo
(que será para Joseph Armando)
y comprarle a mis mujeres– Tania,
Liana María y Lourdes María–
la versión femenina de ese clásico;
no menos importante, satisfacer
todos los deseos y sueños de mis mujeres;
comprarme un Bentley azul medianoche
con el que sueño desde mi adolescencia;
tener en mi casa un enorme salón
para mis libros, papeles de toda suerte
y mis juguetes –entre los que no puede
faltar un tren eléctrico, un Erector, un Tinkertoy
y todos los juegos de mesa que alegraron

mi infancia–; hacerme de una colección completa
de sellos cubanos y otra semejante
de monedas, billetes, sobres de primer día,
medallones y condecoraciones; volver a formar
mi colección de tan diversa *memorabilia*
de la Segunda Guerra Mundial, otras guerras
y recuerdos de ejércitos, soldados y campañas
militares y navales, dentro de lo cual figuran
los modelos de aviones y barcos emblemáticos;
volver a leer tantos libros que me hicieron
y que figuren en mi biblioteca las obras
completas (cuando sea posible)
de mis autores favoritos; poder ayudar
sin preocuparme por mi cuenta bancaria
a tantas instituciones de caridad
que lo necesitan; organizar una gran fiesta,
una fiesta interminable para mis amigos
de toda una vida; tener un ropero de disfraces
y máscaras y todo lo que usan los payasos;
montar en la casa una oficina
con todo lo que necesito para mi trabajo;
adquirir una colección de polimitas;
conseguir un Sevres napoleónico
y varios Gallés; decorar mi casa para que sea
tan cubana, como victoriana
y que en ella no falten las antigüedades
ni las chinoiseries que fascinaban a Casal:
las más delicadas y exquisitas piezas;
hacerme de todos los álbumes de postalitas
de mi infancia; tener todos los retratos
de los personajes históricos importantes para mí
– y agregar manuscritos originales de esas figuras–;
una urna cineraria griega para mis cenizas;
una bastonera con fabulosos bastones;
sombreros, muchos sombreros y gorras;
Tanto, tantísimo más.
Y bien importante: Aprender a reírme de todo.
Disfrutar la maravilla de mis nietos,
que mientras escribo no me viene a la memoria.

Esta lista equivale
de manera muy insuficiente
a un retrato de lo que soy
y de todo lo que he querido ser.

Hay en ella cosas
realmente infantiles.
Es inevitable.
En el fondo sigo siendo un niño
que solo sabe desear.

UN DÍA, UN MEDIODÍA LLUVIOSO

Un día, un mediodía lluvioso
como cualquier otro –nada nuevo
para los nacidos en los trópicos–
en que siempre todo sigue igual. Lo bueno,
lo malo y lo que ni se sabe qué.

Y se cumple la dualidad de la lluvia:
espléndida bajo abrigo, sobre todo
a la hora del sueño, la caricia
de su sonido en el techo,
e implacable en la intemperie,
que siempre es una aventura.

¿Qué nos cala el alma cuando llueve?
¿Es saber dónde estamos para siempre
o soñar donde deberíamos estar?

No puede responderse esa pregunta.
Nada sabemos de la lluvia y, mucho menos,
por mucho que sepamos, cómo nos determina.

Vivir puede ser un destino de lluvias.

POSIBILIDAD DEL POEMA

Un poema
puede ser
unas pocas palabras.

Cabe la inmensidad
en la parquedad.

Un poema
puede ser un silencio,
un papel en blanco.

Todo es posible.

Un poema
puede ser la intención
de escribirlo.

Un poema
puede ser
cualquier cosa.

Un poema
es lo que es
y nunca se sabe.

Un poema,
así tan simple,
tan complicado,
puede ser ...

Un poema.

NO HACEN FALTA DEMASIADAS PALABRAS

No hacen falta demasiadas palabras
para edificar un poema. Bastan unas pocas
que digan lo suficiente, lo que es y deber decirse
para que encarne a plenitud el cuerpo
y el latido de un poema, su inmensidad.

Un poema es lo más que puede decirse
con menos palabras que todo lo expresan.
Es el final latido que resume y expresa
la vida como es y debe ser en su inmediatez
y su siempre, su demasiado y su no hay más.

La poesía es, si logramos plasmarla,
lo único que en verdad sabemos.
No es otra cosa que lo que llamamos milagro.

HAY UN DÍA

Hay un día
en que uno debe saber
el porqué y razón
de ese día y su más.

¿Tiene ese día
su reverso?

Las respuestas
a esa pregunta
dependen
exclusivamente
de quien la hace.

Vivir no deja de ser
un extraño juego
con los dados cargados.

MÁS DE LA MANO

Una mano que acaricia.
Una mano que golpea
y la que no sabe qué hacer.

NO SOY

No soy, nunca he sido
ni he pretendido ser otra persona
que la que digo en mis poemas.
Ni sé, ni puedo ni quiero.
De igual suerte.

ME ASALTA EN OCASIONES

Me asalta en ocasiones
el deseo de no hacer nada,
quedarme tranquilo, a mi aire.
Olvidarme de mis obligaciones,
ignorar el teléfono y la correspondencia,
descartar toda suerte de compromisos:
el ritual de la cotidianidad.

LOS PROBLEMAS

Los problemas de la casa,
los problemas de salud,
los problemas de la familia,
los problemas del trabajo,
los problemas económicos
los problemas inesperados,
todos los problemas
que pueden imaginarse:
los incesantes problemas.

That 's life.

Y es bien difícil
de sobrellevar.

¿La poesía?

A estas alturas
de mi vida,
el menor de mis problemas.

Encarna o no encarna.

MAL TIEMPO

La torrencial lluvia y el poderoso viento,
pero, sobre todo, la ominosa oscuridad del día.
Se anega la tierra, se desgajan los árboles,
el recién arreglado jardín parece un campo de batalla
con tantos destrozos. No es otra cosa la vida en los trópicos.

El niño observa sin comprender por qué y para qué
como aseguran puertas y ventanas en su alta casa,
la que habrá de perder.

SIN ANIMALES A MI ALREDEDOR

De pronto me veo sin animales
a mi alrededor. Ha sucedido inesperada
y cruelmente en unas pocas semanas.
Primero fue Syl, muerto; ahora es Mofi, su madre.

No más mis gatos esperándome a cualquier hora;

junto a mí en las interminables horas de escritura
en mi imposible mesa de trabajo; acostados
a mi lado, dormitando los tres; pendientes
de mi aparición al amanecer, a la hora del primer café
y recoger el periódico para enterarme de los desastres
hasta el cierre, y servirles la comida: siempre
su silenciosa compañía en los días y noches
más interminables de soledad.

Otra vez cometí un error: Creí que los animales
eran inmortales; olvidé que uno dura más.

Ya no puedo acariciar a mis dos gatos, jugar con ellos
y hablarles de las cosas más serias e íntimas, las que a nadie diría,
seguro de que no las divulgarán –los animales son los mejores
y más comprensivos confidentes–.

De pronto me veo sin animales a mi alrededor,
y es la ruptura, la violenta desaparición de un orden
tan natural que no me daba cuenta de su valor.
Mis gatos eran esa parte importantísima
de mi vida que daba por sentada.

Ni Syl ni Mofi son los primeros animales que pierdo,
pero a estas alturas me eran más necesarios
que los animales que tuve de niño y los que vinieron después.

Hay quienes creen que los animales son dioses,
poco me importa; y hay quienes no saben de otra familia
y compañía que la de los animales, es algo bien real.

Lo extraordinario de los animales es que son tan solo animales
y, por eso, ni matan si no es para comer, ni hieren
si no es para defenderse, ni saben de rencor, ni aspiran a nada.
Los animales no exigen ni pasan la cuenta, ni traicionan.
Son pura entrega en las buenas y en las malas.

Cuando mueren o desaparecen nos dejan
más inermes, más confundidos, más solos.
Claro que puedo (que debo) reemplazar a mis gatos,
pero no es nada fácil, porque tengo un miedo irracional
a perder al nuevo animal que haga parte de mi existencia.
A esa purísima intensidad que no dejaré de comparar

con los animales que estaba seguro que eran eternos
y no lo eran, y porque volveré a querer cada día más
al nuevo animal que irá pareciéndose algo a mí
en el transcurso de irnos conociéndonos
y adaptándonos uno al otro.

Es de noche, ha llovido todo el día, extraño a mis gatos,
y me siento fatal, peor que de costumbre, porque necesito
desesperadamente de un animal a mi lado.

Quizás no tenga razón o tenga toda la razón del mundo
–lo que ni me pregunto ni me interesa–, pero un animal
es la única criatura que se puede querer sin miedo
y es la única criatura en la que se puede creer sin condiciones.

Y de pronto, también he perdido ese milagro,
y no me siento capaz de entregarme a lo efímero de un milagro;
a ese desconocido animal para mí, a cuya muerte debo adelantar mi
[muerte.

Ya son demasiadas las elegías a mis animales muertos.

FRÍO

En un cuarto sin calefacción de un sexto piso
en un deteriorado y, sin lugar a dudas, histórico edificio
del siglo XIX, en Lavapiés –Madrid, España–,
nada pueden las rotas ventanas contra el implacable invierno.

Es sabido que el vino es lo mejor que puede beberse
contra el frío, y también abrigarse, si no se tiene
la ropa adecuada, con toda la ropa que se tenga,
mientras más capas de ropa, mejor.

Pero en alta noche –solo un poeta puede llamar así
a la crueldad de la helada noche madrileña–, ni una botella
de tinto comprado a granel, hace entrar en calor.
Tampoco calienta lo suficiente esa ropa que cabe
en la maleta de ir de un lado para otro sin tener un destino previsible.

Lo único que puede hacerse en esas crueles, interminables
y solitarias noches para intentar no morir de frío es acostarse
en el colchón salvado de la basura por el casero, envolverse
los pies en bolsas plásticas y taparse con las dos insuficientes

705

y viejas frazadas también salvadas de la basura por el miserable
    [casero.
Entonces acercar al cuerpo el mínimo e incandescente radiador
que nos prestó un amigo para que pasásemos menos frío.

El paso lentísimo de las horas es puro frío, y uno, casi helado,
helándose, embotado por el frío, sin saber lo que hace,
sigue acercando el radiador al cuerpo, más y más, hasta perder el
    [sentido.

No fue el calor lo que me despertó, sino la falta de aire;
la boca y la garganta resecas; la tos incontrolable
producida por el negro humo del colchón y las frazadas
salvadas por el casero de la basura. La cama se había incendiado.

Apagué las llamas torpemente, con agua helada.
El largo resto de la noche lo pasé caminando de un lado a otro,
tratando inútilmente de entrar en calor entre aquellas desnudas
    [paredes.

Cuando al amanecer salí a desayunar un chocolate con porras
en el viejo y sombrío café de siempre, mi ropa olía a humo.

El frío era atroz. Aquel fue un invierno terrible.

EL *SECURITY*

He reconstruido su historia al paso de los incontables días
de verlo silencioso y puntual en su trabajo mal pagado
    [en un *shopping center*.

Mi curiosidad por aquellos que mi instinto me dice
vieron interrumpido su destino, los perdedores.

Fue un oficial de alto rango en su país. Un hombre
con un incuestionable poder, casi incontrolable.
Su foto aparecía con regular frecuencia en la prensa
–algunas veces ante algunos cadáveres rotos;
otras ante un alijo de armas; en ocasiones, abierta
la almidonada guerrera del sudado uniforme, disolviendo
preciso e implacable una violenta manifestación,
o en el frente sin leyes, donde la fuerza es la única razón y verdad;
también, de completo uniforme de gala en una deslumbrante
    [reunión oficial–.

Pronunciar su nombre era decir miedo y muerte.
Hoy aseguran que ese hombre duro era un esposo
y un padre de familia ejemplar; buen amigo de sus amigos,
y un espléndido y jovial anfitrión, amante de los animales.

¿Está el hombre hecho de una sola pieza?

Ahora, anónimo, pero igualmente erguido,
trabaja como *security* y sobrevive modestamente.
Ocasionalmente, algunos pocos, casi siempre sus contemporáneos,
cada vez menos, se dirigen a él por su grado, le dedican
unos instantes casi con un respeto atávico y nostálgico,
y se alejan presurosos.

Para el resto del mundo es un desconocido,
un viejo que ya no está en condiciones
de trabajar como *security*.

Nunca habla del pasado, es amable y servicial
y dicen que bebe silencioso lentas cervezas
cuando termina de trabajar.

No tuvo la suerte de otros de sus compañeros de armas
y gobierno, pero nunca se le ha oído quejarse.

Mañana volveré a conversar brevemente con él,
cuando vaya bien temprano a tomar café
y comprar cigarros antes de ir al trabajo.

Debe saber perfectamente quién soy, como sé
perfectamente quién fue, pero ese es un tema
que nunca tocamos.

Finalmente, su mala suerte –que es la de tantos
hombres duros– es no haber acabado a tiempo,
acaso con violencia, como correspondía a su condición y rango.

Soy su semejante, tan distinto, viviendo
más allá de mi tiempo, que también me arrebataron.
Me pregunto si alguien ha reconstruido mi historia
como yo reconstruí la suya.

La historia de los perdedores
no deja de ser morbosamente fascinante.

UNA LECTURA DE POEMAS

El viernes por la noche tuve una lectura de poemas
en una galería que habían arreglado como un café,
porque ahora –aunque todavía no aquí– ha vuelto la moda
de leer poemas en los cafés.

Casi nunca leo en público. En una época porque también
me estaba prohibido; en los últimos años porque no soy
un favorito de los que controlan este negocio de la literatura
y el arte, que cada vez tiene menos de literatura y arte.

Hay también otra razón para mi escaso recuento
de lecturas en demasiado años haciendo poesía:
Creo que la poesía es para ser leída por esa otra persona desconocida
que busca en las palabras que alguien logra arrancarse
o no puede contener, aquello que no sabe o puede decir.

Por supuesto, no me pagaron nada por la lectura
–la poesía es el peor negocio del mundo–, pero debo confesar
que lo pasé muy bien leyendo estos poemas que son
como esa conversación final con amigos que son la propia sangre
o ese monólogo excepcional que solo es posible en la ebriedad
o la vulnerable inocencia, cuando solo importa, salga el sol
por donde salga, vaciarse finalmente, porque lo demás
es engañarse, para lo que ya casi no tengo tiempo.

El público estaba compuesto por algunos de mis poquísimos,
tremendos amigos; faltaron muchos personajes de pacotilla
a los que solo aquí se les hace caso y que, como informan
la literatura y el cine sobre la Mafia, tan cabal en cuestiones de
    [honor,
me la deben, su grave error; y estaban, mi inmensa gratitud,
los tantos que no conocía, esa es la mejor parte.

Para mi sorpresa la respuesta de los asistentes fue estupenda.
Se rieron con ganas muchas veces y, mientras leía, los vi hacer
comentarios y asentir cuando escuchaban lo que siempre
han querido oír y que jamás les dicen. Sus aplausos no sonaron
a aplausos de compromiso, y al final muchos se me acercaron
a felicitarme genuinamente y me dijeron que habían comprendido
mis poemas y que compartían su verdad. No se puede pedir más,
y menos cuando de poesía se trata.

Creo que sé porque tuve una buena noche.
Los poemas que leí tocaban directamente a los que los escuchaban.
Decían desde mi vida de su vida, de lo que no pueden decir sin
    [riesgo.
Eran poemas pegados al suelo en que nos atropellan y no dejamos
de atropellar para sobrevivir. Eran palabras precisas y eran palabras
salidas de donde duele la vida y de donde se goza la existencia,
que hacían justicia, que ajustaban –aunque tan solo fuera
por unos momentos en la primera noche del otoño–
las largas cuentas pendientes que no se ve cómo saldar.

Esa es la simple verdad: más eficaz que toda
mi gran poesía, a la que he dedicado un vida.

A estas alturas –y lo comprobé esa noche–
solo me queda esa verdad y unas cuantas
desnudas palabras para decirla.

Sé, por otra parte, que en estos mismos momentos,
con todos sus resentimientos, hay quien está desbaratándome
y desacreditándome por escrito con inexactitudes,
tergiversaciones, falsedades y el terror a entrar en la materia
de lo que leí. Eso es parte de este juego.

Debo agregar que el viernes dormí muy bien,
a pierna suelta por primera vez en mucho tiempo.

Me hacía tanta falta.

UN RETRATO DEFINITIVO

Ya es hora de que me saque una buena fotografía.
En realidad me la debí haber tomado hace ya algunos años,
cuando los signos del acabamiento eran menos obvios.
Pero entonces no tenía tiempo, ni tampoco las ganas,
de posar con la mejor expresión,

Siempre he tenido terror a las cámaras, porque, finalmente,
cualquier foto aparece en el momento menos oportuno
para recordarnos lo frágil y efímero de lo que fue,
para reprocharnos lo que hicimos y lo demasiado
que dejamos de hacer. Las fotografías son fiscales implacables.

Pero, ya vísperas de los 56, comprendo la necesidad

de hacerme un buen retrato: Es el deseo, tan humano,
de dejarles un recuerdo a mis hijas, y es un reclamo de mi ego.

Quizás –y es aquí donde se desboca la fantasía–,
alguna vez alguien quiera saber cómo era el que escribió
tantos poemas que ahora casi nadie conoce. No puedo,
en justicia, defraudar a ese alguien que hace por mi inmortalidad.

Esa gloria póstuma que es la obsesión de quien
enajena su vida –y al paso toca a otras vidas–
para que lo sobreviva definitivamente
aunque sea tan solo un poema.

Por supuesto, lo probable es que ese pendiente retrato
tan solo sea para mis hijas, lo que a fin de cuentas es mejor.

Un retrato que no les recuerde exactamente
la fecha en que se tomó, sino mis rostros vertiginosos
en los vertiginosos momentos felices que compartimos,

esos grandes poemas.

DESPUÉS DEL PROZAC

«¿Cómo me veo ahora que dejé de tomar Prozac?»,
me pregunta mi amiga.

«Preciosa. Estupenda. Cuando comenzaste a tomarlo
eras otra, alguien triste, deprimida, descentrada», le respondo.

«No hubiese podido resistir sin el Prozac», me dice, y no sé
si tiene o no razón.

¿Quién que no sea un santo o un loco puede estar seguro
de resistir a una maquinaria que lo tritura meticulosamente
día tras día y que hay que encajar para sobrevivir?
–el último irracional acto razonable de locura–.

«¿Se nota el cambio?», insiste mi amiga.

«Eres otra», le aseguro, porque es verdad
y ella todavía no puede creerlo
y necesita escucharlo de quien cree.

«No sé qué hubiese sido de mí sin el Prozac»,
vuelve a insistir.

Yo tampoco lo sé, pero sí sé que ella
solo ha cambiado de droga.

Ahora –y se lo merece– es feliz,
lo que es magnífico
y es la más tenaz adicción.

VACACIONES

Tengo que tomar la semana
de vacaciones que me corresponde
antes del 31 de diciembre,
de lo contrario la perderé.

No sé a dónde ir, tampoco tengo
el suficiente dinero para ir a donde quisiera ir.

Por otra parte, una semana de vacaciones
es prácticamente nada. Cuando uno empieza
a enterarse de que está de vacaciones,
ya tiene que regresar.

Me gustaría ir a California, pero no quiero ser
una carga para mi hija mayor, que tiene mucho
que hacer y que si me tiene de visita, hará lo imposible
para atenderme todo el tiempo. Nada de alterar su vida.

También tengo deseos de ir a Maine, disfrutar
de su glorioso otoño en algún B & B perdido
en un bosque donde puedo recordar que la naturaleza existe.

No descarto la posibilidad de alquilar una habitación
en un motelito de los Cayos y pasar el tiempo
junto al mar, pescando algunas veces desde un muelle.

También he considerado otra vez NY, New Orleans,
San Francisco y Disney World –creo que soy el único ser humano
que no lo conoce, a pesar de mi pasión por los muñequitos–.

Lo esencial es irme de aquí, aunque sea por 7 días.
Hacerme la ilusión de que soy absolutamente libre,
que no tengo compromisos ni obligaciones de ninguna clase
–lo más próximo a perderme de mí mismo tal como soy aquí,
para ser yo mismo aunque sea lo que dura un suspiro–.

Las vacaciones son el miserable, el dudoso espejismo
de los que andamos a ras de mundo y con tantos rigores
y, por lo tanto, hay que aprovecharlas al máximo.
Se han ganado haciéndonos pedazos sin cesar.

Me lo merezco. Me lo he ganado. Es casi una limosna.

Mi semana de vacaciones.

APUNTE PARA UNA HISTORIA SOCIAL

No conozco a mis vecinos, no sé sus nombres,
ni lo que hacen, ni lo que son.

Solo los veo ocasionalmente. Cuando más, intercambio
un saludo con unos pocos. Ellos tampoco saben
mi nombre, ni lo que hago, ni lo que soy.
Vivimos en una perfecta comunidad.

Pero hay cosas inevitables a pesar de la desesperada
y defensiva ansiedad de mantener el anonimato
y la privacidad en que se vive en estos tiempos.

Es el caso de mis vecinos más próximos,
Aquellos cuyas paredes de cartón son mis paredes.

Por un tiempo, todo lo indicaba, creí que eran
la clásica familia WASP– el padre, abogado (no debe ser
de los mejores si vive aquí); la madre, un ama de casa
de revista (los dos jugadores de tennis) y la hija
el producto de esa funcional frialdad–. Nada para dar gracias a Dios,
pero al menos para estar seguro de que serían tan invisibles como
    [inaudibles.

Creo que esa aséptica e ideal imagen comenzó a degradarse
por la hija, aunque quién puede decir cómo se desencadena un
    [desastre.

Comenzaron los portazos, los gritos, las peleas, el escándalo
a cualquier hora del día y en lo más hondo de la noche.

Siguió –y esto es una reconstrucción fragmentaria–
la ida del padre de la casa y sus vueltas a la casa
hasta perder la cuenta.

Una noche, borracha –¿o estaba endrogada?–
la niña destrozó el automóvil a la entrada de la urbanización.

Fue por esa época que comenzaron a multiplicarse
las ruidosas e interminables visitas de personajes marginales
que, evidentemente, no podían pagar los lujosos automóviles
que conducían.

La madre se convirtió en un espectro, y era evidente que bebía.

Silenciosa, la policía vino, por lo menos que sepa una vez
a la casa de los vecinos –lo sé porque ese día estaba enfermo
y la vi cuando salí a buscar la correspondencia–. Una insólita visita
que significó unos días de calma.

En distintas ocasiones los empleados de mantenimiento,
con los que me llevo muy bien, me comentaron que en la casa
de los vecinos sucede algo extraño. Todo indica que hay
droga por medio, y que la madre se ha puesto a vivir con un negro
que es amigo de la hija y prácticamente se ha instalado en la casa.

La madre está cada vez peor, parece un espectro.
El padre ha pasado de la fría cortesía en los ocasionales encuentros
de los primeros tiempos, a la grosería. La hija ha adquirido
el aspecto de una escuálida prostituta marginal.

Es muy triste y molesto.

Los vecinos se han quejado inútilmente de los escándalos
y la peligrosidad de los fijos visitantes.

Más de una vez, también inútilmente y muy a mi pesar,
he ido a casa de los vecinos a quejarme de algún hecho insoportable
–un ejercicio retórico. A estas alturas ellos solo son capaces
de comprender a partir de la violencia, y en esta sociedad
en que el delincuente tiene más garantías que la víctima,
no vale la pena desgraciarse la vida por esa carroña–.

Hay que aguantar resignadamente hasta que se maten entre sí
o acaben por marcharse. No veo el momento en que eso suceda.
No me consuela que tal situación esté a la orden del día.

Sí me doy de cuenta de que esta sociedad está enferma,
y que se va al demonio a toda velocidad. Lo siento
por mí mismo, que quiero vivir con una cierta tranquilidad
los años que me quedan de vida; y lo siento por mis hijas,
que vivirán tanto más que yo; y lo siento por ciertas
personas que conozco y quiero; y lo siento porque es injusto.

HOMBRE SIN GATOS

Primero fue Syl y unas pocas semanas después,
coincidiendo con la carpa para las termitas
(éste es el único país en que se compra una casa
que se sabe está destinada a la destrucción por los insectos)
fue Mofi, su madre, mi vieja gata.

En muy poco tiempo me quedé sin mis gatos,
tan distintos pero igualmente imprescindibles.

Cuando Syl murió, me pareció injusto, porque hacía
un hueco más en mi soledad. Un animal, creo que lo he escrito,
es una criatura que se puede querer sin peros ni problemas.
Sabe ser, sabe estar con uno sin condiciones.

También me pareció siniestro, porque sigo creyendo
que los padres, animales o personas, no deben
sobrevivir a los hijos. Es demasiado cruel.

En su vejez, Mofi fue todo un personaje, tan cariñosa
como resabiosa. Se había tornado lenta como una vieja
y autoritaria reina y había desarrollado una serie de manías.

No bebía agua del pozuelo, siempre fresco sobre las piedras.
Prefería hacerlo de los tiestos donde se recogía la lluvia;
no permitía que Syl comiera primero cuando les servía
bien temprano en la mañana; le gustaba esconderse,
hasta hacerse invisible, en ciertos rincones, como junto
a mi mesa de trabajo, donde comenzó a parir por vez primera,
o en el baño, donde parió por segunda vez (fue entonces
cuando tuvo a Syl). Invariablemente iba a esos dos sitios
cada vez que entraba en la casa (los animales saben
lo que las personas olvidamos o no llegamos a saber
perfectamente, lo que los hace mejores).

Tantas manías que yo esperaba tolerar diariamente
para convencerme de que existe un cierto orden
y algo de amor en el mundo.

La inevitable carpa para las termitas
acabó con muchas plantas, con mucha vegetación,
Acabó con las hojas de la copiosa buganvilla.
Allí, en lo alto de la cerca, entre la buganvilla,

su cabeza descansando sobre una gruesa guía llena de espinas
—nunca se pinchó—, Mofi pasaba gran parte del día, más cada día
que pasaba. Y era casi imposible descubrirla entre el follaje.
Aquello era para ella como un trono indisputable o un refugio.
Su sueño entre las espinas, de alguna manera me hacía reposar,
es algo que no puedo explicar.

Pero no era solo su sueño. Invisible entre las hojas
y las cruentas espinas, siempre supe que Mofi era un centinela
que me protegía hasta de la paranoia. No más.

Alguien me dijo cuando le conté de la muerte de Syl,
que cuando uno quiere mucho a un animal, cuando uno
está muy apegado a un animal, éste detiene con su vida
todo el mal que va a recaer sobre uno.

Primero, Syl, después Mofi. Es de preocuparse.
Si es verdad que los animales que queremos mueren
para que no suframos, es evidente que tengo mucho en contra.
¿Lo evitaron Syl y Mofi hasta su fin?

No creo, no quiero creer en esas supercherías. Me lo impiden
mi educación y mi formación, la fría lógica. Pero he aquí que,
destino o no, maldición o como se llame el mal que los otros
quieren para uno, he perdido en tan poco tiempo a mis dos gatos.

Eran algo muy importante en mi vida, y su ausencia
la empobrece. Los animales son una gracia
que nunca apreciamos lo suficiente.

¿Cuántos años llevo escribiendo poemas?
¡Cuánta muerte hay en mi poesía!
¿Cuántas elegías me faltan?
Es lo de nunca acabar. Pero cada vez más
es peor escribir de una pérdida. Poner en palabras
el crecimiento de una soledad que pisa el corazón.
Demasiado.

Esta elegía para Mofi, que también es una elegía
para Syl, es tanto mi propia elegía.

Soy un hombre sin gatos.

Y LA NECESIDAD DE LA MÚSICA

Tan fácil, tan natural, tan glorioso,
escuchar buena música: música clásica,
con la que no hay equivocaciones;
y también cierta música contemporánea,
música popular en una época que ya es historia
y más olvido, que fue la primera que aprecié.

«¿Cómo es qué escribe?», me pregunta
un joven candidato al doctorado en Letras –dirigido
por un solemne y absolutamente mediocre profesor–,
que está en busca de una tesis novedosa
y un tema explotable a largo plazo.

(Debo aclarar que, a estas alturas,
cuando ya me adentro en la edad del acabamiento,
puedo empezar por puro azar a ser tímido y riesgosamente
considerado –el insondable letargo de la academia–
un tema sin muchas complicaciones para la indagación crítica,
lo que se supone debe generar mi infinita gratitud.)

«Es bien sencillo», le digo. «Lo primero es cumplir al máximo
con las obligaciones de mi trabajo, que nada tiene que ver
con la poesía. Hacer lo mejor posible, aunque sea intrascendente
lo que quiere mi supervisor. Eso me asegura inseguramente
mi estricto cheque semanal, que si me faltara tres o cuatro
semanas consecutivas, me sumiría en el desastre».

«Por otra parte», sigo explicándole a mi interlocutor,
«cuando he cumplido con creces lo que se me exige,
una tarea agotadora, y también con otras responsabilidades
(no pocas de ellas igualmente imposibles) que me auto impongo,
reivindico mi propio, cada vez más escaso tiempo».

«Claro que ese tiempo mío casi siempre lo alcanzo
cuando estoy agotado», sigo precisando, «muchos,
cada vez más, los días en que, exhausto después de demasiadas
horas de trabajo y constantes maniobras de supervivencia
solo puedo quitarme el uniforme de periodista, ducharme,
servirme un trago y meterme en la cama, para dormirme
escuchando música clásica».

«Pero, oh misterio de la creación o purísima locura»,

716

prosigo explicando en voz baja, para hacer más dramática
mi experiencia, «como si de ello dependiera la salvación
de mi alma inmortal, por lo menos dos días de la semana
e invariablemente los fines de semana, me consagro
a escribir lo mío. Es decir, me borro aún más».

«Entonces», describo con la sobriedad de ciertos clásicos,
«solo se trata de sentarse solo, con un vaso al lado
y suficientes cigarros y las sencillas herramientas del oficio
y, por supuesto, música. No puede faltar la música».

«Ya olvidado de todo», continúo explicando
al joven académico que vivirá una buena vida, a costa de
sus textos, clases y seminarios sobre escritores
que casi siempre llevaron una vida de perros,
«los poemas empiezan a salir. Y tras el primero
hay que ir al otro y así sucesivamente».

«No me detengo cuando termino un poema
—al menos a estas alturas de mi vida—, me entrego
al próximo. Se trata de aferrarse a ese flujo de palabras
que si se interrumpe no se recobra», aclaro a mi interlocutor.

«Al final, cuando ya estoy agotado de escribir,
beber y fumar, reviso lo escrito. Con suerte hay un poema
que vale la pena; con mucha suerte, hay dos. También hay
demasiados días estériles».

«Si se hace esto toda la vida, lo que equivale a renunciar
a demasiadas cosas en la vida, a achicharrarse en vida»,
le aclaro al joven aspirante a un solemne y bien remunerado
    [doctorado,
«quizás, al final, uno tenga unos cuantos poemas con los que
se sentirá bien. El milagro es que encuentren sus lectores
y que les digan algo (pero de eso nunca se está seguro). No hay más».

«Así escribo», y este es el momento en que cambio el tercio
y cojo el estoque para entrar a matar. «Mis poemas son simplemente
un testimonio del paso del tiempo, que escribo robando tiempo
al tiempo que me falta y disminuye al paso de los días.
Esos poemas son cada vez más un implacable espejo de lo que soy
y de lo que no quiero ser. Pero le recuerdo que todo espejo tiene su
    [reverso».

«Todo lo he apostado a esos poemas. Cada uno de ellos
es un poco mi muerte. Pero, en verdad, los he escrito para no morir.
No sé explicar de otra manera como escribo. Es mi forma de vivir,
y ya he dejado de interrogarme sobre esa dudosa costumbre
que sigue pasándome una cuenta que no puedo liquidar».

«Eso sí, aunque también he escrito en medio de un espantoso
[silencio,
la poesía necesita de la música».

Aunque, tal vez, sea yo, la creciente soledad que soy,
quien necesite de la música. Algo a considerar muy seriamente.

ESTRATEGIA PARA QUIENES VIVEN DE UN SALARIO

Esto lo he aprendido, aunque en cuántas ocasiones
no me sirve ni me ha servido de nada, a lo largo
de casi 40 años ganándome la vida.

He hecho muchas cosas, y las hubo espantosas,
casi siempre más por la gente que, finalmente,
es el gran problema, que por el trabajo:

Esos trabajos en que algunas veces me ha ido
tolerablemente bien y otras, las más, desastrosamente.

Trabajar, como dijo Pavese, cansa. Pero,
y esto no lo dijo Pavese, además de permitir sobrevivir,
trabajar enseña lo que no se puede aprender en los libros:

Hay que cuidarse ferozmente de los demás
para que no lo desbaraten a uno. Para ello, lo más importante
es que no se den cuenta de que uno existe.

Es vital hacerse útil, pero desde un plano de sombra.
No se debe hacer nada que otros no puedan hacer,
no vale la pena y es peligroso. Así, es imprescindible
no destacarse porque se desencadenan las envidias
y los resentimientos contra uno.

Siempre es útil pedir ideas, aunque se sepa perfectamente
lo que tiene que hacerse.

Resulta esencial admitir que hagan polvo
lo que uno ha hecho. Es inútil reivindicar la razón

con los que mandan aunque no tengan ni idea de lo que hacen.

Hay que ignorar los favoritismos, porque lo peor
que puede sucederle a uno es renunciar a la propia decencia
y humillarse para ser un favorito. No vale la pena.

Debe convertirse en un artículo de fe el no protestar
por nada, porque se corre el riesgo de ser calificado
de conflictivo y cualquier acto que suponga rebeldía,
hasta el más insignificante, siempre acarrea represalias
que eventualmente pueden significar el despido.

Hay que entender que uno trabaja para sobrevivir
y que como están las cosas es un privilegio tener un trabajo,
pero que uno no es el trabajo que tiene.

Y hay que saber que los supervisores viven aterrados
de sus supervisores, pero más de sus supervisados,
que pueden hacerles sombra y ponerles en entredicho
comprometiendo su seguridad.

No menos importante, también debe entenderse
que los supervisores que nos hacen la vida imposible,
solo existen mientras supervisan; que cuando terminan su turno
se borran, porque no tienen otra vida.

Se trata de encajar, y es bien difícil encajarlo,
lo que venga en el horario de trabajo,
y cobrar la paga semanal.

Al terminar cada día, a pesar de los golpes, comienza la vida.
Es mucho más que lo que otros pueden decir y hay que aprovecharla
al máximo, que no es mucho.

Por otra parte –y esta es la gran lección–
cuando se depende de un salario semanal,
no se puede estar seguro de nada.

LOS GOLPES

Algunos golpes duelen más que otros.
Pero el dolor de todos y cada uno de los golpes
va mermando, haciéndose soportable
a medida que pasa el tiempo.

Cierto que hay golpes que no se pueden olvidar
y que vuelven a uno cuando menos lo espera
y lo necesita, cuando se está mal o se cree que ya
no hay posibilidad de más golpes. Son los golpes
interminables, el anticipo del infierno o el mismísimo infierno.

La vida de cualquier persona es la historia de los golpes
que ha recibido y –lo que se comprende tardíamente–
de los golpes que ha dado, porque las cosas buenas de la vida
se aceptan sin mayores consideraciones, tan naturalmente.

A medida que uno resta años del propio calendario,
se vuelve exigente en este asunto de los golpes,
que son una pérdida tras otra. Entonces, valora una y otra vez,
todos los golpes recibidos y todos los golpes dados,
tratando de establecer cuál fue el peor.

Una tarea inútil. Todos sabemos perfectamente cuál fue ese golpe,
pero nos resulta imposible aceptar que nos lo dieron o que lo dimos.

Y de eso se trata: el golpe fatal casi siempre fue evitable,
no como la muerte, que es tan natural. Eso es lo que lo hace
[excepcional.

Cada vez más tarde, cuando nos sobran todos los golpes recibidos
y todos los golpes dados, ¿cuántos golpes faltan?

Mejor no pensar.

MUERTES

Hace tiempo que estoy tratando inútilmente de escribir
un poema sobre los que fueron mis compañeros de estudio
y ahora son ricos, influyentes y poderosos.

De vez en cuando me tropiezo con alguno y conversamos.
Es como si representásemos torpe y vertiginosamente un mal libreto.
No tenemos nada que decirnos. ¿Desde cuándo no hay nada
en común entre nosotros?

Nos han separado la Historia, las circunstancias y, finalmente,
nos separa el dinero. Sospecho que también nos separa el hecho
de que yo sea un poeta. Es un oficio no lucrativo, inseguro
y siempre condenado al desastre, que, desde muy jóvenes,
realmente prácticos y con los pies bien puestos en la tierra,

nunca cupo en sus cabezas.

Es muy simple: el pasado ha muerto.
Ellos han muerto. Yo he muerto.

No me cabe la menor duda de que solo yo reconozco
que todos perdimos. Ellos no tienen porqué hacerlo.
De eso se trata también la muerte.

Sigue de largo, jinete.

EL SILENCIO

Mi enorme, fuerte y barbudo amigo italiano
ya no puede comer ni beber ni hacer el amor
como lo hacía en los pocos momentos que se regalaba
a sí mismo, interrumpiendo una agotadora jornada
de trabajo con las piedras.

Comenzó su vida tres veces, en tres países.

Es un excelente esposo y padre de familia
que ha asegurado el bienestar de los suyos; y es un hombre
con un corazón de oro que nunca le ha negado ayuda a nadie.

Mi amigo es rico y se le considera un pilar de la comunidad
—no hay buena causa a la que no contribuya generosamente—.
Pero por ser tan buen esposo y padre y patrón y persona,
se negó a sí mismo el tiempo para ser el artista que es.
Su caso no es excepcional, aunque los matices sean distintos
a los de otros artistas que, también, se reprochan no haber dado
lo que debieron dar, esa tragedia incomunicable, un infierno.

Ya mi amigo no puede trabajar como antes. Su corazón
lo traicionó con violencia. Tampoco puede comer
y beber y hacer con gusto el amor.

Ahora mi amigo, con su muerte como su propia sombra,
solo quiere dedicarse a hacer su obra, lo necesita desesperadamente.
Quiere agregar algunas piezas que sienta realmente definitivas
a las piezas que hizo, robando tiempo al tiempo,
a lo largo de los años.

«No quiero que hablen de mí después de muerto»,
me dice con vehemencia. «Quiero que hablen mientras

lo puedo escuchar. Necesito esa satisfacción.
Creo que me la he ganado».

Tiene razón y no pide mucho. ¿Es que alguna vez un artista
ha pedido algo que no sea un poco de reconocimiento?

Visitaré a mi amigo la próxima semana. Nos sentaremos
en la fresca terraza de su estudio a conversar y, sin duda,
me ayudará, con suma moderación (un exceso), a disfrutar
de un glorioso vino de su tierra natal.

Hablaremos de lo que siempre hablamos: el oficio;
el medio y sus miserias; viejos recuerdos que cada día
que pasa se hacen más poderosos; la situación y la política;
lo que nos ha pasado desde el último encuentro; algunos proyectos.
Nada excepcional, tan solo lo que siempre hablan
los viejos amigos cuando se reúnen.

Al despedirnos será otra vez el silencio que mi amigo
no quiere ni tampoco yo quiero. Todo indica que tendremos
que conformarnos con ese silencio.

Lo siento por los dos.

CRISIS

Cuando mediocridad y dinero coinciden;
cuando poder y ambición de poder coinciden;
cuando el delirio de protagonismo y el vacío
y la canallería coinciden, como ahora coinciden,
y casi todos mienten y engañan y se engañan
sin escrúpulos, ¿qué demonios se hace
con la Patria y con la escritura, Don José Martí?

UNAS LÍNEAS PARA PONER AL DÍA A LEZAMA LIMA

Compadre, no entendería nada de lo que sucede.

Su vida la pasó al borde de la pobreza.
Fue blanco de todas las infamias que desencadenan
implacables la envidia y la mediocridad.
Su doloroso fin fue una historia más terrible todavía
de aislamiento, estrechez, acoso y otra vez negación.

Ahora es la estrella que se disputan, como perros

de presa, la derecha y la izquierda, que lo hostigaron
y silenciaron tan puntual como ferozmente,
porque estaba más allá de cualquier bandería.

Sus ilustrados policías, sin memoria ni escrúpulos,
lo alaban y distinguen como el mejor de los suyos;
y, al otro lado, los que tampoco tienen ni idea
de lo que escribió y lo que hizo, lo exaltan,
igualmente aprovechados.

La academia, siempre atrasada, oportunista
y mediocre, lo venera; y proliferan los remunerados
cursos, conferencias, estudios y artículos sobre su obra.

Se celebran congresos y seminarios
–que son una burla a su memoria– en su honor.

Todos reivindican enérgicamente su amistad
más entrañable y se constituyen en celosos guardianes
de su legado; y sus discípulos son más Legión
que el demonio de ese nombre.

Ahora, que no lo necesita, le sobra a usted,
que quiso tan poco, todo lo que no tuvo
y todo lo que le negaron.

Como ve, Maestro, y cuánto me duele decírselo,
lo han convertido en un gran negocio.

A veces no solo traiciona la vida, sino también la muerte.

Siga, por favor, resistiendo.

ENCUENTROS DE ALTA PELIGROSIDAD

Los días festivos son grandes días para los policías.

Tienen una oportunidad mayor de volcar indiscriminadamente
todos sus resentimientos y agresividad sobre el ciudadano
de a pie, abusando aún más de su poder.

Anoche, vísperas de Nochebuena, en el caótico aeropuerto de
[Miami,
un policía volvió a recordármelo mientras yo aguardaba, con el motor
en marcha, frente a la puerta de salida, a mi hija, que recogía
su equipaje a unos pasos.

Había otros automóviles, que habían llegado antes que yo,
    [esperando,
pero el policía vino hacia mí, el último en llegar, y me dijo que tenía que
    [irme.

Intenté razonar con él, porque yo tenía razón. Me repuso
    [amenazador
que si no me iba de inmediato me ponía la multa más elevada del libro
y que, además, podía arrestarme por desacato a la autoridad. ¿Qué
    [autoridad?

De no ser por mi hija, por las fiestas y porque es realmente inútil,
me hubiese dejado arrestar, tan solo para ir a la corte y protestar
por el abuso de poder, aunque, finalmente, como es natural,
hubiera salido perdiendo.

Me fui. Demoré casi media hora en regresar
al mismo sitio y recoger a mi hija.

Estoy seguro de que el policía se sentirá satisfecho
por haber podido abusar de nuevo impunemente
de una autoridad que no tiene. ¿Qué número me corresponde
en su lista de arbitrarios abusos de esa noche?

Si yo hubiese sido un delincuente cometiendo un delito,
dudo que el policía hubiese intervenido –el índice
de criminalidad de esta ciudad es uno de los más altos del país–.

Pero cuando no se es un delincuente, y eso lo pensé
mientras me alejaba, lo único que es imprescindible
y saludable es evitar, con idéntico cuidado
a policías y delincuentes. Son altamente peligrosos.

LAS TRAICIONES DE LA LOTERÍA

6 números pudieron hacerme rico esta Navidad.

$47 millones que hubieran saldado todas mis deudas
y resuelto mis demasiados problemas, aunque los tuviese
que compartir con otros ganadores y el insaciable IRS.

Pero solo acerté 3 números, con una ridícula
ganancia de $4.50.

No había hecho planes para tanto dinero,

porque sé perfectamente que haría con cualquiera suma
importante que eliminase para siempre
las preocupaciones económicas de mi vida.

A saber:

1. Aseguraría el porvenir de mi familia, tal y como
cada uno de sus miembros sueña –eso me daría
una suprema paz de espíritu–.

2. Me compraría una sólida casa de piedra y madera,
bien apartada y frente al agua y rodeada de árboles
y vegetación, de la que apenas tendría ganas
ni necesidad de salir.

3. Dispondría de una impecable biblioteca; el despacho más amplio
y luminoso del mundo; un estudio para pintar; un taller con todas
las herramientas del mundo, que no sé utilizar bien,
pero que me fascinan casi tanto como una bella mujer;
un acogedor bar con una barra y mesas de maderas preciosas
y amplias y cómodas banquetas de piel; una mesa de billar
y toda la buena bebida del mundo; y una deliciosa casa para
        [huéspedes
(que todavía hay gente fascinante y entrañable en el mundo)
y otra, que sea como un encantado parque de diversiones
para los nietos que tanto me faltan.
La casa sería, por supuesto, ese cuartel general
que siempre he deseado para estar tranquilo y dichoso.

4. Tendría toda la música que me es imprescindible
para vivir; los videos de mis filmes y programas favoritos;
preciosos juguetes y toda clase de juegos; las armas que siempre
me han fascinado; cuadros de mis amigos y algunos cuadros
de Carlos Enríquez; trenes eléctricos, colecciones de soldados
de plomo, barcos y aviones, memorabilia militar, bastones, pipas,
estilográficas, gorras y sombreros, y esos objetos descolgados que
        [siempre
aparecen por el mundo y están hechos, aunque sean inútiles
(o porque lo son), para uno.

5. Compraría un Range Rover y un enorme Bently
en que este hombre enorme en que me he convertido
con los años se sintiera totalmente a sus anchas;

725

y también la más poderosa y deslumbrante Harley,
aunque fuera para verla, porque a estas alturas
va y salgo en ella y me embriago con la velocidad
    [y me pasa lo que a T.E.

6. También adquiriría una embarcación para pasear y pescar
de vez en cuando; y no olvidaría hacer una pequeña capilla
en el jardín para darle gracias a Dios por mi suerte
y pedirle que no me hiciese olvidar a los que no la tienen
    [y ayudarlos.

7. Por supuesto, no faltarían en mi casa
los gatos y los perros y hasta un cerdo.

No creo que viviría en esa casa más de lo que voy a vivir,
pero al menos acabaría más armoniosamente y podría, por fin,
dedicarme a escribir sin presiones, como ya tanta falta me hace
porque es menos mi tiempo y sé que mucho se me quedó sin escribir
y me enferma no poder escribir todo lo que quiero.

Todo lo que queda pendiente por tan solo
tres números: el 6, el 10 y el 34.

NECESIDADES

No pude pasar unos pocos días en el campo, en Maine,
como necesitaba para sacarme con el demasiado frío
algo del demasiado calor en que paso el año y que me acaba.

Otra vez, nada de profunda nieve ni árboles desnudos,
ni ese silencio inmenso y esa soledad distinta
del invierno más crudo para mí.

Digamos que unos pocos días así, son una experiencia
religiosa, un reencuentro con uno mismo, el paladeo
de una inmensa paz en que el tiempo acaricia.

Son tres cosas que me hacen demasiada falta,
cada vez más.

UNA COLT COMO LA DE BOGART

El jueves, tras un día insoportable
de trabajo, me detuve en una armería.

No tenía ninguna prisa por llegar a la casa,

y ver armas me hace bien. Me hace sentir
como un niño en una juguetería.

Había algunos modelos nuevos
–de precios cada vez más astronómicos–,
uno de ellos verdaderamente tentador.

Era, todavía, lo que debe ser un arma,
un objeto tan letal como hermoso,
y no esas armas tan sofisticadas y desprovistas
de belleza –pero tan eficaces– que se han impuesto
en el mercado: pura rapidez, volumen de fuego y seguridad.

Pero nada de la gloria legendaria de una Luger;
la confiable solidez de una Browning;
la discreta superioridad de una Walther
o la imponente majestuosidad de una Mauser.

Entonces vi, casi invisible entre tantos
poderosos calibres, una compacta y estilizada
pistola Colt calibre 32, exactamente igual
a la que usó Bogart en Casablanca.

La examiné –estaba lista para ser usada
a pesar de las inevitables huellas del tiempo
en su acero exquisito–, y la empuñé
como si tocase un milagro que se hacía
una perfecta extensión de mi mano.

Sentí, con un placer semejante al que se tiene
cuando se acaricia a una hermosa mujer
que estaba en contacto con algo único.

Esa 32 era un sueño importante entre mis sueños;
un desgajamiento de un pasado que acaso no fue mejor,
pero sí más humano y comprensible; parte de mis insuperables
y crecientes ficciones.

Ya mi vida ha llegado a ese punto en que lo que no se hace
no se hará, y tanta disminución –aunque he aprendido
a golpes a encajar el dolor, porque es más fácil–
solo agrega vacío a los días difíciles que siempre llegan.

Por eso, sin pensarlo dos veces, compré la Colt.

Para hacerlo –tras identificarme debidamente–,

tuve que llenar unos papeles en que, entre otras cosas:
juraba, bajo pena de cárcel si mentía, que no era
un delincuente ni tenía un expediente criminal;
ni era un enfermo mental ni un drogadicto;
ni tampoco era un prófugo con cuentas pendientes
con la justicia; ni estaba limitado en mis movimientos
por orden de una corte, y no me acuerdo cuántas cosas más.

El vendedor llamó entonces a una oficina estatal
para comprobar que yo estaba «limpio» –una llamada
por la que hube de pagar $8.00–, y me dijo que podía
recoger mi pistola dentro de 3 días.

«Es el período de enfriamiento», me explicó, y agregó,
como excusándose, «en otros estados es mayor».

Me parece muy bien, solo que si compro una escopeta
o un fusil de repetición, me lo puedo llevar inmediatamente,
sin llenar papeles ni pagar $8.00 para que alguien diga, tras buscarme
en una computadora que controla arbitrariamente toda mi vida,
que soy, hasta el momento, un hombre de bien.

Comenté al vendedor ese absurdo, y me dijo que la regulación
tenía que ver con el tamaño del arma; que un arma de mano
es fácil de ocultar, pero no un arma larga.

Me pregunto que si alguien se decide a matar,
se preocupe por las dimensiones del arma a emplear.

Por supuesto, que no compré la Colt para matar a nadie.
Me limité a adquirir, cuando los juguetes que nunca se tuvieron
son más importantes para sobrellevar lo que falta, un juguete
    [precioso;
una pieza de colección; una pistola como deben ser las pistolas
de los hombres duros y solitarios y vulnerables: la materia,
como dijo Bogart en otro filme, citando al Bardo Inmortal,
de que están hechos los sueños.

En tres días comenzará a acompañarme silenciosa.

«*Play it again, Sam*».

CONDENA A MUERTE

Tras la lectura silenciosa de los resultados
de los exámenes que me indicó, y comunicarme
la irreversible traición de un índice que solo se puede
controlar, el médico me dijo que debo dejar
de fumar y beber; bajar de peso y limitar mis comidas;
hacer ejercicio y evitar todo tipo de excesos y tensiones.

Se trata, de golpe, de convertirme en otra persona.
No me imagino a mí mismo haciendo todo eso.
Es una tarea verdaderamente ciclópea.
Si la acometo, ¿llegaré a conocerme a mí mismo?

SABIDURÍA

La gata que recogí sacó a los cuatro gaticos
que parió del abrigado cajón donde los puse cuando nacieron
y los llevó a la oscuridad del pequeño jardín.

Volví a colocarlos en la caja y los volvió a sacar.
Los dejé allí, sobre la tierra, tan vulnerables y delicados.

De alguna manera, la gata sabe
lo que seres humanos nunca sabremos o hemos olvidado:
hay que preparar a los hijos para la intemperie.

Ese es el final de la historia.

NUNCA SE APRENDE A PERDER

Por mucho que se haya perdido,
nunca se acaba de aprender a perder.

No es verdad que los años nos hacen
más resistentes a las pérdidas.

Lo que sucede es que con la edad
vamos eliminando las cosas superfluas,
y nos aferramos a unas pocas cosas
que realmente importan.

Por eso son más dolorosas las pérdidas;
también porque una pérdida es mucho más
que un golpe súbito y demoledor.

Una pérdida es el tiempo que se hace
más interminable para que recordemos
sin cesar lo perdido; son las preguntas
inútiles que nos hacemos para tan solo
darnos inútiles respuestas; son los engaños,
las justificaciones, las maniobras y las esperanzas
que elaboramos estérilmente para restarle
realidad a la pérdida, para creer que fue un accidente,
una equivocación, que no tendrá consecuencias.

La vacía negación.

Una pérdida es una pérdida y cada pérdida nos pierde más.

Hay infierno. Son las pérdidas.

DESDE UNAS VIEJAS FOTOGRAFÍAS

Es una lástima que los animales crezcan.

Debían (al menos algunos animales domésticos
y, por qué no, también salvajes, como los tigres
y los osos) seguir siendo esos frágiles, torpes,
juguetones y hermosos cachorros que, faltos de imaginación,
comparamos con los cachorros de los anuncios.

Otro tanto sucede con los hijos.

Crecen vertiginosamente, se transforman, se van.

Todo tan natural.

¿Somos nosotros los que aparecemos
en esas viejas fotos con los cachorros, con los hijos?

LÁPIDA

Lo único bueno
de envejecer
es que queda
menos tiempo
para sufrir.

VENTA DE GARAJE

Todo lo que se vende un sábado o un domingo
en cualquier venta de garaje es usado, ya no sirve,
estorba, ocupa demasiado espacio: sobra.

Pero siempre hay compradores.

Algunos buscan lo que no pueden comprar nuevo.
Otros van en pos de objetos cuyo valor
no supieron apreciar sus dueños. Hay quienes examinan
y, tal vez, compran porque no tienen otra cosa que hacer.

Por supuesto, están los profesionales
a los que solo importa algo de ganancia.

Es posible montar una casa con las cosas
que se ofrecen en las ventas de garaje.

Lo que sucede es que una vez que nos pertenecen
y las acomodamos en su sitio y nos servimos de ellas
nos inventan nuestra historia. De alguna forma
que jamás comprenderemos a fondo, nos transforman.

Solo hay un peligro en esto. No es nada nuevo
después de cuántas sucesivas e inevitables pérdidas:
es saber que ya esas cosas son las últimas de nuestra vida,
y que alguien las liquidará indiferente un sábado o un domingo
en una venta de garaje, para dejarnos, finalmente, sin historia.

Quizás es más sabio no tener nada.

LISTAS

Tengo (no es la única) una insistente
y benigna forma de locura. Es hacer listas.

Se pueden redactar listas sobre todas
las cosas imaginables e inimaginables del mundo.

Mis listas más constantes enumeran todo
lo que tengo que hacer cada día.
Casi nunca puedo satisfacerlas,
pues crecen interminables.

Digamos que esas son las listas
para intentar sobrevivir.

Son esenciales, pero abrumadoras.
Me enfrentan a mis insuperables insuficiencias
y fracasos.

Pero mis listas más importantes,
las que me conceden la posibilidad de soñar
—más que mis obstinados poemas— son interminables.

En ese orden están las listas de:

—Los libros que debo
leer y releer, y la biblioteca ideal;
—las mujeres a las que quisiera
hacer el amor; —los lugares que me faltan
por conocer; —las obras de arte que tendría
en mi museo imaginario; —los nombres
de quienes desearía ser amigo entrañable;
—los bares excepcionales para el don de la ebriedad;
—lo que prodigaría interminable a los que quiero;
—el inventario de una fabulosa colección de armas
y otras tantas no menos deslumbrantes
e interminables colecciones, para empezar, juguetes;
—todo lo que no he hecho.

Por supuesto, están las listas atroces, que incluyen:

—mis culpas, miserias y errores; —las injustas pérdidas;
—el nombre y agonía de mis muertos; —los paisajes hostiles;
—los sueños condenados; —los animales que se me murieron;
—las injusticias que no pude reparar; —el sufrimiento de los míos.

No hay término para las listas que se multiplican
en mis pensamientos.

Solo hay una lista imposible.
Es la lista de las listas.

ENGLISH POEMS

NOTATIONS

1 / NOTATION

a rough day
and a quiet dinner
(all by myself)
best course

      conversation

three letters from Cuba
dreadful news

a tired
    helpless
lonely man

     sadness

depression

keep the colours flying!

2 / SENTENCES

noon
the endless wait
a crowded lonely place
just one more brandy won't kill me
yesterday the past was a strange conversation piece
the bitter taste of an unknown victory
a weak heart and a lust for life
untold words and feelings
keep smiling
the bloody game you've got to play
old pro's don't cry
a thing of beauty is a joy...
let's take a chance
I think this is much more than the beginning
of a beautiful friendship
got to go
miss you

have gun will travel
but you know.

3 / AN EARLY AUTUMN BRIEFING

work
  drink
and smoke yourself to death
find no rest
find no love
dreams are forbidden here
everybody will approve
if you just behave
that's your neglected duty
the taming is on us.

4 / FINDINGS

  lost family
lost country
lost loves
lost dreams
lost you name it
lost losses…

5 / PORTRAIT OF THE ARTIST AS A STILL LIFE

  a Smith Wesson
a Smith Corona
some faded pictures
a battered old radio
a bottle of Scotch
and empty pack of cigarettes
the ultimate etcetera
on a messy desk
that outgrows
a circle of yellow light

  (the painting is dated
December 1989
It is fifty years old
almost an antique)

EL CORAZÓN EN LA PALMA DE LA MANO

All of life is a foreign country.
Jack Keroauc

EL CORAZÓN EN LA PALMA DE LA MANO (2017),
Poemario inédito de Armando Álvarez Bravo.

LA LIBRETA

Tengo
una libreta
para escribir
hacia la muerte,
hacia la resurrección.

¿Cuál es la factura,
la marca de agua
de ese papel?

Me digo a mí mismo,
yo, a quien la vida
y las circunstancias
han obligado a escribir
en toda suerte de papeles,
si los hallaba,
y perder casi todos mis papeles,
¿puedo hacerme preguntas
de esa naturaleza?

¿No debo, simple
y llanamente, dar gracias a Dios,
por el papel que tengo
a mi disposición,
por ese blanco espacio
en que sigo empeñándome
—en eso se me ha ido
y se me va la menos vida
que me queda—,
en volcar lo que soy,
lo que no sé que soy,
lo que siento
y lo que sueño,
lo demasiado que no sé
y que nunca sabré,
lo que deseo?

Da igual
a estas alturas
de mi edad.

Mi existencia

que se mide por poemas
—en verdad, un único poema—
es imposible de juzgar
a partir de los papeles
en que quise perdurar
y decir al otro,
al por siempre desconocido
en el enigma del espectro
del paso del tiempo,
lo que asumí como mi verdad,
me gustase o no.

Mucho me han enseñado
los años y mucho he desaprendido
en su transcurso.

Así, no sé si soy
el mismo de siempre
o si soy otro.

Solo puedo asegurar
de nuevo, algo que encajé
ya ni me acuerdo cuándo:
Un poeta es un hombre
que quiere ser todos los hombres.

De todas suertes
no puedo dejar de preguntarme
si esta libreta, si este inmaculado papel,
son los adecuados para escribir
hacia la muerte, hacia el siempre.

¿Vale la pena preocuparse
por la calidad de algo tan insignificante?

La vida está en el poema.

LA CARGA

Soy algo
que creo
nadie sabe:
Una carga
para mí mismo.

EL EXILIO

El exilio
es la metástasis
de la soledad
en la distancia.

EL EMPLEO DEL TIEMPO

No lo que hacemos
con el tiempo,
sino lo que el tiempo
hace con nosotros.

¿Es una suerte
o un desgarrón
lo que el tiempo,
que es uno
de los discursos
de Dios, hace
con nosotros?

Imposible decirlo,
aunque, sin duda,
es la inescrutable
voluntad de Dios,
que se expresa
por medio de la Historia
y las circunstancias
personales, siempre
fuera de nuestro control.

A no dudarlo,
el tiempo mejor
es el que vuela
en los momentos
de calma y dicha.

El otro tiempo
es el que tenemos
que encajar
porque hay demasiado
ante lo que estamos inermes.

No menos importante
es que el tiempo
nos hace más lúcidos
a su paso tenaz,
como el de un ejército
en la oscura noche.
Esa fuerza que cala de fijeza.

¡Cuánto tiempo
dedicamos a examinarnos
en la costumbre que su latido
nos impone con su sitio!

¡Cuánto tiempo
consideramos lo que debimos
o debemos hacer
y que nos hace su cómplice!

El tiempo que nos mira,
el tiempo que miramos.
Y siempre, a su capricho,
tratar de ganar tiempo,
siempre pasando.

LAS COSAS

Las cosas
no son como debía
y como quisiera.

Son una dura prueba
de Dios, que sabe
probarnos hasta ese límite
que ignoramos
–y solo Él conoce–
pero que somos,
aunque incapaces
de comprenderlo,
capaces de encajar.

Lo que me aterra
es como serán las cosas
para los míos,

para los que quiero
cuando no esté a su lado.

Y me aterra
no estar siempre
a su lado,
para ayudarlos
y aconsejarlos
y defenderlos.
Mi caducidad.

Porque Dios
también los prueba
de manera incesante.

Dios debe amarme,
debe amarlos mucho
para probarme,
para probarlos
–y al hacerlo
a mí me prueba–
de esta manera.

Dios nos ayude
a estar en Sus manos.
No hay prueba mayor
y más tremenda
e insoportable
que Su amor.

Señor, aparta
de nosotros
este cáliz.

PAPELES

Papeles,
cada vez más papeles
se multiplican
incesantes en la noche.

Todo lo dicen,
hasta los que están

en blanco:
su testimonio pendiente.

Los papeles
me observan,
yo a ellos.

Un silencioso
diálogo en la soledad,
en el insomnio.

Y entonces,
ese miedo
de preguntarme
a donde irán
a parar.

Pregunta
sin respuesta.

CIRCUNSTANCIA

Decidir,
siempre decidir
sobre lo que se cree
se tiene control
–¿se tiene?–
y lo incontrolable.

Pensamientos
contradictorios
en la soledad,
su silencio.

Pongamos que
¿qué?

Vuelta
a lo de siempre:
la fijeza.

EL JARDÍN

Para Tania, con amor y gratitud

Desde la ventana
de mi cuarto de trabajo

742

en que paso tantas horas,
veo el rosal que me fascina.
Lo sembraste para mí,
porque sabes cuánto me gustan
las rosas amarillas.

Es para mí la planta
más hermosa de tu jardín,
al que dedicas tantas horas
para que su diversidad
y su belleza sean un regalo
para nosotros dos
y para la familia y los amigos.

Tu vida puede definirse
como un jardín ideal,
una tregua paradisíaca
en este mundo
donde tanto faltan la calma.
la belleza y la dicha.

Cuando no estás,
no sé ni puedo cuidarlo
como tú lo haces:
mantener su perfección.
Hasta cuando estás lejos
me recuerdas siempre
como debo hacerlo.
Me resulta imposible lograrlo.

Para conseguirlo
hay que poner todo el amor,
la entrega y la delicadeza
que pones, sin pedir nada
a cambio, en todo lo que haces.
Esa es una increíble gracia
que Dios te ha concedido
y que se vuelca en nosotros,
los que tan entrañablemente quieres.

Ahora estás en Virginia,
en casa de Liana María,
otra vez cuidando, sin pensar en ti,

nunca lo haces, a Joseph Armando
y Ana María y también al jardín
que ella, que ama la belleza como tú,
dice que es su jardín.

Mientras escribo este poema
en una tarde diáfana y luminosa
al cabo de tanta lluvia y viento,
solo puedo decirte que disfrutes
a los nietos que siempre quisiéramos
tener tan cerca, junto a nosotros.

La hierba del jardín está enorme
con los aguaceros; el jardín
está lleno de hojas y de ramas
de los flamboyanes, que determinaron
viniéramos a vivir a esta nueva casa
que también salvaste de la destrucción
para que fuese el hogar de la familia.
Solo tú compras una casa por sus árboles.
Eso sí, no tienes que preocuparte, riego
puntualmente las plantas del portal
que has convertido en una prolongación
de tu jardín, y también las que hay
dentro de la casa.

Yo sigo aguardando tu regreso.
Lo hago esperando a que abran
los capullos del rosal amarillo.
Tú eres esas rosas para mí.

LIBRETA DE DIRECCIONES

No sé cuántas
libretas de direcciones
he tenido,
ni tampoco cuántas
he rehecho
a lo largo de los años
y los lugares
que el destino
me ha deparado.

Todas esas libretas
dicen de mi presencia
y de mi inmediatez.
Al repasarlas
al paso del tiempo
son como un examen
de conciencia.
Me dicen de lo perdido
y de lo encontrado
y de lo que permanece.
Son, finalmente,
una suerte de inventario
que me enfrenta
con mis días, paisajes
y circunstancias,
quiera que no,
siempre cambiantes
y, también, de alguna manera
expresión de mi fijeza.

Lo peor de recomenzar
a escribir una libreta de direcciones
es toparme con los nombres
y las señas de los que murieron,
algunos de ellos entrañables,
y otros nombres pasajeros
y, cuántas veces, nombres
que deseo olvidar
por lo que me hicieron.

Lo mejor, es escribir
los nombres de los que son,
viejos o nuevos,
importantes para mí.

Mi nueva libreta
de direcciones, más allá
de lo circunstancial
imprescindible a mi estar,
aunque mucho más breve,
es un inventario de ganancias.

Al hacerla
no deja de recordarme
que de alguna forma
he alcanzado
más y más de menos y menos.

Puedo considerarme afortunado.

CLAVES

Desear,
resistir,
dar gracias
por lo que se tiene.
No hay más.

SOY HOMBRE DE TRILLOS

Tengo al mundo en mi cabeza:
los lugares que he visitado
y los que me faltan por visitar.
De unos y de otros puedo hablar
precisando mínimos detalles,
esos que escapan o pasan por alto
los naturales de un sitio y los viajeros
siempre fascinados por las distancias
y la novedad de los paisajes.

Me encanta viajar.
Es algo que me sirve para comprobar
y disfrutar algo que llena mi memoria,
aunque vaya a un sitio por vez primera.
Al regreso de cada viaje,
que siempre preparo meticulosamente
y con indescriptible entusiasmo,
regreso con el vivo recuerdo
de algunos sitios que me regalaron
la calma, la dicha y el deslumbramiento.
No tienen que ser ni emblemáticos
ni espectaculares; pueden ser
bien sencillos y modestos,

muy a ras de mundo.
Son memorias que me alegran
en la quietud de mi casa.

He aquí que al paso del tiempo
soy cada vez más un hombre
que disfruta lo que es su dominio: mi casa.
Es mi inmenso patrimonio y seguridad.
Es el centro de mi existencia
y donde siempre aguardo
la alegría de la visita de mis nietos.

Con los años me he convertido
en un hombre de trillos.
Cuando salgo no altero mis recorridos.
Me complace volver siempre a ver
el sencillo paisaje que me es familiar,
descubrir algunos cambios,
saludar a los conocidos con los que me cruzo.
Cumplir con mis obligaciones
y regresar satisfecho a casa
y entregarme a la lectura, a escribir,
a escuchar música y maravillarme
con los cuadros y las esculturas
en los que siempre descubro algo nuevo.

Esa experiencia cotidiana
es el trazado de mi vasto universo.
Si alguna vez se escribiese
una detallada historia
de los viajeros y los descubridores,
no podrían ignorarse en sus páginas
las andanzas de este hombre de trillos que soy.

DIOS

Te sé
y te busco.

Siempre
estás conmigo.

Siempre
me encuentras.

NO

No es solo no
No definitivo
Y siempre la acumulación
Lo demasiado en lo que creemos ser
Polvo al polvo cenizas a las cenizas
La dicha es una tierra de nadie
El paisaje nuestra fijeza
Recuerdo de paisajes vistos vividos
El desorden en el desordenado orden
Lo inevitable y lo imposible
Siempre la esperanza del deseo
Una campana que redobla para oídos sordos
La efímera espléndida rosa amarilla
Las cuentas que no cuadran
Las pisadas en el corazón
El implacable paso del tiempo

No es solo no
Definitivo

LA ÚLTIMA VISITA

Dios
nunca
toca
a la puerta.

A DAY GOES BY

Atardece. Está nublado
–¿lloverá hoy?– y el calor
es insoportable. ¡La bendición
de los tristes trópicos! Pura costumbre.
No hay salida a estas alturas.

Toda la mañana entregado
a mis esteparias obligaciones cotidianas.
¿Tendré alguna vez tiempo
para lo mío, lo que quiero
y necesito hacer? Creo que no.

Soy un hombre fiel a mis obligaciones
y costumbres. Va con mi territorio.

Al mediodía vino a verme
un amigo de la infancia. Me trajo mangos.
Bebimos *scotch* y recordamos nuestra
remota juventud. Recuperé recuerdos olvidados.
Quedamos en ir a cenar en unos días,
había descubierto un excelente restaurante
español. Quedó en mandarme
unas borrosas fotos de una remota visita
al velero español Juan Sebastián Elcano
y me prometió traerme una mata de mango.
La sembraré en el jardín de la nueva casa
de mi hija Lourdes. Esa casa tan cerca,
para mi dicha y tranquilidad, de casa.
Con el paso de los años, Tania y yo
la necesitamos cada vez más. No menos
que a Liana, tan lejos. Dentro de un rato
iré a cenar y pasar unas horas magníficas
a su casa que ha decorado con su natural
y supremo buen gusto. Debo agregar
que construye con espíritu de fiesta
una gran piscina para Joseph Armando
y Ana María, que ya han comprado
ni se sabe qué para *Tía's pool.* Escucho,
como siempre, música mientras escribo,
también lo hacía mientras estudiaba
en tiempos remotos en una ciudad perdida.
No puedo vivir sin la compañía de la música.

Escribí otro poema para el libro de Ana María.
Quiero que tenga, como su hermano,
un libro para ella, que diga de mi amor.
Me preparo para el viaje, un crucero,
por los cincuenta años de la graduación
de Tania. Está tan feliz y embullada
por ese aniversario y esa travesía,
un viaje que, sí, me entusiasma.

En pocas semanas, Liana se va Grecia

con los nietos. A su regreso, Joseph Armando
y Ana María vendrán a pasarse dos semanas
con nosotros. No veo la llegada de ese momento
y hago planes fabulosos para malcriarlos
–se lo merecen con creces y son muy felices
y no dejan de soñar con estar aquí,
el sitio en que siempre debían estar.
Su presencia me hace demasiada falta.

¿Mañana? Otro día como el de hoy
y algunas variantes. Bien sé que me quejo
de ese demasiado. Tengo y no tengo razón.
Pero a fin de cuentas y con todos los peros
que nunca me faltan, debo dar gracias a Dios.

Diga lo que diga,
piense lo que piense,
escriba lo que escriba,
todos los sueños encarnados
son una plenitud.

Another day goes by.

OBITUARIOS Y LÁPIDAS

Los obituarios y las lápidas
están plagados muchas veces
de lugares comunes, imágenes
torcidas e injustas y excesos.

Mi oficio me ha obligado
a escribir no pocos obituarios.
Es una labor tan difícil
como ingrata, sobre todo
si se vuelca sobre alguien
al que se quiere y admira.

¿Se puede resumir una vida
en un obituario y en una lápida?
No, con la mejor voluntad del mundo,
solo se es capaz de una aproximación
siempre insuficiente.

Hay obituarios admirables.
Recuerdo el que escribió Rilke
cara al fin: «Rosa, oh pura contradicción,
la voluptuosidad de ser el sueño
de nadie bajo tantos párpados».
Recuerdo de igual suerte el de Keats:
«Aquí yacen las cenizas de un joven inglés
cuyo nombre está escrito en las aguas».

Quisiera escribir, al cabo
de tantos años de su fin,
los obituarios y las lápidas
de quienes me han marcado
de manera indeleble.
Para empezar el de mi Madre.
No sé si podré hacerlo.
Redactar esas palabras memorables,
ese elogio definitivo.

¡Mi obsesión con la muerte,
tan viva y presente en mi poesía!

Confieso que desde hace demasiado
he pensado en las necesariamente breves
palabras de mi lápida. Uno nunca
se juega su eternidad ni su resurrección.
No lo he hecho ni lo hago con tristeza
—he querido mucho y mucho me han querido,
no hay mayor medida para la dicha—.

Así, mientras escribo este poema,
estoy seguro de que quiero que mi lápida
diga mi nombre, fecha y lugar de nacimiento
y de despedida, seguida de mi oficio: Poeta.
Y como remate, algo que me dijo,
recién llegado al exilio, un camarero
andaluz que no me vio un buen semblante:

«Que haya alivio».

Puedo considerarme muy afortunado.

SOBRE EL OFICIO DE ESCRIBIR POESÍA

El oficio de escribir poesía
es el primer acto de rebeldía
de un adolescente. Todo el mundo
le dice que es una pérdida de tiempo,
que no se puede vivir de la poesía.

Yo pasé por esa experiencia
que resulta bastante incómoda.
Al paso del tiempo descubrí
que no quería vivir de la poesía,
sino vivir para la poesía.

No he hecho otra cosa
y en nada me pesa. Cierto
que he tenido que pagar un precio
muy alto, pero por todo hay que pagar
de toda suerte de formas.
Y pago puntualmente y no sin trabajo
por cosas que valen la pena
y por tanto que poco o nada importa.
Uno se acostumbra a hacerlo.
Es imprescindible a mi condición
y para seguir mi andadura
por este mundo al revés.

He escrito robando horas
al sueño; abrumado por el cansancio;
pisado el corazón por la incertidumbre
y por la pérdida; ignorando el rumbo
a tomar hasta puerto seguro;
dejando de hacer muchas cosas
y saboreando la miel de la dicha.
No me pesa. Escribir un poema
–que revisaré y corregiré hasta el delirio–
depara una enorme calma, una dicha
y una reconciliación con lo que soy.

A lo largo de mi vida
he escrito muchos poemas
y deseo seguir haciéndolo.

Algunos poemas, las circunstancias
de mi existencia, son terribles;
otros, jubilares; y cuantos están
en esa tierra de nadie del sueño,
del deseo y de la iluminación.

No sé por qué Dios me deparó
mi destino de poeta, ni tampoco sé
por qué ese destino ha estado marcado
por tantos hechos fuera de mi control,
algunos terribles y otros magníficos.
No importa y soy incapaz de explicarlo.
Solo es real mi inmensa gratitud
al insondable enigma de Sus designios.

Este es otro poema
en mi larga y ardua andadura.
Una explicación que hago
un luminoso domingo
en que me colma la dicha.

Así, este nuevo poema
me da la razón y me justifica
por haber elegido este oficio.

DE JARDINES Y MI JARDÍN

En mi infancia, en El Vedado,
me fascinaban ciertos densos jardines
llenos de maleza, abandonados,
sitios cuajados de sombra
en cuya pura fijeza, fuentes y estatuas,
el tiempo se cumplía de otra forma.
Siempre quise tener, sigo queriéndolo,
una de esas espléndidas casas vedadenses
colmadas de singulares maravillas
y pasearme por su jardín encantado,
que había alcanzado tan naturalmente
una indefinible y calmada belleza.

De igual suerte, admiraba
los jardines perfectos

en que la vegetación y las plantas
impecablemente cortadas
y armoniosamente dispuestas
para resaltar sus esplendores,
eran imagen de refinamiento
y suprema exquisitez.

En mis viajes, siempre
he prestado mucha atención
a los jardines; los he comparado
con otros jardines y he conservado
su recuerdo como una gracia.

El jardín de mi casa,
parte del cual veo desde la ventana
de mi cuarto de trabajo, es uno
de esos jardines perfectos
que mi esposa hizo a partir de escombros,
conservando ciertos árboles y plantas
y sembrando muchos otros.
Entre ellos, el enorme rosal amarillo
cuyas rosas son imprescindibles para mí.
Para ella, la existencia debe ser
un jardín tan hermoso como cuidado,
y le dedica incontables horas,
sin hacer caso al calor y la humedad
tan implacables en los trópicos.

Soy un pésimo jardinero,
pero cuando ella está lejos,
cuidando a los nietos
—que son tan felices cuando nos visitan,
corriendo por el césped y entre los árboles
y los arbustos y bañándose en la piscina—
me afano torpemente para que a su regreso
todo esté tan bello como lo dejó.

Damos por sentado tanto
de lo que tenemos, y no nos damos
cuenta de esa suerte y privilegio.
Al paso del tiempo, comprendo
cada vez más lo mucho que significa

para mí el jardín de casa. Es la belleza
y la calma y el paisaje de la dicha.
Mi sitio más fijo, seguro y entrañable.

Siempre me aguarda con su magia.

EL PAN NUESTRO DE CADA DÍA

La vida nos ha enseñado
a encajar el día que nos vive.
Bien es verdad que casi todos los días
son, con sus inevitables variantes,
una nueva versión del día anterior,
algo que puede considerarse
el signo de una natural
y necesaria normalidad.

Todo, digamos, está bien
si no existe sobresalto en ese ritmo.
Pero a veces, cuando menos
lo esperamos, un nuevo día
nos depara algo que no imaginamos,
que nos estremece y deja en vilo
para bien o para mal, para un cambio
o para una ardua pregunta, una decisión
o, quizás, un golpe inmovilizador.

Esos días distintos dejan en nosotros
una huella imborrable y de alguna suerte
definen nuestra existencia. Muchas,
quizás demasiadas son esas jornadas
tan especiales que me han hecho
y que me han desbaratado
y que determinaron un nuevo rumbo
a mi andadura. Ese volver
a empezar que puede ser un secreto
celosamente guardado y, también,
enfrentar lo desconocido y asumirlo.

Cada día que pasa deseo
más la fijeza, pero no renuncio
a mis sueños. Es un singular proceder.

Se debe, sencilla y llanamente,
a que no sé hacer otra cosa.

No dejo de pensar
que el paso del tiempo
–esos días sin sobresalto
marcados por la costumbre
y esos otros días
que cambian la vida–
es el final juego
que jugamos con Dios.

Al cabo,
no engañarse,
ya se sabe
quien es el ganador.

APUNTE

Una gota de agua,
un grano de sal
y otro grano de arena.

¿Se puede explicar
la poesía a partir
de su mínima
inmensidad?

¿Qué son
exactamente
esos granos
y esa gota de agua?

Quizás
un nuevo enigma
que se agrega
a la poesía.

Son
como el aire,
prácticamente
intangibles.

Son
como el universo,
inabarcable.

Son
como la poesía,
inexplicables
más allá
de todo intento
de ceñirlos
en la palma
de la mano
que procura
hallar su razón
su evidencia
y su enigma.

Un gota de agua,
un grano de sal
y otro de arena.

LA PUERTA

El golpe
de la puerta
que se cierra.

Unas preguntas:
¿Quién la cerró?
¿Por qué se cerró?
¿Quién está a ambos
lados de la puerta?

El enigma
y la certidumbre
de una puerta cerrada.

Tan solo eso.

LIBROS

Tantos libros por leer,
tantos por releer,

tantos por hallar
en mi impenetrable biblioteca
—¡y cuántos he donado
a la biblioteca universitaria
qué, sí, con singulares criterios,
sin duda pondrá algunos en venta!—
y he aquí que sigo ordenando libros.

Es algo que no puedo,
contra toda lógica y razón,
dejar de hacer. Un libro
es la final posibilidad
de un milagro, algo imprescindible
a nuestra existencia, se lea o no.

Saber de un libro, necesitarlo
y no tenerlo es negarnos
a nosotros mismos. ¿Debo decir
que para negaciones nos sobran
las negaciones de tantos otros?

Acabo de encargar cinco libros
de un catálogo de rebajas.
Cada día que pasa los libros
son más costosos, constituyen
un verdadero artículo de lujo.

¿Tendré tiempo, el tiempo
que no tengo, el tiempo
que tengo que robar al sueño,
para leerlos? No lo sé,
pero no importa. El que estén
al alcance de mi mano
es un placer sucedáneo
a su lectura. Quizás por eso,
y por leer varios libros
simultáneamente, tengo tantos
libros en mi mesa de noche
y en mi cuarto de trabajo.

Una de las mayores
alegrías de mi vida,
recién salido al exilio,

fue, cuando pude hacerlo,
comprar un libro. Otra enorme
alegría es que mis nietos
no se duermen sin que les lean,
como hacía mi madre
cuando yo era como ellos.

Cuando salgo de viaje,
lo primero que hago,
antes de visitar los lugares
importantes de cada ciudad,
es ir a las librerías
y siempre procuro ir
a algunas librerías de viejo.
Son lugares fascinantes
en que hallamos lo inimaginable.

Siempre salgo de ellas
con algunos libros que debo
ingeniarme para acomodar
en mis maletas.

He vivido muchas vidas
desde mi condición
de voraz lector. Porque
los libros son un umbral
a la maravilla. Hasta cuando
me han faltado, su simple
recuerdo ha sido mi sostén.

Aguardo con impaciencia
los libros que encargué.
No serán los únicos.
Lástima que con los libros
no se pueda comprar
una eternidad de lecturas.

EL NIDO

Llueve mucho
y no faltan fuertes vientos
en estos días

en que tememos
la llegada de un huracán.

Los pavos reales
que visitan nuestro jardín
están cambiando las plumas.
Los conocemos muy bien
y ellos nos conocen
a nosotros que les ponemos
agua fresca y comida.

Solo extrañamos
la presencia de la pava
que siempre viene
con su cría a pasearse
por el jardín y a comer.

Ayer, Tania la descubrió
echada y prácticamente invisible
entre los tupidos helechos,
junto al tronco de un flamboyán.
Había puesto allí su nido
en que había cinco huevos.
Durante cuarenta y cinco días
permanecerá empollándolos,
sin moverse y picoteando
los granos de maíz que se le ponen.
A pesar de todos los rigores
de la intemperie que resiste inmóvil,
la pava cuida a su cría con más devoción
que la que ahora ponen
en hacerlo tantas mujeres.

Ese nido y ver el cuido
que le pone la pava
son una inmensa alegría
para nosotros. Se hará
mayor cuando los pavitos
rompan el cascarón
y sigan tan graciosos
a su madre por el jardín.

Ese nido y esa pava
casi invisibles entre los helechos
son también un recordatorio
de todo lo bueno que Dios
pone en el corazón
de los hombres y los animales.
Una lección que tantas veces se olvida,
lo que tanto daño nos hace.

En unas semanas
tendremos una nueva
y hermosa compañía.
Somos muy afortunados.

LA LUNA ENTRE LOS ÁRBOLES

Un fijo recuerdo
de tantos años de mi existencia
era ver en la noche
la luna entre los árboles
cuando estaba en la casita
de madera de Abuelo Bravo,
allá en la loma de Playa Hermosa.

Esa imagen –en que los árboles
eran un negro y perfecto dibujo,
inmóviles en las noches de calma–
siempre evocaba en mí un paisaje
de sueño, un mundo tan ideal
como idealizado, un espacio
que solo conocería demasiados años después
y que avivaría en mí una epifanía:
el mundo de los grabados románticos alemanes.

Siempre, sin importar el lugar
en que estaba, en que estoy
–y quizás en que pueda estar, nunca se sabe–,
por suerte o por fatalidad,
he buscado en la densa noche esa imagen:
La luna en el marco de los árboles.
La inmensa calma y la indescriptible belleza
de la que me hace partícipe, tan inmensa gracia.

Lo que demasiado necesita mi gastado corazón.

Anoche, otra vez solo, siempre aguardando,
salí al jardín buscando la luna, que Borges
calificó como sangrante en un gran poema,
y he aquí que solo vi los árboles, pura forma
definida estrictamente en la oscuridad
que inmovilizaba su follaje en una tórrida
y húmeda noche sin luna.

De momento, me sentí defraudado,
pero, de súbito, me colmó un sentimiento
de plenitud. Comprendí, sin razón inmediata,
que estaba otra vez en la noche de Playa Hermosa.
Me sentí otra vez protagonista de noches
tan remotas como inolvidables.

Entré nuevamente en la casa silenciosa
y desierta seguro de que, aunque lo nieguen
los sentidos, siempre habrá luna.
La tan fija como inconstante luna.

Mañana, en unas noches,
saldré otra vez a su encuentro.

BECKETTIANA (I)

El viejo
Siempre tan solo
Contra toda
Realidad
Y apariencia
Y lógica
Se habla a sí mismo
Y se escucha
Y hace
Para nada

Interminable
Monólogo del viejo
Que ya no ve
Ni oye bien
Siempre lo dicen

Los que debían
Escucharlo
Y comprender
Que la vista
Le falla
Y también
El oído
Ya les llegará
Ese tiempo
Su pisada
En el corazón

No acierta
Nunca acierta
El viejo
Que ni ve
Ni oye bien

Y sigue
Aumentando
Su no ver
Ni escuchar
Como todos
Esperan
Que lo haga

Nada
Que hacer
Absolutamente
Nada

ON HISTORY

Está la historia
y está mi historia:
la única y verdadera
historia de los hombres
de a pie: las víctimas
de la Historia.

No hay escapatoria.
No existe salida.

Inútil hacerse ilusiones.
Estamos atrapados,
finalmente condenados.

Tan solos.

Solo tenemos una cosa
a nuestro alcance:
Pensar la Historia (im)posible,
la deseada al más alto precio,
la imprescindible
a la verdad y a la justicia.

Seguimos resistiendo,
seguimos soñando
el sueño imposible.

OBSERVACIONES

Lo que llega
y lo que no.

Lo que pudo ser
y lo que no fue.

Lo que es
y lo que no debía ser.

Lo que impera
y lo que no será.

No hay más
que pérdida
y sueño.

DEL PAISAJE

Un poema
sobre el paisaje,
¿pero qué paisaje?

Sobran y faltan
paisajes a mi memoria,
demasiados años
de paisajes
y de su ausencia.

¿Estoy en mi paisaje?
La respuesta es negativa.
¿Estaré alguna vez
en mi paisaje?
Creo que la respuesta
es igualmente negativa.

El paisaje tiene
que ver demasiado
con las circunstancias,
sean las que fueren.

Mi paisaje
—no importa su realidad—
es un sueño,
una ilusión,
un deseo pendiente.
Puede ser un imposible.

¿Son reales los paisajes
de mis poemas?
¿Si algunos de esos paisajes
me fascinaron,
por qué los abandoné?
Debo igualmente precisar
por qué llegué hasta ellos.

A través de la ventana,
mientras escribo,
se me ofrece el paisaje
del jardín, donde no falta
un rosal amarillo.
Creo que es mi paisaje final.

No hay nada dramático
en eso. Y debo, a pesar
del sueño de estar
en otros paisajes
porque me arrebataron
el paisaje de mi origen,
dar gracias a Dios
por estar aquí.

¿Qué puedo agregar?

Solo que el paisaje
siempre nos determina.

VÍSPERAS DE MIS 71 AÑOS

Vísperas de mis 71 años,
aunque me paso el día trabajando
como un forzado, me canso mucho
–la salud no me acompaña–.
Pero he aquí que tengo
demasiado que y por hacer.

Soy un modesto jubilado
que vive al día; acabo de perder
un trabajo, otro más,
y sigo escribiendo unas páginas
que hace casi un año no me pagan.
A lo que se suma que por mi edad
y mis principios estoy convencido
de que no hallaré una nueva oportunidad
de ganarme la vida decentemente.

Otra sería mi situación
si hiciera el juego a los siniestros
e implacables poderes
que todo lo determinan.
Nunca lo hice, ni cuando mi vida
y la de los míos estaban en juego,
y he aquí que a estas alturas
de mi edad, no voy a traicionarme
a mí mismo, a plegarme
por la paga de la infamia.

Como en las tan remotas clases
de aritmética de mi infancia
en las aulas de los Hermanos de La Salle,
en el maravilloso y entrañable paisaje
de El Vedado, que sigue siendo
para mí toda la tierra,

acabo de plantear el problema.
Corresponde ahora plantear la solución.

No existe tal solución
si me empecino en ser fiel
a lo que soy, para bien
y lo que se ofrezca,
aunque el precio a pagar
sea devastador, y eso soy:
empecinado por antonomasia.

De esta suerte,
a ras de mundo
y del siempre,
apretarse el cinturón.
Seguir resistiendo.

No faltarán
los que sostengan
que esto
no es materia
de la poesía.

Los remito
a esos reconocidos poetas
que publican
en *The New Yorker*.

Dios me ampare
y *Over and out*.

UN SEÑOR MAYOR

Ese señor mayor,
ese vecino
con el que intercambio
saludos cuando pasa
con su perro frente
a casa, es otro
de los señores mayores
de mi barrio.

Nada sé de él,
ni tampoco de los otros

señores y las señoras
de su edad –el fin de semana
falleció una de esas señoras,
la viuda de un coronel–
que viven tan cerca de mí.

Nuestra relación
se limita a la cortesía
del saludo y, quizás,
a un intercambio
de palabras y lugares comunes.
En este tiempo y en este mundo
todos guardamos celosamente
nuestra privacidad.

De todas suertes,
siempre invento
una historia a esos vecinos
cuando nos encontramos.
A falta de amistad
me nutro con ficciones.

Esas historias
pueden ser nuevas
en cada encuentro
y también ser la continuación
de una historia comenzada.
Nunca lo sabré.

Pero es bueno
intercambiar saludos
con quienes los devuelven.

Cuando cada cual de nosotros
vuelve a lo suyo, me pregunto
¿qué historia inventará de mí,
mi fugaz interlocutor
en un más que fugaz
y casual encuentro?

Solo Dios sabe.

TRES NUEVOS APUNTES

Recuerdo a los poetas
que murieron; lo que hicieron
y lo que no pudieron hacer.
Sus trabajos y sus días.
Su constancia y su frustración.
Todo lo que va con su territorio.
Creo que soy uno de los pocos
que recuerdan a esos poetas
mientras enfilo su destino.

*

Ya no está el nido
de la pava real
entre las plantas
del denso jardín,
junto al tronco
del flamboyán.

Allí solo queda
un huevo roto
y el plato
en que se le ponía
comida. La pava
nunca abandonaba
ese nido,
ni con las lluvias
ni a causa del calor.

Echo de menos
a la pava. Deseo
que nada le haya sucedido.

Espero verla
reaparecer
y ojalá sea
con los pavitos.

Ya esperar es en mí
una segunda naturaleza.

*

Terminé el libro
de poemas
que escribí
para Ana María,
mi nieta.

Lo escribí
desde el amor
y la gratitud
por el regalo
de su ser y estar.

Lo que más
deseo es verla
cuando ya grande
lo lea. Su reacción.

No necesita más
la poesía.
Se cumple
en el otro,
su razón
desde la mía.

LLEGA EL TIEMPO

Llega el tiempo
en que uno
es demasiado viejo
para demasiadas cosas.

A saber,
entre otras tantas cosas:
cualquier excesivo esfuerzo
nos resulta imposible,
nos desbarata.
Algo que todo lo reduce
y nos reduce.

¿Entonces?

Acabar
por admitir

que uno es
demasiado viejo
y dejar
de hacerse ilusiones
sobre nuestras capacidades
y posibilidades.

No es fácil
y es desgarrador.
Nada que hacer.

Seguir
entregándose
a la poesía.

¿Hay más
cuando se tiene
la gracia
y el privilegio
de ese más?

UN NUEVO LIBRO DE POEMAS EN *COLUMBUS DAY*, EL 12 DE OCTUBRE DEL 2009

La fecha,
12 de octubre,
es una celebración
oficial: Columbus Day,
que en buen romance
y en otra fecha
y lugar celebrábamos
como el Día de la Raza.

El calor y la humedad
son atroces. Aquí, donde escribo
malgré moi, no hay estaciones.
Me abate la nostalgia
de otros paisajes.

El mundo, huelga decirlo,
está cada día que pasa
más al revés. No es
lo que esperaba en mi vejez.

No me atrevo a pensar
lo que este presente
deparará a mis nietos.

¿Hay que llegar
a mi edad
y haber sobrevivido
el horror del totalitarismo
para sentir nuevamente
el miedo que siento
por el futuro de mi sangre?

No está
a mi alcance
formular
esa respuesta.
¿Qué tengo
a mi alcance
para hacerlo?
¿Qué tengo
para evitarlo?
¿Es la Fe
que me trajo
a estas tierras?
Dios quiera
que así sea.
Dios quiera
que lo que pienso
sea pura paranoia.
A estas alturas
de mi edad,
con tantos sueños
para los míos,
mi delicia,
nada me importaría
esa condición.

Y he aquí
que este día
de celebración,
tengo que celebrar

y dar gracias a Dios,
tan finalmente inescrutable,
por la aparición
de un nuevo libro
de poemas,
Cuaderno de campo,
el vigésimo segundo
de mi estepario quehacer
contra viento y marea
a ambos lados
del inmenso mar
y siempre pagando
los inmensos precios
que he pagado
y, sin lugar a dudas,
habré de pagar
por el simple hecho
de pensar y decir
como se debe.

Así de simple.

Me sirvo
un añejo escocés
de malta,
cada día que pasa
me gusta
mucho más.

Citar
a los clásicos:
Paciencia
y barajar.

Volver
a servirme.
¿A quién
le importa?
No meterse
en mi vida.
Es estrictamente
asunto mío.

¿Es este
un poema político?

Sí y no.
Igualmente da.
So what?

ELEMENTOS

La gota
de agua
que no cae
en el agua.

El viento
que no mueve
la vegetación.

El calor
que consume
y el frío
que es una ficción.

Todo es
y puede ser
naturaleza.

BLANCO Y NEGRO

Digamos
que todo es
blanco,
que todo
está blanco.

Negra
es mi estilográfica,
la que siempre
quise tener,
negra es su tinta.

En el blanco
papel,
los negros rasgos

que son
mis palabras.
Escribo
un nuevo poema,
otro más,
como debe ser.

Quisiera tener
la buena letra
que tuve
hace demasiado
tiempo.
¡Quisiera
tantas cosas!

Sería posible
escribir
la historia
de una vida
a partir
de lo que se quiso.

Basta
el blanco
papel
y la tinta
negra.

A fin
de cuentas
se vive
en blanco
y negro.

PALABRAS

Palabras
que se pierden
y palabras
que no
llegan
a encarnar.

Solo palabras.

LOS RÍOS

Mi entrañable compadre,
el Maestro José Lezama Lima,
una vez me dijo que su amigo
de la infancia, mi padre,
Armando Álvarez,
era el áureo patinador
del fabuloso Paseo del Prado,
del que guardo preciosos recuerdos
de mi infancia habanera.

No me extraña, nada me extraña
de mi padre. Era alguien
en quien se reconciliaban los contrarios.
Todos los que lo conocieron
y trataron decían que era alguien muy especial.
Lo sé por propia experiencia,
que fue una de las más singulares de mi vida.

Mi compadre, a quien traté cotidianamente
de hacer más amables sus jornadas hasta su oscuro fin
–ahora todos lo utilizan para su propio beneficio
e ignoran su sufrir hasta la ingrata y solitaria muerte–,
escribió que el breve y manso río Almendares
era uno de los grandes ríos. Esos ríos que son
una inmensa fuerza, caudal y hondura:
el absoluto centro de la existencia y la trascendencia.

Le asistía la razón.

Salí a pescar desde el Almendares,
bebí y comí y pasé momentos felices
en sus aguas y en sus orillas. No lo supe
en aquellos tiempos tan fijos en mis recuerdos,
pero era uno de los grandes ríos.
Sin embargo ni menoscabo lo fue más
el río Guanabo. Fue desde mi infancia
y juventud, sitio privilegiado de mi existencia.
Allí fui quien soy y allí encarnaron mis sueños
de lector empedernido de libros de aventuras.
Allí se desbocó mi fantasía y me regaló la maravilla.
Ahora sé que solo un poeta

los puede designar como grandes ríos,
tan llenos de infinita plenitud.

Los otros ríos que la existencia
me ha deparado, esos que celebran la historia
y los hombres, tocaron mi corazón y los guarda
con infinita gratitud mi memoria. Pero ninguno
puede compararse al río Almendares ni al río Guanabo,
que temo con tristeza no volveré a ver.

Los grandes ríos solo son en nuestro ser.

UNOS VERSOS

¿Qué ya tan fijo
en mí mismo
me cambia
sin darme cuenta
o dándome
demasiada cuenta?

Pueden ser
las cosas
que son
mis puntuales
obligaciones
y las que
me complacen;
las páginas
del libro que leo;
haber visto
de otra forma
la constante
y espléndida noche;
la visita de un amigo
y la ausencia
de otros, los poquísimos
verdaderos amigos;
un insólita carta
de inesperado contenido;
esos problemas
que no esperaba

y los que no acabo
de solucionar
por más que trate
de hacerlo, y siguen ahí
como algo inexorable;
mis proyectos, tan necesarios
para mi tranquilidad
y, a su vez, tan esteparios
¡cuán enemigos son
el tiempo y la circunstancia!;
la lectura de la prensa
en este mundo al revés;
la visita de mis nietos
que no dejo de pensar
en la lejanía que nos separa;
lo que me dicen mis médicos;
la belleza que me ha tocado
con su súbita iluminación;
el paisaje que me falta
y tanto necesito; las cosas que están
y no están sujetas a mi dominio,
tantas, demasiadas cosas.

Sé ¡ay de mí!
que mucho falta
a esa enumeración.

Vivir, es bien natural,
se ha convertido
a estas alturas de mi edad,
en un singular ejercicio
donde las evidencias y el deseo
no pueden separarse.
Tiene mucho de bueno
y mucho de malo
y ni se sabe de qué. Exige
un constante ejercicio
de resistencia y aceptación
sin que ello implique
la menor renuncia.
Eso es algo que equivaldría

a negarme a mí mismo.

Sigo cumpliendo
puntualmente mis obligaciones.
Sigo haciendo poesía.
Pude ser muchas cosas.
Soy lo que soy, gústele
a quien le guste. ¡Cuántas
veces no me lo he reprochado!

¿Entonces?

Solo un hombre
que es un poeta
puede escribir
este poema.

Nada
más difícil
que revelar
y exponer
sin peros
su alma
sin preocuparse
un bledo
de las apariencias,
las convenciones
y ese dislate
que siempre
se ha esperado
de mí.

Seguir desnudándome.

EL DECIR

Él dijo,
ella dijo,
todos dijeron.

Al cabo,
ni una palabra.

YA DESDE HACE TIEMPO

Ya desde hace tiempo
me obsesiona el ordenar
lo que he escrito.
Las incontables páginas
con las que me he ganado
la vida y las tantas más
que escribí, y sigo escribiendo,
porque justifican mi existencia.

¡Dios,
todo eso
sin contar
lo perdido,
cuánta escritura!

Escribir como lo hago,
lo sé dolorosamente muy bien,
es perder tantas cosas espléndidas
que nos depara la existencia.
No dudo que es, de igual suerte,
el ser injusto con los que se quiere
y con los que me quieren.
Ese es el enorme pago de mi oficio.

Otra vez, ahora con más tiempo,
mucho menos del que quisiera,
intento poner en orden mis papeles.
Confieso que no sé por donde empezar.
Confieso igualmente que es,
siendo tan compulsivamente obsesivo
como soy en busca de la imposible perfección,
algo de nunca acabar. ¿No sé
perfectamente que seguiré escribiendo
hasta que me sea imposible hacerlo?

Si en algo debo empeñarme
es en reunir mi poesía. Ahí está todo.
Tengo la suficiente cordura
y modestia para aceptar que ese todo
que quiero salvar para el siempre

no es más que la historia de un alma
a la que todo ha tocado y toca. Así,
sería injusto e ingrato ignorar el amor
que Dios me tiene: Nunca ha cesado
de probarme. No siempre
he estado a la altura de Su amor.

¡Salvar mi poesía!

No tengo que dar cuenta
y mucho menos justificar
esa creciente urgencia
de reunir mi poesía.
Baste decir que hacerlo
equivale para mí
en rendir cuentas al Señor.

El destino
y la trascendencia
de mi poesía
y la salvación
de mi alma inmortal
están en Sus manos.

Está bien claro.
Cada instante que pasa
estoy y me entrego más,
aunque en ocasiones
me rebele y no lo comprenda,
a Sus inescrutables designios
y Su infinita misericordia.

Quiera Él
que no haya
escrito en vano.

OTRO POEMA MÁS

Mediodía
tan fresco
como luminoso,
una rareza
en este sitio.

Regué
las plantas
del portal
y las más delicadas
que no moja
la lluvia.
Llovió
toda la noche,
lo que me salvó
de regar el jardín.
Es algo más
que agota
mis fuerzas, que
malgré moi,
disminuyen
vertiginosamente.

Hice las compras,
algo que disfruto
y realizo como
una perfecta
operación militar.

Recogí
mis medicinas
en la farmacia.
Una costumbre
nada entrañable

Compré escocés
y bourbon,
que es un gusto adquirido.

Terminé un ensayo
que ha de servir
para el catálogo
de una exposición,
donde se expondrá
un estupendo
retrato mío.

Puse en el buzón

los pagos
de las cuentas
que llegaron ayer,
hoy llegarán más.

Decidí esperar
un poco más
para encargar
picadura para la pipa.
¡Tengo que comprarme
una Dunhill!

Revisé, otra vez,
las ofertas de *shoulder holsters*
militares para mi Colt 45.

Tengo que llamar
al técnico que me arregla
el ordenador, porque
no funciona el equipo
de sonido que me sirve
para escuchar música
mientras escribo.
Siempre he estudiado
y escrito escuchando música.

Tengo, igualmente,
que llamar al sastre
para que me arregle los trajes
y los pantalones
que ya no me sirven
(he bajado 70 libras).

Me rompo
la cabeza
para poner fin
a compromisos
que nada me interesan
ni reportan.

Hago cuentas
y considero posibilidades
para los regalos navideños

–me encanta ser espléndido
y que mis regalos
sean inesperados–.

Pienso en lo que
estarán haciendo
mis nietos, Joseph Armando
y Ana María, tan lejanos.
Algo más que es producto
de lo que no perdono
al totalitarismo castrista.

Y, de súbito,
me sorprende y alegra
el canto de los pájaros
en el jardín.
¡Qué maravilla
y delicia!

Dicho lo anterior,
y a falta de otro poema,
pongo punto final
a este poema.

EL ARTE DE LA INVENCIÓN

Entregarse
a recordar
pero inventando,
a nuestro gusto
y satisfacción,
los recuerdos.

Hacer
de la memoria
una ficción
a nuestro antojo,
placer y maravilla,
no a las servidumbres
que nos impone
la realidad.

Imaginar

esos momentos
que ¡ay! no fueron.
La encarnación
de los empedernidos
deseos, sueños
y fantasías
–¡tanto imposible!–
que nos dan alivio.

Ser ese uno
que es el otro uno,
el que debió ser.
La criatura sin peros
ni límites. Toda
creciente plenitud.

He aquí
que tengo
bien puestos
los pies
en la tierra.

Creo
firmemente,
como
artículo de fe
–¡mi tenaz
e incesante lectura
de los clásicos!–
que la vida
es sueño.

Y los sueños
son absoluto *más*.

COSAS A NO HACER

Siempre está
ese demasiado
de las cosas
que tenemos
que hacer.

¿Cuáles son
las verdaderamente
importantes?

La lista
podría ser
interminable.
Cada día que pasa
la vida se complica
más. Nunca pensé
que esto sucedería
a estas alturas
de mi existencia.
Otro error de cálculo.

En verdad
debiera dejar de lado
los compromisos
que me ponen sitio
y que nada agregan
a mi andadura,
tan solo le roban
tiempo y energías.
Así, debía decidirme
de una vez por todas
a decir que no.

De igual suerte
sería necesario
establecer lo que es
imprescindible
e igualmente
lo demasiado que no.
Eso, pienso,
comienza
por quererme
un poco más
a mí mismo, algo
que no he aprendido
a hacer a plenitud.

Volcar todo

mi tiempo
en los míos
y en mi poesía:
la cifra de mi dicha.

En resumen,
como nos enseñó
Rimbaud: En no perder
la vida por delicadeza.

CON SUERTE, SIEMPRE PUEDE SER LA ÚLTIMA VEZ

Que acaricie a alguien a quien quiero entrañablemente
Que lea ese libro tan importante en mi vida
Que visite un sitio entrañable en que quisiera estar
Que aprecie con una nueva mirada un cuadro que me acompaña
Que reaparezcan los amigos que se perdieron de mi vida
Que escuche la música que ha sido mi fiel compañía y sostén
Que de un tirón escriba el poema que procuro de manera incesante
Que me permita la complacencia de comprar algo a lo que nadie da
    [importancia
Que beba con delectación el más puro y añejo escocés de malta
Que me llamen para darme una buena noticia y no a pedirme algo
Que encuentre una maravilla entre lo que me rodea y agradezco
Que me levante sintiéndome bien y olvide mis crónicas dolencias
Que me entregue a la delicia de la inocencia de mis nietos
Que todos me digan que son felices y que no hay nada porque
    [preocuparse
Que acabe por decirme que hice lo que tenía que hacer y que ya
    [basta
Que la soledad y el silencio sean para mí suprema compañía
Que coma hasta hartarme todo lo que me gusta y que duerma a
    [pierna suelta
Que disfrute con los que quiero una noche que no debe acabar
Que vuelva a revivir mi existencia tal y como debió ser
Que me entregue a olvidar lo que es inolvidable en todos los órdenes
Que en mi imaginación sea a plenitud todo lo que no pude ser
Que pueda disparar hasta cansarme las armas que me fascinan
Que estrene la exquisitez de una pipa de excepción
Que pueda superar las pisadas en el corazón y la tristeza y trascender
    [su razón

787

Que tenga la suficiente fuerza para encajar lo que sobrevenga y
    [nunca sea una carga para los que quiero
Que ande por este mundo al revés a mi aire
Que sea para los que quiero el que quieren que sea
Que jamás deje de dar gracias
Que siga soñando

CONSIDERACIONES

¿En qué puede confiarse
cuando no hemos aprendido
a andar por el mundo
buscando sacar partido
a las cosas, sencillamente
por tratar de vivir con decencia
y ser fiel a nuestros principios?

¿En quién puede confiarse
cuando se ha creído en el otro
y se le ha profesado amistad
y se le ha ayudado sin peros,
tantas veces a riesgo propio,
y cuando ya no le somos útil
nos ha borrado de su existencia
y hasta nos ha hecho daño?

¿En qué puede tenerse fe,
salvo en Dios, cuando la Patria
la han convertido en una inversión,
en fuente inagotable de ganancia,
y la despojan sin cesar del sueño
de su pendiente posibilidad,
tanto sus protagónicos salvadores
como sus verdugos reconvertidos
y sus remuneradas víctimas?

¿Qué puedo esperar a estas alturas
de mi vida cuando veo y padezco
el mal que cunde como plaga y prevale?

Todas esas preguntas carecen
de respuesta o su respuesta es abominable.

Solo me resta llevar
una modesta existencia.
Sacar el mayor provecho
de mi reclusión doméstica.
Seguir haciendo poesía,
que se justifica en sí misma,
y disfrutar de los míos,
que quisiera tener junto a mí
–las distancias son otro precio
que nos ha impuesto el exilio–.

Ya Dios
nos explicará
nuestro destino.

OTOÑO EN FALLS CHURCH

Las hojas siguen cayendo
de los árboles, cuyo follaje
fue una maravilla de colores,
y en los jardines y las calles
son barridas por el viento
que anuncia la llegada del invierno.

Aquí, en Falls Church, crece
mi deseo de vivir en un sitio
en que el paso de las estaciones
es un latido que enriquece
la existencia y la colma de plenitud.

Mis nietos, Joseph Armando
y Ana María, juegan en el jardín,
se tiran en los montones de hojas secas
con la alegría que solo es final
cuando la inocencia es la única realidad
de sus vidas, que transcurren como un sueño
donde son posibles todas las maravillas.

En días como estos quisiera
que el tiempo se detuviese,
que pudiese estar siempre aquí,
con ellos. No tener que volver a casa,

la distante casa del exilio.
Esa casa a la que sueñan poder
venir conmigo. Y en ella ser testigo
y partícipe constante de sus juegos
y sus ocurrencias y su alegría.
Verlos al cabo de un día feliz
dormir con la placidez de los ángeles.

Las hojas siguen cayendo
en Falls Church y el entorno
que me rodea adquiere
otra nueva imagen de la vida
como siempre debe ser.
Ya en la casa, mis nietos
juegan alegremente.

No sé otra manera
de definir la dicha.

POEMA NO POEMA

Hacia el final
o desde el comienzo,
¿por qué las palabras?
¿por qué el poema?

No hay respuesta.

DEL OFICIO DE VIVIR

Otra vez más:
el papel en blanco,
la insondable negrura
de la tinta.

Palabras
como torrente,
como puño cerrado.

La ausencia
de la palabra.

¿Dónde está

el poema,
las rotas palabras?

¿Por qué
se empeña
el poeta
en seguir
escribiendo?

A través
de la ventana,
la noche
impenetrable.

He perdido
el rosal amarillo.
Me rodea
y abarca
el desorden
de mis libros
y mis papeles:
la acumulación
de cosas
que soy incapaz
de descifrar.

¿Cómo hacer
un poema
de lo que me ciñe
hacia el insomnio,
ya una costumbre?
¿Podré dormir
sin soñar
con constantes enigmas,
tantos terribles,
que se confunden
cuando despierto?

¿Cómo alcanzar
la perfección
de reingresar
al amanecer

en el espacio ideal
que me obsesiona
y necesito cada día
y cada noche más?

¿Qué perdí
otra vez
en la duermevela?

¿Puedo seguir
deseando
un armonioso despertar?

¿Cómo sobreponerme
al peso de la edad,
a los quebrantos
de mi endeble salud,
a la tenaz memoria,
a absurdos problemas,
siempre implacables,
a tanto deseo pendiente,
a demasiados imposibles?

Preguntas
sin respuesta,
lo de siempre.

El lugar común
de mañana
será otro día.

Ya es hora,
Armando,
de irte a dormir.
Que sueñes
con los angelitos.

FONDO

Toco fondo.
Yo soy el fondo.

LOS DÍAS, LAS COSAS, LOS POEMAS

Los días
que pasaron,
los que me ciñen
y los que vendrán.

Las cosas
que acarrearon
y acarrean
esas jornadas
y las cosas
que se me vienen
inexorablemente encima.

Lo sabido
y lo por saber.
Esa, y no otra,
es la materia
de mis poemas,
que no son
otra cosa
que un único poema
que crece
al paso del tiempo.

Soy el más tenaz,
insomne, minucioso
protagonista, testigo
y relator de esa andadura
en que realidad, sueño
y deseo constantemente
se adunan entre las dos aguas
en que imaginación,
posibilidad e imposible,
dicha, dolor, pérdida
y jubilar encuentro
se hacen amanecer
en la alta e impenetrable noche.

¿Por qué Dios me destinó,
desde el enigma de Su inmenso amor,
que es un oscuro designio,

tan extraña, ardua y singular existencia?

No hay respuesta
para esa pregunta.
¿Existe, por lo tanto,
razón para formularla?

Sé, si esto puede decirse,
lo que me aguarda,
lo que haré después
de escribir este poema.
Tengo una implacable agenda
de lo pendiente en días venideros.
Ignoro por completo si mi suerte
y destino darán un vuelco inmediato.
No es otra cosa vivir.

Trato de hacerlo
como creo debe ser.
Disfruto de lo que me complace.
Encajo lo que no me gusta,
lo que estoy seguro
que no puedo cambiar.
No ceso de soñar y de desear.

Con suerte
y, por supuesto tiempo,
haré algo de lo mucho
que tengo pendiente.

Con toda la suerte
del mundo,
como en este instante
en que escribo,
agregaré otro poema
a mi único poema.

Solo Dios sabe
cuál será su destino.

Los viejos poetas
escribimos mucho
o dejamos de escribir.

SUEÑO

Soñé que vivía
lejos de aquí
en la casa de piedra
que siempre
he querido tener.

Tenía allí
todas las cosas
que me gustan,
las que me hacen
ser esos personajes
que siempre
he deseado ser.

La solitaria
y tranquila casa
estaba en medio
de un denso jardín,
muy cerca del mar.

Allí no pasaba
el tiempo
ni era presa
de sus demandas
y servidumbres.
Se había detenido
y me sentía
otra vez el niño
que sabe finalmente
de la absoluta dicha
de los juegos.

Fijo en ese ámbito,
no gravitaban en mí
la memoria de mis pérdidas
ni la indescriptible carnalidad
del paladeo en que se revive
la plenitud de la dicha.
Había encarnado en mi alma
esa paz en que la espera

y el encuentro se reconcilian.

En la densidad
de la oscura
o la espléndida noche
podía escuchar el mar,
el cambiante murmullo
de la vegetación.

Todo lo que hacía
se cumplía en sí mismo,
sin demandar razones,
sin necesidad de un *más*
ni de un siempre.

En mis sueños
soñaba mi despertar
en mi casa de piedra.

Mía era la dicha
a este lado
de la eternidad.

UN NUEVO APUNTE

Los que me visitan,
y recibo muy pocas,
contadas visitas,
siempre celebran la casa
y su hermoso jardín.
Dicen que es una casa habanera.
La casa que cada día más me falta.

Algunas veces vienen a verme,
a conversar y a beber conmigo,
amigos de mi infancia y juventud:
siempre los mismos, entrañables.
De igual suerte, algún que otro
joven artista o escritor. Y vienen
otros pocos contemporáneos
o mayores. A todos los he apoyado
hasta en contra de mi seguridad.
En lo que toca a las demasiadas ausencias

de los que son el que yo sería,
hace mucho que sé lo que es la ingratitud.

Está bien. Nada que hacer,
aunque me resulta muy doloroso
entenderlo. Aquí está mi casa habanera
con sus puertas siempre abiertas.

Entre lo mucho que nos legó
la patria es el conocimiento de la soledad.

EL DÍA TERMINA

El día termina.
No he hecho
todo lo previsto
(demasiado)
en mi agenda.

El tiempo
que no me alcanza
para nada,
tantas cosas
que no quiero hacer.
Las cosas pendientes
que son centrales
para mí
y que no acabo
de realizar.

El creciente cansancio.
Los problemas de salud.
Las preocupaciones.
Un inmenso etcétera.

Todo esto
se hace
demasiado,
excesivo
a mi edad.

No puedo
escapar
a su imprescindible

cumplimiento.

Nunca pensé
que así serían
mis últimos años.

Take it
or leave it.

Debo agregar
una nueva página
de cosas
a hacer
en mi agenda.

MIEDOS

Nadie declara
sus miedos,
simplemente
porque tiene
miedo de hacerlo.

Confiarlos
nos hace
más vulnerables.

A mí
me sobran
miedos.

Declaro,
y esto constituye
un acto de valor,
algunos de mis miedos,
que constituyen
el reverso
de mis deseos.

Esos deseos
son, a saber
—y no ceso
de pedirle a Dios
que me los conceda—:

la certidumbre
del bienestar
y la seguridad
y la dicha
de los míos;
el que no se pierda
mi poesía;
la libertad
y el imperio
de la justicia
en mi patria;
el que mi muerte
sea rápida
y no ser
una carga
para los míos.

Bien visto,
no es mucho.
Vivo para ello.

Todo lo demás,
como hubiera dicho Borges,
son unas tiernas imprecisiones.

MÁS SOBRE LA POESÍA

La poesía
es un misterio
y una evidencia.

Al cabo
de una vida
escribiéndola,
entregado a ella,
se sabe que encarna
en los versos,
en las palabras
del poema
que nos depara
con la final intensidad
de un acto de Dios.

Siempre hay
que estar pendiente
de su llamado,
de la necesidad
y de la urgencia
de ser sus escribas.

No puede
escribirse
un poema
que no sea
el silencio
y el discurso
de su esencia.

Llega inesperada,
pero exige para ser
la absoluta entrega,
el que seamos capaces
en y desde lo que somos
de plasmarla
como dioses menores
que sueñan con ser centro
de los infinitos
esplendores del universo.

Nos reduce
a la soledad;
a renuncias
inimaginables
que nos marcarán
para siempre;
a la angustia
de su búsqueda,
semejante
a la de un niño
que tiene tanto miedo
de la ominosa oscuridad
y el desamparo de la noche
en que carece de compañía:
nos depara una epifanía.

Las palabras
sobre la poesía
son incapaces
de definirla.

Termina el poema.

AL PIE DE LA LETRA

¿Se deben
tomar las cosas
al pie de la letra?

¿Es preciso
atenernos
estrictamente
a lo que nos dice
la familia, el médico,
el vecino, un amigo,
el mecánico,
el que arregla
nuestra casa,
los profesores,
los críticos,
los vendedores,
el abogado
y el contador,
la prensa,
los que mandan
y hacen
cada día
más difícil
nuestra existencia?

¿Debemos
tomar
al pie
de la letra
nuestras ideas?

¿Quién
tiene

la razón?

¿Es que hay
una razón
última,
absoluta?

Es imposible
vivir conforme
a todos los
al pie de la letra.

Solo es
posible morir
al pie de la letra.

DE LOS VIEJOS POETAS

La poesía
es un mundo
cerrado,
una imposible
explicación.

Se asume
por la fatalidad
del destino.

Su razón
y su justificación
radican
en hacer
el poema.
Después,
guardarlo,
sumarlo
a otros
poemas
y desear
que alguna vez,
si hay suerte,
se publiquen
en un libro.

Y si hay
mucha más
suerte
que toque
a un lector.

El poeta
sabe
que no puede
esperar
más.
La poesía es
una incesante
comunión
con la honda,
insondable soledad.

Joven,
el poeta
alberga
muchas
ilusiones
sobre
su obra.
Casi siempre
el paso
del tiempo
las desbarata.
Mucho
y muchos
se encargan
implacables
de hacerlo
realidad.

El viejo poeta
es una sombra
que vive
y sobrevive
en un plano
de sombra.

Sigue
escribiendo
o deja
de escribir.

Su soledad
es su patrimonio
y en su latido
repasa su existencia.
Se pregunta
qué razones
determinaron
su suerte
y la de sus versos.

Cumple
meticulosamente
la rutina
que le han impuesto
los años
con su peso
y gravitación.

Pocas son
sus alegrías
y agradece alguna
ocasional visita
de alguien
que lo ha leído
y no lo olvida.
Lee, ordena
sus papeles,
hace cuentas,
acude puntualmente
al médico,
escucha música,
repasa álbumes
con viejas fotografías,
examina cosas
y objetos guardados
como singulares

recuerdos
a lo largo
de los años,
da gracias a Dios
por la dicha
de la presencia
de los que quiere.

Ya el viejo poeta
es la misma poesía.

DETALLES

Unas espléndidas flores que se abren.
La nueva bandera a la entrada de la casa.
Las más recientes fotos de mis nietos.
Hallar una desconocida palabra en el diccionario.
Los hermosos juguetes guardados para la Navidad.
Un ligero incidente cardíaco al anochecer.
La preocupación por un amigo enfermo.
La inutilidad de una vieja libreta de direcciones.
Un nuevo poemario que correrá la suerte de los anteriores.
El disfrute de una pipa por estrenar.
El recuerdo de un solitario e increíble atardecer en una isla.
Los amigos que se han marchado a otro sitio.
Mi reciente retrato sobre el silencioso piano.
El hartazgo que me produce la creciente ordinariez.
El proyecto de un viaje que será imposible hacer.
La constante evocación de mi casa ideal.
Una carta terrible de un amigo que se quitó la vida.
La costumbre de tener siempre un vaso de agua helada a mi alcance.
Las minuciosas y esteparias agendas que confecciono cada noche.
El reconocer que ya no debo tener un perro por mi edad.
El sueño de regresar a donde nunca estuve.
La incesante y costosa preocupación por Cuba.
El seguir haciendo por delicadeza cosas que no quiero.
Una pequeña embarcación para que el mar sea mi plenitud.
Un reloj que me permita ignorar el paso del tiempo.
Una rosaleda en que nunca se marchiten las flores.
Los disfraces y los juguetes que me devuelven la infancia.

El poder estar tranquilo en casa y hacer sin peros lo que quiera.
Siempre despertar para seguir soñando.

Soy todos esos detalles.
Faltan demasiados.

LO PERDIDO

¿Cómo
se recupera
lo perdido?

¿Qué es
lo realmente
perdido?

¿Qué
necesitamos
para seguir
viviendo
sin lo perdido?

¿Qué
haremos
si recuperamos
algo
de lo perdido?

¿Qué
nos pierde,
qué se pierde?

¿Qué
nos falta
por perder?

Siempre
la pérdida.

CARTA PENDIENTE

Recibo mucha correspondencia,
mucha de ella, la mayoría,
son anuncios, ofertas, avisos,

invitaciones a eventos a los que no iré,
las puntuales cuentas.
Simplemente, papeles para nada.

Las cartas de amigos
–tengo contados amigos
e incontables conocidos,
¿cuántos han desaparecido?–
brillan por su ausencia.
Ya no se escriben cartas.
Todo se ha reducido
a los precisos correos electrónicos.

Siempre he contestado
puntualmente a mis corresponsales,
pero cada vez más escribo muy pocas cartas.
Me he dado cuenta que ya las cartas
no invitan a la respuesta,
sea quien sea quien las recibe.
Un signo de estos tiempos vertiginosos,
de la vida en este mundo al revés.

Con todos los peros,
no me abandona el deseo
de escribir cartas,
de volcarme en ellas,
de afirmar y preguntar,
de evocar recuerdos y experiencias,
de dar cuenta de mis proyectos
y de mis imposibles,
de contar lo que me toca.

Experimento una inmensa urgencia
de poder escribir a alguien,
de compartir con él todas las cosas
que son importantes para mí.
Hacerlo sabiendo que tendré,
a vuelta de correo,
una respuesta, una reflexión,
las palabras que me ayuden
a ser y estar y hacer
en el tiempo y la circunstancia

que Dios me ha deparado.

Esa carta pendiente
solo puedo dirigirla a mí mismo.

Así de simple.

INCIDENTE CARDÍACO

Hace pocas noches
tuve un fuerte dolor
en el pecho,
con latidos tenebrantes.

Me acosté
y me quedé
muy tranquilo,
esperando que cesaran.

No quise
que llamaran
a la ambulancia
ni ir al hospital.
Detesto las molestias
que genera un enfermo,
ser una carga.
Sin lugar a dudas,
una expresión
de mi extrema arrogancia
ante el dolor,
ante cualquier pérdida.

El dolor persistió
como en oleadas.
Me pregunté
si a pesar de mi marcapasos,
sin el cual moriría,
si este incidente cardíaco
podría ser preludio del fin.
Desee que si lo era fuese rápido.
Es la muerte más decente.

Tomé un somnífero

y fui durmiéndome
mientras decía cada vez
que me preguntaban
que estaba mejor.

Al día siguiente
volvió el dolor
en el pecho,
pero con menos frecuencia.
A media mañana cesó.

Debo pensar que ese dolor
es una señal en mi contra
y, en consecuencia, ver al cardiólogo.
Estoy tan harto de ir a mis médicos.

Mientras escribo este poema
me doy perfecta cuenta
de que soy un hombre
de extraordinaria Fe
—y escribo esa palabra con mayúscula
como corresponde a una virtud cardinal—.

De igual suerte, encajo más
que sigo viviendo a pesar
de mis crónicas e irreversibles enfermedades,
porque Dios, puro enigma, así lo quiere.
A mí mismo me resulta imposible comprenderlo,
pero creo que está muy bien. Me queda
demasiado que hacer y que disfrutar,
para empezar, mis lejanos nietos,
Joseph Armando y Ana María.

A Su infinita misericordia
le suplico que todos mis males
sean como este superado incidente cardiaco.

Life is good.

SOBRE LA FAMILIA Y LAS EDICIONES

La familia
es como

la ediciones
de los libros.

Tras
la primera
vienen
las corregidas
y aumentadas.

LA SUPREMA GRACIA

Son infinitas
las gracias otorgadas.
La suprema gracia
es tocar lo intocable.

LO QUE NO SABEMOS

Lo que no
sabemos
es lo que
sabemos más.

HAY DÍAS

Hay días que
se me hacen
interminables,
otros que son
una efímera ráfaga.

Unos y otros
no me alcanzan
para nada.

¿Qué queda
pendiente
al implacable
paso del tiempo?
¿Podrá, finalmente,
realizarse?
¿Y si es imposible
hacerlo, dónde

se acumula su ausencia?

Vivo,
sobrevivo,
en el recuerdo
y en la evocación
y, no menos,
imaginando
que todo
lo que quería
hacer
lo hice.

Y cuando concluye
un día interminable
o un día fugaz,
me digo a mí mismo
que mañana
todo lo haré.

Es lo que llamamos
consuelo, que es
suprema forma
del deseo.

¿SE LLEGA A CONOCER?

Leo una nueva biografía
de Joseph Conrad,
uno de mis escritores favoritos,
realmente importantes para mí.

No es la primera.
He leído con puntual curiosidad
y fascinado interés
muchas biografías y estudios
de mis poetas y escritores,
esos que siempre me acompañan.

Pero mientras leo esta obra
me pregunto si los que se vuelcan
con infinita minuciosidad
sobre su vida y su quehacer

nos revelan finalmente
como era ese escritor
en su impenetrable cotidianidad,
en la servidumbre de sus jornadas.

Esos momentos en que hay
que hacer frente a mínimas
o inmensas demandas
que forman el tejido de los días.

¿Qué hacía en su soledad?
¿Quién y cómo era en una jornada
como la de este domingo en que escribo
porque me resulta imprescindible
y en la que, sin embargo,
no dejo de preguntarme
si los que me conocen
saben realmente de mí
en mi más íntimo y secreto estar
tan cuajado de problemas,
de inmerecidas gracias,
de proyectos, de obligaciones,
de sueños y deseos tan dilatados
como un siempre inalcanzable horizonte?
Un criatura sujeta a la costumbre.
Ese al que nadie ve y conoce a fondo.

El escritor vive
dos vidas:
la de sus libros
y la de la circunstancia
en que los escribe.

¿Se llegará a conocerlo?

Solo tengo una respuesta:
Todo es literatura.

CONSEJOS A UN JOVEN POETA

Lee siempre
mucha poesía,
estúdiala

y hazla tuya.

Comienza
a escribir
para ti,
si lo haces
escribes
para el otro.

Escribe lo que quieras,
pero que siempre
sea imprescindible
plasmarlo en un poema.
Es lo que garantiza
su razón y su esencia.

Escribe de la forma
en que quieras, pero no
imites ni te dejes llevar
por las efímeras modas.

Busca incesante
tu propio estilo,
que solo se alcanza
al cabo de mucha escritura
y el paso del tiempo.

Revisa incesante tus versos,
hasta que tengas conciencia
de que has llegado
al límite de su posibilidad.

Aprende a encajar
el silencio, la indiferencia
y la incomprensión
y nunca, pase lo que pase,
dejes de hacer poesía.

Ten la certidumbre
de que la gratificación
que otorga la poesía
está en su creación.

La poesía

es un enigma
y una iluminación
que de ti depende.

Cree, como yo,
que un poeta
es un hombre
que quiere ser
todos los hombres
y que la poesía
es jugarse la vida
a las palabras.

Vive en su tensión
y en su plenitud, poeta.

CONOCER

Conozco bien
la casa, el jardín
y la calle en que vivo.

Me parece
que siempre
he estado aquí.

Detecto
los cambios
más imperceptibles
de mi entorno.

No me gusta
alejarme
de este sitio,
de mi segura
inseguridad.

Necesito
el orden
del desorden
doméstico
en que soy
capaz de hallar

lo que se me pida
o necesite.

Mi casa
es un insólito museo,
algo así
como una juguetería.
Dicen que es
una clásica casa
habanera.

Aquí soy
cada día más
un viejo habanero
–me encantaría
decir un patricio–,
una especie
en extinción.

Me alegro
que así sea,
subrayando
el matiz vedadense,
porque no sé
ni quiero ser
otra cosa,
a pesar
de mis sueños
cosmopolitas.

Miro al jardín
a través de la ventana
de mi cuarto de trabajo.
No hay rosas amarillas
y en la tórrida calma
todo está pendiente
de la necesaria lluvia.

En la noche,
volveré a desplazarme
por la casa como un felino,
sin hacer ruido ni tropezar.

Es magnifico
que un hombre
tenga esta suerte mía.
No dudarlo
y menos
a estas alturas
en que todo
lo conozco,
no solo mi casa,
mi jardín y mi calle.

LA PAGA DEL EXILIADO

Ya son muchos los años de mi exilio.
Me fue muy arduo acceder a él
al cabo de un tiempo atroz de hostigamiento,
de trabajos y de castigos, de ingrato paladear
cada día el fijo e injusto dolor de los míos.
Tuve que empezar por pagar el alto precio
de ser brutalmente separado de mi familia.
Debí recomenzar mi vida en dos paisajes;
trabajar en un medio hostil que nunca
me ha perdonado el ser fiel a mis principios;
comprobar que lo que imaginé del destierro
era una ficción y que los que pensaban como yo
también estaban inermes y marginados
por los designios de la política
y los intereses más espurios;
ver prevalecer como redentores
a los que fueron mis verdugos;
no poder cerrar los ojos de mi madre:
el cúmulo de demasiado infamia.

He logrado sobrevivir
a pesar de mis enfermedades;
tener unos pocos y entrañables amigos;
seguir haciendo una obra que cada jornada
me parece más invisible; saber a ciencia cierta
que a pesar de las distancias que decreta el exilio,
mi familia ha tenido la posibilidad de elegir;
la creciente maravilla y la gracia de mis nietos;

vivir en una casa habanera que edificó Tania
con tantos esfuerzos y entrega, esa entrega
que no cesa en volcar en quienes la necesitan;
el seguir soñado, aunque esto sea un sueño imposible,
en lo que no me canso de pedir a Dios sea:
la pendiente posibilidad cubana; la fija urgencia
de dar gracias por lo que tengo,
tan modesto como inmenso.

No es otra la paga del exiliado.

ALGUNAS COSAS A SALVAR

Un fabuloso calidoscopio.
Una rosa amarilla en un frasco de vidrio.
Una navaja de Albacete.
Una sortija con una moneda de oro cubana.
Un viejo libro de poemas de Rilke.
Una foto con mis nietos.
Un pasaporte que me hizo persona.
Un rosario que desgrano cada noche.
Un papel en blanco para escribir un poema.
Una botella del más añejo escocés de malta.
Una Biblia que siempre se abre en el Salmo 23.
Un tablero de ajedrez para jugar con mi nieto.
Un oso panda de peluche para regalar a mi nieta.
Una agenda para seguir ordenando mi existencia.
Una linterna porque las linternas son maravillosas.
Una cuchara que es lo único que hace falta para comer.
Una libreta de direcciones con los nombres
      [de los que siempre nos responderán.
Una pipa para escribir y simplemente estar bien.
Un juguete que nos falta por comprar.
Un disfraz de nuestro personaje ideal.
Una libreta en que todo lo que se escribe
      [sea lo que es y lo que debe ser.
Un sueño en que se cumplen nuestros sueños.

¿Se puede pedir más?

AL TERMINAR UN POEMA

Al terminar
un poema
me pregunto
cuándo y si
escribiré otro.

No es otra cosa
la pregunta
de un poeta
que siempre piensa
ha escrito
su último poema.

Nada que hacer.
La poesía es un súbito
que nada depende
de su escriba,
que se impone
en nosotros
sin explicación razonable
como una respuesta,
como un testimonio.

¿Mi próximo poema?

Nunca se sabe
de su demanda
y su encarnación.

Escribo
este poema
pensando
en el próximo.

Ya es.

¿Me seguirá
convocando
la poesía?

SOBRE EL AMOR

Para Tania

Al cabo
de una vida,
el amor
se hace
imprescindible,
entrañable
costumbre.

Sobrelleva
y, sí, hemos cambiado,
nuestro modo de ser
y la constancia del estar.
Ahora, al menos yo,
somos más difíciles.

Ahora,
nos amamos
de otra manera
y nos necesitamos más.
Dependemos tanto
el uno del otro.

Estos son
los tiempos
en que estamos solos
en la casa, siempre
pendientes,
sobre todo tú,
de lo que necesitan
las niñas, ya mujeres,
y los nietos,
pura delicia y gracia.

Es saber del cansancio
tan natural a nuestra edad;
de esas insólitas manías
que hemos desarrollado
y del afán de compañía
aunque no medien palabras.

Es, de igual suerte,
un constante deseo
de dicha y seguridad
para nuestra sangre.

Son todos los recuerdos
espléndidos o terribles
que nos unieron finalmente
al paso del tiempo.

Son las puntuales costumbres
que rigen nuestras horas.
Estar siempre pendientes
de lo que puede querer
o suceder al otro.

Es la casa que se inmensa
cuando está reunida
toda la familia: ese siempre
que tanto anhelamos.

Y es tener miedo
de faltar al otro.
No sabríamos que hacer.

Son cosas tan ínfimas
como inmensas
y la certidumbre
de que no tenemos
que dar razón del amor.

NUNCA

Nunca llenar una copa.
Nunca acostarse
sin comprobar
que todas las puertas
están cerradas.
Nunca salir
sin un documento
de identidad.
Nunca creer
todo lo que nos dicen.

Nunca ignorar
lo que no se comprende.
Nunca olvidar
que el perdón
nada tiene que ver
con la justicia.
Nunca rechazar
una caricia,
una amabilidad.
Nunca desdeñar
sin razón suficiente.
Nunca dejar de amar
ni soñar y desear.
Nunca dejar de ser
lo que se es.
Nunca quejarse.
Nunca dejarse dominar.
Nunca rendirse.
Nunca dejar
de dar gracias.

    Nunca dejar
de cuidarse
del nunca.

CESÓ LA LLUVIA

    Cesó la necesaria lluvia,
se han atenuado ligeramente
el calor y la humedad,
y salió el sol. En el claro día,
las plantas regalan
los increíbles matices
de sus verdes.

    Thanksgiving Day,
un día emblemático
y tan distinto para cada criatura.
Una frágil suerte de tregua
en que los recuerdos
llegan como una súbita oleada

y los deseos se hacen
más imperiosos.

En la mesa de la cena
siempre faltará alguien.
Los que se sentarán a ella
son y hacen nuestra vida.

Todo lo que nos toca
—cuánto no acabamos
de comprender a plenitud—
los toca a ellos que, sin lugar a dudas,
experimentan lo mismo.

Anochecerá temprano
con el horario regular de invierno.
¿Volverá a llover?
¿Será la noche tan diáfana
como este mediodía?

Nunca se sabe.
¿Se llega a saber algo
de lo que nos deparará
el próximo instante?

No es otra cosa
el oficio de vivir.

Demos gracias.

¿QUÉ LUGAR TENDRÍAMOS?

¿Qué lugar tendríamos
en nuestros sueños
si uno de ellos
se hiciera realidad?

Imposible de decir
a ciencia cierta.
Una vez encarnado
un sueño, estaríamos
en una tierra de nadie
semejante a la de nuestro
estar en el mundo.

Nos veríamos sujetos
a incontables imprevistos,
al latido de su circunstancia,
a tomar críticas decisiones,
a atenernos al imperio
de su paso y de su gravitación.

Hay en el sueño, sea cual fuere,
no engañarse, una lógica
siempre superior al deseo
y la voluntad de la criatura.

El sueño encarnado
sería tan ideal como terrible.
Es algo bien simple
y necesario de comprender.
En su ámbito seguiríamos soñando.

La vida no es sueño,
el sueño es la vida.

Es tremendo no ser
tan siquiera un dios menor.

SOBRE EL ESTADO DE LAS COSAS

Las cosas no están nada bien
en el mundo, en el país
y en esta ciudad. Todos hablan
de ello, se preguntan y nos preguntan
cómo y cuándo se van a arreglar.

Es la misma pregunta que me hago
y para la que carezco de respuesta.
Ese estado de cosas se agrava
por sus repercusiones domésticas
y por los siempre inevitables
problemas personales y familiares.

Seguimos viviendo, haciendo ajustes,
considerando posibilidades, preocupados
por la suerte de la familia y, tanto,
la de los nietos que heredarán las consecuencias

de tanto disparate y agendas injustificables.
Nos preguntamos si todo no desembocará
en un descomunal desastre, que sería
uno más en nuestra existencia, cuando creíamos
que a estas alturas podíamos sentirnos
tan seguros como tranquilos.

   ¿Cómo se ha caído en esta situación?
¿En que nos hemos equivocado?
¿Por qué tiene que suceder esto?

   Nada tiene razón de ser ni pies ni cabeza.
De nada valen las especulaciones.
No se ven salidas y si aparecieran
y se produjeran ya estaríamos tocados de ala.

   Hasta consideramos como debe ser nuestra poesía.

   En una lejana novela, un *bestseller* internacional
de mi adolescencia que ya ni se nombra ni recuerda,
al protagonista en rumbo a la salvación del horror,
le decían con vehemencia: *Keep smiling. Keep smiling...*

   ¿Tendremos que seguir sonriendo?

REGALO

   Mi hija Lourdes
regreso de un largo viaje
para la cena de *Thanksgiving*.
Mi otra hija, Liana, está en su casa,
en Falls Church, con su familia,
con los nietos que veré
y disfrutaré en unos días.
Joseph me enseñará
la copa que le dieron
como primer premio
en una competencia de karate
y Ana María tendrá un *performance*
de *Cascanueces* ese fin de semana.

   Antes de irse, Lourdes
me preguntó qué quería me trajera.
Le dije que absolutamente nada.

A estas alturas necesito tan poco.
Ya casi al abordar el avión,
al que falló un motor en vuelo,
me llamó del aeropuerto
para preguntarme de nuevo,
qué quería me comprase.
Le reiteré que nada, que solamente
se cuidase. Es lo que siempre
digo a quienes tanto quiero.

Un amigo le sugirió:
llévale un añejo escocés de malta
al viejo. Todos los padres cubanos
acabamos en convertirnos
en ese viejo. Pero no supe, de pronto,
quién era ese viejo y se lo pregunté.
Es para ti, Papi, me respondió sonriendo.
Una doble sorpresa con la botella.

Sí, soy ese viejo que tanto
las necesita. Ha llegado esa edad
en que de manera singular,
los padres devenimos
el viejo, el señor mayor
¡qué tiene cada cosa!
y que ahora es hijo de sus hijos.

Debo dar gracias por ello,
por el privilegio de tenerlas.

Mañana, sábado,
cuando cenemos en casa de Lourdes,
estrenaré su regalo. Beberé
tranquila y dichosamente.

Ser el viejo tiene sus ventajas.

BIOGRAFÍA IMPERFECTA DE UN POETA

No fui amigo del poeta.
Lo vi dos o tres veces
y solo intercambiamos
unas pocas y amables palabras.

Vivía muy modestamente,
creo que de una pensión
que le otorgaron por incapacitado.

Me contaron que apenas salía
y ocasionalmente se encontraba
con sus contados amigos,
que con mayor o mejor suerte
se habían hecho una vida segura.
Que era un lector voraz
y buscaba libros puntualmente
en la biblioteca. Supe que escribía
sin ilusión de publicar. Había
asumido sin peros su soledad.

Sus días fueron arduos.
Su salud muy frágil.
Su economía no le permitía
acceder a la atención médica
que le era imprescindible.
Jamás me enteré que se quejara
de su suerte de inerme solitario,
del destino de su obra.

Murió solo.

Pienso que este recuento,
sin lugar a dudas imperfecto,
incompleto, quizás idealizado
en algunas precisiones,
es su único obituario.

Vivió para la poesía.
No lo hizo en vano.

LA BIBLIOTECA, EL LIBRO

Me dicen que mi amigo,
el viejo poeta, está muy enfermo.
Entregó su existencia a la lucha
por la libertad y la justicia,
sus libros dan cuenta de ello.

Grande fue y es su valor.

Sufrió una larga condena
en cárceles atroces.
Soportó imperturbable,
me dicen sus compañeros
de prisión, toda suerte de maltratos.
Nunca ha albergado rencores.
Jamás traicionó sus principios
y no ha dejado de defenderlos
a pesar de la crítica y el rechazo.
Ha dedicado su vida,
renunciando al bienestar,
a la lucha por su patria:
su sueño tenaz.

Cree en la verdad
como artículo de fe,
aunque se vuelva contra él.
Sabe que ha envejecido
y piensa que ahora
es el tiempo de los jóvenes
a los que se debe apoyar
sin afán de protagonismo
y la fijeza de la historia.
Afirma que en ellos
se debe volcar
toda la esperanza.

Dijo que la historia
es un biblioteca
y el viejo poeta
es un libro más
en sus estantes.
Que son ya
imprescindibles
nuevos libros.

Encara el fin
con la entereza
con que ha vivido.

Suya también es
la lección del pudor.

LAS MÁSCARAS

Reviso mis máscaras.
Hace mucho que no lo hacía
porque uno se acostumbra
a ellas, que se tornan
final segunda naturaleza,
fijo rostro de siempre.

A pocos días y noches
de mis setenta y un años
me doy perfecta cuenta
de que he abandonado
no sé cuantas máscaras.

Sin lugar a dudas,
me sirvieron para hacer frente
al embate de mis jornadas
y de mis circunstancias,
para sobrevivir y hasta
para ser, en algunas ocasiones,
fugazmente dichoso.

Contrariedad de las máscaras:
nos hacen otro y nos hacen
esa criatura que queremos ser.

A estas alturas
carece de sentido
apelar a las máscaras
para hacer frente
a las exigencia del estar.
Basta el desnudo rostro.

Es mi máscara más eficaz.

COSAS QUE EVITO

La fuerza de la edad
nos hace evitar
muchas cosas
No pocas son
cosas que siempre
hemos evitado.

Se trata
simplemente
de un reajuste en pos
de lo imprescindible
y una reafirmación
de lo deseado
con fija constancia.

Detesto salir
a no ser para estar
con los que quiero
y los que me quieren,
que son bien pocos.

Detesto conducir
porque hay
muchos salvajes
en las calles
y las carreteras,
también porque no veo
nada bien en la noche
y casi siempre me pierdo.

Detesto ir
de compras
porque necesito
y quiero muy poco.

Detesto leer
los demasiados libros
que se publican
y celebran: ser parte
de la complicidad
de los mediocres.

Detesto las limitaciones
que me imponen la edad,
la frágil salud y
la imperiosa razón.

Detesto salir
de mi casa
donde escribo,

oigo música,
descubro sin cesar
mis cuadros
y esculturas,
veo esa rareza que es
la buena televisión,
guardo tantas cosas insólitas
a las que nadie
da la menor importancia,
recibo muy ocasionalmente
a mis pocos amigos,
cumplo puntualmente
mis deberes domésticos
(que pueden ser abrumadores),
estoy pendiente
de mi rosal amarillo,
disfruto de mi tan real
como imaginario museo ideal,
y, tan importante, sueño.

¡Hay tanto deseable
como indeseable
en nuestra existencia!

Dicho y suscrito
todo lo anterior,
quiero dejar constancia
de que detesto detestar.

EXAMEN DE CONCIENCIA

He hecho bien,
he hecho mal,
he dejado de hacer.

Me han hecho bien,
me han hecho mal,
han dejado de hacerme
lo que necesitaba.

¿Cómo equilibrar
todo eso que no solo toca mi vida sino también

otras tantas vidas?

La culpa, que puede ser
pura materia de la literatura
–mi modélico Lord Jim–
ha sido siempre
para mí una constante,
nunca un complejo.

He pagado
un alto precio
por mis culpas.

Siempre
he pedido perdón
por ellas.

Ya he llegado
a una edad
en que ser culpable
es bien difícil.
Jamás imaginé
que esto pudiera
sucederme.

Mis culpas,
siempre las hay,
ya son insignificantes
en el diseño de las cosas.

No cabe duda
de que voy a menos
aunque también
podría considerar
que voy a más.

Creo firmemente
en el juicio particular,
en el juicio final.

Aunque parezca pueril,
no dejo de considerar
lo que he de decir
en propia defensa

a mi Creador y sostén,
siempre entregado
a Su infinita misericordia:
¿quién sino Él
entrega a un hijo
para la salvación
de todos sus hijos?

Quizás lo único
que puede tener
peso y razón suficiente
es repetir las palabras
de Su hijo crucificado:

En Tus manos
encomiendo mi espíritu.

CONSEJOS

Me han dado
muchos buenos
consejos
en mi vida,
de igual suerte
malos consejos.

Uno se entera
de su naturaleza,
resultados
y consecuencias
cuando los sigue.

Por suerte,
cuando los he recibido
con manifiesta atención,
nadie de los que
me los dieron
sabía que tengo
pavor de los consejos.

Los pocos
que he seguido
han desembocado

casi siempre
en el desastre.

Unos pocos
buenos consejos
recibidos
en distintas épocas
de mi vida
no llegaron
a procurarme
la plenitud
de su intención.

Por eso
me cuido mucho
de aconsejar.

Cuando lo hago
tienen que ver
con generalidades
sobre un tema
o cuestión
y nunca afirmo
que son tan certeros
como vinculantes.

Cada cual
debe aconsejarse
a sí mismo
desde sus urgencias
y necesidades.

Saber que
la posibilidad
de elegir
es un riesgo.

A la hora
de aconsejarme
a mí mismo
siempre tengo
en cuenta
los riesgos

de seguir
mis consejos.

Un consejo
es una apuesta
y yo detesto
el juego.

LOS JUEGOS

Todavía los niños,
a pesar de la tecnificación
de los juguetes, esos juguetes
que apenas sé como utilizar,
siguen jugando juegos
que llenaron mi infancia.

De igual suerte,
tienen héroes, personajes
que quisieran ser
y que son en su imaginación.

Mis nietos,
tan pequeños,
dominan todos
los increíbles ingenios
que han cambiado
la vida cotidiana.
Muchas veces
tengo que pedirles
que enciendan
el televisor,
cuyos controles
son para mí,
como tantas otras cosas,
un verdadero enigma.

He quedado atrás,
en otra época,
y no pocas veces
me siento un extraño
en el mundo que me rodea.

Es algo que tengo
que aceptar con naturalidad,
soy incapaz de ponerme
al ritmo del paso del tiempo.
De igual manera no quiero
complicarme la vida.

Cuando veo jugar
a mis nietos
con sus sofisticados juguetes
me asombra y enorgullece
su inteligencia. Pero más
me deslumbra verlos enfrascados
en los juegos de mi infancia.

Nada podrá despojar
a los niños de su inocencia.

POSIBILIDADES DEL REGRESO

Si llega el día
en que pueda regresar
a mi trágica patria
y tengo la salud
y la capacidad
para hacerlo,
¿a dónde regresaré?

Allí, la tierra
y las ciudades
y la vida
han sido
arrasadas.

Seré muy feliz
con su libertad,
pero seré
un desconocido.

No me quedan
amigos ni familia.
Mi casa y mis cosas
se perdieron.

La vida será
otra cosa
que no guarda
mi memoria.

Seré el dichoso,
el que no sufrió
lo bastante
en años de horror.

Ya estaré
acostumbrado
a otras cosas,
a otro estilo de vida,
a saber que
mis necesidades
están cubiertas
y que por ello
sigo viviendo.
Que dependo
de mis seguridades
de toda índole.

Pienso también
que hablo
de otra forma,
me preocupa
no comprender,
por más que quiera,
todo lo que me digan.

Sé que me sentiré
muy mal, aunque
impere la libertad,
sumido en tanta
destrucción física
y espiritual
y me dolerá mucho
no ponerle
remedio de inmediato,
algo que clama al cielo.

No sabré qué hacer
lejos de mi familia,
que ya ha hecho su vida
y de la que dependo
cada día más.

Desconoceré,
si es que se me ofrece,
cómo y hasta qué límite
podré ayudar a que mi patria
sea otra cosa, que comience
a encarnar la pendiente
posibilidad cubana.

Comprobaré
que el presente
y el futuro
son y serán
algo muy distinto
a lo que soñé toda mi vida.

Seré testigo
de un proceso político
y social tumultuoso
cuyo desarrollo,
por buenas que sean
las intenciones,
nadie podrá avizorar.

De todas suertes,
cuando sea posible,
volveré, aunque solo
sea para reparar
las tumbas de mis muertos.
Ojalá fuera para más.

Todo es tan simple,
tan complicado,
tan indescifrable.

Siempre pendiente
de mi patria, escribo
este poema cuando
avanza la noche.

Esa es la patria
que nunca falta.

HÁBITOS

Tengo muy arraigados
ciertos hábitos,
algunos dirían manías.

Así, lo primero
que hago al levantarme
es hacer el café
y leer el periódico.
Llevo minuciosas agendas
de mis actividades diarias
y me molesta si dejo
de realizar alguna.
Siempre pongo en su sitio
lo que llevo encima.
Me siento puntualmente
a mi mesa de trabajo,
donde paso tantas horas,
y no me siento satisfecho
si no reviso hasta el delirio
las páginas que escribo.
Me afano en llegar
con tiempo a cualquier cita.
Pago las cuentas siempre a tiempo.
Guardo cosas y papeles
a los que nadie da valor.
Siempre tengo una linterna
a mi alcance por lo que pueda
ocurrir, que nunca se sabe.
No me gustan los vasos
y las copas de vino
y de bebida llenos,
pienso que son
un signo de avidez,
y necesito tener a mano
en todo momento

un vaso de agua fría.
Nunca dejo de rezar
el rosario cuando
ya todos duermen
y abrumo a Dios
con mis minuciosos
y esteparios ruegos.
No puedo dormirme
sin escuchar música.

También vigilo
atentamente a través
de la ventana
el rosal amarillo,
que no deja de aparecer
en mis poemas.

Me inquieta mucho
el que no esté florecido.
Es como si a la casa
le faltara algo imprescindible
y el orden que tanto necesito
en mi vida se hubiera quebrado.

Mis hábitos nada tienen
de especial, de molesto.
Creo que a nadie afectan.

Solo tengo
un hábito secreto:
Vigilarme a mí mismo
para evitar adquirir
esos hábitos característicos
de los señores mayores.

Hoy puedo,
hábitos aparte,
estar bien tranquilo,
retoña el rosal amarillo.

LUGARES COMUNES

Con ingenio,
imaginación
y vastos conocimientos,
los lugares comunes
podrían considerarse
como la base
para escribir
una autobiografía.

Toda una aventura
en el campo de la creación.

Solo que puestos
a acometer
esta empresa,
quizás una pregunta
la haría imposible.

¿La tanta vida
que vivimos
y que nos vivió
es un cúmulo
de lugares comunes?

DE LOS AMIGOS

Tengo muy pocos,
contados amigos.
La inclemencia
del paso del tiempo
me ha arrebatado
a amigos entrañables.
¡Mi inmensa pérdida!

Los innumerables
conocidos, que quise
amigos y les di
mi irrestricta amistad,
se han perdido.
He dejado de serles útil.

Mis viejos amigos
han sido desperdigados
por el exilio,
por las obligaciones.
No dejamos
de vernos, si hay suerte
y se presenta la oportunidad.
Es una dicha y una fiesta
y un consuelo
cuando esto ocurre.
Nunca es lo suficiente.

Cierto es que tengo
amigos más jóvenes,
pero su frecuentación,
que tanto agradezco,
es ocasional. Tienen,
y lo comprendo,
tanto que hacer
para ir sobreviviendo.

Yo también tengo
demasiado que hacer
y no me alcanza el tiempo,
pero siempre estoy en mi casa,
en mi refugio, en mi fortaleza,
siempre aguardando su presencia.

No es precisamente
la vida como se soñó.
El que fuera así la existencia
¿no constituye un milagro?

Pero me empeño
en desear la constancia
del milagro, un día tras otro.
Es un singular privilegio.

Pienso con constancia
en mis verdaderos amigos
y los espero. Tanto a los viejos
que nos entendemos tan bien

aunque no medien demasiadas
palabras y explicaciones,
y tanto a los jóvenes
para los que quiero ser
lo que fueron para mí
los amigos que no ceso
de recordar entrañablemente.

Escribo este poema
para mis amigos. Estoy solo,
me falta la presencia
de mis pocos, contados amigos.

Ojalá experimenten
lo que yo siento por ellos.

LA SUERTE

La suerte
es una embriaguez.
Es fácil atribuirla
a una buena situación
social y económica.
A la impunidad
y las complacencias
que otorgan
el dinero
y el poder.

Todos desean
tener buena suerte,
la que llenará
el vacío de tantos
deseos pendientes,
de necesidades
muy reales.

Pero pocos
saben
lo que es
la suerte.

Mi suerte
—esa suerte
que muchos
confunden
con el destino—
es una gracia.

Si fuera otra
sería una pérdida.

La verdadera
suerte es desear
pequeñas suertes
que hagan
más inmensa
la suerte que se tiene.

No hay
peor suerte
que ignorar
la propia suerte,
querer otra suerte.

Muchas veces
me he equivocado
y tratado de cambiar
mi suerte,
pero he tenido
la suerte
de rectificar a tiempo.

Aunque todavía,
en cada vez
menos ocasiones,
desearía fuese otra
mi suerte, tengo
la fijeza del enigma
y la evidencia
de mi buena suerte,
que nunca es
lo que se piensa.

Cuestión de suerte.

NOTAS TOMADAS AL CABO DE CUALQUIER NOCHE

Noche cortada
en pedazos.

Las conversaciones
superficiales.
Lo demasiado
que carece
de importancia.
Compromisos
que no se cumplirán.
El vacío que se ahonda.
La gravitación de estar
donde nunca
se debió estar.

El desamparado
inventaría las estrellas.
El único abrigo
contra el frío
son viejos periódicos.

Hay que evitar
a toda costa
el perderse en una calle
de un barrio peligroso.

¿Encontraré mañana
el libro que busco?
No podré dormir mucho
esta noche, más cansancio.
No me pagan lo suficiente
por el trabajo que hago.
El etcétera mío de cada jornada.

El camarero gaditano
me dijo: Que haya alivio.

VISITA

Viene a verme
un amigo
que conozco

por un amigo
al otro lado del mar.

La edad
y la memoria
hacen fácil
la conversación.
Tenemos en común
experiencias semejantes,
los mismos intereses
y el amor por la literatura.

Conversamos
mientras saboreamos
con lentitud y gusto
un añejo bourbon.

Recordamos lecturas,
lamentamos la ausencia
de los libros que leímos
en nuestra juventud
y que ya no se editan
y es imposible encontrar.
¡Otra pérdida que compartimos!

Comparamos recuerdos
y experiencias, los cambios
que se han producido
y la forma y manera
en que todo ha cambiado
y hace imposible
llevar a cabo los sueños
de un retiro ideal.

Reflexionamos
en torno de lo inevitable:
el desastre económico
y como nos afecta,
tanto a nuestra edad.
Ahora, muy a nuestro pesar,
es imposible regalarnos
ciertas complacencias,

imprescindible ajustar
con prudencia los gastos
and hope for the best.

De forma inevitable,
pero ecuánime,
caemos en el tema
de la Cuba que es
y la que fue
y la que nunca será.
¿Qué lugar tendríamos en ella?

Planeamos un próximo
encuentro a mi regreso
de ir a cuidar a mis nietos,
algo que tanto disfruto.
Nunca dejaré de lamentar
el que no vivan cerca.
Me estoy perdiendo
la maravilla y la dicha
de su constante presencia.

Mi amigo se marcha
porque anochece
y su casa está lejos.

Me sirvo otro
generoso vaso de bourbon
y escribo este poema.

Así termina la tarde de un poeta.

HAY QUE CUIDARSE

Hay que cuidarse
del filo de la navaja
–y todo puede ser navaja–;
de la engañosa calma del mar;
de la puerta mal cerrada;
de la copa que afirman
los clásicos y armoniosos griegos
es la de la locura; de la sumisión
de un hermoso animal;

del recuerdo del pasado
y de los sueños del futuro;
de la belleza y la entrega
de una mujer espléndida;
del arma a la que se confía la vida;
del reloj que no se sabe quien puso en hora;
de la página en blanco y de la página escrita;
de los sueños que no pueden recordarse;
de la llave que no se sabe qué puerta abre;
de la llama que puede apagarse;
de la inesperada carta que puede llegar;
del amigo que nos ha probado con creces
su amistad en todo momento y circunstancia;
de la espléndida y enigmática naturaleza
que nos deslumbra; del persistente dolor
al que no damos la menor importancia;
de la suerte que siempre puede cambiar;
de la oscuridad en que se procura
el necesario y vasto descanso;
de la cruel mordida del frío
y de las dentelladas del calor;
de los espejismos de la dicha;
del traicionero cambio de los vientos;
de las tentaciones del azar;
de la facilidad de las promesas;
del tenaz peso de la culpa;
de la tierra de nadie y de la constancia
del deseo y la esperanza;
de las pisadas en el corazón;
de todo lo pendiente.

Pero sobre todo
hay que cuidarse
de uno mismo.

RESUMEN DE LOS DÍAS

Hay una simetría
en mis días,
en que siempre tengo

algo que hacer,
que no necesariamente
es de mi agrado.

No tengo
días perfectos.

Los hay
que navego
con calma,
sin presiones.
Son los mejores.

Los hay
con quehaceres
y compromisos
que me abruman.

Los hay
con noticias
y hechos
que me preocupan
y hacen mayor
mi normal insomnio.

Los días
son siempre
para mí
una apuesta
que no hago
en la ruleta
del paso del tiempo.

Lo singular
es que detesto el juego.

El día de hoy
llega a su término.
No ha sido exactamente
como quisiera,
pero tampoco
ha sido imposible,
¡mi experiencia

con días así
es tan constante
e inabarcable
como un horizonte!

Los años
que me reafirman
y me disminuyen
me han enseñado
la inevitabilidad
de los días negros,
que también que acaban,
no siempre
a nuestra satisfacción
y que deparan
una nunca imaginada
perspectiva que hay
que simplemente encajar.

En dos días
cumplo 71 años.
Fatalista que tiendo a ser
nunca pensé,
con más que suficientes
razones que llegaría
a este cumpleaños.

Será un día ajetreado
por razones muy naturales,
sin fiesta, preludiando
mi viaje a estar con mis nietos:
mi gran regalo.

Solo, brindaré
por este aniversario,
quizás escribiré un poema
–ahora, de modo constante,
escribo mucha poesía,
como nunca antes
lo había hecho–.

¿Puedo afirmar
que existe

un tácito
entendimiento
entre los días
que vienen
y que se van?

Otra pregunta
sin respuesta
en mi existencia.

Sea.

HISTORIA DE LAS ROSAS

Las rosas no tienen
otra historia
que la que le otorgamos.

Su indescriptible
y delicada belleza
no la necesita.

Pueden ser emblema
de la dicha, huella
de lo efímero, testimonio
de la pérdida, del dolor.

El significado
que le damos
nos recuerda
que somos tan frágiles
y vulnerables como ellas.

Si guardamos alguna,
el paso del tiempo
la desmenuza implacable.

Toda nuestra memoria
es un rastro de rosas
que tuvimos o que nos faltaron.

Al paso del tiempo,
la fresca presencia,
deslumbrante y vertiginosa

presencia de unas rosas
es una de las pocas cosas
realmente imprescindibles
a nuestra vida. Son nuestra
historia y compañía.

FASCINACIÓN

Me fascinan
los poemas breves.
Este es un breve poema.

EL POETA RETRAÍDO

A Hervin Romney

Anoche cené y bebí
en casa de mi hija Lourdes
con un amigo de la infancia.
Es el arquitecto que se ocupa
de la remodelación de su casa.

La conversación
fue espléndida. Hacía tiempo
que no lo hacíamos así,
al menos una vez a la semana.
Un intercambio de ideas
enriquecedor, dominado
por la sensatez y la cultura.
Algo que ya es una rareza.

La noche era húmeda,
sopló un viento que derribó
algunos plantas y se anunciaba
la lluvia que sigo aguardando.

Al despedirnos, mi amigo
dijo que yo me había retraído,
que añoraba los encuentros
en que yo todo lo discutía y precisaba.
Tenía y no tenía razón.

Medité, ya acostado
y dispuesto a mi lucha por dormir,

en sus palabras. Echo de menos
aquel tiempo de esas conversaciones.
De igual suerte, precisé la razón
de mi retraimiento. Son las cosas,
los acontecimientos, el ritmo arrasador
y absurdo que se ha impuesto
a la cotidianidad, las preocupaciones,
lo demasiado del *más* que nos exige
tajantes respuestas y actitudes.
Ese demasiado que preside la existencia.

No puedo y puedo afirmar
que cualquier tiempo pasado fue mejor,
tampoco puedo celebrar el tiempo
que nos vive y el enigma
del tiempo que se nos viene encima.

Pero sí, me he retraído,
sin duda sin quererlo
o como mecanismo de defensa
a las demandas de la realidad
o como respuesta y consecuencia
del pan nuestro de cada día.

No es una ganancia,
pero pienso que es el único
movimiento estratégico correcto
a pesar de lo que puede depararme.

Nunca sabe la criatura,
el soldado inevitable que se es,
el resultado de las decisiones
en que se juega el todo por el todo.

Así es la guerra.

¿Existe en verdad
el reposo del guerrero?

EL MEJOR POEMA

Siempre he escrito
de forma incesante,

a pesar de todo
lo que he tenido
en mi contra,
mis poemas,
que son parte
de un único poema.

Me paso la vida
revisando mis libros,
tratando de llevar
a su punto final
mis versos.

Siempre
me obsesiona
una pregunta:
¿Si tuviese
que escoger
mi mejor poema,
cuál escogería?

No tengo respuesta.
Cualquier poema
es el último,
el definitivo,
no importa
lo que lo hizo encarnar
ni cuándo se escribió.
El tiempo es
un elemento
de la memoria.

Soy tan solo
y tan finalmente
el poeta que dicen,
del que dice
ese poema.

La poesía
es la eternidad
que somos
capaces de ceñir.

No tengo, siendo
un crítico literario,
la respuesta
a la pregunta
de cual es
mi mejor poema.

Estoy
en las manos
del posible
o imposible lector.

No hacerse ilusiones.

EL DESCONOCIDO

Uno puede ser
ese desconocido
al que abrimos
la puerta
de nuestra casa.

No hay más.

ON LIFE

Encajo el presente,
¿qué otro remedio me queda?

Sueño con mi existencia
en el pasado que se me arrebató.

No dejo de desear ese futuro
que siempre colma mis sueños.

Es imposible vivir
en el ideal del siempre perfecto.

No hay más.

LUGARES

Hay lugares que no puedo
arrancar de mis pensamientos.

Son lugares en los que no pude estar
a pesar de mis fijos deseos;
lugares de los que me tuve que marchar
aunque hubiese querido quedarme;
lugares en los que siempre he soñado
vivir y que ya sé será imposible hacerlo.

He querido ser y vivir a plenitud
–porque un poeta es un hombre
que quiere ser todos los hombres–
en tantos sitios y, también, hallar
mi paisaje para siempre, tan indescriptible
y, en mi caso, tan sencillo, tan elemental,
tan de nunca desear dejarlo por otro
porque colma la destilación de lo que soy,
que es siempre lo que se quiere ser.

En mi paisaje al cabo de tantas singladuras,
tan distinto a como lo conocí siendo casi niño
y en mi adolescencia, con frecuencia me domina
la imagen de otros paisajes que ya son un imposible.

Doy gracias a Dios por estar aquí
porque en ello me ha ido la vida
y también la vida de los que quiero.

No dejo de imaginar en su entorno
mi paisaje ideal, de pensar que estoy
en un lugar que no puedo precisar
pero que da razón de mi andadura
aunque me resulte muy arduo entenderlo.

En buen romance, tanto es así
que muchas veces no dejo de verme
en otro lado y proceder en consecuencia.
Cierto es que faltan detalles, que no todo es
como estaba seguro que sería y, lo que es más,
que yo no sería exactamente el que soy.

No me gusta, no quiero apartarme
de este sitio, ya no tengo fuerzas ni capacidad
para hacerlo y, de igual suerte, hay
demasiadas cosas que me aferran a él.

Uno siempre se reconcilia con su espacio,
con su dominio. Es algo que no puede explicarse.
Aquí se ha recreado la casa arrebatada,
la casa a la que nunca podré regresar,
y tengo mi cuarto de trabajo,
tan lleno de cosas, de libros y de papeles
que son para mí imprescindibles; tengo mis cuadros
con los que cotidianamente dialogo; tengo los juguetes
de mis nietos y mis juguetes, que les presto gozoso
cuando vienen a estar con nosotros; tengo
recuerdos y fotografías familiares y recuerdos
y fotografías que dan cuenta de la continuidad
de nuestra existencia al otro lado del mar
al cabo de empezar laboriosamente una nueva vida;
tengo mi ventana, siempre he necesitado una ventana
para tener cierta paz y para escribir, y a través de ella
contemplo mi espléndido rosal amarillo.
Puedo decir que tengo demasiado,
que mucha es mi suerte.

¿Qué hubiera sido de mí
si no llego a estar aquí
en este paisaje
que nunca imagine
es mi final puerto?

No quiero ni pensarlo.

COSAS SIN IMPORTANCIA

Si de algo
estoy seguro
es de la importancia
de las cosas
que, dicen,
no tienen importancia.

Las acumulo
de forma incesante.
Es algo que hago
desde que tengo
uso de razón.

Tengo cosas
insólitas,
las he recogido
donde quiera
que he estado.

Ni sé cuantas
he perdido,
muy a mi pesar,
por el imperativo
de las circunstancias.
No ceso de lamentarme
por ello. Hay muchas
que recuerdo tenazmente.

Mis pérdidas
no han disminuido
mi urgencia por tener
cosas sin importancia.

Considero
a esas cosas
sin importancia
mi más precioso
patrimonio.

¿Hay algo
más maravilloso
que una roca
de un arrecife
de la costa de Maine?

Podría redactar
una interminable lista
de cosas sin importancia
que son para mí
tan importantes
y que guardo y disfruto
casi hasta el delirio.

Entre ellas
puedo mencionar
vasos de bares

que ya no existen;
una pistola
como la que usó
Bogart en un filme
memorable; las llaves
de casas en las que viví;
viejos juguetes;
pasajes del metro...
¡Tantas cosas!

Esas cosas
sin importancia
a las que nadie da valor
me han hecho,
son materia de mi vida.
Me acompañan.

Creo firmemente
en algo que celebró
un viejo estándar
de la música americana:
Little things mean a lot.

Sigo buscando
con un selectivo
y refinado criterio,
cosas sin importancia,
su maravilla.

Va de suyo
que entre esas cosas
sin importancia
para nadie,
me guardo
a mí mismo.

OVER AND OUT

Escribir un poema,
hacer poesía,
es una evidencia,
un iluminación,
una epifanía.

Nunca se sabe
si encarnará el poema.

La página en blanco,
la negra tinta,
solo son un medio.
La poesía es
un secreto incomunicable
que cuando se entrega
es el secreto del desconocido lector,
hay tan pocos lectores de poesía.

Al escribir un poema
se da testimonio de inmensidad,
también se ofrece un enigma,
el inabarcable horizonte
de la inmensidad que es
una entregada intimidad.

¿Dónde está el lector
de este poema?
¿Qué pensará al leerlo?
¿Cómo lo tocará?

Preguntas sin respuesta,
lo de siempre.

Solo, a su término,
puede decirse: *Over and out.*

TENER Y NO TENER

Se tiene o no se tiene
de una y otra cosa.
Siempre se tiene o se carece
de algo de ambas cosas.
No es otra cosa la vida.

Hay que defender
lo que se tiene,
pero cuando no es justo
hay que rechazarlo.

Hay que buscar,
con igual tesón e intensidad,
lo que no se tiene,
lo que nos hace tanta falta.

En esa confrontación
se va la vida entera.
Es difícil, pero inevitable,
armonizar esos contrarios
y procurar lo mejor,
pero siempre sin traicionarse.

Tenemos y no tenemos,
pero siempre algo
nos falta o nos sobra.
Somos tan vulnerables.

Tengo y no tengo,
Me desgasto en esa lucha
de tener y no tener.

¿Cómo prevaleceré?

No es otro nuestro predicamento.

OTORGAMOS A LOS DÍAS

Otorgamos
a los días
el significado
de lo que
se nos ocurre
y sucede
y, también,
el de lo inevitable
y lo desconocido.

Hoy, sábado
5 de diciembre
del 2009,
cumplo 71 años.

Es un día nublado,
lluvioso, y hay aviso

de tornado hasta las 3 pm.
Desde que desperté
he seguido la puntual
rutina de mi existencia.

A medida
que entraba en años,
no pocas veces pensé
que no llegaba
a mi próximo aniversario.
Así, esta fecha
es una de mis victorias,
que a veces no sé lo que son.

Recibí temprano
unas pocas llamadas
para felicitarme
de mis hijas, mis nietos
y algunos de mis pocos amigos.
No se puede pedir más.

Me siento
exactamente igual
al día de ayer.
Quiera Dios que mañana
me sienta de igual forma.
Es algo a celebrar
a esta edad en que siempre
se tienen problemas de salud.

En un día como hoy
muchos recuerdan
lo vivido. Lo bueno
y lo malo que los ha tocado.
No tengo la menor intención de hacerlo.
Me basta desear todo
lo bueno por vivir,
aunque nunca faltarán
de presentarse cosas
y circunstancias que no queremos
y otras tantas que serán unas gracias.
Sea lo que fuere es puro *más*.

Así, ya con 71 años,
con permiso de Whitman,
me celebro y me canto a mí mismo.

EL JUGADOR DE AJEDREZ

Desde su niñez
solo albergó
una pasión: el ajedrez.

Nunca quiso ser
ni un maestro
ni un gran maestro,
su único afán era jugar.

Movía con lentitud
las piezas en el tablero
de ajedrez. Era como
si le fuera en ello la vida.

Estudiaba el juego
con tenaz disciplina
en los libros especializados
que guardaba en su biblioteca,
jugaba partidas solitarias.

Nada había en su existencia
de solitario que no fuera
el ajedrez. Procuraba
ganar con movimientos maestros,
pero nunca se ufanaba de su victoria.
Siempre anotaba los movimientos
de cada partida y si perdía
analizaba minuciosamente
el desarrollo del juego,
precisaba sus errores
y consideraba las alternativas
que los hubiesen evitado.

Un niño que aprendía a jugar,
y con el que jugó por cortesía,
lo derrotó una vez. Esa fue
la gran partida de su existencia,
la más memorable.

Le enseñó
que los niños saben
lo que nunca acaba
por aprenderse,
solo que también
acaban por olvidarlo.

Ese es el supremo jaque mate.

ALGUNAS PREGUNTAS

¿Qué pasa
si falta la aguja
de la brújula
que nos orienta;
la llave que abre
la puerta para
resguardarnos
de la intemperie;
el papel y la pluma
para escribir
las palabras imprescindibles;
el retrato de los que se quiere;
el agua para calmar
la tortura de la sed;
el equilibrio entre
la soledad y la compañía;
el preciso paisaje
en que nos reconocemos;
el juguete que celebra
y regala la plenitud
de la inocencia;
la música que nos sume
en el recuerdo, el sueño
y el tenaz deseo;
la eternidad de la belleza
de una rosa amarilla;
la entereza para no quejarse;
la capacidad de la entrega;
la certidumbre del enigma;

el espejo que nos precisa
y despoja de nuestras máscaras;
la fe en el milagro?

¿Qué pasa
si falta la urgencia
de preguntarnos
qué pasa?

EL BRAZO A TORCER

Doy mi brazo
a torcer,
no lo doy,
hago que lo hago.

Todo depende
de las circunstancias.

Si lo doy,
si no lo doy,
si hago lo que lo hago.

¿Realmente importa
una, otra y otra cosa?

Nunca se puede decir.

La vida es un juego,
una apuesta, un riesgo.

Mi brazo es la ficha
que juego a la suerte.

¿Hay otra cosa que hacer?

GRAN PREGUNTA

En mi fin
está mi principio.

De acuerdo.
Nada puedo hacer
para evitarlo.

¿Pero qué está
en medio?

LA LLAMADA

Me llamo a mí mismo,
me necesito en demasía.

¿Por qué no me contesto?

¿Dónde se pierden mis palabras?

No puedo explicarme
la ausencia de mi respuesta.

El inmenso silencio.

MIS MODELOS

Siempre digo
a los que me precisan
una hora, una fecha,
que tengo que verla
en el calendario,
consultar las páginas
de mis minuciosas agendas.
¿La razón? La explico
diciendo que vivo
en la eternidad.

No es una *boutade,*
Es un hecho
de imposible explicación.
Me atrevo a afirmar
que me retrata a plenitud
y nunca cuestiono.

De igual suerte,
tampoco me preocupa
darme a mí mismo
razonadas explicaciones
sobre las figuras
que a lo largo de mi vida
se han convertido
en patrón de mi andadura.
Hacerlo equivaldría a formular
una absoluta contradicción.

Esas figuras, mis modelos
en mi existencia y escritura,
tienen demasiado de irreconciliables.
Son una conjunción, una fusión
de opuestos. Algo que
no puede razonablemente ser.
Me importa bien poco.
En verdad nada. Uno vive
tan solo consigo mismo.

Vivo, y por ello
sobrevivo– lo que con los años
y las circunstancias,
que nunca va a mejor–,
cada instante de mi vida.
En buen romance, la encajo
y siempre sé diferenciar
lo bueno de lo malo
y a ello me atengo.

Ya mis modelos de vida
los tengo tan asimilados
que no necesito apelar a ellos
para hallar respuesta
a mi proceder, actitudes
y conducta. Por muy tocado
de ala que esté, siempre tengo
respuesta a lo que se me presenta.
Esa respuesta puede ser
tremenda, arrasadora.
Y puede ser todo lo contrario.

Solo debo dejar por sentado
que mi aprendizaje ha sido
tan arduo como doloroso.

La vida, hágase
lo que se haga, no está
en otra parte.
Está en uno mismo.

Soy deudor
de mis contradictorios modelos.

ESCRITO A MEDIA TARDE

No pasa nada.
Todo está pasando.
Todo nos toca.

No hacerse
preguntas
sin posible respuesta
sobre lo que puede pasar.

Es hora
de no seguir
escribiendo
poemas.

En breve
vendrá mi hija
para llevarme
a cenar.
Será otra noche
estupenda.

Cada vez
necesito más
de la compañía
de los míos,
de mi sangre.

Al volver
a casa
prepararé
las maletas
para ir a ver
a mi otra hija
y a mis nietos,
tan fabulosos.

¿Es esto la rutina
más fija de mis días?

¡Si en mis manos
estuviera abolir
las distancias!

La dicha
se da a sorbos.

UN JOVEN CON UNAS FLORES

Leo un poema
sobre un joven
que arrancó
unas flores.

Ahora en sus manos,
nadie sabe de donde son,
tampoco deben saber
para quien son
o si son para él mismo.

Las flores,
su frágil belleza,
siempre son un misterio.

Me fascinan
las jarras de flores,
tanto las de rosas,
o una solitaria flor
en un esbelto búcaro.

Las flores son *más*
si alguien las ha cortado
y dispuesto para nosotros.

Cada flor siempre tiene
un nuevo significado.
No es otro que el que le damos
o el que imaginamos
nos entrega. Al contemplarla
es como si intercambiáramos secretos.

¿Son la palabra
que esperábamos
o son, desde su plenitud,
una palabra impronunciable
como el secreto nombre de Dios?

No hay
explicación posible
para su belleza.

PROFILE DEL POETA

¿Sería difícil hacer mi *profile?*

Esos perfiles tan en boga en que alguien,
muy probablemente un desconocido
pero con la suficiente capacidad
y autoridad para ofrecer una canónica imagen
de la criatura que soy en estos tiempos
tan difíciles, tan peligrosos, en mi siempre,
y decreta la imagen de un hombre
que quiere ser todos los hombres.

No albergo la menor duda
que se me endilgarán– estoy seguro
que tengo en mi haber muchos perfiles
en constante actualización– algunas precisiones
que son correctas y demasiadas que constituyen
puras ficciones. Tampoco vacilo en creer
en la irrevocable sentencia que ello supone.
No hay absolutamente nada que hacer.

Quiero ayudar a mis *profilers,*
y todos lo somos de algún modo
como un acto de supervivencia,
algunos datos de incalculable utilidad.

No hay referentes mejores
para mi posible perfil que mi poesía;
las copiosas hojas clínicas de mis médicos;
mis diáfanas declaraciones de impuestos;
mis pocos, verdaderos y contados amigos;
los sucesivos e injustos golpes recibidos;
las pisadas en el corazón de las que he perdido cuenta;
la invariable rutina y trabajos de mis días;
los planos de sombra, negación y olvido que encajo;
mi amor a mi familia y mi delirio y dicha con mis nietos;
la constancia con que escribo aunque sea para nada y para nadie;

el sueño de la pendiente posibilidad de mi patria;
la lectura de algún que otro nuevo libro
pero sobre todo la relectura de los que marcaron mi vida
y no cesan de fascinarme; la imposible tarea de ordenar mis papeles;
planear algunos viajes, volver a mis sitios favoritos;
el gusto por ciertos platos y el añejo escocés de malta;
seguir coleccionado cosas que a nadie interesan y pensar
como compro algunas cosas que siempre he querido tener;
dialogar cotidianamente con mis cuadros y verlos
cambiar incesantes para regalo de mis ojos;
poder quedarme en casa, tranquilo, a mi aire,
haciendo lo que quiero y soñar que todo puede ser *más* de lo que es.

Por todo lo antes expuesto, es bien fácil hacer mi perfil.

No soy más que un padre, un abuelo, un exiliado, un poeta
y vivo, no sé hacer otra cosa, a ras de mundo.

LA INOCENCIA

La inocencia
es exultante,
por eso es tan pura,
tan plena,
tan elemental,
tan abrasadora.

La vida
del poeta se va
celebrándola,
evocándola,
buscándola
de modo incesante.

Mis nietos
no cesan
de regalármela.

Lo que más deseo
es que nunca
la pierdan.

Nada hay para mí
nada tan importante,

tan imprescindible
–ni la poesía,
las palabras
a las que me he jugado
y sigo jugándome
la vida–, que su epifanía.

No ceso de pedir a Dios
que se las conserve
intacta por mucho tiempo.

Quiera Él
que cuando su inocencia
sea algo que quedó atrás,
siempre ¡ay! sucede,
sigan viviendo
al dictado de su latido.

No es otra cosa
el enigma, la gracia
y la constancia
del más indescifrable milagro.

¡Hasta cuando se pierde,
la inocencia nos toca
con toda la plenitud
de su intensidad!

OBSERVACIONES SOBRE LA VEJEZ

Es característico,
en primer término,
la aceptación o el rechazo
del peso y gravitación
de la edad. La inexorable
fuerza de la disminución,
de ir a menos.

Se acusan rasgos
del carácter, manías
y obsesiones. Siempre
es el otro, los otros
los que nos las dicen,

tantas veces con la resignación
que alimenta el cariño
de topar con lo inevitable.

Uno sabe que va a menos
y hace lo imposible por sacar
fuerzas ya imposibles de alcanzar
para hacer frente a la realidad,
ese supremo e imposible esfuerzo.

Si se encajan los años
que se viven y nos viven,
ese casi inminente tocar fondo,
uno quiere dejar todo en orden,
hacer tantas cosas que no pudo hacer,
cuidarse un poco más, aunque sin
renunciar a lo que le gusta y necesita,
e ir preparando una imagen entrañable
para ser recordado al paso del tiempo,
que siempre atenúan los recuerdos.
No es otra la piedad del paso de tiempo.

Inerme como uno se sabe
en la fijeza de su irreversible condición,
la dicha se centra en querer
más y más de menos y menos:
La indefinible cifra áurea.
Ya llegó el momento en que somos
más débiles, más frágiles,
más dependientes de los que queremos.
Inmensa es la suerte de tenerlos.

He envejecido. Estoy tocado
de ala. Cada día y cada noche
que pasa soy más ese viejo señor
con sus *cosas* —esas cosas
que definen mi ser y estar—.
Me cuesta mucho aceptarlas.
¿Qué y cuánto se ha perdido
en el decursar de esa andadura?
No tiene el menor sentido
intentar volver a ello.

872

Que Dios haga amable
mi envejecimiento.
¿Se puede pedir más?

Un viejo no es más
que el arquetipo de la vejez.

Ese viejo señor con sus *cosas.*

LA ÚLTIMA VERDAD

Nunca confíes
en los que crees
ni en los que
no puedes creer
que puedes confiar.

Pueden fallarte.

Solo confía
en ti mismo,
que también
puede equivocarse.

Confiar
es tan solo
una apuesta
al milagro.

Para empezar,
debes desconfiar
de ti mismo.

No hay más.

RECUERDO ENTRAÑABLE DE EUGENIO FLORIT

Breve y llena
de libros, fotografías,
su copiosa papelería
y un piano en el que hacía
música para sus amigos
era su casa dominada
por una íntima penumbra.

Visitarlo era ser partícipe
de la gracia y el enigma
de un ideal tiempo detenido.
Al traspasar su puerta,
toda la hostilidad, el absurdo,
y lo implacable de una existencia
tan vertiginosa como arrasadora,
cesaban al latido de su conversación,
tan pausada y precisa, tan llena
de inocencia y de calma entrega.
Estar con él era una lección
de infinita modestia, una certidumbre
de que la poesía, y cuán inmenso
su legado poético, se limitaba
a hacerla encarnar en toda su plenitud
sin esperar nada a cambio,
tan solo porque era necesario y hermoso.

Tenía la virtud de evocar el pasado
como algo vivo, de entregárnoslo
como el más sencillo y fabuloso regalo
y nada quería más que esos recuerdos,
en que siempre se colocaba
en un plano de sombra. Si la nostalgia
alguna vez lo tocó nunca lo dijo.
Le bastaba su certidumbre.
Nada deseaba para sí y para su obra
y eso lo hacía excepcional.
En ocasiones, mencionaba un proyecto,
unos poemas que quería plasmar
como un cuadro perfecto para regalarlos
a sus amigos. Nunca se quejó de su soledad,
se sentía colmado por su ceñida familia.
Sabía como nadie que la soledad
es la moneda del acabamiento
y que lo que importaba era la paz,
de aguardar el fin con clásica sobriedad.

Es mi patrimonio haberlo escuchado
tocando su piano, conversando conmigo
de igual a igual, su inmensa generosidad,

la alegría en su voz cuando lo llamaba,
haberle escuchado versos inéditos.
De igual suerte, y es un mínimo detalle,
una noche, en uno de esos frívolos cocteles
a los que nunca voy y él iba menos,
pedirme que le trajera, porque le gustaba
tomarlo de vez en cuando, un güisquicito.

Llevándolo de regreso a su casa
me dijo: «Bueno, nosotros lo pasamos bien».

Siempre lo pasé bien con Eugenio Florit
y con los contados grandes poetas
que me dieron el privilegio de su amistad.
En verdad, esos magníficos amigos,
la gloria de su presencia y, sí, complicidad,
ya no se encuentran. Ya todos
se me fueron y he quedado bien solo.

¿Quién puede hacer su gran poesía?
¿Quién puede tocarme con su gracia y apoyo?
Mi tiempo es el de su ausencia.

¿Quieres otro güisquicito, Eugenio?

A TRAVÉS DE MI VENTANA

A través
de mi ventana,
extraña conjunción
en esta fija estación,
veo una mariposa,
un zunzún
una rosa amarilla.

Ha comenzado
a llover copiosamente.

Todo,
nada importa
lo demás,
es perfecto.

LOS DÍAS

Los días
son minuciosos
en sus golpes,
en sus caricias.

Nunca
nos anuncian
lo que nos deparan,
casi nunca
podemos imaginarlo.

Nos dicen,
siempre con suficiencia:
Hay que limitarse
a vivir cada día.

Esa recomendación
no es ni buena
ni mala. Es simplemente
inútil y superflua.

Sé, en este preciso
instante de mi día,
lo que debo encajar.

Ignoro, completamente
el después de este día.

Mi destino está
en manos de Dios,
que es inescrutable
en Sus designios.

Animal de costumbres
que soy cada vez más
—¿la fuerza de la edad?—
trato, ya por costumbre,
de aguardar lo que
se me viene encima
sin anticipar demasiado
ni elaborar mis respuestas
a futuros acontecimientos.

No es que no me preocupe,
que no me inquiete. Se trata
simplemente de que no hay nada
que hacer. Todo es, por mínimo
que sea, nuevo comienzo,
lo que puede ser tremendo,
magnífico o terrible. Y vivir
no es más que hacer frente
a las cosas, a lo esperado
y a lo siempre inesperado.

Pongamos que el día
acabe bien. ¿Por qué no lo hará?

Así, me entrego
a una sabia y adquirida costumbre:
Nunca anticipar, imagínese
lo que se imagine, lo que se espera.

Vivir, que es
siempre esperar,
es tan simple
como complicado.

No hay más.

Todo se trata,
a fin de cuentas,
de hacerse
o no hacerse
ilusiones.

ALGO MÁS SOBRE LA POESÍA

Un poema
es una respuesta
que damos,
que nos damos.
También es
una pregunta
sin respuesta.

Esa pregunta
y esa respuesta

dependen
exclusivamente
del lector.

    ¿Pero quién
lee poesía
y asume, transforma
y hace suyos,
los versos
de un poema?

    Todo,
no hacerse ilusiones,
no elaborar,
depende
del lector.

Es por ello
que hay
que hacer
poesía.

    El poeta
es el lector.

LA NOCHE

    Al paso del tiempo,
a estas alturas de mi edad,
puedo asegurar que he aprendido
mucho de la noche,
cada noche un poco más.

    Así, es muchas cosas para mí.
Todas la definen y precisan
aunque sean contradictorias,
irreconciliables. No es otra cosa
su enigma y su evidencia, su maravilla.

    La noche es la soledad final;
el latido de la plenitud de la compañía;
la gravitación de la ausencia
y la pisada en el corazón de la pérdida;

un antiguo grabado romántico alemán;
todos los poemas que se le han dedicado;
la desesperación del insomnio;
el ámbito del deseo imprescindible;
la inminencia de una víspera;
el tiempo interminable de recuerdo;
la áurea moneda que celebra una victoria.

Cada noche es nueva para mí.
De igual suerte es más larga.
En su abrazo, en su silencio,
hablo minuciosamente a Dios,
le ruego, entre tantas otras cosas
verdaderamente finales, me conceda
el rebelde sueño. Hago poemas
que no recordaré al despertar.
Repaso mis problemas.
Trato de descifrar los sonidos de la casa.
Me imagino y deseo en una noche perfecta,
interminable, calado de su epifanía.

En la noche,
siempre me pregunto
si ella desciende
para su noche indescifrable.

Imposible de decir.

No hay mayor secreto
que la espléndida, eterna noche.

ME HACE ILUSIÓN

Por (y para) mis nietos,
Joseph Armando y Ana María

Me hace ilusión
ver a mis nietos
abriendo los paquetes
de regalos navideños
y de Reyes.

Sus rostros iluminados
por la sorpresa y la dicha.

Contemplarlos
como desconcertados
no saben qué juguete escoger
para empezar a jugar con él.

Me hace ilusión
el que crean en Santa Claus
y en los Reyes Magos.
Los preparativos que se realizan
para su llegada: galletas dulces
para el señor del Polo Norte
y hierba para sus renos;
otras golosinas para los Magos
del Oriente y más hierba
para sus camellos. Un recipiente
con agua para renos y camellos.

Pienso en qué decirles
cuando alguien les diga
que ni Santa Claus ni los Reyes
existen. ¡Ese cruel golpe
a la gloria de su inocencia!

Anoche pensé mi explicación
a esa pérdida. Vale tanto para ellos
como para mí. Sí, esos personajes
maravillosos son reales mientras
ellos estén seguros de que su existencia
no depende de palabras descorazonadoras.
Siempre que más allá de su resonancia
crean que creer es lo único cierto
y que Santa Claus y los Reyes Magos
no vienen con sus regalos en la noche,
mientras duermen, sino están
en su sueño todas las noches.
Que sus regalos son el alegre milagro
de su inconmovible fe,
que es superior a las verdades
y las ficciones de la realidad.

¡Que siempre, díganles
lo que les digan, deben esperarlos

con alegría para que haya dicha
en sus corazones y en este mundo
que anda cada día más de cabeza!

Solo agregaré una cosa:
Las noches del 24 de diciembre
y del 5 de enero, deben
acostarse bien temprano
porque vienen Santa Claus y los Reyes Magos.
A ellos les encanta verlos dormidos.
Ese es el regalo que se hacen a ellos mismos.

OFICIO DE SOMBRAS

Bien arduo es aceptar
la creciente sombra
en un plano de densa sombra.

Esa tenaz sombra mía
que me dicta un ejercicio
de paradójica resistencia,
la entrega a la inescrutable
voluntad de Dios
y al absurdo que depara
la implacable y absurda historia.

Soy una sombra
que se mueve en la sombra
como un animal seguro
de que no tropezará con nada,
que no hará un movimiento
ni un leve ruido que la delate.

Esa sombra que cumple
las ceremonias de cada día
en la luz que es enigmática
manifestación de sombra.

Mi oficio es hacer poesía
en la sombra para la sombra,
esa mi oscuridad indescifrable
que carece de respuestas lógicas.

Me guarda, me hace
me sostiene y me desvanece
la constancia de la sombra.

No en balde la noche
es mi dominio, mi final patria.

Le pertenezco.

DESEOS

Los hay muy simples,
los hay muy complicados,
los hay imposibles.

Oscilo constantemente
entre esas tres posibilidades.
Se me ha ido y se me va la vida en ello.

Trato de satisfacer
los simples. En ocasiones,
me enfrasco en los complicados
aun a sabiendas de que no es fácil
alcanzarlos, aunque algunas veces
los he logrado para mi asombro
y la singular medida de mi dicha.
No dejo de soñar con los imposibles,
que al paso del tiempo voy decantando,
reduciendo y dándoles más valor.

No deseo grandes cosas.
En verdad, mis deseos están
bien a ras de mundo, son tan normales.
Solo que tienen en contra mi edad,
mi salud y mis circunstancias.
Figuran entre ellas las que el paso del tiempo
y la implacable historia, esa historia
que me obsesiona, han convertido
en ficción y materia del recuerdo
y del tenaz deseo de vivir como debió ser.

Ahora, entre mis certidumbres,
mis tan naturales deseos

—que, no dudarlo, son mis señas de identidad—,
quiero más y más de menos y menos.
Me conformo, aunque quisiera algo más,
con lo que tengo. Eso que no depende de mí
y depende tanto, nunca debo olvidarlo.

La maravilla y don del deseo
no es otra cosa que desear.

EL ZUNZÚN

El delicadísimo zunzún
—de cuya fugaz
llegada y partida siempre
estoy pendiente
y es uno de mis grandes,
fabulosos y vertiginosos regalos—
creyó que las rojas flores
aguardaban su tan leve caricia.

Las flores estaban
tras el cristal de la ventana,
inaccesibles, como tantas
cosas de la existencia.

Vertiginoso,
puro temblor,
con el temblor
de sus breves alas
se alejó en busca
de otras flores.

Tan fijo
en mis jornadas,
necesitándolo tanto,
aguardo su regreso.

¿He perdido
mi inocencia,
su huella y recuerdo?

Cada día
que pasa

creo que ella
depende más
del vuelo
del puntual
y mínimo pajarito,
de la sorpresa
de su súbito regreso.

Nadie sabe,
nadie puede imaginar
cuánto dependo
de mi zunzún.

¿Vendrá hoy?

Mucha falta me hace.

PREGUNTAS

En la noche, en su densa soledad
y el peso final de su silencio,
¿cómo responderme a mí mismo
las preguntas que me hago?

¿Qué puedo anticipar
de lo que me depara
mi cada vez más ceñida existencia,
sobre la que carezco de control?

Tengo la certidumbre
de que lo que vendrá más tarde,
mañana, cuando menos lo espere,
es en mucho una imagen corregida
de este instante, de la vida
que quedo atrás y me pisa los talones,
de ese imprevisto súbito
que todo lo toca, modifica y cambia
con el dictado de su fijeza.

Vivir es siempre encarar
el enigma de un umbral
que no traspasamos,
sino que nos adentra
en su tierra desconocida.

Podemos imaginar muchas cosas,
desearlas con toda nuestra fuerza,
pero nos resulta imposible escapar
de las respuestas que no podemos
darnos a nosotros mismos
y nos cambian la vida de golpe.

Esta noche tan solo
me haré una pregunta a mí mismo.
No es otra que ¿Por qué?

EL MAL SIEMPRE

Siempre hay que encajar
a la mala, injustificable,
grosera y egoísta persona.
Siendo bueno hay que soportarla.
Hacerlo es un acto de infinita caridad
hacia los inocentes, las inermes víctimas
de su ser y presencia, de su malignidad,
tan constante como insoportable.

Tan solo Dios es capaz
de imponernos prueba
semejante e interminable.

¿Qué nos dirá,
cuando nos juzgue,
y de mucho tendremos
que responder,
cuando le preguntemos
por qué lo hizo?

A no dudarlo
tendrá una respuesta
totalmente imposible
a este lado de la eternidad.

Por algo es Dios.

LOS RECUERDOS, LOS SUEÑOS, LOS DESEOS

Idealizo los recuerdos,
los sueños, los deseos.

Me entrego a elaborar
la encarnación de su posibilidad,
la vida de otra forma.

Contrapongo lo perdido
a lo encontrado. Hago balance
de lo que eso ha determinado
mis días y mis noches para siempre.

De haberse cumplido
algo que evoco, que sueño,
que deseo, ¿Cuánto hubiese
ganado y cuánto perdido?

La respuesta es imposible
de formular sin cercenar
tanto bueno que poseo,
que me alimenta y sostiene
aunque a veces las cosas
no dejen de pisarme el corazón.

Soy una criatura bien extraña.
Mi imaginación no cesa de ponerme
trampas que solo en ella tienen salida.
Mi imaginación es también mi don,
me entrega todos los imposibles
en instantes privilegiados
y es el latido de mi poesía.

Así, azorado y lúcido,
tocado y agradecido,
vivo entre dos aguas
hacia la eternidad
en que todo cesa y comienza.

Soy, todo me hace,
un difícil hijo de Dios.

RECUENTO EN EL DÍA DE SAN SILVESTRE DEL AÑO DEL SEÑOR DEL 2009

Termina el año con ese frío
que es una ficción en este sitio.
¡Cuánto añoro las cuatro estaciones!

La ciudad, la vida y las cosas
se han tornado bien difíciles,
prácticamente insoportables:
la salud; la economía;
las pequeñas y constantes exigencias
que cada vez más demandan demasiado de uno;
el inexorable adentramiento en la soledad y el olvido,
la frustración porque casi nada es como debe ser;
la tenaz incógnita por el mañana, por el más tarde,
por el desconocido después al que se va:
ese etcétera en que todo cabe.

Este año terminé un libro para mi nieta, Ana María,
porque quería tuviese como su hermano, Joseph Armando,
un libro de poemas de ella y para ella. Publiqué un poemario
que se añade a mi poesía invisible. Como siempre
traté de ayudar el quehacer de otros y estar al pie
de los que me necesitaran. Reafirmé que solo tengo
unos pocos y verdaderos amigos. Uno de ellos me dijo
que yo me había retraído en los últimos años.
Lo rectifico en este poema: No, la malignidad,
tanta política, y la infamia de los mediocres
me han eliminado. He escrito y sigo escribiendo,
como nunca antes, un caudal de poesía.
¿Mi último, copioso libro de poemas en proceso?
Disfruté, de igual suerte, de la relectura de libros
fundamentales para mí –me quedan muchos por releer–.
No he podido ni empezar a ordenar mi obra,
algo que me reprocho, aunque sea inútil.

Este año he tenido la dicha de estar más tiempo con mis nietos.
Declaro mi absoluta fascinación por su presencia y pura caricia.
No menos importante –más allá de mis sueños y deseos,
a los que no renuncio– de mantener la certidumbre
de que quiero más y más de menos y menos.
En este orden de cosas, me digo a mí mismo
que debo regalarme ciertas inocentes complacencias.
Entre otras, un pipa, una pistola, unos sombreros,
sobre todo un Borsalino, y unas gorras; un telescopio
para escrutar el firmamento en la espléndida noche
–sí, siempre seré un niño fascinado por la maravilla de mis sueños–,

algunos libros y grabaciones musicales; un tablero computerizado
de ajedrez (para ver si por fin aprendo a jugar bien) y, *last but not*
[least,
una Bendición Papal para mí y mi familia. No quiero morir sin ella.
No crea que sea mucho, en lo material, lo que deseo.

Esta noche de San Silvestre, doy gracias a Dios
por todo lo que me ha dado y, aunque no lo comprendo,
por las pruebas que me ha deparado. Le pido que guarde
siempre a los que quiero y les conceda todo lo bueno que merecen.
Aguardo la maravilla de ver el dulce sueño de mis nietos,
porque nada es comparable a poder ser testigos del dormir de los
[ángeles.

Y esto es todo un señor poema, el último del 2009.

UN JUEGO

Un juego
es un instante
de dicha,
de olvido
de todo
lo olvidable.

Un juego
es el paladeo
de la intemperie,
de la intimidad,
de la plenitud
del más profundo
e íntimo deseo.

Un juego
es la sorpresa,
la maravilla,
el siempre
que necesita
la vida.

Un juego
es el encuentro
del ser

que perdimos,
la encarnación
de los sueños,
la inocencia
en su plenitud.

Un juego
es cosa de niños.

Nada hay
más inmenso
que un juego.

Nos salvamos jugando.

LA PUERTA

Toco a la puerta
y nadie abre.

Tocan a mi puerta,
la abro y no hay nadie.

¿Qué falta hace una puerta?

TODO

Todo
lo que se debe ver
y no se ve.

Todo
lo que se debe oír
y no se oye.

Todo
lo que se debe pensar
y no se piensa.

Todo
lo que se debe decir
y no se dice.

Todo
lo que debe pasar
y no pasa.

La vida
se nos va
en todo.

UN AÑO MÁS

Un año más.
un año menos.
Algo tan simple
como definitivo.

¿Hay otro año más?

DE LA ESCRITURA

Esos momentos
que uno procura
con constancia
para escribir.
La página en blanco,
la negra tinta.
Las palabras
que fluyen caudales
o brillan por su ausencia.

¿Dice todo lo escrito?
¿Qué es lo que queda por decir?

Nunca se sabe.

Solo hay algo definitivo:
Lo escrito que quiere decir *más*.

¡Tan extraño oficio el de la escritura!

EN VERDAD

En verdad mucho quisiera estar
en otra parte. Un sitio tranquilo,
apartado, lejos del vertiginoso absurdo
y los implacables golpes de mi entorno.
Nada especial. Un lugar a ras de mundo
en que tendría mínimas obligaciones,
en que me reduciría dichoso

y disfrutaría esas pocas cosas
que me son imprescindibles para vivir.
No necesito ni quiero mucho.
De nada vale el exceso
que puede convertirse en una carga.
Solo importa la certidumbre,
la caricia de la calma
y la seguridad de que siempre
puedo estar con los que quiero,
que vida e historia han desperdigado.
Pienso que en ese sitio ideal,
a pesar de las servidumbres
que me imponen la salud y la economía,
porque ya no requiero de lo tanto
que cuánto busqué y procuré,
solo ocasionalmente recordaría
algunos de mis tenaces sueños y deseos,
hallaría esa paz que añoro en su simpleza,
en la plenitud de sus dones y constante epifanía.
En verdad, mientras escribo este poema,
sé que ese sitio dichoso no está a mi alcance.
No me extraña. ¿Por qué habría de haberlo?
Estos versos que lo evocan me lo entregan.
Eso es algo imposible de explicar,
pero como si estuviese allí, debo dar gracias.

ABUELO, EL PAYASO

Para Joseph Armando y Ana María,
que se ríen, para mi dicha, de mis payasadas.

Soy un viejo payaso.
Siempre hago reír a mi nietos
con mi torpes payasadas,
lo que me colma de dicha.

Tengo una roja y enorme nariz
–¿cuántos disfraces me faltan,
yo que fui un niño que tuve
tantos, todos los disfraces posibles?–;
voy a comprarme un *mad bomber hat,*

que no les gusta pero que, y es prodigioso,
les reafirma, entre incontenibles carcajadas,
que he perdido *my mind,* que buscan
 por todas partes y me colocan sin éxito
y más risas; y considero seriamente
adquirir una hirsuta peluca, unos dientes
una nariz, unas orejas y unos espejuelos
descomunales. Todo lo que les hará reír y decir
que *«Abuelo is crazy»* –lo que siempre
les hago aprender en español, en buen romance–.

Tomo mis payasadas bien en serio,
tan en serio como tomo a la poesía.
Y declaro, enfáticamente, que para mí
ser el payaso de mis nietos es tan importante,
quizás más, que ser el poeta. No hay lugar a dudas:
el poeta es el supremo payaso.

Gracias a Dios lo comprendí a tiempo.

LA GRAVITACIÓN DE LAS COSAS

Subrepticias son las cosas.
Llegan, aunque a veces se anticipen,
y nos sorprenden inermes.
Las cosas cambian nuestra existencia,
diga lo que diga lo que aparentamos,
sean cuales fueren los esfuerzos
que ensayamos para hacerles frente,
¿cuántas veces sabiendo
que es imposible alterar su gravitación?
De nada sirve prepararnos para su embate.
Las cosas reclaman vida a nuestra vida.
Determinan hasta lo más ínfimo
de nuestro proceder. Nos obligan
a encontrarnos con derroteros inesperados
sin disponer de claves y hoja de ruta.
Nos someten a otra incógnita del paso del tiempo.
Las cosas no son otra cosa que volver a empezar
acarreando nuestro pasado, nuestros deseos,
nuestros sueños. Siempre aguardando

otra cosa desconocida que nos acecha.
Siempre sabiendo que estamos en sus manos.

Así, son las cosas. Decisivas,
inexorables como el movimiento final
de la reina en el tablero de ajedrez.

Jaque mate.

ESCENA DOMÉSTICA

Los juguetes ordenados
en la terraza; el recipiente
con pequeños bombones
envueltos en papeles de colores
en la mesa de la terraza;
los DVD agrupados junto al televisor;
los vasos y platos infantiles en el estante
de la cocina; la pequeña mesa
de colores con sus dos sillas
frente a la puerta-ventana del jardín;
los libros de cuentos al alcance
de la mano: todo está.

La casa se ahonda silenciosa
en la interminable espera
de la próxima visita de mis nietos.

Mis días y noches
son interminables sin su presencia.

Así de simple.

Ahora comprendo a plenitud
lo que quería decir mi madre
cuando decía: La procesión va por dentro.

La ausencia es puro silencio.

MIS MUERTOS

Con los años uno se va quedando solo
con el recuerdo de sus muertos. ¿Por qué

los pensamos tan fijamente de súbito?
¿Por qué imaginamos que nuestra amistad
pudo haberse cumplido de otra manera?
¿Qué sacamos de su persistente evocación?
No hay respuestas o ellas no son otras
que la fatalidad de la historia, de las circunstancias.
Heme aquí preguntándome que pasó con las vidas
que me faltan, tratando de explicar las razones de su fin,
imaginando su existencia y la mía como nunca pudo ser.

No hay reposo a este lado de la muerte.

SOBRE EL POETA

El destino
del joven poeta
solo se ha cumplido
cuando es
un viejo poeta
que no cesa
de escribir poesía.

Su razón
y justificación
está en sus versos.

Se puede perder,
desvanecerse el poeta
por la fuerza de las cosas,
de las circunstancias.

Se salva únicamente
en el sacramental misterio
de su tenaz escritura.
En ella radica la eternidad
y trascendencia de sus palabras.

Solo el poeta
es capaz de comprender
y asumir suerte semejante.

Allá el mundo.

DONDE ESTOY

Donde estoy, *malgré moi,*
el simulacro del invierno,
el viento y la lluvia
han alejado a los pájaros.

La vegetación del jardín,
las plantas más delicadas,
también han sufrido mucho
a pesar de todos los esfuerzos
por resguardarlas, por ponerlas
a salvo en el abrigo de la casa.
Algunas se han perdido.

No se puede hacer mucho
contra los golpes del tiempo,
siempre súbito y demoledor,
como tampoco se puede
contra las circunstancias.
Por condición y naturaleza
estamos esencialmente inermes.

Sí, puedo anticipar
que cuando pasen estos días
y sus destrucciones,
se buscarán nuevas plantas;
que el jardín recuperará
sus esplendores; que nos parecerá
más espléndido y latente de maravillas.

A Dios gracias, el rosal amarillo
en que me miro –bien castigado
por tanta insólita inclemencia–
sigue incólume. Volverán los pájaros
tan delicados como hermosos.

Solo debo agregar
que uno se cansa
de días y estragos como estos.

Espero ansioso a los pájaros.

A ESTAS ALTURAS DE MI EDAD

A estas alturas de mi edad
considero diariamente
cuán extraña ha sido y es mi vida.

La quise e imaginé de otra manera:
un ejercicio de la más pura ficción.
Empecinado que soy, sigo haciéndolo
en ocasiones, pero con la certidumbre
de que solamente me entrego a la fugacidad
de un sueño imposible. Su posibilidad
no me fue deparada tanto por mis circunstancias
como por mis decisiones. ¿Hubiese podido
trascender su gravitación? Es inútil especular.
Lo he aprendido a pulso al paso de los días.

¿Estoy domado?, como escribí
en una de mis anteriores eternidades en un poema.
Es muy posible. De no serlo, nada cambiaría.
No cabe más que encajar el propio destino.
Persiste una final pregunta en su tenaz siempre:
¿Por qué ese destino y soy el que soy ahora?
Digamos que es mi predicamento.

A estas alturas de mi edad, ya mis fuerzas
no son lo que fueron, van vertiginosamente a menos.
Mi cansancio y posibilidades son una creciente
e inexorable realidad contra la que no dejo de rebelarme.
¿Qué me queda este día y mis días pendientes
con todo lo que soy y todo lo que gravita cada vez más en mí?

Solo puedo decir: Seguir soñando,
soñándome como siempre.

No es poca cosa.

EL INCLEMENTE TIEMPO

El frío,
insólito en este sitio,
el viento
que lo aumenta,

y la helada
han acabado
con las frágiles
y delicadas plantas
que no pudieron
resguardarse
en el calor de la casa.

Los pavos reales
desaparecieron,
solo Dios sabe,
tan espléndidos,
donde se resguardaron.

Habrá que esperar
a la primavera
para el regreso
de las espléndidas,
increíbles mariposas.

¿Y el mínimo,
delicado zunzún
que es mi alegría?

También ¡ay! perdido.

De súbito,
así es la vida,
reapareció
al mediodía,
tan breve y frágil,
entre las ramas
de *sus* plantas,
porque siempre ellas
son su dominio.

Tengo razón
para celebrar,
aunque mi rosal amarillo
no tenga puntuales flores.

Mientras él retorne
puedo confiar en la dicha,

en la gracia de la maravilla.

Mi mínimo,
delicado zunzún.

PREGUNTAS

Me pregunto:
¿Por qué escribo
tanta poesía
en los últimos tiempos?

Respuesta:
Porque el tiempo
se me va vertiginoso
y necesito dar cuenta
de su implacable paso,
que es una pisada en el corazón.

¿Qué más,
Armando Álvarez Bravo?

Digamos que me falta
la delicia de mis nietos;
que mis sueños no acaban
de encarnar; que no tengo
la menor idea de como
he de hacer frente
a lo que sobre mí pesa
y a lo que puedo enfrentar
de súbito; que este mundo
el revés no cesa de tocarme;
un inmenso e innombrable
etcétera que nunca imaginé.
Tantas cosas.

¿Entonces?

Seguir, como me enseñó
Abuelo Bravo, cuando me enseñó
a ser un *montero*: Al paso
y sintiendo alivio.

Es lo más
que puede hacerse
y desearse.

EN UN SOBRE

Encontré un poema
manuscrito apresuradamente
en un sobre. Un apunte
que no desarrollé. El matasello
me indicó que tenía bastantes años.
He escrito mucha poesía después.

¿Cuántos poemas
no han seguido ese destino
a lo largo de mi vida?

¿Cuántos poemas
no se han perdido
en los vaivenes
de mi existencia?

Quizás el oficio
de hacer poesía
lleva aparejado
perder no se sabe
cuántos versos.

La gran pregunta
y realidad no es otra
que saber si se perderán
los libros publicados,
los poemarios inéditos
y ese libro que escribo.

No tiene respuesta.
Historia y circunstancia,
que al paso del tiempo
sé son un implacable enigma,
se encargarán de decir.

Suya es la sentencia firme.

EL TERREMOTO DEL HAITÍ

Lo atroz del estruendo
es su insondable, absoluto silencio.
Las atroces imágenes del desastre,
de la total destrucción,
se multiplican vertiginosamente.
La impotencia desboca el dolor
y la desesperación. La muerte
se alimenta de sí misma.

Dios nada tiene que ver, es Su ira.

LOS HIJOS SON UN MISTERIO

Mis hijos son un misterio.
Su enigma crece al paso de los días.
Trato de comprenderlos
volviéndome sobre lo que soy,
pero finalmente no importa,
porque importa demasiado.
Nada más importante para mí
que su presencia y cotidianidad.
Siempre, con tantas cosas tan mías,
son otros, indescifrables,
pero son mi refugio, sostén y alegría.

Mis hijos son una gracia
y son una constante batalla.
Me empeño en guiar,
en determinar su destino
a la medida del mío.
Un ejercicio de derrota.

Mis hijos, tan buenos que son,
han trazado su destino
a la vera del mío, tan distinto
y al cabo con tantas tangencias.
Es algo bien difícil, en verdad,
imposible de entender.
Es algo tan natural.

Mis hijos me son
cada instante que transcurre
más necesarios. A pesar
de mis orgullosas actitudes
dependo más de ellos.
Son mi compañía y apoyo creciente.

Envejezco y declino
en la incesante paradoja
de casi reconocer a mis hijos
como si fueran mis padres.

No puedo cesar
de dar gracias a Dios
por mis hijos.

Son toda mi vida
y la vida que me queda
está textualmente en sus manos.

Los hijos son la gracia de un misterio.

ELEGÍA PENDIENTE POR MI MADRE, ANA MARÍA

No escribí una elegía
cuando murió mi madre, Ana María.
La pisada en el corazón
de nuestra forzosa separación y de su muerte
eran insuperables para mí. Siguen siéndolo,
pero intento escribir esta torpe elegía porque siento
que se la debo, pero me la debo más a mí mismo
para que ella sea presencia viva en mi poesía,
para que no esté en mis más secretos
y constantes pensamientos.
Me faltó desde que salí al exilio
¡cuántos, demasiados años de ausencia,
de implacable e insalvable separación!
Pero sé que yo le falté más,
que me necesitaba y, sin embargo,
no cesaba de dar gracias a Dios
porque yo era libre y sus nietas
no estaban condenadas al infierno

donde su vida se apagó mansa, silenciosa
y solitaria, siempre soñando, siempre imaginando
los más ínfimos detalles de nuestra existencia,
sus alegrías: esa cotidianidad en la que ella faltaba.
Siempre deseó estar muy cerca
de sus bisnietos que no pudo conocer y disfrutar.
No era otra la razón de su ser,
que nunca quiso nada para sí misma.
Tendría que perdonar a la historia
que destruyó a mi patria y dividió a la familia,
para poder perdonarme a mí mismo
por esa culpa que no es mi culpa.
Soy incapaz de hacerlo. Pesa finalmente en mí,
aunque aparente otra cosa porque no quiero
cargar a los míos, que tanto amo, con ese fijo dolor
que tocaría su existencia. No se trata de pudor.
Es tan solo lo que demandan el cariño y la decencia.
Todo lo que pueda decir, imaginar del tránsito
de mi madre hacia su injusto fin
acarrea lo que nunca quiso decirme, escribirme
cuando todavía podía hacerlo. Tanto que nunca sabré.
En la materia y esencia del amor es consubstancial
evitar todo desgarramiento al que se ama.
Ya la cotidianidad los impone de una u otra manera.
Todo lo que soy lo debo a la confianza que tuvo mi madre
en mis sueños y proceder. Comprendo cada vez más
que no serían pocos los que la agobiaron.
Jamás sus labios pronunciaron una queja.
Esa forma de ser fue una de sus grandes lecciones.
Carece de sentido enumerar todo lo que me dio mi madre.
Me enseñó a amar la poesía; me hizo el niño que tenía
todos los disfraces; me regaló el paraíso de una casa de madera
en lo alto de una loma a cuyos pies estaba el mar;
en medio de los golpes me cuidó, consoló y animó;
se empeñó en que fuera fiel a mis sueños y deseos
y que descubriera en esa fidelidad la dicha y la plenitud.
Mi madre escribía poesía pero nunca me la mostró.
Ese era su gran secreto. Queda en mí la infinita curiosidad
por saber lo que decían esos versos de los que sé
que de manera inexplicable soy absoluto deudor.

Mi madre oraba sin cesar. Estoy seguro que nunca
pedía nada para sí, sino para los que amaba
y los que lo necesitaban. Nunca tuvo ni quiso nada para ella.
¡Tantas veces pienso como habría sido su existencia
si hubiera estado a nuestro lado! ¡No puedo arrancarme
del corazón su ausencia, el no poder haberla alegrado
y asistido hasta su fin, el cerrarle los ojos! Yo que no sé envidiar,
envidio a los dichosos a los que Dios concedió esa gracia.
Todas las palabras son inútiles para expresar mis sentimientos
por mi madre, que comenzó a morir cuando me marché.
Ella sabía que sin retorno. Interminable fue su agonía
decretada por una Historia trágica y atroz.

Sé que mi dulce madre,
Ana María, descansa en paz,
como ya era hora que lo hiciese,
pero ¡ay! cuánto duele y desgarra
todo lo que ha pasado, su ausencia.
Ninguna elegía concede alivio.

ESOS VERSOS

Esos versos de grandes poetas
y de poetas que ya quién lee,
tan injustamente olvidados,
porque se lee tan poca poesía
por tantas absurdas circunstancias,
me han acompañado toda la vida.

No sé, en momentos difíciles
y en otros tocados por la dicha,
cuántas veces me los he dicho
a mí mismo, quizás como una oración
en que se deposita toda la confianza
y se declara la dicha y la gratitud
o el dolor del golpe súbito o esperado.
No menos, la realidad y la incógnita
del inevitable después.

Son mi secreta, íntima antología
para ese algo tan arduo que es andar
por el mundo; para testimoniar

caricias y desastres y, no menos,
el no saber qué se va a hacer.

No podría ahora, mientras escribo,
enumerar fácilmente los nombres
de los poetas cuyos versos vienen
a mi memoria en singulares ocasiones.
Solo sé que me hicieron, tantos
en mis años más jóvenes y vulnerables.
Estoy convencido de que si me faltaran
muy otra hubiera sido y sería mi existencia.

Mal iría por la vida si no supiera
que esos versos y su magia nunca me faltarán
ni en las buenas ni en las malas.

LA CASA DEL VIEJO VECINO

Ya derribaron la casa
del viejo vecino. Estaba rodeada
por un tupido bosque
que hacía casi imposible verla
desde la calle. Vivió en ella
más de cincuenta años. La dejó
poco después de la muerte
de su esposa y supimos
que murió poco tiempo más tarde.

Esa casa era su mundo encantado.
La frecuentaban los pájaros
y las mariposas y su vegetación
era el dominio de sus pavos reales,
que siempre vienen a mi jardín.
Ahora, con la demolición, se han perdido.

Sabíamos muy poco de la existencia
del viejo y tan correcto vecino.
Guardaba celosamente su intimidad.
Quizás recordaba su vida de piloto
y la inmensidad de los cielos
y las alucinantes furias de la intemperie.
Su cotidianidad fue un inmenso secreto.

904

Nuestra calle ya no es igual
sin su casa y sus árboles y sus fabulosas plantas.
Imagino lo que pensaría si hubiera visto
la desaparición de su paraíso,
lo que él y su esposa hubiesen dicho
ante esa inmensa pérdida.

De alguna manera nuestra existencia
ha cambiado irreversiblemente
porque ya no existe
esa tan secreta casa arbolada.

Es lo que se llama destrucción.

EL RITUAL DE LOS DÍAS

Para Tania

No se diferencian casi en nada
nuestros días. En ellos prevalecen
puntuales rituales. Son, sin lugar a dudas,
los cimientos de una larga vida en común.
Ha tenido sus altas y sus bajas
pero siempre ha prevalecido el amor,
que también es la expresión de la suprema razón.

Nos conocemos demasiado bien
el uno al otro sin necesidad
de que medien palabras. Nuestros silencios
son la forma de una singular inteligencia
que ha fraguado porque la mutua entrega
alcanzó su plenitud incesante cuando nos hizo,
toda una vida atrás, entregarnos sin peros a nuestros hijas
y nuestros nietos, que son lo mejor que somos.

Los golpes y la dicha nos enseñaron
a dar más importancia a las pequeñas cosas;
a crear un paraíso a ras de mundo,
en que la memoria y el deseo son idénticos;
a fraguar sueños y proyectos y procurar
ajustarlos a la medida de nuestras posibilidades;
a disfrutar lo espléndido y súbito de una gracia
y cuando cesa su latido a aguardar su repetición;

a fijar en imágenes y palabras las iluminaciones
de la dicha, que pueden ser tan hondas como elementales;
a querer más y más de menos y menos.

Sabemos, bien o insuficientemente,
que con el paso del tiempo hemos devenido
más lo que es cada cual de los dos,
que nos complementamos. Cedemos, rechazamos,
acabamos por aceptar y también coincidimos:
no son otras las reglas del juego.
Creo, y no resulta fácil explicarlo ni entenderlo,
que ya las dominamos. Nuestra victoria.

¿Mañana?

Otra vez nuestros rituales de cada día,
siempre la posibilidad de lo inesperado.
¡Qué haya suerte! Hay demasiado maravilloso,
desconocido y pendiente.

Estás en mis manos, pero yo estoy en las tuyas.

LOS REDENTORES

Los redentores de Cuba
se multiplican incesantes,
protagónicos, libres de toda culpa,
insaciables en la tenaz adquisición
de toda clase de pagas y beneficios,
dueños de todas las respuestas y soluciones.

Se sigue perdiendo la Patria.

APUNTES PARA UN AUTORRETRATO

A estas alturas de mi tercera edad,
mis días y mis noches –tocadas por el insomnio,
que es una fatal herencia familiar y, no menos,
consecuencia de mis años de agotador
trabajo nocturno, a lo que se agrega
mi estilo de vida, las horas robadas al sueño
y al desvelo para escribir– transcurren bajo el signo
de mis puntuales rituales. Ellos son quizás

mi insegura seguridad. ¿Se puede uno sentir seguro
como andan el mundo y las cosas? No lo creo.

Con mis males crónicos y todo lo que suponen;
arrastrando un caudal de sueños y deseos pendientes;
sumido en un creciente plano de sombra –pago
estrictamente el enorme precio que implica
ser fiel a mí mismo y a lo que creo, se me ha ido
la vida en eso–; con el no saber lo que puede
venírseme encima; y siempre, aunque a regañadientes,
aceptando la indescifrable voluntad de Dios
(Borges nos precisó Su suprema ironía),
cumplo al pie de la letra mi singular destino.

Soy un verdadero modelo haciendo las compras caseras,
es algo que preparo y hago como una perfecta campaña militar;
trato tenaz y torpemente de resolver los pequeños
pero arduos problemas de las cosas de la casa, que son inacabables;
no soy gastador y me conformo con lo que tengo, es más que
    [suficiente,
pero me hace muy feliz regalar cosas, que se califican
como suntuarias, a los tan míos, a los que quiero, es mi gran exceso;
me acepto tal cual soy y doy gracias a Dios por haber llegado,
contra toda lógica, a este punto, y le pido unos años más
–me creo imprescindible al presente y futuro de mi sangre–;
me llena de dicha escribir poesía de manera incesante y creciente,
aunque sea para nadie y su signo sea la invisibilidad;
no dejo de entregarme a quien me necesite, tan ardua entrega;
y sigo siendo un empedernido soñador de tantos imposibles,
para empezar el futuro ideal de mi Patria, que siempre
escribo, siento y vivo con y en mayúscula como los patricios
que son mi guía y entrañable compañía. ¿Algo más?

Soy el payaso que se deleita haciendo payasadas a sus nietos.
Soy un caballero que nada tiene que ver con el tiempo le ha tocado
    [vivir.
Soy un niño que se extasía con sus juguetes.
Soy alguien que vive al latido de sus sueños y su deseos,
aunque ellos sean imposibles. Soy el poeta
que quiso y quiere ser todos los hombres.
Soy un viejo señor que no deja de asombrase de los cambios

de su imagen en las escasas imágenes que lo guardan
en el transcurso de una vida, como mi más reciente retrato,
¿puede aspirase a una imagen mejor?
Soy un soñador al que tanto le han pisado el corazón.
Soy un coleccionista de cosas insólitas que enriquecen
la fábula y la maravilla de su museo inacabable.
Soy alguien que vive otras épocas.
Soy y trato de ser, y cuánto me empeño en ello, un buen hombre,
nada hay más difícil a estas alturas.

Si Armando Álvarez Bravo
se preguntara a sí mismo
quién es, ¿qué respondería?

Muy simple:
Armando Álvarez Bravo.

EL SITIO DE LAS COSAS

Damos un sitio a las cosas,
las disponemos imaginando
que están bien ahí, a la mano,
visibles o, quizás, resguardadas
para tan solo nuestra mirada y alcance.

A cada cosa le otorgamos un valor.
Muchas veces está determinado
por lo que significaron y significan
para nosotros y, fuera de ello,
nadie les daría la menor importancia.
Tengo muchas cosas de esa clase.

Están, por supuesto, esas cosas
que se consideran valiosas, como los cuadros,
las piezas decorativas, los cristales,
las porcelanas, los exquisitos muebles,
y libros antiguos y extraordinarios.
Sé lo que significa perderlas todas.
Nunca me he lamentado de su injusta pérdida.

Confieso que tengo muchas cosas.
Constituyen mi museo ideal, secreto, entrañable.
Todas tienen una historia interminable

que me brinda compañía e ilusión.
Confieso, de igual suerte, que no ceso
de desear otras tantas cosas, muchas
cuyo único valor es el que le otorgo.
Hay mucho de fantasía infantil
en mis afanes de coleccionista.

El misterio y la evidencia de las cosas
tienen un enigma implícito.
Tantas de ellas acaban por disponerse
a sí mismas en nuestro entorno.
No pocas veces se pierden, no podemos hallarlas.
No es algo que determina nuestra prisa,
nuestro descuido. Es una provocación
que nos hacen, un juego al que nos entregan
y que no dejan de ganar. Aparecerán
inesperadas, cuando no las busquemos ni necesitemos.

No he dejado de preguntarme
qué determina el sitio de las cosas.
¿Nuestro gusto? ¿Su valor? ¿El espacio
que disponemos para situarlas? ¿La conveniencia?
Nunca he hallado una explicación definitiva
a esas interrogantes, porque a medida
que pasa el tiempo tengo la certidumbre
de que hay algo *más,* indefinible en las cosas
que me otorgan un sentido de permanencia.

Las cosas me enseñan tenaces
que todas mis singladuras
han terminado en éste su sitio.

LOS DESEOS ARREBATADOS

Nunca quise demasiado en mi vida.
Jamás se me podrá negar mi prudencia
y mi preciso sentido del límite.
Cuando, muy joven, creía que con mi trabajo
podría tener todo lo que quería a una edad
en que lo disfrutaría a plenitud, un atroz golpe
de la Historia me privó finalmente de alcanzarlo.

Deseaba viajar, ver las ciudades y los sitios
que me enseñaron mis voraces lecturas.
Jamás desee vivir fuera de mi patria,
aunque no desdeñaba la posibilidad de tener
un pequeño piso en Sevilla y pasar allí temporadas,
esa hermosa y amable ciudad era la tierra de mi sangre
y era, igualmente, entrañable como mi paisaje natal.

De igual suerte, deseaba tener una pequeña finca
de recreo en el modesto pueblo de Campo Florido.
En esa casa me alegraría reunir y disfrutar a toda mi familia,
a mis amigos; dedicarme a algo insólito para un poeta:
la cría de cerdos como en verdad debe ser, mucho le he estudiado;
escribir, escuchar música y leer en la paz y el silencio del campo
en que siempre parece que se está en el nacimiento de un mundo;
a pasar algunos días bien cerca del prodigioso mar
en la casa de la playa e ir de cuando en cuando a pescar.

Deseaba, es tan natural, que la casa habanera
se fuese convirtiendo en mi biblioteca y albergara
mis cuadros, muebles, objetos preciosos, mis colecciones
y mis insólitas cosas, aunque nunca dejara de ser
el sitio a puertas abiertas para mí y los míos
en ese El Vedado que sigo creyendo era toda la tierra.

Va de suyo, y cuánto lo desee, que soñé con hacer,
siempre bien cerca de mí, una casa para cada uno de mis hijos y su
      [familia,
y dar gracias a Dios por siempre tener la posibilidad de ayudarlos
y ampararlos. ¿Hay medida mayor para la dicha?

Pensé, porque los hijos crecen y deben vivir su propia vida,
que cuando yo faltara, todo lo mío sería para su madre y para ellos.
A su vez que quisiera legar todo lo que no escogieran conservar –mis
      [libros,
publicaciones y papeles– como fondo Armando Álvarez Bravo
a la Sociedad Económica de Amigos del País. Un gesto precioso
y obligado para mí en el espíritu de la mejor tradición
y legado de nuestro ejemplar patriciado.

En aquel tiempo remoto que me arrebataron de golpe,
quise muchas tan naturales cosas para mí: Enriquecer mi colección

de armas y poder ir a tirar con puntual frecuencia; lograr completar
una colección de sellos, sobres de primer día y monedas cubanas;
reunir, leer y releer todos los libros de mis autores favoritos;
disfrutar de una tan enorme como bellísima colección de polimitas,
mariposas y caracolas; tener todos los álbumes de postalitas
que hicieron prodigiosa mi infancia; hacerme, como Tartarín de
[Tarascón,
de todos los sombreros y gorras del universo; poder escoger la pipa
a fumar entre todas las que hubiera tenido, muchas más que
[Simenon;
hacer inmensa mis grabaciones de música, que necesito
tanto para vivir y escribir; comprarme sin peros ni vacilación
todo lo que se considera tan insólito como innecesario
pero que es para mí una delicia fundamental; tener muchos juguetes.
Una lista interminable de cosas que a nadie hacen daño.

Al dar este testimonio en este poema catártico
–soy un crítico que dice, aunque nunca destruye,
mucho se me ha pedido que lo haga, lo que es y considera–,
va de suyo que lo esencial en este inventario
es que mi principal deseo fue ser un buen hijo, esposo,
padre y abuelo. Espero, con el cambio de circunstancias
en mi existencia, haberlo logrado. Dios sabe.

Tuve mucho. Todo lo perdí. Todo lo espero.
Doy gracias por la dicha de haber tenido,
por todo lo que tengo al cabo de tantos desastres.
No ha sido fácil encajar a estas alturas de mi edad,
en que tanto se necesita, la pérdida.

A fin de cuentas,
aunque parezca imposible,
mucha es mi suerte.

FRECUENCIA DEL POEMA

Se escribe un poema
y otro y otro más.

¿Escriben todos los poetas
de mi (tercera) edad
tantos poemas?

No por lo que sé
a partir de mis lecturas
y la comunión
de mi amistad
con viejos poetas,
ya soy uno de ellos.

¿Existe una diferencia
entre nosotros?

La respuesta
es igualmente negativa.

Se escribe un poema
porque no se puede
dejar de escribirlo.

Entonces,
¿por qué sigo
escribiendo
a estas alturas?

Digamos
que porque tengo
algo, mucho
que decir.

¿A quién
debo decirlo?

Para empezar,
a mí mismo.
Los lectores,
como anda
este mundo al revés,
son puro milagro.

La poesía
encarna y se justifica
en sí misma,
gústenos o no.

No hay más.

Hay
que seguirla

escribiendo
mientras
nos convoque.

Final del poema.

FLORES

Hay días en que se me hace necesario
comprar flores, colocarlas en un lugar
que hagan más acogedora la casa,
que su efímera belleza colme las horas.

Siempre compro rosas amarillas.
No puedo precisar la razón de mi preferencia.
Solo sé que su belleza y perfección
me producen un indescriptible sentido de calma,
que es el ámbito natural de la dicha.

Tengo en mi jardín, a la vista desde la ventana
en que paso tanto tiempo escribiendo,
un rosal amarillo que florece incesante, espléndido.
Jamás he cortado una de sus rosas. Sería un sacrilegio,
privarme de lo prodigioso de la naturaleza como debe ser
y de la epifanía de su contemplación, que tanto necesito.

Cuestan cada vez más las flores,
pero soy incapaz de privarme del lujo de comprarlas.
Son la compañía que siempre puedo tener
cuando me falta la compañía que quisiera.
Son la belleza y la maravilla y el sueño
con solo poder tenerlas, tan delicadas, tan cerca.

Es tiempo de ir a comprar flores.

EL ARTE DE AMAR

El arte de amar,
sin olvidar a Ovidio,
tiene unas reglas no escritas
muy a ras de mundo
y fijeza de la compañía.

Hay que redescubrir
al ser amado en la convivencia.
No es exactamente
como lo imaginamos.
Tampoco lo somos nosotros
cuando nos imaginó.

Será preciso
una mutua, incesante y ardua
adaptación entre los dos.

La comprensión,
en que nunca faltará
la resistencia, se cumplirá
aceptándonos tal cual somos:
un constante ejercicio
de concesiones,
en la absoluta entrega
a lo que los dos queremos
por sobre todas las cosas.

Nunca engañarse.
Siempre habrá dificultades,
contradicciones, disgustos
y silencios, momentos difíciles.
Solo se superarán a fuerza de amor,
un sentimiento que no puede definirse
sino tan simplemente vivirse,
cada cual a su manera hacia el otro.

Los años tienden incesantes
a acendrar la mutua compañía.
Se depende más del ser amado,
ya no se sabe ser y estar sin él.

Al amor, desde siempre,
debe dársele horizonte.
Los amantes tienen que regalarse,
aunque sea bien difícil,
el lujo, el dadivoso milagro
de la compartida soledad,
los momentos preciosos

de la otra especie de la dicha.

No hay más, pero es inmenso.

EL PEQUEÑO CRUCIFIJO

En mi mesa de trabajo
abarrotada de papeles y libros
y ni se sabe qué (ni yo mismo lo sé),
frente a la ventana que se abre
al jardín, donde paso demasiadas horas
que nunca me alcanzan,
tengo un pequeño crucifijo.

Siempre que me siento
a trabajar, lo toco levemente.
Sé que al hacerlo estoy orando,
no solo por mi escritura,
sino por todos los que quiero
y lo tanto que deseo.
El crucificado hijo de Dios
no tiene necesidad de palabras.

Idealmente, podría tener
ante mí mientras trabajo,
exquisitos crucifijos: delicadas
obras de arte marfileñas;
prodigios de orfebrería
en poderosa plata virreinal;
piezas excepcionales de artistas,
algunos son mis amigos;
ingenuas figuraciones de la agonía
y la muerte que nos redimieron,
ejecutadas por un anónimo aborigen
de una primitiva y castigada cultura.
La lista de posibilidades es interminable.

Sí, no tengo la menor duda, bien quisiera
tener esos y tantos más crucifijos excepcionales,
exquisitos: mi incesante amor por lo bello
y extraordinario. Pero, bien pensado
a estas alturas de mi edad: ¿Podría llamar

a esa posibilidad una cumbre, el pico más alto
de lo tanto que me ha enseñado rigurosamente
la vida, que no me ha escatimado la dicha
y las pisadas en el corazón?

Me quedo con mi pequeño crucifijo,
producido industrialmente, que me mandaron
tan solo por mi tan modestísima contribución
para paliar las necesidades de los que todo necesitan.

¿Qué más puedo y puede decirse?

Jesús, Dios y redentor hijo de Dios,
fue un hombre a ras de mundo.
Su cruz fue un burdo y cruel madero.

Toco, rozo otra vez mi pequeño crucifijo.

HAY VECES

Hay veces que nos suceden,
consecutivas e inesperadas,
cosas buenas. Tantas otras
ocurre lo contrario. La mayor parte
de las veces nuestra existencia
transcurre exactamente
tal y como sabemos que ha de cumplirse.
Es lo que llamamos vida, así de simple.

En estos días me han ocurrido
cosas muy buenas, una tras otra.
Daba por descontado que nunca
se producirían, algo tan lógico
como razonable. Uno tiene
que aprender las puntuales enseñanzas
que le ha impartido el paso del tiempo,
su inexorable magisterio.

De súbito, vamos a ver
cuánto dura, he salido
de mi plano de sombra.
Sí, las complacencias de mi ego,
cuyo tenaz plano de sombra

siempre he sabido encajar
y seguir trabajando porque,
no hay más, debo escribir.

Y más, tan inmenso e indescriptible,
la dicha de saber que en unos meses
tendré muy cerca de mí a mis nietos.
Se habrá roto la maldición
de las distancias que impone el exilio.

Tengo, como Saint-John Perse,
razón para celebrar. Cuento los días
que faltan para la llegada de mis nietos.

Es lo que me faltaba.

LOS DÍAS

Pasa un día,
otro parece
no pasar.

Somos presa,
para bien
o para mal
o para nada,
de su tránsito
y lo que acarrea.

Y cada día
vamos a menos.

LA POESÍA

La poesía da cuenta
de victorias, derrotas,
iluminaciones, pérdidas,
la encarnación de los sueños,
el constante peso del deseo,
todo lo que la memoria
—espléndido o terrible— guarda,
el paso del tiempo y su fijeza:
el un día tras otro hacia el siempre.

Hacer poesía es una gracia.
De igual suerte, es el destino
más inexplicable de la criatura.
Le hace poseer lo perdido,
celebrar lo efímero, dar testimonio
de la materia de la maravilla.

La poesía es un susurro de Dios,
tan leve como es el inaudible sonido
de las alas de la mariposa,
que nos afanamos en poner en claro,
en fijar con palabras para el siempre.

La poesía es Génesis y Apocalipsis.
Se juega, aunque no lo sepamos,
a ser Dios cuando se escribe un poema.

La poesía es lo que tratamos,
jugándonos la vida a las palabras,
de decir en nuestra poesía.
Ella es, no equivocarse, el umbral de la poesía.

LA GRAN PREGUNTA

¿Quién, qué nos falta
en la estricta exactitud de día,
en la hondura de la noche?

DE LO QUE SE HUBIERA QUERIDO ESCRIBIR

Hay demasiado versos,
demasiado poemas
que hubiera querido escribir.

¿Cuáles?

La lista es interminable.

¿Entonces?

Seguir escribiendo poesía
y hacerme la ilusión
de que un poeta futuro querrá
escribir uno de mis versos,

de mis poemas.

No hay más vieja historia.

UN HECHO

Un hecho: Nadie
–hay excepciones–
tiene la menor idea de nada.

Por eso el mundo va como va.

Take it or leave it.

NADA DE EXPLICACIONES

Nada pasa.
Todo está pasando.
¿Qué vendrá después?

Sabemos y no sabemos.

Uno no puede
dejar de ser quien es,
anticipar lo que le aguarda.

Todo se reduce a eso.

UNA HABITACIÓN INFRANQUEABLE

Hay casas con una habitación infranqueable.
No se atraviesa su puerta aunque nadie diga
que no puede hacerse. Podemos ignorar la razón
que impide traspasar ese umbral, ver el interior
del recinto, pero nos resulta imposible definir
la razón por la que no debemos entrar.
¿Qué lo impide? ¿Qué sucedió, qué sucede,
qué puede suceder entre sus paredes?
Es posible elaborar singulares historias
sobre lo que determina lo vedado de esa habitación.
Algunas de ellas tienen que ver con una muerte,
con una tragedia, con el afán de preservar intacta
la tenaz fijeza de un recuerdo, con tan extrañas
como inexplicables experiencias, con la vida

más allá de la muerte. Eso es algo que no pude
dejar de experimentar en dos viejas y enormes casas
en que estuve en mi temprana adolescencia
y en un lejano día de mi entrada en la madurez.
Algo que me tocó y que me niego a aceptar.

De todas suertes, a estas alturas de mi edad,
en que la vida no me ha escatimado rigurosas lecciones,
tengo la certidumbre de que nunca se debe vivir
y permanecer en una casa con una habitación infranqueable.

CONSIDERACIÓN SOBRE EL TIEMPO

El tiempo
que no nos alcanzó,
que se nos arrebató
en la juventud,
es el tiempo
que no tenemos
en el acabamiento.

¿Perdimos el tiempo
o el tiempo que nos tocó
acabó por perdernos?

Cualquier respuesta
a esa pregunta es inútil.

Solo nos queda
el tiempo que nos queda.

CADA DÍA

Cada día supone un riesgo,
un golpe, una gracia,
siempre imprevisibles.

En su transcurso es imposible
no dejar de preguntarse:
¿Qué es lo que puede presentarse?

Ese crítico súbito
que puede virar al revés
nuestra existencia.

Más tarde, ahora mismo,
mientras escribo este poema,
¿qué puede venírseme encima?

El paso del tiempo dirá.

SIEMPRE HAY QUE VER

Siempre hay que ver
el reverso del rostro
de quien nos habla.
Hacer un gran esfuerzo
para despojarlo de su máscara.
Hay que descifrar su mirada,
lo que dicen sus labios,
el más mínimo gesto de sus facciones.
Siempre la criatura es lo que es y es otra cosa.
De igual suerte eso le sucede a uno,
solo que con los años, siempre
que se ha asumido sin peros
nuestro primer rostro en la eternidad,
ya ni las facciones ni la voz expresan
nada que no sea la estricta verdad.
No se sabe, no se puede hacer otra cosa.
No es fácil alcanzar esa desnudez.
Nunca se tiene idea si se nos entenderá
y demasiadas veces no se nos comprende.
No hay juego más arduo, más riesgoso
que intentar descubrir lo que hay tras un rostro.

INSTRUCCIONES A MÍ MISMO

Asumir todo
lo que me depare el día.
No es cuestión de escoger,
normalmente es demasiado.

Tratar de llevar a cabo
todas las demandas,
siempre siguiendo
un orden de prioridades.

Nunca preguntarme
la razón de las cosas,
que siempre me sobrepasan.

Al final de la jornada,
precisar los pendientes.

Agregarlos, si vale la pena,
a la agenda del próximo día.

No hay más.

UNO SE CANSA

Uno se cansa
de hacer lo que debe
y siempre toparse
con un pero.

No se trata
de otra cosa
que no sea
la vida cotidiana.

Dos preguntas
—inevitablemente ineludibles—:
¿Por qué y hasta cuándo?

La gran, única respuesta:

Así van las cosas,
La vida entera.

EL EMPECINAMIENTO

Está bien claro.

Todo lo que hice,
que hago
y lo que haré
es producto
de mi incorregible
empecinamiento.

¿Entonces?

INSTRUCCIONES IMPERFECTAS

Acércate,
aléjate,
ni aparezcas.

¿Son contradictorias
estas instrucciones?

Sí y no
¿y se puede saber?

Casi nunca
llegamos a saber
lo que queremos,
lo realmente necesario.

DE LOS DÍAS

Termina un día,
con sus gracias
y con sus golpes.

¿En qué se diferencia
de todos los días
de nuestra existencia?

Carece de importancia
el establecerlo.

Cada día
es una exactitud
y una especie
de la eternidad.

Algo tan imprevisible
como consecuente
con su propia naturaleza
y transcurso.

¿Los buenos días,
los malos días, los días
en que lo que sucede
es que nada pasa?

Son tan solo días.

¿El día de mañana?

El día de siempre,
que puede ser distinto.

No hay explicación de los días.

MÁS SOBRE EL POEMA

Hay un súbito
que determina
la existencia
del poema.

En ocasiones
es frecuente,
en otras tarda
en hacernos
su demanda.

No es otro
el proceso
de la encarnación
de nuestros versos.

Su naturaleza
es impredecible.
Un poema es
lo que necesitamos
decir y es también
lo que no sabíamos
era imprescindible
ceñir con palabras.

Un poema trasciende
al poeta y, al hacerlo,
se fija en el siempre.
Ese siempre que es un enigma
a partir de su evidencia.

No hay más extraño oficio
que hacer poesía.
Se escribe por encima
y más allá de la vida

y se plasma para la sobrevida.

Un poeta es una criatura
cuya existencia, por imposible
que le sea comprenderlo,
no tiene más otro destino
que el del siempre.
No es otra la esencia de la poesía.

PAPELES

Tengo demasiados,
incontables papeles
en mi mesa de trabajo
y en mi mesa auxiliar,
en mis libreros,
por todas partes.

También tengo
papeles en un fondo
en los archivos
de la universidad,
y debo seguir
entregando papeles.

Escribo y guardo
constantemente muchos
papeles: manuscritos, cartas,
apuntes, borradores,
páginas de periódicos
y revistas y toda suerte
de documentos, no pocos
verdaderamente curiosos,
históricos, tantas cosas.

En mi andadura
he perdido innumerables
papeles, algunos preciosos
para mí, como originales
de libros terminados.
De igual suerte, papeles
estrictamente personales,

íntimos, que dan cuenta
de mi existencia en los paisajes
que el destino me deparó.

Este mismo poema
irá a parar entre mis papeles,
que son un laberinto minoico
que no cesa de extenderse.

He vivido y sigo tratando
de vivir mi vida, indisolublemente
ligada a mis papeles. Me vuelco
sobre ellos buena parte del día
y, ya no tantas, esteparias noches.
Son horas de absoluta entrega,
semejantes a las dichosas horas
que me deparan mis nietos.

Tengo que organizar mis papeles.
Ya es tiempo. Solo yo tengo sus claves.
Quiero publicar unos libros más,
sobre todo mi *Poesía completa*
y unos volúmenes de prosa escogida.
Y quiero que mis papeles sirvan en el futuro
para los que indaguen el tiempo imposible
que la historia nos obligó a vivir.

Salgo a comprar papel.

AÑADIDO A UN POEMA DE PAVESE

Sí, trabajar cansa,
pero vivir cansa más.

DEL MAR

Están las mareas,
el oleaje, las corrientes,
las tormentas y las calmas.

Nunca se sabe
qué nos harán,
pero es imposible

renunciar al mar,
a su belleza
que puede ser terrible.

La existencia
es una alegoría
de las indescifrables aguas.
Tampoco se sabe
que nos hará.

Cuando nos falta
el mar, vamos a menos
aunque asumamos su ausencia.

En mi memoria
guardo fijos recuerdos
de varios mares.
De igual suerte
de playas, de acantilados
de cortantes rocas,
de arenas indefinibles
en que fui feliz y experimenté
la desbocada plenitud,
en que creí era partícipe
del primer día de la creación.

Estoy cerca del mar
pero, sin embargo,
cuán lejos estoy de él.

Me falta el mar mío.

UNA MACETA CON FLORES

Para Ana María, la princesa

La princesa preguntó:
¿Puedes venir y traerme
una maceta con flores?

El invierno ha sido
implacable para ella
y para su hermano.

No cesan las tormentas

de nieve y el frío atroz,
no se puede salir por días
de la casa. Es hasta imposible
hacer muñecos de nieve.

La princesa, tan pequeñita,
echa de menos su hermoso jardín:
la vegetación y las muchas flores
que le encantan han sido arrasadas,
sepultadas por las nevadas.

No tiene flores la princesa.
La princesa está triste.

GOLPES

Palabras
como golpes
Silencios
como golpes
Ganancias
como golpes
Pérdidas
como golpes
Incertidumbres
como golpes
Certezas
como golpes
La realidad
como golpes
Los sueños
como golpes
El paso del tiempo
como golpes

Todo es golpe.

HAY ESOS DÍAS EN BLANCO

Hay esos días en blanco
en que el poema es
la esperada presencia
que no llega.

Somos dueños
de las palabras –tan hermosas,
tan terribles, tan enigmáticas–;
dominamos lo que dicen,
lo que pueden decir
si se emplean con imaginación.
De igual suerte, poseemos
la clave de los blancos
en la página, dispuestos
como una constelación
en el cuerpo de los versos.

Hemos aprendido
el oficio de la poesía,
que se ha convertido
al paso del tiempo
en segunda naturaleza
en nosotros, y plasmarla
es el crítico latido
del que depende
nuestra existencia y eternidad.

Pero esos hay días en blanco.

La poesía es como las mareas:
viene y se retira.

DE LA ESPERA

Esperamos
y no sabemos
lo que puede deparar
lo esperado.

No es otro
el gran juego
de vivir, de estar
en el mundo.

No sabemos
las reglas
de ese juego
incesante.

Nos entregamos
a él sin poner peros,
sin considerar
las consecuencias
del deseo o la fatalidad,
la gravitación del después:
sus gracias o sus desastres.

Siempre esperamos,
hasta cuando creemos
que lo esperado es lo inevitable,
lo tan naturalmente venidero.
No podemos dejar de hacernos
ilusiones, de albergar sueños,
aunque sean cosas insignificantes
que nadie imagina.

Esperar es siempre
intentar ir a la maravilla
tal y como la concebimos.
¿Puede renunciarse a ese juego?

DEL SABER

Se sabe
lo que no
se sabe.

Se ignora
lo que se sabe.

¿Se puede saber
lo sabido
y lo que se desconoce?

Nada sabemos.

DE LAS VICTORIAS

Las grandes victorias
son casi un milagro.

Se ganan, al parecer,
pequeñas, pero incalculables
victorias que reivindican

el no rendirse, seguir
encabezando, contra
toda lógica y esperanza,
tropas y causa.

No es otra la guerra.

Un luminoso domingo
gané una de esas batallas,
hasta para mi asombro.

Lo he celebrado,
como corresponde,
en casa, feliz y tranquilo.
He bebido y paladeado
lentamente el más añejo
escocés del malta, mi preferido;
he escrito una carta llena de gratitud;
he contestado las inesperadas llamadas
celebrando mi singular y casi imposible
victoria, mi tenaz resistencia,
el tan simple como definitivo prevalecer
contra un implacable enemigo.

Es mucho para mí, pero es.

Buscar detalles en la prensa local del día.

LOS CÉLEBRES QUINCE MINUTOS DE FAMA

*A partir de la aparición
de* Cuaderno de campo.

Estoy muy cansado
de lo que es inevitable
costumbre. Estoy, igualmente,
sorprendido de la insólita notoriedad
alcanzada, que fractura la solidez
de mi tenaz plano de sombra.

Me pregunto la razón
por la que se produce
esa atención a mi poesía.
Me digo a mí mismo
que es inexplicable.

Me complace su realidad,
pero no me hago ilusiones de cambio.
Si algo he aprendido a estas alturas
es a encajar mi suerte, su fijeza.

¿Qué viene al cabo
de mis quince minutos de fama
(Warhol, por supuesto)?

Lo de siempre,
ya estoy acostumbrado a ello
y lo llevo como parte de lo que soy.
Seguiré, no sé hacer otra cosa,
haciendo poesía como siempre,
algo que me es imprescindible.

Quizás este poema
sea un autorretrato.

HAY QUE SABER

Hay que saber que,
contra toda apariencia
e ilusión, todos los días,
con sus matices, son iguales.

Es una vieja historia:
Hay que vivir al día.

LA MISMA PREGUNTA

Siempre nos hacemos
la misma pregunta:
¿Por qué?

La vida se nos ha ido,
se nos va, tratando de responderla.

¿Por qué?

DE LO HECHO

Lo que hice
para bien o para mal
o para nada.

Lo que dejé
de hacer
para lo mismo.

Todo lo que he hecho.

¿Qué me queda
por hacer?

No equivocarme
en lo que hago.

No hay nada más difícil.

UNA NUEVA PIPA

Me compré
un nueva pipa
para celebrar
la aparición
de mi poemario
Cuaderno de campo.

Hacía tiempo
que quería hacerlo,
pero necesitaba
una razón,
en verdad, una excusa.
¿La hay mayor
que un libro de poemas
en que vuelco
tantos años de mi vida
y doy razón de ella
a mis setenta años?

Definitivamente no.

Espero mi nueva pipa
y el tabaco que la acompaña.

A esta edad,
contra todo
lo que dicen mis médicos,
mi familia y todo el mundo,

creo que puedo permitirme
algunos gustos.

Me los he ganado.

CONDICIÓN

Llego,
no llego.
Me toca,
me alcanza.

Soy el vulnerable,
siempre expuesto
a las furias
y a las sombras.

Es algo imposible,
pero ya es costumbre.

Escapo o permanezco,
no depende de mí
ni lo uno ni lo otro.

Es bastante,
es demasiado
ser quien se es.

ENTRADA EN EL CUADERNO DE BITÁCORA

Mal tiempo: lluvias
y aviso de tornados
e inundaciones.

Diagnostican
a una amiga cáncer
en el pulmón.

Aparece en la Web
una entrevista
que me hicieron.

Mi esposa insiste
que empiece de una vez
a grabar mis recuerdos

en su nueva cámara de video.

Llamadas para resolver
la situación de un recién llegado.
No es joven y llegó
en medio del desastre
que a todos nos afecta.

Escritura de textos
para exposiciones y libros
de amigos y compromisos.
No sé decir no.

Pierdo demasiado tiempo
revisando la correspondencia.

Recibo mi nueva pipa.

Espero dormir mejor
esta noche. Estoy muy cansado.

Arrecia el mal tiempo.

PRÍNCIPES NEGROS

Trajeron, hace días
que no lo teníamos,
un ramo de rosas: prodigiosos
príncipes negros.

Se abrieron, con su exquisito
perfume, en la noche, regalándonos
un temprano y espléndido amanecer.

Nada como las rosas
para confirmarnos
que hay dicha y su posibilidad
en este mundo cada vez más imposible.

Las rosas son una evidencia
y un enigma finales en el corazón
del estar, en la ilusión y el deseo
de trascenderlo, un susurro del siempre.

No tener la presencia e inmediatez
de las rosas es una pérdida que nos priva

de la maravilla, tan simple que es.

Mis efímeros príncipes negros,
fatalidad de las rosas, hacen mi casa,
mis sueños, mis deseos y mi siempre.

Una rosa es una rosa
y es el inexplicable *más* nuestro.

PARECIDOS

Me parezco,
en ciertos detalles
y actitudes,
cada vez más
a dos escritores
de la estricta
y meditada lista
de mis favoritos.

Son –y el orden
de los factores
no altera el producto,
como aprendí
en primaria
en el colegio
De La Salle,
del Vedado,
por supuesto,
que sigue siendo
para mí toda la tierra,
lo dije, y vuelvo a reiterarlo,
en un remoto poema–:
José Lezama Lima
y Samuel Beckett.

No salían de su casa;
se aislaban de tiempo
y circunstancia; escribían
sin cesar, porque no sabían
y no podían hacer otra cosa.
Por otra parte, conocían

perfectamente lo que significaba
perder el tiempo en lo superfluo,
en lo vano, en el vacío
de la conversación y el trato superficial,
en las gloriosas de la realidad.

No, no me apetece
perder el tiempo que devora
en y desde lo vano. Es un extraño lujo
que me permito a estas alturas
de mi edad. Tengo demasiado
que hacer o al menos escribir
y ordenar –solo Dios sabe
para qué– a mis 71 años.

Todo lo cual está muy bien.
Ya tengo plena conciencia
de que lo que soy es lo que deje,
aunque se pierda.

Me quedo en casa.
Nada tengo que buscar
fuera de ella.

He aprendido, finalmente,
el secreto de lo que hace vida
y obra de y desde la existencia.

Mi gran golpe de suerte.

Soy aunque no esté.

COMO UN ANIMAL

En la noche,
en la densa oscuridad,
tengo plena conciencia
de mis movimientos.

Me muevo como un animal
en la densidad de la espesura,
sin hacer el menor ruido,
sin tropiezos que me delatarían.

Siempre me he preguntado
qué clase de animal soy,
tan silencioso, tan a gusto
en el latido de la calma
que necesito cada vez más.

Quizás una especie en extinción,
otra más cuya pérdida priva
al mundo de la plenitud
de la espléndida naturaleza
que se arrasa de forma implacable.

Hace una vida fui cazador.
Maté animales que no comprendía
me figuraban. No podría hacerlo
ahora, equivaldría a ir en contra
de mi propia naturaleza.

He dejado de ser
mi propio exterminador.

DECISIONES FINALES

He dejado de hacer
muchas cosas que hacía.

He relegado demasiados
deseos al dominio del recuerdo.

He reconocido y admitido
lo inútil de entregarme
a empeños que sé
tan innecesarios como baldíos.

He dado por terminados
compromisos que carecían de sentido.

He ceñido al máximo
el espectro de mis necesidades.

He aceptado que tuve
paisajes maravillosos y terribles,
pero encajado que el paisaje
comienza y es por mi presencia.

He decidido entregarme de lleno
a mucho de lo que se dice
carece de importancia,
pero que me hace feliz.

He precisado mis amores
en la inexpugnable fortaleza
de mis certidumbres.

¿Pérdidas? ¿Ganancias?

Opto por no dar respuesta
a lo que no la tiene.

NADA TAN FIJO

La gran verdad
es que no vivimos,
sino que la vida nos vive.

No hay nada más fijo.

HIJOS

Extraña cosa son los hijos.
Se nos parecen y son
tan distintos a nosotros.

Escogen su vida
y nos empeñamos
en seguir velando
sobre ellos, ayudándolos
aunque no lo quieran
o lo necesiten.

Sus éxitos nos llenan
de orgullo, su dicha de alegría
y sus problemas nos hacen
dejar de lado los nuestros.

Nuestros hijos saben
todo lo que ignoramos
de tantas cosas que nos rodean
en este mundo en que todo

cambia tan vertiginosamente
y nos son imprescindibles para sacarnos
de nuestros apuros y torpezas
con tantas para nosotros complicadas cosas
que son parte del normal estar
y tantas gestiones que determinan
el simple hecho de vivir y de sobrevivir.

En verdad, vivimos en dos tiempos.

Pero siempre hay momentos
y circunstancias en que nuestros hijos
dependen estrictamente de nosotros,
como cuando eran pequeños,
y damos gracias a Dios por estar
siempre ahí para ellos.

A veces pienso, y no sé
explicarlo sino tan solo enunciarlo,
que poco a poco nos vamos convirtiendo
en los inocentes e inermes hijos de nuestros hijos.

Ya les llegarán a ellos esos días.

LECCIÓN DE ÉTICA POLÍTICA

El perdón
es algo personal.
La justicia,
más allá de la persona,
es algo ineludible.

ENTRE OLVIDOS Y RECUERDOS

El vivir pasa
cada vez más
entre olvidos
y recuerdos.

Alivian y pesan.

No puede ser
de otra manera.

Si hay algo
inerme y vulnerable
es el pisado corazón.

¿Hay otro día
distinto en la existencia?

UN DOMINGO DICHOSO

Para Liana y Lourdes,
para Tania y para mis nietos,
Joseph Armando y Ana María.

Imaginamos
la final perfección
y la caricia de la dicha.

Son sueños desbocados,
fabulosos en verdad.
Son y han sido
demasiadas veces
sueños imposibles.

¿La dicha?

Dios, el azar,
la buena suerte,
dígase lo que se quiera,
me han deparado
su enigmática gracia,
siempre un milagro.

Esta tarde de domingo
no puede ser más elemental
ni tampoco más definitiva.
Están en casa mis hijas
y hablamos a nuestro aire
de lo que en breve será recuerdo
y de lo que será futuro.

Lo que ellas y yo sabemos
encarnará en realidad
en poco tiempo.
Y es para mí pura gracia,
absoluta maravilla:

941

volver a estar juntos.
Se rompe la maldición
de la distancias
que impone el exilio.

Esto no se puede comprender
sino no se ha padecido
la condena, el desgarrón
de la separación de la familia.
Así de simple y atroz.

Carece de importancia
lo que hablamos esta nublada tarde,
poder compartir la mesa,
reírnos de nosotros mismos.

Es, definitiva, a Dios sean dadas gracias,
la maravilla de volver estar juntos,
como debe ser, como siempre
debió haber sido: la maravilla
y el inmenso privilegio de la presencia.

Sí, Saint John-Perse
–poeta tan principal mío–
tengo razón para celebrar.

Aunque bien tarde,
mi larga vida se encamina.

Brindo, aunque suena mejor,
alzo mi copa, por tanta dicha.

CONSIDERACIÓN FINAL

El tiempo pasa
y nosotros también.

MI EPITAFIO

Hace mucho tiempo
considero mis epitafios.
Es algo bien serio
hacia la eternidad.

Sigo el ejemplo
de algunos poetas memorables
que redactaron a tiempo
sus insuperables epitafios.

Todavía estoy indeciso
a la hora de elegir uno
entre los que he considerado.
No se juega con la imagen
que quiere dejarse
a la entrada en la eternidad.

En mi más estricta lista figuran,
después de mi nombre
y las fechas correspondientes,
1938-20...:

Poeta cubano exiliado.
Un hombre que quiso ser
todos los hombres.
El payaso de sus nietos.
Un empedernido soñador.
Nunca dejó de soñar ni de desear.
Supo encajar todos los golpes.

Soy, seré a mi muerte,
todo eso y tantas otras cosas.
No es poco, pero no me decido
a escoger mi epitafio.

Será algo que no revise
hasta el límite de mi escritura,
hasta que no me dijera hasta aquí.

Mi familia decidirá.

¿Qué importa ya en la muerte?

LA PURA VERDAD

Lo que se fue
y lo que quedó
son finalmente
lo que somos.

Cuesta mucho
trabajo comprenderlo
y más encajarlo.

No podemos eludir
la impronta
de nuestra decisiones
ni de nuestras evasivas.

Ambas determinan
nuestra vidas.

El después no es
otra cosa que una constante
indagación, el peso
en el alma de las razones
de nuestro proceder:
el destino elegido,
para bien o para mal,
que decidimos aceptar,
tantas veces sin razón.

Con los años
merman esas decisiones,
pero pesan demasiado
las que tomamos.

Ya, siempre es
demasiado tarde
para rectificar.

Y así se nos va
la vida. No hay más.

Quizás siempre es
demasiado tarde.

RECUERDOS

A veces echo de menos
cosas perdidas, dejadas atrás
por la fuerza de las circunstancias.

He aprendido a perder
y a tener. No es otra cosa la vida.

Así, entre otras cosas,
recuerdo ahora un pequeño barco
de vela con el que jugaba,
mi castillo y mis soldaditos de plomo,
unos anteojos, álbumes de postales,
las cajas de mariposas de mis hijas
y mi fabuloso sable de shogún.

Enumerando esos recuerdos podría
hacer una lista interminable
y, sin lugar a dudas, tan extraña
como singular. Con los años
acumulamos recuerdos. Hay días
en que vuelven a mí entrañables
y son una reflexión sobre lo vivido.

Sé que no hay nada semejante
a lo recordado y sé mejor
que lo que era más extraordinario para mí
no lo puedo recuperar. Para ello tendría
que volver a vivir el tiempo en que lo tuve.

La vida puede ser un sueño
pero es más recuerdos.

POESÍA COMPLETA

Me he puesto, por fin,
a preparar el manuscrito
de mi *Poesía completa*.

He escrito, en tiempos imposibles
y menos imposibles, mucha poesía.
Ella ha sido y es mi sostén,
mi empedernido atrincheramiento
contra todos los golpes y, no menos,
mi secreta fiesta, algo bien difícil
de comprender. Un supremo acto de fe
y de resistencia, una solitaria entrega
que se justifica y me justifica
en y por sí misma. El más singular
y extraño legado que puedo dejar

a los míos, a los que quiero entrañablemente,
y a mi patria, que es cada vez más
un sueño imposible. Palabras al viento.

Adunar toda mi poesía,
siempre lo imaginé (y, sin duda,
por ello lo pospuse) iba a ser
una tarea descomunal que nada
tiene que ver con la epifanía de escribirla.

A lo largo de mi andadura
he tenido muchas vueltas a empezar,
he perdido incontables papeles;
no he tenido ese tiempo que ahora
se designa, en la áspera lengua de los sajones,
como *quality time*. En otras palabras,
tan solo he tenido tiempo para ganarme
la vida en entrega a los míos, que no es nada fácil.

Mis ordenadores, en buen español,
no han cesado de traicionarme.
Me han arrebatado inexorablemente
mucho de lo escrito. De esta suerte,
y sean dadas gracias a Dios por ello,
para reunir mi poesía, tengo que entregarme
a copiar mis manuscritos y demasiados
de mis libros. Un largo tiempo
que me roba tiempo para seguir escribiendo,
porque ya no tengo la fuerza de escribir
en la alta noche y salir a ganarme la vida,
como corresponde a un hombre de bien.

Sí, reuniré mi *Poesía completa*.
No quiero dejar este mundo sin hacerlo,
aunque ese manuscrito sea un íntimo tesoro familiar.

¿Debo agregar algo sobre el enigma de la poesía
y de un poeta que escribió en el vacío que le impuso la historia?

DE LOS PUNTUALES DÍAS

Un día viene
y otro se va,

pero seguimos
clavados
en el mismo día.

PALABRAS POR LOS MUERTOS

¿Qué dicen las palabras
que escribimos sobre los muertos?
Ese discurso hilvanado en la final ausencia
que pretende acercarnos a ellos,
recuperar la imagen que nos hicimos de su ser
entre encuentros y despedidas,
las siempre insuficientes conversaciones,
las palabras que nos legaron
para fijar sus certidumbres y sus enigmas.
¿Dónde estaban y dónde estábamos
cuando estuvimos juntos?
¿Qué quisieron decirnos
en las cargadas pausas y silencios
del transcurso de la conversación?
¿Qué es lo que dicen sus páginas,
las aprehendemos en su absoluto?
¿Se puede, escribiendo sobre ellos, hacerles justicia?
Todo depende, otra vez, de las palabras:
lo que se pierde y lo que se salva,
la versión y las interpretaciones que formulamos.
¿Qué secreto se llevaron a su muerte
aquellos de quien se escribe?

DEL MORIR

Vísperas del Domingo de Pascua
me llaman para informarme
de la muerte de un viejo amigo.
Otro más que se va. Me voy,
es tan natural, quedando solo.
Son tres mis consecutivos muertos
en las últimas semanas.
De nuevo, es tan natural.

La muerte, de la que me he pasado
la vida escribiendo, ya es parte
de mi cotidianidad. A veces,
cuando tengo flores en la casa,
casi siempre amarillas rosas,
más allá de la complacencia que me otorgan,
pienso que son las que quisiera tener,
tan solo un ramo, nada de excesos,
cuando falte, lo que está en manos de Dios.

Mientras escribo estos versos,
siempre rotos y remotos renglones
con mi mala letra, siempre repaso
mis disposiciones a mi muerte,
procurando hallar algo que no esté bien.
No quiero, en verdad abomino,
que mi muerte pueda ser algo que traicione
mi existencia y mi voluntad. Ya creo,
como debe ser, que todo lo he ceñido
y dispuesto en el deseado marco
de la más absoluta intimidad y discreción.

Pido a Dios, eso sí, que me conceda
unos años más para disfrutar a mis nietos,
a los míos, para ordenar mi poesía
y mi papelería, para dejar todo en orden,
como debe ser. No es demasiado.

¿Qué dirán cuando llamen para decir
que he muerto, que ya no estoy?
¿Qué dirán, una vez que cuelguen el teléfono,
los por mí escogidos para saberlo?

Ya, en verdad, no importa. Ya estaré en la manos
y en la infinita misericordia de Dios, como debe ser.

DEL ESTAR

Estoy en un vacío.
¿Es esto lo que se designa
como plenitud?

AQUÍ CAREZCO DE LA MAGIA

Aquí carezco de la magia
del cambio de las estaciones.
Termino como pasé buena parte
de mi vida, en la abrasadora fijeza
del implacable verano, solo que en este sitio
no hay brisa y la sombra es una ficción.

Desde mi infancia soñé
con ser tocado por el glorioso otoño
de indescriptible belleza, por las glorias
de la exuberante primavera
y el embate del invierno implacable
que nos enfrenta a nuestra vulnerabilidad
y, sin embargo, nos reconcilia
con la fijeza de tantos sueños pendientes.

Mías fueron, por tiempo insuficiente,
las estaciones. Subrayaron un cambio final
en mi existencia. Me calaron con su plenitud.
Ahora vivo donde están los que abominan
el invierno y lo dejaron atrás. Tendrán sus razones.
Pero a mí me falta, como las demás estaciones.
Mis días y mis noche han vuelto a ser
las del castigo del verano y su humedad,
el espacio en que he escrito casi toda mi poesía.

¿Me falta la magia del cambio de las estaciones?

Mi respuesta es afirmativa y subraya
el diseño de mi destino. Uno nunca puede
escapar de lo que le ha sido designado como vida.
¿Mi mayor complacencia? Escapar por unos días
al encuentro de una estación que nunca será mía.

Escribo este poema dando cuenta de esa pérdida,
aunque no puedo dejar de soñar en las estaciones
que siempre quise mías, otro sueño imposible.

LOS INCESANTES CAMBIOS

A través de la ventana
de mi cuarto de trabajo

veo los pequeños cambios
que se producen incesantes
en el cuidado jardín.

Van a la par de los cambios
que se producen tan naturalmente
en mi vida y le agregan matices
que me determinan, como al jardín
la caída de las hojas, la hierba que crece,
las flores siempre esperadas, el denso follaje
que se inmensa y me resguarda.

Mi vida y el jardín son como espejos
enfrentados, reflejan una imagen caleidoscópica
que tiene tanto de evidencia como de enigma.
En ellos se cumplen la costumbre y lo previsible.
Solo que no sabemos cuándo puede producirse
un cambio decisivo que todo lo puede cambiar.

Mi vida y el jardín son producto
de sucesivos cambios, algunos deseados,
otros más allá de mi voluntad,
no pocos insondables como la densa noche.
¿Qué sabemos del paso del tiempo, de la fuerza
y de la fatalidad de los cambios?
Nada. De eso, no hay más, se trata vivir.

Quizás el jardín sabe más de mí que yo mismo.

COSAS Y PAPELES DESCABALADOS

Guardo cosas y papeles descabalados.
Son parte palpable de mis recuerdos.
Significan, por insignificantes que sean,
una preciosa reliquia de lo vivido,
restos de lo que tuve, catalizadores
de sueños perdidos y pendientes,
piezas de mi más secreto museo,
quizás una suerte de amuleto,
aunque nunca he creído en ellos.

Tengo, entre esas muchas cosas,
una vieja e inservible estilográfica,

llaves que ya no sé que puerta abrieron,
algunos boletos de entrada a un espectáculo
o a un museo, un juego incompleto de dados,
un pulso plástico de identificación
que me pusieron en un hospital,
caducos calendarios de bolsillo,
piedras recogidas en mis viajes,
servilletas y *coasters* de bares y restaurantes,
cuentas religiosamente pagadas...

Todas esas cosas fueron vida
y siguen siendo sueño para mí.
Algunas las tengo a mano, otras las encuentro
por puro azar, sin proponérmelo.
Son en mi existencia como un juego,
como una gracia singular que rompe
con su siempre la fisonomía de mis horas.

Nadie puede imaginar que soy
todas mis cosas y papeles descabalados.

RETRATO DE ARTHUR RIMBAUD EN EL HOTEL UNIVERSO

La foto fue tomada
entre 1880 y 1890.
Fija para el siempre
a seis hombres y una mujer
en torno a dos mesas
en la terraza del Hotel Universo,
de Aden. Todos son europeos
y perfectamente desconocidos.
Estaba en un lote de papeles,
documentos, cartas
y postales del siglo XIX.

Arthur Rimbaud,
aventurero y traficante de armas,
utilizaba el Hotel Universo
a finales de su vida.

Un especialista determinó que en la foto,
el primer hombre por la derecha,

con un pequeño bigote y cara de hastío,
era el poeta adulto. Lo confirmaban
algunos rasgos inconfundibles de su rostro:
la línea irregular del arranque del pelo,
la forma de los labios y «esos ojos hirientes
a fuerza de claros», que recordó
un amigo de su juventud.

Entre esa imagen, el retrato de juventud
–que se sigue multiplicándose en incontables libros–
y otros escasos retratos con más edad,
pero que no muestran su cara con suficiente nitidez,
está la diferencia del violento paso del tiempo,
el enigma de una vida que quiso dejar
atrás para siempre como la poesía.

¿Qué pensaba Rimbaud cuando tomaron esa foto?
¿Qué hacía en el Hotel Universo al cabo de sus intemperies?
¿Qué esperaba, si algo esperaba? ¿Pensaba en el hombre
que fue y en el hombre que era? ¿Anticipaba una muerte atroz?
¿Qué significado, si alguno, tenía para él la poesía que abandonó?

No hay respuesta a esas preguntas.
Todo lo que pueda afirmarse son especulaciones:
El misterio que es su certidumbre y proceder,
su abismal ser el otro.

Esta fotografía es la última
de su temporada en el infierno.

ALGUNAS PREGUNTAS DESDE SIEMPRE

A estas alturas, en que me permito
algunas cosas que antes no me permitía,
hay ocasiones en que me hago preguntas
cuya razón dilató el inclemente paso del tiempo,
siempre determinado por la Historia.
Trato, tan simple como finalmente,
de darme respuestas a mí mismo
a tantas cosas que debo explicarme.

Estas son preguntas que me hago:
¿Tienen sentido y trascendencia las respuestas que busco?

¿Cuándo nada se salvó de la existencia que soñé
por qué me empeño en seguir soñando?
¿Aprendí lo que debía de mis batallas perdidas?
¿He logrado perdonarme a mí mismo?
¿Dónde comienzan mi realidad y mi olvido?
¿Ha sido insuficiente mi gratitud por las gracias recibidas?
¿Es la poesía la apuesta que hago a la eternidad y su anticipo?
¿Cómo me recordarán los que quiero entrañablemente?

Es un hermoso mediodía, estoy solo, tranquilo
y escucho, como siempre, música; bebo lentamente
un escocés de malta; he hecho las compras,
pagado las cuentas, actualizado mi puntual agenda
–siempre tengo demasiado que hacer–. En pocos días
estaré con mis nietos, que tanta falta me hacen.
A través de mi ventana sobre el jardín he visto mi eterno colibrí.
Por la noche, leeré en la tarde, veré programas de aventuras
o una película de vaqueros que tanto me recuerdan mi infancia.
Nunca, indiquen lo que indique las apariencias, he dejado de ser
un niño fascinado por la maravilla, por los juegos y los juguetes.

Quizás, en todo lo anterior,
tan simple, tan cotidiano, tan a ras de mundo,
están las respuestas a las preguntas
que me hago desde siempre.

JUEGO AL MARGEN

Jugamos al margen
de nuestros juegos
un juego sin reglas.

Aunque creamos
que hemos dejado de jugar,
nunca dejamos de hacerlo
aunque no nos demos cuenta de ello.

El juego no requiere tablero,
fichas, cartas. Las victorias y las derrotas
determinan un cambio absoluto
en nuestra participación.
Cambian todas nuestras perspectivas

y posibilidades y nos obligan
a nuevas estrategias que nada garantizan.
Siempre estamos jugando y empezando a jugar.

El ritmo de nuestras jugadas
es siempre irregular. Puede ser abrupto
o demorado. A veces nos preguntamos
si nuestras jugadas son un golpe de suerte
o una expresión de la fatalidad.
Respondernos carece de sentido.
Es inevitable el seguir jugando.

Los que nos ven jugar
no saben que lo hacemos.
Eso es precisamente
lo que hace más difícil el juego.
Ellos también pueden ganar
o perder con nuestra jugada feliz
o con la desastrosa.

Es mi turno: juego.

BAILARINAS EN *OLD TOWN*

Old Town, Alexandría, Virginia

Cae la tarde del espléndido sábado
en el bullicio de los que pasean
y conversan frente al río en *Old Town*.

Un mago hace suertes para los curiosos,
un viejo toca múltiples instrumentos,
un pintor hace retratos con carboncillo,
los niños juegan, los vendedores ofrecen golosinas,
las tiendas y restaurantes están llenos
y en las abarrotadas centenarias calles aledañas
la gente disfruta despreocupada del esplendor
de la primavera al cabo del implacable invierno.

Tres niñas vestidas de bailarinas de ballet
aguardan silenciosas con esa mirada perdida
de la inocencia vulnerada, a que se haga un círculo
de espectadores para bailar. Cuando comienzan
a hacerlo, sus movimientos son delicados

como la brisa que apenas riza las aguas de la bahía.
Cesa la música, las bailarinas saludan con gracia
y pasan un recipiente para recoger el dinero
que quieran darles. Después de hacerlo, lo entregan
a la mujer que las ha llevado allí y vuelven a sentarse,
a aguardar silenciosas el momento de su próximo baile.

¿Quiénes son las pequeñas bailarinas?
¿Por qué están allí y no jugando como debían?
¿Qué es lo que piensan de su suerte
y cómo recordarán esta tarde y, sin duda,
muchas semejantes? ¿Cómo será su mañana?

No tengo, no existen
respuestas a esas preguntas.
Hasta en la más hermosa tarde en *Old Town*,
tan leves y delicadas, tan inocentes,
tan vulnerables, tan estricto silencio
entre cada baile, apenas un detalle
en el dichoso gentío, cuán triste y cruel
es la tarde de las tres pequeñas bailarinas.

Otra vez, poco a poco, se va formando
en torno a ellas el círculo de espectadores.

GUARDAR LOS RECUERDOS

Guardar los recuerdos
es un desesperado intento
contra las furias del olvido.

Su pérdida mayor,
la más definitiva, es la constancia
del olvido de quien vive para hacerlo.

Se es, aunque sea
en un plano de sombra,
un recuerdo que dejará de serlo.

PARADOJA

Lo mucho que se ha perdido
y habrá de perderse.

La inmensa gracia
de lo que se posee.

No hay más extraño juego
y es imposible no jugarlo.

Dios estableció sus reglas
y es como un niño empecinado
que no quiere jugar a otra cosa.

ESPECULACIÓN SOBRE DOS POETAS

¿Quién es el poeta
que no soy y quién es
el poeta que soy?

¿Puntualizaciones escribiría
el primero y cuál es
la diferencia
con los que escribo?

¿Si mi existencia
hubiese sido distinta
cómo serían mis poemas?

¿Qué pensaría el poeta
que no soy de mis poemas
y qué pensaría yo
de los poemas
del poeta que no soy?

¿No podríamos
alguna vez
el poeta que no soy
y el que soy
escribir el mismo poema?

Quizás fuera este poema.

CARTAS SIN RESPUESTA

Algunas veces,
muy pocas, he dejado
cartas sin respuesta.

Es algo excepcional en mí
que soy estricto y puntual
en mis obligaciones.
No la ameritaban.

Muchas, demasiadas veces
he esperado en vano
una respuesta a mis cartas,
tan sinceras como elaboradas.
Aguardar es parte esencial
del arduo ejercicio de la resistencia.

Siempre me ha fascinado
el arte epistolar, su práctica
y su reveladora lectura,
que los tiempos que corren
han deplorablemente sustituido
por mensajes electrónicos,
al punto y la inmediatez,
glaciales y desprovistos tanto
de humanidad como de esencia.
Nuestra inmensa pérdida.

Mis corresponsales
han ido desapareciendo
al paso implacable del tiempo.
Ya no aguardo esas cartas
que no se escribirán
en que se volcaban seguros
de que tendrían mi respuesta
a vuelta de correo.
Es otra manera de irse
quedando solo, aislado,
sumido en el silencio.

A veces, me domina
la tentación de escribir
cartas sin destinatario,
de volcarme en ellas
aunque sé que no serán contestadas.
Un juego que no me atrevo a jugar.

Hoy, otro día más,
no he recibido
esa carta que tanto espero.

APUNTES PARA UNA AUTOBIOGRAFÍA DEL POETA

Nací en una ciudad fabulosa
que ha sido arrasada.
Fui implacablemente perseguido.
Me arrebataron mi patria.
Se me separó de mi familia.
No pude cerrar
los ojos a mis muertos.
Vivo desterrado.
Mi existencia no es
lo que debió ser.
No se me perdona
por mi poesía y mis principios.
He envejecido luchando
contra la hostilidad y la negación
y tratando de ganarme
la vida decentemente.
Guardo en mi memoria
momentos de dicha
y de pisadas en el corazón.
Aprendí que hacer el bien
es padecer la ingratitud.
Tengo contados amigos.
Llevo una existencia modesta.
Sobrellevo mis enfermedades.
Mi familia es mi inmensa gracia.
Dios ha sido pródigo conmigo.

COMENTARIO SOBRE MI MEMORIA

Todos los que me han conocido
no han tardado en celebrar mi memoria.
Con legítimo asombro les han faltado
calificativos para elogiarla. No pocos
la han envidiado por lo que una memoria

como la mía puede lograr prodigar en la vida.
Tienen y no tienen razón en su juicio.
Mi incapacidad de ser incapaz de olvidar
constituye una gracia y una desgracia.

En los juegos de azar de la memoria
lo deseable y lo indeseable, la dicha y el dolor,
las ganancias y las pérdidas, tienen la naturaleza
de un siempre en que domina y predomina el deseo
y ese inmenso demasiado que impone
al cada día que vivimos y vamos muriendo,
el peso desgarrador de algo que nos faltó alcanzar
o perdimos para siempre. Para bien o para mal
es lo que recordamos incesantemente.

En el acabamiento la memoria reaviva remotos recuerdos.
Es una suerte de acto sacramental, de pase de cuentas.
Me hace imaginar el reverso de lo recordado:
una vida y posibilidades distintas. Me pone sitio
en la elaboración de mis sueños y encarnación de mis deseos.
Hace que mi memoria me prodigue la vida que soñé
y la existencia en que escribo este nuevo poema.
Uno más de los que toda mi vida he escrito desde el recuerdo
y fijando en cada verso el ahora y siempre de mi memoria.

PANORAMA DE LA DESNUDEZ

Callejones sin salida,
tierras de nadie,
encuentros y desencuentros,
treguas y vísperas,
fijeza y desarraigo,
victorias y derrotas,
pérdida y posesión,
dicha y dolor,
la fuerza de una cosa tras otra
siempre acechándonos en la memoria.

Todo es bien simple, final.

959

NO LAS GRANDES COSAS

No las grandes cosas
sino la constancia
de las pequeñas
es la que tantas veces
hace a los días
difíciles de sobrellevar.

Esas palabras, esos silencios,
esa expresión en los rostros
que altera el paso armonioso
de las horas que es cada vez
más necesario y, que no importa
cuan transitorio sea, altera
de forma irremisible
la sencillez de lo deseable.

Las grandes cosas
hay que encajarlas, las otras,
las pequeñas cosas,
es preciso sobrellevarlas.
Carece de sentido el no hacerlo,
complicaría más la existencia.

Vivir es el sueño
de una paz, de una armonía
que es solo eso, un sueño
que se cumple a trancos.

Una cosa tras otra.
Así de simple.

DECISIONES DURANTE UN AGUACERO TROPICAL

Otro aguacero tropical
con fuertes, arrasadores vientos.
Un atardecer de conversación
con amigos y escocés.
La evocación del pasado
y la reflexión sobre las decisiones
que nos han clavado en este sitio.
Sin duda, cómo saberlo,

por qué nos equivocamos al decidir.
¿Y si hubiésemos tomado otra decisión?
¿Cómo sería ahora nuestra vida?
Otra pregunta sin respuesta.
¿Debemos seguir interrogándonos
sobre decisiones irreversibles?
Sigamos con la conversación,
siempre copiosa en posibilidades
ya inalcanzables. Vamos a refrescar
los tragos de escocés de malta.
Adentrémonos en un violento atardecer
de arrasadores vientos y lluvias tropicales.
Es lo que tenemos.

LA CUENTA DEL TIEMPO

Contamos minuciosamente
el paso del tiempo.
Algo inútil. La única cuenta
que vale es la que hace
el tiempo de nosotros.
Termino este poema
con menos tiempo por delante.
Es una pequeña e íntima victoria.
¿Qué más se puede pedir?

PATRIMONIO

Tengo un patrimonio
de aciertos y errores,
de obsesiones y certidumbres.
Todos son inseparables
y han determinado el curso
de mi existencia.

Soy el hombre que quise ser
y, de igual suerte, su reverso.
Hace demasiado que se hizo mi vida,
lo que ahora soy, tan final
como imperfecto. En mis jornadas
coinciden cosas que me gustan

con otras cosas que no lo hacen.
Sé, la experiencia me lo ha enseñado,
que ambas son inseparables. Otro tanto
sucede con la pérdida y el encuentro.

Me he acostumbrado al latido
de la dicha y del dolor. Sé que la dicha
es una gracia y el dolor algo inevitable.
Mis días son finalmente, al cabo
de tantas oscuras batallas, el arte
de disfrutar lo que poseo y comprender
que lo que me falta no me es imprescindible,
aunque persista en mí como deseo.
A estas alturas de mi edad, el hombre que soy,
a pesar de mis resabios, solo necesita
más y más de menos y menos.
Mi a ras de mundo es mi plenitud.

Difícil, tan difícil hijo de Dios
que fui y soy, sé que mis sueños,
aunque a veces no lo comprenda
ni quiera entenderlo contra toda razón,
se han cumplido tanto en la realidad
como en mi incesante soñarlos.
Creo que nada puede decir más de mí mismo.

He vivido y vivo hacia y en el privilegio
de lo que tengo. Al cabo de mis victorias
y de mis derrotas, de mis iluminaciones
y de mis planos de sombra, de lo mucho
que no sé nombrar con precisión y justicia,
de lo que me arrasó y de lo que arrasé,
solo puedo dar insuficientes gracias a Dios.

¿Puedo, desde mi dicha, hacer otra cosa?

BECKETTIANA (II)

Ni digas, ni pienses, ni desees.
Estás diciendo, pensando y deseando.
Todo lo que es demasiado e insuficiente.
O lo sabes todo o no sabes nada.

Hay un más: elaborar hacia la muerte
sobre decir, pensar y desear.
En ello radica el absurdo. Solo eso.

HAY DÍAS

Hay demasiados días
en que soy un soñador empedernido,
demasiado para mi suerte,
y otros en que soy un realista
no menos empedernido,
que no es lo menos, algo bien difícil
de armonizar y de comprender. No es otra
la naturaleza de mis jornadas. No es fácil
sobrellevarlas. Su dentellada, ¿o es una caricia?,
determina el tenor de mi compleja existencia.
¿Qué sucedería si dejo de soñar?
¿Qué sucedería si dejo de ser absolutamente lógico
y consecuente con la siempre imposible realidad?
He hallado respuestas y razones para el espectro
de mis días y de mis noches, pero no encuentro
respuesta para esas dos preguntas fundamentales.
Y ya hacia mi fin, debo asumir sin peros
que la vida es sueño y su reverso. No hay más.

PREGUNTAS COMO SIEMPRE

Y entonces,
que es siempre,
cómo, cuándo, qué
y por y para qué.

Repetir
hasta al cansancio.

Las grandes preguntas
son las grandes respuestas.

DATOS

Una expresión entrecortada
Las flores se han marchitado

El calor y la humedad son excesivos
Agotadores como un empeño inútil
Todo intercambio de ideas es baldío
Falta mucho para la noche.

MI ENTORNO

Papeles, libros, obras de arte,
algunas armas, bastones,
mariposas, caracoles, piedras,
monedas y billetes, gorras
y sombreros, juguetes, disfraces,
modelos de clásicos aviones y barcos
y tantas cosas disímiles e insólitas
a las que nadie da importancia
colman mi entorno.

Son mi poco y mi mucho.
Ya no tengo donde ponerlos.

La gran pregunta que a estas alturas
de mis 71 años me hago a mí mismo es:
¿Cómo me definen todas esas cosas?

Solo puedo ofrecer una respuesta.
Contrario a las apariencias de mi persona
que dictaron tiempo e historia,
que siempre son implacables, nunca dejé
de ser el niño tan educado y ensimismado
que de un alto piso en La Habana Vieja
–San Juan de Dios 153, para ser exacto–
pasó a vivir, estudiar, trabajar, crear
una hermosa familia y sobrevivir en El Vedado
–que sigo creyendo es toda la tierra–.
Allí seguí coleccionando cosas y soñando
y escribiendo mi poesía, que me ha sostenido
y, a su vez, me ha causado incesantes problemas.

Todo ese entorno, los que quise y sigo queriendo,
mis fabulosas cosas –no puedo designarlas
de otra manera– me las arrebataron con ensañamiento.

El resto de la historia, ya casi la mitad de mi vida,

es la saga de un destierro que nunca tendrá fin.
Deslumbramientos, oscuridades, aciertos, errores,
la caricia de la dicha y pisadas en el corazón,
inevitables rupturas y comienzos: lo de nunca acabar.

¿Mi entorno? Siempre he tratado de rehacerlo.
Nunca será como fue el mío, el para mí.
Sigo acumulando cosas, tratando de obtener
algunas de las que tuve, maravillándome con las que tengo.
Doy gracias por lo que tengo y, sí, por lo que tuve.

Nunca hay vuelta atrás, no hay regreso.
Cada instante que transcurre ya es ayer.
Vivir es terriblemente complicado.

EL TIEMPO

Tiempo, qué tiempo
y cuánto tiempo
en el tiempo que no hay.

Me hago y me desbarato
al paso del inexplicable tiempo.

¿Cómo toco y cómo me toca
el tiempo o se trata, simplemente,
de un juego en lo imposible del tiempo?
Será, con suerte, llegar a una inteligencia
del tiempo o entregarse a su dominio
o ni se sabe qué. Tiempo para todo
y para nada. Ninguna respuesta.

¿Cuál es el tiempo del tiempo?

DOS SECRETOS

Son dos mis secretos, mis latidos,
mis inabarcables y finales dominios:
la lluvia y la noche.

En ellos me pierdo y me encuentro.
En su realidad, todo lo digo o sello mis labios
con el lacre sacramental del siempre.

Extraña ha sido y es mi existencia
presidida por las reglas que me imponen
la puntual noche y las caprichosas lluvias.

En su ámbito he celebrado y lamentado;
cabe lo que es, lo que fue y lo que pudo ser;
se hacen inmensos mis deseos, mis gracias,
mis pérdidas y mis imposibles.

Todo lo que declaro mientras llueve torrencialmente
y estoy pendiente de la inminencia de la noche.

Llevo en eso ¡y es tan difícil de comprender!
toda mi existencia. Cúlpese a la lluvia y a la noche.

OBSERVACIÓN EN UN CUADERNO DE CAMPO

Uno se acostumbra
a no acostumbrase.
Va con sus principios:
una palabra, un concepto
que ¡ay! es historia antigua.

Uno no sabe, puede ni quiere
proceder de otra forma y manera.
Así, se le va la vida en ello,
a puras tristezas en el corazón,
más allá de todas las concesiones
que haga por los que quiere
y de lo que cree como el Evangelio.

No hay que dar explicaciones
que no se comprenderán.

La vida, para quienes
la toman en serio,
no puede ser más ardua.

Punto final.

EPITAFIO EN UN VIEJO CEMENTERIO

Solo existió cuando
se acordaron de él

porque lo necesitaban.

AL CABO DE UNA VIDA ESCRIBIENDO

Al cabo de una vida escribiendo,
¿cuántas veces uno se pregunta
para quién escribe? ¿Quién es el desconocido
que se topará con nuestras palabras
y cómo lo tocarán esas palabras?

Nunca se puede responder a esas preguntas.
¿A cuántas preguntas que nos hacemos
en nuestra existencia podemos dar respuesta?

No hay día en que no necesitemos explicarnos algo
para seguir viviendo. No son pocas las ocasiones
en que sabemos que la respuesta deseada nada cambiará,
que todo seguirá igual, que lo que nos determina,
para bien o para mal o para lo que somos incapaces
de imaginar tiene el peso del siempre que acaba por definirnos.

Este poema, otro más, es tan solo una declaración
de mi fijeza en el estar que me ha sido deparado
y subraya lo que el paso del tiempo me ha hecho ser.

No soy otro, al cabo de una vida escribiendo,
que el que lo escribe para dar cuenta de sí.

LAS RAZONES SIN RAZÓN

La edad, las circunstancias, el trabajo,
las constantes obligaciones para ir viviendo,
los interminables problemas de salud,
las puntuales dentelladas del entorno
y las esteparias distancias del exilio
lo van reduciendo cada vez más a uno.

Son las razones sin razón que hacen
de la soledad y el aislamiento una carga
cuyo único escape radica en asumirlas.

No sé por qué cayeron como cayeron
los dados que han determinado mi andadura
y mi fijeza. ¿Los tiré en una única ocasión

o nunca he dejado de hacerlo periódicamente?
¿Qué papel juega Dios en ese juego?

Hay una sola verdad, las cosas son
como tenemos que vivirlas
y ya es muy tarde para todo.
Quizás lo mejor hubiese sido
y es jugar con los dados cargados,
pero eso es algo que no va conmigo.

¿Cuándo me toca jugar de nuevo?

EL DÍA DE UN HOMBRE

¿Cómo pueden diferenciarse los días,
el implacable paso del tiempo?

En el día de un hombre caben todos sus días
a este lado de la eternidad y, sin lugar a dudas,
solo un cambio, una alteración de los matices,
es lo que le otorga a ese día su esencia y carácter.

Porque desde la gravitación de ese día
hay que seguir viviendo hacia el próximo,
acarreando la huella de lo acabado de vivir.

Y vivimos en un siempre que la memoria
y las circunstancias lastran con sus iluminaciones
y sus desastres o nos deparan un respiro
de las trampas que son parte de nuestro ser
y de nuestro estar para que trascendamos su fijeza.

Más terrible o magnífico, nunca se sabe,
de lo único que no podemos escapar
es del día después, de mañana.

SERGE COMMENOZ, *IN MEMORIAM*

Me llama Naydú, la esposa de un amigo,
para decirme que ha muerto. No sabe
que me está diciendo que me quedo más solo.

Mi amigo Serge era bueno y grande y fuerte,
todo lo que es bien difícil ser en estos tiempos.

Vivió y trabajó en medio mundo. Le encantaba
viajar. Tenía la gracia de saber estar y de disfrutar
el ofrecimiento de todos los paisajes.

Serge y yo compartíamos cosas muy importantes:
Las glorias de la calmada conversación; la buena comida
y los mejores vinos; el tabaco negro, siempre Gauloises,
tan difíciles de encontrar en este Miami que es
la capital de lo que se quiera; la fascinación
por los autos de carrera y el amor por la pintura,
por supuesto, figurativa. Supo, con Naydú,
regalarnos la obra desconocida de verdaderos maestros.
Entre las muchas cosas por las que soy su deudor,
está, sin consideraciones económicas, su desafío
al presentar artistas insólitos, con los que compartimos
tan espléndidas horas de compañía y conversación
en su galería y su precioso piso de Key Biscayne.

Serge creía como un dogma en lo que creía
y se lo jugaba todo a su certidumbre.
El paso del tiempo le dará la razón.

Ahora, cuando tanta falta me hace, nos hace,
nos falta más cada día. Murió como vivió:
Bueno y grande y fuerte, sin una queja.

Gracias por todo, por tanto, Serge.

TENER

Tengo una vida.
Ergo: Tengo una muerte.

Eso es todo
a este lado de la eternidad.

DÍAS Y PORCELANAS

Hay días rotos y días perfectos
como una exquisita porcelana.
Pero los días, como las porcelanas,
se pueden romper súbitamente.
En ocasiones, la rota porcelana

puede arreglarse, aunque por esmerado
e impecable que sea el arreglo
siempre queda la huella del recuerdo
de su destrozada perfección.
Otro tanto ocurre con los días.
Vivimos entre lo que se rompe y lo que no.
Pasamos la existencia tratando de arreglar lo roto.
Solo hay una cosa, por bien que se haga,
que no podemos arreglar. Somos nosotros mismos.

MIRO LAS COSAS

Miro las cosas que me rodean.
Hay demasiadas. Son la huella
del paso del tiempo en mi vida.
En cada cosa, en cada papel,
que no cesan de acumularse,
alienta un recuerdo, un deseo,
preguntas, una certidumbre.
¿Qué dicen de mí esas cosas
y las que se perdieron para siempre?
Podría dar muchas respuestas
pero todas serían insuficientes.
Cuando falte, solo prevalecerán
unas pocas cuantas cosas y papeles.
¿Qué dirán de mí a los que los miren?

RAZÓN DEL POEMA

Un poema tiene su día y hora.
Nos viene de súbito. Lo ponemos
con tinta negra en el blanco inmaculado
del papel. Es decir algo imprescindible.
Al paso del tiempo, cuando volvemos
sobre él, al cabo de cuántas revisiones,
no podemos dejar de preguntarnos
¿por qué ese poema, esas palabras
que escribimos para el siempre?
La respuesta reside en el próximo poema.

DESCARGOS

Creo en Dios, aunque sea Su más difícil hijo.
Creo en mi familia, cuya suprema expresión
a estas alturas son mis nietos: Joseph Armando
y Ana María, la Princesa. Creo en la poesía,
a la que me he jugado la vida y pago por haberlo hecho.
Creo en mi patria, Cuba, cuya pendiente posibilidad
es una incógnita y de la que jamás pueden ser
sus verdugos sus redentores. Creo en la belleza
en todas sus formas y expresiones,
que siempre son una caricia. Creo en la intemperie
que es imprescindible encajar para ser.
Creo en el juego que nos entrega la deseada inocencia.
Creo y me deleito en y con las armas que me defienden.
Creo en los libros en los que no acabo ni acabaré
de aprender lo que más falta me hace.
Creo en el otro, aunque puedo equivocarme
y me he equivocado. Creo en mis deseos
y mis sueños aunque no encarnen.
Creo en mis errores y mis aciertos,
no es otra cosa la vida de un hombre.
Creo, porque es insoslayable, en la realidad.
Creo en que lo que tanto necesito llegará a mi existencia.
Creo, algo bien difícil en mí, en mí mismo.
Y creo en lo que creo y no hay más.
En una palabra: creo.

¡QUE HAYA ALIVIO!

«¡Que haya alivio!»,
esas fueron textualmente las palabras
que un camarero gaditano me dijo mientras
me servía un tardío desayuno, al cabo
de un agotador viaje en tren, en Cádiz.

Llegué mal y seguí, con sus altas
y sus bajas, igual. Cierto es que disfruté
de una ciudad cuya luz y semejanza
con La Habana, jamás he olvidado.

Esas son las palabras que me han faltado,

tantos años después, al cabo de tantas idas y venidas.
Ahora, en ocasiones, me las digo a mí mismo.
Pero no es igual. Ya no soy el que llega
con su carga, sino el que está anclado en su siempre:
puro, inolvidable recuerdo.

¡Que haya alivio!

ALGUNAS TARDES, ALGUNAS NOCHES...

Algunas tarde, algunas noches
me siento en el enorme sillón del portal.
Lo hago cuando el calor y la humedad
son tolerables y los mosquitos no son insoportables.
¡La delicia de los agotadores trópicos!
El paraíso y el infierno en que acabo mis días.
Lo hago casi siempre con un escocés y una pipa.
Busco un respiro, un momento de calma,
esa calma que tanto necesito. En esos momentos
no circulan automóviles ni nadie pasa frente a mi casa,
hay un inmenso silencio. Bebo y fumo lentamente,
como debe hacerse. Se ofrece a mi mirada el jardín doméstico
que Tania mantiene en su perfección con tanto trabajo.
Al otro lado de la calle ha desaparecido la vegetación,
el tupido paisaje en que vivían como si fuera un secreto
dos ancianos, una real pérdida que hacía de mi calle,
de mi casa algo excepcional. Una pérdida irreparable.
Pero aquí estoy clavado hasta el fin. La lujosa casa que se iba
a construir ha quedado en fallido proyecto y la vegetación,
aunque diezmada, trata de renacer. Observo, como si mirase
y admirase un grabado romántico, un indescriptible panorama.
Es lo que tengo. Mi casa, que cada día me gusta más
y en la que me siento muy bien, sigue acogedora en pie.
Bebo y fumo muy lentamente. Me imagino desde mi paisaje
indescriptibles paisajes en que soy otro y otras son las circunstancias.
Si las condiciones son propicias, soy quien soy y soy otro
y estoy en medio de un sueño perfecto. ¿Qué más se puede
pedir a la vida algunas tardes, algunas noches?

EL DÍA QUE SE NOS OFRECE

Ya es mi tiempo el de asumir
los días y las cosas con voluntad de dicha
y, aunque sin dejar de desear y soñar, de reducir
al olvido tanto de lo que me ha hecho daño y desbaratado.

Tengo unas cuantas cosas, importantes
o carentes de importancia, que hacer
en mis días que son como variaciones
de una pieza musical. Ya la existencia
no es para mí nada complicada, aunque pueda ser
en ciertos casos digna de preocupación.

Pero todo pasa tal como se quisiera o no
y ya acabamos de aprender que hay que vivir el día
que se nos ofrece. Siempre he estado escribiendo este poema.

SOBRE LA GRAN RESPUESTA

¿Existe ese día
en que todo es
como debe ser
y queremos que sea?

La respuesta
sigue pendiente.

LA MEDIDA

¿Damos nuestra medida
a los días, a las cosas,
o son ellos los que no las imponen?
Imposible de decir.

Todo lo que se piense,
lo que se viva, es tanto realidad
como ficción.

Nada que hacer.

LAS COSAS

Hay cosas que quiero hacer
y cosas que hice

y cosas que no pude hacer
y cosas que no debí hacer.

Demasiadas cosas.

Es imposible saber
las cosas por venir.

SABER

Saber que no se sabe,
que no se puede saber,
y saber que solo
se sabe intentar saber
lo que nunca se sabrá que,
a fin de cuentas, es lo que se sabe.

Todo es cuestión de saber.

VIVIR EL DÍA

Vivimos el día tan naturalmente,
¿qué otra cosa podemos hacer?

Nos acarrea lo deseado
y todo lo contrario.

Es, simple y sencillamente,
un día más y un día menos.

Un afán que pasa y nos toca
a fondo, sabiendo que mañana
será otro día, tan semejante,
si no se produce un milagro.
Un día que va terminando
con sus más y con sus menos
y con sus demasiados.

Y este día, y los que vendrán,
¿cuántos más?, solo Dios sabe
y determina, es en sus semejanzas
y sus diferencias, pura historia personal.

No hay más remedio que encajarla.

EL PRECIO DEL EXILIO

El exilio, su precio,
es pura lejanía. Hablo
con dos amigos entrañables
tan en otra parte. Me faltan
y los extraño mucho.
Ahora toda mi familia
la tengo ¿hasta cuándo?
a mi lado, mi suerte y dicha,
pero no pude estar
con mis padres, acompañarlos
y cuidarlos, cerrarles los ojos.
Muchos que quise quedaron atrás.
Lo atroz e injusto de la historia.
¿Quién, tan lejano, me piensa?
Nombres no me faltan.
Tan solo que mi vida
no es como debió ser.
Nada más implacable que la distancia.

SUMIDERO

La noche es un sumidero.
Todo se precipita
en su abismo sin fondo.
¿Dónde estoy en su hondura
y hacia dónde voy?
Imposible de decir.

Sigue el desvelo
de la caída. No se sabe
en qué pararemos
y qué ha de ser de nosotros
si llegamos a su límite.

¿Qué seré, que será de mí
al cabo del descenso?

Toda pregunta al respecto
nos precipita más en un enigma.

Nunca se acaba de tocar fondo.

BECKETTIANA (III)

los sueños fallidos
de la imaginación y el deseo
uno al revés
                lo imposible
de comprender y aceptar
y su sin embargo

un incesante discurso
de nada hacia su nada

solo se sabe
se puede seguir
hasta el hasta cuándo

incesante perderse
en la pérdida

el payaso
carece de respuestas
porque todos los días
son el mismo día

la payasada
de estas palabras
su inmenso
e interminable etcétera

LAS COSAS COMO SON

Lo que no se toca
pero nos toca.

No hay evasiva,
escapatoria posible.

Es inútil preguntarse
qué puede hacerse.

UN POEMITA POR MIS 72 AÑOS

Hoy, domingo 5 de diciembre
del tan implacable Año del Señor de 2010,
contra viento y marea, cumplo 72 años.

No tengo la menor idea ni puedo explicarme
cómo he llegado a este día, en un sitio
en que no hay para mí imprescindibles estaciones,
sino el tenaz recuerdo de deseados y deseables paisajes
dejados atrás, cuya ausencia me disminuye,
y, a pesar de mis implacables y crecientes males,
algunos sensiblemente agravados por mis tenaces excesos,
no menos por causas ajenas y contrarias a mi voluntad
y por demasiados trabajos y pisadas en el corazón,
de los que nunca se sabe ni se puede escapar.
En ese mordiente torbellino he paladeado la dicha,
que siempre está tocada por la pérdida
y por esa plenitud que es constante del recuerdo.
Vivo en mucho en la memoria, que no desdeña el deseo,
en su constante y tenaz demasiado. Ojalá lo soñado,
qué más puedo querer, sea. El caso es que llegué,
contra toda lógica, a mis 72 años.
¿Mi dicha? Mis nietos: Joseph Armando
y la Princesa, Ana María. Mis más recientes
y remotos sueños encarnados. Los indescifrables
 y los que sé y pienso como final esencia de la dicha.
Así, en palabras de Whitman, me celebro
y me canto a mí mismo. Es el regalo que me hago.
Mañana, ese inmenso y desconocido mañana, veremos.
Me deseo lo mejor del mundo en mi cumpleaños.
No es mucho pedir.

A VECES

A veces me imagino a mí mismo,
ya como una ausencia,
en mis sitios familiares.
Las cosas que miro en silencio
adquieren otra hondura,
se precisan detalles pasados por alto.
Todo es igual y es otra cosa
cuajada de significados
que nunca descifré
y que son tan naturales
como la caída de la lluvia.

977

A este lado de la eternidad
perdemos ese demasiado
que está al alcance de la mano
y de la mirada, la realidad
que es como debe ser,
ese siempre en que nos adentramos
con una recobrada inocencia.

LAS PALABRAS

Están y faltan
y sobran las palabras.
Dicen y dejan de decir.
Su elocuencia y su silencio.
El enigma de sus blancos
en el latido de lo dicho
y de lo escrito, en su reverso.
¿Qué es lo que acumulamos
al decir y al callar?
¿Qué es lo que se gana o se pierde?
No hay palabras para expresarlo.

LA MANO

¿Sigue siendo
mi mano
la misma
de un remoto poema?

Puede serlo,
pero ya esa mano
mucho ha perdido
y sigue perdiendo
de su eficacia
y posibilidad
a pesar del latido
y el deseo
que la mueve.

Me voy acostumbrando,
qué remedio me queda,
a sus limitaciones.

978

No ha perdido, al menos,
su capacidad de acariciar.

¿Se puede pedir más?

MANÍAS

Vivir, no engañarse,
es entregarse a ciertas manías.
Hacer lo que no hacen
los que quisieran ser lo que somos
y hacer todo lo contrario
a lo que debe hacerse,
según los otros. Ellos no tienen
ninguna razón en sus reproches,
en sus falsas seguridades.
Las manías nos regalan el milagro,
que es siempre algo a nuestro alcance.
Son la fuente de lo deseable.
El juego, que es lo más importante
a este lado de la eternidad, más espléndido.
Tengo muchas, demasiadas manías.
Les debo mi existencia con sus más y sus menos.
Este y todos mis poemas
son producto de mi más tenaz manía.
¿Puedo agregar algo a lo dicho y escrito?

EL HUECO

El hueco se precipita
en el hueco.
Todo hueco
al hueco sin fondo.
Solo hay hueco.

ESTE MEDIODÍA

Este mediodía
en que prevalece espléndida
en mi rosal un rosa amarilla,
pienso en mi suerte.

Mi vida está cuajada
de caídas y vueltas a empezar,
de pérdidas y encuentros,
de sueños y deseos
de definitivas certidumbres
de la sencillez de la dicha.

Este mediodía, de súbito,
como siempre convoca
el enigma y el don de la poesía,
quise escribir un poema.

Mientras no me falte
un rosa amarilla,
no me faltarán esos versos,
mi suerte.

EL PAYASO

¿Qué pasa y qué se hace
con el payaso? ¿Darle una bofetada,
como dijo el poeta? ¿Reír sus gracias,
cuyo sentido último solo él conoce?
¿Qué demonios se hace con el payaso
que es otra cosa muy distinta a lo que vemos?
¿Y qué hace el payaso consigo mismo,
con sus tenaces e insólitas payasadas?
Vengan las bofetadas, la risa.
Para eso uno es el payaso.

LA PIEDRA MÍA

Todo cae sobre mí
como una piedra,
su golpe demoledor.
Pero sigo andando
sabiendo que
habrá otra pedrada,
lo de siempre.
Yo soy la piedra
y su golpe. Es imposible
explicarme, hacerme comprender.

¿Qué me diferencia de la piedra?
No puedo responder a esa pregunta.
Soy la piedra y su blanco.
Es lo que se llama destino.

IR Y VENIR

Se va y se viene,
pero al cabo
prevale la fijeza,
su final sentencia.
¿Para bien o para mal?
Se sabe y nunca se sabe.
¿La fijeza? Tiene tanto
de infierno como de paraíso.
¿No será que, a fin de cuentas,
seamos nosotros los artífices
de ese desastre, de esa plenitud?
Hay que seguir jugando.

LA POLIMITA

Se esconde la noche
en la polimita.
Busca el amparo
del breve arco iris
que reposa tan delicado,
tan frágil en la antigua mesa
como un precioso juguete,
como un talismán.
Sus tan finos y precisos colores
son los horizontes
que inventan el calidoscopio,
los sueños y los deseos.
¿Podrá su belleza aliviarnos?

PREGUNTAS Y PRECISIONES

¿Cuánto bebió Charles Bukowski
mientras escribía incesante sus poemas?
¿Qué hacía Arthur Rimbud

cuando dejó de escribir poesía?
¿Cuántos puros se fumó Lezama
haciendo sus poemas
en la más espantosa soledad?
¿Cuánto beberé o dejaré de beber
mientras sigo escribiendo
hasta que ya no pueda más?
Enciendo otra pipa, bebo
otro escocés de malta.
Soy una pregunta sin respuesta.
Queda la poesía que se hace.

ALGUNAS PRECISIONES

No tomarme,
más de lo necesario,
como imprescindible.
No hacerme ilusiones.
Jamás sobrevalorarme.
Nunca pedir peras al olmo.
Saber apretarme el cinto.
Tener la sabiduría de aceptar
lo que se me determina.
Ser lo suficientemente sabio
para encajar lo definitivo.
Seguir escribiendo sin peros
ni leyes gramaticales.
Nunca dejar de desear
aunque la encarnación
del deseo sea un imposible.
Seguir andando por las nubes
aunque bien seguro
de andar a ras de mundo.
Creer en la posibilidad del milagro.
Y ese inmenso etcétera que resume mi vida
en la que prevalecen el deseo y los sueños.
Soñar que mis sueños pueden encarnar.
Estar bien pendiente de ese milagro
y, a estas alturas de mi existencia,
empeñarme con empecinamiento

en escribir un poema más,
no privarme de algunos placeres,
disfrutar a plenitud a los que quiero,
que cada instante que se me va más necesito,
y, sobre todo, tener la inmensa gracia
de esa calma que siempre he necesitado.
¿Algo más?

TOCAN A LA PUERTA

Tocan a la puerta.
La abres.
Eres tú mismo.
No hay nadie.
Estás en casa.

ESOS GOLPES

Esos golpes
en la oscuridad
o a plena luz
pisándonos
otra vez
el corazón.

Esos golpes
inesperados
o predecibles
contra toda razón,
lógica y sentido.

Esos golpes
que pueden determinar
que nos golpeemos
a nosotros mismos.

Esos golpes
que siempre serán
una indeleble huella,
una cicatriz
en nuestra existencia.

Esos golpes

que tratamos
de plasmar
a golpes de palabras
en un poema.

Esos golpes
que hay que aceptar
y saber encajar
tantas veces
sin comprenderlos
de modo y manera
que no golpeen
a los que queremos.

Esos golpes
en los que, a fin de cuentas,
depende nuestra salvación.

Esos golpes ¡ay! esos golpes
que ya son costumbre,
parte del indescifrable
siempre nuestro.

¿El deseo?
Que los golpes
se espacien
y demoren,
porque sería mucho
pedir lo contrario.

Ya hemos sido
demasiado golpeados.

ROSAS AMARILLAS

No sé qué me haría
si mi rosal no tuviera siempre
al menos una rosa amarilla.

Es lo primero que busco,
al amanecer, cuando me siento
ante mi abigarrada mesa
de trabajo.

¿Puedo explicar
mi fascinación y necesidad
de las rosas amarillas?

No.

La respuesta
está en su indecible belleza;
en su constante presencia
en todo tiempo, sea bueno o malo;
en la honda compañía
que nos regalan con la elocuencia
de su silencio, de nuestra memoria
y la constancia de nuestros deseos,
en lo tanto que tenemos
y lo tanto que perdimos
y lo demasiado que queremos
y ¡ay! quisimos.

¿Qué más puedo decir?

Las rosas amarillas
son la única,
indescifrable respuesta
a esa pregunta.

CONSEJOS A UN VIEJO EMPECINADO

Ya es un viejo cansado,
y harto de tanta guerra
y de tantas derrotas,
pero sigue combatiendo
lleno de cicatrices.
Su absurdo y costumbre.

Le dicen que deponga, esgrimiendo
todas las más lógicas razones,
sus armas; que no vale la pena
seguir en campañas perdidas,
inútiles; que piense en sí mismo
y que descanse; que viva
tranquilo el tiempo que le queda
y se olvide de sus tan legítimas causas.

¿Pero cómo dejar de ser lo que se es?
¿Cómo ignorar lo que está mal
y no luchar para que sea lo que debe ser?
¿Se pueden ignorar las nuevas cicatrices
que justifican ir contra lo que no debe ser?

Todo se reduce a un discurso de mudos
para sus oídos sordos.

Imposible abandonar la vida
que desbarata en pos de lo justo
aunque se rabie de dolor.

Lo que resta es una constante batalla.
No sabe hacer otra cosa.

TODO LO QUE HE QUERIDO SER

Hay algo que bien sé.
Es que un poeta es un hombre
que quiere ser todos los hombres.
Soy ese hombre tan extraño en estos tiempos
en que el mundo anda al revés.
Así, quiero ser un soldado, un profesor,
un pintor, un actor, un médico, un marino,
un viajero, un músico y tantas cosas más.
Soy y necesito ser un poeta.
Procuro ser un gran padre de familia
que hace las delicias de sus nietos.
Es mi suerte y, por obra y gracia del deseo y el sueño,
en mi soledad encarno todo lo que quiero ser
y me entrego a su plenitud en la realidad de mi imaginación
y las vivo tornándolas una secreta e intensa realidad.
No es otra mi existencia en que cumplo mi destino.
Es el más extraño de mis fascinantes y tenaces juegos,
que, de alguna manera inexplicable,
me devuelven la inocencia perdida.

SER TODA LA VIDA

He sido toda mi vida
y sigo siéndolo
en mi creciente plano de sombra,

un personaje fabuloso
siempre siendo el que soy.
¿Cómo puedo explicarlo?
Quizás baste decir que los sueños,
la final encarnación del deseo,
son la racionalidad del delirio,
esa gracia indeclinable
que consuela y reafirma.
¿En qué puede acabar esa mi historia?
No lo sé. Imposible saberlo.
Pero creo como un dogma de fe,
aunque no dejo de encajar mis tribulaciones,
que mis sueños prevalecerán.
Mi especie de tenaz locura.
Dios, que es también el tiempo, dirá.
Yo sigo en lo mismo. No sé, nunca supe
ni sabré el fin de mi historia
ni como tanto quiero que sea.
La vida, que es menos que ínfima parte
de la eternidad, no puedo dejar de soñarla,
me dará la razón, me justificará.
Si no lo hace nada habrá pasado.

EL DÍA EN QUE SE MUERA

El día en que se muera
no se sabrá cuántas veces
se ha muerto ya.

Es bien natural.
Se va muriendo
al paso del tiempo
y se encaja.
No puede hacerse otra cosa.

¿Cuántas muertes se tiene
en el propio haber ese día?
Carece de importancia.

La muerte es una fatalidad,
un extraño hábito
que es segunda naturaleza.

Ese día en que se muera
son inútiles, superfluos
todos los comentarios.

Dios tiene siempre
la última palabra.

AL ATARDECER, SOLO EN LA CASA

Al atardecer, solo en la casa,
sentado en su mecedora,
rodeado por sus libros y sus cuadros
y las fotos familiares y los juguetes
y tantas cosas que son la materia
de la memoria y el deseo,
el viejo señor mira el jardín
a través de las grandes ventanas.
Hay una inmensa calma
dominada por el silencio.
Los árboles y las plantas
no se mueven por la falta de viento.
No se oye el canto de los pájaros.

El viejo señor piensa
dónde estaría ahora
si su vida no hubiera sido cambiada
por el embate implacable de la historia.
Imagina el lugar en que siempre quiso estar
y que ya es un sueño distante, una ficción
en torno a la que no deja de elaborar
su existencia de otra manera, su más secreto juego.

El viejo señor que tanto sabe de pérdidas,
de golpes y de cambios finales, se dice a sí mismo
lo que no tendría y tanto quiere y necesita
si estuviese allí, en el sitio perdido e idealizado.

En silencio en el silencio,
solo en la casa,
el viejo señor da gracias
mientras comienza a caer
la inmensa, prodigiosa noche.

HISTORIAS

Me gusta inventarme historias
sobre mi pasado familiar.
Historias que van más allá
de lo bien sabido de mis antepasados,
tan diáfanas como oscuras historias.
Soy producto de lo que fueron,
tan herméticos y reservados,
como corresponde en toda circunstancia
a la gente de bien,
y de lo que imagino de ellos.

Pido a Dios
que si mis descendientes
inventan historias sobre mí,
sean como las que inventé
a mis antepasados,
perdidos para todos
en la escritura de los siglos.

Esas historias, tan extrañamente
singulares y fabulosas
que hace verdad definitiva mi imaginación,
que solo reivindica
la realidad y posibilidad de la sangre.

No es otra la suerte que me deseo
y les deseo y quiero que deseen
para saberse y ser como cumple
al paso del tiempo.

No puede pedirse más
aunque se reduzca a un secreto deseo.
Es más que suficiente.

CAFÉ BRETÓN

En Logroño

Entre Berceo y Bretón
me tomo un café habanero.
Puro néctar de los dioses
y siempre la amable conversación.
Estoy donde quiero siempre estar

en tan acogedor sitio. Nunca faltan
los poetas, los amigos estupendos
y del demorado tiempo el regalo
de la vida como se sueña y desea.
No hay aquí mundo al revés
sino de la dicha el convivio,
por lo que no me voy
sino me regalo otro cafecito.

NEGRO

Lo negro
que se ennegrece
de un negro día a otro
pero más

Alguna vez
no se sabe cuándo
se llega al límite
a la salida

Es lo negro
su más

DEL OFICIO DE ESCRIBIR

¿Se acaba la tinta a la estilográfica?
¿Volver a llenarla?
¿Seguir escribiendo?
¿Por qué si a estas alturas de mi acabamiento
sigo manchándome los dedos con tinta?
No hay oficio más celestial e infernal que el del poeta.

MIS GRANDES TAREAS

Escribir y ordenar infinitos papeles,
porque ya es tiempo de hacerlo;
no faltar a las citas con mis médicos
ni dejar de cumplir puntualmente
con sus indicaciones, porque es imprescindible
para ir tirando lo más que pueda (y es bien difícil);
hacer lo imposible para no ser otro viejo

tan majadero como insoportable;
encajar que las cosas y la gente no son
como quiero y debían ser y seguir aceptando
mi soledad y mi plano de sombra
desde la ventana de mi escritorio,
siempre pendiente de mi fabuloso rosal amarillo,
que es la silenciosa caricia de mis días
y que nunca profanaré cortando una de sus rosas;
escribir mis poemas cada vez más a ras de mundo,
con las palabras de mi realidad y hallar
en su discurso la más singular plenitud
que tengo a mi alcance aunque no estén de moda
porque su latido es el del siempre;
gozar del incalculable regalo de mis nietos,
que son la inocencia, la purísima maravilla, la caricia
que siempre he procurado con vehemencia
al cabo de una vida plagada de pesares en el corazón;
dar a los míos, tan entrañables, lo que hubiese querido para mí;
no dejar de ser quien soy, lo que sigue siendo un enigma para mí;
entregarme sin peros a ese milagro que es mi pendiente posibilidad.
No menos, faltaría más, tiempo suficiente para hacer lo que tanto
    [quiero
y es para mí fundamental, aunque los tiempos estén en mi contra:
dejar unos versos en el caudal y espíritu de la poesía cubana.
¿Más? Los míos, salud, seguridad, paz al paso del tiempo
y el más exquisito tabaco y escocés de malta. Que no todo va a ser
    [agonía.

PADECER LA HISTORIA

Se padece irremisiblemente la historia
se esté donde se esté, se haga lo que se haga,
se hagan ilusiones de que hemos trascendido su dominio,
olvidado nuestras pérdidas y nos aferremos a lo ganado.
Siempre nos embarga con su súbito,
con la final gravitación del recuerdo
en que el deseo es tanto la huella del más que pudo ser.
Hay días en blanco en que prevalece lo poseído,
la certidumbre de las gracias que nos colman y la dicha.
Pero hay otros en que nos embarga y pisa el corazón

la tenaz memoria de lo que se nos arrebató,
de la fabulación de lo imposible que quedó pendiente.
No queda otra cosa a nuestro alcance
que dejarlos pasar aunque sepamos
que la historia puede depararnos un nuevo padecer.
No es otra cosa el oficio de vivir.

AL ENTRAR EN CASA

Al entrar en casa, dejo las llaves
y los espejuelos de sol en la cómoda
bajo un cuadro de María Pepa Lamarque.
Es un remoto pastel de flores, era lo que siempre pintaba,
y me recuerda el espléndido cuadro que pintó
para mi hija Liana cuando cumplió quince años.
No pudo pintar otro para Lourdes porque,
cuando menos lo esperábamos, logramos salir al exilio.
Ese hecho fue tanto una bendición inesperada
como una final pérdida. Nuestras vidas han cambiado
a partir de esa partida que nos salvó del espanto.
Tengo, por puro milagro, dos dibujos de María Pepa.
Son exquisitos paisajes a lápiz de Guisando, sitio de toros
    [celebérrimos.
Mi casa ahora es algo de lo que fue mi casa arrebatada.
Hay detalles que deliberadamente la evocan y perpetúan.
Llegaba a ella y dejaba mis llaves y mis espejuelos del sol
en la preciosa consola decimonónica
rematada por un fabuloso espejo-sombrerera.
Ahora, cuando llego a casa es de una forma inexplicable
volver a entrar en mi casa vedadense. Alimento ese sueño
porque es como recobrar mi vida como debió ser.
Cuando tengo que salir, algo que cada vez más no quiero y evito,
recojo en la cómoda mis llaves y mis espejuelos del sol.
Pero no hay Vedado, que sigo creyendo era toda la tierra, para mí.
Tengo que regresar a casa lo más pronto posible.

LO QUE MÁS FALTA ME HACE

Recordar sin tristeza ni dolor
días que sean una plenitud de sosiego.

Acabar de escribir lo que me falta
y ordenar mi escritura para el siempre.
Poder pasar algún tiempo lejos de la ciudad
en un solitario sitio en que me cale el silencio
y la caricia de la belleza de la naturaleza.
Volver a pasar unos días con mis viejos amigos.
Releer los libros que me hicieron el que soy.
Saber más que mis sueños y deseos
son una realidad que es dádiva de la soledad.
La fiesta de la presencia y compañía de mi familia
y tener la confianza de que al dejarlos quedan seguros sin mí.
Ser cada vez más el payaso de mis nietos.
Acabar de perdonar a los que tanto mal me han hecho.
Volver a ver ya libre a mi patria y visitar a mis muertos.
Encontrar en mi andadura algunas cosas
a las que nadie da importancia ni valor
y recogerlas para que me acompañen.
Ir a tirar como tanto me gusta y calma.
El que nunca mi rosal amarillo deje de florecer.
Dejar de ser el más difícil hijo de Dios.
Poder quedarme tranquilo en mi casa
en la que este mundo al revés es más sobrellevable
y siempre escuchar mi música favorita
y disfrutar con mis juguetes e insólitas cosas
y un buen trago de escocés de malta
y el más delicioso tabaco en mi Peterson.
Como dice mi hija Lourdes: «*Life is good*».
¿Más? Hasta la muerte que quiero sea bien decente.

SE FUE LA PRINCESA

Se fue la princesa. Tan chiquitica
y dulce, tan maravillosa. No hay más reino
de cuento de hadas, no hay más inocencia,
no hay más súbito cariño ni más gracia ni ángel.
La casa ya no es como era con ella.
La colma el vacío de su ausencia.
La columna con sus preciosos dibujos,
cada día pinta mejor, no es consuelo
porque ella no sigue pintando en su mesita.

Su juguete de peluche solo es un recuerdo
de sus manitos juguetonas, purísima caricia.
Ya no me dice que todo lo fantástico
e imposible que, jugando con ella, le decía
no era verdad, que yo solo era un poeta, un escritor.
Todo lo sabía y quería todo lo maravilloso
que hay en este mundo al revés.
Me he quedado inmensamente solo sin ella.
Perdí mi gran poema.

DONDE PASO MIS DÍAS

En casa hay dos lugares
en que paso la mayor parte de mis días.
Son mi abigarrado cuarto de trabajo
y la terraza de grandes ventanas y puertas de cristal.
Me siento muy bien en ellos. Están colmados
por mis libros, cuadros, obras de arte,
incontables fotografías de la familia
y algunos de mis juguetes y los de mis nietos.
Lo que más me gusta cuando no estoy escribiendo
es sentarme en mi enorme sillón de la terraza
y ver a través de los cristales el hermoso jardín.
En el silencio nada me fascina más que el vuelo
de las mariposas y los pájaros de preciosos colores
que acostumbran a ir al bebedero donde calman
su leve sed y bañan su plumaje con el temblor de sus alas.
Hay ocasiones en que aparece mínimo un zunzún
que se detiene vibrante en el aire y liba con su largo pico
en las flores. Esas imágenes hacen mi vida distinta,
la remansan. Su belleza colma todo lo que me falta
y son una encarnación de todos mis sueños.
Poco es el espacio que necesita un hombre para la dicha.

NADA SUCEDE

Nada sucede
y todo está ocurriendo.
¿Qué puede decirse?

Tan solo

lo mismo que se dijo,
un enorme silencio.

Lo tremendo
es el estruendo
de lo no dicho
y el silencio.

Siempre está
el demasiado más
de las palabras
y del silencio.

Esto nunca
se comprende.
Y tal vez sea
mejor así.

UN AÑO MÁS

Un año más.
un año menos.
Algo tan simple
como definitivo.

¿Hay otro año más?

LAS HISTORIAS

Me hago a mí mismo.
Son mi forma de vivir
lo que está fuera de mi alcance.
Es un juego infantil
que tiene mucho de fantástico,
de ideal. En esas historias
soy como debiera ser
y hago lo que nunca podré.
Mis historias me sostienen,
me dan fuerza para encajar
lo que me deparan los días.
Mi existencia no es un sueño.
Tampoco es mi imagen,
producto del paso del tiempo.
Es las historias que me hago.

PRECISIONES

Muchas veces
es mejor
un acto de ausencia
que un acto de presencia.

*

No creo en nada más
que en las palabras
escritas con tinta en un papel.

LA COSTUMBRE DE PERDER

Estoy acostumbrado a perder.
Mi esteparia memoria
—¿una gracia, una maldición, una condena?—
guarda un detallado inventario
de mis pérdidas, también de mis ganancias,
de las que soy insuficiente deudor.
Así, vivo, aunque sería mejor decir sobrevivo,
cada día deseándome, porque no hay vuelta atrás,
toda la suerte del mundo, pero sabiendo
que las pérdidas pueden ser súbitas e implacables.
A estas alturas, soy una criatura con plena seguridad
de que ganar o perder es lo más natural del mundo
y tengo que seguir encajándolo, no me engaño.
¿Puedo perder ahora más de lo que antes perdí?
Si algo es la pérdida es un siempre.
Así, y bien arduo es, sé que estoy en manos de Dios
y sus indescifrables designios, el más extraño juego
a este lado de la eternidad. Ya solo quiero ganar
al final de mis días mi salvación y ahora mi dicha,
ese tan poco y ese demasiado.
No es mucho pedir.

UN GOLPE DE SUERTE

No los poemas
que se salvan,
que prevalecen.
Con extraordinaria suerte,

uno o dos…
　　Y eso es,
más allá
de toda consideración,
la medida
de la vida del poeta,
tan finalmente breve
como interminable.

　　Un golpe de suerte:
esa suerte
que no acaba
de saberse lo que es,

　　si algo es.

MÁS SOBRE LA POESÍA

　　La poesía
es un misterio
y una evidencia.

　　Al cabo
de una vida
escribiéndola,
entregado a ella,
se sabe que encarna
en los versos,
en las palabras
del poema
que nos depara
con la final intensidad
de un acto de Dios.

　　Siempre hay
que estar pendiente
de su llamado,
de la necesidad
y de la urgencia
de ser sus escribas.

　　No puede
escribirse

un poema
que no sea
el silencio
y el discurso
de su esencia.

Llega inesperada,
pero exige para ser
la absoluta entrega,
el que seamos capaces
en y desde lo que somos
de plasmarla
como dioses menores
que sueñan con ser centro
de los infinitos
esplendores del universo.

Nos reduce
a la soledad;
a renuncias
inimaginables
que nos marcarán
para siempre;
a la angustia
de su búsqueda,
semejante
a la de un niño
que tiene tanto miedo
de la ominosa oscuridad
y el desamparo de la noche
en que carece de compañía:
nos depara una epifanía.

Las palabras
sobre la poesía
son incapaces
de definirla.

Termina el poema.

LOS DÍAS CONTADOS

LOS DÍAS CONTADOS (2018-2019), poemario
inédito de Armando Álvarez Bravo.

1000

AQUELLOS JARDINES

Recomienza el silencio.
Escucha tenaz.

Vientos contrarios
agitan el follaje
y crece en ti
una mansa nostalgia,
como tierra devorada.

Ahora es tu grave corazón
el que murmura,
y vuelve el tiempo
de las preguntas irrevocables
y los árboles
catedrales de tu infancia.

PATRIMONIO

Solo, inerme, en vilo,
aprendes de una pérdida
que palpas casi intacto
de ella misma.

Heredas algo intransferible:
la primogenitura de una sangre,
unas ruinas, la orgullosa memoria
y el temor de dispersar
lo que persiste en las palabras
de los mayores.

Qué tiempos para ti en usufructo.

YA CADA VEZ MÁS

Uno llega a acostumbrarse
a la fatalidad del paso de los días,
al implacable ir a menos.
Ya la existencia es una disminución.
Tenemos plena conciencia
de su gravitación en nuestro ser y estar
y, no menos, de nuestras posibilidades.

No dejamos de ser lo que quisimos.

Esa es nuestra más fija y secreta certidumbre.
Se perdió, digamos, la partida. Nos queda evocar,
a pesar de la historia y la circunstancia
que fueron signo de nuestra indefectible cotidianidad,
lo que contra viento y marea logramos hacer.

Eso fue nuestra más íntima victoria.
Ya en picada irreversible del caza
que siempre quisimos tripular en nuestros sueños,
solo nos queda darle gracias a Dios.
Ya cada vez más.

UN HERMOSO Y GRAN POEMA

No hacen falta demasiadas y deslumbrantes
palabras para escribir un hermoso y gran poema.
Bastan unas pocas y sencillas voces del diario hablar
y la intensidad de una idea, de un sentir: el latido
de un ya viejo corazón tocado por lo demasiado del vivir.

La suma de todo eso es la materia de la existencia
que se nos ofrece para que encarne en versos espléndidos.
Lograr plasmarlos en el blanco papel es una gracia, un milagro.
Es dar fe de lo más profundo del sentir
y lo más deslumbrante de la belleza.
Es la más intensa y profunda oración,
testimonio de lo mucho que dice del siempre.

No es otra cosa que un hermoso y gran poema.
Nada hay más deseable para un poeta.

HAY UN DÍA

Hay un día en que uno sabe lo que escribe
y hay otro en que no tiene la menor idea.

Se trata del inevitable reverso.

Lo que hoy digo, lo que escribo,
¿queda para siempre?

De nada vale especular al respecto.
Lo dicho dicho está e igual lo que no.

¿Entonces?

De eso se trata la historia.

ELLA Y LAS PLANTAS

A mi esposa

Vive cuidando las plantas.
Tiene, como dicen los que conocen,
ese oficio y esa pasión: buenas manos.
Adorna las casas de sus hijas, una tan lejos
y la otra cercana que la cuida con las mejores
flores y cactáceas de su jardín. Hacerlo
es para ella un regalo, otro más de los que hace
entregando su vida a sus hijas.

Algún día, con el favor de Dios,
ellas le traerán unas plantas, quizás flores,
quizás unas enredaderas o tal vez alguna
de las plantas que vio en su infancia en el jardín
de su casa arrebatada por la más injusta historia.

Ese día en que las niñas la sorprendan
con un inesperado regalo, será uno de los más felices
momentos de su existencia entregada a volcar su amor.

SOLO UN POEMA

Uno va viviendo
a la par que va muriendo.
Así de simple.
No hay más.

RECUERDOS DE MI INFANCIA

Hay cosas tan importantes
para mí en la vida.
Y no puedo olvidarlas.
Desearía recuperarlas
para que hagan más amable mi vida.
Para muchos pueden carecer de valor.
Su valor para mí es inmenso.
Entre ellas figuran un calidoscopio,
una brújula, un catalejo,
una colección de monedas
y de sellos y de sobres de primer día.

No pueden faltar legiones de soldaditos de plomo,
modelos de históricos barcos y aviones,
una caja de preciosas polimitas,
algunos juegos como el Erector
o, más sencillo, un Tinkertoy,
un trompo, un yoyo y, si es mucha mi suerte,
la más fabulosa colección de *comics*
que pueda soñarse. Todo lo que es
la vida como perfecto sueño.
Porque la vida es sueño y si se pierde
ese sueño no se vive como tal.
Es la poesía cuando es puro latido.

FRENTE A LA BAHÍA HABANERA

Empiné papalote en la Avenida de las Misiones
y monté bicicleta en la Avenida del Puerto.
Jugué con frecuencia en los imponentes monumentos
de los patriotas que nos dieron la libertad.
Crucé con frecuencia la bahía para ir a Casablanca
donde se tomaba el tren para ir a la Playa de Guanabo.
Gusté frente al mar copitas de granizado
y helados bloquecitos de duro frío.
Alguna que otra vez monté en bote
para dar unas vueltas por la bahía.
Nunca podré olvidar los cucuruchos de maní
que hicieron mi delicia una mañana de domingo
y tantas tardes cualquier día de la semana.
Tiré al agua monedas a los niños que se ganaban la vida
recogiéndolas en lo hondo y tan turbio y que llegaron
a formar parte de mis sueños y pesadillas.
Es algo sobre lo que escribí varios poemas.
Fui a algunos conciertos en el Anfiteatro.
También me llevaron a ver paradas militares
que en ocasiones y fechas especiales por allí desfilaban.
Ese era mi mundo de niño y me parecía inmenso y fabuloso.
Con el paso del tiempo se ha hecho más de lo que fue para mí.
Y es esa inmensidad una de las cosas que me falta,
que me arrebataron, que perdí.
No puedo regresar a su fabuloso espacio.

PATEK PHILIPPE

Abuelo Bravo,
don Armando Bravo Puig,
fue una plenitud en mi infancia.

Era un caballero cubano,
un auténtico criollo,
que, cambiando el género
de la tela, vestía invariablemente,
dependiendo de la estación,
algo casi imposible de diferenciar
en nuestra tierra, de traje con chaleco
y sombrero, todo el año.

Desayunaba café con leche,
con excesiva azúcar,
que no puedo consumir
por mi diabetes,
y con pan con aceite de oliva.
En esos desayunos
siempre tenía churros para mí.

Abuelo Bravo siempre,
cuando puntualmente
le pedía una «tierrita»,
me daba un peso de plata.
¿Cuántos tuve que dejar
cuando logré exiliarme?

Hombre de pocas palabras,
de definitiva palabra
al cerrar un negocio,
nunca olvidaré su ropa
para ir a la finca:
su impecable atuendo
de dril hacendado.
Tampoco olvido
su maleta de cuero
y su paraguas inglés
que nunca abandonaba.

Menos puedo olvidar

su preciosa escritura,
y en este orden de cosas,
su exquisita forma
de siempre procurar
un plano de sombra
hiciese lo que hiciese,
y su estilo de ayudar
a todos lo que lo necesitaban.

Tuve el triste privilegio
de verlo morir sin una queja,
siempre pensando
en lo que podía hacer
por salvar a su tierra tiranizada,
esperando, buen liberal,
la llamada de su amigo José Miguel,
tan general como él,
para irse a la manigua
para luchar por la patria.

Guardo de Abuelo Bravo
el más entrañable recuerdo
de mi vida. Me enseñó
a montar a caballo,
a manejar el ganado,
a chapear, a ser hombre
de palabra y no de papeles.

Tantos años después
de su muerte, cuánto lo necesito.
Sé que hubiese querido
que tuviera su Patek Philippe
de bolsillo, con el que me enseñó
la belleza del paso de las horas.

La trampa, como él decía,
me robó esa joya que no puedo
legar a mi nieto, Joseph Armando,
como corresponde.

Pero la implacable historia
y el paso del tiempo,

ya tengo setenta años,
me arrebató ese maravilloso reloj
y a mi entrañable Abuelo Bravo.

Abuelo y tanto más
son el más puro recuerdo
que me acompaña en mi final desarraigo.

SOBRE LOS REMEDIOS PARA LA RESACA

Hay demasiados
remedios
para la resaca.

Todos
son inútiles.

Se bebe
o se deja
de beber.

¿Qué es peor?

LOLÓ

En mi difícil niñez, Lady,
una Boston terrier,
fue mi mejor compañía y juguete,
que tanto necesitaba
y que era mi pasión.

En mi vejez, Loló,
una fabulosa dachshund
a la que no me canso
de dar nombres insólitos
y bien cómicos y delirantes
es la compañía imprescindible.

Es algo así como un cascabel,
una fiesta con sus súbitas, entrañables
e indescifrables actitudes
que son una invitación
que nos hace para la dicha diaria.

PEQUEÑAS Y SIMPLES COSAS

Hay pequeñas y simples cosas
que me recuerdan a mis nietos,
ahora tan lejos, y a mis hijas;
una también lejos y otra, mi inmensa suerte,
muy cerca de casa.

La infancia es el dominio principal
de mis recuerdos que no son otra cosa
que la iluminación de la inocencia.
Nunca olvidaré a mis pequeñas hijas
en el monumento a José Miguel
dando vivas al general y presidente espirituano
y cantando «La chambelona» en un tiempo
en que nuestro pasado e historia y futuro estaban condenados.

También las recuerdo cazando mariposas,
que la madre les ayudaría a montar en cajas,
en los terrenos desiertos frente a la casa de la loma.
Y las excursiones en que las llevaba con sus amigas
a recoger conchas y caracoles por la orilla de la playa
y la ocasión en que un pequeño pulpo se pegó al pie
de una de sus amiguitas y los gritos que todas daban.

De igual suerte recuerdo cuando los comunistas
maltrataron cotidianamente en la escuela a mis hijas
porque se marchaban del país.

Es demasiado lo que guarda mi celebrada memoria.
Solo que ahora los recuerdos nada tienen que ver
con el horror y la infamia.

Fue este el alto precio que tuvimos que pagar
para alcanzar la libertad que ahora disfrutan mis nietos,
Joseph Armando y Ana María.

Quisiera tenerlos más cerca a todos, como debe ser,
para regalarme tantos recuerdos como
presencias y sueños.

LOS RIESGOS DE LA LITERATURA

Después de muertos, qué grandes
los pocos grandes escritores.

Sus vidas, por espantosas que fueran,
se convierten en algo extraordinario.

No importa si fue atroz soportar
literalmente, cuántos años, la gangrena
de las oscuras muertes de la soledad,
la hostilidad y el silencio:
La agonía de todas las miserias
posibles e imposibles.

Sus libros, ya parte de la gran novela
que no escribieron y los trituró.

Sus vidas, contra su voluntad,
convertidas en ficción,
otra vez profanadas—

la burla interminable.

SOBRE MIS MEMORIAS

Van desapareciendo
—inmensa pérdida que asumo
con pudorosa resignación—
amigos y conocidos,
esos con quienes
eché tanta vida, .
que no fue nada fácil,
sino más bien implacable.

Vienen a verme
y preguntarme por las cosas
y las gentes de aquel tiempo
del que la historia
tanto ha borrado y adulterado.
Ese tiempo que ya es para tantos
un pasado remoto del que soy,
arduo y extraño privilegio,
el superviviente. Quizás no exista
más indefinible privilegio.

Lo hacen porque soy
el testigo y protagonista
de esteparia memoria.

A veces, entre el humor y la ironía,
digo, pero sin presunción
– no se juega con la existencia
que deparó tiempos terribles–
que cuando falte desaparece
demasiado mundo, y no dejo
de estar en lo cierto. Lo he aprendido
a ojos bien abiertos y con las lecciones
tremendas que nos da puntualmente la historia.

Desde hace mucho me dicen
que escriba mis memorias,
que son necesarias para que no se pierda
una época que todavía toca a mi vida.
Lector de memorias, de epistolarios y de diarios
no dejo de pensar en ese posible libro, otro más.
Confieso que no sé cuál debe ser su diseño;
qué debo decir y qué es mejor que no diga.

RECONOCIMIENTO DE LUGAR Y CIRCUNSTANCIA

Me falta mi patria,
mi paisaje, mi historia,
mi cultura, mis costumbres
y los amigos que solo allí
eran posibles: un orden perdido.

Se me fueron arrebatando
de forma implacable
antes de salir al destierro.

He tenido que recomenzar
de nuevo en dos paisajes,
armonizarme a ellos.

Ahora, en mi paisaje final
–aunque empecinado en seguir
siendo el que soy, no sé
ni puedo ni quiero ser otro–
mis costumbres se han matizado
para adaptarse a las circunstancias.
No es otra cosa el arte de sobrevivir.

Pero hay demasiado que nunca
comprenderé cabalmente
ni tampoco a lo que podré acostumbrarme.
Lo que es parte del juego que debo jugar.

En mi destino, con la pérdida,
prevalecen la ironía y la suerte.
Ese señor que soy no hubiera sobrevivido
en el mundo que le arrebataron
ni su familia hubiera tenido la posibilidad de elegir.
Al cabo de todas las consideraciones
sobre lo que depara la siempre inexorable Historia,
Dios me concedió una ardua segunda oportunidad.

Su Hijo siempre difícil que soy
piensa muchas veces en la vida
que hubiera llevado en su arrebatado sitio.
Imagina allí la existencia tal como la soñó con su familia
y el mundo que iba creándose a imagen de sus deseos
y complacencias. Puros juegos de la imaginación
en que faltaría lo que más necesita y quiere,
sus nietos Joseph Armando y Ana María.

En la guerra solo hay una decisión táctica decisiva.
Todo lo demás es derrota. Tomarla es lo que define a un general.

Toda existencia es una batalla
cuajada de inmensas bajas y pérdidas
que hay que encajar pensando en el después
del orden perdido. Gané mi batalla decisiva.

OTRO POEMA DE GATOS

No puedo comprenderlo, mi vecino ama a las plantas
y las cuida meticulosamente, sin embargo, odia a los animales.

Nunca he tenido problemas con mi vecino —es uno de los pocos
con los que intercambio unas palabras cuando coincidimos—.
Pero el otro día poco faltó para que nos entráramos a golpes.

Lo vi, desde lejos, persiguiendo con un varilla metálica
a un aterrado gatico negro que no sabía donde meterse
para no ser golpeado.

Interrumpí su violencia con un grito. El me gritó
que no quería animales por su casa, porque sus necesidades
solo traían suciedad y peste.

La discusión que subía de tono se interrumpió
porque a mi vecino le llegó una visita,
lo mejor que pudo ocurrir.

Cuando entró en su casa, me puse a buscar al gatico
entre la vegetación. No lo encontré. No existe en el mundo
una criatura que se oculte mejor que un gato. Es su puro instinto.

No podía sacarme al gatico de la cabeza, y, más tarde,
salí y dejé un plato con leche a la entrada de casa
y me puse a esperar a que viniese a comer –los gatos,
sobre todo los callejeros, tienen un infalible instinto
para hallar comida, muy superior al nuestro–.

La que llegó fue la madre. Era pequeña y delicada
y realmente hermosa y estaba asustada.

Me di cuenta de que era una gata doméstica
que botaron de su casa cuando parió. También estaba desconcertada,
pero no tardó en acercarse a mí y dejarse acariciar.

Más tarde, receloso, llegó el gatico negro. Permanecí inmóvil
para ganar su confianza. Estaba aterrado y cuando traté de cogerlo
para acariciarlo se escondió, tan invisible como inaccesible,
en la impenetrable caseta del jardín.

Conozco muy bien a los animales y sé que, hagamos lo que
        [hagamos,
son ellos los que nos aceptan o nos rechazan. Por eso, jugando a mi
        [suerte,
fui para adentro para dejarlos estar y comer tranquilos.

Al atardecer volví a salir. La madre se dejó acariciar
como si me conociese de toda la vida, pero el gatico
volvió a esconderse.

Para abreviar la historia, debo decir que no era un gatico,
sino dos, absolutamente negros –el otro apareció
como surgido de la nada–.

Creo que ya he ido venciendo, más de uno que de otro

–que confundo en su negrura– sus miedos, aunque todavía recelan
con toda la razón del mundo. Con la madre no tengo problemas
y todo indica que los gaticos y yo no tardaremos en entendernos
a las mil maravillas. Los tres me necesitan
tanto como yo los necesito a ellos.

Otra vez, de golpe, tengo animales a mi alrededor,
tras haber perdido a mis dos fabulosos gatos –mi suerte,
que puede parecer tan poca cosa, pero que no lo es–.

Vuelvo a ser un hombre con gatos.

DIGAMOS QUE ES SABIDURÍA

Desde hace ya algún tiempo, quiero
y necesito muchas menos cosas.

Puede ser una disminución o una nueva
perspectiva existencial –qué bien suenan
las grandes palabras–, o una combinación
de las dos, da igual.

Pongamos que necesito, sobre todo, las cosas
que me están definitivamente vedadas,
las que constituyen mis grandes e irreparables pérdidas
y, por supuesto, algunas pendientes.

Son las cosas esenciales que me faltarán
dolorosamente cuando muera,
lo que espero hacer con decencia.

He aprendido a aceptar, aunque sigue siendo difícil
y doloroso, que, quizás por culpa de uno mismo, las cosas
no son ni serán como se soñó que fueran, y ya no intento
remediar lo irremediable, aunque, a veces, todavía me siento
tentado a hacerlo a pesar de desastrosas experiencias anteriores.

Cada día que pasa, que es un día menos del que tengo
perfecta conciencia, necesito más tiempo para escribir,
que es lo único que debí hacer en la vida. De haberlo hecho
hubiese evitado muchos sufrimientos, sobre todo a quienes quiero.

Escribir es vivir la vida en contra de la vida
con la vida para que sea la vida.

Es difícil de explicar, pero ya me parece casi normal

prescindir de lo mucho que prescindo; vivir sin cosas
que son de manera tan natural esenciales
a este complicado asunto de estar en el mundo.

Las he sustituido por una oscura rutina, por incesantes
maniobras de supervivencia, por la contradicción y la fatalidad
de la soledad que necesito y detesto. Todo lo que me convierte
en una suerte de empedernido solitario que es el anónimo artífice
de su propio acabamiento.

Llegué al punto en que quiero más y más de menos y menos.
Digamos que es sabiduría.

DE LOS GOLPES

Hay vidas ajenas a los golpes.
Son las menos. El resto de los mortales
no pueden escapar a ese castigo
que nos marca y determina para siempre.
La intensidad de los golpes es diversa
y su efecto incesante. Pueden dar tregua.
Sobrellevarlos es una carga que en ocasiones amaina
pero que siempre está latente.
A bien saber: Golpear es una aberración
y una infamia. No hay caridad
en quien golpea y no la hay en uno
si devuelve el golpe. Jesús nos lo enseñó
con su atroz agonía y muerte.

LA CAJA DE POLIMITAS

Bajo la tapa de cristal,
tesoro indescriptible,
las polímitas deben soñar.

UN DÍA

Un día llega
en que no hay
más día.
Es el de siempre
junto al Señor.

POEMITA

Yo no sé
ni sabría
qué poder
y qué podría.

LA BUSCA

Lo que perdimos
debe estar buscándonos.
Nunca se sabe qué se halla.

¿QUÉ POEMA?

No buscar el poema
que se perdió.
Siempre hay otro nuevo.

PASOS

Los pasos del anciano
subiendo la escalera,
boquea el silencio.

RECORDANDO A MI COMPADRE LEZAMA

Es de sabios hallar las breves treguas ocultas en el paso de las horas.
La lluvia constituye una convocatoria a la desnudez.
Siempre se escribe el último poema, el libro final.
Él siempre es lo efímero de un entrañable recuerdo irrecuperable.
No hay privilegio mayor que elaborar sobre lo perdido y su
       [imposible.
La oscura noche del alma es el reposo negado y el reverso de lo
       [perdido.
La anémona de los años más vulnerables sigue siendo un imposible.
Lo que toca nuestra puerta es la inmensa ausencia del invitado.
No se puede explicar la resistencia de/a lo irresistible.
El absurdo de un canto infantil es la clave de la infancia.
No hay qué para el ayer, tampoco hay por qué para el mañana.
Siempre acabamos como ausentes de una ciudad, de un lugar,
de una comunión y de una plenitud que nos obsesiona.

No hay nada semejante en su dentellada como una esteparia
[memoria.
Los poetas definitivos todo lo dijeron. ¿Qué agregan nuestros
[poemas?
Nuestros silencios determinan lo inerme de nuestras palabras.
¿Tocamos fondo o es el fondo el que constante nos toca?
Hay un juego atroz que consiste en no jugar.
Decimos, hacemos, deseamos y, al cabo, persisten comienzo y fin.
Alguna vez es posible leer en un guijarro una historia pendiente.
No hay gracia mayor que una dulce, entrañable criatura
nos pida un abrazo en la densa oscuridad.
Hay un sueño inexplicable: soñar que no soñamos.
¿Cuántas palabras escribimos para decir otra cosa que no dicen?
Decir es desear.

ROSAS AMARILLAS

A mi hija Lourdes María

Hace unos días mi hija Lourdes
me trajo un hermoso jarrón de cristal
con cinco fabulosas rosas amarillas,
que sabe son las que siempre me han gustado
y favorezco a la hora de comprar flores.

Como igualmente bien sabe que tengo en nuestro jardín,
frente a la ventana de mi cuarto de trabajo,
un precioso rosal amarillo que contemplo y admiro
en las pausas que hago mientras escribo.

Allí, en mi puesto en la cabecera de la mesa de comer
permanecen las rosas amarillas que me trajo Lourdes.
Quiero verlas cada vez que por allí paso, lo que tanto hago.
Para mi asombro y deleite no han sufrido el menor deterioro.
Esa magia y encanto que siempre he atribuido a las rosas amarillas
las han fijado en el enigma del paso del tiempo.

Solo sé que es una gloria más que se añade
a su caricia por ser y a su belleza y encanto para mí fascinantes.
Ni a las flores, menos si son rosas amarillas, ni a los hijos
debe pedírseles nunca nada. Son una gracia divina
que únicamente podemos y debemos incorporar a nuestra vida
como lo mejor del mundo a este lado de la eternidad.

CONTRADICCIÓN

Me preocupa la forma en que los otros me ven.
Me preocupa la forma en que me veo a mí mismo.

Hay un desajuste, un desequilibrio entre esas imágenes.

¿Cuál es la verdadera?

Esta contradicción está acabando vertiginosamente conmigo.

Me siento tolerablemente bien con mi imagen pública.
No puedo abandonar mi imagen privada.

¿Qué imagen puede formularse a partir de esa dualidad?

Ser a pedazos.

GRACIAS

La tan hermosa y gloriosa palabra Gracias
y el acto de darlas sin peros y con gratitud
es imprescindible en mi vida
desde mi ya remota infancia.
Al paso del tiempo su resonancia y latido
me han acostumbrado a servir al otro
y no recibirlas y ser olvidado.
Quizás es mi inocencia infantil
creciendo en mi entrada en años
lo que me ha habituado
a que algo o mucho no se me agradezca.
No es otra cosa que sufrir
la desdeñosa ingratitud de tantos.
Inútil formular explicaciones. No vale la pena.
Dios nos dicta lo que debemos hacer
y no nos damos cuenta de ello.
Nada más natural.

LA MAGNÍFICA SEÑORA

A Tania

Vives para los demás.
No tienes ni quieres
nada para ti. Te basta saber
que los que quieres,

y a todos quieres,
siempre pueden encontrarte
y contar sin peros contigo.

Tu hermoso jardín
es tu dicha
y lo son también
los jardines
de tus hijas
que cuidas con esmero.

Dejas de hacer
lo que quisieras
por ayudar a los demás,
sin demandar gratitud.
Lo haces porque quieres
y te hace feliz, porque la belleza
y la absoluta entrega
son para ti el más necesario milagro.

Es difícil comprenderte
porque la bondad es inexplicable
y en estos tiempos de prisa
y de locura se ha puesto de lado.

Te cansas cada vez más
cuidando tu jardín
y tu cansancio te hace feliz.
Te cansas ayudando,
pero no te cansas de ayudar.

Tu dicha son cosas
tan enormes
como pequeñísimas
que siempre tienen que ver
con el otro y su bien.

Solo hay una cosa
que no sabes.

Eres mi más valiosa fortuna.

•

UN POETA SIEMPRE DEBE IR

Un poeta siempre debe ir
con una pequeña libreta
en que figuran las cosas
que debe hacer; anotar
las que lo sorprenden de súbito;
y esbozar las que pueden
ser un poema, que se escribirá
cuando él quiera. Toda la vida
cabe en ella, solo que nunca
puede escribirse por completo.

DÍA

A más,
A menos,
a nada,
a qué.

Tan solo día
a más,
a menos,
a nada,
a qué.

Puro y final demasiado.

SECRETOS

Guardamos nuestros
secretos más íntimos
para tener un poco de paz.

SOBRE LA ESCRITURA

Escribir es mover
una ficha. ¿Acaban
de decir las palabras?

CLAVE DEL DÍA

Se va un día
y viene otro
y siempre es
el mismo día.

Se vive
y muere de golpe,
a puros golpes.
El tiempo pasa
y no pasa
y es igual que lo haga
o que no.

Es la fijeza
de la eternidad
lo que siempre prevalece.

ALGUNAS COSAS SUPREMAMENTE IMPORTANTES

Hay en la vida
cosas que son
supremamente
importantes.

Es fácil
enumerarlas
para un hombre
o una mujer
de bien.

No albergo,
se me ha ido
la vida en ello,
en reivindicar
esas cosas.

Lo que no
puede dudarse
es que lo que es
finalmente importante
abarca cosas
que tienden
a pasarse por alto.

Así, para mí,
cuán importantes son
–aunque nadie
les dé importancia–,
una mariposa,
un colibrí, una rosa
amarilla, un viejo retrato,
una pipa que se hace
a mi mano, el vaso
en que siempre bebo,
mi soberbia pluma,
la voz de mis nietos
que quisiera siempre
a mi lado, mi corbata
sin la que me siento
mal vestido, mi revolver
de cinco tiros –si hay
que disparar más de tres
uno está perdido–, mi sortija
con una antigua moneda de oro
cubana, mi rosario.

A FAVOR Y EN CONTRA

Tengo a mi favor
casi lo mismo
que tengo en mi contra.

No es otra cosa
que lo que creo firmemente.
Es una especie del delirio.

Es bien difícil
ir por el mundo
pensando y procediendo
como pienso y procedo.
En verdad, es imposible.
Pero no sé hacer otra cosa.

Y, como se decía
hace mucho:

¿En que acaba
esta historia?

DE UN EXTRAÑO Y UN ARDUO PRIVILEGIO

No hay más extraño y arduo
privilegio que tener
una memoria esteparia.

SUEÑOS DE LA ÚLTIMA NOCHE

Se puede soñar
en la última noche
en que no se sueña.

LAS FINALES MEDIDAS DE LA EXISTENCIA

Nada más inútil que tratar de precisar
los embates de la vida cuando inexorable se nos va.
¿Relacionar lo que hicimos? ¿Dar estricta cuenta
de lo que no hemos podido hacer? ¿Fijar nuestros sueños
y deseos? Todo esto que desgarra es bien difícil de explicar.

No es otra cosa, por mucho que se hizo y se siga haciendo,
que una irresoluble jugada con la que nunca se gana ni se pierde.
¿Qué hacer entonces? Encajar lo que venga. No hay más.
La existencia se explica e impone a sí misma. De igual suerte,
carece de sentido y trascendencia lo que se haga
o deje de hacerse. En inevitable resumen: Hágase lo que se haga
o se deje de hacer, será lo que ha de ser.

Y, bien sencillo, de esa realidad no tenemos idea.
Solo cabe pasar la página del destino. Así de simple e inevitable.
No son otras las finales medidas de la existencia.

EL VIEJO JARDINERO

El viejo jardinero español
vivía modestamente
e iba a realizar su labor
en una bicicleta que cargaba

todos sus utensilios de trabajo.
Era insuperable con las plantas
y las flores, especialmente los rosales.
Era evidente que le encantaban las rosas
y no ponía límites al tiempo
que dedicaba a los jardines.
Un día le vimos cortar una rosa,
tras cerciorarse que no le veían hacerlo,
y se retiró de casa con ella en el bolsillo
de su vieja camisa azul de trabajo.
A pesar de los años transcurridos
no dejo de pensar qué haría con la rosa.
Nunca pude saberlo pero imagino
que la colocaría en un viejo vaso
y la contemplaría en el dichoso silencio
de su soledad. Nunca he vuelto a encontrar
un jardinero como él, que cuidaba jardines
y flores como si fuesen una delicada criatura.
Su nombre, José Mella

ANOTACIONES

Confiar en el discurso
que imaginamos
pronunciarían los muertos.

*

Levantar una fortaleza
en la inhóspita
tierra de nadie.

*

Nunca abrir,
y menos leer,
un libro
que nos comunique
malignidad.

*

Siempre usar
un sombrero

cuando se sepa
que todo es
la inminencia
del desastre.

*

Cerrar la puerta
antes de irse a dormir
aunque se sepa
que de nada nos guarda.

*

3

Siempre escribir
con tinta y buena letra
aunque se sepa
que tan solo uno mismo
entenderá lo escrito.

EXPLICACIONES A UNO MISMO

Uno sabe muy bien que el tiempo va a menos
Este ejercicio de supervivencia que llevo y agradezco me preocupa
y angustia. Tengo miedo de no dejar ordenada mi obra y
no seguir escribiendo mi final libro de poemas, mi único poema,
que he titulado *Los días contados,* un juego de palabras
en que aludo tanto al paso del tiempo como a lo que sucede
en su acabarse. Hay otras posibles y lamentables pérdidas.

Ya para mí se acabaron los viajes que siempre
tanta ilusión me hicieron y me enriquecieron. De igual suerte,
también carece de sentido comprar libros que no leeré,
armas que ya no debo disparar, estilográficas con las que no escribiré
y tantas cosas y juguetes que me regalan la magia y la inocencia
de la infancia en que siempre sueño y deseo estar: mi realidad posible
es mi poesía, sea cual fuere el tema que fijo cuidadosamente
[con mis palabras.

Solo me queda, con el favor de Dios, dejar todo ordenado
y aceptar cuando llegue mi fin. Lo más que quiero es que los míos,
a los que tanto quiero, me recuerden generosamente con mis juegos
y no con tristeza. No me va. No dejen alguna que otra noche

de soñar conmigo, porque allí estaré con mis cosas
que tanto les hacían reír y me hicieron tan feliz.

GUSTOS EN EL ACABAMIENTO

Mis gustos se han depurado en mi acabamiento.
Ha sido un proceso tan natural como paulatino.
Esa depuración es producto de la intensificación
de la esencia y materia de cada gusto. Me hace
excepcionalizar elementos de mis preferencias
de suerte tal que devienen absolutos.

Ávido e insaciable lector de una ya larga vida
ahora prefiero las relecturas. Otro tanto sucede con
las obras de arte y no dejo de soñar con las que
formarían mi fabulosa colección ideal.

En lo que concierne a las armas de fuego sigo
prefiriendo las ya finalmente históricas cuya eficacia
proclama su calidad y excepcionalidad estéticas.

En lo que concierne a monedas y sellos va de suyo
el rango mayor que doy a las de mi arrebatada patria
ahora tiranizada por el totalitarismo.

En cuestión de plantas sigo idealizando y adorando
las rosas amarillas, que no cesan de fascinarme.
Cotidianamente escribo frente a un rosal que no deja
de prodigármelas, y las cactáceas y las suculentas.

En lo que toca a las conchas y caracoles mi absoluto
son las polimitas. Son expresión de la más pura belleza y
perfección en todos los órdenes y tantas me regaló en mi
infancia, un santo y dulce hermano lasallista, el Hermano
León, botánico eminente.

Siguen fascinándome a estas alturas de mi edad los
juguetes, tan elementales como maravillosos. Desearía tener
todos los que tuve en mi infancia. Esos juguetes que nada
tienen que ver con los que ahora se dan a los niños y los
que creo esterilizan su imaginación.

¿Más de lo que tengo y se me ofrece?
Demasiado que me colma y que nada me dice.

Solo me cabe el deseo y los dones de la imaginación
que son mis privilegios. A estas alturas mis gustos
son pura gracia de Dios.

ACABAMIENTO

El viejo poeta
ya no es el hombre
de paso rápido que fue.
Ahora camina lentamente,
como un anciano más.

De igual y pésima suerte
ya su visión no es la que fue.
En cuanto a sus dolencias
las sobrevive por los cuidados
y por la constante atención médica.

Sale poco, tan solo a compromisos impostergables
y prefiere quedarse en casa
con su esposa, sus libros y
parte de su colección de cuadros
que cuelgan en las paredes.

Por supuesto no deja de leer
ni tampoco ver películas del oeste
como hacia siempre en su infancia
en el Cine Gris.

El viejo poeta
ya no hace las cosas que hacía.
Ahora se limita a llevar a cabo
lo que le indican por su bien
porque cada día que pasa
su salud requiere más cuidados.

Sigue escribiendo y a sus ochenta años
quiere reunir en un libro su único poema.
Es su contribución que siempre se empeñó en realizar
para enriquecer el cuerpo de la poesía cubana,
destrozada por el castrismo
que la ha silenciado ya por demasiados años.

APÉNDICES

APÉNDICE I

DATOS BIOGRÁFICOS DE ARMANDO ÁLVAREZ BRAVO

ARMANDO ÁLVAREZ BRAVO nace en La Habana, Cuba, en 1938 y fallece, exiliado de su país por la persecución política a los intelectuales libres, en Miami, Florida, Estados Unidos en 2019. Cursó estudios primarios y secundarios en el colegio de los Hermanos de la Salle en El Vedado y después en la Escuela Profesional de Publicidad en la Universidad de La Habana, donde llegó a ser profesor.

Poeta, crítico, narrador, investigador literario, traductor y editor era miembro de número de la Academia Cubana de la Lengua, correspondiente de la Real Academia Española y la Academia Norteamericana de la Lengua Española y miembro vitalicio de la *American Translators Association*. Fundador y ex presidente del PEN Club de Escritores Cubanos en el Exilio, del que recibiera la Orden al Mérito Octavio R. Costa. Autor de más de cuarenta libros de varios géneros, se le considera uno de los poetas fundamentales de la poesía cubana del 50, que él designó como la «generación arrasada». El autor publica en Cuba sus dos primeros libros, *El Azoro* (1964) y *Relaciones* (1973), siendo este último destruido por las mismas autoridades cubanas días después de su publicación. Sale al exilio en 1981 y reside en Madrid, España. Allí continúa sus publicaciones con *Para domar un animal* (1982), que ganó el Primer Premio de Poesía José Luis Gallego. Le siguen *Juicio de Residencia* (1982) y *Las Lejanías* (1984).

En 1985 se establece con su familia en Miami, Florida. En esta ciudad trabaja para *El Nuevo Herald* como crítico de arte y literatura por veinte años y continúa su obra poética.

Publica *El Prisma de la Razón* (1990), *Naufragios y Comentarios* (1993), *Trenos* (1996), *Cabos Sueltos* (1997), *Poesía en tres paisajes* (1999), que recoge tres libros: *Rastro de un merodeador nocturno, Solo se puede confiar en la soledad* y *Noticias de nadie*; *La belleza del físico mundo* (2004), *A ras de mundo* (2007), *Cuaderno de campo* (2009), *Poemas para la princesa* (2010), *Siempre habrá un poema* (2012), *Singladuras* (2016), que recoge dos libros *Memorias, desmemorias* y *El dominio*. En este volumen de su *Poesía Completa* se encuentran tres libros inéditos: *Nunca se aprende a perder* (2014), *El corazón en la palma de la mano* (2017), y *Los días contados* (2018-2019).

Cuentos: *Las traiciones del recuerdo* y *El día más memorable*.

Ensayos: *Órbita de Lezama Lima, Autorretrato a trancos, Al curioso lector* (ensayos sobre arte y literatura).

Edición (Obras escogidas): *Un epistolario inédito de los Milanés* y *Los poetas del PEN de escritores cubanos en el exilio* (una selección de poemas).

Otras obras: Varios libros para la enseñanza del español y su literatura; *Historia de la Literatura Universal*; *Historia del Arte* y varios volúmenes en colaboración entre los que se encuentra: *Diccionario de la Literatura Cubana, Lengua y literatura en su contexto* y *The Visual Art Critic*.

APÉNDICE II

BIBLIOGRAFÍA. OBRAS DE ARMANDO ÁLVAREZ BRAVO

EL AZORO (poesía), Taller Marcelo Salado de la Empresa Consolidada de Artes Gráficas, La Habana, Cuba, 1964. Diseño de Fayad Jamis.

HISTORIA DEL ARTE (libro de texto). Coautor junto con José Lezama Lima. Editorial de la UNEAC, La Habana, Cuba, 1964.

HISTORIA DE LA LITERATURA UNIVERSAL (libro de texto). Coautor junto con José Lezama Lima. Editorial de la UNEAC, La Habana, Cuba, 1965.

ÓRBITA DE LEZAMA LIMA (ensayo y antología sobre y de José Lezama Lima). Editorial de la UNEAC, La Habana, Cuba, 1966.

UN EPISTOLARIO INÉDITO DE LOS MILANÉS. Editor: Armando Álvarez Bravo. UNEAC, La Habana, Cuba, 1967.

RELACIONES (poesía). Taller Mario Reguera Gómez del Instituto Cubano del Libro, La Habana, Cuba, 1973.

PARA DOMAR UN ANIMAL (poesía). Primer Premio de Poesía José Luis Gallego. Editorial Orígenes, Madrid, España, 1982. 978-84-85563-10-4.

JUICIO DE RESIDENCIA (poesía). Editorial Playor, Madrid, España, 1984. 978-84-359-0285-4

LAS LEJANÍAS (poesía). Editorial Albar, Madrid, España, 1984.

EL PRISMA DE LA RAZÓN (poesía). Ediciones Universal, Miami, USA, 1990. Ilustración de portada por Silvio Gayton. 978-0-89729-562-8.

NAUFRAGIOS Y COMENTARIOS (poesía). Editorial La Torre de Papel, Coral Gables, USA, 1993.

TRENOS (poesía). Editions Deleatur, Angers, Francia, 1996. Ilustrado por Ramón Alejandro. 2-86807-061-26.

AL CURIOSO LECTOR (ensayos sobre arte y literatura). Ediciones Universal, Miami, USA, 1996. Dibujo en la portada por Ramón Alejandro. 978-0-89729-696-0.

AUTORRETRATO A TRANCOS (conferencia dictada en la Biblioteca de Coral Gables). Publicado por Alfredo Martínez Gallery, Miami, USA, 1996. Con ilustraciones de Marvin Chinchilla.

CABOS SUELTOS (poesía). Ediciones Universal, Miami, USA, 1997. Portada por Pérez Celis. 978-0-89729-830-8.

EL DÍA MÁS MEMORABLE (cuentos). Ediciones Universal, Miami, USA, 1999. Dibujo de la portada por Baruj Salinas. 978-0-89729-913-2.

POESÍA EN TRES PAISAJES (poesía). Santo Domingo, República Dominicana, 1999. Edición al cuidado de Andrés Blanco Díaz e ilustrado por Dionisio Blanco. Contiene tres libros de poesía: *Rastros de un merodeador*; *Noticias de Nadie* y *Solo se puede confiar en la soledad*.

LA BELLEZA DEL FÍSICO MUNDO (poesía). Ediciones Universal, Miami, USA. 2004. Portada por Israel Guevara. 978-1-59388-039-2.

A RAS DE MUNDO (poemas escogidos 1964-2006). Editorial Verbum, Madrid, España, 2007. 978-84-7962-381-4.

LOS POETAS DEL PEN DE ESCRITORES CUBANOS EN EL EXILIO (una selección de poemas). Editor: Armando Álvarez Bravo. Ediciones Universal, Miami, USA, 2007. Portada por Arcadio Cancio. 978-1-59388-105-3.

CUADERNO DE CAMPO (poesía 1996-2008). Ediciones Universal, Miami, USA, 2009. Portada: foto de Tania Rosa Álvarez Bravo. 978-1-59388-166-5.

POEMAS PARA LA PRINCESA (poesía). Ediciones Universal, Miami, USA, 2010. En la portada foto de Ana María (nieta del autor) tomada por Tania Rosa Álvarez Bravo. 978-1-59388-189-4.

SIEMPRE HABRÁ UN POEMA (colección de poemas de libros publicados e inéditos). Editorial Visor Libros, Madrid, España, 2012. Portada por Luis Vega. Prólogo de Manuel Díaz Martínez. 978-84-9895-829-4.

EL ARTE CUBANO EN EL EXILIO (selección de artículos sobre arte cubano en el exilio publicados en el periódico El Nuevo Herald de Miami). Ediciones Universal, Miami, USA, 2015. Diseño de la portada por Luis García-Fresquet. 978-1-59388-267-X.

SINGLADURAS (poesía y prosa). Ediciones Universal, Miami, USA, 2016. Ilustración de la portada por Liana María Álvarez. 978-1-59388-274-7.

NUNCA SE APRENDE A PERDER (poesía). Escritos en 2014. Inédito y ahora se publica en esta edición de *Poesía Completa*.

EL CORAZÓN EN LA PALMA DE LA MANO (poesía). Escritos en 2017. Inédito y ahora se publica en esta edición de *Poesía Completa*.

LOS DÍAS CONTADOS (poesía). Escritos en 2018-2019. Inédito y ahora se publica en esta edición de *Poesía Completa*.

LA POESÍA DE ARMANDO ÁLVAREZ BRAVO EN ANTOLOGÍAS
(Selección)

Poetas de América, Taller Prometeo de Poesía, Madrid, 1983.

Poesía cubana contemporánea, Ed. Catoblepas, Madrid, 1986.

La poesía de las dos orillas. Cuba (1959-1993), León de la Hoz, ed. Ed. Libertarias/Prodhufi, Madrid, 1994.

Las palabras son islas. Panorama de la poesía cubana. Siglo XX, Jorge Luis Arcos, ed. Editorial Letras Cubanas, La Habana, 1999.

La pérdida y el sueño. Antología de poetas cubanos en la Florida. Carlos Espinosa, ed. Ed. Término, Miami, 2001.

Antología de la poesía cubana. Vol. IV. Siglo XX, Ángel Esteban y Álvaro Salvador, eds. Ed. Verbum, Madrid, 2002.

Poemas cubanos del siglo XX, Manuel Díaz Martínez, ed., Ed. Hiperión, Madrid, 2002.

CRÍTICA Y ENTREVISTAS

ARMAS, Armando de: «Armando Álvarez Bravo: Siempre habrá un poema», Radiotelevisiónmartí, marzo 21, 2013

_____: «AAB o la incorregible incorrección», *Otro Lunes*, nº 12, 4/2/2010.

_____: «AAB y la inconveniencia de la cercanía», Radiotelevisiónmartí, Marzo 24, 2020.

DE LA PAZ, Luis: «5 preguntas a Armando Álvarez Bravo», *Diario de las Américas,* Agosto, 2003.

_____: «La belleza del físico mundo», *Diario de las Américas*, Diciembre 24, 2004.

_____: «A ras de mundo», *Diario de las Américas*, Septiembre 7, 2007

_____: «Cuaderno de campo», *Diario de las Américas*, Enero 23, 2010.

_____: «Poemas para la Princesa», *Diario de las Américas*, Diciembre 3, 2010.

_____: «Integridad y perseverancia en Armando Álvarez Bravo», (Presentación de *Siempre habrá un poema*), Miami, Febrero, 2013.

_____: «Integridad y perseverancia de un poeta», *Diario de las Américas*, Marzo 1, 2013.

DÍAZ MARTÍNEZ, Manuel: «*El azoro*», en *La Gaceta de Cuba*, nº 43, mar.-abr.,1965, p. 31.

_____: «Siempre habrá un poeta» (Prólogo a *Siempre habrá un poema*) Ed. Visor, Madrid, 2012.

ESPINOSA DOMÍNGUEZ, Carlos: *El peregrino en comarca ajena* (Panorama crítico de la literatura cubana en el exilio), Society of Spanish and Spanish-American Studies, University of Colorado at Boulder, 2001, pp. 115-116.

GONZÁLEZ, LÓPEZ, WALDO: «Una certera mirada» (sobre «El chaleco interior»), *Cubaencuentro*, 26/07/2013.

LÓPEZ, César, *"El azoro"*, en *Unión*, n° 3, jul.-sep., 1965, pp. 153-158.

MIRANDA, Julio E.: *Nueva literatura cubana*, Cuadernos Taurus 109-110, Madrid, 1971, pp. 68-69.

RIVERO, RAÚL: «Malas relaciones», *Revolución y Cultura*, N° 15, 1974.

ROIG, PEDRO: «El sueño del poeta», *El Nuevo Herald*, Miami, Febrero 28, 2013.

_____: «El poeta que ilumina las sombras», *El Nuevo Herald*, Miami, Junio 21, 2016.

SERRANO, PÍO E.: «Armando Álvarez Bravo (1938-2019). La poesía como resistencia», www.editorialverbum.es, Abril 25, 2019.

VERA ÁLVAREZ, Hernán: «AAB: una vida literaria» (Entrevista), *El Nuevo Herald*, Junio 9 de 2016.

APÉNDICE III

MI POESÍA Y LA GENERACIÓN ARRASADA[*]

Señoras y Señores:

En primer término, porque dar testimonio de gratitud es gracia, sagrada obligación y magnífico privilegio, va toda la mía al Centro Cultural Español de Cooperación Iberoamericana; a su director Santiago Muñoz; y al crítico y estudioso de nuestras letras Carlos Espinosa, por haberme pensado como partícipe de este ciclo dedicado a presentar un «Panorama de la poesía cubana del siglo XX». No menos, a ustedes que tan generosamente me acompañan, y a unos pocos que no pueden estar aquí.

Creo que para hacer poesía hay que vivir en la tensión de la poesía. Esta es anterior y posterior a la escritura y, cuántas veces, no necesita de nuestras palabras sobre el papel.

---

[*] Conferencia pronunciada en el Centro Cultural Español de Cooperación Iberoamericana, de Miami, el 21 de julio de 1998, en la sesión dedicada a «La generación del 50», durante el ciclo «Panorama de la poesía cubana del siglo XX». Hemos considerado que era importante publicar el texto de esta conferencia pues explica muy bien la vida e ideas de Armando Álvarez Bravo y los sacrificios de su generación arrasada por el totalitarismo implantado en Cuba a partir de 1959.

El vivir en esa tensión implica el hacerse de una naturaleza abierta y absolutamente receptiva, como si se tratara de un instinto, a toda suerte de estímulos. Estos estímulos van desde los sensoriales hasta los intelectuales, pasando por los territorios del sueño, del inconsciente y por los laberintos del sentimiento y las emociones.

El latido de esta tensión todo lo incorpora en un orden incomprensible y, cuando llega la aventura y el acto sacramental de plasmar el poema, si la conjugación de oficio y suerte así lo favorece, nos ofrece un entrevisto de lo máximo que nos es dado ceñir con nuestras palabras, imágenes y blancos en el abismo y el firmamento de la página.

El precio a pagar por esa entrega es enorme. Ese precio no solo lo paga el poeta, también lo han de pagar con creces los suyos, los que quiere. Lograr el poema, sea cual fuere el sentido de su discurso, es participar de una íntima e incomunicable anticipación de eternidad. Pero, al menos en mi caso y más allá de la tan inmensa como compleja gratificación que procura el poema ceñido, el saldo ha estado en demasía vinculado al dolor. Esta es una deuda que es imposible satisfacer.

Así, en este sentido y en todos los órdenes, soy insolvente deudor de Tania; de mis hijas, Liana y Lourdes; y de mi madre, Ana María, a quien no veo desde 1981.

No queda ahí mi deuda. Se extiende también a mis muertos, tanto a Andrés, tanto a Abuelo Bravo, tanto a mi compadre José Lezama Lima. Y, por supuesto, a esos pocos pero finales amigos que siempre han estado ahí para mí. En una palabra: todos los que me han querido. Cada cual a su manera, quizás sin llegar a comprenderme sin fisuras —lo que es poco menos que imposible desde siempre y más a estas alturas de mi acabamiento—, no ha vacilado en aceptarme, apoyarme y sobrellevarme tal cual soy. Esto constituye una empresa heroica. Son magníficos. De nuevo y siempre, a ellos mi inmensa e insuficiente gratitud.

A los 59 años de mi edad y tan hecho a la sombra, mi presencia aquí me produce una sorpresa que corre pareja a mi satisfacción y orgullo de figurar como representante de «la generación del 50», que ya hace cuánto definí como «la generación arrasada».

La andadura de esa generación, en unos casos más que en otros —la libertad es la posibilidad de elegir—, fue inevitablemente determinada por la increíble violencia que nos impuso el tumultuoso acarreo de la historia. De nada valieron nuestras astucias y maniobras para evitarlo.

Soy parte de una generación que, si se me permite así expresarlo, tiene demasiado de perdida y no, precisamente, como la lujosa «generación perdida» norteamericana, que es joya de una gran literatura.

De esta suerte, soy un extraño, solitario, marcado y prácticamente desconocido sobreviviente —¿o será más indicado decir «sobremuriente»?— a pesar de todo lo precioso que tengo y lo que tuve, ese caudal que nunca agradeceré lo suficiente.

En buen romance, un «poeta invisible» casi desde mi primer y torpe verso —y desde que se escribió ya ha corrido mucha agua bajo los puentes y pasado no sé cuántas águilas sobre el mar—, que diría mi amigo, el desaparecido y grande poeta Gastón Baquero. Uno de los rotos y dispersos restos de un naufragio que esta ocasión trata de salvar o, al menos, de inventariar.

Ese destino personal y generacional, que nada tiene de envidiable y sí mucho de oscura noche del alma, es producto de la situación histórica que ya hace tanto determina nuestro cotidiano vivir, tanto en la Isla como en el extrañamiento. Una situación que, desde 1981, simboliza para mí ese mar por medio de la que, en suprema y temprana intuición, el canónigo Velázquez, mestizo, músico y maestro —el primero del país— llamaría «triste tierra». Un dominio que vivo obsesivamente en la inabarcable hondura de la noche, que es la otra patria que, inmenso y definitivo, Martí nos reveló, y que va más allá de todos los signos de identidad que hayamos podido incorporar en el camino al paso del tiempo.

La llamada «generación del 50», que insisto en designar como «la generación arrasada», la integran los poetas que comenzaron a publicar a fines de esa década —extraordinaria en todos los órdenes y que ya tiene tanto de mítica— y aquellos que comenzaron a dar a conocer su obra a partir de 1959. Es decir, los poetas que, con diversos grados de difusión y reconocimiento, establecen su presencia y quehacer a principios de los años 60.

En este punto considero de justicia manifestar un hecho que cuando se haga la verdadera historia de nuestra poesía de estos tiempos —a pesar de las dificultades que pueda ofrecer tal empresa, y que no serán pocas por la complejidad y matices de nuestras experiencias vitales y poéticas— es imprescindible armonizar y situar en su justo contexto. Hay, desde el temprano exilio, un grupo de contemporáneos que, paralelamente, ha hecho con enormes dificultades y enfrentando otra suerte de adversidades, una poesía. A su modo, están casi más en el aire que nosotros. Renunciar a su quehacer nos disminuye a todos.

La generación arrasada está marcada por varios factores. Uno, y fundamental, es la ruptura con el quehacer de los poetas agrupados en torno a la extraordinaria revista *Orígenes,* otro de los grandes legados de quien fuera para mí tan padre como amigo y maestro, el enormísimo poeta José Lezama Lima.

Esa ruptura tan proclamada exige a estas alturas una revaloración. La razón es obvia. Por encima de temática, estilo y forma, constituye un error monstruoso —y soy el primero en reivindicar la absoluta necesidad de evolución y cambio renovador—, el renunciar —y en esto no cuentan ni preferencias, ni adhesiones, ni antagonismos, ni banderías— al notable legado de los origenistas que, por supuesto, excluye la infamante vinculación de algunos de ellos con el castrismo. Ese patrimonio también debe someterse a la crítica y está sujeto a la decantación y la indeleble fijación que siempre determina el paso del tiempo. Huelgan las explicaciones. Carece de sentido y constituye una blasfemia contra la ética el intentar borrar al pasado inmediato pues, con ello, se pierde todo el pasado. Ya sabemos cuales son los frutos de semejante aberración que el régimen de La Habana ha practicado sin cesar desde sus inicios.

En la poesía de mi generación son detectables elementos temáticos, verbales y formales de la escritura de ese conjunto tan rico y diverso que nos precede. Esa poesía es un cuerpo cuyo valor no puede soslayarse, ni ignorarse. Así me veo, ante las evidencias de la realidad, obligado a insistir en algo que vale para todos: los que fueron, los que son y los que serán. La literatura y la tradición literaria que ésta engendra incesante, no pueden manipularse arbitrariamente, porque desde el latido de su absoluta libertad, el alcance enriquecedor de su creatividad se proyecta al siempre del que somos partícipes y protagonistas.

Nuestra preciosa y desgarrada continuidad histórica y poética se inicia con los deslumbrados *Diarios de Navegación* del Almirante; da fe de vida y voluntad de singularidad con el ingenuo *Espejo de paciencia;* asciende a través de tres siglos oscuros hasta los esplendores definitorios del nuestro áureo siglo XIX.

Desde ese tumultuoso siglo en que la literatura cubana, y de manera excepcional la poesía, alcanzan soberana cima en las letras y el idioma castellano, esa continuidad conocerá el desolador vacío que se consolida trágicamente en la época de nuestra última guerra independentista, el centenario de cuyo término conmemoramos este año, y se prolongará en increíble tensión de ausencia y regestación hasta el inicio de la poesía moderna en Cuba —con Agustín Acosta, Regino Boti y José Manuel Poveda— en los albores de la República. No reconocer las partes de ese todo admirable es degradarlo, adulterarlo, destruirlo. Un verdadero disparate.

Otro factor determinante en la conformación de la generación arrasada es, en medio de la diversidad de modelos poéticos, la vigencia casi absoluta entre los poetas de esa etapa de la «poesía coloquial» o «conversacional», uno de cuyos elementos nutricios fue la «antipoesía».

Si a esos factores y lo funesto del rechazo y la negación de manifestaciones, zonas y nombres de la anterior e inmediata expresión poética y literaria, se agrega el gravitar de una poesía «comprometida», «militante», «popular» y «de circunstancia», resulta evidente que, aun desde la voluntad de renovación y cambio, la poesía de mi generación es asediada sin tregua por políticas oficiales que se traducen en censura y autocensura.

A pesar del compromiso político-poético de algunos de mis contemporáneos, su creación (sobre todo la que implicaba un sentido crítico o no se atenía al pie de la letra a los dictados de los comisarios de la cultura), y, naturalmente, aquella creación que no participaba, abierta o sutilmente, de los cambiantes pero estrictos criterios oficiales —el distanciamiento también es expresión de crítica y de rechazo—, se convirtió en una poesía que oscilaba entre el silencio y la intrascendente nada.

1035

Es decir, la auténtica poesía se vio acosada desde todas las latitudes. La que ha prevalecido lo ha hecho en virtud, y valga la insistencia, de su autenticidad poética y su fidelidad a la libertad consubstancial al eterno espíritu de la poesía, que está por encima de todo compromiso y marco referencial. Es aquella poesía que, trascendiendo lo específico de su discurso, tiene su centro en sí misma y es plena y suficiente en su raíz, cuerpo, forma, lenguaje y voluntad lírica. Una eterna voluntad que va más allá de todas las temáticas y modelos. Es justo y necesario manifestar a estas alturas que, con mayor o menor intensidad, los poetas de mi generación, por encima de sus convicciones políticas, se vieron tocados a fondo en el ejercicio de su quehacer y, en tantos casos, totalmente marginados. Escribíamos sobre el filo de una navaja.

En mi caso eso se tradujo, para empezar, en virulentas y demoledoras críticas, entre las que se cuentan las que, a partir de mis ficciones, hizo en la revista de las Fuerzas Armadas, *Verde Olivo,* alguien que nadie conocía y se firmaba Leopoldo Avila.

Mi primer tropiezo fue producto de la publicación, en 1964 y por mediación de Lezama Lima, de mi primer libro. Una edición que por su fecha, en el criterio de los que no me han ni ignorado, ni eliminado del panorama poético, me sitúa en el marco de mi generación como su último integrante. Me refiero a *El azoro.*

Ese poemario fue considerado en las esferas de poder como un libro aristocratizante, reaccionario, nostálgico, exaltador del pasado e ignorante de la realidad que se vivía. Tales opiniones determinaron que una noche fuera convocado al despacho de Nicolás Guillén, presidente de la Unión de Escritores y Artistas de Cuba, donde un grupo de poetas y escritores sometieron a mi obra a un análisis más político que literario. Creo que lo temprano del proceso que atravesaba el país contribuyó a evitarme consecuencias mayores. Pero, de todas suertes, quedé marcado. No es esa una noche que me gusta recordar.

Dos años después de la aparición de *El azoro* se publicó mi ensayo y antología *Órbita de Lezama Lima.* El que me ocupara de «el maldito» por antonomasia no fue precisamente recibido con beneplácito. Hasta en el extranjero, incondicionales a los poderes de La Habana me criticaron por el carácter e independencia de mi pensamiento; mi valoración del Maestro y mi intención de hacer justicia a su grandeza y a las calidades mayores de su obra, ese supremo exponente de honestidad intelectual, genio y libertad de creación.

Mi libro se consideró como un texto hostil al proceso en que estábamos sumidos. Sin embargo, a partir del conflicto provocado por «el descubrimiento internacional» de Lezama Lima con la publicación de *Paradiso,* la *Órbita* se pirateó sin mi conocimiento y autorización en diversos países, hasta por editores vinculados a la cultura oficial de la Isla, que no vacilaron en eliminar mi ensayo preliminar y, por supuesto, se hicieron de la vista gorda en lo que toca a los derechos de autor.

Esto lo supe en detalle al salir al exilio. También me enteré entonces de que mi ensayo, en su totalidad o parcialmente, inundó innumerables publicaciones periódicas, convertido en referencia obligada, aunque muchas veces soslayando el nombre de su autor, en la crítica lezamiana. Solo puedo decir que considero un privilegio y un honor el haber hecho esta obra a pesar de que no me cabía la menor duda de que tan solo iba a ponerme en situación más difícil, y ya lo era bastante.

En este orden de cosas, a pesar de no estar «integrado», se publicó, en 1973, suprimiendo sin mi conocimiento y consentimiento la introducción que había escrito Lezama Lima, mi libro *Relaciones.* Apenas circularon unos ejemplares. La edición fue recogida.

Esa obra fue el tiro de gracia que tenía pendiente. Alguien que imagino ahora no quisiera recordarlo, Raúl Rivero, publicó en la revista *Revolución y Cultura,* una crítica que tituló «Malas relaciones». Poco faltó para que pidiera para mí la pena de muerte. Lo peor de todo fue como esa condena inapelable afectó a mi familia.

Doy cuenta por su significado y gravedad de estos incidentes relacionados con la crítica y la edición de mi obra. No faltaron otros debidos a mis opiniones; antecedentes familiares y sociales; actitudes, conducta y relaciones.

En ese cúmulo de factores en mi contra, que se reflejaban implacables en mi familia, tienen un peso determinante mi total falta de integración revolucionaria; las publicaciones que, por puro milagro, cuando trabajaba en el Centro Cubano de Investigaciones Literarias, hice de autores y obras en las antípodas de la ideología oficial y revolucionaria; y el que fuera católico práctico. Todo esto, sumado a mi propósito de salir del país con mi familia, determinaron mi incomunicación, la imposibilidad de publicar y el que me convirtiera en una no persona.

Si bien situaciones de naturaleza tan hostil y adversa son producto del simple hecho de estar y querer ser lo que se es en contra lo que se quiere que se sea y haga, reconozco que también se confrontaron y confrontan difíciles situaciones en el exilio. Yo también las he atravesado y estoy sujeto a ellas. La diferencia es que el exilio ofrece salidas y alternativas inexistentes en la Isla.

Así, la casi totalidad de mis contemporáneos que hicieron su obra en la distancia y los que llegamos después, nos hemos visto marginados y silenciados, prácticamente hasta el grado de la inexistencia, por influyentes sectores del mundo cultural, académico y editorial afines al régimen imperante en Cuba o, cuando menos, que no desean tropiezos con el poder, radique éste donde radique y sea cual fuere su signo.

Esta deplorable situación se agrava cuando se ignora que es en la poesía donde radican fundamentalmente los signos de identidad esenciales de un pueblo. De esta suerte, la falta de interés y apoyo a la creación de un numeroso sector del exilio —hay tenaces y esforzadas excepciones que merecen toda nuestra gratitud y respeto—, solo ha contribuido y contribuye, aunque no lo parezca, a desdibujar nuestra identidad.

En la dolorosa formulación de esta nómina de adversidades faltaría a la verdad si dejara de señalar un hecho. Ahora que existe una creciente comunidad de creadores exiliados y de creadores no exiliados pero que residen en el extranjero, todos formados en Cuba en décadas recientes, no deja de ser singular y aterrador que un segmento de esos poetas, escritores y artistas plásticos, que no dejan de tener mucho de privilegiados, ignore a los creadores de mi generación y también a los que nos suceden de modo inmediato. Es la suya una conducta que destila insensibilidad y nocividad y que aumenta el desgarrón del tejido espiritual del cubano. Esa trama cuya reparación es la insoslayable y sagrada misión de todos los cubanos. Es ese un proceder que los lleva a borrar tácitamente, aunque esa acción no figure en ninguna declarada agenda, una ardua, tenaz, ingrata y prácticamente anónima labor creativa de muchos años. Esto determina que, de hecho y con mayor o menor sutileza, reivindiquen que nuestra poesía —y por ende nuestras letras y artes plásticas— va directamente del quehacer de los ahora exaltados origenistas a ellos. Lo que equivale a lanzar a las tinieblas exteriores a todos aquellos que no pertenezcan a su marco generacional, promocional, vivencial y referencial. Su injusto y gravísimo error. Sumado a la negatividad de los factores a los que se ha visto sometida nuestra arrasada generación, una sentencia más para esa generación tan de invisibles, tan de no personas.

Como colofón a estas lamentables y erosivas realidades —y consciente de que es mi inveterada e inoportuna costumbre decir, ahondando mi aislamiento, lo que otros se reservan para evitarse más problemas— debo reconocer igualmente que aun entre nosotros mismos, los prácticamente invisibles, no existe la necesaria solidaridad.

Al verme obligado a la parquedad en la exposición, por los límites que me impone el carácter de esta ocasión, advierto de modo inequívoco que tengo plena conciencia de los riesgos que implican las inevitables generalizaciones, y subrayo que tengo muy presentes los valores, las circunstancias y la gravitación de los matices de nuestra andadura y conducta. Desde esa certidumbre consigno con inmensa tristeza estos hechos y, venciendo mi notorio pesimismo —que defiendo como expresión de lucidez—, hago, desde la mayor y más comprometida virtud cubana, la cordialidad, y comprometido con las exigencias de mi fe —en la que justicia y compasión son inseparables—, genuinos votos para que prevalezcan la razón, la justicia, la decencia, el sentido crítico, histórico y de continuidad. Para que seamos —sin peros, ni prejuicios, ni resentimientos de ninguna índole— libérrimos artífices de nuestra pendiente posibilidad. De eso, y tanto, se trata también la poesía.

A partir de una temprana vocación, y desde hace mucho profesionalmente, me he dedicado al estudio y a la crítica literaria y artística. Es un quehacer que considero complemento enriquecedor de mi poesía. En él alienta mi voluntad de facilitar el conocimiento, inteligencia, difusión y reconocimiento de nuestra creación. Es una tarea que me ha producido y produce tanta satisfacción como sinsabores.

Anoto aquí que un crítico es, dígase lo que se diga, una criatura con final instinto tanático. De esta suerte y oblicuamente, por insólito que parezca, mi labor crítica ha conspirado contra mi propia poesía. Un cuerpo poético que más de uno considera como marginal.

Es algo que me resulta imposible encajar. La explicación es palmaria. Es menos mi tiempo y —portador de dos asesinos invisibles y otros males— voy por la vida, para angustia y cólera de los míos, sin cuidarme mucho, pero comprendiendo cada vez más que lo que importa es tener más y más de menos y menos. En esa reducción, la poesía es más que reconozco como absoluto.

Mi poesía es mi vida entera. Se ha hecho trabajando después del trabajo —y no he parado de trabajar un día de mi existencia, tantas veces en labores agotadoras y abominables—. Porque ser un poeta no es, al menos para mí, dar de lado a cariños y responsabilidades, al cómodo uso de tantos holgazanes energuménicos y mediocres que por los caminos de Dios, o del demonio, andan.

Esa poesía/vida entera mía se ha fraguado robando sueño al sueño; renunciando a tanta cosa buena; tratando de ser, como corresponde, un hombre de provecho y un creador cabal. Siempre el poeta.

Ese poeta que hace crítica sabe perfectamente que su empeño está calado de ingratitudes y lleva aparejado demasiado de soledad, incomprensiones y antagonismos. Con todo, y a pesar de que no son pocas las ocasiones en que uno quiere dejar de ocuparse críticamente de los otros y mandarlo todo a paseo, la cotidianidad de mi labor crítica es para mí un privilegio y un deber.

Confieso con orgullo y, sí, una cierta dosis de presunción, que aunque mis obligaciones y proyectos me han llevado a volcarme no solo sobre las letras y el arte cubanos —y mucho he escrito de la literatura y la plástica de otras culturas— las miles de páginas que he consagrado a nuestros creadores constituyen, por excepcionales circunstancias, documento único de nuestro acontecer creativo de las últimas décadas.

Son, trascendiendo sus aciertos y errores, una estricta y puntual aproximación a una producción realizada sin contacto con los espacios de la normalidad.

Unos pocos así lo reconocen y me han sugerido que recoja ese cuerpo crítico cara a los estudiosos del futuro. En su recomendación se entrelazan dos razones básicas. La primera, su valor documental, informativo y referencial. La segunda, su valor crítico intrínseco. Es un proyecto mayor que acaricio, consciente de sus enormes dificultades y sus costos. Señalo que la formulación de ese cuerpo crítico se ha verificado contra viento y marea.

A lo largo de mi ardua andadura, en ese constante repaso al paso del tiempo que nutre a la poesía y que tiene tanto de agónico, son cada vez más las ocasiones en que me pregunto: ¿Qué hubiera sido de mi vida —como poeta, como hijo, como esposo, como padre, como amigo, como hombre de trabajo, como cubano de a pie— si esa existencia del primer tercio de mi vida

—y hasta quizás de algo del segundo tercio— que no dejo de idealizar, reconociendo, eso sí, todo lo que debía rectificarse en su diseño, no se hubiera salido del cauce que creí tan naturalmente le aguardaba, lanzándome desnudo e inerme a un precario vivir? Una existencia cuyas singladuras —en cuyo transcurso hay tanto de maravilloso y entrañable— han tenido en demasía el signo de la incertidumbre, la inseguridad, el miedo, la escasez, la separación, la pérdida, el dolor y, siempre, el precario vuelve a empezar cada día, pero cada vez más agotado. En otras palabras, otra vida.

No tengo respuesta a esa pregunta tremenda. Tampoco la tengo para la pregunta que me planteará la próxima jornada. No obstante, aunque no con la fe arrasadora que quisiera, me entrego a la voluntad y la misericordia de Dios; voy al trabajo; trato de cumplir lo mejor posible con mis obligaciones; con mi dinero pago como el mismísimo Don Antonio; disfruto de los míos y de mis pocos amigos, algo siempre lleno de sorpresas e imprevistos; y, puntualmente, aunque nada escriba, no hay noche u horas robadas al tiempo que no tengo que no dedique a la poesía, a hacer mi poesía.

Aquí, vuelvo sobre algo que he dicho de mi poesía, de la que casi nunca hablo. Mucha gente que conozco no saben que soy poeta. Me fascina observar sus expresiones cuando por un azar se enteran.

Mi poesía está dominada por el afán de perfección. Su materia prima, y aquí me remito al lenguaje de la Alquimia, es la palabra escrita y los blancos, tantas veces más importantes que las palabras. A su factura le resulta esencial la mancha tipográfica del poema.

Se hace —o mejor, accedo a ella— a partir de la ética, la cultura, la historia, la experiencia, la observación y, sí, la fantasía. Se nutre de nostalgia, deseo, orden y posibilidad.

En su latido busco la coincidencia de los arquetipos de la forma, el contenido, la expresión y la ruptura. Aspira a pronunciar lo impronunciable, que sé es el último y secreto nombre de Dios. Su voluntad es la expresión de la belleza. Sigo en ella las cartas del sueño en que se adunan fondo e infinito. Hasta en su expresión del desastre anida la celebración de lo máximo. Halla su fijeza en su otredad.

Todo esto, cifra imposible de suprema gracia, es impulso esencial en que, si Dios así lo quiere, cuaja el vivir en la tensión de la poesía a la hora de ser su escriba. Si logró un entrevisto de su gravitación, el poema habrá alcanzado las estribaciones de su aliento inalcanzable. No puede hacerse ni quererse más. Se trata de un milagro que sabemos en secreto incomunicable.

Mi poesía es tan fija como cambiante. Mi primer contacto con la poesía fue a través de las lecturas que me hacía mi madre de «El libro de la poesía», que formaba parte, con sus mágicas ilustraciones, de aquel fabuloso *Tesoro de la Juventud* de mi infancia. Lector voraz de poesía, soy deudor de toda la poesía.

En algunas épocas, me han fascinado ciertos poetas, pero en el acabamiento creo que me marcaron esencialmente Quevedo, San Juan, Martí, Casal, Rimbaud, Rilke, Trakl, los Machado, Perse, Claudel, Eliot, Lezama Lima, Pound, Olson, Benn, Quasimodo, Cavafis, Seferis, Beckett, Borges, Girondo, Paz, Baquero, Bukowski y ciertos poetas norteamericanos, franceses, alemanes e ingleses. Va de suyo que en esa impronta es fundamento definitivo el caudal de la poesía cubana.

¿Mis temas? Están indisolublemente entrelazados. Son la propia poesía, el lenguaje, la inocencia, la infancia, el amor, la pérdida, el sueño, el paso del tiempo, la historia, la evidencia y el misterio de lo cotidiano, la memoria, el deseo, la soledad, la culpa, el dolor, la belleza, la acción, el desarraigo, la naturaleza y los espléndidos animales, la intemperie, el afán de desentrañar la vida y la muerte.

¿Qué clase de poeta soy? Aquí sucede algo singular. Pues en esa precisión coinciden y se desencuentran a la vez mis certidumbres y algunas caracterizaciones ajenas, tantas verdaderamente hostiles y demoledoras. Pongamos que soy un poeta coloquial, culto, aristocrático, oscuro, reaccionario, pesimista y, agrego en voz de uno de los Goytisolo, mágico.

Creo que como poeta ando bien a ras de mundo, pero me fascina andar por las nubes. De la misma manera, debo señalar que, títulos al margen, soy poeta de un solo poema que comenzó con mi primer verso verdadero y se escribirá hasta que Dios disponga. Ese poema, con sus iluminaciones y sus zonas de sombra, es la relación definitiva de mi vida.

Tal lectura, para la que deseo la apropiación de los versos por parte del lector, figura en los libros: *El azoro; Memorias, desmemorias; El dominio; Rastros de un merodeador nocturno; Relaciones; Para domar un animal; Juicio de residencia* y *Las lejanías,* todos escritos en Cuba a partir de 1964.

La relación prosigue en *Noticias de Nadie,* que se escribió en Europa, fundamentalmente en España, a partir de mi salida al exilio en 1981, tras ser separado de mi familia y otros horrores.

Mis otros libros de poesía —*El prisma de la razón; Naufragios y comentarios; Solo se puede confiar en la soledad; Nunca se aprende a perder; Trenos* y *Cabos sueltos*— se escribieron en Miami, en los Estados Unidos, a partir de 1984, cuando finalmente pude reunirme con los míos.

Tras ese inventario de 15 libros —de los cuales solo he logrado publicar nueve títulos: *El azoro; Relaciones; Para domar un animal* (Primer Premio Internacional de Poesía «José Luis Gallego/1981»; *Juicio de residencia; Las lejanías; El prisma de la razón; Naufragios y comentarios; Trenos y Cabos sueltos*— debo consignar que las arduas circunstancias de mi vida, en Cuba y en el exilio, han impedido una natural y lógica publicación cronológica de mis poemas. Por otra parte, es oportuno señalar que mis criterios de reunión y ordenación de los poemas en libros obedecen a estados de ánimo, experiencias y concepción formal y expresiva. Así, nunca me he atenido, ni sujeto mecánicamente, a la hora de dar por terminado un poemario, a las servidumbres de las precisiones temporal y circunstancial.

Por supuesto, en mis navegaciones, se perdieron poemas. Muchos quisiera recuperarlos. De igual manera, a Dios pido que me conceda un libro más. Lo pienso como recuento. Si casi siempre he cuidado de expresar mi dolor con elegancia, pienso que esas páginas, en las que no faltará el dolor, estarán caladas de gratitud. Porque, por encima de todo lo que me haya podido suceder —y mucho ha sido—, tengo, como Persa, razón de celebrar.

En unas breves páginas que recojo en mi insuficiente *Autorretrato a trancos,* y cuyo título es «Carta del poeta a sus hijas, Liana y Lourdes», manifiesto algo que creo puede contribuir a la inteligencia de mi persona y poesía. Leen:

«...Tuve, cuánto y hasta cuándo, el privilegio de elegir mi destino. Acepté sin titubeos la embriaguez de ese reto que precipita en la arrasadora servidumbre de la historia. De esta suerte, fui presa de un enigma magnífico y terrible: la poesía. Una batalla. Un absurdo. Una salida desesperada. Un sueño. La única verdad posible. Una benigna pero final y devoradora especie de locura.

La lucidez que me depara la soledad me hace comprender que esa certidumbre es pura urgencia hacia el ideal de mi identidad. Acaso mi más lograda ficción, mi imposible y gran poema. A la imperiosa carnalidad de su espejismo, que también es piedra fundacional, cuánto sacrifiqué familia, seguridad y paz, convenciéndome tenaz de que estaba por encima de la única medida que vale para la criatura. Pura contradicción. He sido —desde mi absoluta vocación por el amor, la belleza y el orden, que tantas glorias prodigan al vivir— instrumento de dolor. Tal es mi derrota y mi botín. Pura arquitectura verbal.

¿Qué puedo invocar en mi desesperada defensa? Pongamos que para escapar de los injustos absurdos que me privaron de un tajo de la maravilla de la inocencia de la infancia y me calaron de irrazonable culpa para siempre, nunca he dejado de ser un niño obligado a justificarse a sí mismo, y ser la persona que se esperaba que fuera.

Hay mucho más. A modo de defensa, he asumido tantas máscaras que, en el acabamiento, solo me resta, como nos enseñó Yeats en admirables versos, despojarme de mis elaborados personajes, hasta llegar a mi rostro del primer día de la eternidad. Sea.

Ese rostro de un poeta exiliado que envejece es el de un soldado, un erudito, un sibarita, un funcionario, un aventurero, un campesino, un religioso, un constructor, un hombre de leyes, un médico, un maestro, un aspirante a santo y —esto solo puede precisarse en la que Borges llamó la áspera lengua de los sajones— un *entertainer.* Un poeta ¿es preciso recordarlo? es un hombre que quiere ser todos los hombres».

En resumen, no le fue dado a mi vida y poesía la gracia de un remansado fluir y, como dicen los criollos, me quedo corto. En la tierra de nadie de mis diversos estares, la poesía —que es la libertad— siempre ha sido y es para mí un supremo acto de fe y resistencia. También, un gesto de fundación y, menos evidente pero definitivo, desde el amor que tan mal sé comunicar, un ajuste de cuentas conmigo mismo y la realidad; una entrega a la posibilidad, la belleza, la armonía y el amor mismo.

No falta en ella lo terrible. Así, la poesía se convierte en excepcional prueba a la criatura. Sabemos, aunque cuesta trabajo asumirlo y desesperemos, que por mucho que Dios nos aflija con sus pruebas, expresión incomprensible de Su amor a nosotros, nunca nos prueba más allá de nuestra fuerza para hacer frente a la adversidad. Hágase Su voluntad. Es el mayor de los poemas.

Llegado a este punto de vuestra amable y admirable resistencia, solo puedo agregar que todo lo dicho pudo decirse de otra manera. Esta sería igualmente insuficiente e imperfecta. Donde mejor puede saberse de mí es en mi poesía. De esa poesía, este «Retrato», que es mi versión favorita de mí mismo:

> *Bebe, fuma y come con exceso.*
> *No puede vivir sin amor.*
> *Adora la violencia.*
> *Persigue la calma, el olvido.*
>
> *Busca la seguridad*
> *y la rechaza. Anda solitario*
> *y va final en pos de compañía.*
>
> *Es silencioso, y cuando habla*
> *con vehemencia, duda*
> *que se entiendan sus palabras.*
>
> *Sabe mentir, golpear,*
> *ocultarse. Se entrega sin reserva,*
> *y desaparece.*
>
> *Ama los libros, los cuadros,*
> *la música, la materia diversa*
> *que traduce la belleza, el lujo*
> *y sus complacencias: un orden perdido.*
>
> *Es feliz en la intemperie,*
> *en lucha perpetua con los elementos*
> *y cualquier enemigo implacable.*
>
> *Nada tiene y todo lo da.*
>
> *Quiere ganar siempre*
> *y cuando pierde*
> *se alegra de tener que luchar*
> *de nuevo por algo, sin esperanza,*
> *como un deber magnífico.*

> *Es soberbio, comprensivo, hermético,*
> *generoso, frío, sincero, calculador,*
> *sentimental, agresivo. Duda de su inocencia*
> *y expía una culpa que no puede definir.*
>
> *Ama el mar y desea ser un árbol.*
>
> *Son muchas sus biografías*
> *y ninguna coincide con otra,*
> *mas todas son verdaderas.*
>
> *De él queda un retrato, anónimo.*

Muchas gracias. Que Dios los bendiga.
Miami, 21 de julio de 1998

APÉNDICE IV

CITAS Y COMENTARIOS SOBRE LA OBRA DE ARMANDO ÁLVAREZ BRAVO

«El autor, poeta y escritor excepcional, disfruta además de un rarísimo talento: es un gran conversador... Quien disfrute de una curiosidad literaria y sea un buen lector en busca de una buena lectura, puede envolverse en un libro de Álvarez Bravo ».

Luis Aguilar León, al presentar el libro
El curioso lector.

«Álvarez Bravo es un poeta coloquial, culto, aristocrático, diáfano, oscuro, reaccionario, pesimista, jubilar y mágico».

Armando de Armas (escritor y periodista)

«La obra de un genuino e hipersensible creador como Álvarez Bravo es un mosaico que crece sin pausa tramo a tramo, incorporando las porciones de mundo que el incesante azar le va añadiendo».

Manuel Díaz Martínez en el prólogo al libro
Siempre habrá un poema, Visor, 2012.

«Álvarez Bravo es 'un poeta nostálgico' que me recuerda las saudades portuguesas y a los melancólicos españoles del Siglo de Oro».

Jesús García (Director, Editorial Visor, España)
El Nuevo Herald, febrero 2013.

Paradójicamente ahora Álvarez Bravo, al renunciar a las ambiciones aparentes, —fatalidad de mucha poesía actual que nace ya despedazada— nos otorga un crescendo de realizaciones en un tiempo que se le va volviendo otro yo. Una polarización cualificada y lenta, una dichosa lentitud que avanza en extrañas y fascinantes progresiones pitagóricas. Este libro es una invitación a las secretas resonancias de las pausas ... Con sus amistades que son sus aventuras, Álvarez Bravo muestra una complacencia en perseguir esas palabras hasta perderlas de vista, pero allí con sus nuevos sentidos la memoria las distribuye para otro nacimiento. Él vence esa peligrosidad, espera el movimiento en que desaparecen las palabras para que su memoria tienda de nuevo sus redes ... El sosiego del *inteligere*, la melancolía que *oye* su más servicial oportunidad, la espera sonriente de la noche en su dicha apretada con el cuerpo estelar de las palabras que muestra Álvarez Bravo, no se reiteran con frecuencia en nuestra poesía actual. Una esfera que siente la nostalgia del caracol, un caracol que desea rotar como una esfera, parecen ser sus más cercanos símbolos. Junto con las manos, llenas de ojos, que se hunden en las agallas del pez.

Prólogo de José Lezama Lima al libro
Relaciones, UNEAC, 1973.

«Armando Álvarez Bravo más allá de todas las adversidades ha sido el gran poeta de su generación. Su poesía brota desde un coloquialismo profundo, que narra, dice, esboza, transforma en imágenes elocuentes lo cotidiano... Armando Álvarez Bravo pertenece a la generación del 50, pero en realidad eso solo es un referente académico, pues su poesía está a la vanguardia de la poesía cubana más contemporánea, gracias a la perseverancia y la integridad de su autor».

Luis de la Paz. Palabras de presentación del libro
Siempre habrá un poema, febrero 2013.

«Armando Álvarez Bravo es la perfecta encarnación de un libre pensador renacentista, profundamente culto y lúcido. Su poesía intensa y penetrante se convierte en un canto a la fe, al enigma de la vida, a la posibilidad de que los sueños se hagan realidad y a su necesidad de familia y amor».

Pedro Roig - Artículo *El sueño de un poeta*.

«En la poética de Álvarez Bravo se destaca el valor de la familia y su franqueza al transmitirlo, además de la prueba del deseo inmenso que tiene de que su país logre realizar su pendiente destino».

Juan Manuel Salvat (Director, Ediciones Universal)

APÉNDICE V

FOTOGRAFÍAS

Familia Álvarez Bravo. De pie, izquierda a derecha:
Michael T. Cunningham (yerno), Liana María Álvarez (hija)
Ana María Cunningham (nieta), Lourdes María Álvarez (hija)
Joseph Armando Cunningham (nieto)
Sentados: Armando Álvarez Bravo y Tania Rosa López de Álvarez Bravo
Miami, 2018

Armando Álvarez Bravo en noviembre de 1962

Armando Álvarez Bravo con su
compadre José Lezama Lima, La Habana, 1963.

Armando Álvarez Bravo con Eugenio Florit,
Miami, 1983.

Armando Álvarez Bravo en la presentación del libro
El Arte Cubano del Exilio con el editor Juan Manuel Salvat,
Miami, 2015

www.ingramcontent.com/pod-product-compliance
Lightning Source LLC
Chambersburg PA
CBHW030634150426
42811CB00048B/103